Turchia

İstanbul e il Corno d'Oro
Ankara e la Cappadocia
Troia e le coste dell'Egeo

Guide del mondo

Touring Editore

Touring Club Italiano
Presidente: *Roberto Ruozi*
Direttore generale: *Fabrizio Galeotti*

Touring Editore
Direttore editoriale: *Michele D'Innella*
Direttore contenuti turistico-cartografici: *Fiorenza Frigoni*

Coordinamento editoriale: *Cristiana Baietta*
Editor: *Paola Pandiani*
Redazione e realizzazione: *Letizia Gianni*

Responsabile cartografia: *Maurizio Passoni*
Coordinamento cartografico: *Davide Mandelli*
Redazione cartografica: *Giuseppe Cicozzetti*

Segreteria: *Paola Bressani*
Coordinamento tecnico: *Francesco Galati*
Impaginazione di copertina: *Mara Rold*

Hanno collaborato alla realizzazione della guida:
Rossotto Editing - Torino, per la stesura della sezione Preparare il viaggio; per l'aggiornamento e integrazione dei testi di visita; per la revisione redazionale e per l'impaginazione del volume
Pagliardini Associati, per il progetto grafico della sezione Preparare il viaggio
Rocío Isabel González, per il progetto grafico di copertina
Infocartografica - Piacenza, per l'esecuzione cartografica
Emmegi Multimedia, per la prestampa

Quest'opera è stata realizzata anche per rielaborazione dei testi della precedente edizione della guida Turchia

Ufficio pubblicità
Referente: *Caterina Indelicato*, caterina.indelicato@touringclub.it
Concessionaria di pubblicità: *Progetto srl*, 20090 Milano - Assago, Strada 1, Palazzo F9,
t. 0257547991, fax 0257547960; 00184 Roma, viale del Monte Oppio 30, t. 064875522,
fax 064875534; 38100 Trento, via Grazioli 67, t. 0461231056, fax 0461231984
www.progettosrl.it - info@progettosrl.it

Codice: H0091A
EAN: 9788836549276

Stampato in Cina

Indipendentemente dall'ancor vago ingresso della Turchia nell'Unione Europea, tutt'oggi auspicato e al tempo stesso anche avversato (pure in Turchia), si discute da lungo tempo se il grande paese, proteso nel Mediterraneo e fiancheggiato a nord dal mar Nero, sia da considerarsi europeo o asiatico. Sul piano squisitamente geografico il problema non si pone, considerato che solo il 3% del territorio turco si trova propriamente in Europa. Si pone invece, e cominciò a porsi, da quando Kemal Atatürk spazzò via il secolare potere del sultanato ottomano e, con la proclamazione della repubblica (29 ottobre 1923), trasferì il proprio paese nella modernità. Una modernità diversamente interpretata, certo, perché l'identità ottomana è tuttora fortemente sentita, e la religione musulmana rappresenta più del 99% della popolazione.

Forse, per cercare di sciogliere il nodo, l'atteggiamento più saggio è quello di ridimensionare la disputa sui turchi asiatici o europei, per considerarli – tenendo presente lo status ormai universalmente accettato della Turchia come ponte tra Europa e Asia, tra Occidente e Oriente, con l'immensa Istanbul un po' di qui e un po' di là – asiatico-europei o viceversa, come si preferisce. Così come è consigliabile pensare alla smisurata penisola – l'Anatolia dei bizantini o anche, in tempi meno lontani, Asia Minore – in termini di terra dalla storia millenaria attraversata da un accentuato pluralismo di civiltà: tralasciando la mitica età del Bronzo e l'altrettanto mitica Troia, quelle degli assiri, dei persiani, dei greci, dei greco-macedoni di Alessandro Magno, dei romani e dei bizantini; su su fino al dilagare dei turchi venuti dalla lontana Mongolia e fondatori, con la presa nel 1453 di Costantinopoli, del potente e aggressivo Impero ottomano: quello, totalmente islamico, della "Sublime Porta". Tutte civiltà che hanno lasciato tracce più o meno vistose e hanno contribuito a disegnare la straordinaria e variegata mappa dell'odierna Turchia turistica.

Non c'è dubbio infatti – come attestano anche gli oltre 23 milioni di visitatori stranieri (515 mila gli italiani) nel 2007 – che quello turco sia un grande e ambìto paese turistico. Il paese che, secondo il "World Travel and Tourism Council", avrà nei prossimi 10 anni il maggior tasso di crescita nella richiesta turistica Tanto successo è certamente dovuto all'estrema diversificazione, per non parlare della quantità, che caratterizza il patrimonio ambientale-culturale di quella terra antica e moderna; di quel grandioso museo all'aperto che allinea comparti archeologici emozionanti e suggestive città di ogni epoca; al primo posto, naturalmente, Istanbul, la pittoresca erede di Bisanzio e Costantinopoli, una delle metropoli più affascinanti del mondo. Della quale, volendo tornare alla vecchia questione Asia-Europa, va segnalata la designazione a "Capitale europea della Cultura" per il 2010.

Questo e altro nella nuova edizione di *Turchia* delle *Guide del Mondo*, collana che si presenta ora, unitamente alle consorelle pure affidabili, autorevoli e prestigiose *Guide d'Italia* e *Guide d'Europa* (tutte chiamate, familiarmente, "le Verdi"), in veste nuova e con nuovi contenuti. In sintesi: l'allegata guida alle informazioni pratiche, da portare con sé durante il soggiorno, dotato di innumerevoli indirizzi per suggerimenti di carattere pratico, nonché di mappe e piante cartografiche; una nutrita sezione introduttiva, interna alla guida, che si occupa della preparazione del viaggio e dell'ottimizzazione della vacanza. Una novità che – il Touring ne è certo – risulterà gradita.

Roberto Ruozi
Presidente del Touring Club Italiano

SOMMARIO

COME CONSULTARE LA GUIDA

Questa guida è uno strumento pensato per accompagnare il viaggiatore alla ragionata scoperta della Turchia, per non perderne – comprendendone l'importanza e l'unicità in rapporto al contesto culturale – i più importanti luoghi di interesse storico-artistico, le feste più caratteristiche, le tradizioni popolari, le produzioni artigianali e quelle enogastronomiche.

PRIMA DI PARTIRE

Nella sezione **Preparare il viaggio** sono raccolte tutte le informazioni utili a organizzare la partenza e il bagaglio. Esaustivo compendio di notizie pratiche, vi aiuterà a decidere quando partire, dove dormire, cosa fare e cosa comprare; vi troverete quali documenti portare, i servizi per le persone diversamente abili; come potrete muovervi con i mezzi pubblici o privati, quali feste o eventi possono da soli valere il viaggio, oltre a notizie su cultura ed enogastronomia locale.

Un rapido sommario apre il capitolo dove sono raccolte le informazioni utili a organizzare il viaggio – in gruppo, da soli, con bambini... – e a inquadrare gli usi e i costumi del luogo, interessanti da conoscere, utili per muoversi in tranquillità. Il capitolo è organizzato per argomenti segnalati da differenti simboli; nella sezione **Utile da sapere e da avere**, ordinata dall'A alla Z, oltre a indirizzi e informazioni troverete 'risposta' ai più diversi dubbi.

Nei **riquadri** segnalati da una lente o da un megafono sono evidenziate informazioni di vario genere assolutamente da tenere in considerazione.

In questa prima parte troverete anche le pagine delle **'due stelle del Touring'**, tavola riassuntiva di tutte le cose mirabili segnalate nella guida da due asterischi, utile traccia per organizzare anche brevi soggiorni.

 NOVITÀ

Tutte le informazioni turistiche con notizie e indirizzi utilissimi in viaggio – dagli uffici informazioni a una ricca scelta di esercizi ricettivi e di negozi consigliati per acquisti di qualità – sono riportate nell'allegata **Guida alle informazioni pratiche**.

La visita delle città e dei relativi dintorni è organizzata per **itinerari pedonali** o **automobilistici**. Introdotti da brevi cappelli che inquadrano la zona i percorsi, 'visualizzati' su piante e carte, che permettono di raggiungere (con attenzione anche alle vie che si attraversano), i luoghi da visitare descritti in esaustive schede.

Bastioni*. Ritornati nella parte bassa del villaggio, una piccola strada asfaltata in direzione del mare porta ai **bastioni**, molto ben conservati (alti ancora 14 m), eretti utilizzando grandi blocchi minuziosamente sagomati. Due torrioni fiancheggiano la **grande porta*** che si apre su una corte, adibita a fermare gli invasori qualora avessero superato il primo ingresso. Davanti ai bastioni gli scavi hanno riportato alla luce l'anti-

Il titolo **azzurro** individua negli itinerari di città le emergenze di maggior rilievo turistico; negli itinerari territoriali le località meritevoli di una sosta.

Basilica di S. Sofia** (III, D-E5) *Visita a pagamento dalle 9 alle 16.30 da novembre ad aprile, fino alle 19 in estate; chiusa il lunedì.* Massimo monumento cittadino e trionfante simbolo dell'architettura bizantina, la celebre basilica Aya Sofya (pianta a pag. 80) a prima vista può sembrare priva di armonia per la presenza dei massicci contrafforti, aggiunti alla costruzione originale per puntellare la cupola e le pareti

L'**asterisco singolo (*)** o **doppio (**)** evidenzia emergenze e luoghi di speciale o eccezionale interesse. Nel testo di visita i caratteri **nero** e *corsivo* sono usati per segnalare luoghi, complessi monumentali o, nei musei, opere d'arte degni di nota.

Le **indicazioni alfanumeriche** accanto al titolo fanno riferimento per le emergenze di località con pianta, ai quadrati di questa; per località lungo itinerario, alla carta stradale nel risguardo di copertina. Per musei e istituzioni culturali sono anche riportate le **modalità di visita** in vigore al momento della stesura della guida.

Nei **riquadri a fondo marrone** curiosità, aneddoti e altro rappresentano piacevoli approfondimenti della visita. Emergenze prossime all'itinerario e percorsi alternativi al principale sono descritti nei riquadri con il simbolo ▬▶; informazioni pratiche (come orari di grandi complessi museali) sono evidenziate con 🕐.

Antalya 1:27 500 (1 cm = 275 m)

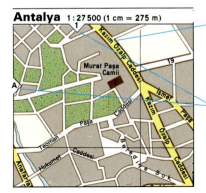

Piante di città: accompagnano la visita della Turchia 6 piante di città con indicati la rete viaria (in giallo, le grandi arterie di attraversamento), monumenti, parchi e importanti servizi di pubblica utilità.

Risultano suddivise in **quadranti**, definiti da lettere e numeri: a questi rimandano le indicazioni poste accanto alle emergenze lungo gli itinerari di visita. L'**abbreviazione** f.p. dopo il riferimento indica che il monumento si trova fuori pianta in corrispondenza del riquadro segnalato.

COME CONSULTARE LA GUIDA

Cartografia stradale: nel risguardo posteriore della guida troverete la carta stradale della Turchia con la rete viaria e le località di maggior interesse turistico. Sulla carta è riportato anche il tracciato degli itinerari descritti nei singoli capitoli. In questa pagina troverete l'elenco completo dei simboli contenuti nelle carte della guida.

LEGENDA PIANTE DI CITTÀ

Grande arteria di attraversamento	Monumento di grandissimo interesse
Via principale	Monumento molto interessante
Altre vie	Altro monumento interessante
Rampa pedonale	Moschea
Zona pedonale	Chiesa
Ferrovia e stazione ferroviaria	Ufficio pubblico
Giardino / Ospedale	Cimitero: arabo, cristiano

PREPARARE IL VIAGGIO

SOMMARIO

 BOX PER SAPERNE DI PIÙ

> Carta d'identità
> I giorni festivi
> Usi, costumi e accorgimenti

DA NON PERDERE ★★

LE DUE STELLE DEL TOURING

Un certificato di garanzia, un indice certo di valore assoluto: questo sono le stelle del Touring Club Italiano, che da anni segnalano, e gratificano, luoghi, monumenti e opere d'arte.

Spesso si tratta di opere famose in tutto il mondo (come quelle protette dall'Unesco, indicate sulla carta dal simbolo 🏛), ma sono anche molti i casi in cui le stelle rivelano al viaggiatore vere e proprie 'perle', poco conosciute, o dimenticate. Queste pagine illustrano le «due stelle» della Turchia, ma oltre a questi capolavori nella guida si trovano decine di altre opere e luoghi di grande interesse, contrassegnati da una sola stella. Nel loro insieme costituiscono i tesori di questo Paese, che il TCI sottolinea per richiamarne sia l'interesse turistico e culturale, sia la necessità di una particolare attenzione e tutela (sul retro, in dettaglio, le «due stelle» della capitale İstanbul).

I TESORI DELLA TURCHIA

Le rovine dell'acropoli di Pergamo

La Muradiye Camii di Bursa

TURCHIA

*Sculture ittite
al Museo di Antiochia*

La basilica di S. Sofia a Trebisonda

I tipici coni rocciosi della valle di Göreme

11

DA NON PERDERE ✱✱

I TESORI DI İSTANBUL

La cupola di S. Sofia con i quattro minareti

In queste pagine sono raccolte tutte le notizie di carattere pratico che possono servire al momento di organizzare viaggio e soggiorno. Un piccolo vademecum da leggere per partire informati, e che trova un indispensabile completamento nella guida alle informazioni pratiche allegata: lì infatti sono raccolti tutti gli indirizzi e suggerimenti utili una volta che sarete sul posto, anche di argomenti qui solo accennati e meritevoli di ulteriori indicazioni.

CARTA D'IDENTITÀ

Toponimo ufficiale
Repubblica di Turchia /Türkiye Cumhuriyeti

Superficie
814 578 km² (di cui 790 200 in Asia e 24 378 in Europa)

Abitanti
70 586 256 (alla fine del 2007), di cui 98 339 stranieri residenti in Turchia; la popolazione urbana rappresenta circa il 70% del totale

Capitale
Ankara

Etnie
Turchi, curdi, lazi, circassi, arabi, armeni, bulgari

Fuso orario
La Turchia è due ore avanti rispetto al GMT, quindi un'ora avanti rispetto all'Italia; è in vigore l'ora legale (come in Italia)

Lingua
La lingua ufficiale è il turco; pur non godendo di un riconoscimento da parte del governo, il curdo è ancora la prima lingua parlata nel Sud-est

Religione
L'Islam è professato dal 99% della popolazione (a maggioranza sunnita; gli Alevi rappresentano il 20% e solo un esiguo gruppo è di fede sciita). Il restante 1% si divide fra Cristiani ed Ebrei

Ordinamento dello Stato
La Turchia è una Repubblica parlamentare laica. Il capo dello Stato è eletto dal Parlamento con un mandato di sette anni. Il territorio è suddiviso in 81 province, a loro volta suddivise in distretti (923 in tutto)

Valuta
Nuova lira turca

QUANDO È MEGLIO PARTIRE

In base al clima

A causa della morfologia variegata del territorio e della posizione della catena del Tauro, che corre parallela al litorale limitando l'influenza del mare alle coste, la Turchia presenta **diversi microclimi**. Ai fini dell'organizzazione del viaggio, però, vi basterà tenere conto della distinzione fra le aree costiere, con inverni miti ed estati calde, e l'entroterra, il cui clima continentale assume caratteri sempre più estremi man mano che si avanza verso est. A giugno e settembre troverete le condizioni meteorologiche più favorevoli ovunque: sulle coste occidentali il clima è piacevole e le zanzare non rappresentano una piaga come nel cuore dell'estate, mentre nell'estremità orientale le temperature sono elevate, ma non eccessive (a luglio e agosto le massime diurne raggiungono i 45°). La **stagione balneare** dura da aprile a ottobre sul litorale mediterraneo e dell'Egeo meridionale, da giugno a settembre nella regione di Marmara e lungo l'Egeo settentrionale. Il periodo più indicato per una vacanza sul mar Nero va da aprile a settembre, ma prevedete sempre l'eventualità di pioggia.

In base agli eventi

Nell'organizzare il viaggio, ricordate che in concomitanza con le **principali festività religiose**, specie in occasione del Kurban Bayrami, gli spostamenti sono difficoltosi (autobus e treni sono presi d'assalto dai turchi), sono sospesi alcuni servizi essenziali (le banche chiudono per una settimana e i bancomat spesso esauriscono il contante già nei giorni precedenti; molti negozi abbassano le serrande) e gli alberghi registrano il tutto esaurito con ampio anticipo. Un altro periodo potenzialmente problematico coincide con le **vacanze scolastiche**: da metà giugno a metà settembre molti turchi si riversano nelle località balneari, occupando le varie sistemazioni. Cercate di assistere a una festa tradizionale, per esempio i combattimenti di cammelli (gennaio), il Nevruz (marzo), gli incontri di lotta di Kirkpinar (giugno), la festa di Haci Bektaş Veli (agosto) o il festival di Mevlana (dicembre). Anche sul piano degli eventi culturali la Turchia saprà stuzzicare la vostra curiosità con una ricca offerta di festival. Per informazioni sugli eventi, vedi sezione Eventi e manifestazioni.

I GIORNI FESTIVI

Capodanno
(Yilbas, i)

Festa della Sovranità nazionale e dei Bambini
(Ulusal Egemenlik ve Çocuk Bayrami). La giornata dedicata all'infanzia coincide con l'anniversario della prima riunione della Grande Assemblea nazionale (23 aprile 1920).

Festa della Gioventù e dello Sport
(Atatürk'ü Anma Gençlik ve Spor Bayrami)
Il 19 maggio si festeggiano i giovani turchi e si commemora Atatürk.

Festa della Vittoria
(Zafer Bayrami) Ricorda la vittoria riportata dai turchi sui greci il 30 agosto 1922.

Festa della Repubblica
(Cumhuriyet Bayrami) La Repubblica fu proclamata il 29 ottobre 1923 da Atatürk.

Festa dello zucchero
(S¸eker Bairami) A conclusione del Ramadan, adulti e bambini festeggiano per tre giorni scambiandosi dolciumi (da questa usanza deriva il nome della ricorrenza). La data varia di anno in anno in base al calendario lunare islamico: nel 2009 cade il 20 settembre, nel 2010 il 10 settembre.

Festa del Sacrificio
(Kurban Bayrami) È la più importante festività religiosa e civile dell'anno e dura quattro giorni. Segue il calendario islamico: nel 2009 si festeggia il 28 novembre, nel 2010 il 17 novembre.

PRIMA DI PARTIRE

Documenti

Se siete cittadini italiani e intendete soggiornare in Turchia per un periodo inferiore ai tre mesi, non dovete richiedere il visto: vi basta essere in possesso di carta d'identità valida per l'espatrio o passaporto (a volte le autorità italiane richiedono il passaporto ai viaggiatori indipendenti, ma di fatto la carta di identità è accettata dai funzionari turchi). In caso di soggiorni più lunghi, rivolgetevi alle sedi diplomatiche della Turchia in Italia. I minori di 15 anni devono avere la carta bianca o essere registrati sul passaporto dei genitori.

Formalità doganali

Per conoscere le norme in materia di libero scambio di merci, consultate la Carta doganale del viaggiatore (disponibile online all'indirizzo www.agenziadogane.it). Potete introdurre in Turchia senza pagare dazio effetti personali, equipaggiamento sportivo, 3 (diversi) strumenti musicali, una macchina fotografica con 5 pellicole, una cinepresa o telecamera con 10 film o 5 videocassette non registrate, una radio portatile, attrezzatura medica per un malato o per un viaggiatore portatore di handicap, 5 bottiglie di profumo, 1 kg di cioccolato, 200 sigarette o 50 sigari o 200 g di tabacco, 1.5 kg di caffè, 500 g di tè, 5 l di alcolici. Gli oggetti di valore e di antiquariato sono registrati sul passaporto al momento dell'ingresso e controllati all'uscita. Non è consentito l'ingresso di armi, salvo speciale permesso dell'ambasciata turca. È vietata l'importazione di narcotici e stupefacenti: si segnala la severità delle autorità turche nei confronti dei viaggiatori in possesso di qualsiasi genere di droghe.

Carte e piante

Tra le varie carte della Turchia reperibili in Italia, segnaliamo la carta stradale in scala 1:500 000 edita da Mappamondo, la più recente carta Turchia di De Agostini in scala 1:700 000 oppure quella curata da Studio FMB Bologna in scala 1:800 000 (collana Euro Cart). Il Touring Club Italiano pubblica l'Atlante stradale d'Europa Sud, in scala 1:800 000, utile anche a chi viaggia con mezzi propri.

Donne in viaggio

Paese dalle mille sfaccettature, la Turchia richiede alle viaggiatrici di valutare con sensibilità il contesto circostante. Un semplice accorgimento è quello di guardarsi intorno: osservate come si vestono e si comportano le donne del posto per adeguarvi alle usanze locali. Sebbene la Turchia sia una repubblica laica, il 99% della popolazione si dichiara di fede islamica e anche in una città cosmopolita come İstanbul avvertirete la tensione tra modernità e tradizionalismo. Tuttavia le realtà urbane più sviluppate e le maggiori località turistiche non risultano più pericolose per le viaggiatrici di altre metropoli europee; è invece più delicata la situazione nelle cittadine e nei villaggi della Turchia orientale. In generale, ovunque vi troviate, evitate di fare l'autostop, di uscire da sole la sera e di ostentare atteggiamenti disinvolti (il che non significa dover indossare il velo, ma che è consigliabile portare pantaloni lunghi e ampi, e maglie poco scollate). Sugli autobus a lunga percorrenza, preferite i sedili anteriori e non accomodatevi a fianco di passeggeri maschi. Siate prudenti nella scelta degli alberghi: quelli più economici sono spesso meno sicuri. In caso di molestie in pubblico, pronunciate ad alta voce le parole «Defol, defol» (va' via). Per ulteriori suggerimenti, consultate il sito www.permesola.com

Bambini al seguito

Ricca di zone di interesse naturalistico, la Turchia affascina i viaggiatori più piccini per le numerose possibilità di praticare attività all'aperto, dalle gite in barca allo snorkeling, dalle escursioni a cavallo alle camminate nei parchi nazionali. Meno vario è invece il panorama delle attrattive culturali adatte ai bambini. Non sempre l'offerta di prodotti, strutture e servizi per l'infanzia è adeguata: troverete in commercio pannolini e latte (sia pastorizzato sia in polvere), mentre gli omogeneizzati e altri prodotti alimentari sono più difficili da reperire (valutate se portarne una scorta da casa). Il sito www.quanto manca.com offre suggerimenti di carattere generale sui viaggi con i bambini.

Diversamente abili in viaggio

La Turchia non è una meta ideale per i portatori di handicap: spesso i marciapiedi e siti archeologici sono privi di rampe d'accesso, le strutture ricettive con meno di tre stelle non dispongono di ascensore e i mezzi pubblici non sono accessibili in carrozzella. La situazione è migliore nelle città e località turistiche della Turchia occidentale, ma, considerata la generale inadeguatezza dei servizi, è consigliabile rivolgersi a un'associazione specializzata in viaggi per disabili (consultate i siti www.mondo possibile.com e www.disabili.com).

 USI, COSTUMI E ACCORGIMENTI

Abitudini

Ad Ankara, İstanbul, İzmir, Bursa e nelle località della costa egea occidentale lo stile di vita è occidentalizzato (fuorché nei quartieri con un'alta concentrazione di immigrati provenienti dalle campagne), mentre nelle aree rurali e nelle regioni orientali sono ancora radicate le tradizioni locali e le norme islamiche. L'ospitalità è un valore imposto dalla stessa religione islamica: la gente del posto sarà sempre pronta a offrirvi una calda accoglienza, talvolta con un'insistenza che può risultare persino imbarazzante. Ricordate che è molto importante ricambiare l'ospitalità e che dovreste vivere qualsiasi contatto con i turchi come 'un'occasione sociale': anche durante lo shopping, la contrattazione è un momento in cui si instaura un rapporto socievole e amichevole tra le due parti.

Norme di comportamento

Per non sbagliare:
• evitate abiti appariscenti o discinti ed effusioni in pubblico;
• non visitate una moschea durante l'orario di preghiera; prima di entrare, toglietevi le scarpe e coprite braccia, gambe e spalle (le donne dovrebbero mettere anche un velo in testa);
• prima di entrare in una casa, togliete le scarpe;
• nel periodo del Ramadan, cercate di essere il più discreti possibile in segno di rispetto per i musulmani osservanti che nelle ore diurne non devono far passare nulla attraverso le labbra;

• a tavola: non soffiatevi il naso (è maleducazione); se siete invitati a pranzo o cena, assaggiate tutto ma evitate di fare bis, servitevi solo dai piatti di pietanza vicino a voi (mai con la mano sinistra) e non sedetevi vicino a una persona di sesso opposto a meno che sia il padrone di casa a chiedervelo;
• se vicino ai servizi igienici trovate un cestino o un secchio, usatelo per gettare la carta igienica (le tubature sono spesso datate e potrebbero otturarsi);
• se fate un complimento, pronunciate sempre l'esclamazione maşallah (dio vi protegga), in modo da chiarire che non siete invidiosi: i turchi sono superstiziosi e temono il malocchio.

Accorgimenti particolari

Occhio agli scippi in autobus e nei luoghi affollati e agli approcci amichevoli di chi vi attira nei bar per poi lasciarvi con un conto salato da pagare. Precauzione anche nell'accettare di bere con sconosciuti, visti i casi di persone drogate e derubate. Per informazioni aggiornate sulla sicurezza in Turchia, consultate il sito del Ministero degli Affari esteri (www.esteri.it/MAE/IT) e scegliete la voce 'viaggiare sicuri' nella sezione Viaggiare.

Vaccinazioni

Non sono previste vaccinazioni, né profilassi obbligatorie, sebbene sia consigliabile vaccinarsi contro il tifo, il tetano e l'epatite. Un antimalarico (clorochina) potrà risultare utile per chi visita la regione di Çukurova o il sud-est dell'Anatolia.

COME ARRIVARE E COME MUOVERSI

In aereo

Compagnie aeree e principali aeroporti

La Turchia è ben servita dalle compagnie aeree europee, anche low cost. Il terminal principale del traffico aereo internazionale è l'aeroporto Atatürk Havalimani di İstanbul, mentre Ankara e Izmir sono i raccordi più importanti per le tratte interne. Le compagnie di bandiera turca e italiana, **Turkish Airlines** (www.thy.com) e **Alitalia** (www.alitalia.it), gestiscono voli diretti tra İstanbul e Milano Malpensa (3 ore) o Roma Fiumicino (2 ore). Turkish Airlines offre inoltre voli diretti tra İstanbul e Venezia e opera sui principali aeroporti della Turchia (Adana, Ankara, Antalya, Bodrum, Dalaman, Izmir e Trabzon), raggiungibili dall'Italia solo facendo scalo a İstanbul. Questa città è meta anche di compagnie low cost che, di solito, partono da aeroporti poco trafficati e propongono voli stagionali nei periodi di maggior traffico. Tra queste, la vicentina Myair (tel. 899500060, www.myair.com) decolla dall'aeroporto di Milano Orio al Serio, mentre la turca Pegasus Airlines offre collegamenti da Milano Orio al Serio, Roma, Verona e Venezia: per informazioni e prenotazioni consultate il sito www.flypgs.it. I voli low cost di solito atterrano allo scalo Sabiha Gökçen.

Aeroporti di İstanbul

Aeroporto internazionale Atatürk Havalimanı (www.ataturkairport.com), sulla sponda europea nella zona di Yesilkoy, a circa 25 km dalla città, è ben servito da autobus di linea, taxi, dolmus o minibus. Un sottopassaggio collega il terminal internazionale con quello nazionale e con la stazione della metropolitana leggera ('Hafif Metro'), in funzione dalle 6 alle 24 e conduce a Zeytinburnu (sei fermate), da dove potete prendere il tram per Sultanahmet (un'ora scarsa di viaggio). Se siete diretti verso piazza Taksim e dintorni, il mezzo più comodo è la navetta Havaş, in partenza dalla fermata di fronte all'atrio arrivi con una prima corsa alle 5 del mattino e una seconda alle 6, poi ogni 30 minuti fino all'1 di notte. L'aeroporto è servito da una linea IETT (96T). Per il percorso dalla città all'aeroporto, molti alberghi offrono un servizio di trasporto tramite minibus, in genere con un'unica corsa giornaliera.

Sabiha Gökçen (www.sgairport.com). Più piccolo e periferico, si trova sul fronte asiatico, a circa 50 km da Sultanahmet e Taksim, ed è scomodo da raggiungere con i mezzi pubblici. Informatevi su eventuali autobus gestiti dalla compagnia aerea alla quale vi affidate. In alternativa, prendete i bus privati che conducono ai principali moli. Havaş offre un servizio di navette, i cui orari coincidono con gli arrivi dei voli Turkish Airlines; questi mezzi conducono nei pressi del molo dei traghetti di Kadıköy. Per informazioni e orari: www.havas.com.tr. La compagnia aerea Pegasus offre collegamenti per Bostanci, da dove partono numerosi catamarani. Molti alberghi organizzano un servizio di trasporto fino all'aeroporto, ma con una sola partenza al giorno.

Altri aeroporti con voli dall'Italia

Aeroporto Esenboğa di Ankara (www.esenbogaairport.com/esben). 33 km a nord del centro, l'aeroporto di Ankara è servito dagli autobus Havaş che fanno capolinea in Ulus, 19 Mayıs Stadium, ed effettuano varie fermate, tra cui una in corrispondenza dell'otogar AŞTİ. Gli orari dei mezzi in partenza dall'aeroporto coincidono con gli arrivi dei voli nazionali e internazionali, mentre dalla città gli autobus per l'aeroporto partono ogni mezz'ora dalle 4.30 alle 24. Per informazioni più dettagliate consultate il sito dell'aeroporto, in turco e in inglese.

Gli altri aeroporti internazionali sono:
Aeroporto di Antalya (www.aytport.com). È servito dagli autobus Havaş, in partenza dall'aeroporto ogni mezz'ora circa;
Aeroporto di Milas-Bodrum (www.bodrum-airport.com/en). 36 km a nord-est di Bodrum e 16 km a sud di Milas. Non esiste un servizio regolare di autobus, ma vi è una sola navetta che conduce dall'aeroporto al centro città. La compagnia Havaş gestisce un servizio di autobus funzionale agli orari dei voli Turkish Airlines da/per İstanbul.
Aeroporto di Dalaman (www.atmairport.aero/Dalaman_en). 5,5 km dalla città, alla quale è collegato da un efficiente servizio di taxi, con tariffe moderate. Gli autobus Havaş offrono il trasporto da/per Marmaris e Fethiye; i mezzi arrivano e partono in coincidenza con gli orari dei voli domestici di Turkish Airlines.

IN AUTO SICURI: LIBRETTO ETI

I soci del TCI possono usufruire dell'assistenza dell'Entr'aide Touring Internationale: il libretto ETI, valido 1 anno dal giorno dopo la data di pagamento, garantisce crediti per il pagamento di riparazioni e cure mediche, rimborso delle spese di rimpatrio del veicolo danneggiato, consulenza doganale, automobilistica e legale.

Aeroporto Adnan Menderes di İzmir (www.adnanmenderesairport.com/izmiren). 18 km a sud della città, è servito dagli autobus Havaş, che portano fino al centro città, e dai treni suburbani, che corrono tra l'aeroporto e la stazione ferroviaria di Basmane Garı. I mezzi Havaş sono in coincidenza con i voli nazionali di AtlasJet, IzAir, Onur Air, Sun Express e Turkish Airlines: i viaggiatori che si affidano ad altre compagnie possono salire a bordo solo se restano posti liberi.

Collegamenti interni in aereo

Esiste una rete capillare di collegamenti aerei. Potete affidarvi alle compagnie turche AtlasJet, IzAir, Onur Air, Sun Express e Turkish Airlines. Quest'ultima offre ai viaggiatori stranieri la formula 'Visita la Turchia', che prevede una tariffa agevolata per le tratte interne (fino a un massimo di 5) se l'acquisto dei biglietti avviene in abbinamento a quello di un volo internazionale (quindi prima della partenza); per i dettagli rivolgetevi alla vostra agenzia di viaggi o contattate gli uffici in Italia della compagnia (www.thy.com/it-IT/corporate/contact_us/offices.aspx).

In treno

Data l'assenza di collegamenti ferroviari diretti tra l'Italia e la Turchia, il viaggio in treno richiede tempo e denaro. Le tessere Inter Rail (valide in Italia e in Turchia), garantiscono tariffe agevolate per adulti, giovani e bambini. Il principale nodo ferroviario della Turchia è İstanbul: i treni provenienti dall'Europa arrivano alla stazione di Sirkeci (sulla sponda europea). L'itinerario più seguito dagli italiani prevede una tratta sul Venezia Express, che collega Venezia a Budapest; dalla capitale ungherese si prosegue verso Bucarest, dove si forma il Bosphorus Express che valica il confine bulgaro per arrivare a İstanbul, raggiungibile anche attraverso il confine greco in circa 12-14 ore con un treno notturno che parte da Salonicco.

Collegamenti interni in treno

La stazione di Sirkeci (Sirkeci Garı) di İstanbul è il capolinea dei treni provenienti dall'Europa e da Edirne, ma è dall'altra stazione di İstanbul, Haidarpaşa Garı, che partono i treni per le maggiori località turche (tra cui Ankara) e mediorientali. La rete copre in modo capillare la Turchia orientale e centrale, mentre il litorale mediterraneo ed egeo è poco servito. Per informazioni consultate il sito delle ferrovie dello stato turco, www.tcdd.gov.tr/tcdding/index.htm (anche in inglese).

In pullman

La compagnia di autolinee internazionali Eurolines (www.eurolines.it), l'unica attiva in Italia, non gestisce pullman diretti per la Turchia; si deve cambiare a Sofia (Bulgaria), collegata all'otogar di İstanbul. L'autobus è consigliabile per gli spostamenti all'interno della Turchia, che presenta una fitta rete di autolinee e mezzi ben tenuti. Il Fez bus collega le località turistiche dell'Egeo e del Mediterraneo con İstanbul e la Cappadocia (www.feztravel.com/Hop_On_Hop_Off_Turkey.asp, in inglese).

In nave

La traversata dura in media 65 ore da Venezia a Smirne e 35 ore da Brindisi a Çeşme. In alternativa vi sono i collegamenti da Brindisi, Ancona e Bari per la Grecia: Superfast Ferries (www.superfast.com; tel. 071202033) gestisce traghetti superveloci che non prevedono però il trasporto di vetture.
Turkish Maritime Lines, rappresentata in Italia da Bassani (www.bassani.it; tel. 0831568633), propone collegamenti plurisettimanali da Venezia o Brindisi a Çeşme. I viaggi più veloci da Ancona (40 ore) o Brindisi (25 ore) a Çeşme sono offerti da Marmara Lines, agenzia Capitano Primo Amatori (www.marmaralines.com, tel. 0712076165). Altre compagnie cui potete rivolgervi sono Med Link Lines, agenzia Epirotiki Cruises & Ferries (tel. 0642014444) e Discovery Shipping Agency Co. (tel. 0831527667).

Con mezzo proprio

Per raggiungere la Turchia alla guida del vostro mezzo (auto, minibus, camper, roulotte, motocicletta, motoscafo o barca a vela), dovete essere in possesso della patente italiana e far trascrivere gli estremi del veicolo sul passaporto.

L'itinerario più rapido su strada (circa 1600 km) parte da Trieste e, oltrepassata la frontiera slovena alla volta di Lubiana e Zagabria, entra in territorio serbo toccando Belgrado e Nis. Si prosegue verso Sofia, varcando la frontiera bulgara presso Dimitrovgrad, e poi verso Kapıkule, sul confine turco, da dove ci si dirige verso Edirne e İstanbul. Verificate in tempo se occorre il visto per l'ingresso in Bulgaria. Un altro itinerario (1950 km fino a İstanbul) transita dalla Grecia: da Nis dirigetevi verso Skopje, Salonicco e Ipsala.

Per guidare in Turchia occorre la Carta verde, un certificato internazionale di assicurazione. Quando lasciate il Paese, controllate che la registrazione del veicolo sul passaporto venga cancellata.

Autonoleggi

Nelle città principali e nelle località turistiche costiere si trovano agenzie di autonoleggio (più rare nella Turchia orientale). Oltre alle **compagnie internazionali** (Avis, www.avis.com.tr; Hertz, www.hertz.com.tr; Europcar, www.europcar.com.tr) sono attive organizzazioni locali, non sempre affidabili. Le tariffe comprendono di solito anche l'assicurazione per la responsabilità civile verso terzi (e a volte contro il furto) e sono a chilometraggio illimitato. Un veicolo noleggiato può essere importato allo stesso modo di una vettura privata; chi lascia la Turchia senza veicolo a noleggio deve avvertire la dogana perché l'importazione è segnalata sul passaporto. La maggior parte delle compagnie di noleggio richiede, per la prenotazione, il numero di carta di credito. Per la guida dell'auto è sufficiente la **patente B**.

Norme di circolazione

Non si differenziano da quelle in vigore nei paesi europei: il **limite di velocità** sulle au-

PERICOLI SU STRADA

Tenete presente che i limiti di velocità e il divieto di sorpasso in curva o in prossimità di dossi e cunette non sono sempre rispettati dai guidatori turchi; altre fonti di rischio sono gli animali vaganti e le buche o grosse pietre rimaste sulla sede stradale in seguito a lavori di manutenzione. Sconsigliata la circolazione di notte su strade secondarie: è facile imbattersi in animali incustoditi o mezzi che procedono a luci spente. Infine, evitate di fare l'autostop: può essere pericoloso.

tostrade è di 130 km/h; 90 km/h (80 per furgoni, autobus e camper; 70 per autocarri e ciclomotori) sulle strade extraurbane; 50 km/h nei centri abitati. Obbligatori le **cinture di sicurezza** e il **casco** per i motociclisti; vietata ai guidatori dei veicoli l'assunzione di alcolici. Il **traffico**, caotico nelle grandi città, è poco intenso lungo le strade extraurbane, dove però occorre fare attenzione ai numerosi autocarri e autobus. Prima di inoltrarsi su strade minori, specie nella Turchia orientale, accertatevi che l'autoveicolo sia in buone condizioni e abbia carburante sufficiente a coprire lunghi tratti. Alcune **zone prossime ai confini orientali** possono essere temporaneamente interdette al traffico per ragioni di sicurezza militare; in altre la circolazione deve essere autorizzata dalle autorità locali.

Carburante

In generale le stazioni di servizio abbondano e quelle lungo le strade principali sono spesso aperte anche di notte. Qualche problema nella Turchia orientale, dove i distributori sono numerosi solo nelle grandi città. Il costo del carburante (che si avvicina a quello italiano) varia in funzione del valore del dollaro.

UTILE DA SAPERE E DA AVERE

Abbigliamento

Adeguate l'abbigliamento al clima della vostra meta e mettete in valigia un paio di calzature comode da infilare e sfilare (vi semplificheranno la vita ogni volta che vorrete entrare in una moschea) e scarpe robuste per la visita ai siti archeologici. Le donne devono portare un foulard per coprirsi le spalle (o i fianchi in caso di pantaloni aderenti) quando accedono a un luogo sacro.

Ambasciata e consolato in Italia

Ambasciata della Repubblica di Turchia: Roma, via Palestro 28; tel. 06445941, (www.ambasciataditurchia.it)
Consolato Generale di Turchia: Milano (Via Larga 19; tel. 025821201; email: milanobk@tin.it)

Animali

Se viaggiate con il vostro amico a quattro zampe, chiedete al veterinario un certificato di buona salute, con antirabbica, tradotto in turco e vidimato dal consolato.

Assistenza sanitaria

In generale la situazione sanitaria è soddisfacente, anche se esiste un divario nella qualità dell'assistenza fra le cliniche private delle città principali e le strutture statali dei centri minori. Non sempre gli ospedali pubblici sono in buono stato e nei centri sanitari il personale raramente parla una lingua straniera.

La Tessera Europea di Assicurazione Malattia non è valida: per informazioni consultate la vostra Asl o il sito del Ministero della Salute. È consigliabile stipulare un'assicurazione sanitaria privata.

Bancomat e carte di credito

Non occorre acquistare la valuta locale prima di partire: il cambio in Italia è svantaggioso. Giunti a destinazione, potrete procurarvi le lire turche in uno dei numerosi sportelli bancomat, cambiavalute, uffici postali o, pagando una commissione più elevata, alberghi ad almeno tre stelle. Se per qualsiasi motivo non doveste riuscire a cambiare, potrete sempre pagare in euro: questa valuta, per lo meno nelle località turistiche, è accettata in quasi tutti gli esercizi commerciali e strutture ricettive. Le carte di credito Visa, Mastercard, Cirrus e Maestro sono di norma accettate; può capitare che siano rifiutate nei centri minori o da piccoli commercianti. Prima di partire, verificate presso il vostro istituto di credito i costi per l'uso della carta e se vi sono variazioni del codice PIN. È difficoltoso cambiare traveller's cheques o eurocheques. Ricordate che una volta rientrati in Italia non potrete cambiare le lire turche.

Budget

Data la crescita economica che, seppure con oscillazioni, ha interessato la Turchia negli ultimi anni, questo paese non è più una destinazione a buon mercato come in passato, anche se il costo della vita rimane in media inferiore all'Italia. İstanbul è una delle mete più care, perciò per visitare la città preventivate una spesa che si aggira intorno ai 100 euro al giorno (inclusi pernottamento, pasti, bevande, spostamenti e ingressi ai monumenti). I prezzi sono elevati anche nelle località turistiche delle coste del Mediterraneo e dell'Egeo, mentre si riducono drasticamente nell'entroterra.

Corrente elettrica

La tensione è di 220 Volt; il tipo di presa è conforme agli standard europei, a due o tre fori (come in Italia).

Farmacia da viaggio

Per quanto le farmacie siano fornite di farmaci di standard europeo, nel corredo di medicinali includete disinfettanti intestinali e antidiarroici in estate, insettifughi e lenitivi per sedare il prurito, creme per proteggere la pelle dal sole. Portate dall'Italia i medicinali abitualmente usati.

Fotografie e riprese

Dovete dichiarare in dogana solo le attrezzature fotografiche e cinematografiche di elevato valore. Le pellicole in Turchia costano meno che in Italia. Prima di fotografare una persona, specie una donna nelle zone poco turistiche, chiedete il consenso: è un gesto di rispetto. Nelle moschee è in genere concesso scattare foto, salvo espresso divieto; nei musei è sempre richiesta una sovrattassa. Per ragioni di sicurezza militare è vietato inquadrare installazioni e caserme, ponti, aeroporti e altri obiettivi strategici.

Indirizzi

Come in italiano, si indica prima il nome della via (strada si dice 'sokak', corso 'cadde' o 'caddesi') seguito dal numero civico; nelle grandi città si specifica anche il quartiere, preceduto, se necessario, dal numero o dal nome dell'edificio.

Informazioni turistiche

Tra gli innumerevoli siti ricchi di notizie utili, segnaliamo, in italiano, www.turchia.it – www.e-turchia.com – www.allaboutturkey.com/ita.

L'ambasciata di Turchia in Italia coordina anche un ufficio cui potete rivolgervi per ottenere informazioni di vario genere:

Ufficio Cultura e Informazioni di Turchia (Piazza della Repubblica 56, 00185 Roma; tel. 064871393, fax 064882425; e-mail: turchia@turchia.it; orario di apertura al pubblico: 9-13, 14-17).

Internet

Ovunque vi troviate, non dovrete girare a lungo per scovare un internet bar: in Turchia l'utilizzo della rete è in rapida crescita. Nelle località più remote potete rivolgervi agli alberghi di lusso. In molti aeroporti, caffè e hotel di categoria elevata è disponibile la connessione wi-fi.

Media

La tiratura di quotidiani e periodici è abbastanza elevata e le pubblicazioni sono di discreta qualità. Nelle grandi città e località turistiche non è difficile reperire i giornali stranieri, a un prezzo leggermente maggiorato e con uno o due giorni di ritardo sulla data di stampa. Oltre al *Turkish Daily News* (www.turkishdailynews. com), quotidiano di lingua inglese pubblicato ad Ankara, vi sono circa 20 quotidiani, con redazione a İstanbul. Tra i più diffusi: *Hürriyet*, *Milliyet*, *Zaman*, *Cumhuriyet*, *Sabah* e *Radikal*. I principali quotidiani turchi hanno sito internet in turco (talvolta con traduzione in inglese degli articoli di richiamo).

La rete radio-televisiva turca TRT è un'istituzione semi-indipendente, sul modello della BBC. Il mercato televisivo è governato da grandi gruppi editoriali, cui fanno capo le principali reti nazionali: ATV, Kanal D, Interstar, Show TV e TGRT. Nei maggiori alberghi, dotati di antenna parabolica e cavo tv, si ricevono reti europee.

Telefoni

Per chiamare la Turchia dall'Italia bisogna comporre lo 0090, seguito dal prefisso della località turca senza zero iniziale e dal numero desiderato. Per chiamare l'Italia dalla Turchia occorre comporre lo 0039, seguito dal numero di telefono.

Telefonare con i cellulari italiani abilitati per l'estero non presenta problemi e, se l'abbonamento con il vostro gestore di telefonia lo prevede, la connessione alla rete del relativo operatore turco è automatica.

EVENTI E MANIFESTAZIONI

Combattimenti di cammelli: si svolgono a Selçuk, l'ultima domenica di gennaio. La vigilia si tengono banchetti e danze al ritmo della musica tradizionale turca.

Nevruz: è la festa della primavera, celebrata il 21 marzo dai curdi, che per l'occasione indossano gli abiti più belli, organizzano gite e picnic, suonano, cantano e ballano.

Festival internazionale del Cinema di İstanbul: si svolge nei mesi di marzo e aprile e offre un'interessante panoramica del cinema internazionale.

Incontri di lotta di Kirkipinar: a inizio giugno a Sarayiçi, nei pressi di Edirne, i più forti lottatori si scontrano nell'olio.

Festival internazionale di Izmir: a giugno e luglio numerosi spettacoli di musica e danza hanno luogo a Izmir, Cesme ed Efeso.

Festa di Haci Bektaş Veli: intorno alla metà di agosto la località storica di Haci-bektaş (Cappadocia) diviene meta di pellegrinaggio dei dervisci bektaşi, che danno vita a un'animata cerimonia in onore del fondatore dell'ordine.

Festival internazionale del balletto: in agosto, nel castello di San Pietro di Bodrum.

Festival del Cinema Arancia d'Oro di Antalya: il più importante festival cinematografico del paese ha luogo in autunno nell'incantevole scenario del teatro di Aspendo.

Festival di Mevlâna: a Konya, tra il 10 e il 17 dicembre i dervisci rotanti sono protagonisti di grandi festeggiamenti in commemorazione di Mevlâna Jalaluddin Rûmî, tra i massimi poeti dell'islam, che morì il 17 dicembre 1273. Le danze, intrise di valenze simboliche, rappresentano il processo di unione mistica con dio.

Per un elenco completo degli eventi in programma, consultate il sito www. turchia.it/informazioni/festivita.htm

DORMIRE

L'offerta ricettiva spazia da alloggi moderni a sistemazioni con atmosfere orientali d'altri tempi, da grandi catene internazionali a pensioni a gestione familiare. In genere il rapporto qualità-prezzo è buono. A İstanbul la scelta è più variegata, ma le tariffe sono superiori rispetto al resto del Paese. Se intendete soggiornare in una località turistica della costa, informatevi sui pacchetti proposti dalle agenzie e ricordate che molti **villaggi turistici** sono chiusi da metà ottobre ad aprile. A Olympos, sulla costa occidentale del Mediterraneo, troverete le **treehouses**, ossia capanni sugli alberi che richiamano molti viaggiatori 'alternativi' (www.olymposturkmentreehouses.com). Le strutture più diffuse sono le **pansiyon** (pensioni), che, in media, garantiscono un livello di ospitalità discreto a prezzi abbordabili. Verificate lo stato della camera prima di impegnarla e definite bene la tariffa, stabilita in base al numero di persone che vi soggiornano. Non mancano gli **ostelli**, che in Turchia non fanno capo all'International Youth Hostel Federation, ma sono residenze per studenti (spesso aperte agli stranieri solo in luglio e agosto) dai servizi non sempre paragonabili a quelli degli altri Paesi europei, e i **campeggi**, molti dei quali però sono fuori norma e lasciano a desiderare quanto a pulizia. Per una sistemazione più confortevole, scegliete gli **alberghi** ad almeno tre stelle; nel prezzo è spesso inclusa la prima colazione alla turca.

 MILLE E UNA NOTTE

Vi tenta la prospettiva di assaporare almeno per una notte l'atmosfera incantata di un'antica dimora ottomana? Concedetevi il lusso di dormire in uno degli edifici storici della Turchia restaurati e adibiti a strutture ricettive: l'esperienza di soggiornare in una pittoresca villa d'epoca o in un antico caravanserraglio regalerà al vostro viaggio una nota esotica di cui serberete a lungo il ricordo.
Per informazioni: www.greatsmallhotels.com/turkey/boutique-hotels/list; www.notazzurra.it/istanbul_alberghi.htm

MANGIARE

Anche nel settore gastronomico, la Turchia si rivela punto di contatto tra Europa e Asia: la sua cucina coniuga elementi base della dieta mediterranea, come l'olio d'oliva, con spezie orientali (usate con parsimonia per preservare il gusto originale dei cibi). Il repertorio di ricette è ricco, grazie all'ampia disponibilità di ingredienti freschi e saporiti e alla preziosa eredità culinaria dell'impero ottomano: per secoli i migliori cuochi di corte si impegnarono a deliziare i palati dei sovrani, portando la cucina turca a livelli di rara eccellenza. Non abbiate timore di sperimentare: lasciate che i vostri palati siano deliziati dal **trionfo di verdure**, sempre presenti su una tavola turca. Anche i non vegetariani potranno assaporare gustose pietanze: l'usanza di arrostire le carni affonda le sue radici nella tradizione pastorale dell'Anatolia e non a caso il piatto tipico più conosciuto all'estero è il **kebab** (rotolo di carne di montone cotto su uno spiedo verticale). Nel rispetto della religione musulmana, che proibisce il consumo di maiale, si adopera prevalentemente la carne di montone o di agnello, spesso accompagnata dal riso pilav. Per quanto riguarda i **piatti di pesce**, l'ingrediente principe è l'acciuga (*hamsi*): i turchi conoscono 41 modi diversi di cucinarla! Le **zuppe** (*çorba*) possono essere leggere (a base di pollo, yogurt ecc.) o più sostanziose (con lenticchie o trippa); queste ultime costituiscono un piatto unico, mentre quelle leggere sono servite in cene formali come prima portata. In genere non ci si alza da tavola senza aver assaggiato il dolce.
Quanto al vino, le marche di solito servite nei ristoranti sono Doluca e Kavaklıdere, di buona qualità ma costose. Alcolici e superalcolici sono monopolio di Stato e ciò che non è prodotto dalla Tekel (Compagnia turca del monopolio di Stato) è da essa importato.

FARE

Sport
Se prediligete gli **sport acquatici**, potete praticare nuoto, rafting, windsurf, catamarano, immersioni subacque e kayak di mare. Alaçatı è una delle località più rinomate in Europa per il windsurf, e Ölüdeniz, meta ideale per il **parapendio**. Per i camminatori più infaticabili, la via Licia e il cammino di San Paolo sono due sentieri di **trekking** lunghi circa 500 km. In Cappadocia, esplorerete magnifici paesaggi a cavallo, in bicicletta o, in inverno, sulle racchette da neve. Non mancano le piste da **sci**: gli impianti forse non sono eccellenti, ma le tariffe sono contenute e il divertimento è assicurato!

Benessere
Siete nella patria del bagno turco: quale meta migliore per rilassarsi in un *hamam*? Nati su concezione romana, questi stabilimenti termali hanno assunto in Turchia caratteri orientali, con l'acqua corrente a sostituire quella stagnante; vi sono diverse sale progettate per spogliarsi (ma non integralmente), riposare sorseggiando *çay*, lavarsi, traspirare nel calore e concedersi al vigoroso massaggio. Donne e uomini sono rigorosamente separati.

Attività e divertimenti
Ricca di calette graziose e baie inaccessibili dall'entroterra, la costa turca si presta alla

navigazione da diporto: potrete prendere parte a una delle tante **gite in battello** organizzate lungo il litorale egeo e mediterraneo o attraverso lo stretto del Bosforo.

Altra attrattiva è l'esibizione dei **dervisci rotanti** (*mevlevi*): le danze mistiche dei monaci hanno un posto significativo nella cultura turca. Si può assistere a esibizioni pomeridiane e serali presso il Museo della Letteratura di Corte e altre *tekke* di İstanbul o in occasione del Festival di Mevlâna. Infine, tabagisti e curiosi potrebbero concedersi una 'pausa narghilé' prima che la legge antifumo, che per bar e caffè entrerà in vigore nel luglio 2009, ponga fine a questa tradizione: sono numerosi i locali in cui potete assaporare l'aroma dei tabacchi locali con la pipa ad acqua.

Per la sera

I turchi sanno divertirsi e far divertire: persino Şanlıurfa, la santa città dei profeti nell'Anatolia orientale, la sera si anima grazie ai **balli** e ai **canti folcloristici**. L'offerta di discoteche e night club è più varia nelle grandi città, come Ankara e İstanbul, e nelle principali località turistiche, specie quelle della costa (Bodrum e Antalaya sono note per l'effervescente vita notturna in estate), ma se cercate intrattenimenti dal sapore autenticamente turco, potrete scegliere tra spettacoli di **danza del ventre** e **concerti** di musica popolare, originaria delle steppe dell'Asia centrale (la musica classica turca ha invece origine nei palazzi ottomani). Alberghi e villaggi turistici organizzano spettacoli speciali per i clienti.

SHOPPING

Difficilmente resterete indifferenti ai colori e aromi dei bazar di İstanbul o all'atmosfera placida dei mercatini rurali. Tra i prodotti tipici della Turchia spiccano i **tappeti**, la cui tessitura è un'autentica arte che si tramanda da secoli; ve ne sono diversi tipi, tra cui l'*hali* (annodato) e il *kilim* (a tessitura piatta). Per una spesa importante si può optare per i **gioielli ottomani** (originali o in copia), esemplari di squisita fattura: pendenti, orecchini, spille e bracciali, spesso con motivi floreali o zoomorfi. L'arte orafa turca usa in prevalenza oro a 14 carati; l'oreficeria moderna propone anche gioielli a 18 carati e una lavorazione a 24 carati, una sorta di filigrana tipica dell'Est del Paese. A buon prezzo si compra anche l'argenteria (800 e 900): candelabri, centrotavola e gli originali 'specchi della sposa', da appendere al muro con la parte che riflette girata verso la parete e il fronte in metallo sbalzato a vista. I gioielli d'argento più interessanti (collane e bracciali), provengono dal Turkmenistan, da cui si importano anche le stoffe usate per l'arredo delle tende turcomanne: i *suzani* (ricamati a mano, in genere cotone su cotone, più raramente seta su cotone) e i più costosi *ikat*, di seta. Di taglio rettangolare, questi tessuti si usano come copriletto o copritavola (non come tovaglie) o ancora, se piccoli, si appendono al muro. Migliorata è la produzione di **capi in pelle**, di ottima qualità. Per abiti e scarpe si usano le taglie europee.

Altri prodotti tipici sono le **ceramiche** di İznik, Kütahya e Avanos, le pipe di schiuma di Eskişehir, e gli oggetti in rame, tra cui vassoi, ciotole e vasi. Sono molto diffusi gli amuleti a forma di occhio, in genere in vetro blu: tradizione vuole che questi occhi siano in grado di respingere l'energia negativa, neutralizzando l'influenza sinistra del malocchio.

Per i golosi: gran parte della frutta secca consumata in Italia proviene dalla Turchia!

LIBRI E FILM

Tra i romanzi che vi faranno conoscere e amare la Turchia e İstanbul in particolare, segnaliamo *Neve* e *Istanbul*, entrambi scritti da Orhan Pamuk (1952), Premio Nobel 2006, considerato lo scrittore per eccellenza di İstanbul. Yaşar Kemal (1923), invece, è il cantore dell'Anatolia di metà Novecento, che lui stesso ha vissuto da giovane, prima di diventare giornalista e scrittore; da non perdere *Memed e il falco* (2002).

Il cinema turco è ancora relativamente poco noto agli spettatori italiani, anche se il nome di Ferzan Ozpetek (1959) è ormai familiare. Trapiantato in Italia alla fine degli anni settanta, è autore di film premiati dalla critica, primo tra tutti *Il bagno turco*. Tra i rappresentanti della nuova ondata di cineasti spicca Semih Kaplanoglu (1963), la cui pellicola *Sük (Latte)* è stata ammessa tra i film in concorso alla 65ª edizione del Festival del Cinema di Venezia (2008). Un cenno merita infine Fath Akin (1973), nato in Germania ma di origini turche; Akin si è aggiudicato il Leone d'Oro a Berlino nel 2004 con *La sposa turca*.

INTRODUZIONE

INQUADRAMENTO GEOGRAFICO, STORICO, CULTURALE E ARTISTICO

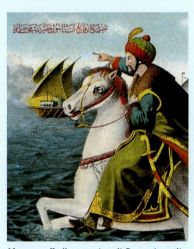

Maometto II alla conquista di Costantinopoli

La Turchia oggi: territorio e popolazione

Il quadro geografico

Saldamente ancorata all'Europa con la provincia tracia, oltre lo stretto canale del Bosforo, la Turchia può considerarsi il vero ponte tra Oriente e Occidente. In effetti, la massiccia penisola anatolica (Asia minor la chiamarono i Romani), ha fatto da crogiolo a un avvicendamento di popoli e civiltà che ha costituito la premessa per il successivo sviluppo della Repubblica turca, particolarmente attenta alle realtà dell'Europa occidentale. La superficie della Turchia è di circa 814 500 km², – 9861 sono quelli occupati dalle acque interne – dei quali il 97% si trova in Asia (altopiano anatolico) e il 3% in Europa (Tracia orientale o Turchia europea, corrispondente alla sezione della penisola balcanica a est del corso inferiore del Meriç), con circa 2573 km di confini terrestri e 8333 km di coste (comprese le isole). La Turchia confina con Grecia e Bulgaria nella zona europea, e con Georgia, Armenia, Azerbaigian, Iran, Iraq e Siria nella sua parte asiatica.

L'inconfondibile profilo del monte Ararat, la vetta più alta della Turchia

Gli aspetti geomorfologici

Fatta eccezione per la Tracia – comprendente pianure alluvionali e i poco elevati monti Strangia (Yıldız m 1031) e Tekir (m 924) – la quasi totalità del territorio turco può essere fatta coincidere con la penisola anatolica e il suo retroterra continentale, che si distingue per la conformazione massiccia e una notevole altitudine media.

Le vicende geologiche dell'Anatolia le hanno conferito un assetto geomorfologico assai complesso, come ben evidenzia l'articolato alternarsi di massicci e di catene (spesso superiori ai 2-3000 m di altezza, ma nelle zone orientali anche ai 4000), di altipiani e di chiuse depressioni, non di rado occupate da bacini lacustri. A ciò si aggiunga un reticolo idrografico molto irregolare e notevolmente condizionato dalla struttura orografica. Abbastanza articolato è anche il disegno costiero, soprattutto sulla facciata occidentale bagnata dall'Egeo, dove si alternano rocciose prominenze e frastagliate penisole ad ampie insenature accompagnate da retrostanti pianure alluvionali.

Sotto un profilo più strettamene geologico, la penisola anatolica risulta costituita da un fascio di rilievi che si sviluppano più o meno paralleli tra loro, comprendendo le catene dei *monti Pontici* a nord (con cime superiori ai 2000 m nel settore occidentale e ai 3000 in quello orientale) e quelle del *Tauro* a sud (distinto in varie sezioni che superano sovente i 3000 m d'altezza). Disposti in senso est-ovest, questi due fasci di catene ora si allargano fino a comprendere gli estesi altipiani anatolici, ora si restringono, serrandosi tra loro in una successione di vallate e dorsali, depressioni tettoniche e massicci variamente orientati. Entrambi confluiscono in un poderoso plesso di alte terre, denominato in passato con il nome di acrocoro armeno, e sede di intense manifestazioni vulcaniche e sismiche.

L'articolazione regionale

Nonostante il lungo fronte marittimo che distingue il territorio turco, le influenze marine sul clima sono limitate alle fasce costiere, con caratteri mediterranei lungo i litorali meridionali e occidentali e temperato-umidi lungo quelli settentrionali. L'interno del Paese, con rapide variazioni altimetriche soprattutto nelle zone montuose periferiche e nelle alte terre orientali, è dominato da condizioni nettamente continentali con notevoli contrasti stagionali e situazioni termiche quasi estreme.

Ne deriva un significativo adeguamento degli aspetti climatici, oltre che ambientali, all'articolazione morfologica regionale, in base alla quale è possibile individuare nel Paese sette differenti regioni (per un'analisi più approfondita delle caratteristiche paesaggistiche e climatiche delle zone attraversate dagli itinerari si rimanda alle parti introduttive dei singoli capitoli): la *regione del mare di Marmara*, che comprende il territorio di İstanbul e la Tracia, sezione balcanica della Turchia, ed è l'area più piccola ma più densamente abitata; la *regione dell'Egeo*, compresa tra il mare di Marmara e il bacino di Rodi, che rappresenta la facciata occidentale della penisola anatolica ed è caratterizzata da coste frastagliate e rocciose, con montagne a ridosso del mare; la *regione mediterranea*, ovvero la costa da Fethiye ad Antalya fino ad Antiochia, a ridosso della quale si estende la catena dei monti del Tauro; la *regione del mar Nero*, che coincide con il litorale che affaccia sull'antico ponte Eusino alle cui spalle si erge il poderoso sistema montuoso del Ponto, e che è la zona più piovosa e, di conseguenza, più verde del Paese; l'*Anatolia centrale*, il vasto altopiano su cui sorge Ankara e che comprende anche la regione della Cappadocia, con le sue vaste distese; l'*Anatolia orientale*, la regione più estesa e più selvaggia del Paese, dominata da grandiosi apparati vulcanici tra cui figura la vetta più alta della Turchia, l'Ararat (in turco, monte Ağrı, 5156 m); infine, la sezione sud-est dell'altopiano anatolico, comunemente indicata come *Anatolia sud-orientale* (Güneydoğu Anadolu), al confine con la Siria, l'Iraq e l'Iran, zona di steppe, dove nascono fiumi di grande importanza storica come il Tigri e l'Eufrate, coinvolti nell'enorme progetto di dighe GAP (vedi box a pag. 31).

I caratteri dell'idrografia

La rete idrografica della Turchia è rada e dalla struttura irregolare, dirette conseguenze delle condizioni climatiche (in particolare della concentrazione delle zone di massima piovosità in ambiti periferici), nonché dell'assetto orografico. Il regime idrico è caratterizzato da portate di scarso rilievo, con massimi più accentuati nelle stagioni piovose o in concomitanza con lo scioglimento delle nevi nelle zone montuose. Nelle zone interne, inoltre, le alte temperature estive facilitano l'evaporazione, prosciugando i letti fluviali e le rive lacustri.

I principali fiumi che scorrono in territorio turco, per sfociare poi nel mar Nero, sono il Kızılırmak (Halys), il più lungo di tutta la Turchia (1355 km) e lo Yeşilırmak (520 km). Tra i numerosi ma brevi corsi d'acqua che scendono nell'Egeo dalle aree occidentali dell'Anatolia è doveroso ricordare il mitico Scamandro (Menderes) che lambiva la collina di Troia, il Gediz (Ermo, 400 km) e il Büyük Menderes (Meandro, 300 km), provenienti ambedue dagli altipiani della Frigia. Nel mediterraneo sfocia invece l'Asi (Oronte, 400 km) che scorre in massima parte in territorio siriano e nasce nei monti del Libano. Dall'Anatolia sud-orientale scendono i due grandi, e più noti, fiumi mesopotamici, il Tigri (Dicle) e l'Eufrate (Fırat), interessati dal progetto GAP (vedi box a pag. 31): il Tigri con i suoi affluenti scorre per 520 km in territorio turco prima di entrare in quello iracheno, dove ne percorre altri 1427; l'Eufrate ha una lunghezza di circa 2750 km di cui 970 in territorio turco, 450 in Siria e 1250 in Iraq.

Numerosi sono i *bacini lacustri* disseminati in tutta l'Anatolia, spesso sul fondo di depressioni tettoniche o di conche chiuse da ogni lato da rilievi. I maggiori hanno acque fortemente salmastre per via dell'intensa evaporazione estiva e della scarsa alimentazione da parte degli immissari; tipici di questa situazione sono i grandi specchi del lago Tuz (circa 1500 km^2) e del lago di Van (3173 km^2). Altri bacini di notevole estensione sono quelli di Hoyran-Eǧridir (468 km^2 a 870 m di altezza) e di Beyşehir (656 km^2 a 1150 m di quota) tra i rilievi dell'Anatolia sud-occidentale.

Molte anche le sorgenti termali, in generale legate al vulcanismo recente: accanto a località termali storiche, come quelle di Bursa e Yalova, in tempi più recenti stanno nascendo stazioni termali di notevole interesse.

Il patrimonio faunistico e le aree di interesse naturalistico

Nonostante una presenza umana più che millenaria, l'ambiente naturale conserva in Turchia molti aspetti originari. La fauna selvatica si è notevolmente ridotta, ma non mancano specie tipiche o endemiche di un certo interesse: molto diffuso nella Mesopotamia settentrionale è il dromedario, presente sulle coste dell'Egeo e sull'altopiano anatolico. L'orso vive tuttora sui monti dell'Anatolia orientale, mentre in Tracia, sull'altopiano anatolico e sui monti del Tauro sono diffusi il lupo, lo sciacallo e la volpe. Sull'altopiano anatolico e nelle aree montuose nord-orientali vive anche la iena. Cervi e caprioli sono numerosi nei boschi del Ponto e della Tracia.

Diffusi un po' dovunque i piccoli mammiferi roditori e insettivori (lepri, talpe, ricci); piuttosto varia è anche l'avifauna, con rapaci (aquile, astori, falchi) sui monti del Tauro e sull'altopiano anatolico, specie migratorie (la cicogna) e stanziali. Diffusi anche i rettili e le tartarughe, tra cui la tartaruga rossa nelle zone più orientali della costa pontica.

Particolarmente ricche di specie ittiche sono le acque dei mari circostanti: non è raro vedere affiorare dei delfini nello specchio del mare di Marmara, mentre nel mar Nero è presente lo storione. Numerose sono le aree di interesse naturalistico sottoposte a tutela o attrezzate a parco nazionale (vedi box a pag. 27).

Le condizioni demografiche e le forme dell'insediamento

La popolazione attuale della Turchia (stima fine del 2007) risulta essere di 70 586 256 abitanti, con una densità pari a 93 ab./km^2. Le maggiori concentrazioni demografiche si registrano lungo le coste egee, del mare di Marmara e del mar Nero (Trebisonda) e in corrispondenza dei grandi agglomerati urbani di İstanbul (12.5 mil. di ab. con la parte asiatica) e di Ankara (5 mil. di ab.), oltre che nelle aree direttamente gravitanti sulle maggiori città. Nel resto del Paese il valore della densità si riduce notevolmente, in particolare sugli altipiani anatolici, mentre le regioni montuose orientali sono per ampi tratti pressoché spopolate, a causa delle difficili condizioni ambientali.

La popolazione turca, rispetto al primo censimento del 1927 (13.6 mil. di ab.) risulta notevolmente aumentata. Tra le cause di tale accrescimento, oltre al considerevole flusso di immigrazione forzosa proveniente dai Paesi appartenuti precedentemente al dissolto impero ottomano (in particolare dall'area balcanica), sono da annoverare l'elevato tasso di natalità e le migliorate condizioni generali di vita. Negli ultimi decenni, tuttavia, la pressione demografica è divenuta tale da alimentare un forte movimento migratorio verso i Paesi dell'Europa occidentale (Germania soprattutto) e alcuni Paesi arabi (Libia, Arabia Saudita). Notevole è anche il fenomeno dell'inurbamento della popolazione agricola che ha già provocato una crescita abnorme delle principali città. La popolazione turca è una popolazione giovane: l'età media è di 28 anni. Per quanto riguarda l'educazione, si registra un tasso di analfabetismo del 12.4% (dati del 2005). La scolarizzazione è obbligatoria fino a 14 anni e comprende 5 anni di scuola elementare (*ilk okul*) e 3 anni di scuola media (*orta okul*). La scuola superiore è di 3 anni, tranne alcuni licei stranieri che prevedono un curriculum quadriennale.

La trasformazione dei generi di vita della popolazione turca, fino al secolo scorso costituita prevalentemente da agricoltori e da pastori nomadi e seminomadi, ha contribuito, specialmente sull'altopiano anatolico, all'aumento del numero dei villaggi agricoli, dalla struttura compatta e dall'architettura assai diversificata, in genere ubicati in prossimità di un corso d'acqua o di una sorgente, sul fondo di una conca o di una vallata. Nelle regioni occidentali è, invece, più frequente l'insediamento sparso, con abitazioni rurali isolate sui fondi coltivati. Nelle regioni meridionali, ai confini con la Siria, sono frequenti le case ad alveare con il tipico tetto a cupola; caratteristiche degli altipiani interni sono le abitazioni di argilla, presenti anche nelle regioni orientali e meridionali, spesso raggruppate su pendii terrazzati. Nelle regioni orientali vulcaniche prevalgono le costruzioni in pietra; il legno è più utilizzato nelle zone umide e boscose dei rilievi affacciati sul mar Nero. La rapida trasformazione dell'economia e del costume nazionale spes-

I parchi naturali

La Turchia inizia a essere giustamente conosciuta non solo per il suo patrimonio artistico, ma anche per la bellezza delle sue risorse naturali. Ospita infatti 39 parchi nazionali, il primo dei quali fu istituito nel 1958: se alcuni sono nati inizialmente a tutela delle ricchezze artistiche e culturali del Paese (come il parco di Olympos nei pressi di Antalya o quello di Göreme in Cappadocia), non mancano parchi creati per garantire la salvaguardia di alcuni habitat particolari.

Uno dei più noti è il Kuşcenneti Milli Parkı, nella regione di Bursa, riserva ornitologica di fama internazionale. I parchi nazionali hanno orari di apertura che variano a seconda delle stagioni (in genere, dall'alba al tramonto) ed è previsto a volte un biglietto di ingresso (che può durare anche più di un giorno). Spesso sono attrezzati con zone per i picnic o per il campeggio, a seconda delle tipologie di parco: in genere, quelli che ospitano specie animali protette non offrono la possibilità di pernottamento (come il Kuşcenneti Milli Parkı).

Accanto ai parchi esistono inoltre sulla costa alcune aree protette: le più famose sono quelle di Dalyan, Patara e Olympos per la riproduzione delle tartarughe marine.

Per ulteriori informazioni: www.allaboutturkey.com/millipark.htm

---

so è riflessa dal contrasto che si avverte in molti centri urbani dove, accanto a moderni edifici, coesistono modeste costruzioni di impronta tipicamente rurale.

Il nomadismo, un tempo assai diffuso, in seguito alle riforme del periodo ottomano e soprattutto dei governi kemalisti, si è oggi notevolmente ridotto, limitandosi alle montuose regioni orientali. Più diffuso, nelle regioni meridionali (Cilicia, Licia, Caria), è il seminomadismo, caratterizzato da una transumanza stagionale tra i pascoli delle conche intermontane (*yayla*) e i villaggi di insediamento invernale.

Caratteri etnici e religiosi

L'eterogeneità della struttura etnica, linguistica e religiosa turca è una caratteristica strettamente connessa al ruolo, svolto in passato dal Paese, di centro propulsore di un impero delle dimensioni di quello ottomano, esteso dalla sponda nordafricana dell'Atlantico al golfo Persico. Vero è, tuttavia, che l'attuale Turchia, specialmente dopo le coraggiose riforme di Mustafa Kemàl (Atatürk), si è trasformata in uno stato sostanzialmente omogeneo, con una *popolazione* costituita, in maggioranza, da turchi che parlano una propria lingua, il cosiddetto turco anatolico. Ad essi si affiancano popolazioni seminomadi di lingua iranica (15% del totale) abitanti le regioni di confine orientali, diffuse anche in Iran e Iraq (ufficialmente denominate 'turchi delle montagne', ma note in questi Paesi con il nome di curdi), gruppi caucasici di lingua circassa, armena e georgiana in corrispondenza delle repubbliche ex sovietiche dell'Armenia, dell'Azerbaigian e della Georgia, arabi residenti sui versanti meridionali del Tauro confinanti con la Siria e gruppi di lingua bulgara e greca nei pressi dei confini corrispondenti.

Grandissima parte della popolazione è di *religione* islamica, prevalentemente (70%) di rito sunnita (il rito sciita è diffuso, per il 19.8%, solo tra le popolazioni di lingua iranica delle estreme aree orientali), sebbene essa – nel segno del liberalismo e dell'eguaglianza propugnati da Atatürk – non sia riconosciuta come religione di stato. I Cristiani, poco meno di 200 000, sono organizzati nelle Chiese ortodossa (armena, bulgara e greca) e cattolica romana oltre che in varie comunità protestanti. La Chiesa cattolica, facente capo alla Conferenza episcopale di Turchia, riunisce i riti armeno, bizantino, caldeo e latino, oltre a quelli maronita, melchita e siriano, soggetti ai propri patriarchi, residenti in Libano e Siria. Circa 24 000 sono i turchi di religione ebraica, facenti capo alla comunità israelitica di Turchia, con sede a İstanbul.

Ordinamento politico-amministrativo

La Turchia ('Türkiye Cumhuriyeti) è una Repubblica costituzionale (l'attuale costituzione, in sostituzione della precedente del 1961, è stata approvata il 7 novembre 1982) con un parlamento unicamerale formato da 450 membri eletti a suffragio universale ogni cinque anni. Fin dal 1930 in Turchia la donna gode dell'elettorato attivo e passivo.

La lingua

La lingua ufficiale, diffusa in tutto il Paese, è il turco; delle lingue europee l'inglese e il tedesco sono le più parlate dagli operatori e dai funzionari turistici; la conoscenza del tedesco, in particolare, è relativamente diffusa anche tra la gente comune, ancor più che per i massicci flussi di turisti di lingua germanica, per il gran numero di turchi che ha vissuto e vive l'esperienza dell'emigrazione in Germania, Svizzera e Austria. Dato l'aumentato flusso turistico dai Paesi dell'est in questi ultimi anni, sono parlati il russo e il polacco. Forti differenze permangono, comunque, tra la diffusione della conoscenza di lingue straniere lungo la fascia costiera mediterranea e quella, molto scarsa, della popolazione residente nelle regioni interne anatoliche; qualche parola d'italiano è facilmente nota a chi lavora e vive nelle zone turistiche e non è difficile, nei centri di maggior interesse, reperire guide che parlino la nostra lingua.

La lingua turca è diffusa in una vasta area geografica in Europa e Asia e appartiene al gruppo sud-ovest del ceppo Uralico-Altaico.

Lo sviluppo e l'evolversi della lingua turca si può classificare in tre periodi ben distinti:
1) Turco Anatolico (vecchio Ottomano - dal XIII al XV secolo);
2) Turco Ottomano (dal XVI al XIX secolo);
3) Turco attuale (dal XX secolo).

L'alfabeto si compone di 29 lettere. Tra i 29 segni dell'alfabeto turco-latino, quelli che seguono hanno un valore fonetico particolarmente diverso da quello italiano:

c	corrisponde alla *g* palatale italiana come nei gruppi *gia, gio, giu, gi, ge*
ç	corrisponde alla *c* palatale italiana come nei gruppi *ce, ci, cio, ciu, cia*
g	corrisponde alla *g* dura italiana come in *go, ga, gu, ghi, ghe*
ğ	non ha suono corrispondente, ma prolunga quello della vocale precedente
h	si aspira
ı	ha un suono di *i* gutturale
j	si pronuncia come la corrispondente lettera francese in *jardin*
k	è una *c* dura come nei gruppi italiani *ca, co, cu, chi, che*
ö	si pronuncia come il dittongo francese *eu* di *fleur*
s	si pronuncia dura come nella parola italiana *sole*
ş	corrisponde al gruppo palatale italiano *sc* di *sci, sce, scia, scio, sciu*
ü	si pronuncia come la *u* francese di *usine*
y	corrisponde alla *i* semivocalica italiana di *ieri*
z	corrisponde alla *s* dolce italiana di *rosa*
i	corrisponde alla *i* vocalica italiana

Attuale presidente della repubblica è Abdullah Gül, eletto nell'agosto 2007 in sostituzione di Ahmet Necdet Sezer. Secondo la costituzione vigente il capo dello Stato è nominato dal Parlamento e dura in carica 5 anni.

Sotto il profilo amministrativo, come già prevedeva la costituzione del 1921, il Paese è diviso in 73 province (*iller*) che corrispondono ai vilayet dell'impero ottomano, con a capo un 'vali' che rappresenta il governo centrale e un proprio consiglio elettivo. A loro volta le province sono divise in città o comuni (*bucak*). La bandiera nazionale turca è contrassegnata da una mezzaluna e da una stella bianca in campo rosso.

Le condizioni dell'economia

Dall'eredità ottomana alle riforme repubblicane

Già sottoposta, durante il secolo scorso, a un vero e proprio colonialismo capitalista a opera dei Paesi dell'Europa occidentale, l'economia del vecchio impero ottomano era rimasta, alla vigilia del primo conflitto mondiale, ancorata a strutture sociali e produttive di tipo teocratico-feudale oltre che tecnicamente primordiali.

La rivoluzione dei Giovani Turchi e il successivo avvento al potere di un governo repubblicano (1923), sotto la spinta riformista di Mustafa Kemàl (Atatürk) volta alla europeizzazione delle strutture economiche e sociali del Paese, posero le premesse indispensabili per la modernizzazione del nuovo Stato turco, che prese avvio nella creazione di una nuova capitale, Ankara, scelta con criteri geopolitici al centro del territorio nazionale.

Principio ispiratore fu quello della pianificazione, seguendo inizialmente una sorta di autarchia con la creazione di rigide barriere doganali (1929), necessarie ad assicurare al giovane Stato una sua indipendenza politica. La nazionalizzazione delle attività produttive, sancita dal primo piano quinquennale varato nel 1934, si concretizzò con la creazione della Sümer Bank, strumento fondamentale per lo sviluppo delle industrie di base, cui si affiancò un altro istituto nazionale, l'Eti Bank, con il compito di favorire lo sfruttamento delle risorse minerarie ed energetiche. Il monopolio statale riguardò soprattutto i settori della siderurgia, del cemento, della carta e del legno, unitamente alla lavorazione del tabacco, all'industria tessile e del calzaturificio. Anche il sistema dei trasporti venne nazionalizzato e fu dato notevole impulso alla costruzione di una efficiente rete stradale. Il secondo piano quinquennale, interrotto dagli eventi dell'ultimo conflitto mondiale, si orientava verso lo sviluppo della siderurgia, della produzione energetica e mineraria e della cantieristica.

Gli sviluppi del periodo postbellico

Il primo quindicennio postbellico fu contrassegnato da notevoli mutamenti economici e politici, come la crisi del sistema della pianificazione, la rapida espansione dell'economia favorita dalla liberalizzazione degli scambi, dalla ripresa dell'iniziativa privata nonché dall'adesione della Turchia a organismi economici come l'OECE o militari come la NATO. Ne derivarono, tuttavia, un sensibile sbilanciamento dei rapporti commerciali con l'estero e pericolose tendenze inflazionistiche.

Dopo la crisi istituzionale del 1960, la creazione di un apposito organismo nazionale di pianificazione precisò le linee programmatiche di sviluppo per la realizzazione di radicali cambiamenti delle strutture economiche, oltre che per il conseguimento di una maggiore giustizia sociale, ricorrendo a massicci investimenti da parte dello Stato e all'apertura verso il capitale privato e straniero. Inoltre, l'associazione alla Comunità economica europea (1964) veniva intesa come primo obiettivo per una futura adesione alla stessa, da realizzarsi nell'arco di un trentennio.

Tra il 1963 e il 1977 furono varati tre piani quinquennali, la cui attuazione produsse un sensibile aumento del prodotto nazionale lordo (quasi il 7% annuo). I risultati più notevoli furono ottenuti nel settore industriale ed energetico-minerario, mentre in quello agricolo, pur rivitalizzato dall'aumento delle aree coltivate e della stessa produzione, continuarono a pesare negativamente l'arretratezza dei sistemi colturali e la scarsa incidenza della riforma agraria (1973), che non è riuscita a contrastare il latifondo e a mutare sostanzialmente i rapporti all'interno di un mondo rurale ancora fortemente legato a mentalità arcaiche.

Le tendenze più recenti

Nel corso degli anni Settanta del Novecento l'economia turca ha risentito anche della crisi energetica mondiale: un'inflazione crescente, un sensibile rallentamento dello sviluppo del prodotto nazionale lordo (sceso a livelli addirittura negativi nel biennio 1979-80) e un massiccio flusso migratorio (sono oltre un milione i turchi che lavorano all'estero, specialmente in Germania) ne sono state le conseguenze più evidenti.

Il peso del settore agricolo nel condizionare la struttura dell'economia turca è ancora oggi assai rilevante, come testimonia l'alta incidenza del numero di addetti (il 29.5% nel

2005) sul totale della popolazione attiva. Tuttavia, il contributo delle attività primarie alla formazione del prodotto nazionale lordo si è comunque notevolmente ridimensionato e parallelamente è cresciuta l'incidenza delle attività industriali. Negli ultimi anni, infine, un ulteriore impulso alla liberalizzazione dell'economia (in particolare con l'istituzione di zone franche sulle coste egee e mediterranee), unitamente alla favorevole congiuntura energetica internazionale, ne ha accelerato la ripresa, concretizzatasi in un nuovo e sensibile aumento del prodotto nazionale lordo. Ciononostante il suo valore pro capite si mantiene estremamente basso, sia per la continua fluttuazione della moneta americana sia per la forte pressione demografica interna.

Nel complesso, pur caratterizzata ancora da notevoli squilibri, soprattutto nel settore commerciale, oltre che dall'indebitamento internazionale, la recente ripresa dell'economia turca – che ha comportato fra l'altro una riduzione considerevole del tasso di povertà (- 29.9% nel periodo compreso fra il 2002 e il 2006) – costituisce indubbiamente un sintomo positivo per una sua più concreta integrazione con il grande mercato dei Paesi occidentali.

Le risorse energetiche e minerarie

Sebbene la Turchia non possa dirsi privilegiata dalla natura, l'attività estrattiva consegue interessanti risultati, soprattutto grazie ai campi petroliferi di Garzan e Raman, nella Mesopotamia, ai giacimenti di carbone di Zonguldak sul mar Nero e alla lignite che viene estratta da numerosi giacimenti sparsi prevalentemente sull'altopiano anatolico (Kütahya, Balıkesir) e nella Tracia. Per far fronte al proprio fabbisogno energetico, tuttavia, la Turchia aveva stipulato un accordo con l'Unione Sovietica per la fornitura annua di 6 miliardi di m³ di metano.

Un notevole sforzo è stato inoltre compiuto nella costruzione di numerosi bacini artificiali lungo i principali corsi d'acqua, a scopo irriguo ma soprattutto energetico, tra i quali il lago di Hirfanlı sul Kızılırmak e il lago di Keban sull'Eufrate (Fırat). Su quest'ultimo è stato realizzato (1992) un vasto bacino artificiale a nord di Urfa, trattenuto da un poderoso sbarramento, la diga di Atatürk, alta 180 m. Esso rende possibile l'irrigazione di oltre 1.5 milioni di ettari e la produzione di almeno 24 miliardi di kWh, vale a dire poco più di un terzo della produzione attuale di energia elettrica.

Il sottosuolo turco fornisce anche molte specie di minerali di uso industriale, sebbene in quantità non sempre ragguardevoli. Tra quelle più significative sono da ricordare il ferro, proveniente in gran parte dai giacimenti di Divriği nell'Anatolia centro-orientale, e il cromo, estratto nei dintorni di Fethiye (coste sud-occidentali) e a Dağardı, sul mare di Marmara, minerale di cui la Turchia è uno dei principali produttori mondiali. Altre estrazioni di rilievo sono quelle di antimonio, rame (estratto a Murgul sul mar Nero e a Maden nell'alto Tigri), mercurio, zolfo, piriti (estratte a Küre e raffinate a Keçiborlu), piombo argentifero (Keban), molibdeno, manganese, amianto, bauxite, barite. Produzioni tipiche sono ancora quelle della magnesite, del salgemma, della boracite (oltre 1.5 mil. di t provenienti dai giacimenti di Bandırma), dello smeriglio. A Eskişehir si estrae la sepiolite, nota anche come 'schiuma di mare': si tratta di un silicato di magnesio poroso, infusibile e inattaccabile dagli acidi, che si rinviene in masse nodulari ed è usato per la fabbricazione di pipe.

Le attività industriali

Dopo il suo avvio sotto l'egida dello Stato, l'industria nazionale turca ha conosciuto nel secondo dopoguerra un notevole sviluppo, specialmente in conseguenza dei due piani quinquennali (1963-72), triplicando il proprio indice produttivo. In particolare, la metallurgia, con impianti a Karabük ed Ereğli (in prossimità dei giacimenti carboniferi di Zonguldak), Alessandretta e Kırıkkale, fornisce ghisa, acciaio, oltre a coke metallurgico, rame, piombo, alluminio (Seydişehir).

Nuovi impulsi hanno ricevuto industrie tradizionali come quelle alimentari (zuccherificio, birrificio ecc.) e le tessili (in passato limitate essenzialmente alla fabbricazione artigianale dei tappeti) che lavorano prevalentemente il cotone (con impianti a İstanbul, Kayseri, Ereğli, Malatya, Adana, Smirne), la lana, la seta, nonché fibre artificiali e sintetiche (Gemlik). Assai rinomata è la lavorazione del tabacco, monopolio nazionale, oltre che la concia delle pelli e la lavorazione del cuoio. In forte espansione è la produzione di cemento e assai diffuse, sebbene effettuate ancora con sistemi artigianali, la lavorazione del vetro e della ceramica. Del resto l'artigianato poteva considerarsi, prima della rivoluzione repubblicana, l'unica forma di trasformazione delle materie prime del Paese, altrimenti esportate allo stato grezzo. Tra le industrie in fase di avanzato sviluppo, un ruolo di rilievo è occupato da quella chimica, con produzione di superfosfati, soda caustica, acido solforico, fertilizzanti, gomma sintetica, con principali stabilimenti a Kütahya, Karabük, Smirne, e il settore petrolchimico (con impianti a İzmit, Mersin, Trabzon). In fase di sviluppo è anche l'industria cartaria che fornisce pasta meccanica, chimica e carta da giornale.

Una posizione di rilievo, infine, è occupata dalle industrie meccaniche, orientate prevalentemente nel settore dei mezzi di trasporto, con impianti per costruzioni ferroviarie (Sivas, İzmit), montaggio di aeroplani (Kayseri). Cantieri navali sorgono a İstanbul e Smirne, fabbriche di automobili a İstanbul e Bursa; notevole è la produzione di macchine agricole e di pneumatici.

Le attività agricole, l'allevamento e la pesca

Le iniziative dello Stato per mutare radicalmente la struttura produttiva dell'*agricoltura*, ancora arcaica e dominata dal latifondo, si orientarono prevalentemente verso la creazione di fattorie modello, di una banca di credito agrario (Ziraat Bankası), di un fondo di sviluppo agricolo e di strutture cooperative. Inoltre, grazie a opportuni incentivi e a una politica dei prezzi dichiaratamente protezionistica, il contributo fornito dall'agricoltura all'economia nazionale è divenuto via via più consistente. A ciò hanno contribuito anche il miglioramento della rete delle comunicazioni, l'aumento delle superfici irrigate, l'uso crescente dei fertilizzanti e l'introduzione della meccanizzazione.

Le regioni agricole attualmente più fertili e sviluppate sono rappresentate dalle pianure alluvionali della Lidia e della Caria (valli del Gediz e del Büyük Menderes) sulle coste occidentali, della Panfilia (golfo di Antalya) e della piana di Adana (Cilicia) sulle coste meridionali, caratterizzate dal dominio della grande proprietà e dove prosperano le principali colture del cotone e del tabacco e, in posizione marginale, degli agrumi e della vite. L'olivo è invece diffuso nelle fasce costiere occidentali e del mare di Marmara.

I cereali, coltivati ancora con il primitivo sistema del 'dry farming', occupano le pianure della Tracia e dell'Anatolia centrale. Abbastanza vario è il panorama colturale delle co-

---

Le dighe del sud-est: il progetto GAP

Il GAP (Güneydoğu Anadolu Projesi, progetto per l'Anatolia sud-orientale) è un piano gigantesco che prevede la creazione di 22 dighe (8 sul Tigri e 14 sull'Eufrate), di 19 centrali idroelettriche (8 sul Tigri e 11 sull'Eufrate) e di una rete di sistemi di irrigazione che dovrebbero fornire acqua a circa 2 milioni di ettari di terra. Una parte di questi lavori è già stata realizzata – nel 2007 si contavano 17 dighe. L'acqua è destinata a irrigare zone da sempre aride, mentre le enormi quantità di energia elettrica prodotta trovano impiego in campo industriale. Il progetto aspira a un migliore utilizzo delle terre nella regione interessata per promuoverne la crescita economica e sociale attraverso un aumento della produttività e del numero di posti di lavoro.

Accanto, però, agli innegabili vantaggi, sono emersi problemi di vario genere. Innanzitutto di carattere ambientale, in quanto i lavori in corso stanno modificando rapidamente l'ecosistema di tutta la regione, coinvolgendo flora, fauna e provocando la diffusione di malattie come la malaria, la diarrea e la dissenteria. In secondo luogo sono sorte questioni politiche, perché Siria e Iraq, Paesi nei quali continua il corso del Tigri e dell'Eufrate, riscontrano una riduzione della portata delle acque dei due fiumi nel loro territorio. Analoghe proteste sono state fatte proprie da gruppi e organizzazioni interni ai vari Paesi europei che sono tra i principali finanziatori del progetto.

Da non dimenticare, inoltre, da un punto di vista della tutela del patrimonio storico-artistico, che le acque della diga di Birecik hanno già sommerso l'antica città di Zeugma, fondata nel III secolo a.C. e affermatasi poi durante il dominio romano (i reperti salvati, tra cui meravigliosi mosaici, si trovano ora al museo di Gaziantep), mentre la diga di Ilisu minaccia il sito di Hasankeyf sul Tigri, insediamento di origine romana con una spettacolare cittadella medievale.

ste settentrionali con prodotti ortofrutticoli, legumi, tabacco, barbabietole da zucchero ecc., mentre le vallate dell'Anatolia orientale, anche per le difficili condizioni climatiche e ambientali, sono scarsamente coltivate. Sulla costa pontica orientale le condizioni climatiche favoriscono la coltura del tè; coltivazioni tipiche della Turchia sono anche quella del papavero da oppio (sull'altopiano anatolico) e delle rose.

Diffusa anche la coltivazione di piante oleose e da fibra di uso industriale, come il girasole, il lino, il sesamo, la soia, la colza, l'arachide. Il patrimonio forestale, che occupa circa un quarto della superficie nazionale, ha subito numerosi interventi ricostitutivi, specialmente nella zona pontica.

Tradizionale risorsa economica del Paese e principale attività delle popolazioni nomadi, l'*allevamento* dispone attualmente di superfici pascolive piuttosto limitate, ma con un patrimonio piuttosto consistente di pecore, capre, bovini, asini, cavalli, bufali. Gli ovini sono allevati prevalentemente nelle zone centro-occidentali dell'Anatolia (Bursa, Balıkesir, Konya, Kamaran), l'allevamento caprino occupa soprattutto le zone montuose e più spoglie. Particolarmente pregiata è la capra d'Angora (Ankara), allevata nella regione della capitale e di Erzurum, dal cui vello si ricava la ben nota e apprezzata lana 'mohair'. La zootecnia turca fornisce inoltre carne e prodotti lattiero-caseari. In Tracia e nell'Anatolia occidentale (Misia, Bitinia) è tradizionalmente allevato il baco da seta.

Scarso rilievo, nonostante le superfici marittime disponibili, ha invece l'*attività peschereccia*, limitata alla regione degli Stretti e alle coste orientali del mar Nero, nonché a quelle dell'Egeo (dove però è resa problematica dalla vicinanza del confine con la Grecia). Rinomati sono gli sgombri del mare di Marmara e gli storioni del mar Nero; nelle acque dell'Egeo si raccolgono anche le spugne. I principali stabilimenti conservieri sono ubicati a İstanbul, Gelibolu e lungo la costa egea.

Le comunicazioni, il turismo e il commercio

All'avvento della repubblica (1923), la rete delle *comunicazioni* interne della Turchia era rappresentata solo dai 4000 km di ferrovie costruite e gestite da compagnie straniere (tedesche, francesi, inglesi), che assicuravano i collegamenti tra le maggiori città del Paese (İstanbul, Ankara, Smirne, Adana), inserendosi anche negli itinerari che dall'Europa occidentale si dirigevano verso il Medio Oriente (İstanbul era infatti il capolinea del celebre Orient Express). Le scarse infrastrutture stradali, prive di rivestimenti e mal tenute, erano inoltre soggette alle inclemenze stagionali. Attualmente la rete delle ferrovie turche ha una lunghezza complessiva di circa 11 000 km, di cui solo una parte elettrificata. Essa è direttamente collegata con quelle dei Paesi confinanti per mezzo delle linee Erzurum-Tbilisi (Georgia), Van-Tabriz (Iran), Adana-Aleppo-Mossul (Siria e Iraq). È da rilevare la mancanza di collegamenti ferroviari lungo le coste, percorse invece da una completa direttrice stradale. La costruzione, nel 1992, del ponte sul fiume Arasse ha permesso il collegamento diretto con l'Azerbaigian.

Il governo turco ha posto un notevole sforzo nel miglioramento della rete stradale nazionale e provinciale (in parte ancora non asfaltata) e della rete autostradale, che attualmente copre 1851 km; il parco automobilistico è però ancora ridotto. In confronto, più sviluppata risulta, anche ai fini dei collegamenti interni, la rete delle comunicazioni aeree che si appoggia agli scali internazionali di İstanbul, Smirne, Ankara, Antalya e a numerosi altri aeroporti nazionali. Per ciò che concerne la navigazione, principali scali portuali sono quelli di İstanbul, Smirne, Mersin, İzmit, İskenderun, Sansun, Derince, Bandırma.

Il *movimento turistico* verso la Turchia, con il miglioramento delle comunicazioni e delle strutture ricettive (queste ultime sviluppatesi in gran parte grazie a investimenti stranieri a capitale prevalentemente tedesco) ha subito un forte incremento.

Gli *scambi commerciali* con l'estero manifestano un costante sbilanciamento a favore delle importazioni rispetto alle esportazioni, rappresentate da prodotti agricoli, fibre tessili, tabacco, minerali, tappeti, pelli, lana, bestiame. Principali partner commerciali della Turchia sono la Germania, gli Stati Uniti, l'Italia, il Regno Unito, la Francia e le ex repubbliche nord-orientali della Russia di origine turca, Kazakistan, Azerbaigian, Ozbekistan, Kirkizistan e Turkmenistan.

Nell'ambito delle *telecomunicazioni*, infine, stanno conoscendo grande diffusione i cellulari; in crescita anche i provider di servizi internet.

Profilo storico

Il territorio che appartiene all'odierna Repubblica turca è stato culla di numerose civiltà e regni anche potenti, nonché il passaggio obbligato delle strade che collegano l'Europa all'Asia, l'Est all'Ovest. Adagiata nel punto di incontro fra due continenti e tre mari (Egeo, Marmara e Nero) agevolmente solcabili, quest'area è divenuta più volte meta di trasmigrazioni di popoli, crocevia delicato su cui si sono estesi grandi imperi, da quelli di Dario e Serse a quello di Alessandro Magno, dall'impero romano a quelli bizantino e ottomano. Zona di insediamenti umani fra i più antichi del mondo – quello di Çatalhöyük nei pressi di Konya (vedi box in basso) è considerato il primo della storia – l'Anatolia conserva tracce di pitture rupestri che risalgono al Paleolitico (verso il 10 000 a.C.), vasellame e ceramica del periodo Neolitico (5000 a.C.), ma soprattutto testimonianze attribuibili all'inizio del III millennio, epoca in cui prosperarono numerosi piccoli regni dalla struttura sociale relativamente complessa e con una produzione artistica che rivela un gusto maturo: il più noto fra questi fu certamente quello legato al nome di Troia, immortalato dalla poesia eroica di Omero, ma che conobbe fasi di sviluppo sia molto prima, sia successivamente all'epoca (XIII secolo a.C.) del conflitto con gli Achei.

L'età arcaica

Fu attorno al 1950 a.C. che l'Asia Minore entrò a pieno titolo nella storia, grazie all'arrivo dei mercanti assiri che si stanziarono nella zona fra Konya e Malatya, creando un bazar nella città di Kanesh (a est dell'attuale Kayseri) destinato allo scambio di stoffe e stagno (indispensabile alla preparazione del bronzo) con argento e metalli preziosi. Quasi contemporaneamente iniziarono, a ondate successive, invasioni di popoli indoeuropei che appresero l'uso della scrittura, si fusero etnicamente con le popolazioni locali e si sovrapposero alla struttura economica creata dai coloni assiri. A partire

Çatalhöyük

Nel 1958 l'archeologo inglese James Mellart scoprì 50 km a sud-est di Konya un sito destinato a diventare celebre: Çatalhöyük. Qui, dove circa 9000 anni fa nacque la prima comunità umana di cui si abbia notizia, tra il 6800 e il 5500 a.C. circa vivevano tra le 5000 e le 10 000 persone.

Çatalhöyük è importante per diversi motivi. In primo luogo per l'architettura, unica nel suo genere: le case, piccole, rettangolari, erano attaccate l'una all'altra e vi si accedeva attraverso un'apertura dal tetto. Non sono stati ritrovati finora edifici più grandi rispetto agli altri, o più importanti, e questo suscita parecchi interrogativi sulla struttura sociale della comunità. Sembra inoltre che a Çatalhöyük le donne avessero un ruolo dominante, testimoniato anche dal culto della Dea-Madre, la cui figura nei manufatti artistici è spesso abbinata a simboli di potere, come leoni, avvoltoi, serpenti. Alcuni studiosi hanno individuato una relazione tra i simboli che compaiono sugli odierni kilim (tappeti tessuti a telaio, tipici dell'Anatolia) e gli antichi segni, legati al culto della Dea-Madre, rappresentati negli affreschi e su vari oggetti di Çatalhöyük. Secondo questa affascinante teoria, le donne anatoliche avrebbero tessuto per millenni questi disegni, tramandandoli fino a noi. Di grande interesse anche le testimonianze artistiche (i reperti più importanti sono conservati presso il Museo delle Civiltà Anatoliche di Ankara): dipinti, ceramiche, statuette, sculture, oggetti in rame, manufatti in legno e addirittura resti di tessuti. Gli interrogativi aperti sono ancora molti e la ricerca continua sotto la guida di Ian Hodder e gli auspici dell'Istituto Britannico di Archeologia di Ankara. Il progetto è internazionale, e coinvolge un team di studiosi di diversi Paesi (Stati Uniti, Grecia, Germania e Sud Africa, oltre che, naturalmente, Turchia).

Per informazioni più dettagliate sul progetto di ricerca a Çatalhöyük si può consultare il sito www.catalhoyuk.com

La porta dei Leoni ad Hattusa, l'odierna Boğazköy, capitale dell'antico impero ittita

circa dal 1700 a.C., i nuovi arrivati costituirono un vasto impero che dopo la conquista della città di Hattus (Hattusa, oggi Boğazköy) – abitata da una popolazione anatolica non indoeuropea – prese il nome di 'terra di hatti' o degli Ittiti.
Nella sua prima fase l'impero ittita si trovò a fronteggiare intrighi di palazzo, colpi di mano e repentini mutamenti di sovrani che evidenziarono la sua fragilità. Fu solo attorno al 1450 a.C. che riuscì a consolidarsi e poté dare inizio all'espansione verso le regioni sud-orientali e il mar Nero. Nel corso del XIII secolo gli Ittiti conobbero un lungo periodo di pace: l'arte e l'architettura si arricchirono, l'impianto giuridico dello Stato venne perfezionato e – contrariamente ai costumi dell'epoca – si giunse persino alla stipula di un'intesa internazionale con l'Egitto di Ramses II. Controverse restano invece le ragioni che portarono al subitaneo declino dell'impero intorno al 1200-1190 a.C.: l'ipotesi più accreditata resta quella dell'avanzata di alcuni popoli 'del Mare' e delle pressioni dei Pelasgi, antenati di Traci e Frigi, che dai Balcani si estesero verso l'Anatolia.
Ciò che è certo è che Hattusa venne distrutta e che l'impero ittita si frantumò in numerosi principati. A poco a poco, però, si configurò un nuovo equilibrio regionale: a nord-est, accanto ai laghi Van e Urmia, sorse il regno di Urartu, che diede vita a una prospera civiltà durata tre secoli e fondata sull'artigianato dei metalli. A ovest, immigranti greci si stabilirono sulla costa egea, fondarono città-stato e verso l'850 a.C. avviarono la fortificazione di Smirne, per poi espandersi verso il mare di Marmara e il mar Nero. Sugli altipiani si affermò invece il regno di Frigia che nel 696, in seguito alla morte del re Mida, venne travolto dall'invasione di un nuovo popolo, i Cimmeri, provenienti dall'Ucraina.
Una nuova instabilità afflisse la regione finché a partire dal 553 a.C., con l'ascesa di Ciro il Grande, i Persiani avviarono una rapida espansione verso occidente, che li condusse in breve a unificare l'Asia Minore alla Mesopotamia e alle regioni dell'Indo.
Un nuovo impero, quello persiano achemenide, che aveva avuto il suo centro originario in Oriente, era venuto così a contatto – attraverso l'Anatolia – con l'Europa. La personalità incisiva di Ciro, la duttilità del sistema di potere persiano e l'unità morale dei conquistatori costituirono le solide basi del nuovo Stato. Negli anni successivi, sotto Cambise e Dario I, i Persiani conquistarono l'Egitto, oltrepassarono gli stretti dei Dardanelli e dilagarono a nord fino in Crimea. Fu però allora che il grande contrasto fra Europa e Asia, fra Oriente e Occidente, che tanto si sarebbe sviluppato nei secoli successivi, cominciò a prendere corpo: le diversità culturali, le concezioni differenti dei rapporti fra potere, legge, suddito e sovrano, la contrapposizione dei modelli di vita spinsero le città greche dell'Asia a insorgere contro Dario. Ebbe così origine, nel 499 a.C., quel lungo conflitto greco-persiano che si trascinò per quasi duecento anni sull'una e sull'altra costa del-

l'Egeo e che, soprattutto ai tempi di Serse e Artaserse (477-404), delle battaglie di Salamina e Platea, contribuì a sedimentare nelle popolazioni in guerra il senso della distinzione fra una 'coscienza europea' (e occidentale) e una 'coscienza asiatica' (e orientale), che proprio nel territorio dell'odierna Turchia trovarono il reciproco confine e il punto delicato di congiunzione delle mutue influenze morali, politiche e culturali.

L'epoca ellenistica e romana

A conclusione di una lunga decadenza dovuta alla corruzione, alle divisioni fra i satrapi, alle continue rivolte regionali, l'impero achemenide venne travolto fra il 334 e il 327 a.C. dai Macedoni guidati da Alessandro Magno: fu solo allora che parve venir meno la contrapposizione fra continenti, sostituita dalla neonata ecumene ellenistica. Se però l'impresa di Alessandro si risolse di fatto in una 'passeggiata militare', uno stato di guerra endemico finì con l'abbattersi sull'intera regione per le divisioni insorte fra i generali di Alessandro e fra i loro successori, dopo la morte dell'imperatore nel 323. Le spartizioni che seguirono assegnarono gran parte dell'Asia Minore al generale macedone Seleuco (281 a.C.), fondatore di una dinastia che si riallacciò alle usanze degli Achemenidi.

Attorno al 240 a.C. nella parte occidentale dell'Asia Minore nacque un nuovo stato ellenico intorno alla città di Pergamo. Sentendosi minacciato più volte dai suoi potenti vicini, il nuovo regno stabilì un rapporto privilegiato con Roma. Grazie alla dinastia degli Attalidi, Pergamo conobbe così il suo periodo di massimo fulgore, espandendosi territorialmente e culturalmente: sotto Eumene II (197-159) fu organizzata una biblioteca di 200 000 volumi (più tardi offerta da Antonio a Cleopatra e custodita ad Alessandria) e, a causa del boicottaggio egiziano che rifiutava di esportare il papiro necessario per la scrittura, fu fabbricato un nuovo materiale, detto pergamena. Nel 133 a.C. alla morte del re Attalo III, rimasto senza eredi, Roma ricevette – grazie al testamento in suo favore redatto dal sovrano scomparso – l'intero regno e iniziò una massiccia penetrazione in Asia. Una nuova ecumene, quella romana, si sostituì allora a quella ellenistica e garantì alla regione – attraverso i proconsoli e i governatori scelti dall'imperatore o dal Senato – un lungo periodo di pace. Con l'inizio della decadenza imperiale e la pressione delle popolazioni barbare che già alla metà del III secolo premevano ai confini dell'Asia Minore, furono avviati diversi tentativi di riforma, il più rilevante dei quali fu quello imperniato sulla suddivisione dell'impero in quattro parti, promosso da Diocleziano.

Nel 324 Costantino ristabilì la coesione dello Stato e scelse la colonia greca di Bisanzio (ricostruita dal 324 al 330 e più tardi ribattezzata Costantinopoli) come capitale. Furono in realtà lo spostamento a oriente del centro di gravità imperiale e la conseguente riorganizzazione militare di questa parte dell'impero romano a consentire la gestazione di una nuova compagine statale. Teodosio, proibendo i culti pagani e facendo del Cristianesimo la religione di Stato, favorì la spoliazione degli antichi centri di culto e il trasferimento di statue e opere d'arte a Costantinopoli. Con la morte di Teodosio nel 395, una nuova spartizione segnò il tramonto dell'ecumene romana: Est e Ovest tornavano progressivamente a esprimere concetti politici fra loro antitetici. Le invasioni barbari-

Un tratto delle mura teodosiane di Costantinopoli

che del v secolo e la caduta dell'impero romano d'Occidente (476) resero Costantinopoli la sola capitale di un impero dalla struttura statale romana, in cui l'influenza cristiana e quella culturale greca erano predominanti: l'Asia Minore ne seguiva appieno le sorti entrando in una nuova fase della propria storia.

Il medioevo bizantino

Inserita nella cornice imperiale bizantina, l'eterogenea popolazione che abitava l'odierna Turchia si trovò presto non solo coinvolta nelle innumerevoli crisi religiose e nelle dispute dogmatiche che travagliarono la cristianità, ma esposta anche alle continue minacce esterne dei popoli barbarici che premevano ai confini dell'impero.

Fu soltanto fra il 527 e il 565, sotto Giustiniano, che l'impero bizantino conobbe una prima e significativa fase di consolidamento espandendosi anche nel Mediterraneo occidentale. L'Asia Minore visse un'epoca di prosperità, la produzione della seta divenne una delle più floride industrie della capitale e di Antiochia, mentre a Costantinopoli furono restaurate e abbellite le mura, costruita la basilica di S. Sofia ed eretti altri, splendidi monumenti in tutto il territorio imperiale, da Ravenna al Sinai.

In Occidente la ripresa delle invasioni barbariche ridimensionò rapidamente la presenza bizantina. Il baricentro dell'impero si spostò ancora una volta – e in via definitiva – in Oriente, ai cui estremi confini si accese un ennesimo conflitto con la Persia, che estese il suo dominio su tutta l'Asia Minore e nel 626 assediò Costantinopoli assieme agli Avari, calati dal nord. Sostenuto dal patriarca della capitale, che mise a disposizione i propri tesori, l'imperatore Eraclio rinnovò radicalmente esercito e amministrazione, riprese l'iniziativa militare e ottenne successi insperati liberando Costantinopoli dall'assedio dei Persi o Sassanidi, riconquistando la Transcaucasia, entrando nel 630 a Gerusalemme e quindi in Asia Minore. A mano a mano che l'Asia Minore tornava sotto il controllo bizantino, le sue regioni vennero riordinate in base al nuovo sistema – che durerà secoli – detto dei 'temi' (da tema, ' corpo d'armata'). Unità amministrative, ma anche territori di colonizzazione delle truppe, i temi assicuravano la proprietà ereditaria dei fondi a quanti in cambio si impegnavano, anche a nome dei propri discendenti, a prestare servizio militare. Con Eraclio, inoltre, ebbe termine la fase 'romana' dell'impero e iniziò quella 'bizantina' anche sul piano culturale.

Fra vii e x secolo l'impero dovette impegnarsi in estenuanti conflitti con gli Arabi che avevano ormai iniziato a espandersi nel nome dell'Islam, minacciando l'egemonia bizantina sul mare. Per far fronte al pericolo, Costantinopoli ricorse a trasferimenti massicci di popolazione che modificarono la distribuzione etnica dell'Asia Minore: utilizzati come soldati, gruppi slavi si stanziarono così in Bitinia, mentre i primi Turchi fissarono la loro dimora nella regione di Sinope, sul mar Nero. La Cappadocia, invece, divenuta terra di confine, battuta dagli eserciti rivali, travolta dalle razzie, si spopolò rapidamente e i suoi abitanti furono di volta in volta deportati dai vincitori e ridotti in schiavitù.

Fu però allo scadere del i millennio, sotto Basilio I e Basilio II, che l'impero bizantino visse una nuova fase di splendore e tornarono sotto il suo controllo Balcani, Armenia e Georgia. La rivalità con Roma e la contesa per il primato universale delle Chiese greca e latina giunse invece al suo apice, tanto che nel 1054, in seguito alla rottura intervenuta fra il patriarca Michele Cerulario e papa Leone IX, si spezzò l'ultimo dei legami che univano Costantinopoli all'Occidente: ortodossia e cattolicesimo divennero da allora due simboli culturali della divisione europea.

Frattanto un processo inarrestabile di feudalizzazione, soprattutto in Anatolia, aveva iniziato a sgretolare le strutture economiche e militari dell'impero, mentre a est avevano ripreso la loro avanzata i Turchi selgiuchidi, che in breve tempo si assicurarono il controllo di Anatolia, Bitinia e Isauria, nonché della 'Terra Santa'. Costantinopoli parve allora poter nuovamente acquisire il ruolo storico di baluardo europeo contro l'avanzata dei popoli asiatici: 'civiltà' e 'barbarie', 'cristianità' e 'Islam' divennero anzi elementi di una contrapposizione non più solo politica, ma anche culturale, che da quel momento si ripropose costantemente in quell'area. Ebbe così inizio l'epoca delle 'guerre sante', espressione di un coacervo di idealità e di differenti interessi commerciali: questi ultimi presero poi il sopravvento e l'impero bizantino si trasformò nella vera 'vittima' delle crociate. Nel 1176 Costantinopoli subì a opera dei Turchi una cocente sconfitta presso Miriocefalo; poco dopo, la 4ª crociata, che avrebbe dovuto puntare sull'Egitto, venne deviata dai Veneziani verso l'impero bizantino, la cui capitale fu ripetutamente

L'iconoclastia

Nell'VIII secolo l'impero fu scosso da una forte disputa religiosa: la lotta iconoclasta contro i veneratori di immagini (appoggiati dal papato romano) che vedevano in esse un simbolo e una mediazione fra mondo terreno e divino. In realtà l'adorazione di icone era diventata una delle forme principali in cui si esprimeva la religiosità bizantina, sebbene nel suo stesso seno covasse un orientamento alternativo, incentrato su una visione della religiosità tutta spirituale. Tale impostazione, radicata soprattutto nelle regioni orientali dell'impero, si fece più aggressiva in seguito al contatto con il mondo arabo ed ebraico e trovò nell'imperatore Leone III – che rivendicava a sé la funzione di 'alto sacerdote' – un suo deciso sostenitore, tanto che questi l'accolse come dottrina ufficiale dello Stato, imponendo la rimozione e la distruzione delle immagini. L'opposizione popolare (specie in Grecia e nelle aree occidentali del Paese) si rivelò però tenace e l'intera controversia sulle icone si trasformò così in una lotta contro la penetrazione dell'influenza culturale orientale nell'impero, approfondendo al tempo stesso la frattura, tanto religiosa quanto politica, fra Costantinopoli e Roma.

conquistata e messa a sacco fra il 1203 e il 1204. Nacquero allora una serie di stati crociati di tipo feudale: l'impero latino sulle due sponde dell'Egeo e del mare di Marmara nonché, in Asia Minore, l'impero di Trebisonda (in Armenia e Georgia) e l'impero di Nicea nell'Anatolia occidentale. Qui trovò sede il patriarcato spodestato da Costantinopoli che riuscì così ad affermare la continuità dell'impero bizantino e il perpetuarsi della divisione fra Cattolici e Ortodossi; da Nicea prese inoltre avvio la riscossa bizantina, fino al trionfale ritorno a Costantinopoli nel 1261.

Nelle altre regioni dell'Asia Minore si radicava, intanto, il potere dei Turchi, benché sopravvivessero alcuni 'Stati' crociati privi, però, dei loro gruppi dirigenti riparati a Costantinopoli o a Nicea. Analogamente in Anatolia, divenuta turca già nell'XI secolo, una società cristiana rurale si affiancò all'ormai brillante comunità selgiuchide.

Dalla metà del XIII secolo apparve evidente l'estrema fragilità militare di un impero bizantino esposto a continui attacchi su due fronti, nei Balcani e in Asia. Non soltanto i Turchi premevano da tempo in Anatolia, ma sul mare dominavano incontrastate le città italiane, Genova e Venezia, sotto il cui controllo si trovavano quasi tutte le isole dello Ionio e dell'Egeo. Verso la metà del XIV secolo Costantinopoli attirò l'attenzione di un'altra tribù di Turchi (quella dei Qayi, già stanziati nella zona di Erzurum, dai quali si fa discendere la dinastia osmanide o ottomana) attirandoli verso l'Europa. Nel 1357 essi si stabilirono a Gallipoli e da lì mossero alla conquista di Bulgaria, Macedonia e Serbia, riducendo presto l'impero bizantino alla sola capitale che – abbandonata al suo destino dal papato, dai Paesi occidentali e dai principi russi a cui si era invano rivolto l'imperatore – cadde infine nelle mani dell'esercito guidato da Maometto II (detto appunto 'il Conquistatore') il 29 maggio 1453, che pose così fine all'impero romano d'Oriente (vedi box a pag. 39). Ultime vestigia bizantine resistevano però ancora in Asia Minore, dove l'impero di Trebisonda prosperava dal XIII secolo avendo stabilito strette relazioni con la Georgia, allora al suo apogeo. La caduta di Costantinopoli affrettò comunque anche la sua fine, avvenuta otto anni più tardi. Ormai l'egemonia dei Turchi ottomani assicurava una nuova unità politica alla regione, mentre l'impero bizantino spariva definitivamente dalla storia.

L'epoca ottomana

Originari del vasto e instabile mondo delle steppe, che si estendeva dalla Cina settentrionale ai grandi fiumi russi, i gruppi nomadi selgiuchidi erano comparsi verso il X secolo, appena convertiti all'Islam sunnita, nel bacino meridionale del fiume Syr-Dar'ja, da dove si erano poi mossi verso l'altopiano persiano e caucasico. A ondate successive, la cavalleria delle steppe iniziò a dilagare in direzione sud-occidentale. Di fatto, popolazioni turche erano apparse ben prima dell'XI secolo nei territori musulmani: tuttavia fu con l'irruzione dei Turchi selgiuchidi che esse si trasformarono da gruppi di mercenari in veri e propri conquistatori. Fu la vittoria nella battaglia di Manzikert (Malazgirt) nel 1071 contro i Bizantini a segnare l'irruzione dei Selgiuchidi in Asia Minore, dove già esistevano alcuni grup pi di Turchi. Da allora, per quasi un secolo si svolse una lotta incessante per il controllo dell'altopiano anatolico fra Bizantini, Selgiuchidi e la tribù turca dei Danishmedidi, stanziatasi a nord: isolati dalla Siria e respinti nella parte centrale dell'Anatolia dall'arrivo dei Crociati, i Selgiuchidi presero finalmente dimora stabile, islamizzando solo in parte l'altopiano e dando vita a quel nucleo attorno al quale, sul finire del xII secolo, sorse il sultanato di Rum con capitale Konya (l'antica Iconium). Nel nuovo Stato, ben gestito, ben difeso, attivo e ricco, i Selgiuchidi affiancarono nelle città, come militari e funzionari, artigiani e mercanti greci, armeni ed ebrei, rispettarono le chiese cristiane anche quando i maggiori esponenti religiosi erano fuggiti a Costantinopoli, mentre si sostituirono ai proprietari fondiari che avevano abbandonato i propri campi. La stabilità regionale non era però ancora assicurata: dal cuore dell'Asia altri popoli stavano avanzando verso occidente, finché nel 1240 i Mongoli penetrarono in Asia Minore, inflissero una cocente sconfitta ai Selgiuchidi e stabilirono il protettorato del signore di Persia sul sultanato di Rum.

Per un certo tempo l'Anatolia si trovò a essere integrata nelle correnti commerciali del nuovo impero, collegata soprattutto alla Persia, con la quale fiorirono numerosi scambi culturali. Non si ridimensionò, invece, l'indocilità della popolazione locale, presso la quale erano venute a stanziarsi nuove bande turcomanne, sia a causa di autonome irruzioni, sia perché condotte nella regione dagli stessi Mongoli. Le autorità selgiuchidi avevano peraltro incoraggiato queste tribù a stabilirsi soprattutto lungo il confine bizantino, dove esse si rafforzavano a mano a mano che declinava il potere del sultano di Konya.

Verso la metà del xIV secolo l'Anatolia vide così fiorire un gran numero di emirati: tra gli altri, quello dei Qaramanidi, che mirarono a sostituirsi ai Selgiuchidi a Konya; quello di Aydın, a est di Smirne; e quello di Osman che, muovendo attorno al 1326 dalla roccaforte iniziale della Frigia settentrionale, si estese rapidamente giungendo sulle sponde del mare di Marmara e sottomettendone anche i Qaramanidi.

Il figlio di Osman, Orkhàn – avendo aiutato Giovanni Cantacuzeno a prendere il potere a Costantinopoli nel 1345 – approfittò della situazione per sbarcare in Europa e conquistare Gallipoli e la Tracia orientale (1354). Da allora, e sotto il suo successore Murat I, gli Ottomani registrarono un successo militare dietro l'altro: dilagarono nei Balcani mentre sul fronte asiatico inizialmente si appoggiarono a Costantinopoli, approfittarono quindi delle rivalità interne all'impero romano d'Oriente, scatenarono guerre, strinsero alleanze e matrimoni finché, sul finire del xIV secolo, giunsero a controllare tutta l'Anatolia.

Improvvisamente, però, ricomparvero a est i Mongoli, guidati da Tamerlano, che inflissero loro una dura sconfitta presso Ankara nel 1402: l'Anatolia riottenne una turbolenta indipendenza; una lotta fratricida per la successione divise gli Ottomani, ma l'Europa turca non insorse. Quando nel 1413 Maometto I riuscì a prevalere sui suoi avversari interni, poté ristabilire pian piano l'unità dello Stato e preparare il terreno a una spettacolare espansione che, nel giro di un secolo, investì ben tre continenti.

La potenza bellica ottomana, in cui giocava un ruolo fondamentale il corpo dei Giannizzeri, era sostenuta da una notevole avvedutezza amministrativa, messa in atto immediatamente dopo la conquista di una regione. I Turchi, infatti, mantennero inalterato per secoli il carattere prevalentemente militare del loro impero: ciò implicava controllare le vie di comunicazione e mantenere costante la pressione fiscale per assicurarsi le risorse in grado di non compromettere l'efficacia bellica. I Turchi si stabilirono di preferenza nelle città, lungo i fiumi e le vallate strategicamente rilevanti. La società ottomana si affiancò e si sovrappose ai sistemi sociali preesistenti, senza tuttavia eliminarli, turbando il meno possibile le istituzioni territoriali di base e il diritto privato delle diverse comunità confessionali. Inoltre, gli Ottomani accolsero gli Ebrei che sfuggivano ai pogrom in Europa orientale e quelli cacciati dalla cattolicissima Spagna, consentendo tacitamente loro di agire come comunità (*millet*, ossia nazione) organizzata e protetta, sotto la giurisdizione di proprie autorità. Un privilegio, questo, concesso poi anche ai Greco-ortodossi e agli Armeni. Giuristi, teologi e giudici (*qàdî*) si dichiaravano alle dipendenze di una Legge in ogni caso superiore al sultano. Tuttavia, la sua sfera d'influenza rimase confinata entro i limiti delle garanzie di legittimità che esso forniva all'operato del potere, mentre quest'ultimo non perse mai la sua capacità di iniziativa: ciò consentì agli Ottomani di ricorrere a una legislazione temporale e laica. Una legge, anche se conforme nello spirito a quella religiosa, era però in primo luogo emanazione di una fonte diversa e cioè dello Stato. Alla sua direzione era infatti posto il gran visir (spesso di origine slava, albanese o greca), sotto la cui autorità si trovava una moltitudine di scribi, dignitari, ufficiali che facevano funzionare la complessa macchina amministrativa dell'impero. Il sultano, padrone unico dell'impero della Sublime Porta, risiedeva nel palazzo, circondato dai familiari, da servitori e paggi, accanto all'harem posto sotto l'autorità della temibile sultana-madre che gestiva tutti gli intrighi di palazzo. L'ambiente era inaccessibile, circondato da alte mura e ricco di giardini: le sue porte si aprivano solo in occasione di cerimonie particolari.

Conquistata Costantinopoli e trasferitavi la loro capitale dopo averne mutato il nome in İstanbul, gli Ottomani iniziarono a espandersi sia a ovest, varcando il Danubio e giungendo alle porte di Vienna (1529), sia a est fino alle coste dell'Africa.

All'epoca di Süleymàn I il Legislatore (conosciuto in Occidente come Solimano il Magnifico), ossia tra il 1520 e il 1566, l'impero ottomano conobbe il suo apogeo, acquisendo un prestigio considerevole non solo agli occhi dei Musulmani, ma anche a quello degli Europei, le cui divisioni offrirono in realtà agli Ottomani ampi margini di azione diplomatica. Fu solo nella seconda metà del XVI secolo che le potenze cristiane occidentali decisero di reagire unitamente all'espansione dei Turchi, infliggendo loro la sconfitta navale di Lepanto (1571). Ciò, tuttavia, non frenò l'avanzata degli Ottomani, che, nell'intento di giungere fino al Baltico, nel 1683 posero l'assedio a Vienna, dove però vennero sconfitti dall'improvviso sopraggiungere delle truppe tedesco-polacche di Jan Sobieski. Cominciò così la lunga decadenza dell'impero e l'arretramento territoriale che sarebbe durato oltre 250 anni.

Complesse e non del tutto chiarite restano le cause che provocarono la progressiva decadenza di una struttura tanto imponente. 'Il gigante malato', come venne chiamato il dominio ottomano ancora nel XIX secolo, si estendeva su aree cruciali sotto il profilo commerciale e delle comunicazioni, richiamando sempre maggior attenzione da parte delle crescenti potenze imperiali europee, le quali – peraltro – timorose le une delle altre, finirono spesso per sostenerlo, prolungandone l'esistenza.

Con la fine del XVII secolo, inoltre, alle sconfitte subìte da parte degli Asburgo si aggiunse l'aggravarsi della debolezza congenita dei sultani. Questi, infatti, si trovarono invischiati in un sistema di successione che, sostituito al fratricidio l'isolamento e la reclusione, offrì alle continue rivolte di palazzo l'occasione per sostituire i sultani trascinando sul trono eredi emarginati e impreparati ad affrontare la realtà politica. La sultana-madre, i Giannizzeri e il gran visir acquisirono così un peso sempre più rilevante, scontrandosi spesso fra loro senza esclusione di colpi. Intanto, l'arretramento dell'impero e le sconfitte militari spingevano i dignitari e i soldati turchi – costretti ad abbandonare le zone di confine – a impossessarsi di terre nelle zone interne dello Stato, forti del fatto che i controlli centrali erano sempre meno consistenti; crebbe così il potere locale. Ridimensionandosi nel corso del Settecento, l'impero – dopo il tracollo monetario del secolo precedente – trovò sempre più difficoltà a reperire denaro attraverso la tassazione e fu spinto, di conseguenza, a indebitarsi con l'estero per acquisire le quantità necessarie di oro e argento, finendo anche con l'esporsi alle pressioni straniere. In seguito ai trattati europei stipulati fra il 1699 (Carlowitz) e il 1792 (Iaşi), crebbe la tendenza alla disgregazione. L'or-

La caduta di Costantinopoli

Liberare Costantinopoli e farne la capitale dell'impero ottomano: questo il sogno di Maometto II. Anche suo padre, Murad II, aveva tentato in passato la conquista, ma era stato respinto. Due gli eserciti schierati che nel giro di un anno avrebbero deciso le sorti dell'impero romano d'Oriente: da un lato i Bizantini, guidati dall'imperatore Costantino II, dall'altro i Turchi sotto il comando di Maometto II. Quest'ultimo preparò l'attacco definitivo a Costantinopoli costruendo nel punto più stretto del Bosforo una fortezza, Rumeli Hisari, proprio di fronte all'Anadolu Hisari, fortificazione già esistente sulla riva asiatica. In questo modo Maometto II acquisì il controllo del traffico sul Bosforo impedendo così l'arrivo di rifornimenti alla città assediata. All'inizio dell'aprile 1453 il sultano turco radunò un grande esercito armato di artiglieria sotto le mura di Costantinopoli, che poteva contare solo sulla tenuta delle sue fortificazioni. Il 29 maggio 1453 le truppe ottomane entrarono nella città segnando la fine dell'assedio: l'impero romano d'Oriente cessava di esistere.

ganizzazione religiosa ufficiale, pur vantando un orientamento maggiormente 'raziona-lista' rispetto ad altre confessioni giuridiche islamiche, non favorì i tentativi di riforma e di apertura all'Occidente che presero il via fin dagli inizi del XIX secolo, e anzi si arroccò nella difesa di posizioni tradizionali, soprattutto nel campo dell'educazione e della codi-ficazione commerciale e civile. Lo stato di arretratezza dell'impero si aggravò, paralle-lamente alla crescente insofferenza sia dei corpi scelti dell'esercito (Giannizzeri), pro-tagonisti di numerose rivolte, sia dei popoli sottomessi, che cominciarono a insorgere con-tro le prepotenze dei signori locali (prima in Serbia e in Grecia, che agli inizi dell'Ottocento ottennero l'indipendenza, e quindi in Albania e in Siria), minando sempre più la stabilità dello Stato e dando corpo a quella che venne definita la 'Questione orientale'.

L'epoca delle 'tanzimàt' e i Giovani Turchi

Le interferenze straniere tesero ad accentuarsi con trattati ineguali che riguardarono i mo-vimenti delle merci, il controllo sugli Stretti e la costruzione delle ferrovie nella prima metà dell'Ottocento. Per salvare l'impero ottomano era ormai inevitabile porre mano a una profonda trasformazione interna. Toccò così al sultano Abdülmeçit (1839-1861) avviare l'epoca delle 'tanzimàt' (riforme): imponendo prima di tutto cambiamenti radicali nel-l'esercito. Per stroncarne lo strapotere conservatore, i Giannizzeri vennero massacrati con sistematicità; da allora furono chiamati numerosi istruttori europei che riuscirono a co-struire un esercito moderno, secondo solo alla Prussia, grazie a una nuova legge sul re-clutamento. L'introduzione di nuovi codici e di tribunali di commercio, la funzione primaria attribuita alla legge a garanzia dell'individuo comportarono la riduzione del ruolo dei tri-bunali religiosi nel diritto penale e in parte in quello civile. Il sistema scolastico si uniformò ai princìpi dell'obbligo a sei anni, della retribuzione statale dei maestri e agevolò la nascita dell'Università di İstanbul. Furono quindi riorganizzati i *millet* e l'amministrazione, istituendo il Consiglio di Stato e la Corte Suprema con rappresentanze musulmane e cristiane.

Lo spirito europeo permeò, sul finire del secolo, anche il costume: si modificarono gli abiti tradizionali, sultani e visir parlarono lingue straniere, sorsero teatri, musei e bi-blioteche e fu restaurata S. Sofia, mentre il patrimonio intellettuale turco fu dominato da una grande rinascita letteraria e culturale. Mancò, invece, una riforma profonda del-la politica finanziaria e le crisi che si succedettero finirono con l'affidare a stranieri le finanze di uno Stato in fallimento: un dominio franco-inglese ricevette così, in cambio di capitali, il controllo sul monopolio del sale, dei tabacchi, dell'alcool, dei francobol-li, della seta, concessioni minerarie, portuarie e ferroviarie, innescando reazioni in tut-to l'impero ottomano.

Nacque così, verso il 1867, un movimento liberale denominato 'Giovane Turchia', prote-so a legare prosperità economico-sociale a giustizia e libertà, intendendo con ciò la li-mitazione dei poteri del sultano. In questo clima, un gran visir liberale, Midhat Pascià, con-cesse al Paese la sua prima Costituzione nel 1876 e un Parlamento bicamerale. Allo stes-so tempo iniziò timidamente a formarsi anche un orientamento nazionalista, 'turchista'. Il nazionalismo in sé si rivelò presto perfino pericoloso, in quanto avrebbe potuto porre le basi per la definitiva frattura dell'impero. Il panislamismo tornò così ad assumere un ruolo dominante e il sultano Abd ul-Hamìd II ne approfittò per colpire liberali e naziona-listi: nel 1878 egli promosse – dopo un'ennesima sconfitta militare nei Balcani a opera so-prattutto della Russia – una svolta autoritaria, sospendendo la Costituzione, allontanan-do Midhat Pascià (poi assassinato nel 1883) e ponendo fine all'epoca delle 'tanzimàt'.

Si aprì così una nuova fase nella storia della Sublime Porta: il sogno costituzionale e mo-dernista tuttavia non svanì, ma continuò clandestinamente a diffondersi fra funzionari, intellettuali e ufficiali che costituivano il nerbo di una borghesia nazionale, ben diversa da quella commerciale spesso di origine straniera. Esasperati dall'assolutismo hamidiano, i Giovani Turchi fondarono nel 1890 una società segreta, 'Unione e Progresso', che pro-mosse ribellioni nelle basi militari ottomane in Europa, finché la grave crisi internazio-nale provocata dall'occupazione asburgica della Bosnia nel 1908 offrì il pretesto per una vera e propria rivoluzione che riuscì a imporre al sultano il ritorno alla Costituzione del 1876 e a condurre alla sua deposizione nel 1909. Accolti con favore da Arabi e Armeni (que-sti ultimi, sensibili da tempo a istanze nazionali, erano stati protagonisti di alcune rivolte tragicamente represse fra il 1892 e il 1896), i Giovani Turchi furono presto travolti da lot-te di potere, dimostrandosi incapaci di assicurare l'ordine e la libertà promessi. Con-temporaneamente, una serie di crisi internazionali provocò la perdita della Libia e del Dodecaneso a favore dell'Italia e, quindi, con le guerre balcaniche del 1912-1913, anche di quasi tutti i possedimenti europei. I conflitti nazionalistici all'interno dell'impero ottomano tesero così a cristallizzarsi intorno a due popoli: i Turchi e gli Arabi, mentre gli Armeni si trovavano in crescenti difficoltà. Panislamismo e panturanismo continuarono a rappresentare le due diverse anime della politica dei Giovani Turchi, sempre incerti fra i richiami religiosi unitari con gli altri popoli musulmani e le suggestioni nazionaliste turche. Lo scoppio della Grande Guerra nel 1914 spinse comunque l'impero ottomano, a causa dei suoi precedenti legami, a schierarsi con Austria e Germania: si presentava così l'occasione per tentare di unificare tutto il popolo dell'impero ottomano a spese dell'impero zarista, ma l'insurrezione araba nel Vicino Oriente (Siria, Palestina, Transgiordania), sollecitata dagli Inglesi, nonché dalle audaci azioni di Lawrence d'Arabia, e la sconfitta nel 1918 degli Imperi Centrali trascinarono alla rovina l'intero Stato ottomano.

La Turchia contemporanea

Sconfitto in Iraq, Siria e Tracia, il 30 ottobre 1918 l'impero ottomano firmò l'armistizio a Moudros, mentre gli Alleati entravano con una flotta nel Bosforo, occupavano İstanbul e ampie porzioni del suo territorio. Il rischio di smembramento dello Stato divenne a quel punto fortissimo. In queste condizioni il sultano sottoscrisse a Sèvres l'11 aprile 1920 il trattato di pace con il quale l'impero ottomano perdeva tutte le sue province arabe, poste sotto mandato amministrativo inglese e francese; cedeva Smirne e la Tracia orientale alla Grecia, limitando la parte europea dell'impero alla sola İstanbul, accettava l'occupazione italiana (ad Antalya e Konya), francese (Cilicia) e inglese laddove questa era avvenuta alla fine della guerra e riconosceva l'indipendenza armena. Fu allora, in un periodo di profonda confusione, in cui appariva del tutto compromesso il futuro del popolo turco, che apparve sulla scena politica un ispettore dell'esercito del Nord, Mustafà Kemàl. Postosi a capo di un nascente movimento nazionale e ormai convinto che solo la Turchia strettamente intesa potesse essere salvata e rigenerata, egli lanciò il 22 giugno 1919 un proclama alle autorità militari turche, chiedendo al governo ottomano di rinunciare alla difesa del Paese, si espresse a favore dell'indipendenza e dell'integrità territoriale della Turchia, convocò per il 29 luglio un congresso nazionale a Erzurum e uno successivo a Sivas (4 settembre). Venne così eletto un comitato ristretto, cui fu affidata la guida dell'insurrezione e l'anno seguente ottenne la ratifica del 'patto nazionale' varato a Sivas da parte dell'ultimo Parlamento ottomano. Il 23 aprile 1920 venne convocata ad Ankara una Grande Assemblea Nazionale che, proclamandosi unico organo rappresentante del popolo turco, elesse un governo provvisorio e Mustafa Kemàl suo presidente. Il governo ottomano reagì condannando a morte Kemàl e i suoi collaboratori, ma di fatto era il trattato di Sèvres a essere rigettato. La guerra ricominciò, quindi, assumendo i connotati di una lotta per l'indipendenza: in breve l'Armenia fu assoggettata e un patto d'amicizia con l'Urss venne siglato sancendo il confine sul Caucaso fra i due Paesi. Iniziò allora una repressione violenta della minoranza armena che venne decimata dalle persecuzioni: soltanto in pochi riuscirono a salvarsi riparando all'estero e dando vita a una vera e propria diaspora. Ricondotte sotto controllo turco anche le irrequiete aree sud-orientali del Paese, nel 1921 Kemàl attaccò i Greci, li sconfisse e, con l'armistizio di Mudanya dell'11 ottobre 1922, li costrinse ad abbandonare Smirne e la Tracia, mentre i Francesi restituivano la Cilicia. Un nuovo trattato, firmato a Losanna il 24 luglio 1923, definì quelli che, sostanzialmente, ancor oggi sono i confini della Turchia, lasciando smilitarizzati gli Stretti e favorendo un massiccio scambio di popolazioni fra Grecia e Turchia. La conferenza di Losanna aprì tuttavia il contenzioso del Kurdistan, un territorio abitato da un popolo di lingua e cultura diverse da quelle turche, cui fu però negato il diritto all'indipendenza.

In politica estera la Turchia cercò, in quegli anni, di dar vita a relazioni pacifiche con tutti i vicini, inclusa la Grecia, con la quale nel 1930 strinse un patto di amicizia. Lo stesso fece con l'Urss e con l'Iraq, ma soprattutto – inserita pur sempre nel contesto politico balcanico – firmò un'intesa nel 1934 con Jugoslavia, Grecia e Romania, al fine di consolidare i confini e la pace nella regione. Le tensioni nell'area, infatti, non erano state sopite, nonostante il crollo delle vecchie strutture politiche e istituzionali: le grandi potenze tendevano ad affermare il più possibile la loro egemonia, facendo leva sulle divisioni locali e sui conflitti nazionali sempre presenti in quella zona turbolenta. Tali tensioni crebbero soprattutto nel corso degli anni Trenta quando, alla tradizionale presenza anglo-

Il padre della moderna Turchia

La storia della Turchia è stata segnata, nei primi decenni del Novecento, dalla presenza di una grande personalità politica: Mustafa Kemàl Paşa, detto Atatürk, il 'padre dei Turchi'. Nato a Salonicco nel 1881, fu il principale artefice della costituzione dello Stato turco moderno: il 1° ottobre 1922 destituì Maometto IV, ponendo fine a una tradizione secolare; un anno dopo fu eletto presidente della neonata Repubblica turca. La politica di rinnovamento promossa da Atatürk si rivelò di fondamentale importanza per la modernizzazione e il progresso del giovane Stato. Tra i primi provvedimenti vanno segnalati: la separazione fra Stato e Chiesa, l'adozione dell'alfabeto latino e l'europeizzazione generale della cultura. Basilari furono anche le iniziative prese a favore dell'emancipazione della donna, che si vide riconosciuto un ruolo di primaria importanza all'interno della società. L'azione del grande statista investì anche l'istruzione, che fu resa laica e competitiva. Per commemorare l'azione riformatrice – per quei tempi rivoluzionaria – di Atatürk, in occasione della festa nazionale del 19 maggio İstanbul viene bardata a festa con le bandiere della Repubblica, che sventolano in ogni angolo e spiccano nelle vetrine di tutti i negozi. L'Università, in particolare, è animata dalle celebrazioni organizzate in ogni facoltà, dove gli studenti portano colorate coccarde. Atatürk morì il 10 novembre 1938 nel palazzo di Dolmabahçe. Ancora oggi l'immagine dello statista è esposta nei negozi, nei locali pubblici e sui muri della città.

francese, si unì una più aggressiva politica italiana e, successivamente, si registrò una massiccia espansione economica della Germania di Hitler. In questo contesto il problema del controllo degli Stretti tornò a riproporsi in termini cruciali e nel 1936 alla Conferenza di Montreux, con il sostegno inglese, Ankara riuscì a ottenere il diritto di fortificarli. Ciò comportò una crescente tensione con l'Urss e un avvicinamento alle potenze occidentali, al punto che nel 1939 fu firmato un patto di mutua assistenza con Gran Bretagna e Francia, riottenendo il controllo del sangiaccato di Alessandretta (ribattezzato subito Hatay), in precedenza sotto amministrazione francese.

La morte di Atatürk, nel 1938, aveva lasciato la Turchia in una situazione delicata e incerta. Ankara, allo scoppio della seconda guerra mondiale, si dichiarò neutrale e, pur mantenendo validi i trattati precedentemente firmati con Parigi e Londra, accettò di sottoscrivere anche un accordo di non aggressione con Hitler. Fu solo nel 1944 che la Turchia sospese le forniture di cromo alla Germania e sul finire del conflitto le dichiarò guerra.

Sul piano interno, il successore di Atatürk, İsmet İnönü, dovette fare i conti con le tensioni crescenti che venivano dalle campagne e da un mondo islamico che, con la laicizzazione dello Stato, non aveva perso vigore, anzi in alcune aree si era rafforzato, mentre la situazione economica del Paese peggiorava sempre più: il ricorso a politiche autoritarie dovette alla fine essere abbandonato e nel 1945-1946 la Turchia assistette a un mutamento profondo del suo sistema politico con l'introduzione del pluripartitismo. Nel 1950 si crearono le condizioni favorevoli alla vittoria del Partito democratico guidato da Adnan Mendérès, con il quale venne avviata una politica di liberalismo economico attraverso appelli ai capitali stranieri, la privatizzazione di talune industrie statali e un robusto sostegno all'agricoltura. Le misure antireligiose furono ammorbidite, ma la maggior tolleranza verso l'Islam favorì solo recrudescenze musulmane in Anatolia orientale. In questo contesto, sempre delicato anche sul piano delle relazioni internazionali, la Turchia aderì alla 'dottrina Truman' ricevendo consistenti aiuti economici dagli Stati Uniti ed entrando nella NATO nel 1951. Avamposto occidentale in funzione antisovietica, parve allora divenire un Paese determinante nella formazione di un sistema di alleanze che collegasse il Sud-Est europeo al Vicino Oriente e all'Asia centro-meridionale. In questo senso, del resto, Ankara aderì nel 1953 al Patto balcanico con Grecia e Jugoslavia e nel 1955 a quello di Baghdad con Iraq, Iran, Pakistan, Gran Bretagna e Stati Uniti. Un colpo di stato militare e civile attuato il 27 maggio 1960 portò all'arresto di Mendérès, successivamente giustiziato, e alla proclamazione della Seconda repubblica: si tornò così ai princìpi di Atatürk e fu varata una nuova Costituzione. Il Partito repubblicano del popolo e quello della giustizia (sorto sulle ceneri di quello democratico) si contesero per quasi un ventennio il potere, il primo raccolto attorno alla personalità di Inönü, e dopo il 1972 di Bülent Ecevit, il secondo guidato da Süleyman Demirel. Quest'ultimo favorì nel corso degli anni Sessanta una politica nazionalista e liberista portata all'eccesso, che le fragili strutture economiche del Paese mal sopportarono. La situazione economica e sociale si aggravò e Demirel fu costretto a dimettersi dai militari nel maggio 1971. Negli anni seguenti i problemi che tormentavano la società turca, lungi dal risolversi, conobbero un progressivo peggioramento: il sistema politico non riusciva a esprimere maggioranze stabili e la sua degradazione morale cresceva costantemente. La lira turca si svalutò più volte e numerosi cittadini dovettero abbandonare il proprio Paese per cercare un lavoro all'estero. Il terrorismo crebbe notevolmente di intensità. In questo contesto si aggiunsero, ricorrenti, le tensioni con la Grecia per la questione cipriota. Inoltre, problemi di definizione delle acque territoriali dell'Egeo e per lo sfruttamento delle risorse marine hanno continuato ad avvelenare i rapporti fra Atene e Ankara. Il 12 settembre 1980 si verificò un colpo di stato militare guidato dal generale Kenan Evren a cui seguì una severa repressione; nonostante questo confermasse il ruolo fondamentale dell'esercito all'interno della società turca, si fece presto strada la persuasione della necessità di un ritorno progressivo al governo civile.

La giunta militare trovò un sicuro punto di riferimento nel Partito della Madre Patria, nettamente schierato a destra, il cui leader, Turgut Özal, tenne la carica di primo ministro dal 1983 al 1989, anno in cui venne nominato presidente della repubblica dopo la definitiva uscita di scena di Evren e dei militari. Demirel, alla testa del Partito della Retta Via, incline a ottenere l'appoggio anche degli ambienti religiosi, riuscì a ritornare al potere nel 1991. La crisi istituzionale provocata dall'improvvisa morte di Özal nel 1993 ha visto Demirel ottenere la carica di presidente. Nel frattempo scoppiava la ribellione curda, guidata da Abdullah (Apo) Öcalan, che dal 1984 al 1998 trasformò il sud-est della Turchia nel teatro di una feroce guerra, con almeno 50 000 morti da ambo le parti.

Anche la Turchia, come altri Paesi limitrofi, ha conosciuto un accentuarsi di sentimenti islamici: le elezioni del dicembre 1995 hanno sancito la maggioranza relativa (21%) del Partito della Prosperità (RP) del vecchio leader islamico Erbakan. Dopo due anni, tuttavia, Erbakan è stato incriminato per attentato alla laicità dello Stato e il partito è stato sciolto, per ricostituirsi in seguito sotto nuovo nome.

Nel 1999 il caso di Abdullah (Apo) Öcalan portò alle elezioni e al successo di Ecevit, leader del Partito democratico della sinistra (DSP). Nel maggio 2000, alla scadenza del mandato presidenziale di Demirel, è stato eletto presidente Ahmet Necdet Sezer.

La crisi economica del febbraio 2001, con il crollo della borsa e della lira turca, ha visto l'intervento diretto degli Stati Uniti tramite la promozione di ingenti prestiti e l'invio in Turchia di Kemal Derviş, vicedirettore della Banca Mondiale, entrato in seguito attivamente in politica. Nelle elezioni del novembre 2002 solo due partiti hanno superato lo sbarramento del 10% previsto dalla legge: l'AKP (Partito della giustizia e dello sviluppo, di ispirazione islamica), guidato da Tayip Erdoğan, poi divenuto Capo del governo, e il CHP di Deniz Baykal, nelle cui file si è presentato anche Kemal Derviş. Una volta assunta la carica di primo ministro, Erdoğan ha adottato una linea politica tesa a contrastare le diffidenze più forti da parte dell'opposizione e dei militari, contrari all'instaurazione di un governo di ispirazione islamica. Fortemente determinato ad attuare i piani economici e politici necessari per favorire l'integrazione della Turchia nell'Unione Europea, ha introdotto nell'ordinamento provvedimenti che hanno avvicinato il Paese all'Europa e ai suoi valori. L'abolizione totale della pena di morte, l'abrogazione di molte leggi restrittive della libertà di espressione, la riforma del codice penale, l'abbandono dello stato di emergenza nella zona sudorientale, abitata dall'etnia curda, e il riconoscimento di maggiori diritti culturali alle minoranze, quali l'insegnamento in lingue diverse dal turco, nonché la lotta all'inflazione e la riforma monetaria – nel gennaio 2005 è stata introdotta la nuova lira turca, con conseguente stabilizzazione del tasso di cambio sia rispetto al dollaro, sia all'euro – hanno contribuito ad avviare le trattative per l'ammissione del Paese in Europa.

I negoziati sono iniziati formalmente il 3 ottobre 2005, ma l'adesione della Turchia all'Unione Europea non avverrà prima del 2015.

Al di là dei pacchetti legislativi varati per favorire il raggiungimento dell'obiettivo, restano tuttavia perplessità in merito all'attuazione concreta di queste riforme e alla loro effettiva incidenza sulla mentalità della popolazione, soprattutto nell'ambito dei diritti umani. Né possono essere sottovalutati problemi di natura geopolitica ancora irrisolti e che paiono imprescindibili per l'ingresso del Paese nell'Unione Europea, a cominciare dall'annosa questione della Repubblica di Cipro del Nord, autoproclamatasi nel 1983 dopo l'occupazione militare di una parte dell'isola nel 1973 e riconosciuta a livello internazionale solo da Ankara.

Il cammino della Turchia verso l'Europa pare dunque ancora lungo e colmo di ostacoli, senza contare le difficoltà che il Paese deve inevitabilmente attraversare per mantenere la stabilità politica interna. Infatti, benché Erdoğan sia stato riconfermato nelle più recenti elezioni del luglio 2007 – seguite un mese dopo dalle elezioni presidenziali, conclusesi con una vittoria schiacciante del suo partito e la nomina di Abdullah Gül a capo dello Stato – i timori di una deriva islamica non accennano a diminuire, soprattutto dopo che il governo ha tentato di adottare una serie di iniziative volte a favorire l'elettorato più conservatore.

Nel marzo 2008, il procuratore della Corte di Cassazione ha chiesto alla Corte costituzionale la chiusura del partito AKP per attività antilaiche, ritenute in contrasto con i princìpi della Repubblica proclamata da Atatürk. Fra le iniziative del primo ministro che hanno suscitato preoccupazione, la proposta di abrogare il divieto per le donne di indossare il velo nelle università, la criminalizzazione dell'adulterio, progetti di proibizione della vendita dell'alcol e di separazione fra uomini e donne in alcuni luoghi pubblici. Per queste iniziative nel luglio 2008 l'AKP ha rischiato di essere messo al bando, ma con un margine esiguo di voti la Corte suprema si è espressa a favore del partito. Nonostante le promesse del primo ministro, che ha voluto ribadire il suo impegno a rispettare la laicità dello Stato, la Turchia pare aver solo apparentemente appianato la crisi politica e le tensioni interne continuano a minacciare la stabilità del Paese.

La Repubblica turca

I provvedimenti attuati negli ultimi decenni dalla Turchia sono stati via via finalizzati a ridurre le distanze con l'Occidente: l'adozione di un codice civile e penale analoghi rispettivamente a quello svizzero e a quello italiano, del calendario gregoriano, del sistema metrico decimale, nonché della domenica in luogo del venerdì come giorno di festa. Tale processo di occidentalizzazione ha portato con sé squilibri profondi, dovuti tra l'altro al massiccio inurbamento e alla perdita di identità culturale della popolazione. Nell'ansia di risanare i fatiscenti quartieri dei centri cittadini, molto si è perso del tessuto urbanistico antico, soprattutto per quanto riguarda l'edilizia minore e le tradizionali case in legno, che solo recentemente sono state dichiarate 'monumento di interesse storico'.

Le riforme economiche degli anni Ottanta del Novecento e alcuni periodi di stabilità politica hanno avuto tra le altre conseguenze un'accentuazione dell'emigrazione interna con massicci spostamenti di popolazione dalle campagne alle maggiori città e un miglioramento delle condizioni di vita della popolazione. E, ancora, una rapida apertura verso modelli e comportamenti 'occidentali' di cui vasta eco si ha nel cinema, nella letteratura e in altre manifestazioni artistiche. Basterà citare in questa prospettiva i cambiamenti indotti nei consumi privati e collettivi, nella diffusione dei mass media, nella conquista per l'emancipazione femminile, nell'apertura – che in alcuni anni ha assunto il carattere di una vera e propria invasione – al turismo internazionale. Questi fenomeni, tuttavia, si sono sempre incrociati con tendenze di segno opposto riconducibili sia alle insufficienze e agli squilibri del modello di sviluppo economico, sia al permanere di tensioni e contrasti nell'area mediorientale. Se dunque la Turchia da una parte sembra affidarsi politicamente a una nuova tecnocrazia, dall'altra riemergono in strati non marginali della popolazione spinte mai sopite a una maggiore attenzione ai valori tradizionali della società islamica. In questo senso, lo stereotipo del ponte tra Oriente e Occidente mantiene un indubbio contenuto di verità, quantomeno come metafora di un'area di transizione in cui, nel bene e nel male, convivono tutte le tensioni, le contraddizioni, ma anche le attese e le speranze della società contemporanea.

La vicenda artistica

Poche regioni – nella stessa area mediorientale, dove pur abbondano le vestigia di antiche civiltà – possono vantare una concentrazione di stratificazioni archeologiche e una varietà di manifestazioni artistiche e culturali pari a quelle della Turchia. Questa eccezionale ricchezza ha le sue radici nella posizione geografica della penisola anatolica, che ha svolto la funzione di ponte tra l'Asia e l'Europa, favorendo la penetrazione degli influssi più diversi, da quelli delle civiltà mesopotamiche, iraniche e caucasiche a oriente, a quelli provenienti dal mondo cretese-miceneo prima, ed ellenico poi, a occidente. La straordinaria messe di reperti presente sul suolo della Turchia non ha mancato di attrarre precocemente l'attenzione di archeologi e studiosi, nonché di uno straordinario dilettante: Heinrich Schliemann, che a partire dal 1870 iniziò a scavare sulla collina di Hisarlık, legando il proprio nome alla scoperta di Troia.

La Turchia antica

La presenza dell'uomo sul suolo dell'Anatolia è testimoniata già per l'epoca paleolitica e in particolare neolitica, alla quale risalgono due dei siti più importanti: Hacılar, che ha permesso di documentare l'esistenza già nel VI e V millennio a.C. di una cultura evoluta, e Çatalhöyük (vedi box a pag. 33). Lo sviluppo della civiltà anatolica nell'antica età del Bronzo è testimoniato chiaramente dal tesoro scoperto da Schliemann a Troia nella cosiddetta 'casa del re della città', in uno strato corrispondente a circa il 2200 a.C. Tra gli oggetti portati alla luce nel corso degli scavi, e conservati in parte nei Musei Archeologici di İstanbul, figurano vasi, armi, diademi, fasce e bracciali, realizzati in rame, bronzo, argento, elettro e oro, quest'ultimo lavorato con le tecniche della granulazione, della filigrana, della punzonatura e del traforo. In questa fase, benché fosse stato introdotto l'uso del tornio, la lavorazione della ceramica si presenta invece piuttosto grossolana. Per la media età del Bronzo i reperti più copiosi provengono da Kültepe, dal kârum di Kanesh, la località dell'Anatolia centrale presso Kayseri che fu all'inizio del II millennio a.C. il centro principale della rete di colonie commerciali assire.

I siti Unesco

La Turchia si fregia di un gran numero di beni dichiarati dall'Unesco Patrimonio mondiale dell'Umanità. Stambul, Pera e Scutari sono i quartieri che impreziosiscono il *centro storico di İstanbul* (vedi pag. 64), la cui vicenda, da colonia greca a seconda capitale romana e poi capitale dell'impero turco, sembra condensarsi in S. Sofia, la basilica d'oro eretta da Giustiniano e trasformata in moschea da Maometto II. Ricca di siti Unesco è l'Anatolia, sul cui altopiano, inciso dalle eruzioni millenarie dei vulcani Erciyas e Hasan, si trova la *valle di Göreme*, oggi in parte parco-museo, con chiese rupestri incastonate nella roccia e città sotterranee scavate nel tufo e nella lava (vedi pag. 300). Nell'Anatolia centrale il sito archeologico di *Hattusa* conserva le rovine dell'antica capitale dell'impero ittita con templi e residenze reali arricchiti da decorazioni e bassorilievi rupestri (vedi pag. 273), mentre, più a oriente, l'antica città bizantina di *Divriği* ospita il complesso della Ulu Camii e dell'adiacente ospedale, capolavoro dell'architettura islamica (vedi pag. 281). Nell'area centro-occidentale dell'altopiano si incontra infine la cittadina di *Safranbolu*, con oltre mille edifici storici (vedi pag. 272). 'Fortezza di cotone' è chiamata la zona sorgiva, oltre che area archeologica, di *Hierapolis-Pamukkale*, per le proprietà delle sue acque utilizzate un tempo per il lavaggio e il fissaggio dei colori sulle stoffe (vedi pag. 206). Altri importanti siti archeologici sono *Xanthos,* che con la vicina *Letoon* è sotto la tutela dell'Unesco grazie ai preziosi monumenti funebri e alle epigrafi scolpite sugli enormi monoliti e sulle stele (vedi pagg. 214 e 216) e gli scavi presso la città identificata con *Troia*, resa leggendaria da Omero (vedi pag. 156). Sul *Nemrut Daği*, a oltre 2000 metri di altezza, si erge il mausoleo di Antioco I, una delle costruzioni più ambiziose del periodo ellenico, con resti di enormi statue a circondare il grandioso tumulo sepolcrale (vedi pag. 318).

Da Kültepe provengono innanzitutto migliaia di tavolette di argilla – alcune complete di 'buste' sempre in argilla – nelle quali gli affari trattati sono registrati in caratteri cuneiformi. Questi ultimi vennero introdotti in Anatolia proprio dai mercanti assiri, insieme ai sigilli cilindrici tipici della Mesopotamia, che assunsero caratteristiche originali nella successiva arte ittita (vedi box in basso). Tra gli oggetti più interessanti rinvenuti a Kültepe figura una serie di vasi zoomorfi, attualmente esposti nel Museo delle Civiltà Anatoliche.

Gli scavi di Boğazköy, l'antica Hattusa, hanno gettato luce sulla civiltà degli Ittiti, popolazione di origine indoeuropea che già alla fine del III millennio a.C. viveva in Anatolia e che riuscì a costruire un potente impero intorno al XVIII secolo a.C.

Dopo il crollo politico dell'impero ittita, avvenuto intorno al 1200 a.C., molti aspetti di questa civiltà passarono nelle città-stato che avevano assunto il governo dei territori dell'Anatolia sud-orientale, e nelle quali tuttavia si manifestò ben presto un'influenza siro-aramaica. È questo il caso, per esempio, di Zincirli, Karatepe e Tell Halaf, località che sono state oggetto di spedizioni archeologiche fin dal secolo scorso. Proprio a Zincirli, infatti, gli scavi hanno portato al ritrovamento di interessanti sculture e bassorilievi dell'VIII secolo a.C. (oggi visibili al Museo dell'Oriente Antico di İstanbul). Per qualche secolo le città-stato neoittite coesistettero con altri regni, nei quali si affermò una cultura originale, destinata a influire sulle successive civiltà del Vicino Oriente. Il regno di Urartu, fiorito tra il IX e il VI secolo a.C. nell'area a sud del Caucaso, è quello cronologicamente più antico. In esso la tecnica metallurgica, l'ingegneria e l'idraulica conobbero un ulteriore sviluppo.

La metallurgia fu molto sviluppata anche presso i Frigi, popolazione di oscura origine che intorno all'VIII secolo a.C. riuscì a impossessarsi dell'Anatolia centrale. L'arte frigia viene ricordata soprattutto per i bei rilievi scolpiti nella roccia e per gli eleganti oggetti in metallo e ceramica che mostrano un deciso rinnovamento delle forme.

Capitale del regno frigio era Gordion (nei pressi dell'attuale Polatlı, a sud-ovest di Ankara), che è stata oggetto di numerose campagne di scavo condotte da archeo-

L'arte ittita

Nell'arte ittita si nota un ampio uso della scultura, sebbene questa sia costantemente legata all'architettura. Evidente è l'influsso dell'arte mesopotamica, di cui quella ittita fornisce una originale rielaborazione, che sostituisce alla stilizzazione assira una sorta di ingenuo realismo. Di grande interesse sono gli ortostati e i rilievi rupestri di Yazılıkaya, Karatepe, Karkamış e Ankara. Per quanto riguarda la ceramica, che già da qualche secolo era andata arricchendosi di forme e tecniche nuove, vanno senz'altro segnalate le caratteristiche brocche con base appuntita, collo cilindrico e beccuccio a rostro, la cui linea singolarmente elegante sembra ispirarsi al becco degli uccelli da preda. Un esempio splendido del genere, con ingubbiatura rossiccia, lucidatura brillante e decorazione a cerchietti impressi, è esposto al Museo dell'Oriente Antico di İstanbul. Ad Ankara si trovano invece due famosi vasi da libagione a forma di toro rinvenuti nel corso degli scavi della capitale ittita.

I rilievi rupestri ittiti scoperti a Yazılıkaya

logi americani e turchi. I Frigi divennero successivamente vassalli del regno di Lidia: gli scavi della capitale lidia, Sardes (a est di Smirne), hanno portato alla luce testimonianze di un'arte opulenta, ma non particolarmente originale. Di grande interesse archeologico e artistico sono anche le tombe rupestri della Licia, regione dell'Anatolia sud-occidentale che ebbe come capitale Xanthos.

Già dall'inizio del I millennio a.C. l'importanza dell'Anatolia orientale è tuttavia legata soprattutto all'originale elaborazione artistica che ebbe luogo nelle numerose colonie greche della costa, e che portò alla creazione del cosiddetto 'stile ionico': in esso elementi di tradizione minoico-micenea si fusero con altri di chiara derivazione orientale, in una sintesi che conobbe ulteriori evoluzioni nell'epoca greca classica. Forse anche a causa delle distruzioni seguite alla conquista dell'Anatolia da parte dell'imperatore persiano Ciro il Grande, gli scavi archeologici condotti in alcune di queste città hanno permesso di riportare alla luce soprattutto monumenti del III e II secolo a.C., che testimoniano lo straordinario splendore che queste colonie conobbero anche in epoca ellenistica. Mileto, Efeso, Alicarnasso e Pergamo non sono che alcune delle città di cultura greca che si svilupparono in Asia Minore.

È invece intorno al II secolo a.C., con la dinastia degli Attalidi, che si ebbe a Pergamo il momento di massimo splendore, e la città divenne uno dei maggiori centri della cultura ellenistica. Il passaggio dell'Anatolia occidentale sotto l'egida politica di Roma non comportò un brusco mutamento nella tradizione costruttiva e figurativa locale. Al contrario, sotto la vernice ellenistica che continuò a permeare per un altro secolo almeno la cultura artistica di quest'area, presero a riaffiorare elementi della tradizione figurativa autoctona. Furono tuttavia i Romani a introdurre archi e volte, che impiegarono ampiamente nell'architettura civile (ponti, acquedotti, cisterne, terme ecc.). Le città si arricchirono di edifici monumentali e la scultura continuò a fiorire in numerosi centri, quali Aphrodisias, Hierapolis e Perge. Tra le sculture più significative del primo periodo della dominazione romana, va senz'altro segnalata la statua di efebo rinvenuta a Tralles e attualmente conservata nel Museo delle Antichità di İstanbul (fine I secolo a.C.-inizio I secolo d. C.).

L'età bizantina

Con la divisione dell'impero romano (395 d.C.), Bisanzio, che nel 330 aveva assunto il nome di Costantinopoli, divenne la capitale di un vasto territorio, destinato a contrarsi di fronte all'avanzata musulmana. Nell'arco di un paio di secoli, la tradizione culturale e artistica di quest'area si modificò sensibilmente: in architettura vennero elaborate nuove planimetrie e si diffuse un diverso tipo di capitello, mentre la scultura si legò progressivamente all'attività costruttiva. Il mosaico (vedi box a pag. 48), arte già matura in epoca romana, confermò la propria versatilità anche nell'ambito della cultura figurativa bizantina, della quale costituisce uno dei caratteri distintivi.

L'arte bizantina si mostra oggi come la geniale sintesi – operata nell'ambito della nuova fede cristiana – di elementi stilistici profondamente eterogenei. Così ricercatezza ed eleganza prettamente elleniche si fondono con una certa rigidezza tipicamente anatolica, cui l'elemento siriaco aggiunge forza ed espressività. E, ancora, il realismo della tradizione romana lascia spazio anche alla raffigurazione degli animali fantastici di quella sasanide-ittita, il tutto in una cornice ornamentale di ascendenza orientale che predilige la stilizzazione, per quanto impreziosita da delicati effetti chiaroscurali.

Molti degli edifici monumentali eretti a Costantinopoli nei primi due secoli dell'impero bizantino andarono distrutti nell'ondata di violenza che accompagnò la 'rivolta di Nika' del 532. Fu allora che vennero incendiate le primitive chiese di S. Irene e S. Sofia, successivamente riedificate da Giustiniano. Entrambe presentavano originariamente una pianta basilicale a tre navate, analoga a quella della superstite chiesa di S. Giovanni Battista (oggi İmrahor Camii) a İstanbul, fondata nel 463, che mostra una struttura di chiara ascendenza tardo-antica, con colonne corinzie sormontate da una trabeazione completa di fregi e cornici. Questo tipo di pianta con la fine del V secolo cominciò tuttavia a cadere in disuso e fece la sua comparsa la pianta centrale – rotonda o ottagonale – sormontata da una cupola. Ed è proprio la cupola, impostata su un vano quadrato o rettangolare cui si raccorda mediante pennacchi, a costituire l'elemento strutturale di maggior rilievo dell'architettura bizantina. Tra gli edifici re-

I mosaici

L'uso del mosaico nella decorazione parietale, presente già a Roma e Ravenna nel IV e V secolo, in quello successivo compare anche a Costantinopoli, dove è testimoniato dalle ampie bande di motivi geometrici o floreali su fondo oro ancora oggi visibili all'interno di S. Sofia a İstanbul. Sebbene dalla basilica di Giustiniano fossero assenti mosaici figurativi, una tradizione in questo senso dovette svilupparsi rapidamente anche nella capitale bizantina, dal momento che al concilio di Nicea (787) si decise di non lasciare più all'arbitrio degli artisti la scelta dei soggetti e degli spazi in cui questi dovevano essere collocati. Si fissarono, quindi, norme in base alle quali il Cristo Pantocratore andava raffigurato nelle cupole, la Vergine nelle absidi e le scene della sua vita nel nartece, mentre la parete d'ingresso spettava al Giudizio Universale e le navate erano destinate a ospitare immagini di santi.

Sovrapposizione di mosaici a motivi arabi e bizantini nella basilica di S. Sofia

Niente resta, tuttavia, delle decorazioni figurative precedenti alla crisi iconoclasta, e fu solo dopo il decreto pacificatore dell'854 che l'attività artistica ebbe un'improvvisa accelerazione e si sviluppò una nuova tradizione pittorica.

A İstanbul interessanti frammenti di decorazioni musive del IX-XI secolo sono ancora visibili nella basilica di S. Sofia, mentre le due chiese di S. Salvatore in Chora (poi Kariye Camii) e S. Maria Pammakaristos (Fethiye Camii) conservano i più imponenti cicli di mosaici del XIV secolo.

ligiosi a pianta centrale, un posto particolare spetta alla chiesa dei Ss. Sergio e Bacco, costruita da Giustiniano nel 527 a İstanbul e nota oggi con l'appellativo di Piccola S. Sofia (Küçük Aya Sofya Camii). Ancora la cupola, innestata su una basilica con copertura a volte – e non più, quindi, a soffitto piano – caratterizza la nuova chiesa di S. Irene, completata nel 537 insieme a S. Sofia.

Dopo il deciso affermarsi di un'arte originale, avvenuto nel VI secolo con Giustiniano, si ebbe una fase di stasi fino al IX secolo, epoca in cui apparve la nuova planimetria a croce greca inscritta in un quadrato, trasformato in rettangolo dalle tre absidi e dal nartece antistante la facciata. In questo tipo di edifici, ben rappresentati a İstanbul dalla chiesa di S. Teodosia (identificata nella Gül Camii), una cupola sorge all'incrocio tra i due assi, coperti da volte a botte, che sottolineano l'impianto cruciforme. Tra il IX e il X secolo questa pianta subì un'ulteriore modifica: alla cupola centrale, posta su un tamburo più elevato, se ne aggiunsero quattro più piccole in ognuno dei bracci della croce. Questa struttura, detta 'a quinconce', ebbe grande successo sia nel mondo bizantino, sia in quello islamico, dove conobbe un'analoga e contemporanea diffusione. A İstanbul sopravvivono vari esempi di chiese bizantine con questa pianta, e le due che compongono il complesso di S. Salvatore Pantocratore (oggi Mollazeyrek Camii), sebbene datate al XII secolo, sono forse le più tipiche. Dopo un altro periodo di stasi, l'attività edilizia riprese intorno al XIV secolo con la cosiddetta 'Rinascenza paleologa', sebbene, dopo il X secolo, non venissero affermandosi nuove planimetrie. Gli edifici religiosi erano di solito molto sobri all'esterno e, solo col passare dei secoli, al tono caldo del mattone venne affiancata la pietra chiara. Nell'interno invece, già dalla prima epoca bizantina, la nuda cortina di laterizio veniva ricoperta di marmi policromi fino all'innesto della volta e delle cupole, ulteriormente illuminate da mosaici su fondo azzurro e oro. Resta sconosciuto l'aspetto dei monumenti di architettura civile, poiché nessun palazzo antico è giunto fino a noi. Sappiamo tuttavia che non si trattava di edifici imponenti, ma piuttosto di complessi contenenti vari padiglioni separati.

Nel campo della scultura, l'arte bizantina tese ad abbandonare sia l'intento puramente naturalistico che la scala monumentale; prevalsero i bassorilievi e le decorazioni minute con intagli lavorati a traforo. Tipico prodotto di questo nuovo gusto sono gli originali capitelli 'a canestro', disinvolta rielaborazione di un tema classico in chiave puramente decorativa. Costantinopoli fu per secoli famosa anche per i raffinati oggetti di oreficeria e nel IX e X secolo anche per i lavori in smalto, tecnica appresa probabilmente dalla Persia. Il progressivo impoverimento dell'impero provocò il parallelo decadimento delle varie arti minori, con l'importante eccezione di quelle, strettamente connesse, del tessuto e del ricamo, che si mantennero ad alto livello fino al momento della conquista musulmana, creando i presupposti per il loro significativo sviluppo in epoca selgiuchide e ottomana.

Complessivamente, pur contando nel passato qualche secolo di dominazione romana, quello bizantino era un mondo di cultura greca. Greca era infatti la lingua dei suoi cittadini, benché sempre più distante da quella attica, che era invece ancora usata dai letterati. Questi ultimi nelle opere di storiografia, filone assai apprezzato a Bisanzio, si rifacevano ad autori della Grecia classica, come Tucidide, per organizzare il materiale di cui disponevano. Tra gli altri generi letterari che godettero di un certo favore nel mondo bizantino vanno ricordati gli epigrammi. Il genere preferito restava tuttavia quello della letteratura romanzesca, che si scontrava però con le censure imposte dall'ortodossia ufficiale. Per non rinunciare al gusto dell'avventuroso spuntarono quindi i vari *Atti degli apostoli* apocrifi, nei quali si lasciava ampio spazio alle 'diaboliche tentazioni', immancabilmente superate dai santi, mentre i racconti di viaggio venivano proposti sotto forma di descrizioni delle opere dei missionari e potevano così essere annoverati nell'ambito della letteratura edificante.

L'Islam in Anatolia

Benché la data che sancisce ufficialmente il crollo dell'impero bizantino sia il 29 maggio 1453, già dalla fine del XII secolo i viaggiatori occidentali che attraversavano l'Anatolia chiamavano 'Turchia' questo territorio. Il sultanato selgiuchide di Rum (termine col quale Turchi e Arabi definivano il mondo bizantino) per l'XI e la maggior parte del XII secolo fu troppo occupato nelle ricorrenti crisi dinastiche e nelle lotte con gli altri emirati turchi formatisi in Anatolia per potersi dedicare al mecenatismo artistico. La situazione cambiò radicalmente nei primi decenni del XIII secolo, nei quali l'Asia Minore conobbe un periodo di notevole stabilità politica e di grande prosperità economica. Questo ebbe come riflesso il netto rifiorire della civiltà urbana nel complesso di città ellenistiche, armene e bizantine già esistenti, cui si accompagnò la costruzione di una serie di monumenti di impronta originale. In tali città convivevano varie comunità etniche e religiose, e l'organizzazione della vita civile raggiunse un livello probabilmente sconosciuto agli ultimi secoli dell'impero bizantino.

La disponibilità di una buona pietra da taglio, unitamente a una certa influenza della tradizione costruttiva armena, portò i Selgiuchidi di Rum a sfruttare questo materiale per la realizzazione degli edifici. Forse a causa del rigore invernale tipico di quest'area, dalle moschee è assente, o si presenta in forma molto ridotta, il cortile centrale (*sahn*), e la sala di preghiera riprende spesso la pianta basilicale con le navate parallele alla parete di fondo, che era stata introdotta all'inizio dell'VIII secolo dalla Grande Moschea di Damasco. Alla tradizione delle moschee in pietra, dalla decorazione più o meno esuberante, si aggiunse quella degli edifici con tetto piano sostenuto da colonne in legno, per le quali fornivano il materiale le foreste che un tempo si estendevano sul suolo anatolico. Nel XIII secolo si diffusero anche i piccoli *masyid*, o luoghi di preghiera, costituiti unicamente da una sala cupolata preceduta da un portico. Grande interesse riveste inoltre la tipologia della *medrese*, edificio nato con funzioni politico-religiose, come luogo di insegnamento teologico e propaganda dell'ortodossia islamica. In Anatolia la *medrese* si presenta in due modi: con cortile aperto, sul quale affacciano ambienti posti su uno o due piani (rientrano in questa tipologia la Büyük Karatay e la İnce Minare di Konya), oppure con cortile coperto da una cupola o da volte, al cui centro si apre un oculo, in corrispondenza della vasca per le abluzioni (ne sono un esempio la Gök Medrese di Sivas e la Çifte Minare di Erzurum). Più che per i palazzi, dei quali i pochi resti in corso di scavo hanno mostrato la struttura a padiglioni e il ricco rivestimento in maiolica invetriata, l'architettura civile dei Selgiuchidi di Rum è interessante soprattutto per i caravanserragli o *han*, eretti a intervalli regolari lungo le principali vie commerciali dell'Anatolia. Molti di questi edifici, come il caravanserraglio di Sultanhanı, sono ancora in piedi, benché piuttosto malridotti, e con la loro opulenta eppur raffinata decorazione mostrano chiaramente come nel XIII secolo il Paese godesse di un'eccezionale floridezza economica. Questo malgrado le incursioni che, in un territorio solcato da millenni da percorsi commerciali, avevano reso necessaria la realizzazione di fortezze inespugnabili, nelle quali i mercanti e le carovane potessero trovare un sicuro rifugio per la notte. Il suolo dell'Anatolia orientale è disseminato anche di un altro tipo di costruzioni, caratteristiche dell'epoca selgiuchide: le torri funerarie, edifici a pianta centrale o poligonale, sormontati da un tetto conico o piramidale, in cui venivano poste le spoglie del defunto, la cui tomba assumeva così un particolare rilievo (come il Döner Kümbert a Kayseri).

Sotto i Selgiuchidi, in Persia e Mesopotamia come in Anatolia, le arti minori, arricchite da elementi turchi e centro-asiatici, conobbero un'eccezionale fioritura. La scultura a bassorilievo, caratteristica dell'architettura anatolica, raggiunse livelli di notevole raffinatezza anche in materiali diversi dalla pietra, primo fra tutti il legno. Alle porte e ai minbar in legno intagliato, vanno aggiunti gli stucchi policromi, alcuni dei quali sono oggi visibili nel Museo delle Arti Turche e Islamiche di İstanbul. Tra i vari motivi ornamentali – oltre agli intrecci geometrici e stellari, agli arabeschi e ai diversi stili calligrafici – sono presenti anche animali e figure umane, soprattutto guerrieri in lotta contro belve e draghi. La ceramica raggiunse in Persia sotto i Selgiuchidi vertici forse ineguagliabili; in Anatolia, tuttavia, alla presenza di mosaici ceramici nell'architettura non corrisponde un'analoga diffusione, nel vasellame, delle raffinate tecniche presenti nell'area iranica, né sono state trovate finora prove archeologiche del fatto che le maioliche invetriate usate nei rivestimenti parietali fossero state effettivamente prodotte in loco. Dall'Asia centrale i Selgiuchidi introdussero anche l'arte del tappeto (vedi box in basso), oggetto che ebbe grande successo anche in Europa, dove veniva importato regolarmente. Fino agli inizi del Novecento l'aspetto dei tappeti turchi del XIII secolo – caratterizzati da un bordo con iscrizioni in cufico e da motivi geometrici o animali fortemente stilizzati – ci era noto unicamente dalla pittu-

I tappeti turchi

Famosi già nei tempi antichi, i tappeti turchi si dividono in due grandi categorie: i tappeti annodati (halı) e quelli tessuti al telaio, piatti (kilim, nella foto). Il materiale usato è prevalentemente la lana (per l'ordito e per i nodi), ma si trovano anche combinazioni di lana/cotone, lana/seta, o seta/seta (solo gli Hereke, vedi box a pag. 143). I tappeti più pregiati utilizzano lana di prima qualità e tinture naturali. I colori e i disegni variano non solo da regione a regione, ma anche da città a città. Si può affermare, per quanto si tratti di una semplificazione, che il tappeto turco è prevalentemente geometrico, mentre quello persiano è floreale. Secondo alcuni studiosi, i disegni dei kilim anatolici corrisponderebbero a simboli stilizzati dell'antica Dea-Madre (vedi box a pag. 33): di generazione in generazione le donne si sarebbero tramandate i motivi ricorrenti della loro zona. È difficile fornire parametri di prezzo, in quanto il valore del tappeto dipende da molte variabili: la qualità della lana, l'antichità, la varietà della lavorazione, ma anche e soprattutto la finezza del manufatto (deducibile dal numero dei nodi per cm^2 visibili sul rovescio del tappeto). Nella grande famiglia dei kilim si possono inserire anche alcuni tappeti nomadici, provenienti dalle regioni del Caucaso, come i Sumak e i Jijim (*cicim*): si tratta di tappeti piatti, tessuti e poi ricamati. Oltre ai tappeti, in particolare nei villaggi anatolici, si vendono anche ricami e bordure di grande bellezza, realizzate solo con ago e filo.

ra medievale italiana, poi, a varie riprese, circa una ventina di frammenti di tappeti selgiuchidi sono stati scoperti a Konya, Beyşehir e Fostat (il Cairo Vecchio). Molti di essi sono esposti nel Museo delle Arti Turche e Islamiche di İstanbul e nel *tekke* di Mevlâna (oggi museo) a Konya.

Agli inizi del XIV secolo, con il definitivo crollo della dinastia selgiuchide per mano dei Mongoli, la tribù turca degli Ottomani (da Othman, o Osman, che ne era il capostipite) cercò rifugio nella zona occidentale della penisola, formando un potente stato che stringeva sempre più da vicino ciò che restava dell'impero bizantino. I primi monumenti dell'architettura ottomana fiorirono a Bursa, importante centro commerciale scelto inizialmente come capitale. Gli edifici religiosi eretti in questo periodo mostrano nella struttura una certa continuità con la tradizione architettonica selgiuchide, ma adottano anche la muratura mista in mattoni e pietra chiara, tipica delle costruzioni tardo-bizantine. Già in epoca selgiuchide la cupola esercitava un notevole fascino presso gli architetti musulmani; non meraviglia quindi che, dopo la conquista di Costantinopoli (1453), la grandiosa struttura di S. Sofia abbia influenzato fortemente l'evoluzione degli edifici monumentali ottomani. Il primo complesso realizzato seguendo il modello della famosa basilica bizantina è quello della Fethiye Camii, successivamente distrutto e ricostruito. Ci resta invece il secondo (Beyazıt Camii), realizzato per Beyazıt tra il 1501 e il 1507, che mostra con evidenza, col suo interno piuttosto oscuro e deludente rispetto alla maestosità dell'esterno, come questo tipo di impianto potesse essere ancora perfezionato. Ci riuscì appieno il grande Mimar Sinan, l'architetto che per quasi mezzo secolo progettò e seguì la realizzazione di tutte le costruzioni imperiali. Alla rigorosa simmetria degli impianti planimetrici ottomani, basati su un'ampia sala di preghiera sormontata da un'enorme cupola variamente articolata e preceduta da un cortile porticato coperto da cupolette, fa riscontro la sobrietà della decorazione, che consiste unicamente nella ritmica ripetizione di modanature, scolpite nella pietra da taglio accuratamente squadrata. A parte un controllato uso delle *muqarnas*, unica concessione all'esuberanza decorativa dei secoli precedenti sono le brillanti e variopinte piastrelle di İznik, che ricoprono in parte o del tutto le pareti interne di alcune moschee, moltiplicandone la luminosità. Dopo un lungo periodo di 'manierismo', in cui le soluzioni introdotte da Sinan furono stancamente riproposte dai suoi allievi e successori nell'incarico di architetto imperiale, cominciò a penetrare in Turchia l'influenza dell'architettura tardo-barocca europea, che portò alle realizzazione di edifici ibridi, carichi di stucchi e di elementi estranei al vocabolario decorativo locale. La più famosa delle moschee 'barocche' di İstanbul è la Nuruosmaniye Camii (1748-55), che pure conserva una certa grazia nella disposizione del cortile porticato semiellittico. L'architettura civile ottomana vede confermata la tendenza alla realizzazione di una serie di padiglioni e ambienti collegati da ampie corti d'onore e giardini, mentre per l'edilizia domestica comune si diffonde sempre più l'uso del legno. La tipologia del caravanserraglio, che aveva caratterizzato il panorama extraurbano in epoca selgiuchide, viene leggermente modificata, alleggerendone il carattere difensivo, e utilizzata all'interno delle città, come luogo in cui i mercanti potessero sostare per il periodo necessario alla vendita delle merci.

Sebbene tutte le arti minori ottomane concorressero alla creazione di un universo estetico di grande raffinatezza, solo alcune raggiunsero un livello paragonabile a quello delle altre aree del mondo musulmano. Se la miniatura e il trattamento dei metalli rimasero sempre subordinate alla tradizione, rispettivamente, persiana e mamelucca, la più bella ceramica islamica del XVI secolo fu prodotta a İznik, l'antica Nicea, dove una nuova vitalità pervase quest'arte, di importazione persiana. Garofani, tulipani, fiordalisi e peonie, trattati in modo solo apparentemente naturalistico, e associati a un'originale foglia a forma di piuma (*saz*), compaiono, inoltre, sui finissimi broccati di seta e velluto prodotti a Bursa e İstanbul. Anche i tappeti anatolici continuarono a essere esportati in Europa; tra i più apprezzati erano gli Ushak a uccelli e quelli a medaglioni e a stelle; grande fama ebbero i tipi a disegni geometrici, chiamati 'Holbein' dal pittore Hans Holbein Il Giovane (1497-1543), che amava ritrarli nei suoi quadri.

Piccolo dizionario di arte e di storia

Abaco. Blocco parallelepipedo a base quadrata che costituisce la parte superiore del capitello e sostiene l'architrave.

Abaton. Nel tempio greco, luogo sacro, al quale è vietato l'accesso.

Abd. In arabo, servo, schiavo. Compare spesso all'inizio di nomi di persona composti, nei quali la seconda parte è costituita da uno dei 99 'bei nomi di Allah' (es: Abdurahman significa 'servo del Misericordioso').

Achemenidi. Dinastia persiana (il nome deriva da quello del suo leggendario capostipite, Achemene) che fondò un immenso impero, si impadronì dell'attuale Turchia nel 546 a.C. e ne mantenne il controllo territoriale fino ad Alessandro Magno.

Acropoli. Parte più elevata di una città greca, in epoca classica riservata ai più importanti edifici religiosi.

Acroterion (pl. acroterioi). Elemento architettonico (base o piedistallo) posto alle estremità esterne o alla sommità del frontone di un tempio antico per sorreggere statue, vasi, ecc. Il termine ha poi finito per designare anche l'ornamento che poggia su di esso.

Adyton. Parte più interna del tempio greco, solitamente dietro la cella, dove solo i sacerdoti potevano entrare. Qui erano celebrati i riti più segreti e venivano conservati alcuni oggetti di culto.

Aǧa. Titolo arabo portato dagli ufficiali che comandavano una delle milizie o l'esercito ottomano (v. Giannizzeri). In turco moderno il termine viene utilizzato anche per designare il fratello primogenito oppure un facoltoso proprietario terriero.

Aghiasma. Fontana sacra.

Agorà. Piazza centrale della polis greca, dove si svolgeva la vita politica e commerciale della città.

Alabastro. Dal greco alabastron, senza manico. Piccolo vaso da unguenti e profumi, cilindrico, con bocca stretta e senza piede, lavorato al tornio in un solo pezzo. Proveniente dall'Egitto, nei secoli VII e VI a.C. si diffuse in Grecia. Il nome dell'oggetto passò poi a definire il materiale col quale era fatto inizialmente.

Alevi. Musulmani non sunniti (v.), chiamati anche *kızılbaş* (teste rosse), che come gli Sciiti dell'Iran e di vari altri paesi del Medio Oriente, si rifanno al genero del Profeta e quarto califfo, Ali, dal quale prendono il nome. Si distinguono tuttavia dagli altri 'partigiani di Ali' sia per il credo che per le pratiche di culto, fortemente intrise di elementi preislamici e di sincretismo anatolico. Non se ne conosce esattamente il numero, ma secondo alcune valutazioni costituirebbero circa il 20% della popolazione turca. Diffusi soprattutto nelle campagne, hanno la fama di esser stati, più dei Sunniti, favorevoli all'instaurazione del regime repubblicano, e di costituire ancora oggi una comunità particolarmente aperta alle idee innovatrici.

Ali. Cugino e genero del Profeta (marito di sua figlia Fatima), padre degli unici discendenti maschi di quest'ultimo, Hasan e Husayn. Secondo una parte dei Musulmani, sarebbe dovuto succedere a Maometto. In realtà fu solo dopo l'assassinio del terzo califfo Uthman che Ali divenne a sua volta califfo. Tuttavia il quarto successore del Profeta si trovò in una situazione difficile: un parente di Uthman, Muawiyya, governatore della Siria, ritenendolo responsabile dell'assassinio, organizzò infatti l'opposizione, in nome della 'vendetta per Uthman'. La loro divisione portò alla lotta armata, poi un arbitrato diede torto al partito di Ali. Quest'ultimo fu infine assassinato nella grande moschea di Kufa, la sua capitale, nel 661. È da queste vicende che sono derivati i principali scismi dell'Islam: gli Sciiti (v.) sono i partigiani di Ali e dei suoi discendenti, i Kharigiti coloro che rifiutarono l'arbitrato, e i Sunniti gli eredi di quelli che presero le difese di Muawiyya.

Al-Masudi. Viaggiatore e scrittore arabo originario di Baghdad, morto nel 956. Visitò e descrisse molti paesi dell'Asia.

Altare. Elemento fondamentale per i rituali del culto greco; è quasi sempre collocato all'aperto, in un *temenos* (v.), sia isolato che posto accanto a un tempio (solitamente a est di questo). È su di esso e intorno a esso che si facevano offerte, sacrifici e preghiere. Il tipo di altare più comune era il *bômos*, usualmente in pietra, di forma rotonda, quadrata o rettangolare, poggiante su uno zoccolo a gradini; era questo che veniva usato ad esempio per il culto uranico, reso al dio del Cielo. Per il culto ctonio, in onore del dio degli Inferi, o per il culto degli eroi, si usava un tipo di altare cavo, una sorta di focolare, l'*eshara*, oppure una fossa, detta *bothros*. Durante i sacrifici animali, le vittime venivano sgozzate e fatte a pezzi presso l'altare; ossa e grasso venivano bruciati completamente, mentre la carne veniva infilzata negli spiedi e cotta al fuoco dell'altare prima di essere consumata. Molti degli altari, tuttavia, non ricevevano che offerte di dolci e libagioni.

Amazzoni. Mitiche guerriere abitanti nei pressi del Ponto Eusino (mar Nero). Avrebbero invaso la Grecia dopo che Teseo aveva rapito una di loro, Antiope.

Ambone. Pulpito eretto originariamente nella navata, in seguito nel coro o all'incrocio tra la navata e il coro, che nelle basiliche cristiane era riservato al vescovo per le allocuzioni e la lettura del Vangelo, o per altre cerimonie eccezionali quali, a Bisanzio, l'incoronazione di un imperatore.

Ambulacro. Corridoio sotterraneo destinato alla circolazione degli spettatori nei teatri antichi (v.).

Anastasis. In greco, risurrezione; è dipinta o scolpita su numerosi monumenti, a indicare tanto la Risurrezione di Cristo quanto la sua Discesa al Limbo.

Anastilosi. Tipo di restauro, praticato soprattutto in campo archeologico, che consiste nel ricostruire gli elementi architettonici di un monumento servendosi dei blocchi di pietra originali, rinvenuti sul posto.

Anfiprostilo. V. tempio.

Anta. V. tempio.

Antefissa. Nei templi greci, ornamento del tetto a spiovente, realizzato solitamente in terracotta dipinta, che veniva collocato davanti alla testata delle travi della copertura per nasconderle alla vista.

Antropomorfo. In greco, dall'aspetto di un essere umano; le divinità greche erano immaginate e rappresentate nell'arte come antropomorfe.

Apodyterium. Spogliatoio nei ginnasi (v.) greci, poi vestibolo che costituiva il primo ambiente delle terme romane.

Apotropaico. Termine greco che designa un gesto, una figura o un oggetto destinati ad allontanare la mala sorte.

Archimandrita. Termine greco che designa il capo superiore di un monastero od ordine religioso di rito ortodosso, detto anche *cathigumene*.

Archistratega. In greco, comandante in capo; titolo attribuito agli arcangeli Michele e Gabriele, capi dell'esercito celeste.

Architrave. Parte inferiore della trabeazione, immediatamente al di sopra dei capitelli delle colonne.

Arconte. Magistrato che svolgeva le più alte funzioni pubbliche in alcune città greche.

Arcosolio. Sepoltura costituita da un'arca sepolcrale incassata nella parete e sormontata da una nicchia.

Arianesimo. Dottrina cristiana di cui fu promotore il sacerdote alessandrino Ario (256-336) e condannata come eretica nel corso di un sinodo ad Alessandria nel 320, e quindi al concilio di Nicea del 325. Essa nega la consustanzialità del Padre, del Figlio e dello Spirito Santo in Dio, e di conseguenza rifiuta l'idea che Cristo avesse una perfetta natura divina.

Ariballo. Piccolo vaso sferico, caratteristico dell'età arcaica greca, con bordo piatto e largo e bocca molto stretta, usato per oli e profumi. Solitamente privo di piede, veniva sospeso a un filo.

Askos. Piccolo vaso greco con versatoio laterale e manico a paniere.

Atabeg. Titolo nobiliare turco.

Atrio. Corte; nelle chiese paleocristiane, la corte chiusa che precede il nartece (v.).

Attributo. Emblema, segno distintivo di una funzione, di un personaggio allegorico o di una divinità.

Aulos. Strumento a fiato greco, simile all'oboe o al clarinetto (lo si traduce erroneamente 'flauto'). Di provenienza lidia o frigia, era costituito da un tubo di legno, al quale si adattava una imboccatura a forma di piccolo bulbo allungato, con un'ancia semplice o doppia.

Barbacane. Struttura avanzata che, nell'architettura militare, serve da rinforzo alle mura di città o fortezze.

Barbari. Nella Grecia antica erano così definiti tutti coloro che non parlavano la lingua greca.

Basileus. In greco, re; titolo ufficiale del sovrano bizantino a partire da Eraclio (VII secolo).

Bayram. Termine arabo che designa le due principali feste musulmane, il piccolo Bayram (Şeker Bayramı, 'festa dei dolciumi', detto anche al-'Ayd

al-Fıtr, 'festa della Rottura'), che si celebra alla fine di Ramadan (v.) con solennità e manifestazioni di gioia anche maggiori dell'altro, detto grande Bayram (Kurban Bayramı, 'festa del Sacrificio', o in arabo al-'Ayd al-Kebīr, 'grande festa'), nel quale si sgozza un montone in ricordo del sacrificio di Abramo (v. calendario).

Bedesten. Mercato coperto, caratteristico dell'architettura e dell'urbanistica arabe, che di notte poteva essere chiuso da porte, nel quale venivano vendute le merci più pregiate (es: gioielli, broccati).

Bektaşi. Ordine di dervisci (v.) fondato probabilmente nel XIII secolo.

Bema. Tribuna o pulpito dal quale, nell'antica Grecia, parlavano gli oratori; in una chiesa, santuario situato a est della navata e sopraelevato di alcuni gradini. È nel bema che sorgono l'altare e la cattedra del vescovo.

Betilo. Pietra sacra considerata dai Semiti dimora di un dio o adorata come un idolo.

Bey. Titolo turco che sta per 'signore' e in turco moderno equivale a efendi.

Beyt. In arabo, casa o appartamento in un palazzo.

Bouleuterion. Edificio adibito alle riunioni della bulè, il consiglio cittadino della polis greca.

Bucranio. Nello stile dorico, motivo ornamentale architettonico che consiste in un teschio di bue alternato a festoni; pare derivi dall'uso antico di appendere i crani degli animali sacrificati.

Cadi. In arabo, giudice, magistrato con funzione di applicare la legge religiosa (v. şeriat). Dopo l'ammodernamento delle strutture dello stato ottomano, nel XIX secolo, perse rapidamente la sua importanza.

Calendario musulmano. Usato per le funzioni religiose, si basa sull'anno lunare, di 354 o 355 giorni: ogni anno anticipa dunque di 10 o 11 giorni quello gregoriano. Il mese comincia all'apparire della prima falce di luna, e i dodici mesi variano tra 29 e 30 giorni: Muharram (il 1° è Capodanno, il 10 è l'aşura – anniversario della battaglia di Kerbela, nella quale Husayn venne ucciso dagli Omayyadi – giorno di grande dolore per gli Alevi; Şafer; Rebiyülevvel (il 12 si celebra il Muled, l'anniversario della nascita del Profeta); Rebiyülahir (in questo mese gli Alevi celebrano la nascita di Husayn); Cemaziyelevvel; Cemaziyelahir; Receb (si festeggia, il primo venerdì, l'alleanza tra Dio e i veri credenti, mentre il 27 si celebra l'ascensione del Profeta); Şaban (il 15 si commemora la notte in cui Dio fa il conto delle azioni buone e cattive degli uomini e registra sul grande libro del Destino le nascite e le morti); Ramazan (v. Ramadan), il mese del digiuno; Şevval (il 1° si celebra il piccolo Bayram); Zilkade; Zilhicce, il mese del pellegrinaggio (il 10 si celebra il grande Bayram). Il ciclo lunare musulmano si compie in 30 anni: 19 di 354 giorni e 11 di 355. La durata del giorno si calcola da un tramonto all'altro, ed è divisa in due parti uguali di 12 ore. La giornata è ulteriormente suddivisa in cinque parti diseguali, i cui nomi turchi attuali sono: akşam, il calar del sole; yatsi, la seconda ora della notte; sabah, l'aurora; öğle, mezzogiorno; ikindi, metà pomeriggio. Sono questi i

53

momenti in cui i credenti sono chiamati alla preghiera. Il calendario musulmano inizia, come noto, con l'egira (v.).

Calidarium. L'ambiente più riscaldato delle terme romane, destinato ai bagni caldi.

Califfo. Al-Khalifa, il 'successore' del Profeta; in passato guidava la comunità dei credenti e deteneva il potere religioso e temporale.

Calligrafia. Nel mondo islamico, dove spesso la rappresentazione degli esseri viventi non fu vista con favore, le arti non figurative e la calligrafia, arte arabo-musulmana per eccellenza, hanno svolto un ruolo notevole, in particolare nella decorazione degli edifici religiosi, dai quali era rigorosamente bandita ogni rappresentazione antropomorfa. Poiché ad essa sono dovute le copie del Corano, la calligrafia è tenuta nella massima considerazione. I principali tipi di scrittura sono il cufico (v.), il naskhi (v.) e il thuluth (v.), esemplificato nel disegno.

Cami. Moschea. Il termine turco deriva dall'arabo *jama*, che significa 'luogo di riunione'. Per i Musulmani, infatti, la moschea è semplicemente il luogo in cui ci si riunisce per pregare, ma non un santuario, in quanto Allah non vi è presente più che altrove.

Cantaro. Antico recipiente per bere con piede basso e due anse assai slanciate che ne sormontano l'orlo; è per eccellenza l'attributo di Dioniso.

Capitello. Parte superiore di una colonna o di un pilastro, che funge da intermediario tra il fusto e l'architrave.

Caravanserraglio (in turco, *han*). Termine di origine persiana che designa un edificio con funzioni commerciali organizzato intorno a una corte centrale: il pianterreno era riservato ai magazzini e il primo piano agli alloggi per i mercanti, di solito forestieri, che si trattenevano fino ad aver concluso la vendita delle merci.

Cariatide. Statua muliebre (il nome deriva dalle donne di Carie, antica città della Laconia, fatte schiave dagli Ateniesi) che svolge la funzione di colonna.

Cathigumene. V. archimandrita.

Catholicon. Chiesa principale di un monastero.

Cavea. V. teatro.

Cella (o naos). Sala centrale del tempio greco, il vero santuario del dio, spesso divisa in tre navate da due file di colonne.

Cenotafio. In greco 'tomba vuota': monumento funebre che non contiene il corpo del defunto.

Chiesa (tipi di piante). I due tipi più usati nell'epoca paleocristiana sono la pianta basilicale e la pianta centrale, entrambe adottate dai Bizantini, che le adattarono alle proprie esigenze di culto. Pianta basilicale: chiesa di grandi dimensioni, preceduta da atrio e nartece, con tre o cinque navate e un asse longitudinale che guida l'occhio verso l'abside. Pianta centrale: chiesa coperta, al centro, da una grande cupola in muratura, valo-

rizzata dall'asse verticale dell'edificio. Per necessità liturgiche, venne ben presto aggiunta a est un'abside. La basilica a cupola nasce dalla combinazione dei due tipi, e predomina dal VI al X secolo. Pianta a croce greca: nel IX secolo apparve un nuovo tipo di chiesa, caratteristico dell'epoca bizantina. La chiesa disegna una croce coi bracci uguali, al cui incrocio si erge la cupola, su un tamburo poligonale; restano, ai lati dell'abside, sia il *diaconicon* (v.) che l'*oblatorium*, scompare l'atrio e il nartece spesso si raddoppia.

Chimera. Mitico mostro a due teste (una di leone, l'altra di capra), col corpo di leone e la coda di serpente, che funestava la Licia. Fu uccisa da Bellerofonte, che montava Pegaso.

Chitone. Nella Grecia antica, tunica leggera, di lana o di lino, sia corta sia lunga.

Chrysobulla. Termine greco che designa un'editto imperiale bizantino, autenticato con la bolla d'oro, conferente ai monasteri particolari privilegi.

Cibele. Dea frigia identificata dai Greci con Rea, che impersona la potenza della vegetazione e della Natura. È spesso raffigurata con la testa incoronata di torri, accompagnata da leoni o seduta su un carro tirato da leoni.

Çıkma. Nelle case tradizionali turche, il corpo avanzato in aggetto, dotato di finestre.

Cimandro (o simandro). Strumento composto da un pezzo di legno o di ferro appeso all'ingresso delle chiese, dal quale si otteneva il suono per percussione, usato anticamente in luogo delle campane per richiamare i fedeli, e ancora oggi visibile in qualche monastero.

Città. Polis, in greco. È nello stesso tempo l'agglomerato urbano e il complesso morale, religioso, giuridico e politico che costituisce un piccolo stato indipendente, comprendente l'insediamento stesso e i suoi dintorni, più o meno estesi. Le città greche erano solitamente composte da un'acropoli (v.) e da una parte bassa, cinta da mura. Il centro della città era costituito dall'agorà (v.), sulla quale sboccavano le strade principali. I santuari, con templi e altari, erano sparsi nell'area urbana, o talvolta posti fuori dalla cinta fortificata. I principali monumenti civili erano il teatro (v.), che poteva servire anche per le assemblee popolari, il *bouleuterion* (v.), l'odeon (v.), il ginnasio (v.), lo stadio, nonché portici, esedre e fontane.

Clamide. Manto corto e svolazzante, trattenuto da un fermaglio sulle spalle o sotto la gola, usato da Greci e Romani.

Comos. Processioni burlesche che nella Grecia antica avevano luogo soprattutto durante le feste in onore di Dioniso.

Concilio Ecumenico. Assemblea che vede convocati tutti i vescovi della cristianità, in particolare nei primi secoli di vita del Cristianesimo, per decidere intorno alle questioni di fede. I concili continuarono a essere convocati anche durante il periodo dell'iconoclastia.

Corano (in turco moderno Kuran). Al-Quran, la recitazione di brani della Rivelazione. Inizialmente si riferiva a quella fatta dal Profeta ai suoi seguaci, quindi a quella dell'intera comunità musulmana, che pone alla base dell'educazione la conoscenza a memoria e la corretta lettura del Corano. Quest'ultimo è, per i Musulmani, verbo di Dio, trasmesso per il tramite fisico del Profeta. Perfetto e inimitabile (a differenza degli altri libri rivelati), esso conferisce alla lingua araba un prestigio ineguagliabile. Gli oltre 6200 versetti sono organizzati in 114 capitoli (sure, v.) posti in ordine di lunghezza decrescente. Nei paesi musulmani il Corano costituisce la fonte primaria della morale, del diritto e perfino del modo di gestire la cosa pubblica (v. *şeriat*). Il diritto musulmano si basa tuttavia anche su altre fonti, tre delle quali sono ritenute fondamentali: il corpo degli *hadith* (v.), il *qiyas* (v.) e l'*igma* (v.).

Corego. Mecenate che, nella Grecia antica, pagava un tributo straordinario per allestire un coro destinato a rappresentarlo nei concorsi drammatici o musicali.

Coribanti. Sacerdoti di Cibele, in Frigia, che celebravano riti misterici cantando e danzando in modo volutamente scomposto.

Corinzio. V. ordine.

Coro. Gruppo di attori che, guidati dal corifeo, interpretavano nell'antica Grecia le parti liriche di una tragedia o di una commedia.

Correzione ottica. Nell'architettura greca, la modificazione nella resa di alcune linee verticali o orizzontali, messa in atto per compensare la deformazione dovuta all'occhio umano: ad esempio la linea leggermente bombata delle trabeazioni e degli stilobati, in modo che la parte centrale sia più alta delle estremità per avere l'impressione di una perfetta orizzontalità; in verticale, invece, le colonne presentavano un leggero rigonfiamento, per evitare che sembrassero incavate.

Coturno. Stivali dalla suola molto spessa, calzati dagli attori del teatro greco.

Cratere. Antico vaso a bocca larga con due manici, usato nel mondo greco e romano per mescolare l'acqua e il vino, realizzato con una serie di varianti morfologiche: a colonnette, a volute, a campana, ecc.

Crepidine. Basamento (in greco, letteralmente, suola) di un edificio, in generale a gradini, l'ultimo dei quali si chiama stilobate.

Cresmologo. Nella Grecia antica, chi pronunciava profezie.

Crisoelefantino. Manufatto realizzato in oro e avorio.

Crotalo. Strumento simile alle nacchere, usato nell'antichità dai musici.

Çubuk. In turco, pipa a cannello lungo utilizzata con il narghilè.

Cufico. Il più antico tipo di calligrafia araba, originario della città di Kufa, in Irak. Il cufico impiega caratteri angolosi e diritti, che a seconda delle varianti si arricchiscono di decorazioni a intrecci geometrici o vegetali (cufico annodato e cufico fiorito). In Turchia questo tipo di scrittura venne impiegato anche nell'architettura, soprattutto in epoca selgiuchide, mentre in quella ottomana gli furono preferite le calligrafie corsive.

Culto musulmano. Si basa su cinque doveri fondamentali, chiamati 'pilastri dell'Islam': la professione di fede, che consiste nella recitazione di una formula (v. *şahadet*) in varie circostanze (conversione all'Islam, preghiera, ultime parole di un morente); la preghiera (v.); il digiuno nel mese di Ramadan (v.); l'elemosina legale (v. *zakat*); il pellegrinaggio alla Mecca (v.).

Cumhuriyet. In turco, repubblica.

Cuneiforme (scrittura). Scrittura consistente in incisioni lineari a forma di cuneo o chiodo realizzate nella pietra o nell'argilla, che fu usata nell'antichità in Mesopotamia e Asia Minore.

Deisis. In greco, preghiera, tema iconografico assai comune nell'arte bizantina, nel quale sono raffigurati la Vergine e S. Giovanni Battista in piedi, alla destra e alla sinistra di Cristo, mentre intercedono per l'umanità.

Dentelli. Elementi ornamentali di sezione quadrata, a forma di dente, posti al di sopra dell'architrave o del fregio negli ordini ionico e corinzio.

Dervisci. In persiano, poveri; il termine designa gli adepti alle confraternite musulmane che, durante le cerimonie mistiche, si abbandonano a pratiche particolari che permettono loro di cadere in trance e quindi comunicare con l'Irrazionale. I più famosi sono i Mevlevi, o 'dervisci danzanti', il cui centro è a Konya.

Diaconicon. Termine greco che designa una delle due piccole absidi (insieme all'*oblatorium* o *prothesis*) che affiancavano l'abside principale nelle chiese bizantine e paleocristiane. Vi si riponevano gli arredi sacri.

Diacono. Ministro del culto che ha ricevuto il diaconato (secondo ordine maggiore). Questi assicura la sorveglianza del diaconicon e dell'oblatorium. Gli ornamenti caratteristici dei diaconi sono la stola sulla spalla sinistra e l'ampia tunica, detta dalmatica.

Diadochi. In greco, successori; appellativo attribuito ai generali che si disputarono la successione ad Alessandro Magno.

Diazoma. V. teatro.

Dinos. Antico vaso greco a forma di paiolo, posto di solito su un alto piede sagomato.

Diptero. V. tempio.

Dipylon. In greco, entrata a due colonne.

Ditirambo. Componimento poetico in lode del vino e dell'amore, che nell'antica Grecia aveva forma di canto corale in onore di Dioniso.

Divan (*diwan*). Termine arabo che indica una raccolta di poesie, oppure il registro sul quale, agli albori dell'Islam, venivano elencati i membri dell'esercito; il valore del termine si è poi ampliato fino a comprendere progressivamente l'amministrazione e il governo ottomani.

Dorico. V. ordine.

Dormizione della Vergine (in latino *Dormitio Virginis*). Tema iconografico comune nell'arte bizantina, nel quale la Madonna, che secondo il dogma non subì la corruzione della morte, viene raffigurata dormiente, nella fase che precede l'Assunzione.

Dromos. Termine greco che designa un corridoio o una strada che conduce di solito a una tomba o a una camera sotterranea.

Ecclesia. Nelle città-stato della Grecia antica, l'assemblea di tutti i cittadini.

Echino. Parte inferiore (sotto l'abaco) del capitello dorico, a forma di cuscinetto.

Egeo. Mitico re di Atene, padre di Teseo, che credendo il figlio morto si buttò nel mare che da lui prese il nome.

Egida. Corazza o scudo di Zeus e Atena, ricoperta di pelle di capra e bordata di serpenti.

Egira. In turco, *hicret*. Il 16 luglio 622 Maometto (v.), vista l'ostilità con cui veniva accolta alla Mecca la sua predicazione, lasciò la città con i propri seguaci e si rifugiò nell'oasi di Yatrib, la futura Medina. La data di questa emigrazione, *higra* in arabo, segna l'inizio del calendario musulmano.

Elettro. Metallo prezioso usato nell'antichità, risultante da una lega, naturale o artificiale, di oro e argento.

Epistilio. Nome greco dell'architrave; in una stele funeraria, fascia orizzontale sul frontone.

Epitaffio. Nella liturgia bizantina, sontuoso velo, simboleggiante il sudario, nel quale sono ricamate le Lamentazioni di Cristo.

Eponimo. Personaggio, eroe o divinità da cui prende nome una città, una famiglia, una stirpe.

Erodoto. Storico greco dell'Asia Minore (Alicarnasso) vissuto nel V secolo a.C.; infaticabile viaggiatore, visitò i Paesi intorno al Mediterraneo lasciandone memoria nei 9 libri delle sue *Storie*.

Esarca. Termine greco che designava il comandante militare o governatore di una provincia bizantina.

Esedra. Nella Grecia antica, emiciclo destinato a luogo di ritrovo contenente una panca semicircolare addossata al muro.

Esonartece. Galleria, caratteristica delle chiese paleocristiane, parallela al nartece e posta a ovest di questo, spesso aperta verso l'esterno.

Etera. Nella Grecia antica, cortigiana (letterariamente compagna).

Eteria. Associazione politica, spesso segreta, dell'antica Grecia, di carattere aristocratico-oligarchico.

Etimasia. 'Preparazione' della seconda venuta di Cristo sulla terra (la Parusia [v.], o Giudizio Universale), rappresentata mediante un trono vuoto posto generalmente davanti all'abside nelle chiese bizantine.

Evliya Çelebi. Erudito e storico turco (1608-57).

Ferman. Parola turca di derivazione persiana, designava un decreto promulgato dal sultano ottomano.

Feste liturgiche (dodekaorton). Ciclo di dodici grandi feste della liturgia bizantina, legate ai principali episodi della vita di Cristo.

Feste musulmane. V. calendario musulmano.

Fibula. Fermaglio a forma di spilla che nell'antichità serviva a fissare le vesti.

Fidia. Scultore ateniese del V secolo, considerato il creatore dello stile classico. La sua fama è legata ai lavori del Partenone.

Figure nere. Tecnica di decorazione di vasi dipinti, in voga in ambiente greco tra la fine del VII e la metà del V secolo a.C.; consisteva nel presentare le figure in nero sul fondo del colore dell'argilla, definendo i dettagli con incisioni o lievi tocchi di bianco o rosso.

Figure rosse. Tecnica di decorazione dei vasi dipinti inversa alla precedente, inventata nel 525 a.C. e usata con successo per due secoli; consisteva nel verniciare di nero lo sfondo, lasciando che le figure apparissero in chiaro, nel colore naturale dell'argilla.

Fregio. Elemento della trabeazione posto al di sopra dell'architrave, costituito dall'alternarsi di metope e triglifi nell'ordine dorico, e da una banda continua scolpita in quello ionico.

Frigidarium. La sala fredda delle terme romane.

Frontone. Coronamento della facciata, generalmente triangolare, che sormonta la trabeazione di un grande edificio.

Giannizzeri. Corpo scelto della fanteria ottomana, istituito dal sultano Orhan Ghazi (1324-59), divenuto in seguito guardia pretoriana e quindi soppresso in un bagno di sangue nel 1826.

Gineceo. Appartamento delle donne nella casa greca.

Ginnasio. Insieme di costruzioni e spazi aperti in cui si allenavano gli atleti, diffuso soprattutto in epoca ellenistica. Vi si tenevano anche lezioni di filosofia e retorica.

Gnomon. In greco, orologio solare, meridiana.

Goccia. Ornamento architettonico a forma di piccolo cilindro, usato nell'architettura dorica in corrispondenza di ogni triglifo.

Greca. Motivo ornamentale costituito da una serie ininterrotta di segmenti disposti alternativamente in orizzontale e in verticale, comune nell'arte greca.

Hadith. In turco *Hadis*. Narrazione dei detti o fatti relativi a Maometto (v.), trasmessi oralmente dai compagni del Profeta e fissati per scritto molto dopo la sua morte.

Hammam. Bagno pubblico o privato tipico del mondo islamico.

Han. V. caravanserraglio.

Hanaka. Convento per mistici musulmani, solitamente abbinato a una moschea e posto in un luogo isolato.

Harem. Dall'arabo *harim*, luogo inviolabile; nel mondo islamico designa la parte della casa riservata alle donne e ai bambini; è accessibile solo agli uomini membri della famiglia.

Hatib. Predicatore musulmano che pronuncia la *hutba* (v.).

Heroon. In greco, santuario o tomba monumentale.

Husayn. Uno dei due figli di Ali e Fatima – e quindi nipote del Profeta – che nel 680 tentò di rovesciare la dinastia omayyade e farsi proclamare califfo, ma fu sconfitto e ucciso durante la battaglia di Kerbela.

Hutba. In turco, *hutbe*; predica tenuta nelle moschee nel corso della preghiera solenne del venerdì.

Ibn Battuta. Viaggiatore musulmano nato a Tangeri e morto a Fès (1304-77), che girò tutto il mondo islamico dalla Spagna alla Cina, descrivendolo in un famoso libro considerato il 'Milione' arabo.

Icona. Immagine dipinta su legno, avorio, metallo o altro, oggetto di venerazione nella religione ortodossa. Le icone più antiche venivano realizzate secondo la tecnica dell'encausto che consisteva nell'applicare strati di cera e colore su un supporto ligneo. Le icone, che mirano a fissare un'immagine riprodotta sempre con le stesse caratteristiche, sono considerate sacre, e talvolta addirittura miracolose.

Iconoclastia. Dottrina che avversava il culto delle immagini religiose (nella tradizione bizantina le icone costituivano il riflesso dell'essere divino, e non semplicemente un mezzo per favorire la meditazione), e che vide gli imperatori di Costantinopoli in aspra contrapposizione con la Chiesa di Roma, insorta contro i relativi divieti. La controversia, accesasi nel 726, si concluse nell'843, anno in cui l'imperatrice Teodora ne autorizzò nuovamente il culto (Restituzione delle immagini).

Iconodulo. In greco, servitore delle immagini. Termine utilizzato in particolare per designare coloro che si opposero all'iconoclastia.

Iconostasi. Tramezzo, quasi sempre rivestito di icone, che nelle chiese greche ortodosse separa la navata dal presbiterio, dove il sacerdote si isola per la consacrazione.

Idria. Vaso greco a tre manici (due orizzontali e uno verticale), con corpo grosso e svasato, usato come deposito per l'acqua.

Igma. In turco, *icma*. Consenso unanime della comunità musulmana, che costituisce la quarta fonte del diritto islamico (v. Corano).

Igumeno. Superiore di un monastero bizantino.

Il. Circoscrizione amministrativa della Turchia contemporanea, corrispondente alla provincia.

Imam. In senso lato, colui che guida i credenti musulmani nel cammino verso Allah. Il termine viene usato tanto per coloro che, educati alla conoscenza del Corano nella madrasa, dirigono nelle moschee la preghiera collettiva, quanto per i capi della rivoluzione iraniana.

Imaret. Ospizio e mensa per i poveri che faceva parte dell'insieme delle fondazioni pie che circondavano alcune moschee.

Imatio. Mantello di lana tipico degli antichi Greci.

Impluvium. Nelle case romane, vasca per la raccolta delle acque piovane posta al centro dell'*atrium* (corte interna).

In antis. V. tempio.

Ingobbio. Strato di terra bianca che si applica sull'argilla o la pasta ceramica per mascherarne il colore naturale.

Ioni. Nome generico, attribuito alla seconda ondata di popolazioni indoeuropee che si installarono in Grecia nel II millennio a.C., e ne furono poi cacciate dai Dori, rifugiandosi in Eubea, nelle Cicladi e sulle coste dell'Asia Minore.

Ionico. V. ordine.

Ipocausto. Intercapedine sotto il pavimento delle terme e delle case romane entro cui si immetteva l'aria calda di una fornace, situata all'esterno, e da cui si irradiava il calore nelle stanze soprastanti.

Ipostilo. Edificio, o locale di edificio, sostenuto da colonne.

Iwan. Elemento caratteristico dell'architettura civile e religiosa musulmana, costituito da un ambiente chiuso su tre lati e completamente aperto sul quarto, che affaccia su una corte o su un'altra sala posta a un livello leggermente inferiore.

Kaaba. Santuario preislamico di forma cubica situato alla Mecca (v.), nel quale si venerava tra l'altro un meteorite chiamato 'la pietra nera'. Da oltre un millennio costituisce lo scopo principale del pellegrinaggio musulmano (v.), nel corso del quale i credenti devono girare per sette volte intorno all'edificio.

Kedivè. Viceré d'Egitto.

Kethüda. Titolo militare turco, equivalente a luogotenente.

Kilim. Tappeto di lana senza vello annodato.

Kızılbaş. V. Alevi.

Konak. In turco, abitazione importante, residenza.

Kore (pl. *korai*). Statue di fanciulle avvolte in drappi della Grecia arcaica.

Külliye. Complesso socioreligioso di una moschea; comprende vari edifici pubblici.

Kümbet. Monumento funerario selgiuchide con il tetto a cono.

Kuros (pl. *kuroi*). Statua di giovane nudo in piedi, nella scultura della Grecia arcaica.

Kylix. In greco, coppa.

Lampadodromia. Antica gara greca di corsa con fiaccole, compiuta a piedi o a cavallo.

Lebete. Recipiente metallico usato nell'antichità per riscaldare l'acqua e cuocere i cibi, di forma simile al paiolo.

Lekythos. Vaso greco per unguenti con lungo collo e ansa verticale, spesso usato nei riti funerari.

Loto (fiore di). Motivo ornamentale di origine orientale, assai diffuso nell'arte islamica.

Lutroforo. Anfora greca dal collo allungato usata per portare l'acqua nei bagni rituali associati a varie cerimonie civili e religiose.

Mahdi. Figura messianica della religione islamica, tipica soprattutto del mondo sciita: sarebbe un membro della famiglia del Profeta (ad esempio Ali o uno dei suoi figli) mai realmente morto, ma nascosto, e che prima o poi dovrebbe tornare sulla terra per ristabilire la giustizia.

Maometto (Muhammed). Fondatore dell'Islam e, per i Musulmani, l'ultimo dei profeti dopo Abramo, Noè, Mosè e Gesù; è l'inviato di Allah, colui che ha ricevuto la Rivelazione, il Corano (v.). Nacque alla Mecca intorno al 570 da una famiglia nobile (forse appartenente alla tribù dei Quraysh, signori della Mecca) ma di povere condizioni economiche, e fu allevato dallo zio Abu Talib assieme al cugino Ali (v.). Adolescente, accompagnò alcune carovane in Siria – e ciò dovette sicuramente fornirgli l'occasione per conoscere il cristianesimo – per conto di una ricca vedova, Khadigia, che poi sposò e dal cui matrimonio nacque Fatima. Ricevette la prima rivelazione intorno al 610 e poco dopo cominciò a predicare, raccogliendo adepti tra gli abitanti della Mecca, e scontrandosi con l'ostilità dei Quraysh, i quali temevano che le nuove idee potessero intaccare i loro privilegi. Tema centrale della predicazione era l'unicità del Dio creatore contro il politeismo allora dominante e l'annuncio di un giudizio universale. L'ostilità dell'aristocrazia meccana lo spinse a emigrare nel

622, assieme ai suoi primi seguaci, verso l'oasi di Yatrib (v. egira). L'esito della guerra che ne derivò fu favorevole ai Musulmani che, nel 630, presero La Mecca e svuotarono la Kaaba (v.) dei suoi idoli eccetto la 'pietra nera'. Da allora il pellegrinaggio alla Mecca è monoteista e riservato unicamente ai Musulmani. Maometto morì a Medina l'8 giugno 632, poco prima che tutta la penisola arabica fosse convertita all'Islam.

Maqsura. Zona della moschea riservata ai personaggi importanti, di solito è delimitata da una grata, oppure da una tenda.

Maristan. Ospedale che faceva parte del complesso di fondazioni pie associate alle moschee più importanti.

Martyrion. Nell'architettura religiosa bizantina, cripta contenente le spoglie o le reliquie di un santo, sul quale è talvolta eretta una chiesa-mausoleo.

Mecca, La. Città dell'Arabia Saudita occidentale, già importante centro commerciale e tappa lungo la via carovaniera che univa lo Yemen alla Siria, considerata dai Musulmani la prima città santa dell'Islam, poiché vi nacque e visse il Profeta fino al suo trasferimento a Medina; vi si trova la Kaaba (v.). Le moschee di tutto il mondo islamico sono orientate verso La Mecca, e ad essa i fedeli si rivolgono per pregare.

Medersa. V. medrese.

Medina. La seconda città santa dell'Islam dopo la Mecca (v.). Prima dell'Islam era una piccola oasi araba chiamata Yatrib (oggi in Arabia Saudita); divenne Medinat al Nabi, 'la città del Profeta', quando quest'ultimo vi si trasferì a causa delle difficoltà incontrate alla Mecca.

Medrese (termine turco; in italiano, madrasa o medresa). Scuola di teologia e diritto islamico, sede dell'insegnamento superiore musulmano.

Megaron. Sala principale dei palazzi micenei, adibita a sala del trono e dei banchetti, costituita da un ambiente quadrato con un focolare al centro, e preceduta da un vestibolo e da un portico con due colonne in antis. Un'apertura nel soffitto permetteva l'uscita del fumo.

Mesçit. In turco, piccola moschea (dall'arabo *masgid*).

Metopa. Lastra di pietra, liscia o ornata di bassorilievo, che nel fregio dorico si alterna ai triglifi.

Mevlevi. V. dervisci.

Mihrab. Nelle moschee, nicchia posta in direzione della Mecca (v.), verso la quale i Musulmani si orientano per pregare.

Minareto. Torre che affianca la moschea dalla quale il muezzin (v.) lancia il richiamo alla preghiera.

Minbar. Nelle moschee, pulpito composto da una scala sormontata da un trono, dalla cui sommità viene pronunciata la hutba (v.). La maggior parte dei minbar è in legno, talvolta intarsiato con avorio o madreperla, ma ve ne sono anche in pietra.

Mistero. Dottrina religiosa che viene rivelata ai soli iniziati; col plurale si indicano le cerimonie di culto relative a dottrine di tal genere.

Modiglione. Nell'architettura classica, mensola decorata che sostiene il cornicione.

Monofisita. Dottrina religiosa con forti radici nel-le zone orientali dell'impero bizantino, secondo la quale l'unica natura di Cristo era quella divina. Il movimento venne condannato come eretico dal Concilio di Efeso del 431.

Monoptero. V. tempio.

Mosaico. Rivestimento decorativo composto da frammenti di marmo o cubetti di pietra (in seguito sostituiti dalla pasta vitrea) di vari colori, uniti su un supporto cementizio in modo da formare un pavimento o, soprattutto in epoca bizantina, una decorazione parietale. I mosaici greci più antichi (V-IV sec. a.C.) erano realizzati con ciottoli, e l'uso di tessere non compare che in epoca ellenistica. A partire dal II sec. a.C. viene impiegato l'*opus vermiculatum*, caratterizzato da tessere molto piccole. L'uso del mosaico si moltiplica in epoca romana imperiale, e conosce un ulteriore sviluppo in epoca bizantina.

Moschea. In turco, *mesçit* (dall'arabo *masgid*, 'luogo di prosternazione') o *cami* (dall'arabo *jama*, 'luogo di riunione'); è l'edificio sacro islamico, essenzialmente composto da una sala di preghiera in cui si trovano il mihrab (v.) e il minbar (v.). La moschea araba è in origine una semplice sala ipostila, mentre quella persiana è una costruzione a impianto cruciforme, con quattro *iwan* posti intorno a una corte. La moschea selgiuchide è una combinazione delle due tipologie, mentre quella ottomana diviene una sala unica coperta da una grande cupola e preceduta da una corte circondata da portici.

Muezzin. Il musulmano addetto a compiere, dall'alto del minareto (v.), il richiamo alla preghiera (*ezan*).

Mufti. Dotto autorizzato dalla legge musulmana a emettere sentenze in materia teologica e giuridica.

Muhammed. V. Maometto.

Muled. In turco, *mevlut*; anniversario della nascita, in particolare di quella del Profeta. Celebrato il 12 Rebiyülevvel, è una delle grandi feste musulmane.

Muqarnas. Termine arabo col quale si indica uno degli elementi più caratteristici della decorazione architettonica musulmana, noto in Europa come 'stalattite'. Si tratta di alveoli in pietra, mattone, legno o stucco, organizzati a strati, che servono a decorare soprattutto archi o elementi di raccordo, come, per esempio, i pennacchi delle cupole.

Naiskos. Termine greco che designa un'edicola dedicata al culto della divinità.

Naos. V. cella.

Narghilè. Pipa usata in Oriente, con il fornello posto su un recipiente pieno d'acqua profumata, in cui passa il fumo del tabacco, raffreddandosi.

Nartece. Vestibolo o portico coperto, chiuso dal lato esterno, che nelle chiese bizantine e paleocristiane precedeva la navata ed era riservato ai catecumeni e ai penitenti.

Naskhi. In turco, *nesih*; termine derivante dalla radice araba che significa 'copiare'. Indica una scrittura corsiva apparsa intorno al XII secolo e rapidamente diffusasi quanto il cufico nella calligrafia araba.

Naumachia. Nell'antichità, rappresentazione di un combattimento navale.

Muqarnas

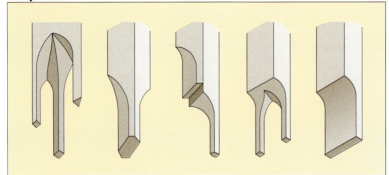

Necropoli (lett. città dei morti). Vasto cimitero posto all'esterno delle mura cittadine.

Nestorianesimo. Dottrina cristologica sostenuta da Nestorio (circa 380-451), patriarca di Costantinopoli, secondo la quale l'unione in Cristo delle due nature sarebbe semplice 'congiunzione'. Condannato come eretico a Efeso nel 430, Nestorio fu esiliato in Egitto.

Nomi di Dio. I 99 attributi di Allah tratti dal Corano e recitati in litanie dai Musulmani.

Odeon. Nell'antica Grecia, teatro di piccole dimensioni, solitamente coperto.

Odigitria. Normalmente un'icona della Teotokos (v). La tradizione vuole che l'originale di questa popolare icona bizantina sia stato dipinto da S. Luca e che rappresentasse la Teotokos nell'atto di sorreggere il Cristo Bambino con la mano sinistra.

Oikos (pl. *oikoi*). Edificio a destinazione religiosa che nei santuari della Grecia antica serviva come deposito per le offerte e luogo di riunione.

Oinochoe. Brocca della Grecia antica, utilizzata per mescere il vino dal cratere nelle coppe.

Olpe. Vaso greco simile all'oinochoe.

Opistodomo. Vestibolo posteriore di un tempio greco, simmetrico al pronao.

Oplite. Fante con armatura pesante dell'antica Grecia.

Opus sectile. Unione di lastre di marmo di vari colori, usata per rivestire pareti, pilastri e pavimenti.

Orchestra. V. teatro.

Ordine. Insieme di canoni estetici relativi alla forma e al proporzionamento dei vari elementi che costituiscono un edificio classico. In Grecia i due ordini dorico e ionico compaiono nel VII sec. a.C., mentre il corinzio, variante dello ionico, risale alla fine del V secolo. Delle differenze principali tra l'ordine dorico e gli altri due vanno segnalate: l'assenza di base sotto le colonne doriche, che poggiano direttamente sullo stilobate (v. crepidine); la maggior semplicità del capitello dorico, composto unicamente dalla sovrapposizione dell'abaco (v.) e dell'echino (v.), senza le volute del capitello ionico né le foglie d'acanto di quello corinzio; infine, nella trabeazione, nell'ordine dorico l'architrave è composto da un unico pezzo, e il fregio è suddiviso in triglifi e metope (v.), mentre negli altri due ordini l'architrave è composto da due o tre fasce sovrapposte e il fregio è continuo. Notevole anche la differenza di proporzionamento: la colonna dorica è infatti molto meno slanciata di quella ionica o corinzia. A partire dal IV secolo a.C. appaiono edifici che riuniscono i diversi ordini.

Orfeo. Mitico figlio del re di Tracia, sposò la ninfa Euridice e dopo la precoce morte di questa scese agli Inferi per cercare di riportarla sulla terra. Era celebre per le sue doti di musico e di cantore.

Orfismo. Dottrina teologica e filosofica sviluppatasi in Grecia nel VII-VI secolo a.C., che proponeva un'iniziazione ai misteri rivelati da Orfeo al suo ritorno dagli Inferi.

Orientalizzante. Termine che si riferisce allo stile decorativo greco del VII sec. a.C., influenzato da Egizi, Assiri e Ittiti.

Ortostato. Nell'architettura antica, lastra di pietra, solitamente scolpita, che forma il rivestimento di un muro.

Ottomani. Dinastia turcomanna fondata da Osman (da cui il nome Osmanli, del quale Ottomani è la traduzione occidentale) alla fine del XIII secolo e che si sostituì a quella selgiuchide nel controllo della penisola anatolica, acquisendo un potere sempre maggiore. I sovrani ottomani portavano il titolo di sultano (v.).

Palestra. Edificio formato da una grande corte porticata circondata da alcune sale, adibito all'addestramento sportivo. Si diffuse in epoca ellenistica.

Palmetta. Motivo ornamentale ispirato alla palma, composto da un cuore triangolare dal quale si dipartono le foglioline.

Panaghia. In greco, tutta santa, santissima; attributo della Vergine nel culto ortodosso.

Pantocratore. Attributo di Cristo, in greco, 'signore di tutte le creature' (lett. onnipotente).

Paolo Silenziario. Scrittore bizantino del VI secolo segretario di Giustiniano. Autore, fra l'altro, di una *Descrizione della chiesa di S. Sofia.*

Parascenia. Le pareti laterali aggettanti della scena del teatro greco.

Parecclesion. Cappella laterale annessa a una chiesa bizantina.

Parodos. V. teatro.

Parusia. In greco, presenza; la venuta di Gesù alla fine dei tempi per il Giudizio Universale.

Paşa (pascià). Titolo attribuito, sotto gli Ottomani, ai governatori delle province e ai più alti gradi dell'esercito.

Patera. Sorta di tazza larga e bassa, priva di manici, usata per libagioni e sacrifici rituali nell'antichità greco-romana.

Patriarca. Vescovo titolare di una delle cinque principali sedi vescovili: Roma, Costantinopoli, Antiochia, Alessandria e Gerusalemme. Nel periodo bizantino il termine designava per antonomasia il patriarca di Costantinopoli. La cattedrale a lui affidata era S. Sofia, sul lato meridionale della quale doveva trovarsi anche la sua residenza.

Peana. Canto greco di guerra e vittoria, nato come inno ad Apollo e Artemide.

Pelasgi. Leggendaria popolazione che avrebbe abitato i territori, successivamente occupati dalle genti elleniche, sulle due rive del mar Egeo.

Pellegrinaggio. Uno dei cinque obblighi dell'Islam, imperativo almeno una volta nella vita per ogni musulmano che ne abbia la possibilità economica e fisica. Può avvenire in qualunque momento dell'anno, ma ha maggior valore se viene compiuto nel mese ad esso dedicato (v. calendario). La durata del pellegrinaggio varia tra i 10 e 20 giorni, nel corso dei quali il pellegrino, coperto dall'ihram, una veste priva di cuciture, compie sette giri intorno alla Kaaba, bacia o tocca la pietra nera, e compie una serie di processioni e visite rituali nei luoghi santi della Mecca e Medina.

Pennacchio. Superficie di raccordo, a forma di triangolo sferico, tra i piedritti e la calotta di una cupola, quando questa sia impostata su un vano a pianta quadrata o poligonale.

Peplo. Tunica femminile che portavano le donne dell'antica Grecia, formata da una stoffa rettangolare, solitamente di lana, fermata sulle spalle da due fibule e indossata con o senza cintura.

Peribolo. Recinto sacro posto intorno ai templi dell'antichità classica.

Periptero. V. tempio.

Peristilio. Cortile circondato da porticati o, per estensione, portico colonnato.

Petroglifo. Incisione figurativa su roccia; in genere una manifestazione artistica dei popoli preistorici.

Peutingeriana (tabula). Documento cartografico del III o IV secolo d.C. scoperto in Germania nel XV secolo e conservato a Vienna.

Pinax. In greco, tavola, asse; per estensione, tavolette fittili con rappresentazioni a rilievo, caratteristiche dell'antica Grecia.

Pisside. Vaso costituito da una coppa con coperchio che la liturgia cristiana ha destinato a contenere le particole eucaristiche.

Pithos (pl. pithoi). Grande giara usata nell'antica Grecia per conservare il cibo.

Polis. V. città.

Pope. Nella Chiesa di rito ortodosso, il prete, libero di contrarre matrimonio.

Preghiera. Uno dei cinque obblighi fondamentali dell'Islam; ha luogo cinque volte al giorno: all'aurora, a mezzogiorno, tre ore dopo mezzogiorno, al calar del sole e circa due ore dopo il tramonto. L'ora della preghiera è annunciata dal richiamo del muezzin (v.) e il rito deve essere compiuto dopo una preventiva purificazione (v.) del corpo, con abiti puliti e in un luogo privo di sporcizia (è questo il motivo del divieto di entrare con le scarpe nel luogo in cui si prega e dell'uso del tappeto da preghiera). Il fedele si rivolge verso la Mecca e recita un numero fisso di formule rituali in posizioni successive rigidamente codificate: in piedi, con le mani aperte all'altezza delle spalle, pronuncia la formula di consacrazione (Allah è grande); abbassando le mani recita la fatiha, prima sura del Corano; si inchina con le mani sulle ginocchia; si prostra; si siede sui talloni, quindi si prosterna una seconda volta. (Questa serie di movimenti, escluso il primo, costituisce un *rekat*; la preghiera completa ne prevede da due a quattro, a seconda dell'ora.) Infine, nuovamente seduto, il fedele recita la şahadet (v.) e una preghiera per il Profeta, quindi con una formula pone fine alla preghiera, che non comporta mai alcuna richiesta. La preghiera del mezzogiorno di venerdì deve essere compiuta nella moschea (v.); diretta da un imam (v.), prevede anche un sermone.

Prescrizioni dell'Islam. Complesso di divieti e raccomandazioni, tratti dal Corano o da altre fonti. Rientrano nei divieti il prestito a interesse (usura), l'apostasia, l'assassinio, il furto, l'ingiuria al Profeta, l'adulterio, il gioco d'azzardo, la fornicazione, gli atti contro natura, la calunnia, la consumazione di bevande alcoliche e carne di porco (ma anche di quella di cavallo o asino), nonché le pratiche di magia nera. Benché dal Corano siano state tratte pene legate alla legge del taglione per furti e assassinî, la stessa fonte invita al perdono. Le spose legali possono essere fino a quattro, e il ripudio è ammesso ma sconsigliato, mentre sono usi tradizionali non legati a precise prescrizioni coraniche tanto la circoncisione quanto, per le donne, la chiusura nell'harem e il velo.

Pritaneo. Edificio pubblico in cui si custodiva il fuoco sacro e si compivano i sacrifici comuni, sede del collegio dei pritani.

Pritano. Termine greco che designava ciascuno dei cinquanta membri della bulé, che costituivano una sorta di commissione di controllo; nel tempo ha finito per indicare anche i magistrati supremi di alcune città greche.

Procopio. Storico bizantino del VI secolo, che ha lasciato interessanti opere sugli avvenimenti militari e civili del regno di Giustiniano.

Proedria. La prima fila di posti nel teatro greco e, per estensione, il diritto a occuparli.

Pronao. Vestibolo, solitamente provvisto di colonne, che dava accesso alla cella del tempio greco.

Propilei. Ingresso monumentale formato da un portico colonnato antistante a una o più porte.

Prostilo. V. tempio.

Prothesis (protesi). Piccolo ambiente sulla sinistra dell'abside nelle chiese paleocristiane e bizantine, oppure altare portatile sul quale si preparava il necessario per la celebrazione della messa.

Protome. Nell'arte antica, parte anteriore di un animale o di un personaggio realizzata in terracotta e appesa o applicata alle pareti di un santuario.

Pseudo-diptero. V. tempio.

Psicostasia. In greco, pesatura dell'anima; simbolico giudizio dell'anima del defunto.

Purificazione. Prima della preghiera, il musulmano deve compiere un'abluzione rituale delle mani, della bocca, del viso, delle braccia, delle orecchie e dei piedi; deve lavarsi tutto il corpo in caso di impurità maggiore. Se l'acqua manca, il fedele può effettuare in modo simbolico l'abluzione passandosi sul corpo sabbia o terra.

Qazvini. Storico persiano del XIII secolo.

Qibla. In turco, *kıble*; la direzione della Mecca, indicata nelle moschee dal mihrab.

Qiyas. La terza fonte, dopo il Corano (v.) e gli Hadith (v.), del pensiero e del diritto musulmano: si tratta del 'giudizio per analogia', che permette di risolvere un caso non previsto dai due testi precedenti, partendo dalle soluzioni indicate per circostanze simili.

Ramadan. In turco, *Ramazan*; il nono mese dell'anno lunare musulmano, nel corso del quale è previsto il digiuno rituale: il fedele deve astenersi dal mangiare, bere, fumare, compiere atti sessuali o litigare dal levar del sole al tramonto. Ne sono dispensati i bambini, gli ammalati, gli anziani, le donne incinte e i viaggiatori (in cambio di una qualche forma di compensazione, come un'elemosina supplementare). La fine di questo mese è celebrata come una grande festa, lo Şeker Bayramı.

Restituzione delle immagini. V. iconoclastia.

Rhyton. Antico vaso da libagione a forma di corno o testa di animale.

Ribat. In arabo, luogo dove attaccare i cavalli, stazione; per estensione, convento fortificato posto nei luoghi di frontiera, abitato da monaci-guerrieri musulmani che alternavano le preghiere alla guerra santa.

Şahadet. Professione di fede dell'Islam; si esprime nelle frasi: «la ilaha illa Allah» (non vi è altro Dio all'infuori di Allah) e «Muhammed rasul Allah» (Maometto è il Profeta di Allah).

Santuario. Nell'antichità classica, spazio sacro, chiamato anche temenos, spesso delimitato da un muro nel quale si trovavano uno o più templi, od anche semplicemente degli altari a cielo aperto. L'ingresso principale al santuario avveniva dai propilei (v.), mentre la via seguita dalle processioni prendeva il nome di via sacra.

Saray. Palazzo, in turco.

Satrapo. Governatore di una provincia all'epoca persiana achemenide.

Schliemann Heinrich. Archeologo tedesco, morto a Napoli nel 1890. La sua fama è legata in modo particolare agli scavi di Troia e a quelli di Micene (1870-78).

Scita. Confessione islamica comprendente varie sette, tra cui quella che riconosce come soli eredi di Maometto il genero di questi, Ali (v.) e i suoi discendenti. Attualmente gli Iraniani sono in maggioranza sciiti.

Scopa. Scultore tra i più famosi della Grecia classica, attivo nel IV secolo a.C. Nativo dell'isola di Paro, nelle Cicladi, fu operoso in Attica, nel Peloponneso e in Asia Minore.

Sebil. Nell'architettura islamica, fontana pubblica ove si trovavano depositi d'acqua rinnovati da portatori stipendiati.

Selamlık. In turco, la parte della casa riservata al ricevimento di uomini estranei alla famiglia.

Seleucidi. Dinastia ellenistica fondata da Seleukos, generale di Alessandro Magno. Nel 189 a.C., con la pace di Apamea, la dinastia fu costretta a lasciare l'Asia Minore ai Romani.

Selgiuchidi. Tribù turcomanna originaria della Transoxiana (att. Uzbekistan), che conquistò buona parte del territorio islamico orientale nell'XI secolo e si installò in Asia Minore dal 1071. A partire dal XIII secolo in Anatolia fu progressivamente sostituita da un'altra stirpe turcomanna, quella ottomana.

Şeriat. La legge canonica dell'Islam, derivante soprattutto dal Corano (v.). Fissa le regole relative al culto (v.) e le prescrizioni (v.) relative alla condotta umana sia in materia sociale sia in materia giuridica.

Sinan Mimar. Architetto turco, ritenuto il maggiore nella storia dell'arte ottomana. Operoso al servizio della corte imperiale, fu attivo soprattutto a İstanbul, dove morì nel 1578 o 1588.

Situla. Antico recipiente, in genere metallico, con imboccatura larga e corpo a forma di tronco di cono capovolto.

Sofa. Nella casa turca, il luogo di riunione familiare.

Stadio. Nella Grecia antica, unità di misura pari a circa 180 m, o complesso sportivo con una pista per la corsa della lunghezza di uno stadio, circondato da gradinate dall'epoca ellenistica.

Stamnos. Vaso greco a due anse, dall'imboccatura assai stretta, usato per contenere vino e olio.

Steatopigia. In greco, dalle grosse natiche; caratteristica tipica delle figurine femminili in terracotta del Neolitico, probabile evocazione del tema della fecondità.

Stefano da Bisanzio. Geografo greco del VI secolo d.C.

Stele. Lastra di pietra, solitamente recante un'iscrizione, una pittura o un bassorilievo, posta su una tomba o in un santuario.

Stilobate. V. crepidine.

Stoà (pl. *stoai*). Nome greco del portico, che si sviluppò in larghezza e su vari piani a partire dal IV secolo a.C.

Strabone. Geografo e storico greco nato ad Amasia (Asia Minore) intorno al 63 a.C.

Stratega. Magistrato eletto annualmente per guidare l'esercito in alcune delle polis greche.

Sublime Porta. Originariamente la porta del palazzo in cui si tenevano le riunioni del *divan* (v.); il termine si è esteso in seguito al governo e all'impero ottomano in generale.

Sultano. Titolo portato dai sovrani ottomani a partire da Murat I (1320-1389).

Sunna. In arabo, letteralmente, costume; in effetti la raccolta di fatti e detti relativi al Profeta contenuti negli *hadith* (v.), usati come riferimento per i casi in cui il Corano non fornisca un'indicazione.

Sunniti. Vengono così definiti i Musulmani 'ortodossi', in contrapposizione agli Sciiti, dai primi considerati come scismatici. Storicamente, i Sunniti discendono da quei Musulmani che, agli albori dell'Islam, presero le difese di Muawiyya contro Ali.

Sura. Nome dato in arabo a ciascuno dei 114 capitoli in cui è diviso il Corano.

Syntronon. In greco, gradinata a emiciclo ove trovava posto il clero.

Tamburo. Nell'architettura classica, parte del fusto di una colonna.

Teatro. Spazio a cielo aperto destinato a rappresentazioni drammatiche e comprendente, in epoca greca, un'area circolare (orchestra) posta ai piedi di una struttura all'incirca semicircolare ricavata dal pendio naturale di una collina. In quest'ultima prendevano posto gli spettatori, seduti su gradinate prima in legno, poi (a partire dal IV secolo a.C.) in pietra o marmo. Di fronte agli spettatori e alle spalle dell'orchestra, si ergeva la scena o *skene*, preceduta da un portico coperto con tetto a terrazza, chiamato proscenio o *proskenion*. L'ingresso degli spettatori avveniva attraverso due corridoi laterali (*parodoi*; *parodos*, al singolare) posti al livello dell'orchestra, mentre l'accesso alle gradinate era facilitato da una serie di scale verticali che dividevano la struttura concava (chiamata cavea o *koilon*) in una serie di settori (detti cunei o *kerkides*), disposti a ventaglio; la circolazione orizzontale era resa più semplice da un corridoio, detto diazoma, che divideva la cavea in due parti. Inizialmente coro (v.) e attori prendevano posto nell'orchestra; a partire dalla fine del IV secolo a.C. gli attori stavano invece sul proscenio, e l'orchestra, ridotta a un semicerchio in epoca romana, era destinata unicamente alle esibizioni del coro. L'acustica dei teatri greci era in genere eccellente.

Tekke. Convento di dervisci (v.), usato anche per ospitare i Musulmani di passaggio.

Tema. Circoscrizione militare e amministrativa dell'impero bizantino.

Temenos. Recinto consacrato a una divinità, situato in genere attorno a un tempio.

Tempio. Nell'architettura greca, edificio quasi sempre rettangolare (vedi pag. 49), nel quale era conservata la statua di una divinità. Apparve in forme stabili e riconoscibili a partire dall'VIII-VII secolo a.C. come derivazione dal megaron (v.) della casa micenea, concepito come abitazione terrena del dio, da cui il nome naos (letteralmente, luogo abitato) dato alla cella (v.). L'introduzione di un portico circostante la cella diede l'avvio al progressivo raffinamento degli ordini. Il tempio greco era normalmente costruito con grossi blocchi di marmo o pietra, posati a spigolo vivo e talvolta stuccati, coperti da una vivacissima decorazione policroma. L'interno, accessibile solo ai sacerdoti del dio e a pochi fedeli autorizzati, era illuminato unicamente dalla porta d'ingresso. In base alla tipologia della pianta, il tempio (e per estensione tutti gli edifici monumentali) si dice *in antis* quando tra le ante (pilastri quadrangolari destinati a rafforzare e decorare l'estremità di un muro) delle pareti laterali sono collocate due colonne; prostilo quando presenta una fila di colonne sulla facciata; anfiprostilo con le colonne su entrambe le facciate; periptero con colonne su tutti i lati; díptero quando è circondato da una doppia fila di colonne. È invece pseudo-diptero se concepito in pianta come diptero ma dotato di colonnato semplice, e monoptero quando la fila di colonne che lo circonda ne sostiene la copertura.

A seconda del numero di colonne presenti sulla facciata si definisce poi tetrastilo, esastilo, ottastilo, decastilo, dodecastilo.

Tepidarium. Nelle terme romane, l'ambiente a temperatura tiepida nel quale i bagnanti si soffermavano per rilassarsi.

Terme. Stabilimenti di bagni pubblici, modesti nell'epoca greca, che ebbero invece grande diffusione e risalto monumentale in quella romana. Erano composte da un vestibolo e varie sale a diversa temperatura.

Theotokos. In greco, portatrice di Dio; attributo della Vergine ufficialmente accettato dal concilio di Efeso del 431. La Vergine come Theotokos è uno dei soggetti prediletti dell'arte bizantina.

Tholos. Monumento sepolcrale preellenico, costituito da una cella sotterranea a pianta circolare, coperta da una pseudo-cupola.

Thuluth. In turco, *sülüs*; uno dei sei principali stili di scrittura araba corsiva, molto utilizzato nelle iscrizioni decorative ottomane.

Ticani. Setta islamica che diffonde il messaggio messianico della prossima venuta di un *mahdi* (v.).

Timpano. Nei monumenti di età classica, indica la porzione triangolare del frontone del tempio.

Trabeazione. Nell'architettura classica, la parte del tempio posta al di sopra delle colonne, composta da architrave, fregio e cornice.

Triglifo. Ornamento a rilievo, segnato da tre profonde scanalature, che nel fregio del tempio dorico si alterna alle metope (v.).

Türbe. Monumento funerario turco.

Ulema. Termine turco derivante dall'arabo *ulama*, plurale di *alim* (sapiente), che designa l'insieme di coloro che hanno raggiunto un determinato grado di conoscenza teologico-giuridica. Tra gli ulema vengono reclutati mufti, sheikh, hatib, imam, cadi e docenti delle scuole coraniche.

Urartu. Antico popolo abitante l'Armenia prima degli indoeuropei, che creò un regno con lo stesso nome nel IX secolo a.C.

Valide Sultan. Titolo turco, equivalente a regina madre, dato alla madre del sultano regnante.

Vaqf. In turco moderno, *vakif*; lascito di beni fondiari o immobiliari il cui usufrutto viene assegnato a fondazioni religiose o di utilità pubblica.

Vomitorio. Ampio passaggio che dava accesso alle gradinate del teatro (v.) antico.

Xoanon (pl. *xoana*). Statua lignea di epoca greca arcaica, oggetto di culto e caratterizzata da una primitiva plasticità.

Yali. Caratteristiche case in legno che testimoniano del grande splendore che caratterizzò l'Ottocento ottomano. Una legge recente vieta ai proprietari di modificarne la facciata.

Yaqut. Geografo arabo del XIII secolo, autore di un *Dizionario geografico*.

Zakat. Obbligo fondamentale dell'Islam, l'elemosina legale è una decima che permette di purificarsi dal possesso dei beni di questo mondo, considerati impuri, e viene distribuita ai diseredati. In origine era pagabile anche in natura.

Zaouïa. In arabo, santuario; nell'area turca designa, in genere, un piccolo convento di dervisci.

Zoomorfo. In greco, dall'aspetto di animale; in genere riferito ad elementi decorativi.

I LUOGHI
DELLA VISITA

**LE DESCRIZIONI DETTAGLIATE
DEI LUOGHI
DI INTERESSE TURISTICO**

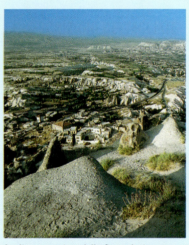

Le distese rocciose della Cappadocia

1 İstanbul, una metropoli fra Oriente e Occidente

Profilo della città

La suggestione immediata che **İstanbul**** (piante alle pagg. 66-71) esercita sul viaggiatore è legata alla sua straordinaria posizione geografica. Unica città al mondo a distendersi tra due continenti, Europa e Asia, si è da sempre proposta come un ideale, e allo stesso tempo simbolico, ponte tra Oriente e Occidente.

Una città che ha guardato con interesse alle millenarie culture del vicino e più remoto Oriente, alle civiltà occidentali di memoria classica ma anche alle tradizioni del Medioevo europeo.

Il Bosforo, una lunga e sinuosa striscia d'acqua che congiunge il mar Nero al mare di Marmara, separa le sponde dei due continenti ed è oggi attraversato da due ponti sospesi. La moderna metropoli si estende ben oltre questi ultimi, presentandosi al turista come un'immensa distesa di quartieri periferici, spesso mal costruiti, carenti di verde e servizi, frutto del boom migratorio che, dalle campagne del Paese, ha spinto a İstanbul, negli ultimi decenni, milioni di persone in cerca di una maggiore stabilità economica. Lungo le coste del mare di Marmara, sia sulla riva europea sia su quella asiatica e sulle due sponde del Bosforo, si trovano i quartieri più eleganti, dove antiche dimore di legno – *yali* – restaurate si affiancano a moderne e lussuose abitazioni dalle connotazioni europee. Sul Corno d'Oro, profonda insenatura che, nella parte europea, separa la penisola su cui sorgeva l'antica città dal resto del continente, sono le vestigia dei quartieri storici. Lì, nei vicoli in salita con panni stesi, case spesso cadenti, bambini impegnati a giocare, donne alle finestre e uomini seduti nei tanti caffè, sopravvive quell'atmosfera di intensa, quanto umana, vita di quartiere, che ha colpito così profondamente i viaggiatori europei giunti qui tra la fine dell'impero ottomano e i primi anni della Repubblica turca.

İstanbul rappresenta nell'immaginario collettivo occidentale una città esotica, dal sapore mediorientale. Attraversate le anonime e sterminate periferie, il centro storico della città – con la sua vita pulsante, i venditori ambulanti, i mercati, gli odori e i rumori della moderna metropoli, ai quali si sovrappongono le voci dei muezzin che dai minareti delle numerose moschee richiamano alla preghiera – catapulterà il visitatore in un mondo nuovo, da scoprire con abbandono, curiosità e divertimento. A fine giornata i ricordi delle visite agli straordinari monumenti s'intrecceranno con i mille piccoli episodi di vita osservati, vissuti e partecipati. İstanbul lascia un segno, un ricordo profondo, e la suggestione si trasforma presto in esperienza personale.

Una città di cupole: questa è un'altra delle impressioni che si fissano indelebili nella mente di chi la visita. Osservata dal mare, dall'alto di una torre o di un ponte, alzando gli occhi attraverso le decrepite case di una viuzza qualunque, le cupole incorniciano il paesaggio urbano della storica Costantinopoli. La più antica tra quelle anco-

Veduta di İstanbul dal palazzo di Topkapı

ra esistenti e il modello ispiratore di tutte quelle che sono seguite, è la cupola della chiesa di S. Sofia, datata al VI secolo d.C., oggi circondata da quattro minareti a spillo a testimonianza della sua lunga vocazione a luogo di culto durante la dominazione ottomana. Cupole delle dimensioni più svariate nelle moschee, cupole alleggerite da vetri colorati nei bagni turchi, cupole nel Gran Bazar e nei mausolei dei potenti sultani ottomani, cupole e cupolette rivestite all'interno di preziosi mosaici dorati nelle tante chiese bizantine e, infine, cupole nelle sinagoghe della comunità ebraica di origine sefardita, dove accenti spagnoli hanno il sopravvento su tutte le altre lingue. Istanbul mostra il suo cosmopolitismo culturale e il suo ecumenismo religioso proprio nella morbida, e solo apparentemente semplice, struttura di una cupola.

Alzando gli occhi da queste sinuose e rassicuranti forme lo sguardo sarà tentato di indugiare sugli slanciati minareti ma, sfiorandoli e spingendosi oltre, potrà lasciarsi catturare dalla suggestione della città contemporanea, con le sue infinite foreste di palazzi moderni, cuore pulsante di un Paese proiettato nel futuro e insieme radicato nei suoi molteplici passati.

La visita

Tre giorni sono il minimo indispensabile per una visita relativamente attenta di İstanbul. Una settimana sarebbe un periodo ideale e gli itinerari proposti corrispondono, infatti, a questa durata, cercando di distribuire con equilibrio, giorno per giorno, gli elementi di maggiore interesse. La visita approfondita dei vari monumenti – anche in ragione degli orari di apertura – e un attento esame di tutte le curiosità che la città riserva, richiederebbero tuttavia almeno il doppio del tempo. Chi avesse a disposizione una sola giornata dovrà accontentarsi di visitare al mattino la piazza dell'Ippodromo con la moschea Blu (Sultan Ahmet Camii), S. Sofia e la Yerebatan Sarnici; nel pomeriggio il palazzo di Topkapı e il Gran Bazar. Fermandosi più giorni, si potranno visitare: S. Salvatore in Chora (Kariye Camii), la moschea di Solimano il Magnifico (Süleymaniye Camii), i Musei Archeologici, delle Arti Turche e Islamiche, il palazzo Dolmabahçe (situato sulle rive del Bosforo, sempre sponda europea). Poiché gli itinerari proposti partono quasi tutti dalla piazza di Eminönü, si potrà ricavare un po' di tempo per il Bazar Egiziano o delle Spezie e per la Yeni Camii. Se gli orari di apertura dei monumenti principali (è consigliabile verificarli presso le portinerie degli alberghi) sono affissi – e rispettati –, la visita di altri edifici, soprattutto le antiche chiese trasformate in moschee, è invece più difficile; si consiglia di fare un tentativo nel pomeriggio o in serata, vicino agli orari di preghiera, contando sulla disponibilità (da ricompensare) del custode. Per scattare fotografie all'interno dei monumenti occorre talvolta pagare una tassa.

Se si dispone di un'auto, è comunque opportuno servirsene solo per le escursioni: circolare a İstanbul è abbastanza caotico; molto meglio utilizzare un taxi, un autobus o un *dolmuş* (taxi collettivo); il centro città e il quartiere di Galata si visitano invece a piedi. I negozi chiudono alle 19, nelle zone turistiche anche oltre; il Gran Bazar e il Bazar Egiziano sono chiusi la domenica.

İstanbul in autobus

Per una visita complessiva della città è disponibile un autobus (bus turistuk) a due piani, che segue un percorso circolare: da Taksim scende verso il Corno d'Oro, attraversandolo sul ponte Atatürk e prosegue costeggiando le mura teodosiane. Passa poi sotto l'acquedotto di Valente, fino al quartiere di Eminönü, prosegue verso Sultanahmet per risalire a nord, attraversare il ponte di Galata e percorrere la strada lungo il mare fino a Kabataş; ritorna infine a Taksim. Sono 18 le fermate intermedie lungo il percorso: si può scendere a ogni fermata, visitare la zona e risalire sull'autobus successivo, calcolando che i mezzi passano ogni mezz'ora circa. Si può prendere l'autobus a qualunque fermata; il biglietto si paga a bordo o può essere acquistato presso gli uffici turistici e la reception di alcuni grandi alberghi (non è necessario prenotare). Ai passeggeri vengono fornite audioguide con la descrizione (anche in italiano) dei monumenti che si incontrano nel tragitto. Per ulteriori informazioni si rimanda anche alla guida che contiene le informazioni pratiche.

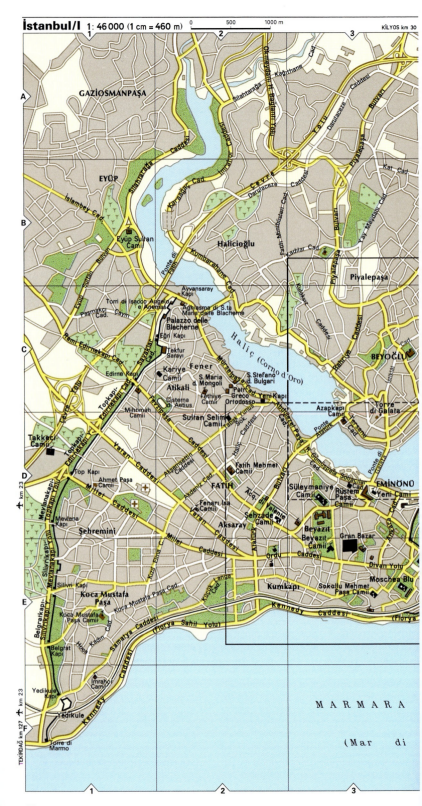

İstanbul/I   1: 46 000 (1 cm = 460 m)

KİLYOS km 30

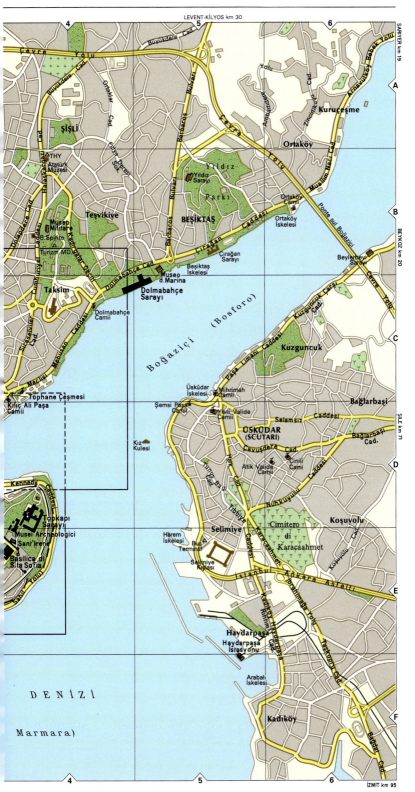

Büyükdere Cad.

Çevre Yolu

Arnavutköy-Bebek Yolu

Kuruçeşme

Ortaköy

ŞİŞLİ

Ortaklar Cad.

Zincirlikuyu Yolu

Fulya Derisi Sok.

THY
Atatürk
Müzesi

Yıldız
Sarayı

Yıldız
Parkı

Ortaköy
Camii

Ponte sul Bosfici

Teşvikiye

BEŞİKTAŞ

Ortaköy
İskelesi

Çevre Yolu

Museo
Spinta

Barbaros Caddesi

Çırağan Caddesi

Beylerbeyi
Sarayı

Turizm MD.

Çırağan
Sarayı

Çevre Yolu

Taksim

Dolmabahçe Cad.

Beşiktaş
İskelesi

Kuzguncuk Çarşı Cad.

Museo
d.Marina

Dolmabahçe
Sarayı

Kuzguncuk

Dolmabahçe
Camii

Boğaziçi (Bosforo)

Paşa Limanı Caddesi

Bağlarbaşı

Meclisi Mebusan Caddesi

Siraselviler Cad.

Kennedy Caddesi

Sahil Yolu

Tophane Çeşmesi
Kılıç Ali Paşa
Camii

Üsküdar
İskelesi

Mihrimah
Camii

Şemsi Paşa
Camii

Yeni Valide
Camii

Selamsız Caddesi

Bağlarbaşı
Cad.

Kız
Kulesi

ÜSKÜDAR
(SCUTARI)

Çavuşdere Cad.

Çinili
Cami

Topkapı
Sarayı

Musei Archeologici

Sant'Irene

Atik Valide
Camii

Nuhkuyusu Caddesi

Basilica di
S.ta Sofia

Hakimiyeti Milliye Cad.

Hüma Sok.

Tibbiye Caddesi

Koşuyolu

Selimiye

Karaçaahmet Caddesi

Cimitero
di
Karacaahmet

Koşuyolu Cad.

Hârem
İskelesi

Bus
Terminal

Selimiye
Kışlası

İstanbul Ankara Asfaltı

Pasköprü Cad.

Haydarpaşa

Kadıköy Haydarpaşa
Rıhtımı

İbrahimağa Yolu

Haydarpaşa
İstasyonu

Kadıköy Haydarpaşa
Cad.

Arabalı
İskelesi

D E N İ Z İ

Kadıköy

Bağdat Cad.

M a r m a r a)

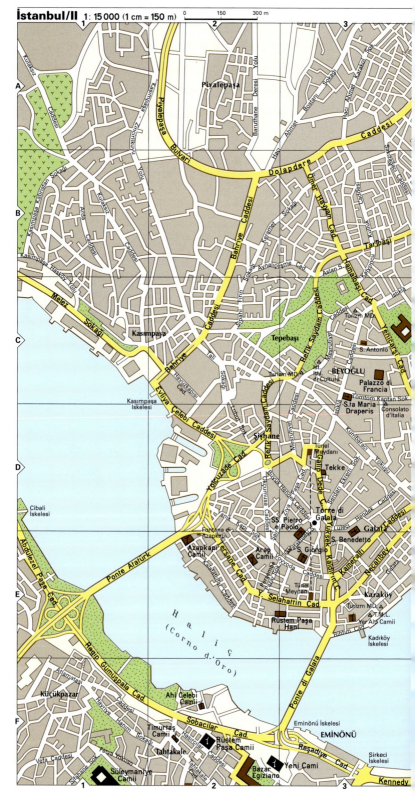

İstanbul/II 1 : 15 000 (1 cm = 150 m)

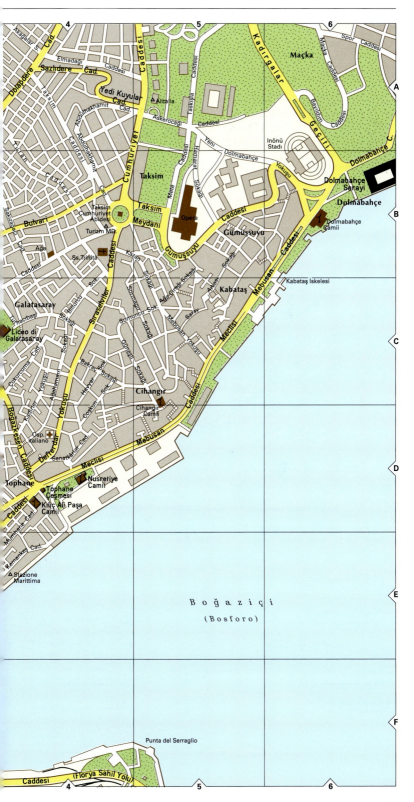

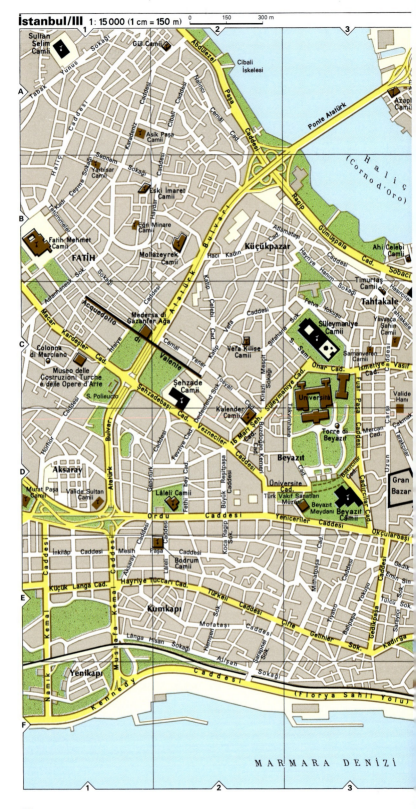

İstanbul/III 1:15 000 (1 cm = 150 m)

0   150   300 m

1.1 L'Ippodromo, S. Sofia e la moschea Blu

Questo itinerario consente di scoprire le preziose testimonianze dell'antica Costantinopoli, visitando dapprima ciò che resta dell'Ippodromo, un tempo autentico centro della vita civile della città romana e bizantina, quindi accostandosi alla basilica di S. Sofia, celebre non solo per la remota origine e le complesse vicende storiche, ma anche per l'audace e poderosa struttura architettonica e la ricchissima decorazione interna. L'itinerario comprende anche la moschea Blu (Sultan Ahmet Camii), uno dei più affascinanti edifici religiosi dell'Oriente; gli appassionati di arte islamica e di etnografia non potranno mancare la visita del contiguo Museo delle Arti Turche e Islamiche né quella dei due piccoli Museo dei Tappeti e dei Kilim e Museo dei Mosaici.

I monumenti sono raggruppati tutti intorno alla Sultan Ahmet meydanı e per la loro visita si devono calcolare (comprendendo anche i musei) 4-5 ore circa; se tuttavia si ha a disposizione più tempo, l'itinerario può essere comodamente suddiviso in due giornate.

Palazzo di Bucoleon (III, F5). Tra le rovine di quello che era il padiglione del palazzo imperiale, in cui vissero gli imperatori bizantini dalla nascita di Costantinopoli all'invasione dei crociati, in particolare attirano l'attenzione tre ampi vani con pilastri e architravi ornati di modanature che

si aprono, al di sopra dei bastioni, su una terrazza; questa fu coperta, probabilmente nel VI secolo, con una tettoia e trasformata in loggia.

La **Çatladı Kapı** (l'antica porta Leonis) permetteva di accedere al porto e traeva il suo nome dai due leoni scolpiti sul lato rivolto verso il mare. Il portale, ornato dal monogramma di Giustiniano, è decorato con un fregio di foglie di acanto.

Il porto di Bucoleon era un bacino artificiale chiuso da mura: la prima cerchia, in cui si aprono due porte, fu eretta da Costantino o da Teodosio I. Alla fine del VI secolo o all'inizio del VII una muraglia di pietra raddoppiò le fortificazioni esistenti.

Küçük Aya Sofya Camii (III, F4). Poco oltre il palazzo di Bucoleon, una strada che passa sotto la ferrovia conduce alla «Piccola S. Sofia», ex chiesa dei Ss. Sergio e Bacco, fatta costruire tra il 527 e il 536 dall'imperatore Giustiniano. L'edificio faceva parte del palazzo di Hormisdas, che l'imperatrice Teodora adattò a monastero monofisita. La chiesa nel XII secolo divenne un luogo di pellegrinaggio e fu poi trasformata in moschea da Hüseyin Aya, capo degli eunuchi bianchi, durante il regno di Beyazıt II (1481-1512).

Malgrado l'assonanza del nome, la struttura non richiama quella di Santa Sofia. L'interno ha forma quadrata irregolare, nel quale si inscrive un ottagono, definito

La facciata dell'antico palazzo di Bucoleon, nei pressi del porto omonimo

dai pilastri che sorreggono la cupola asimmetrica; quest'ultima, particolare architettonico interessante, si raccorda senza l'utilizzo di pennacchi sferici. La chiesa è preceduta dal nartece e dal portico a sei colonne, realizzato dagli Ottomani insieme al minareto che l'affianca sulla destra.

Sokollu Mehmet Paşa Camii* (III, E4). Si tratta di una delle moschee erette dall'architetto Sinan ed è considerata una delle più belle della città. Senz'altro uno dei capolavori del grande progettista ottomano e, secondo alcuni, addirittura il suo monumento più riuscito, la moschea fu progettata nel 1571 su incarico della figlia del sultano Selim II, moglie del gran visir Sokollu Mehmet Paşa. La Sokollu Mehmet Paşa Camii presenta una struttura unica in quanto la *medrese*, abitualmente separata, è in questo caso parte integrante del complesso. Nel cortile porticato spicca l'elegante fontana coperta, primo esempio di un genere più tardi molto imitato, mentre le colonne sarebbero testimonianze della originaria chiesa bizantina. L'interno colpisce per la suggestiva continuità spaziale ed il vivace rivestimento di piastrelle a motivi floreali del mihrab, su cui la luce delle vetrate esalta le sfumature del turchese associate al marmo bianco. Da notare anche quattro frammenti della sacra pietra nera custodita nella Kaaba alla Mecca: uno incastonato in oro sopra l'ingresso della moschea, due nel minbar e uno nel mihrab.

Ippodromo (III, E4-5). Si tratta del grande spiazzo rettangolare dell'At-meydanı, l'antico Ippodromo, fatto costruire da Settimio Severo nel 203 d.C. e portato alle sue dimensioni definitive (400 x 120 m) da Costantino. Qui il popolo si riuniva per assistere alle corse dei cavalli e dei cocchi, ma l'Ippodromo era luogo d'incontro anche delle fazioni politiche che si schieravano a favore dei condottieri e costituiva il cuore pulsante della città antica. Non rimane molto delle immense ricchezze che l'ornavano (tra cui, probabilmente, i cavalli in bronzo dorato portati a Venezia nel 1204 quale bottino della IV Crociata e oggi al museo di S. Marco) e poche sono le tracce dell'antica struttura architettonica; tra queste la *sphendone* (vedi box a pag. 75), monumentale terrazzamento che sosteneva la parte sud del complesso.
Solo tre dei numerosi monumenti che ornavano la «spina» hanno conservato la

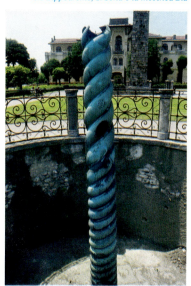

La colonna Serpentina, proveniente dal tempio di Apollo a Delfi

collocazione originaria: le loro basi, al di sotto del livello della piazza attuale, rivelano il piano antico dell'Ippodromo. La **colonna di Costantino** o obelisco murato, formata da blocchi di pietra grossolanamente squadrati, fu probabilmente eretta nel IV secolo e Costantino VII Porfirogenito (912-59) la fece rivestire di lamine di bronzo dorato, come riferisce un'iscrizione posta sulla base della colonna.
A fianco si trovano i resti della **colonna Serpentina**, proveniente dal tempio di Apollo a Delfi, dove era stata eretta in memoria della vittoria riportata dai Greci sui Persiani nella battaglia di Platea (479 a.C.). Su un treppiede d'oro furono incisi i nomi delle 31 città che avevano contribuito a sconfiggere le milizie di Serse.

La colonna, in origine alta circa 8 metri, venne fusa in un unico pezzo: era una spirale composta dall'intreccio di tre serpenti le cui teste sostenevano un treppiede d'oro, che a sua volta reggeva un grande vaso dello stesso metallo. Vaso e treppiede scomparvero già nell'antichità, mentre la colonna venne in seguito fatta trasportare da Costantino nella capitale come decorazione per l'Ippodromo da lui rinnovato. Con questa e molte altre importanti opere provenienti da ogni parte del mondo greco, l'imperatore intendeva non solo conferire alla nuova capitale un decoro urbano degno del suo ruolo, ma nello stesso tempo arricchirla di simboli che, per quanto tracce di una storia che non le apparteneva, la ponessero all'altezza delle altre grandi metropoli del mondo antico.

Il primo ippodromo fu costruito nel 203 d.C. da Settimio Severo che, dopo aver quasi annientato Bisanzio, volle un monumento degno di una grande città, pensando così di poter riconquistare il favore della popolazione. Quando Costantino nel 324 decise di trasferire a Bisanzio la capitale dell'impero, diede all'edificio le sue dimensioni definitive, circa 400 metri di lunghezza per 120 di larghezza. Poiché l'area era troppo piccola per consentire un simile ampliamento, Costantino fece costruire a sud un grande terrazzamento, poggiato su immense volte sostenute da pilastri, che venne chiamato, per la sua forma curvilinea, *sphendone*. L'Ippodromo aveva la forma simile a quella di un rettangolo allungato, il cui lato corto, rivolto a nord, era semicircolare e ospitava, insieme ai due lati lunghi, le gradinate per gli spettatori (originariamente 16, e circa 40 dopo l'ampliamento di Costantino). La loggia imperiale, nota con il nome di *kathisma*, si trovava più a sud (quasi di fronte all'obelisco di Teodosio), ed era in comunicazione diretta con il palazzo imperiale. La pista, sviluppata lungo l'asse longitudinale dell'Ippodromo, era costituita da uno strato di rena battuta su un sottofondo in pietra; al centro era la «spina», lunga terrazza ornata da statue, obelischi e colonne che serviva da linea divisoria del tracciato delle corse. La linea di partenza, invece, chiamata *carceres* per le gabbie dalle quali partivano le bighe, doveva trovarsi all'altezza dell'odierna fontana dell'imperatore Guglielmo II. Al complesso erano annessi altri edifici, tra cui le terme di Zeuxippos: circondate da portici, esse contenevano oltre 80 statue in marmo e bronzo, provenienti per la maggior parte dalla Grecia. La passione della popolazione per le corse delle bighe, ma anche gli interessi politici e le controversie religiose, trovarono nell'Ippodromo un luogo prediletto di manifestazione. Tra i principali punti di aggregazione civile – scelto dagli abitanti stessi della città – l'Ippodromo, infatti, era spesso teatro di scontri sanguinosi tra le diverse fazioni cittadine, conosciute con i nomi di Blu e Verdi, tramite le quali la collettività faceva sentire la propria voce. Ingenti somme venivano inoltre spese per organizzarvi feste sontuose. L'Ippodromo, per la sua vicinanza al palazzo imperiale – il *kathisma* ne rappresentava uno dei pochi accessi – divenne fin dalla sua creazione lo spazio designato all'apparizione imperiale, che con il passare dei secoli e il trasformarsi della figura dell'imperatore assunse sempre più le caratteristiche di una manifestazione divina. L'immagine dell'imperatore, arbitro supremo delle corse e loro principale finanziatore, che dal *kathisma* si mostrava al popolo, richiamava talvolta quella del Cristo Pantocratore.

L'Ippodromo continuò a costituire il centro delle attività civili della città anche quando le corse diminuirono, per la scarsità di risorse finanziarie e per la crescente avversione nei confronti di tali manifestazioni da parte di alcuni patriarchi. Va ricordato che è nell'Ippodromo che gli imperatori, con un gesto simbolico, venivano sollevati su uno scudo da parte delle milizie a loro fedeli, divenendo formalmente i capi supremi. Nell'Ippodromo, inoltre, il generale Belisario, fedele all'imperatore Giustiniano, sedò la «rivolta di Nika» del 532: pronto a difendere l'incolumità del proprio capo, non esitò a compiere una carneficina lasciando sul campo delle corse almeno 30 000 vittime. A partire dall'XI secolo, con la decadenza dell'impero, l'importanza dell'Ippodromo cominciò a declinare. L'occupazione di Costantinopoli da parte dei Latini nel 1204 segnò la fine delle manifestazioni in questa sede, un tempo prestigiosa, e con la conquista ottomana della città l'Ippodromo si trasformò in una cava di marmo. Nel 1826 fu teatro dei primi massacri di Giannizzeri, eseguiti per ordine del sultano Mahmut II, e sempre da At-meydanı prese avvio la rivolta che portò alla destituzione di Abdülhamit II, il 13 aprile 1909.

Obelisco di Teodosio I, collocato sulla spina dell'Ippodromo

La colonna Serpentina perse con il passare del tempo la sua valenza storica, per divenire nel Medioevo uno dei tanti 'talismani' cui gli abitanti si rivolgevano in cerca di auspici favorevoli o di segnali ispiratori. In epoca ottomana l'Ippodromo continuò a essere utilizzato come campo per il gioco del *cirt* (passatempo della corte ottomana simile al polo) ed è rappresentato in diverse miniature: in una di esse si nota la colonna con ancora due delle sue teste serpentine, rimosse non prima del Settecento.

Una delle leggende più note di epoca medievale recitava che se le teste fossero scomparse, sarebbe sparita con loro anche la città. Il caso ha voluto che una delle teste, attualmente esposta al Museo Archeologico, fosse ritrovata nel 1847: la città di İstanbul continua dunque a vivere.

Quasi al centro dell'Ippodromo svetta, infine, terzo monumento della «spina» conservato in loco, l'**obelisco di Teodosio** (in turco obelisco è *dikilitaş*), in origine fatto collocare da Thutmosi III (1549-03 a.C.) a Deir el Bahri nell'Alto Egitto. Da qui giunse a Costantinopoli probabilmente sotto il regno di Costantino, ma solo nel 390 d.C. con Teodosio I venne trasportato sulla collina dell'Ippodromo da uno dei porti della città dove presumibilmente giaceva. Si tratta di un blocco monolitico di granito alto 20 metri (ma la base dell'obelisco è stata probabilmente recisa, come rivelano i geroglifici incompleti), appoggiato mediante quattro cubi di bronzo su una base di marmo alta 6 metri. I geroglifici, incisi con grande accuratezza, celebrano la gloria del dio Horus e del faraone. La base è decorata con bassorilievi che raffigurano l'imperatore Teodosio nel *kathisma* dell'Ippodromo, circondato dai propri familiari e dai dignitari di corte, mentre consegna corone ai trionfatori delle gare (lato est), osserva le corse rappresentate nella base inferiore (lato sud), riceve gli omaggi dei nemici vinti (lato ovest) e presenzia a una corsa di carri (lato nord). La base dell'obelisco costituisce un importante quanto raro documento non solo delle trasformazioni sociali in atto nell'impero (si notino i tratti somatici germanici, le barbe e capigliature lunghe di alcuni personaggi dell'esercito), ma anche dei mutamenti che stavano interessando l'arte ufficiale: l'esecuzione grossolana, la staticità dei personaggi raffigurati frontalmente e secondo un incedere ritmico – con al centro e più grande delle altre la figura più importante, quella dell'imperatore – rivelano come la tradizione della perfezione estetica del mondo classico si stesse ormai perdendo. Alla base del piedistallo un'iscrizione bilingue (latino sul lato est, greco sul lato ovest) riporta due diversi periodi per il completamento dell'opera, 30 giorni secondo l'iscrizione latina, 32 secondo la greca. Infine, l'ultima base di marmo su cui poggia l'intero monumento raffigura, tra le scene scolpite a rilievo, il momento e il modo in cui venne eretto l'obelisco.

Poco distante si trova la **fontana dell'imperatore Guglielmo II**, donata al sultano Abdülhamit II dal Kaiser in occasione di un suo viaggio a İstanbul nel 1895. Il grande edificio a monte della fontana è il palazzo di Giustizia (Adliye Saray), in prossimità del quale (prendendo la Divan Yolu, poi la prima strada a sinistra), si trova una cisterna detta **Binbirdirek** *(visita a pagamento, tutti i giorni dalle 10 alle 22)* cioè «delle Mille e una colonna» (III, E4): seconda per grandezza tra le oltre 60 cisterne individuate nella città, sarebbe stata costruita dal senatore romano Filosseno, che aveva seguito Costantino nella nuova capitale; secondo altre fonti invece risalirebbe all'epoca di Giustiniano. La cisterna, a pianta quadrangolare, è sorretta da sedici file di quattordici colonne alte 15 metri (224 in totale) di marmo del Proconneso, su alcune delle quali sono ancora visibili le firme degli scalpellini. L'intero complesso è coperto da cupolette in laterizio. In passato la cisterna forniva probabilmente l'acqua ai due grandi complessi residenziali dei palazzi di Antiochos e di Lausos (vedi a pag. 76). Oggi è stata trasformata in un ristorante.

Museo delle Arti Turche e Islamiche*

(III, E 4-5). *Visita a pagamento dalle 9 alle 16.30; chiuso il lunedì.* Ospita le ricche collezioni precedentemente esposte negli ambienti annessi alla Süleymaniye Camii.

Per cogliere pienamente la monumentalità dell'Ippodromo sarà importante scendere sul suo versante occidentale e osservarne la *sphendone*, la grande curva fatta costruire da Costantino a sostegno dell'estensione del complesso. Recentemente liberata dalle abitazioni che le erano state costruite a ridosso, e quindi visibile nella sua interezza, questa grandiosa struttura può essere considerata come l'ultima grande opera monumentale dell'antichità, realizzata esclusivamente in manufatto laterizio. All'interno, grandi ambienti a volte servirono come scuderie, gabbie per le bestie feroci, quartieri per aurighi e gladiatori.

Il corridoio principale della Yerebatan Sarnici, con le colonne ornate da capitelli corinzi

turchi dell'Anatolia, sono minuziosamente ricostruiti diversi ambienti della vita turca di un tempo: tende di nomadi che si dedicano alle attività quotidiane, interni di abitazioni di campagna, tra cui quello di una casa di Manisa, interni urbani (casa borghese di Bursa del XIX secolo, di İstanbul agli inizi del XX secolo, negozio di abiti ecc.).

Palazzi di Antiochos e di Lausos (III, E5). All'uscita dal museo, sulla sinistra, nel giardino pubblico ai margini dell'Ippodromo è ancora visibile ciò che rimane del palazzo di Antiochos e del palazzo di Lausos, due dei più antichi complessi residenziali di epoca bizantina rinvenuti a İstanbul. I palazzi portano il nome di due importanti esponenti delle nuove classi sociali che li fecero costruire agli inizi del V secolo in una delle zone più centrali della città. Del **palazzo di Antiochos** sopravvive solo una piccola porzione nel cortile dell'Adliye Saray (palazzo di Giustizia): si tratta di una delle sale ottagonali del complesso, trasformata intorno al VI-VII secolo nella *chiesa di S. Eufemia*, nella quale vennero traslate le reliquie della martire costantinopolitana in seguito alle invasioni persiane. Le spoglie della santa erano sino a quel momento venerate in una chiesa sulla sponda opposta del Bosforo, a Calcedonia (la moderna Kadiköy). L'unico ciclo di affreschi della vita di Eufemia a noi noto versa in condizioni di abbandono nelle rovine dell'edificio.

I resti del **palazzo di Lausos** consistono in quella che doveva essere una grande rotonda dotata di cupola, alla quale era collegata una lunga sala absidata dove, secondo alcune fonti, Lausos aveva fatto trasportare molte preziose statue. Tra queste spiccava la grande statua crisoelefantina di Zeus, opera di Fidia, originariamente collocata nel tempio di Apollo a Olimpia. Il palazzo e le sue collezioni vennero irrimediabilmente distrutti da un incendio alla fine del V secolo.

Il palazzo che, dopo un periodo di abbandono, è divenuto sede del museo, era la residenza di İbrahim Paşa, amico di Solimano il Magnifico, nominato visir nel 1523. La costruzione della residenza, una delle più grandi del periodo ottomano, risale probabilmente agli anni felici della carriera politica di İbrahim, prima che questi venisse ucciso nel sonno a causa delle invidie suscitate dal suo sfarzoso stile di vita, troppo simile a quello dello stesso sultano.

Il museo si articola su tre piani: al primo, allo stesso livello della piazza, si trova l'ingresso con la biglietteria e la libreria; al piano superiore il cortile, insieme a un piccolo caffè e a una sezione etnografica. Il terzo livello (vi si accede da una scala sulla destra) costituisce il museo propriamente detto. Nelle 19 sale del museo, ognuna dedicata a un determinato periodo o a una regione, sono esposte preziose collezioni di oggetti dal VII secolo al tramonto dell'impero ottomano. Tra le collezioni più rimarchevoli figurano quelle di **tappeti selgiuchidi** del XIII secolo e di **manoscritti**, ma molti altri pezzi (lampade in vetro, ceramiche, arredi) sono di estremo interesse, anche perché provengono dalle prime collezioni ottomane dedicate all'arte islamica. Nella sezione etnografica (ingresso dal cortile, sulla sinistra), dedicata agli Yürük, nomadi

Lungo il lato nord del palazzo di Lausos, come hanno rivelato indagini archeologiche, passava la grande strada colonnata fiancheggiata da porticati, la **Mese** (l'attuale Divan Yolu caddesi), che correva in direzione del foro di Costantino da una parte e, dall'altra, verso la grande piazza dell'Augusteon (vedi a pag. 82), attuale slargo davanti all'ingresso di S. Sofia.

Yerebatan Sarnici** (III, D-E5). *Visita a pagamento, tutti i giorni dalle 9 alle 17.30; chiusa il martedì*. Aperta al pubblico nel 1987 dopo lavori di consolidamento e restauro, è la più imponente e vasta cisterna bizantina sotterranea di İstanbul. Il suo aspetto è più simile a un contenitore segreto di tesori architettonici che a un semplice serbatoio per l'acqua.

Fu costruita durante il regno dell'imperatore Giustiniano, nel VI secolo, dopo la «rivolta di Nika». Il nome, Cisterna Basilica, deriva da una supposta basilica pagana, in seguito distrutta, che sorgeva nel medesimo luogo. Con le sue acque, provenienti dall'acquedotto fatto ristrutturare da Valente, alimentava alcuni dei grandi edifici di questa zona della città e le loro annesse piccole cisterne. In origine la cisterna contava 336 colonne, suddivise in 12 file di 28 elementi, quasi tutte con capitelli corinzi risalenti al V secolo; alte 8 metri, sostengono piccole volte di mattoni posti a spina di pesce e si riflettono nelle ferme acque sottostanti.

Durante gli interventi del VI secolo venne utilizzato materiale di recupero, che rese la cisterna un vero e proprio 'contenitore' di opere scultoree di epoche diverse: accanto a colonne e basi di età classica, meritano una citazione le due monumentali teste di Medusa che si trovano nella parte opposta rispetto all'ingresso, originariamente collocate nel foro di Costantino. Grazie a una sapiente illuminazione e alla musica di sottofondo la visita di quest'ambiente è assai suggestiva.

Prima di entrare nella basilica di S. Sofia è consigliabile compierne il periplo dall'esterno, così da notare alcune belle case in legno, restaurate in seguito a un programma di salvaguardia avviato dal Touring Club di Turchia. Alcune di esse, tra la basilica e il Topkapı, sono state trasformate in albergo non privo di fascino.

Fontana di Ahmet III* (III, E5). È una delle fontane più imponenti tra le numerosissime costruite in città dagli Ottomani. Realizzata nel 1728 sopra un'antica fonte bizantina, è un piccolo edificio barocco di forma quadrata, con la copertura fortemente sporgente sormontata da cinque cupolette. Ai quattro angoli, con le finestre chiuse da grate di bronzo, si trovano i *sebil* (fonti dove i passanti trovavano i bicchieri colmi d'acqua per dissetarsi), mentre al centro di ognuno dei quattro lati campeggia una fontana (*çeşme*) regolata da un rubinetto.

Basilica di S. Sofia** (III, D-E5) *Visita a pagamento dalle 9 alle 16.30 da novembre ad aprile, fino alle 19 in estate; chiusa il lunedì*. Massimo monumento cittadino e trionfante simbolo dell'architettura bizantina, la celebre basilica Aya Sofya (pianta a pag. 80) a prima vista può sembrare priva di armonia per la presenza dei massicci contrafforti, aggiunti alla costruzione originale per puntellare la cupola e le pareti danneggiate da sismi. Molti altri elementi, inoltre, ne hanno appesantito nei secoli le forme e mascherato l'architettura originale. La circondano quattro minareti: i due disposti sul piano della facciata (1-2) furono eretti da Murat II nel XV secolo; quello sulla destra in fondo (3), a sezione poligonale con facce piane, da Maometto II; l'ultimo (4), scanalato, è opera di Selim II. Tra i quattro minareti, leggermente massicci, troneggia la grande cupola.

Superato il cancello d'ingresso, si noti nel cortile un edificio costruito sotto Maometto II per ospitare delle cucine, quindi la fontana per le abluzioni. Sul fondo, a sinistra, sono conservati i resti di un portico appartenente a uno dei primi

La fontana di Ahmet III

templi eretti nell'area occupata, successivamente, da S. Sofia. Il percorso lungo il quale si trova la biglietteria conduce di fronte alla facciata della basilica, orientata a ovest; davanti si possono vedere alcuni resti della chiesa di Teodosio II (5) e le rovine del campanile latino (6) eretto dai Crociati dopo la presa di Costantinopoli. L'**esonartece** (7), assai stretto e allungato, serviva come passaggio tra l'atrio, oggi scomparso, e il **nartece** (8), l'ampio vestibolo che misura 60 metri di lunghezza per 11 di larghezza. All'esonartece si accedeva da cinque porte, aggiunte dopo il crollo del 559. Pur essendo come il nartece coperto da nove volte, tra loro separate da archi, è profondo e alto circa la metà. Delle cinque porte che danno accesso alla navata, la più celebre è quella centrale: la tripla **porta reale*** (9), che era riservata all'ingresso della corte imperiale nella basilica. Al di sopra è uno dei più celebri mosaici bizantini, la **Maestà di Cristo***. I timpani delle porte sono anch'essi adorni di mosaici a fondo oro nei quali sono raffigurate delle croci.

L'iconografia complessiva dei mosaici ordinati da Giustiniano non è oggi chiara, ma seguiva senza dubbio un articolato progetto sul cui significato però i cronisti dell'epoca non si soffermano. A partire dal IX secolo restauri e rifacimenti si succedettero con una certa frequenza; i mosaici figurativi sono tutti successivi alla sconfitta del movimento iconoclasta.

Nel timpano della porta reale, il personaggio inginocchiato rappresenta probabilmente Leone VI il Saggio (886-912) prostrato davanti al Cristo benedicente che tiene nella mano sinistra un Vangelo, nel quale si legge: «Pace a voi, io sono la Luce del mondo». Nel medaglione di destra si trova una raffigurazione della Vergine e in quello di sinistra l'arcangelo Gabriele che reca il *kyrikeion*, attributo dei postulanti. Sopra la porta centrale si notano, nella navata, i pannelli di marmo e porfido a motivi decorativi, tra i quali è anche la raffigurazione di un delfino.

La **navata centrale** (10) si presenta come un vasto ambiente coperto da una cupola di 31 metri di diametro e 55 metri di altezza, cui due semicupole laterali conferiscono pianta ellittica. La parte interna dell'immensa cupola centrale presenta 40 nervature in muratura anch'esse decorate con motivi geometrici. La circonferenza esterna è segnata da 40 finestre che rafforzano l'effetto di leggerezza della struttura. La cupola è sorretta da colonne massicce incorporate nelle mura interne. Su ciascuno dei quattro pennacchi (triangoli sferici posti tra gli archi che sorreggono la cupola) spicca un cherubino con sei ali il cui volto, per ordine del sultano, venne coperto con un medaglione dorato con sfaccettature a stella. L'intervento fu opera dei Fossati, i due fratelli svizzeri, entrambi architetti, autori di un deciso restauro dell'edificio nell'800. Solo i due cherubini del lato orientale sono mosaici autentici, eseguiti nel X secolo sotto Basilio II, gli altri due furono dipinti dai Fossati nel corso del restauro ottocentesco. Sempre ai Fossati è da attribuire la collocazione dei grandi dischi decorativi di legno (7.5 metri di diametro) appesi in

La cupola di S. Sofia con i quattro minareti

S. Sofia: una storia travagliata

Costruita tra il 532 e il 537 per volontà di Giustiniano, l'attuale basilica di S. Sofia è la terza chiesa eretta su quest'area. In questo sito, occupato da templi pagani, nell'anno 325 Costantino decise di edificare la prima basilica consacrata alla Divina Sapienza (Aya Sofya), che fu inaugurata il 15 febbraio 360. Ampiamente rimaneggiata dal figlio di Costantino, Costanzo, la basilica fu in parte distrutta da un incendio il 9 giugno 404 durante una rivolta dei partigiani di Giovanni Crisostomo, patriarca di Costantinopoli, deposto dall'imperatrice Eudossia, moglie dell'imperatore Arcadio (che regnò dal 395 al 408). Ricostruita nel 415 da Teodosio II, S. Sofia bruciò nuovamente nel 532 durante il regno di Giustiniano quando, in seguito a una rivolta scoppiata nell'Ippodromo al grido di «Nika» (vittoria), il popolo appiccò il fuoco al palazzo del Senato, provocando un incendio di gigantesche proporzioni che distrusse in gran parte la città. Sedata la rivolta, Giustiniano si impegnò nella ricostruzione della basilica, con l'intento di renderla «la più sontuosa dall'epoca della Creazione». A questo scopo furono raccolti

S. Sofia: mosaico della Deesis *(sec. XII), nelle gallerie meridionali, con Cristo tra la Vergine e S. Giovanni Battista*

in ogni provincia dell'impero i materiali più preziosi e i marmi più belli. L'imperatore recuperò colonne e ornamenti, in particolare dai templi di Diana a Efeso, di Atene, di Delfi, di Delo e di Osiride in Egitto. Due architetti greci, Antemio di Tralle e Isidoro di Mileto, furono incaricati di dirigere i lavori che si protrassero per quasi sei anni e che videro impegnati diecimila operai, guidati da cento capomastri. Le pareti della basilica furono realizzate in mattoni, mentre i pilastri erano in conci di calcare di grandi dimensioni collegati tra loro da grappe di ferro. La nuova chiesa fu inaugurata il 26 dicembre 537 e per quattordici giorni si susseguirono pomposi festeggiamenti. Tanto entusiasmo non era destinato tuttavia a durare a lungo: la cupola, struttura architettonicamente troppo ardita, costruita con speciali mattoni cavi fabbricati a Rodi con un'argilla particolarmente leggera, crollò in seguito a un terremoto nel 559. La ricostruzione fu affidata a Isidoro di Mileto il Giovane, che ne diminuì il diametro e ne aumentò l'altezza, addossandole all'esterno massicce muraglie di sostegno. Fu ancora Giustiniano, ormai alla fine del suo regno, a inaugurare la basilica nuovamente restaurata, la notte di Natale del 563. Dopo la conquista di Costantinopoli da parte dei Latini (1204) che rese definitivo lo scisma tra la Chiesa greca ortodossa e la Chiesa di Roma, S. Sofia, spogliata dei suoi ornamenti preziosi, passò fino al 1261 sotto il dominio del clero veneziano e quindi del papato. Un nuovo terremoto nel 1346 danneggiò la cupola, che fu nuovamente rimaneggiata. Quando i Turchi si impadronirono di Costantinopoli nel 1453, Maometto II il Conquistatore si recò a S. Sofia e diede ordine di trasformarla in moschea. Tra le numerose donazioni offerte dai sultani che si succedettero figurano in particolare i candelabri che affiancano il mihrab, dovuti a Solimano, e la preziosa loggia imperiale realizzata da Ahmet III. Nel '700 i mosaici bizantini furono ricoperti da uno spesso strato di imbiancatura, ma nel 1847 il sultano Abdülmeçit affidò agli architetti ticinesi Gaspare e Giuseppe Fossati il compito di restaurare l'edificio e di riportarli alla luce. Nel 1935 Atatürk decise di trasformare il santuario in museo e affidò all'Istituto Bizantino americano il compito di ripristinare completamente l'edificio, svolgendo le necessarie ricerche archeologiche; i mosaici vennero recuperati e restaurati solo negli anni '50. Ancora oggi proseguono i lavori.

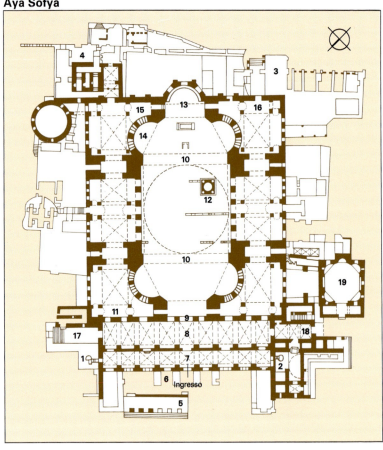

alto, al livello della galleria. Su fondo verde portano iscritti, in oro, i nomi di Allah, Maometto e dei primi quattro califfi; sono attribuiti al grande calligrafo del xv secolo Mustafa İzzet Effendi, cui si deve anche la citazione del Corano che decora la cupola. Le due semicupole poggiano in parte sui quattro grandi pilastri e in parte su pilastri secondari; sono segnate da altre nicchie minori, che terminano in quattro piccole absidi agli angoli della navata centrale. Lo slancio verticale, insieme alla sovrapposizione di volumi sferici di grandezza crescente dalle nicchie alle semicupole e quindi alla cupola centrale, conferisce all'insieme dell'edificio una grande leggerezza e un'estrema eleganza, difficile da supporre nell'osservare l'edificio dall'esterno. Fiancheggiano la navata centrale due navatelle laterali sormontate da tribune: la pianta rettangolare così formata misura 77 metri di lunghezza per

71.2 di larghezza. Complessivamente si contano nella basilica 107 colonne, numero mistico ritenuto di buon auspicio per il sostegno dell'edificio. I capitelli sono finemente scolpiti e alcuni recano il monogramma di Giustiniano e Teodora in mezzo a foglie d'acanto. Grandi lastre di marmo rivestono il pavimento, che al tempo di Giustiniano era coperto di mosaici abbinati a marmi di diverso colore. Sui lati dell'ingresso, provenendo dal nartece, sono collocate due grandi urne di alabastro, destinate alle abluzioni prima della preghiera e donate dal sultano Murat III (1574-95). Solo i coperchi risalgono, tuttavia, all'epoca ottomana: le urne sono di epoca classica o protobizantina.

Nella navata laterale, all'angolo nord-ovest della basilica, si trova la cosiddetta **colonna sudante di S. Gregorio** (11), che secondo la leggenda aveva il potere di guarire le malattie della vista e di favorire la maternità. Sotto la cupola c'è la **tribuna dei cantori** (12) che, in epoca bizantina, era l'ambone, ornato di decorazioni in argento e avorio incrostate di pietre preziose. Davanti all'abside un mosaico pavimentale con cerchi di granito, marmo verde antico e porfido rosso e verde, segnerebbe il luogo in cui veniva posto il trono imperiale in occasione della cerimonia dell'incoronazione.

Dalla trasformazione in moschea di S. Sofia, l'**abside** (13) contiene un mihrab, che indica la direzione della Mecca. Il catino absidale è decorato con una rappresentazione della Vergine Maria che tiene il Bambino Gesù sulle ginocchia. Sull'intradosso dell'arco di testa resta qualche frammento dei mosaici completati nell'867, aventi per soggetto gli arcangeli Michele e Gabriele. A destra dell'abside è il minbar; a sinistra la **loggia del sultano** (14), costruita all'epoca di Ahmet III; dalla sinistra dell'abside si diparte un corridoio coperto (15) con pregevoli piastrelle di İznik. Altre maioliche ottomane raffiguranti la Kaaba della Mecca ornano la parete di fondo della navatella destra (16). Una porta all'estremità del nartece (17) introduce, attraverso una rampa a tratti sdrucciolevole, alle gallerie, dove si trovano bei mosaici.

Anticamente destinata alle donne, la **galleria** meridionale, cui si accedeva direttamente dall'attiguo palazzo del Patriarca, fu in seguito riservata ai membri della famiglia imperiale perché potessero partecipare ai riti religiosi lontano dallo sguardo della folla. L'alto clero, inoltre, vi teneva le proprie riunioni: tutto ciò spiega la presenza di mosaici in questa parte dell'edificio e in particolare, nella nicchia centrale della galleria meridionale, di una **deesis** del XII secolo, di cui non restano che pochi frammenti (tra cui i volti della Vergine, di Gesù e di San Giovanni Battista), oltre ad altri risalenti alla fine del IX secolo, nei quali sono raffigurati Ezechiele, Stefano, Costantino, gli apostoli e i quattro patriarchi che si opposero all'iconoclastia. In fondo alla galleria, di fianco

Il luminoso interno di S. Sofia

alla grande abside, un mosaico raffigura Cristo tra l'imperatrice Zoe e il suo terzo marito, Costantino IX Monomaco. La testa dell'imperatore e l'iscrizione che a lui si riferisce sono state sovrapposte ad altre raffigurazioni precedenti, cancellate dopo la morte del primo marito dell'imperatrice Zoe, Romano III Argiro (1034). Poco oltre, sullo stesso muro, in un mosaico dell'XI secolo figurano la Vergine, Giovanni II Comneno, l'imperatrice Irene e il loro figlio Alessio; gli archi che uniscono le colonne sono ornati di mosaici a decoro geometrico risalenti al VI secolo. Tornati sui propri passi, si raggiunge la galleria opposta (a nord), dove si trova un mosaico nel

Galleria meridionale di S. Sofia: mosaico con Cristo tra l'imperatrice Zoe e il terzo marito Costantino IX

quale è raffigurato l'imperatore Alessandro, probabilmente eseguito durante il suo regno (912-13). Sempre nella galleria, di fronte alla deesis si trova la tomba del doge Enrico Dandolo.

Si esce da S. Sofia passando dal **vestibolo** (18), accesso un tempo riservato all'imperatore. Si notino la porta di bronzo attribuita al regno di Teofilo o di Michele III, che l'avrebbe fatta qui collocare nell'838, e soprattutto (voltandosi prima di lasciare l'interno) un prezioso **mosaico*** della fine del X secolo, nel quale è visibile la Vergine col Bambino, al cui fianco figurano Costantino nell'atto di offrire simbolicamente la città di Costantinopoli, e Giustiniano mentre presenta un modellino di S. Sofia. L'iscrizione sulla sinistra recita «Giustiniano illustre re» e quella sulla destra «Costantino tra i santi, grande re». I due monogrammi inscritti in un cerchio sono la prima e l'ultima lettera del termine greco «Madre di Dio». La volta a botte del vestibolo è anch'essa decorata con un mosaico a fondo oro con motivi geometrici.

Uscendo, sulla sinistra, si trova l'antico **battistero** (19), edificio quadrangolare prolungato su di un lato da un'abside e su quello opposto da un nartece, la cui costruzione è anteriore a quella dell'attuale S. Sofia. Alla morte di Mustafa I (1623), fu trasformato in türbe (mausoleo) e vi furono deposte le sue spoglie e quelle di suo nipote, il sultano İbrahim. Le altre quattro tombe imperiali, ricoperte di preziose ceramiche di İznik, si trovano a est in fondo al giardino. Una delle più eleganti è quella centrale, la türbe di Selim II (1566-74), realizzata da Sinan e condotta a termine da Davut Ağa, che dopo la morte del maestro divenne architetto imperiale. All'estremità orientale del giardino è la sepoltura di Maometto III (sultano dal 1595 al 1603), opera di Dalgıç Ahmet Aya.

A sud della basilica si apre un vasto piazzale. In epoca bizantina questa piazza era detta «la grande piazza dell'Augusteon», uno spazio pubblico su cui si articolava tutta la vita della città. La spianata era limitata a nord dalla basilica, di fronte alla quale si ergeva la colonna di Giustiniano; sul lato sud erano i palazzi imperiali e a ovest la reggia nel cui sottosuolo era la Yerebatan Sarnici. A nord-ovest tra S. Sofia e la moschea Blu si affaccia uno splendido **hammam**, detto di Roxelana, progettato da Sinan e da lui completato nel 1556 su incarico di Solimano il Magnifico. Restaurato di recente, l'edificio è oggi centro di vendita ed esposizione di tappeti e kilim turchi.

Dopo aver lasciato la basilica, si attraversano i giardini a lato dell'Ippodromo per raggiungere la moschea Blu. Di fianco alla moschea si trova la **türbe del sultano Ahmet I** (1617), costruita due anni dopo la morte del sovrano. I sultani Osman II (1622) e Murat IV (1640), fratelli di Ahmet I, furono anch'essi sepolti in questo mausoleo, sormontato da un'enorme cupola.

Moschea Blu** (III, E5). *Aperta tutti i giorni dalle 9 alle 17; esclusi i momenti di preghiera*. La Sultan Ahmet Camii e gli edifici a essa collegati sorgono su una parte dell'area un tempo occupata dall'Ippodromo e dai palazzi imperiali. Del complesso, realizzato tra il 1609 e il 1616 dall'architetto Mehmet Aya, probabilmente allievo di Sinan, facevano parte anche una *medrese* (scuola di teologia), un imaret (ospizio per i poveri) e altri ambienti accessori.

L'armonioso digradare di cupole e semicupole realizzato nella moschea Blu

Fino al secolo scorso costituiva il luogo di raduno per le carovane di pellegrini in partenza per la Mecca. Edificio di notevole fascino, la moschea è preceduta da un cortile rettangolare porticato, nel quale si apre un bel portale. Si noti la cupola emisferica affiancata da quattro semicupole: l'armonia dell'esterno, certo uno dei maggiori risultati dell'architetto (che è riuscito ad attenuare abilmente la pesantezza delle masse in gioco), è accentuata dalla presenza di ben sei minareti, particolare unico a İstanbul. L'interno dell'edificio colpisce subito per il ricco rivestimento di oltre 20 000 piastrelle in ceramica di İznik nelle quali, in mezzo al rosso, al bianco e al nero, predominano il verde, il turchese e, soprattutto, il blu. Sotto l'effetto della luce, che entra senza difficoltà dalle 260 finestre, le piastrelle conferiscono alla moschea un

I raffinati rivestimenti ceramici all'interno della moschea Blu

particolare effetto cromatico che ha reso l'edificio tra i più celebri e visitati di İstanbul. Gran parte delle vetrate originali, intensamente colorate e risalenti al XVII secolo, sono andate distrutte e purtroppo sostituite da scadenti imitazioni moderne. Il mihrab e il minbar, in marmo bianco, sono lavorati con grande eleganza. La loggia imperiale, dove il sultano poteva giungere a cavallo, si trova al piano superiore, a sinistra del mihrab.

Nell'ala a nord-est e nel sottosuolo della moschea sono rispettivamente allestiti il **Museo dei Tappeti** e il **Museo dei Kilim** (III, E5; *aperti dalle 9 alle 16; chiusi la domenica e il lunedì*). Degna della massima attenzione è soprattutto la collezione di tappeti turchi, tra i quali ci sono esemplari di rara bellezza. L'esistenza del tappeto turco è attestata poco dopo l'arrivo dei Selgiuchidi in Anatolia, come testimonia anche Marco Polo, che nel XIII secolo loda la bellezza di quelli realizzati a Kayseri, Konya e Sivas. Tappeti anatolici, riconoscibili dai motivi stilizzati che si ripetono da molti secoli, figurano spesso nella pittura italiana del Trecento e Quattrocento, segno che anche nell'Europa medievale esisteva un mercato per questi manufatti.

Museo dei Mosaici (III, E5). *Aperto dalle 9 alle 16.30; chiuso il lunedì.* L'ingresso al museo si trova su una strada parallela all'Arasta Bazar, che si sviluppa a sud-est della Sultan Ahmet Camii, ed era uno dei *peristilia* al piano terreno dell'antico palazzo imperiale bizantino.

Il palazzo imperiale, costruito nel IV secolo alle spalle del foro per volontà di Costantino, fu ampliato a più riprese dai suoi successori, tra cui Teodosio II e Giustiniano, divenendo celebre per la complessità degli edifici, abbelliti da logge e giardini, che lo componevano. Abbandonato ufficialmente nel XII secolo per il più moderno (e sicuro) complesso delle Blacherne, cadde completamente in rovina e, in rapporto all'estensione, ne sono state identificate scarse vestigia.

Nel museo sono raccolti, in parte conservati sul posto, in parte trasferiti, alcuni dei mosaici che ornavano un ampio cortile porticato del palazzo imperiale, riportato alla luce tra il 1935 e il 1954. Caratteristica di questi mosaici, risalenti al V-VI secolo, sono l'assenza di soggetti religiosi e la sintesi tra temi mitologici di carattere ellenistico e spaccati di vita quotidiana.

1.2 I Musei Archeologici e il Topkapı

L'itinerario all'interno dei baluardi del palazzo di Topkapı, di eccezionale interesse storico-artistico, consente la visita di complessi museali e monumentali che rendono perfettamente l'idea delle ricchezze che la Turchia ha accumulato nel corso dei millenni. I Musei Archeologici raccolgono, infatti, importanti testimonianze delle diverse civiltà che si sono succedute nel Paese e il Topkapı, residenza imperiale dalla metà del XV secolo alla metà del XIX, oltre a conservare inestimabili tesori, aiuta a ricostruire l'organizzazione del potere e il genere di vita che conducevano il sultano e la sua corte. Partendo da Eminönü meydanı si raggiunge a piedi l'entrata del Topkapı Sarayı, passando per Hamidiye caddesi, Muradiye Hüdavendigar caddesi e Alemdar caddesi; prendendo poi a sinistra si raggiungono i musei. Uscendone, si arriva alla prima corte del Topkapı e, dopo aver visitato S. Irene, si varca la porta Ortakapı per accedere al palazzo. Si calcolino da 3 a 4 ore per la visita ai musei, da 2 a 3 ore per quella del Topkapı. Per la vastità dei due complessi, tuttavia, è consigliabile non visitarli nell'arco di una stessa giornata.

Da Eminönü meydanı al Topkapı. Lungo la strada che conduce al Serraglio si noti, nella Hamidiye caddesi, un elegante **sebil** (fontana pubblica), restaurato nel secolo scorso. Poco più oltre, sulla destra, si trovano i mausolei dei due sultani Abdülhamit (1773-89) e Mustafa IV (1807-08). Una volta giunti nell'Alemdar caddesi, alzando lo sguardo si vedrà l'**Alayköşkü**, padiglione costruito in aggetto sulla muraglia, dal quale i sultani potevano sorvegliare senza essere visti l'andirivieni verso la **Bab-i-Ali**, la 'Sublime Porta' (III, D5), della quale resta il bel portale in marmo scolpito, sormontato da un'ampia tettoia rococò e fiancheggiato sulla destra da fontane. Un tempo ingresso al palazzo del gran visir, Bab-i-Ali dava il nome all'intero edificio, sede del governo ottomano. Presso gli ambasciatori stranieri il termine passò poi a indicare il governo ottomano stesso. Poco oltre si raggiunge un triplo portale, aperto nella cinta più esterna del Topkapı Sarayı, in cui la sola porta centrale, detta Soyuk Çeşme kapısı, 'porta della fontana fredda', è realmente antica. Di fronte si trova una graziosa fontana che un tempo faceva parte della *medrese* di Abdülhamit.

Dopo aver varcato la Soğuk Çeşme kapısı, si entra nella prima corte del complesso di Topkapı (vedi a pag. 91) che include il parco di Gülhane con i Musei Archeologici, l'antica Zecca e altre strutture minori. Nel **parco di Gülhane** *(orari d'apertura variabili a seconda della stagione)*, un tempo giardino del Topkapı, ai piedi del lato settentrionale del Serraglio si erge la **colonna dei Goti** (III, C6), alta 15 metri e sormontata da un capitello corinzio. Sulla base si legge a malapena un'iscrizione latina che commemora i successi riportati sui Goti (da cui il nome) da un imperatore romano, identificato da alcuni con Claudio II detto il Gotico. Presumibilmente appartenente a un teatro costruito da Settimio Severo (193-211), del quale facevano parte le rovine circostanti, secondo l'autore bizantino Niceforo Gregora la colonna era in origine sormontata dalla statua di Byzas il Megarese, fondatore di Bisanzio. Poiché l'imperatore Claudio il Gotico non si recò mai a Bisanzio, è tuttavia probabile che sia stata eretta da Costantino, che poteva vantare numerose vittorie contro le popolazioni gotiche.

Testa di Medusa nel giardino dei Musei Archeologici

Musei Archeologici

(III, D5-6) *Visita a pagamento, con biglietto unico valido per tutti i musei, dalle 9.30 alle 17; chiuso il lunedì.* Il complesso dei musei è disposto intorno a un cortile-giardino trasformato in lapidarium: a sinistra, vicino all'ingresso, il Museo dell'Oriente Antico; più oltre, sempre a sinistra, un grande padiglione (Çinili Köşk) che ospita il Museo delle ceramiche; infine, di fronte a quest'ultimo, sulla destra rispetto all'ingresso, si erge il Museo delle Antichità greche, romane e bizantine.

Il monumentale ingresso dei Musei Archeologici

Museo dell'Oriente Antico** (III, D5). Raccoglie oggetti provenienti dall'immenso territorio che costituiva l'impero ottomano: dalla Mesopotamia (Ninive, Lagash), dall'Egitto, dall'Arabia e dalla costa siro-palestinese, oltre che dalla stessa Turchia.
Sale I e II (immediatamente a sinistra sopra la scala), vi è esposta la collezione d'Arabia, con alcune rare opere dell'epoca preislamica, tra cui sculture in arenaria rossa (III-I secolo a.C.) provenienti dal cortile di un tempio ad Al-Ula, una base di altare trovata a Sueyda che reca iscrizioni in aramaico e un'interessante collezione di idoli. Una sezione è riservata a una piccola raccolta di antichità egizie, tra cui alcune statuette in bronzo e un sarcofago dipinto.
Sala III (in effetti un corridoio), tema è la Mesopotamia: presenta antichità assire e l'**obelisco di Adad-Nirari III** (810-783 a.C.) con un'iscrizione in caratteri cuneiformi, al di sopra di un bassorilievo in cui il re è raffigurato mentre prega davanti a emblemi della divinità. Di particolare interesse sono i **rilievi*** in mattoni invetriati raffiguranti tori e dragoni con la testa di serpente, animali sacri agli dei Adad e Marduk: decoravano la monumentale Porta di Ishtar, costruita a Babilonia dal sovrano neobabilonese Na-

bucodonosor II (604-562 a.C.). Dalla lì partiva la via sacra che conduceva al santuario di Marduk, dove all'equinozio di primavera si celebrava la grande festa dell'Anno Nuovo. Le pareti tra cui era tracciata la via erano decorate con leoni* in mattoni invetriati: il museo ne possiede alcuni esemplari. Pregevoli anche gli oggetti provenienti da Tell Halaf (abitata fin dal IV millennio a.C.), da Ninive e da Assur, tra cui figura la statua mutila di un uomo che indossa un *kaunakès* (gonna il cui disegno riproduce un vello di capra).
Sala IV (grande sala di fondo): con la **statua di Lugal-Dalu**, re sumero di Adad, risalente al periodo dinastico arcaico (2600-2350 a.C. circa), ci sono chiodi votivi, collocati nelle fondazioni di templi e palazzi per allontanare gli spiriti maligni, e mattoni con pittogrammi relativi a un sistema di scrittura precedente la comparsa del cuneiforme. Al centro, il **bacile votivo** a forma di scrigno, associato a Gudea, il più potente dei sovrani dell'epoca neosumerica (2144-2000 a.C.), ha bassorilievi raffiguranti geni alati che versano acqua in vasi sorretti da una fila di ragazze abbigliate con una lunga tunica: parte dell'acqua fuoriesce dai recipienti e cade sul terreno formando un torrente sotterraneo. Si tratta della rappresentazione dell'antica cosmologia mesopotamica, secondo la quale il mondo era circondato da acqua. Questa credenza potrebbe aver influito sugli Ebrei durante la loro prigionia babilonese, costituendo la base dell'episodio biblico del Diluvio Universale. Segue la sezione dedicata all'impero accadico (circa 2340-2159 a.C.) che vide questa dinastia regnare per 181 anni sugli immensi territori che andavano dal 'mare del sol Levante' (il Golfo Persico) alle 'foreste di cedri' e alle 'montagne d'argento' (Taurus e Amanus), ossia dalla Mesopotamia al Mediterraneo. Sempre associate alla figura di Gudea, il sumero re di Lagash (2144-2124 a.C.), sono la bella **statua** che lo raffigura come un uomo vigoroso avvolto in una lunga tunica, nonché una porzione del fusto di una colonna

di diorite che reca un' iscrizione cuneiforme nella quale si afferma che essa fu offerta da Gudea al tempio del dio Enlil. In una stessa vetrina sono riunite vestigia (soprattutto figurine di terracotta e bassorilievi) appartenenti alla III dinastia di Ur (2124-2016 a.C.), alla I dinastia babilonese (circa 2000-1594 a.C.) e alla civiltà dei Cassiti (1530-1160 a.C.). Notevoli anche le **statue di Tura Dagan**, governatore babilonese di Mari (inizio del II millennio a.C.), e **di Puzur-Ishtar**, altro governatore di Mari (fine del III-inizio del II millennio a.C.), la cui testa è una copia di quella conservata al Museo di Berlino. Mari era la capitale di un regno posto sul medio Eufrate (oggi in territorio siriano), che conobbe grande fioritura tra il III millennio e il XVIII secolo a.C. L'ultima sezione è dedicata all'Assiria: alcune ricostruzioni consentono di esaminare la struttura dei templi del IX secolo a.C. Da notare, inoltre, la colossale **testa di Salmanasar III** (859-824 a.C.), da Assur (Iraq); il piedistallo per oggetti di culto, ornato con rilievi raffiguranti il re Tukulti-Ninurta I (1244-1208 a.C.) in preghiera con una processione di personaggi che recano del legname per la costruzione di un tempio; le placche in bronzo, decorate con incisioni a sbalzo (IX o VIII secolo a.C.), e i **bassorilievi** su lastre di marmo che ornavano la parte inferiore delle pareti del palazzo di Assurnazirpal II (883-859 a.C.) a Nimrud (nei pressi di Mossul, in Iraq): vi sono raffigurati geni alati che recano una situla e procedono a un rito di purificazione con un oggetto a forma di pigna.
Sala V (subito a sinistra, uscendo dalla sala IV): gli oggetti provenienti da Babilonia risalgono al periodo neoassiro (VIII secolo a.C. circa). La straordinaria collezione di iscrizioni cuneiformi ha pezzi che documentano tutte le civiltà fiorite in Medio Oriente e Anatolia durante l'età del Bronzo. La più antica di queste iscrizioni risale al 2700 a.C. circa e costituisce il più antico esempio di scrittura conosciuto. Di estremo interesse è anche una **tavoletta** della fine del IV secolo a.C., contenente una delle più antiche registrazioni sistematiche di dati astronomici, testimonianza di una scienza sviluppatasi a Babilonia fin dal 2000 a.C.

Preziosi monili rinvenuti da Schliemann a Troia

Sala VI, protagonista è Urartu: molti oggetti esposti provengono da Toprakkale (non lontano da Van, nell'Anatolia orientale) e risalgono al VII secolo a.C. Nelle vetrine, si ammirano piccoli capolavori tipici dell'oreficeria di questa civiltà: fibule a forma di figura umana, sigilli, placche votive in bronzo e ceramica. Alle pareti, frammenti architettonici provenienti dai palazzi di Tiglath-Pileser III a Hadatu (nord-ovest di Aleppo), e da quelli dei più famosi Sennacherib (705-688 a.C.) e Assurbanipal (669-29 a.C.). Due stele commemorano inoltre le vittorie di Sennacherib e un tempo erano collocate lungo la strada principale che conduceva alla reggia di Ninive.
Sala VII, è dedicata, come le ultime due, alla civiltà degli Ittiti. Gli ortostati un tempo decoravano l'ingresso del palazzo di Aslantepe; altri reperti provengono da Boğazköy, l'antica Hattusa, capitale dell'impero ittita (frammento di una delle sfingi che decoravano l'omonima porta e vasellame di vario tipo). Di estrema importanza storica è la **tavoletta*** che riporta il trattato di Qadesh, il più antico trattato di pace giunto fino a noi, concluso tra Ramses II e l'impero ittita dopo l'omonima battaglia (1269 a.C.). Una vetrina contiene la raccolta di sigilli anatolici dal Calcolitico (5500-3000 a.C. circa) all'epoca neoittita (1200-700 a.C. circa).
Sala VIII: mostra reperti provenienti da Zincirli (oggi İslâhiye). La collezione di **ortostati*** viene da uno dei palazzi della città, di epoca neoittita, periodo in cui nelle regioni del Tauro e in Siria, dopo il crollo del nuovo impero ittita, si formò una serie di piccoli principati. I bassorilievi rappresentano, tra l'altro, scene di banchetto, animali, un arciere su un carro. Da notare, la **statua** colossale di un sovrano neoittita, su un piedistallo ornato di due leoni; la figura inginocchiata (IX secolo a.C.); la **base di colonna*** (quest'ultima era in legno) decorata con due sfingi, proveniente dalla porta del palazzo reale di Barrekub, re di origine aramaica che governò nell'VIII secolo a.C.; sempre dal palazzo di Barrekub, provengono il bassorilievo con quattro musici in processione e un altro bassorilievo con il re

in preghiera davanti a emblemi delle divinità. Il grande rilievo color ocra è una copia del famoso rilievo rupestre di İvriz Kaya, nei pressi di Ereğli in Cappadocia.

Sala IX (in realtà l'altra parte del corridoio che forma la sala III): conserva pannelli giunti dalla via sacra che portava alla porta di Ishtar, a Babilonia, e stele scolpite a bassorilievo, del IX-VIII secolo a.C.

Çinili Köşk (III, D5). Il 'Chiosco delle ceramiche' è un grazioso padiglione posto di fronte al Museo delle Antichità e costituisce il primo edificio laico costruito dai Turchi dopo la Conquista. Benché realizzato durante il regno di Maometto II (1451-81), che ne fece il proprio padiglione di caccia, si distacca dal gusto per la monumentalità tipico di questo sultano ed è caratterizzato da un'eleganza e una ricercatezza quasi rococò. Non a caso fu progettato da un architetto persiano, come appare chiaro anche dalla pianta adottata (di tipo cruciforme, con ambienti agli angoli della croce che ne regolarizzano l'aspetto esterno), da un particolare uso del mattone e dallo snello porticato, un tempo ligneo, ricostruito in pietra nel XVIII secolo dopo che un incendio lo aveva distrutto. La facciata è decorata da una bella calligrafia azzurra e bianca e da ceramiche turchesi simili a quelle che ornano la celebre moschea verde di Bursa.

L'interno presenta un salone centrale a croce latina invertita, coperto da una cupola nell'intersezione dei due bracci. Il salone si estende nei vani d'angolo, un tempo interamente ricoperti di piastrelle dalle tonalità blu-turchese.

Il **Museo della Ceramica** ospitato nel padiglione (*spesso chiuso al pubblico*) comprende una ristretta scelta di piastrelle di epoca selgiuchide (XII-XIV secolo); alcuni pannelli provenienti dalla moschea di Haseki Hürrem di İstanbul (1539); una raccolta di piastrelle risalenti al periodo di transizione tra i Selgiuchidi e gli Ottomani (XIV-XV secolo) e alcune tra le più belle piastrelle della cosiddetta ceramica di İznik (XVI e XVII secolo). Se la settecentesca fontana barocca posta nella terza sala non manca di fascino, il pezzo più interessante è il mihrab originario della moschea di İbrahim Bey a Karaman, nell'Anatolia centrale, anch'esso in ceramica di İznik.

Museo delle Antichità** (III, D5-6). Si segnala per la qualità dei singoli pezzi, che provengono dal territorio dell'ex impero ottomano e, soprattutto, dall'area ionia, dove la civiltà greca conobbe un'eccezionale diffusione. Conserva anche un gran numero di opere ellenistiche e romane di primaria importanza, oltre a sculture e affreschi bizantini.

Dalla grande sala d'ingresso si inizia la visita sul lato sinistro. Se il tempo a disposizione è poco, si consiglia di soffermarsi sui sarcofagi più importanti delle sale VIII e VI e quindi vedere, dall'altra parte del salone, ancora sarcofagi (sala IX), rilievi e statue (sale X, XI e XIII). Il museo possiede una ricchissima biblioteca di archeologia di circa 60 000 volumi, aperta a chiunque ne faccia richiesta.

Sala del sarcofago di Alessandro (VIII): al centro c'è un magnifico **sarcofago*** della fine del IV secolo a.C., trovato nella necropoli reale di Sidone (Libano) nel 1887, e ritenuto inizialmente quello di Alessandro Magno. Ricerche successive hanno dimostrato che si tratta del sepolcro di un sovrano seleucide, dinastia che ereditò i territori mediorientali dell'impero macedone. La decorazione in marmo pentelico è scolpita ad altorilievo con scene che si riferiscono alla vita di Alessandro Magno; su uno dei lati maggiori è raffigurata una battaglia tra Greci e Persiani: all'estremità sinistra Alessandro, vestito con una pelle di leone, è in groppa a un cavallo che si impenna e balza sul corpo esanime di un Persiano; sul lato opposto è rappresentata una caccia al leone e al cervo: dietro il leone un Persiano solleva un'ascia con entrambe le mani; sulla destra, Alessandro è su un cavallo al galoppo. Su uno dei lati minori e sui due frontoni sono scolpite scene di battaglia, l'altro lato piccolo ospita una scena di caccia alla pantera. Tutte le sculture erano originariamente dipinte, ma i colori sono ormai in gran parte svaniti. I tre piccoli sarcofagi posti nella sala provengono dalla stessa necropoli di Sidone, così come il cosiddetto **sarcofago delle Piangenti*** (350 a.C. circa), decorato da diciotto pannelli (delimitati da colonnine) raffiguranti donne vestite in modo diverso, in piedi o sedute, tutte in atteggiamento di profondo dolore. Si tratta di uno dei più antichi esempi di sarcofago a colonne e la sua architettura, così come quella del sarcofago di Alessandro, corrisponde a quella dei templi ionici.

Sala di Sidone (VII): ospita bare e sarcofagi romani trovati a Sidone, un sarcofago siriano e uno fenicio in piombo. Sulla sinistra, si ammira una pittura di epoca ro-

Il sarcofago detto di Alessandro Magno (IV secolo a.C.), con scene della vita dell'eroe macedone

mana sempre da Sidone, nonché una parte di **tomba monumentale** scoperta vicino a Marmaraereylisi (l'antica Eraclea) che, come attesta l'iscrizione in greco e latino, fu costruita per un ufficiale romano di nome Mikkalos. Alcuni rilievi in uno stile vigoroso ne ornano la facciata (I secolo d.C.).

Sala funeraria (VI): sulla sinistra dell'ingresso, il sarcofago del tardo II secolo d.C., proviene da Tripoli del Libano e porta raffigurati Fedra (seduta a sinistra) e Ippolito. A fianco ha il sarcofago di epoca romana raffigurante Plutone e Proserpina. Continuando il giro in senso orario, si trovano il sarcofago dell'inizio del III secolo d.C., e un altro di un secolo più antico, che ripropone il soggetto di Fedra e Ippolito, entrambi provenienti da Tessalonica (Salonicco); e ancora, il sarcofago di Meleagro, i cui temi mostrano l'importanza del culto di Iside, di origine egizia; infine, un rilievo con dei gladiatori.

Sala del sarcofago di Sidamara (III): troneggia al centro il grande **sarcofago** del III secolo d.C., trovato ad Ambarası (l'antica Sidamara), nei pressi di Konya. Su un lato, tra i Dioscuri posti alle estremità, si riconosce il defunto, con alla destra la moglie e alla sinistra la figlia, vestita da Artemide. Sulla parete, a destra della finestra, è la porta di una cripta funeraria (III secolo a.C.) con due battenti monolitici che imitano le opere in legno. A sinistra della finestra, su una porta in legno ricostruita, sono posti gli ornamenti in bronzo della porta di un ipogeo di Langaza, con esposti a fianco i due bat-

tenti in marmo. Nell'altra campata, di fronte alle scale, alcune stele dipinte raffigurano mercenari greci impiegati nell'esercito seleucide (III secolo a.C.). Ai due lati delle scale, i leoni bizantini provengono dal palazzo di Bucoleon (V secolo d.C.).

Sala II: sulla parete a sinistra, i vari elementi di un fregio del tempio di Ecate a Lagina sono della fine del II secolo a.C. A terra, al centro della sala, il mosaico di epoca romana rappresenta Orfeo. Nella campata centrale, i capitelli protoionici del VII secolo a.C. vengono da varie località dell'Eolia, antica regione dell'Asia Minore a nord di Smirne, colonizzata all'inizio del I millennio a.C. dai Greci eolii. Sempre nella campata centrale, ai lati della porta che conduce alla sala I, frammenti delle statue colossali di Zeus (sinistra) e Apollo (destra). Nella campata di fondo, sulla parete, ci sono frammenti del fregio del tempio di Artemide Leucopriena a Magnesia sul Meandro (seconda metà del II secolo a.C.), raffiguranti una amazzonomachia, ovvero un combattimento tra Greci e Amazzoni.

Sala I: l'ambiente è diviso in tre settori. Sulla sinistra c'è la serie di stele funerarie trovate nel corso della costruzione dell'università a Beyazıt (1945-50), riferibili a un arco di tempo che va dal II secolo a.C. al III d.C. Si tratta di reperti di estremo interesse documentario, poiché i defunti vi sono ritratti con un corredo di oggetti di uso quotidiano. Nella parte centrale, sono poste iscrizioni di interesse storico, quali le leggi promulgate dai Troiani contro i tiranni, che enumerano le ricompense promesse a chi uccida il tiranno e le pene da comminare per chiunque cerchi di abbattere la democrazia (281 a.C. circa), accanto a un editto dell'imperatore Anastasio relativo alle condizioni imposte per passare lo stretto dei Dardanelli (491-518 d.C.). Sulla destra, ci sono stele funerarie romane trovate nei dintorni di Rhegium (Küçükçekmece); una bella testa, secondo alcuni raffigurante Ercole, proveniente da Konuralp; alcune statue trovate intorno al 1950 a Silahtaraya e appartenenti forse a un edificio balneare posto sulla riva del fiume; il torso di gigante in calcare blu, parte di una Gigantomachia; la bella statua di Selene e altre sculture a soggetto mitologico. Tra i pezzi più interessanti: la statua di Artemide con la dea ritratta come una giovinetta con il proprio cane, a simboleggiare il ruolo di protettrice degli animali.

Per proseguire la visita al pianterreno si riattraversano le sale viste e il salone d'ingresso.

Sala del sarcofago di Tabnit (IX): di fronte all'ingresso, fa mostra di sé il **sarcofago del satrapo*** (metà del V secolo a.C.), così chiamato dall'alto funzionario (governatore di provincia nella Persia della dinastia achemenide) che compare in uno dei lati maggiori, assiso sul trono, con una tiara in testa e uno scettro in mano. Sul lato opposto è una scena di caccia, nella quale il satrapo ha appena colpito una cerva che, ferita a morte, si abbatte al suolo dietro di lui. Su uno dei lati più piccoli figurano quattro giovani, sull'altro il satrapo nel suo palazzo, mentre festeggia alla presenza della moglie e dei cortigiani. Rinvenuto nella necropoli reale di Sidone, è considerato dagli specialisti uno dei più bei pezzi di arte ionica giunti fino a noi.

Al centro, il **sarcofago licio*** (fine del V secolo a.C.), che sui lati maggiori ha scene di caccia al leone e al cinghiale e, sui lati minori, la lotta tra due centauri e un Lapito e due centauri che si disputano una cerva. Sul fondo della sala, c'è il **sarcofago di Tabnit**, re di Sidone la cui mummia è esposta a fianco, così come è stata trovata nel sacello. Sul coperchio è raffigurata una mummia, ritratta secondo gli stilemi tradizionali dell'arte egizia: in effetti alcuni geroglifici informano che, originariamente, il sarcofago accoglieva le spoglie di un generale egizio di nome Penephtah. La sala ospita anche altri sarcofagi antropoidi di Sidone, in stile greco influenzato dall'arte egizia, nonché oggetti appartenenti al corredo funebre ritrovato nei sarcofagi stessi.

Sala fenicia (X): le iscrizioni fenicie, sulle pareti, provengono da Sidone. A sinistra, altri sarcofagi antropoidi simili a quelli della sala precedente, in stile greco o greco-egizio.

Sala arcaica (XI): sulla sinistra, la stele funeraria di Daskyleion (vicino a Bandirma), del V secolo a.C. All'ingresso, il frammento di un rilievo raffigurante un carro trainato da due cavalli (Bursa, fine del VI secolo a.C.) e la stele funeraria di un guerriero (Pella, 350 a.C. circa). Il pannello successivo è un rilievo arcaico di Eracle inginocchiato che tende un arco (VI secolo a.C.), sormontato da una stele raffigurante un convito funebre (Thasos, 470-60 a.C. circa). Nella parte sinistra della sala: torso di Apollo (Thasos, VI secolo a.C.); blocco d'angolo di un fregio arcaico di Didyma (VI secolo a.C.) che raffigura una chimera; rilievo rappresentante la nascita di Atena, del VI secolo a.C., trovato a Haydarpaşa, affiancato dalla statua di Cibele in trono (Kyme, VI secolo a.C.). Nella parte destra della sala: frammenti di un rilievo in stile greco-persiano di Daskyleion, attribuito al V secolo a.C. Interessanti sono anche il torso di *kuros* arcaico e, soprattutto, la stele funeraria di discobolo, originaria dell'isola greca di Nisyros (460 a.C. circa). Al centro della sala una bella testa d'uomo (arte ionica del VI secolo a.C.) e altri due *kuroi*.

Sala del tempio di Asso (XII): a destra, sulle pareti, metope e frammenti di architrave del tempio di Asso (VI secolo a.C.); vi si distinguono un cinghiale, un cane, delle sfingi, due atleti che corrono e dei centauri. Accanto, un frammento di rilievo trovato a Xanthos (525 a.C. circa) e, sulla sinistra, la statua colossale del dio Bes, rinvenuta ad Amathos, nell'isola di Cipro.

Sala dei rilievi attici (XIII): a sinistra, la leonessa arriva dal mausoleo di Alicarnasso (IV secolo a.C.); al centro, c'è la cariatide forgiata verso l'inizio dell'era cristiana su un modello del VI secolo a.C., almeno a giudicare dal costume, tipico delle *korai* ioniche. Nella parte sinistra della sala, è esposta una serie di rilievi funerari, con la stele raffigurante il defunto che stringe la mano di una parente (da Rodi, arte attica del V secolo a.C.). Da notare, ancora, la bella testa di Dioniso, copia romana di un'opera scolpita forse da Prassitele (IV secolo a.C.); la testa di Gea, dea della Terra (Tessaglia, III o II secolo a.C.), e il frammento di rilievo attico del IV secolo a.C., con una testa di vecchio e una di cavallo.

Sala delle Muse (XIV): ospita le statue delle Muse trovate a Mileto nelle terme di Faustina, erette nel II secolo d.C. Quella a sinistra è di Tersicore, mentre il secondo pannello ha statue di Melpomene e di Apollo Citaredo. Sotto la finestra c'è la statua di Are, figlia di Neon, frammento trovato nell'isola di Thasos, il solo originale noto di Filisco, celebre scultore di Rodi (III secolo a.C.). Al centro, la testa colossale di una dea è copia romana di una statua del V secolo a.C.; in alto, mosaici ellenistici rappresentanti le stagioni.

Sala dell'Efebo (XV): sulla sinistra si trovano il rilievo dedicato ai preparativi per un sacrificio (III secolo a.C.) e le statue di Marsia sospeso a un albero (III secolo a.C.) e di ermafrodito (Pergamo, III secolo a.C.), quella **colossale di Apollo** (Tralles, III secolo a.C.) e quella di Alessandro Magno, opera di Menas (Magnesia al Sipilo, II secolo a.C.). Il pezzo più bello, forse, persino dell'intera collezione del museo, è tuttavia la **statua di Efebo***, in cui è raffigurato un giovane che si riposa dopo un esercizio ginnico, drappeggiato in una clamide. L'opera proviene da Tralles, dove faceva probabilmente parte della decorazione di un ginnasio, ed è databile al I secolo a.C. Accanto si nota anche una bella testa di Alessandro Magno, copia del III secolo a.C. da un originale di Lisippo, e una contemporanea testa colossale di Zeus, proveniente da Troia.

Capitello bizantino

Sala di Attis (XVI): a sinistra, una cariatide di epoca romana con le sembianze di Attis (dio della vegetazione e della fertilità) in costume e berretto frigio. Ai due lati della finestra, rilievi di una gigantomachia; al centro, la statua di ninfa (Aydın, I secolo a.C.).

Sala di Afrodisia (XVII): il pilastro scolpito è composto da tre blocchi (uno, esposto di fianco, è decorato con figure, personaggi e animali, all'interno di un fregio di acanto). Questi frammenti architettonici, della prima metà del II secolo a.C., sono gli unici provenienti dall'antica città di Aphrodisias (Afrodisia), nell'Asia Minore occidentale, che in epoca ellenistica fu un centro artistico del mondo greco. Nella sala si trovano anche varie statue di Afrodite e una di Cleopatra. Da Prusia a Hypium proviene una grande statua di Tiche, la dea

della Fortuna, che ha in collo, ancor fanciullo, Plutone, dio della ricchezza (II secolo d.C. circa). Si notino, la statua di Artemide, proveniente da Bengasi (Cirenaica, II secolo d.C.) e quella di epoca romana, proveniente da Efeso, in cui è raffigurata una divinità fluviale.

Sala romana (XVIII): nell'ala destra della sala stanno i ritratti di imperatori; in quella sinistra, le statue di personaggi idealizzati. Da notare, tra tutte, le statue d'uomo (Tripoli di Libia, II secolo d.C.), di Atena (I secolo d.C.), di imperatrice (Baalbek, III secolo d.C.), di Pan che suona il flauto, oltre alla statua colossale di Zeus, la più grande tra quelle giunte a noi (II secolo d.C.). Al centro della campata, il gruppo con due amorini che giocano con i galli (II secolo d.C.), la statua di Adriano, che calpesta il corpo di un barbaro, e di Valentiniano II in costume da alto magistrato. E ancora, le teste di Augusto, Tiberio, Lucio Vero, Marco Aurelio, Agrippina, Nerone, Diocleziano, Costantino e Arcadio: quest'ultima (fine del IV secolo d.C.) è forse quella di miglior fattura.

Sala delle antichità cristiane (XIX): entrando s'incontra il triplo capitello (epoca delle Crociate); alla parete, le pietre tombali appartenenti a famiglie latine di Costantinopoli vengono dall'Arap Camii (ex chiesa di S. Paolo) a Galata; molte recano la data 1347, anno in cui scoppiò la famosa epidemia di peste, destinata a diffondersi pochi mesi più tardi anche in Europa. Tra i più pezzi esposti è il cosiddetto **sarcofago Sarıgüzel** (dal nome del quartiere di İstanbul in cui fu rinvenuto nel 1950): datato al V secolo d.C. e decorato sui lati maggiori con una coppia di angeli in volo scolpiti ad altorilievo, potrebbe aver accolto le spoglie di un giovane principe bizantino.

Sala bizantina (XX): sulla sinistra, l'affresco raffigura S. Mercurio (XIII secolo) e arriva dalla chiesa della Vergine del Rosario a İstanbul; sul secondo pannello alla parete: le tre giovani ebree nella fornace (VI secolo d.C.). Da notare ancora il grande mosaico in cui figura Orfeo tra mostri e animali, da Gerusalemme (V-VI secolo d.C.) e l'**ambone** di una chiesa paleocristiana di Tessalonica (VI secolo). I pezzi più interessanti sono i due piedistalli in marmo ai lati del mosaico. Scoperti entrambi, anche se a quasi un secolo di distanza, nella seconda corte del palazzo di Topkapı, erano un tempo collocati nell'Ippodromo. Vi è raffigurato il famoso auriga Porfirio durante una gara e mentre viene incoronato vincitore dall'imperatore.

Al *piano superiore* si trovano, tra l'altro, numerosi rilievi funerari originari di Palmira e dei sarcofagi di ceramica di origine bizantina; una raccolta di statuette di terracotta provenienti da Myrina e una notevole collezione di vetri di epoche diverse; splendidi vasi del IX secolo a.C.; una vasta collezione di sarcofagi dipinti di Clazomene, nonché gioielli sumerici, babilonesi, assiri e di tutte le epoche successive fino a quella bizantina.

Nel 1991 è stata inaugurata una *nuova ala* del museo, all'estremità sud-orientale del vecchio edificio, i cui piani sono strutturati tematicamente: il piano terra è dedicato alla scultura anatolica classica e nel vestibolo si trova un plastico a grandezza naturale del tempio di Atena ad Asso. Al primo piano sono esposte immagini di İstanbul nei secoli, con vetrine dedicate alle epoche preistorica, ellenistica, romana, bizantina e ottomana; qui sono conservati i pannelli musivi di età preiconoclasta rinvenuti nella Kalender Camii (vedi a pag. 101). L'evoluzione di Troia e dell'Anatolia nel corso dei secoli occupa il secondo piano, mentre il terzo espone sculture provenienti da Cipro, Siria e Palestina.

Uscendo dal museo, si prende a sinistra per arrivare in breve alla prima corte del palazzo di Topkapı, in fondo alla quale si apre l'ingresso principale alla residenza dei sultani, fronteggiato dalla fontana di Ahmet III (vedi pag. 77), che si trova accanto a S. Sofia oltre la Soğukçeşme sokağı. **Bab-i-Hümayun**, la 'porta dell'Augusto' (III, D-E5), è l'alto portale in marmo bianco e nero a volta ogivale, che segnava l'accesso alla parte pubblica della cinta del Serraglio.

Chiesa di S. Irene* (III, D5). Poco lontano dalla porta, nella prima corte o corte dei Giannizzeri, si trova quello che fu, un tempo, uno dei più importanti santuari di Costantinopoli, oggi sconsacrato e utilizzato per mostre. La chiesa venne probabilmente costruita durante il regno dell'imperatore Costantino, che la consacrò alla Pace Divina. Nel 381, sotto Teodosio I, vi ebbero luogo le sedute del secondo concilio ecumenico. Incendiata nel corso della 'rivolta di Nika' (532), insieme a Santa Sofia, fu ricostruita da Giustiniano e infine restaurata e ingrandita, sotto Leone Isaurico, dopo essere stata notevolmente danneggiata da un terremoto. Dopo la Conquista, trovandosi molto vicina al Serraglio, venne adibita ad ar-

senale. Oggi ospita una sala da concerti usata in occasione del Festival musicale di İstanbul, tra fine giugno e luglio. L'interno, preceduto da un atrio, presenta una pianta basilicale – formata da una navata centrale affiancata da strette navate laterali – dominata da una grande cupola.

Delle antiche decorazioni oggi purtroppo non resta altro che il mosaico nel catino dell'abside, al cui centro campeggia una croce su fondo dorato. Come in S. Sofia, alcuni capitelli recano i monogrammi di Giustiniano e Teodora.

Gli scavi eseguiti nel 1946-50 tra S. Irene e la limitrofa S. Sofia hanno attestato la presenza di un insieme di edifici che in epoca bizantina univano le due chiese, poi abbattuti per costruire le mura di cinta del Serraglio. I reperti riportati alla luce evocano una costruzione a corte centrale circondata da portici, forse le rovine dell'ospedale di cui parla Procopio, cronista di Giustiniano, e un'immensa cisterna bizantina del V secolo, composta da 78 compartimenti sotterranei coperti a volta.

Accanto a S. Irene, sulla destra, si trova l'antico palazzo della Zecca – in turco *darphane* –, a cui si accede anche da un ingresso di fronte ai Musei Archeologici. Oggi l'edificio è spesso sede di mostre. Tornando sui propri passi, è tempo di varcare l'Ortakapi, la porta principale del Serraglio di Topkapi.

Il complesso di Topkapı

Il palazzo di Topkapı (vedi pianta alle pagg. 92-93) si estende nell'area dell'acropoli dell'antica Bisanzio. Poco tempo dopo la Conquista (1453), il sultano Maometto II decise, infatti, di farsi erigere un palazzo in questa posizione privilegiata, da cui sono visibili il mare di Marmara, il Bosforo, il Corno d'Oro e, nelle giornate limpide, le isole dei Principi. Questo edificio si sostituì ben presto alla prima residenza, che il conquistatore ottomano si era fatto predisporre nell'area dell'antico *Forum Tauri*, nei pressi di Beyazıt meydanı (Eski Saray, 'palazzo Vecchio'). La dimora prese il nome di Yeni Saray, 'palazzo Nuovo', che mantenne per circa tre secoli. L'attuale nome di Topkapı, 'la porta del Cannone', gli fu dato allorché Ahmet III nel XVIII secolo fece aggiungere un altro corpo di fabbrica, la cui porta era sorvegliata da due cannoni, distrutto da un incendio nel 1863. L'insieme delle costruzioni attualmente designato col nome di Topkapı, fu la principale residenza imperiale dal regno del sultano Maometto II (1451-81) fino a

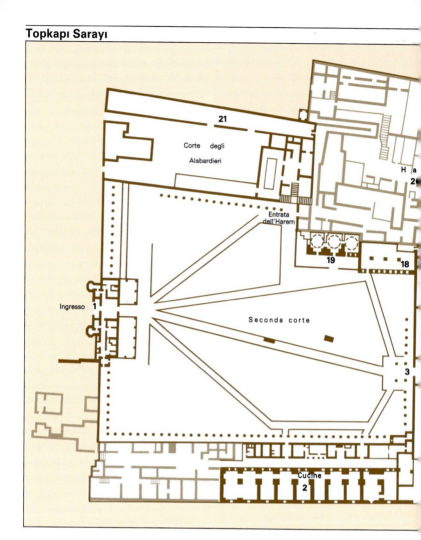

quello di Mahmut II (1808-39). In seguito i sultani preferirono abitare nei palazzi che si erano fatti costruire sulle rive del Bosforo. Il palazzo imperiale è dunque il risultato di ampliamenti e modifiche apportati nei secoli alla costruzione originaria. Nel 1924 fu trasformato in museo e aperto al pubblico.

Topkapı Sarayı ** (III, C-D 6) *Visita a pagamento, dalle 9 alle 16.30 da novembre a marzo, fino alle 19 in estate; chiuso il martedì. Le diverse collezioni seguono in generale i medesimi orari, salvo eventuali restrizioni d'apertura: informarsi presso la biglietteria.* Il Serraglio di Topkapı si apre in fondo alla corte dei Giannizzeri, al di là della cosiddetta 'fontana del boia' (dove quest'ultimo si lavava le mani e ripuliva

l'arma dopo ogni esecuzione) e di un blocco di pietra, chiamato con cinico eufemismo 'pietra del monito', che serviva come ceppo per decapitare i personaggi influenti caduti in disgrazia presso il sultano. I boia soggiornavano in permanenza nel palazzo e venivano spesso incaricati di decapitare ministri, favoriti e perfino gran visir, che apprendevano di essere caduti in disgrazia varcando l'Ortakapı, la 'porta di Mezzo'. In più di un'occasione i Giannizzeri, riuniti davanti all'Ortakapı, reclamavano la testa del gran visir, che sultani pusillanimi concedevano facilmente, per paura di una rivolta delle proprie truppe scelte. I Giannizzeri, al servizio esclusivo del sultano e condannati al celibato, erano reclutati per

Veduta del complesso del Topkapı Sarayı

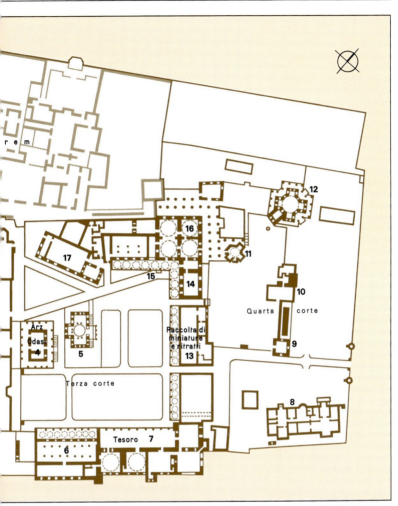

r e m

17

16

11

12

15

14

10

Quarta   corte

Arz
Odası
4

5

Raccolta di
miniature
e ritratti
13

9

Terza corte

8

Tesoro   7

6

L'Ortakapı, porta d'ingresso del Serraglio di Topkapı, fatta costruire da Solimano nel 1524

lo più tra i bambini cristiani rapiti presso le popolazioni sottomesse. Nel serraglio, i ragazzini apprendevano il turco e i princìpi dell'Islam, ricevendo un'educazione volta a farne i futuri quadri civili, religiosi o militari dell'impero: potevano infatti accedere persino alla carica di gran visir.

Al Serraglio di Topkapı si accede attraverso l'**Ortakapı** (1), portale ogivale fiancheggiato da due torri ottagonali con tetto conico, risalenti alla seconda metà del XV secolo, ove si trovavano gli alloggi del corpo di guardia e dei carnefici, oltre a celle per i detenuti in attesa di giudizio. Nota anche col nome arabo di Bab-i-Salam, 'porta del Saluto', fu progettata e costruita da prigionieri ungheresi, per ordine di Solimano il Magnifico, nel 1524 e segnava il luogo dove tutti, tranne il sultano, dovevano lasciare i cavalli e proseguire a piedi.

Attraverso l'Ortakapı si penetra nella seconda corte, o 'piazza del Divano', ombreggiata da bei cipressi e platani. La struttura del palazzo si presenta subito in tutta la sua originalità, in quanto lo spazio aperto non circonda gli edifici, ma è al contrario inglobato nelle costruzioni. Il Serraglio, inoltre, comprende sia vasti corpi di fabbrica sia padiglioni isolati (soprattutto nella terza corte), quasi delle tende di pietra, in cui si rivela, forse, la tendenza al nomadismo dei Turchi.

Sulla destra della corte si trovano le **cucine*** (2) e le pasticcerie, con il tetto formato da una serie di piccole cupole sormonta-

te da curiosi camini, visibili già dal mare di Marmara. Distrutte da un incendio durante il regno di Selim II, furono ricostruite dall'architetto Sinan nel XVI secolo e, in seguito, continuamente ingrandite in relazione alle necessità. Nel XVI secolo il personale impiegato nelle cucine contava oltre 1100 addetti, che preparavano i pasti per oltre 5000 persone in tempi normali e più di 10 000 in occasione delle feste di palazzo. All'interno, si inizia la visita delle cucine dal lato destro: nelle prime campate, coperte da cupole di mattoni a vista, è esposta una splendida *collezione di porcellane cinesi** (la terza per importanza nel mondo dopo quella di Pechino e Dresda) provenienti dai servizi da tavola dei sultani o da questi ricevute in dono. Si segnalano in particolare magnifici *celadon* delle dinastie Song (960-1280) e Yuan (1280-1368) e porcellane delle dinastie Ming (1368-1643) e Ch'ing (1644-1912), prevalentemente del XVI e XVII secolo. A partire dalla quinta campata, oltre a qualche altro pezzo di origine cinese, si trova un gran numero di ceramiche giapponesi. Nell'edificio di fronte alle cucine, sul lato opposto del cortile interno, al piano terreno, sono esposte interessanti opere di oreficeria, per lo più provenienti dall'Europa centrale, e cristallerie di Boemia. Nell'ultima campata ci sono esemplari di oreficeria e argenteria turca: servizi da caffè, candelabri, specchi, nonché modellini di monumenti, sempre in argento; al primo piano si ammirano invece pezzi di provenienza europea (Limoges, Sèvres e Meissen). A destra, in un'altra sala annessa alle antiche cucine, sono raccolti gli utensili in rame. Nell'edificio in fondo al vicolo, che separa i due corpi di fabbrica delle cucine e un tempo fungeva da oratorio per i pasticceri, si vedono vetri e porcellane di İstanbul provenienti in gran parte dalle fabbriche imperiali di Yıldız e Beykoz (XIX secolo). Attraverso **Bab-i-Saadet** (3), la 'porta della Felicità', ancor oggi designata col nome di Akayalar kapısı, 'porta degli Eunuchi Bianchi', dal nome del corpo che vi montava la guardia, si entra nella terza corte. Sotto l'ampia tettoia che la precede era costume collocare, nel corso delle feste, il famoso trono di Ismaîl, che il sultano Selim I (1512-20) aveva sottratto al re di Persia nel corso di una vittoriosa campagna nell'Azerbaigian. Ogni estate la porta fa da scenario al 'Ratto del serraglio', l'opera di Mozart rappresentata in occasione del Festival musicale di İstanbul.

Se la seconda corte costituiva il centro della vita pubblica del palazzo, la terza e la quarta erano riservate all'uso privato del sultano e del suo entourage. La Bab-i-Saadet era considerata la soglia della dimora del sultano e alla sua morte vi erano esposte le sue spoglie; nella seconda corte, invece, si svolgeva la cerimonia funebre che precedeva la sepoltura. Sempre da questa porta il sultano compariva al cospetto dei suoi generali, recando il sacro stendardo del Profeta che accompagnava le truppe nelle campagne militari.

Subito dopo la porta si erge, impedendo la vista sulla terza corte, come per limitare le intrusioni nella vita privata dei sultani, la mole dell'**Arz Odası** (4), sala delle udienze, edificio utilizzato per ricevere gli am-

Topkapı: un sistema di corti

Il palazzo di Topkapı, o Topkapı Sarayı, conosciuto anche come Serraglio (vedi pianta alle pagg. 92-93), fu la residenza dei sultani ottomani fin dall'epoca della conquista (1453). Il palazzo propriamente detto occupa la seconda, la terza e la quarta corte del complesso: la porta che segna il passaggio tra la prima e la seconda è nota come Ortakapı (porta di Mezzo) e al suo esterno si trova la biglietteria.

La prima, vastissima corte, cinta da possenti mura, comprendeva al suo interno la chiesa di S. Irene, il grande parco di Gülhane – che include oggi i Musei Archeologici –, l'antica Zecca e altre strutture minori. In quest'area del complesso si può circolare liberamente (si paga l'ingresso solo per i Musei Archeologici); anzi, il parco di Gülhane è molto amato dagli abitanti della città che vi passeggiano durante il fine settimana.

basciatori stranieri accreditati presso la Sublime Porta. Si tratta di un piccolo padiglione circondato da un colonnato, sul quale poggia una copertura ad ampi spioventi. Costruito nel XV secolo, fu più volte rimaneggiato, soprattutto sotto Ahmet II (1691-95). Da entrambi i lati della porta d'ingresso, sotto il portico, ci sono belle maioliche da rivestimento, una fontana e la lastra di porfido rosso sulla quale fu deposto Selim III, assassinato nel 1803. L'interno della sala, con rivestimenti viennesi in legno della seconda metà dell'Ottocento, ospita un trono coperto dal baldacchino (1596) che, con il camino in bronzo dorato, è l'unico pezzo sopravvissuto all'incendio del 1856. Alle spalle della sala delle udienze si trova la **biblioteca di Ahmet III**, in un edificio (5; *non accessibile al pubblico*) di marmo bianco eretto nel 1718 e decorato internamente con rivestimenti in legno dorato e maiolica

Le decorazioni in maiolica nei padiglioni di Topkapı

invetriata; contiene circa 6000 volumi, oltre a manoscritti arabi e greci.

L'angolo sud-ovest della terza corte (a destra entrando) era un tempo occupato da un **hammam** (6), costruito da Selim II nel XVI secolo, del quale non resta oggi che un ambiente annesso destinato a ospitare medici, massaggiatori e barbieri privati del sultano. Affaccia sulla corte con un portico a colonne di breccia verde. All'interno è conservata una collezione di tappezzerie, abiti e caftani appartenuti a sultani e principi. Da notare gli abiti macchiati di sangue del giovane Osman II, assassinato il 20 maggio 1622 dai Giannizzeri, e di Abdülaziz, che si suicidò o fu fatto assassinare dietro ordine di Murat V il 4 giugno 1876. Alle pareti, bei tappeti da preghiera e tagli di broccato.

Uno degli elementi più interessanti e suggestivi della visita al Serraglio è rappresentato dal **Tesoro**** (7) conservato in un padiglione costruito da Maometto II nel XV secolo, che custodisce i gioielli e la maggior parte degli oggetti preziosi appartenuti ai sultani, ai principi e alle principesse di corte. *Sala I*: con le armi, tra cui pugnali finemente cesellati e l'armatura del sultano Mustafa III (1757-74), sono in mostra il trono di Murat IV (1623-40), d'ebano incrostato d'avorio e madreperla, un narghilè con bocchino tempestato di diamanti, vari recipienti in oro e un carillon indiano del XVII secolo a forma d'elefante.

Sala II o 'degli Smeraldi': pezzo forte è il **pugnale*** con tre grandi smeraldi sui lati e un quarto sulla testa, che si apre rivelando un orologio, appartenuto a Mahmut I (1730-54), ma degne di nota sono anche le **pietre grezze*** dal peso eccezionale: oltre 3 chilogrammi la più grossa, intorno al chilo le altre. Gli smeraldi ornano anche complicati gioielli o recipienti (vasi, tabacchiere e piccole bottiglie). Nella sala sono altresì esposte delle splendide **giade*** ottomane, persiane, cinesi e russe (XVI-XVIII secolo), cristalli di rocca e una culla in oro. Al centro è l'imponente trono di Ahmet I (1603-17), in legno di noce con intarsi in madreperla e pietre preziose.

Brocca in oro zecchino e pietre preziose

Sala III: contiene oggetti diversi, tra cui numerosi diamanti come il famoso **Kaşıkçı*** a forma di cucchiaio, di 86 carati, con 58 sfaccettature, circondato da altri 49 brillanti più piccoli. Accanto, spiccano il trono di Murat III (250 chili di oro zecchino) e due candelabri d'oro di 48 chili di peso, con 6666 diamanti incastonati (seconda metà del XIX secolo).

Sala IV: una vetrina protegge le reliquie di S. Giovanni Battista decorate in oro, alcune delle quali sono custodite in un sontuoso reliquiario; armi e oggetti diversi sono appartenuti a Murat III, tra cui la custodia del manto del Profeta, in oro con incastonati diamanti e rubini. Al centro della sala, il trono ovale Nadir Shah, è ricoperto di smalti verdi e rossi, tempestato di smeraldi, rubini e perle: opera dell'artigianato turco-indiano della prima metà del XVIII secolo, fu donato a Maometto I dal sovrano indiano di cui porta il nome.

Uscendo dal Tesoro, ci si dirige verso la quarta corte, o 'giardino dei tulipani', il fiore preferito da Ahmet III, divisa in due da un muro e terrazzata. Vi si accede da uno stretto passaggio posto tra l'edificio che ospita la direzione del Topkapı e quello in cui si trova l'esposizione di miniature. A destra, la piccola moschea del Sofa, col suo tozzo minareto, e il padiglione di Abdülmeçit, o Yeni Köşk (8), costruito nel 1840 da un architetto francese e oggi trasformato in ristorante, dal quale si può godere una bella veduta del Bosforo. Una strada conduce alla quarta porta, oltre la quale si può raggiungere la punta del Serraglio. La piccola **torre** (9; *visita a richiesta*), sulla sinistra della strada, veniva utilizzata come luogo di studio dagli scienziati che vivevano numerosi alla corte del sultano. Vi sono ancor oggi conservati numerosi strumenti astronomici.

Al centro della quarta corte si trova il **chiosco di Mustafa Paşa** (10) detto anche Sofaköşkü, che contiene tra l'altro un superbo braciere, realizzato dal cesellatore francese Duplessis e donato a Mahmut I da Luigi XV nel 1742. Quasi di fronte è il **Revan Köşkü** (11) o chiosco di Erivan, costruito per festeggiare la presa di quella città (1635). A pianta cruciforme, è completamente rivestito da ceramiche di İznik all'interno e di marmi all'esterno. Una scala sul suo fianco raggiunge il **Baydat Köşkü**

(12) costruito, come il precedente, da Murat IV, per commemorare la presa di Baghdad (1638). Ha la forma di una croce inscritta in un ottagono, sormontato da una cupola; le pareti sono parzialmente rivestite di ceramiche azzurre di İznik. Si noti la sontuosità dell'arredo (restaurato) e della decorazione di porte e finestre, con intarsi di legni preziosi e madreperla.

Rientrati nella terza corte si raggiunge la **raccolta di miniature e ritratti**** (13), collocata nel vasto locale un tempo adibito a guardaroba. Per l'importanza storico-artistica, costituisce uno dei massimi tesori del Topkapı. La collezione di miniature turche e persiane supera i 13 000 esemplari, solo in parte esposti a rotazione. Le miniature più antiche e interessanti sono quelle contenute in tre album associati al nome di Maometto il Conquistatore, ma più probabilmente giunti a İstanbul in seguito alla vittoriosa campagna contro i Persiani condotta da Selim I agli inizi del Cinquecento. In essi sono conservati frammenti di scrittura dovuti alla mano di famosi calligrafi (l'arte della calligrafia godeva di un prestigio particolare nel mondo islamico); miniature persiane attribuite al XIV e XV secolo; copie di pitture cinesi e una serie di enigmatiche pitture di probabile origine centro-asiatica, raffiguranti demoni che danzano o lottano e nomadi impegnati nelle varie occupazioni della vita quotidiana. Tra le miniature ottomane più antiche della collezione spiccano le opere di Nigari, pittore di corte all'epoca di Solimano il Magnifico, che immortalò il sultano ritraendolo nel corso delle campagne militari in Persia e in Iraq (1534-35) e dipingendo tutti i luoghi in cui l'esercito sostò lungo il cammino. Il manoscritto che raccoglie le varie miniature (132) fu completato nel 1537 e contiene, tra l'altro, una minuziosissima veduta di İstanbul e del sobborgo di Galata così come apparivano all'epoca. Tra gli altri interessanti manoscritti esposti figurano lo Hünername (Libro delle Imprese), lo Shahanshahname (Libro del Re dei Re) ed il Surname (Libro delle Feste), tutti commissionati da Murat III (1574-95) e scritti in persiano (allora la lingua letteraria di corte) dal celebrato storico e poeta Loqman, oltre che dipinti dal miniaturista più famoso dell'epoca, Osman. Il manoscritto più tardo è un Surname del 1720, nel quale sono narrate e illustrate le celebrazioni tenutesi in occasione della circoncisione di quattro figli del

sultano Ahmet III (1703-30); le miniature sono opera di Levni, considerato il più grande pittore ottomano.

Il piano superiore ospita la galleria dei ritratti, tra i quali è conservata una copia (l'originale si trova a Londra) del ritratto di Maometto II dipinto nel 1485 da Gentile Bellini. In un padiglione (*non sempre aperto*) accanto all'edificio delle miniature e dei ritratti sono esposti **orologi** (14) di vario tipo, provenienti dalla collezione dei sultani. A fianco del guardaroba, nell'angolo del cortile, è l'ingresso alle **sale delle Sacre Reliquie*** (15) contenenti, tra l'altro, il manto del Profeta (Hirka-i-Saadet), portato dal Cairo dal sultano Selim I: veniva esposto alla venerazione della famiglia imperiale e dei dignitari di corte una volta l'anno, il quindicesimo giorno di Ramadan, mese del digiuno. Si noti anche una teca con due spade d'oro arricchite di pietre preziose, che sarebbero appartenute al Profeta, il suo vessillo, una lettera scritta di suo pugno, un dente, un'orma su marmo del suo piede destro e un pelo della sua barba.

Altre reliquie sacre ai Musulmani sono conservate nei restanti ambienti dell'edificio. In uno di essi, la **Sünnet Odası** (16), aveva luogo la cerimonia della circoncisione dei principi che si svolgeva, generalmente, in estate, in un'atmosfera di grande allegria, con feste che si protraevano, notte e giorno, per varie settimane. La vicina **Ağalar Camii** (17), la più antica moschea del palazzo, costruita sotto Maometto II, è decorata internamente con belle ceramiche di İznik risalenti al 1608; attualmente è adibita a biblioteca e vi sono conservati numerosi manoscritti turchi, arabi e persiani provenienti dalle 17 biblioteche del Serraglio.

Usciti dalla terza corte attraverso Bab-i-Saadet, ci si dirige verso destra per visitare la **collezione di armi antiche** (18), esposta nell'antico Tesoro del palazzo, laddove i sultani ammassarono le loro favolose ricchezze, accresciute da bottini di guerra, tasse e doni di altri sovrani, e di cui solo il sultano poteva disporre a proprio piacimento. In questa sala, rinnovata nel 1985, sono esposti 364 pezzi, scelti tra gli 11 000 circa della collezione. Da notare, oltre agli stupendi esemplari di armi turche di epoche diverse, la serie di raffinate armi provenienti dalla Persia safavide (XVI e XVII secolo), armi e armature appartenute ai sultani mamelucchi d'Egitto (XIV-XVI se-

L'harem

La parola *harem*, che in arabo significa letteralmente 'cosa vietata, riservata', nei palazzi musulmani designava quella parte dell'edificio il cui accesso era rigorosamente proibito agli estranei e nella quale vivevano le mogli, le concubine e le schiave del sultano, insieme alle donne che erano a lui legate da vincoli di parentela, al riparo da sguardi indiscreti e sotto la sorveglianza e l'assistenza degli eunuchi. La legge islamica consentiva al sultano di possedere fino a 4 mogli legittime (*Kadın*), mentre il numero delle concubine (*odalık*, odalische) era illimitato. La moglie che dava al sultano un figlio maschio otteneva l'invidiato titolo di *haseki sultan* e poteva aspirare a quello di *Valide*, o regina madre. Creato come insieme di padiglioni lignei all'epoca di Solimano il Magnifico e della sua amatissima ed energica moglie Roxelana, che non si rassegnava a trascorrere le sue giornate nel vecchio Serraglio, lontana dal consorte (il Topkapı era infatti nato come sede politico-amministrativa), il complesso dell'Harem del nuovo Serraglio ebbe strutture permanenti a partire dal regno di Murat III (1574-95) e fu, in seguito, costantemente ampliato dai suoi successori. Oggi si presenta come un vero e proprio labirinto di cortili, segrete, stanze, cellette, corridoi scarsamente illuminati che conducono ai bagni e a camere da letto spesso prive di finestre, poste a livelli diversi e collegate da tortuose scalette. All'interno del complesso vari sultani fecero allestire la propria camera da letto, mentre Ahmet III (1703-30) vi fece ricavare una sala da pranzo.

colo), nonché la spada del califfo Muawiya, fondatore della dinastia omayyade (VII secolo). Sempre sul lato settentrionale della seconda corte è il **Kubbealtı** ('sotto la cupola') o Divano (19), edificio dominato da una torre rettangolare e munito di un'ampia tettoia, nel quale si svolgevano i consigli dei visir. Si compone di tre ambienti: la sala del Consiglio (la prima stanza sulla sinistra), l'archivio, comunicante con la sala precedente tramite una grande apertura ad arco, e l'ufficio del gran visir. Nella sala del Consiglio la parte inferiore delle pareti è rivestita di piastrelle di İznik; sui lati è ancora visibile, coperto di tappeti turchi, il lunghissimo 'divano' sul quale prendevano posto i visir e che finì col dare il nome al Consiglio. Sul quarto lato sedeva il gran visir e alle sue spalle, attraverso una finestra oscurata da una grata (predisposta nel 1527 durante il regno di Solimano il Magnifico), il sultano poteva osservare non visto lo svolgimento delle sedute.

Da ultimo, si accede all'**Harem**** (20), la cui visita (*guidata a pagamento, dalle 9.30 alle 16, in lingua inglese o turca, a orari alternati; è consigliabile recarsi subito alla biglietteria dell'Harem per poter inserire la visita – 45 min. – nel complesso del Topkapı*), benché spesso forzatamente affrettata e limitata a una trentina di stanze, aiuta a comprendere il fascino che esso ha sempre esercitato sull'Occidente.
Un corridoio, decorato con piastrelle di İznik come la maggior parte delle stanze di

questa zona dell'Harem, immette in una prima corte, assai allungata: le cellette che la contornano ospitavano un tempo gli eunuchi. Nell'edificio di sinistra, le stanze degli eunuchi sono organizzate intorno a un cortile interno: i più anziani abitavano al pianterreno, i più giovani al piano superiore. Alle pareti sono appesi i bastoni che venivano utilizzati per punire chi tentava la fuga, cui venivano inferti colpi sulle piante dei piedi. Si giunge in seguito nella **sala delle Guardie**, decorata con specchi di Murano. Dal corridoio che da essa si diparte si scorge, sulla destra, la grande corte, pressoché quadrata, che era riservata alla 'Valide' (la madre del sultano) il cui ruolo era preponderante all'interno dell'Harem e il cui potere era superato unicamente, e non sempre, da quello del figlio. Qui, assiso su un trono installato per la circostanza, il nuovo sultano riceveva gli omaggi dell'Harem; il piccolo palco posto sull'altro lato della corte serviva a evitare al sultano ogni fatica nello scendere o montare a cavallo. Alla fine del corridoio, sulla sinistra, si apre un'altra corte rettangolare: gli appartamenti che vi si affacciano ospitavano al piano terra le donne che avevano dato al sultano un figlio maschio e a quello superiore le loro serve. I primi ambienti sulla sinistra erano occupati dai bagni e da questa stessa corte si accedeva all'infermeria. Girando a destra, si penetra nell'**appartamento della Valide**, comprendente un piccolo oratorio per le preghiere quotidiane (sulla sinistra), una camera, un salone e dei bagni (ve n'erano dieci in tutto l'Harem). La Valide disponeva anche di una serie di uffici, disposti intorno alla corte che porta il suo nome, dai quali regolava i suoi affari. I bagni che si attraversano, tra cui quelli del sultano, mostrano la caratteristica serie di ambienti: vestibolo, calidario e sala per massaggi, tutti perfettamente conservati. Si passa, quindi, negli **appartamenti del sultano** e in primo luogo nel grande salone, adorno di pendole inglesi, vasi cinesi, ceramiche di Delft, specchi di Murano e ove si trovava un pianoforte; la balconata del primo piano ospitava le suonatrici che rallegravano le serate del loro signore. Un corridoio con pareti solcate da nicchie, destinate probabilmente a contenere lampade, conduce alla **sala della fontana**, il cui continuo getto d'acqua pare servisse a preservare i segreti della conversazione. Questo raffinato ambiente, chiamato anche sala di Murat III, fu completato nel 1578 e, a differenza di gran parte degli altri, ha mantenuto intatto il suo aspetto originario, che tradisce la mano del grande Sinan. Le pareti sono rivestite di ceramiche di İznik. Notevoli i pannelli raffiguranti susini in fiore, posti intorno al camino in bronzo, cui è anteposta una fontana in marmo policromo a tre ripiani di cascatelle. Passati nella **biblioteca di Ahmet I**, si visita una delle più belle stanze del complesso, costruita nel 1608-09, rivestita di piastrelle con disegni in blu e verde e decorata con ripiani e stipi in legno, adorni di intarsi di madreperla e tartaruga. Assai graziosa è anche la cosiddetta sala da pranzo di Ahmet III, realizzata intorno al 1705, nella quale sembra che il sultano amasse sostare mangiando frutta secca e da dove si gode una bella vista della piscina dell'Harem e dei giardini del Serraglio. È nota anche come 'stanza della frutta', per le coppe di frutta e i vasi di fiori dipinti con colori cangianti sui pannelli di legno laccato che rivestono le pareti. Attraverso un piccolo corridoio si giunge a due camere, uguali e simmetriche, dove i giovani sultani compivano i loro studi. Le imposte di questi due vani, affacciati sulla piscina, erano perennemente chiuse per evitare pericolose tentazioni per i principi. Durante i primi secoli dell'impero, i principi venivano avviati all'arte della guerra e della politica tramite l'esperienza diretta, combattendo in battaglia e amministrando province. Nei secoli successivi, invece, vivendo isolati dal mondo all'interno dell'Harem (tradizione della cosiddetta 'gabbia dorata'), dove il sultano poteva tenerli agevolmente sotto controllo prevenendo eventuali tentativi di detronizzazione, divennero facilmente vittime degli intrighi di potere orditi dalle donne e dagli eunuchi.

Tornando verso la sala delle Guardie, si percorre un lungo corridoio un tempo rivestito di piastrelle e tappeti, chiamato 'corridoio dell'oro' perché le donne dell'Harem vi si recavano quando passava un nuovo sultano e raccoglievano le monete d'oro che questi lanciava. La scala che si diparte sulla sinistra porta ai piani superiori, dove si trovavano le camere delle giovani donne. Si esce, quindi, da una porta seminascosta nei pressi della Ağalar Camii.

A fianco dell'Harem sorgono, infine, vaste costruzioni riunite intorno alla corte degli Alabardieri e le scuderie (21), oggi sede del Museo delle Carrozze, di cui fanno parte anche portantine, preziose selle e bardature.

Una della sfarzose sale dell'Harem

1.3 La Süleymaniye Camii e il Gran Bazar

Alcune delle più importanti realizzazioni dell'architetto Sinan, prima fra tutte la Süleymaniye Camii o moschea di Solimano, che con la sua possente mole si impone alla vista da ogni punto di İstanbul, sono il motivo di maggior interesse dell'itinerario. Dopo aver dedicato un po' di tempo ad altre moschee e ad alcune antiche chiese bizantine di notevole interesse architettonico, con raffinate decorazioni interne, la visita termina al Gran Bazar, uno dei luoghi più noti e frequentati della città, dove al piacere della vista si affianca la tentazione di mettere alla prova la propria capacità di contrattare nel fare acquisti.

La Süleymaniye Camii può essere raggiunta con il tram che parte da Eminönü meydanı: scendendo alla fermata Beyazit, si attraversa il campus dell'Università e si percorre la Bozdoğan Kemeri caddesi tra caratteristiche abitazioni in legno. Si imbocca infine la Süleymaniye caddesi che conduce alla piazza del grande complesso.

Süleymaniye Camii**(III, C3). È da molti considerata una delle più belle e sontuose costruzioni di İstanbul, di cui costituisce, secondo i poeti turchi, 'lo splendore e la gioia'. Eretta tra il 1550 e il 1557 su incarico del sultano Solimano il Magnifico dal più celebre architetto ottomano, Sinan, l'edificio è circondato da un ampio piazzale, di 210 metri per 145, cinto da mura.
Attorno alla moschea si allineano gli altri edifici del complesso di cui facevano parte cinque scuole elementari e superiori, un imaret (ricovero e mensa popolare), un ospizio gratuito per i viaggiatori, un ospedale, degli hammam, un cimitero: una vera e propria città. Sinan contribuì con questo edificio a proclamare come la grandezza degli Ottomani nel campo delle arti fosse almeno pari alla loro forza sul piano militare. La sala di preghiera, preceduta da un cortile porticato nel quale sono inserite 24 colonne antiche, provenienti dall'Ippodromo, è coperta da una cupola, con decorazioni dipinte sull'intonaco, alla quale si affiancano due semicupole poggianti anch'esse sui pilastri. Sul tamburo della grande cupola, alta ben 53 metri, si aprono 32 finestre. L'interno colpisce per la vastità e l'essenzialità delle decorazioni. Le navate laterali hanno entrambe una galleria sostenuta da archi su colonne di porfido. Le splendide vetrate si notano soprattutto per l'originalità delle composizioni floreali di arabeschi. Il mihrab e il minbar, in marmo bianco, sono scolpiti con grande maestria ed eleganza.

Alle spalle della moschea sorge il cimitero che racchiude la **türbe di Solimano** (*aperta dalle 9.30 alle 16.30; chiusa il lunedì*), mausoleo a pianta ottagonale sormontato da una cupola e circondato da un portico colonnato. Con il sultano riposano anche la figlia preferita, Mihrimah, e due dei suoi successori: Solimano II (1687-91) e Ahmet II (1691-95).
Vicino a questo edificio se ne trova un altro sempre ottagonale, la **tomba di Haseki Hürrem**,

La Süleymaniye Camii, costruita tra il 1550 e il 1557, uno dei simboli della magnificenza ottomana

meglio nota come Roxelana. Questa donna di origine russa, dalla personalità forte e decisa, fu molto amata da Solimano il Magnifico che ne fece la sua legittima sposa, abitudine caduta poi in disuso tra i sovrani della dinastia ottomana. Più piccolo e semplice, ma non per questo meno raffinato, il mausoleo di Haseki Hürrem è rivestito al suo interno da splendide piastrelle provenienti dalle manifatture di İznik.

Entrambi gli edifici furono progettati da Sinan, che è sepolto a poca distanza in una tomba da lui stesso disegnata ed eretta nel giardino della sua abitazione.

L'interno della türbe di Solimano, con la tomba del sultano

Şifahane sokağı, che corre lungo il lato settentrionale del piazzale antistante la moschea, conduce, dopo aver attraversato Kirazlı Mesçit sokağı e deviato leggermente sulla destra (scendendo la collina), a scorgere, sulla sinistra, il minareto della **Vefa Kilise Camii** (III, C2) con la facciata di mattoni solcata da arcate. L'edificio apparteneva a un complesso monastico del V secolo, sebbene la maggior parte della costruzione risalga all'XI secolo; l'esonartece, che affaccia sulla strada, è del XIV secolo. In occasione dell'ultimo restauro sono stati portati alla luce alcuni bei mosaici, liberati dallo spesso strato di imbiancatura. Nella cupola meridionale dell'esonartece (sulla destra entrando) è raffigurata la Vergine col Bambino, circondata dalle figure di otto profeti.

Kalender Camii (III, C-D2). Detta anche Kalenderhane Camii, risale probabilmente al IX secolo circa, con notevoli interventi nel tardo periodo bizantino e in quello ottomano, e fu trasformata in tekke dai Dervisci Kalender. Sul lato sud si notano i resti di un piccolo stabilimento termale del V secolo, sovrastato dalle arcate dell'acquedotto di Valente, e dell'abside di una chiesa probabilmente del VI secolo, a cui è addossata la costruzione attuale.

La pianta è a croce greca inscritta con profonde arcate su tutti e quattro i bracci e con una bella cupola su tamburo.

I lavori di restauro degli anni settanta del Novecento hanno portato alla luce, su una delle pareti che separa la chiesa del VI secolo dall'edificio attuale, un pannello musivo (ora ai Musei Archeologici, vedi pag. 84) con la scena della Presentazione al Tempio, una delle poche testimonianze di epoca preiconoclasta sopravvissute alla distruzione delle immagini.

In una delle cappelle della Kalender Camii è stato scoperto un importante ciclo di affreschi (restaurato e oggi conservato ai Musei Ar-

cheologici) dedicato alla vita di S. Francesco d'Assisi, probabilmente eseguito da artisti crociati intorno al 1250. Sulla porta centrale d'ingresso un affresco con la Vergine Kyriotissa potrebbe far supporre una dedicazione della chiesa alla Vergine. L'interno dell'edificio conserva straordinari rivestimenti marmorei intervallati a cornici scolpite.

Şehzade Camii* (III, C2). Una delle prime opere di Sinan, incaricato nel 1543 da Solimano il Magnifico di erigere un mausoleo e una moschea in memoria del figlio primogenito, Şehzade Mehmet, ucciso dal vaiolo a soli 21 anni. Distrutto dal dolore Solimano vegliò per tre giorni e tre notti il corpo del figlio prediletto, prima di acconsentire che venisse sepolto. La moschea, definita da Sinan nella propria autobiografia «un'opera di apprendistato», ha un impianto con una precisa scansione geometrica: sia il cortile sia la sala di preghiera sono costituiti da due quadrati, il primo con i portici coperti da una serie di cupolette di identica dimensione, la seconda sormontata da una cupola centrale, circondata da quattro semicupole disposte a quadrifoglio e da nicchie a cupolette d'angolo. Alla rigorosa simmetria e all'austera semplicità dell'interno corrisponde all'esterno un susseguirsi di cupole e torrette di altezza diversa che denota, da parte dell'architetto, il desiderio di provocare stupore e ammirazione. La sala di preghiera è priva di colonne e gallerie, cosa insolita per una moschea imperiale. Il giardino, dietro la moschea, contiene alcune tombe; la più bella è quella del principe Mehmet, costruita da Sinan insieme alla moschea e ultimata nel 1548. Si tratta di un padiglione ottagonale rivestito di marmi bianchi e rosa e sormontato, al di sopra di un fregio di stalattiti e di una merlatura ondulata, da una cupola con la superficie corrugata da nervature circolari, che si prolungano anche nel tamburo. Si segnalano le eleganti vetrate a colori e gli arabeschi dipinti della cupola.

Lâleli Camii (III, D2). La 'moschea dei tulipani' fu costruita tra il 1759 e il 1763 da Mehmet Tahir Aya, il maggior architetto ottomano dell'epoca barocca. La facciata che dà sull'ampio cortile rettangolare è fiancheggiata da due minareti molto slanciati e la stessa eleganza si ritrova nella concezione architettonica dell'interno, in cui l'altezza delle colonne sembra dilatare lo spazio coperto. Le pareti sono riccamente rivestite di marmo colorato e di pietre semipreziose come onice, diaspro, lapislazzuli.

Bodrum Camii (III, E1-2). L'antica chiesa era parte del palazzo di Romano Lecapeno (919-44) e il sovrano stesso la fece adattare a monastero: eretta tra il 920 e il 922, è tra le più antiche fra le chiese a cupola con pianta a croce di Costantinopoli; vi erano conservate le spoglie dell'imperatore e della moglie. L'edificio, trasformato in moschea nel XV secolo e danneggiato da vari incendi, è stato oggetto di un restauro. La facciata è ritmata da pilastri circolari aggettanti e coronata da una cupola.

La chiesa, a tre navate, è stata costruita su di una cripta in modo che il suo pavimento fosse allo stesso livello di quello del palazzo dell'imperatore.

A sua volta quest'ultimo era stato eretto al di sopra della contigua **cisterna del Myrelaion**. In epoca tardo-antica quella che oggi si presenta come una cisterna era un grande padiglione dotato di cupola, che doveva essere parte di una dimora gentilizia. La cupola venne tagliata venendo così a formare una piattaforma sulla qua-

le poté appoggiare la chiesa. L'edificio rimaneggiato, il cui nuovo soffitto era costituito da cupolette in laterizio sostenute da colonne e capitelli di riutilizzo, funzionò come cisterna dell'intero complesso. In età moderna la cisterna è stata oggetto di un avventuroso restauro che, dopo averla svuotata del suo antico interro, l'ha trasformata in centro commerciale: oggi negozi di pellami e vestiti si inseriscono tra le sue 75 colonne, mentre un nuovo pavimento è stato costruito al di sopra di quello antico.

Riprendendo a destra l'Ordu caddesi, si giunge alla Beyazıt meydanı, ampia piazza dominata dall'imponente portale in stile moresco che dà accesso al vasto parco dell'Università.

Università (III, C-D3). Occupa gli edifici dell'antico Seraskerat o ministero della Guerra dell'impero ottomano, a sua volta eretto nell'area in cui sorgeva un tempo l'Eski Saray, il Vecchio Serraglio, costruito da Maometto II (1454-58). L'Università di İstanbul venne fondata subito dopo la Conquista e comprendeva le facoltà di teologia, filosofia, legge, medicina e scienze.

Con la nascita della Repubblica turca, dopo un periodo di decadenza che è coinciso con la progressiva perdita di prestigio e potere economico dell'impero ottomano, l'università di İstanbul ha ricevuto nuovo impulso e dignità ed è stata trasferita nella sede attuale.

All'interno dell'Università si trova la **torre di Beyazıt** (III, D3). Alta circa 50 metri, fu costruita nel 1823 per volere del sultano Mahmut II, come punto di osservazione per vigilare sugli incendi. Attualmente è chiusa al pubblico.

Beyazıt Camii*(III, D3). È una delle più antiche moschee di İstanbul, costruita tra il 1501 e il 1505 da Beyazıt II, che utilizzò le ricchezze messe insieme dal padre, Mehmet II, con la presa di Costantinopoli, per moltiplicare le fondazioni religiose della città. Due minareti decorati da motivi geometrici sono posti agli angoli esterni. Presenta una pianta a croce latina capovolta, preceduta da un cortile quadrato circondato da portici. Al centro del cortile spicca una graziosa fontana per le abluzioni. La sala da preghiera, anch'essa quadrata, è suddivisa in tre navate, di cui una centrale, coperta da una grande cupola di oltre 17 metri di diametro e da due semicupole, e due navate laterali, coperte da quattro cupolette. Ognuno dei due bracci del transetto è coperto da quattro cupolette laterali e da una centrale più grande.

Veduta dall'alto della Bodrum Camii

Oltre alla moschea il *külliye* comprende una *medrese*, un imaret, un hammam, una scuola elementare e numerosi mausolei, tra i quali nel giardino sul retro quello dello stesso Beyazıt II, morto nel 1512.

In un'antica *medrese* dipendente dalla moschea è allestito il **Türk Vakıf Sanatları Müzesi**, Museo della Calligrafia (III, D3; *visita a pagamento dalle 9 alle 12 e dalle 13 alle 16; chiuso la domenica e il lunedì*), interessante soprattutto per gli orientalisti. Gli oggetti della collezione (Corani, elaborati monogrammi di sultani, grandi iscrizioni ornamentali di vario tipo) sono esposti in piccoli ambienti che erano un tempo le camerette degli studenti.

Çemberlitaş (III, E4). Al centro di una piccola piazza, la colonna fu eretta da Costantino per compiacere il Senato, che voleva far rivivere le tradizioni dell'antichità greco-romana. Detta anche 'colonna bruciata', perché annerita da un incendio che ne impose il restauro nel 1779, la Çemberlitaş fu inaugurata nel maggio 330. Danneggiata nel 416, fu rinforzata da Teodosio II con cerchiature di ferro, recentemente sostituite da sbarre d'acciaio. La colonna era in origine sormontata da una statua di Costantino, in seguito abbattuta da un uragano (1105) e quindi sostituita da un capitello culminante in un'immensa croce dorata, anch'essa scomparsa con la conquista ottomana. È oggetto di recente restauro, avviato nel 2004.

Nei pressi della Çemberlitaş si trova anche l'**Atikalipaşa Camii** (III, D-E4), moschea circondata da piccoli cimiteri. Fu costruita nel 1497 su incarico del gran visir di Beyazıt II, l'eunuco Hadim Ali Paşa. Le colonne di porfido del portico sono state quasi tutte recuperate da monumenti antichi. Originariamente appartenevano al complesso anche un monastero di dervisci e un refettorio. Poco oltre è il **Vezir Hanı** (III, D4), un vasto caravanserraglio nel quale venivano alloggiati gli alti funzionari ottomani durante i loro soggiorni a İstanbul.

Nuruosmaniye Camii (III, D4). Circondata da platani e ippocastani, la costruzione, il cui nome turco significa 'luce di Osman', fu iniziata nel 1748 dal sultano Mahmut I e completata nel 1755 dal fratello e successore Osman III. L'architetto, identificato da molti in Simeone Kalfa, era venuto in contatto con lo stile barocco e rococò allora imperante in Europa. La moschea è infatti il primo edificio che si distacca dalla tradizione di Sinan e introduce il nuovo stile barocco ottomano. Sulla struttura a cubo domina una grande cupola che ricopre una sala di preghiera. Assai singolare e suggestivo è il cortile, in cui il tradizionale portico coperto da cupolette si curva fino ad assumere la forma di un ferro di cavallo. Lo stemma dorato che sovrasta la porta è l'emblema araldico-ottomano con il monogramma del sultano.

Mahmut Paşa Camii (III, D4). Una delle più antiche moschee di İstanbul, eretta nel 1462, probabilmente sul luogo in cui un tempo sorgeva una chiesa bizantina, faceva parte di un complesso che comprendeva anche una *medrese*, un hammam e un bel mausoleo ottagonale, decorato all'esterno con piastrelle di maiolica. L'edificio costituisce uno degli unici esempi a İstanbul del cosiddetto 'stile di Bursa'. Aristocratico di origine bizantina, Mahmut Paşa si convertì all'Islam subito dopo la Conquista e per le sue doti di illuminato generale e amministratore diventò ben presto gran visir di Maometto II. Tanti successi non furono tuttavia sufficienti a placare le ire del sultano che, nel 1474, in seguito a una sconfitta militare subita in Anatolia, non esitò a farlo decapitare.

Gran Bazar ** (III, D3-4). *Aperto dalle 9 alle 19, l'attività commerciale vi si svolge però dalle 10 alle 18; chiuso la domenica, il 1° gennaio e nei giorni di festività musulmani*. Chiamato Kapalı Çarşı, questo celebre complesso commerciale coperto è considerato, con i suoi 200 000 m², il più grande mercato coperto del mondo. Si narra che i sultani amassero passeggiarvi in incognito, così da scoprire cosa il popolo pensasse di loro.

Sorto per volere di Mehmet II nel 1456, il Kapalı Çarşı consisteva in origine di due bedesten in legno, attorno a cui, col passare del tempo, sorsero numerose botteghe e negozi, così da creare un intricato dedalo di vicoli protetti da tele. Più volte distrutta da incendi, l'originaria struttura del bazar fu sostituita, sotto Mustafa II, da ampie arcate in pietra che sostenevano il soffitto a volte, visibile ancora oggi. Tra il XVI e il XX secolo, il Gran Bazar fu più volte rimaneggiato a seguito dei numerosi terremoti e incendi che lo hanno danneggiato. Nella sua attuale struttura il Gran Bazar è rimasto fedele all'impostazione originaria, con 12 accessi principali e 20 secondari, tra loro collegati da una fitta rete di strade interne che si tagliano ad angolo retto, ancora parallele agli assi fondamentali del bedesten

Uno dei portali di accesso al Gran Bazar

di Mehmet II, coperte da volte chiare affrescate: alcune strade sono caratterizzate da un doppio colonnato centrale che separava il transito pedonale, al centro, dal traffico veicolare dei rifornimenti, ai lati. Particolarmente interessanti sono il **Sandal bedesteni** (nuovo bedesten), in epoca ottomana centro del commercio delle sete a sinistra della Nuruosmaniye kapısı, il cui vasto salone centrale su 12 pilastri, utilizzato per le aste di tappeti, riflette ancora la struttura originale dei primi XVI secolo, e l'**İç bedesten** (bedesten interno), più oltre sulla destra, con un salone poggiante su 8 possenti pilastri rettangolari circondato da un quadrilatero di botteghe, ove sono riuniti gli antiquari. La disposizione (e parte delle opere murarie) risale al periodo di Mehmet II. Ciascuna delle quattro porte del bedesten, porta il nome della corporazio-

ne che lavorava o ancora lavora nelle strade adiacenti. Un tempo ogni strada e ogni quartiere erano riservati a un particolare tipo di commercio; oggi purtroppo le varie attività, integrate da banche e ristoranti che si aggiungono ai tipici oratori e alle fontane della tradizione musulmana, tendono a mescolarsi, sebbene i circa 4000 esercizi commerciali mantengano una certa suddivisione, riunendo su uno degli assi principali, ad esempio, tutte le gioiellerie, e in altre aree i commercianti di tappeti, souvenir, abiti ecc.

Valide Hanı e Kürkçü Hanı. Piuttosto interessante può essere anche la visita di due hanı limitrofi, magazzini che costituiscono un'evoluzione stanziale e urbana nel periodo ottomano del concetto medievale di caravanserraglio e riuniscono vari commercianti, talvolta uniti ad artigiani che vendono lo stesso tipo di prodotti. Possono essere facilmente raggiunti uscendo dalla Nuruosmaniye kapısı e prendendo la strada immediatamente a sinistra, che costeggia il Gran Bazar, fino a raggiungere la Çakmakçılar caddesi. Si incontra dapprima il **Valide Hanı** (III, C-D3), uno dei più grandi e interessanti della città. Costruito da Kösem Valide, madre del sultano İbrahim, poco prima della sua morte (1651), è formato da tre corti successive: nella terza si trovano i resti di una torre quadrata che si suppone di epoca bizantina. Il **Kürkçü Hanı** (III, D4), il 'caravanserraglio del pellicciaio', è situato poco oltre ed è composto da una lunga corte circondata da una doppia serie di arcate. Risale al XVII secolo.

Una delle affollate entrate del Gran Bazar, considerato il più grande mercato coperto del mondo

1.4 Lungo il Corno d'Oro

Il Corno d'Oro rappresenta uno dei punti più interessanti di Istanbul. Questo canale è lungo circa 7 km, con un'ampiezza massima di 800 metri e una profondità media di 35 metri. Nei secoli passati le sue rive erano uno dei luoghi più belli e affascinanti della città, della quale era centro commerciale e mercantile, costellato da moschee, chiese, patriarcati, sinagoghe e luoghi santi oltre che di giardini esotici e lussuose dimore di nobili e dignitari reali (e ancora oggi, lungo il canale, compresi tra le assi viarie sotto il moderno livello stradale, rimangono i resti di edifici storici la cui architettura ricorda l'importanza di questo quartiere tra la fine dell'era bizantina e tutto il periodo ottomano). Con il passare del tempo cambiò rapidamente aspetto, complice anche, dalla seconda metà dell'800, il fenomeno dell'industrializzazione che vide il proliferare di officine e fabbriche.

Dopo un periodo di abbandono, l'area vive una fase di rinascita e di riqualificazione urbana, alla quale contribuiscono con ambiziosi progetti diverse forze istituzionali e private, con programmi e iniziative di notevole interesse. Queste mirano a riportare la zona al suo antico splendore, sostituendo gli edifici più degradati con aree verdi e passeggiate panoramiche e, dove sia possibile, recuperando le antiche strutture sia civili sia industriali. Camminando lungo il Corno d'Oro è ancora possibile scorgere, in qualche angolo, le vestigia del glorioso passato, come il padiglione fatto costruire all'inizio del '700 da Ahmet III per una delle sue favorite o i resti degli acquedotti bizantini e ottomani.

Pur avendo perduto le suggestioni di un tempo, la zona conserva comunque un grande fascino soprattutto al tramonto, quando il sole si riflette sugli edifici creando magiche atmosfere.

Punto di partenza di questo itinerario può essere la piazza antistante la Yeni Camii, il centro del quartiere di Eminönü, una delle zone più vitali di İstanbul. Quest'area, durante gli ultimi decenni di vita dell'impero bizantino, era divisa tra le diverse città italiane che mantenevano interessi commerciali nella capitale, come Venezia, Pisa, Genova e Amalfi. Con l'arrivo degli Ottomani solo nel quartiere di Galata si mantenne una forte presenza italiana; a Eminönü è invece oggi difficile trovare tracce di questo pur significativo passato. La zona della piazza della Yeni Camii corrisponde all'antico quartiere ebraico: vi abitavano ebrei non ortodossi ma appartenenti alla setta dei Caraiti, che erano riusciti a ritagliarsi un proprio spazio tra i monopoli dei veneziani e degli amalfitani. Il quartiere rimase sotto il loro controllo sino al 1660, quando vennero spostati nell'allora piccolo villaggio di Hasköy sul Corno d'Oro, dove ne sopravvive ancora oggi una piccola comunità.

Veduta del Corno d'Oro con la Süleymaniye Camii sullo sfondo

Al mercato delle spezie

La cucina turca ha il suo fondamentale protagonista nelle spezie, da sempre uno dei prodotti che hanno fatto la fortuna economica della città e il cui commercio anima i bazar, come quello Egiziano, allestito a breve distanza da Galata, sul Corno d'Oro. La struttura fu costruita nel 1660 come parte del complesso della Yeni Camii: con gli affitti dei negozi, infatti, si provvedeva alla manutenzione sia della moschea sia delle sue istituzioni filantropiche (una scuola, bagni pubblici, un ospedale e una fontana per le abluzioni).

Al suo interno, una parte importante è costituita dal 'Bazar delle Spezie' dove si vendono solo generi alimentari, in particolare semi, frutta fresca e secca (con il nome di *pestil* si indica la frutta essiccata, spesso albicocche o more, ridotta in fogli sottilissimi) e, naturalmente, ogni genere di spezie. Tra le bancarelle e i sacchi coloratissimi di polveri sconosciute si dimentica l'Occidente, storditi dai profumi e dalle grida dei venditori di yogurt e di sottaceti, di ciambelle ricoperte con semi di sesamo (*simit*) e di dolci caramellosi, di *ayran* e sorbetti.

In passato il mercato doveva essere ancora più affascinante di quanto lo sia oggi: i mercanti vi vendevano tra l'altro cannella, grasso di coniglio, noccioli di pesca in polvere, semi di sesamo, aloe, zafferano, radice di liquirizia, latte d'asina e semi di prezzemolo, tutti ingredienti utilizzati nella preparazione di rimedi naturali (molto ricercati il polline d'api e la pappa reale). Oggi si entra nel mercato attraverso le imponenti porte che affacciano su Eminönü Meydanteì. Ogni anno, purtroppo, aumenta il numero di negozi che vendono souvenir turistici a scapito dei tradizionali mercanti di *baharat* (spezie).

L'itinerario si snoda lungo la sponda meridionale del Corno d'Oro fino a Eyüp Sultan Camii. Il percorso si allunga e richiede circa 5 ore; per muoversi tra un monumento e l'altro è consigliabile avvalersi di mezzi pubblici o di un taxi.

Yeni Cami* (III, C4). Sulla vasta Eminönü meydanı affaccia la Yeni Cami, la 'moschea nuova', il cui profilo con un equilibrato gioco di cupole e semicupole contribuisce

L'imbarcadero della Yeni Camii

La sponda del Corno d'Oro in prossimità della Yeni Camii è uno dei più importanti imbarcaderi della città di İstanbul. Da qui parte la maggior parte dei traghetti statali (vapur) per le sponde asiatiche; l'orario è esposto all'esterno della biglietteria o consultabile via internet (www.ido.com.tr). Anche i battelli pubblici (motor) per le stesse destinazioni approdano a monte del ponte di Galata: questi ultimi partono quando sono al completo. Dall'imbarcadero più vicino al ponte di Galata, con la scritta 'Boyaz hatti' partono ogni mattina alle 10.30 circa i battelli turistici che risalgono il Bosforo, un'occasione divertente anche per i bambini.

a caratterizzare l'immagine di İstanbul. Pur priva di una particolare originalità, è una costruzione elegante e la sua collocazione sulla sponda del Corno d'Oro, accanto al ponte di Karaköy, ne accentua la grandiosità. Ultima grande moschea costruita a İstanbul nell'epoca classica ottomana, fu iniziata dall'architetto Davut Ağa nel 1597 per ordine della sultana Safiye, madre di Mehmet III. Nel 1603, alla morte di quest'ultimo, i lavori furono interrotti e, dopo molti rinvii, l'intervento decisivo di Turhan Hadice, la madre di Mehmet IV, consentì all'architetto Mustafa Ağa di portare a termine il complesso nel 1663. L'edificio presenta due minareti, ciascuno dei quali con tre balconi sorretti da mensole a stalattiti. Le due porte laterali danno direttamente accesso alla sala di preghiera, a pianta quadrata, circondata su tre lati da una galleria con snelle colonne marmoree: quattro grossi pilastri sostengono la cupola, poggiata su pennacchi sferici di raccordo con la base quadrata. Gli stessi pilastri reggono anche gli archi frontali delle quattro semicupole laterali; le pareti sono rivestite, fino all'altezza della galleria, di maiolica con motivi smaltati in varie tonalità di blu; pennacchi, cupola e semicupole sono dipinte con decorazioni geometriche e floreali. Il mihrab presenta delle stalattiti dorate e il minbar, a destra, ha una decorazione scolpita con intrecci e rosoni. Al centro del cortile porticato sorge la fontana per le abluzioni (*şadırvan*), autentico gioiello dell'arte turca, con bassorilievi scolpiti e griglie in bronzo a motivi poligonali.

Con uno speciale permesso accordato dall'amministrazione dei beni religiosi (Vakıf Umum Müdürlüğü) è possibile visitare il **padiglione imperiale**, attiguo alla moschea, nel quale il sultano Mehmet IV prima e dopo la preghiera riceveva i dignitari. Piccolo, ma deliziosamente decorato con maiolica di İznik, legno dorato e vetro dipinto, mostra chiaramente il mutamento del gusto verificatosi nella seconda metà del Seicento e costituisce in se stesso un museo della ceramica turca dell'epoca. Dietro la moschea è un **cimitero** con parecchie türbe, tra cui quella di Turhan Hadice, cui si deve il completamento del complesso della Yeni Camii: è uno dei mausolei più importanti di İstanbul e oltre alle spoglie di Mehmet IV conserva anche quelle di vari sultani e principi.

Bazar Egiziano (III, C4). *Aperto dal lunedì al sabato dalle 8 alle 19; chiuso la domenica.* Mısır Çarşısı, detto anche bazar delle spezie (vedi box pag. 106), si trova alle spalle della Yeni Camii. Ricostruito nel 1943, nell'area in cui nel 1663 Genovesi e Veneziani avevano installato un mercato di spezie e profumi, è tra i luoghi più affascinanti di İstanbul per la sua animazione, gli odori di spezie, gli aromi orientali.

Rüstem Paşa Camii* (III, C3-4). Piccolo gioiello dell'arte ottomana, sorge nei pressi del Bazar Egiziano. La moschea fu progettata e realizzata nel 1561 dal grande architetto Sinan per conto di Rüstem Paşa, genero e gran visir del sultano Solimano il Magnifico. L'area assegnata alla moschea era probabilmente già allora occupata da un mercato sempre affollato; l'architetto decise quindi di soprelevare l'edificio rispetto all'ambiente circostante, costruendolo sopra un piano di botteghe, empori e porticati. Salendo per una delle due strette rampe di scale, si accede a un cortile di notevole ampiezza, sul quale affaccia un portico vagamente rinascimentale. L'interno della moschea è piuttosto raccolto, con cupola cen-

trale appoggiata su quattro pilastri ottagonali e altrettante semicupole, affrescate con motivi floreali; lungo tre lati della sala di preghiera corre una galleria dai soffitti affrescati. Di grande pregio è soprattutto il rivestimento delle pareti, interamente realizzato con piastrelle in ceramica invetriata i cui delicati motivi floreali furono disegnati nell'atelier imperiale e quindi affidati ai rinomati ceramisti di İznik.
La moschea di Rüstem Paşa è l'unica in cui Sinan abbia rivestito con le preziose piastrelle di İznik l'intera superficie muraria, compresi i pilastri. Nelle sue opere successive il rivestimento venne infatti limitato alla zona del mihrab e del minbar, ottenendo ambienti di maggior vigore espressivo, ma non così affascinanti.

Quartiere di Tahtakale (III, C3). La visita della Rüstem Paşa Camii introduce nel cuore del quartiere di Tahtakale. Una passeggiata lungo la stretta e affollatissima Hasircilar caddesi, la strada principale che lo attraversa, consente di immergersi nell'atmosfera 'commerciale' della zona. Decine di botteghe di dimensioni spesso minuscole e specializzate nella produzione e vendita di prodotti specifici occupano ogni spazio: si passa da oggetti di legno a cordami, canne fumarie, cesti e lavorazioni in metallo, attrezzi da lavoro di pro-

I rivestimenti in ceramica di İznik nella Rüstem Paşa Camii

duzione artigianale, fino a spezie e servizi da tè. Tahtakale è certamente meno turistico del Bazar Egiziano, ma altrettanto coinvolgente soprattutto se ci si lascia catturare dalla sua atmosfera e tentare all'acquisto dai commercianti locali.

Alla fine di Tahtakale l'itinerario prosegue per un buon tratto lungo il Corno d'Oro, ma è consigliabile utilizzare uno dei numerosi mezzi di trasporto pubblico o i taxi gialli in attesa di clienti.

Usciti dal quartiere, si prosegue lasciandosi sulla destra il ponte di Atatürk, il secondo che si incontra dall'imboccatura del Corno d'Oro. A circa 450 metri dal ponte ci si imbatte nelle rovine di una delle due porte superstiti che si aprivano sulle mura marittime della città bizantina. Questa è la **Cibali Kapi**, identificabile con la Porta Plutea di epoca bizantina. Più avanti si trova la seconda delle due aperture, la **Aya Kapi** o Porta Santa. Oltrepassando la Porta Santa e seguendo la stradina per qualche decina di metri, si raggiunge la Gül Camii (moschea delle Rose), l'antica chiesa dedicata a S. Teodosia (vedi a pag. 112).

Eyüp Sultan Camii* (I, B1). Oltre il ponte Fatih, la Defterdar caddesi e la Feshane caddesi raggiungono il complesso della Eyüp Sultan Camii, facilmente identificabile per i suoi snelli minareti gemelli.

Il complesso fu fondato nel 1458, cinque anni dopo la conquista della città, da parte di Mehmet II, per rendere omaggio alla memoria di Eyüp (in arabo Ayyub), uno dei compagni del Profeta, morto sotto le mura di Costantinopoli nel corso della prima spedizione araba contro la capitale bizantina (673-77). Una leggenda, sicuramente apocrifa, narra che Mehmet il Conquistatore avrebbe deciso di erigere una sontuosa moschea sul luogo dove, dopo otto secoli, era stata miracolosamente ritrovata la sepoltura di Eyüp. In realtà, secondo molti storici arabi, una delle condizioni di pace poste dai Musulmani per togliere l'assedio fu proprio che la tomba fosse preservata. Descritta da un viaggiatore arabo, passato da Costantinopoli durante il regno di Emanuele I Comneno (1143-80), la tomba di Eyüp un se-

colo dopo, secondo quanto riferisce un altro musulmano, era venerata anche dai Bizantini, che vi si recavano nei periodi di siccità per propiziarsi la pioggia.

Nel 1591, durante il regno di Murat III, la moschea venne ingrandita e, all'inizio del Settecento con Ahmet III, i minareti originari furono demoliti e sostituiti con quelli tuttora esistenti. Il sultano Mahmut I (1730-54) vi pose l'orma di un piede del Profeta (tipo di reliquia assai venerata nel mondo islamico) ritrovata nel tesoro del Serraglio di Topkapı. Alla fine del secolo il complesso era in rovina, forse a causa del terremoto del 1766, e nel 1798 il sultano Selim III ne ordinò la demolizione e la ricostruzione.

Uno dei più importanti luoghi sacri dell'Islam, secondo solo alla Mecca e a Gerusalemme, la **tomba di Eyüp** (*aperta tutti i giorni, tranne il lunedì; ingresso libero*) è meta di un gran numero di pellegrini provenienti da tutta la Turchia e dal resto del mondo islamico. Si entra nel complesso circostante la moschea attraverso uno dei due bei portali barocchi, aperti lungo il perimetro, per trovarsi in un ampio e suggestivo cortile dove spiccano due platani giganteschi e una grande fontana per le abluzioni. Da qui si passa in un secondo cortile, chiuso su tre lati da un porticato caratterizzato da volte slanciate su alte colonne e cupolette affrescate. A sinistra, di fronte alla moschea, si trova la tomba di Eyüp, la cui facciata è ricoperta da maioliche verdi e blu di Tekfur, a motivi floreali; inferriate cesellate con iscrizioni arabe completano l'insieme. L'interno della tomba è a sua volta rivestito di bellissime maioliche blu, mentre il soffitto è affre-

Le maioliche a motivi floreali che ornano la tomba di Eyüp

scato con lievi decorazioni floreali che richiamano i motivi delle maioliche. In questa stanza è ricavata una cripta, a pianta ottagonale, nella quale si apre un'inferriata in rame dorato che consente di vedere il sontuoso sepolcro, rivestito d'oro e protetto da una fine cancellata d'argento, con pregevoli decorazioni dorate. Le pareti interne della cripta sono ricoperte da maioliche verdi e blu a motivi floreali e geometrici; in alto, un'iscrizione araba corre lungo una fascia perimetrale. Nella parte superiore le pareti e la volta sono affrescate in stile barocco.

Uscendo dalla tomba, ci si ritrova nel primo cortile e da qui, ritornando nel secondo cortile, si accede alla **moschea**, il cui semplice interno a pianta quadrata è caratterizzato dalla grande cupola centrale, appoggiata su quattro semicupole disposte a croce, con altrettante semicupole più piccole che le raccordano. Agli angoli risaltano ancora quattro cupolette, sorrette da archi finemente slanciati. La struttura è sostenuta da sei possenti colonne rotonde e due pilastri rettangolari. Una galleria dal soffitto affrescato corre

---

Un caffè letterario

Sulla collina alle spalle della Eyüp Sultan Camii si trova l'immenso cimitero, utilizzato dal XVI secolo e divenuto ultima dimora di molti personaggi importanti. La visita si svolge lungo la Kirk Merdiven caddesi (via delle Quaranta Scale), che attraversa il cimitero fino ad arrivare in cima alla collina, dalla quale si gode un bel panorama del Corno d'Oro. Qui, per immergersi in una atmosfera speciale, ci si può sedere ai tavolini del 'caffè Piyerloti', spesso descritto dallo scrittore Pierre Loti nei suoi numerosi romanzi ambientati nella capitale. Il locale è un tipico caffè turco ed espone una ricca collezione di disegni e foto d'epoca, dedicati al letterato che lo ha immortalato e reso celebre attraverso le sue opere.

---

lungo tre lati corredata di esili colonnine di marmo.

Da vedere anche i giardini-cimitero per i dignitari della città.

1.5 Dentro il Corno d'Oro

Alla scoperta di quartieri meno frequentati dai turisti, caratterizzati da una trama edilizia che è espressione dell'architettura tradizionale ottomana, è possibile visitare piccole chiese che conservano tesori dell'arte bizantina e imponenti moschee che sono tipica espressione dell'arte islamica. Alcuni piccoli musei consentono, infine, di conoscere aspetti della vita quotidiana degli abitanti di İstanbul nonché la ricostruzione delle grandi realizzazioni architettoniche musulmane.

Si consiglia di raggiungere l'acquedotto di Valente con i mezzi pubblici o un taxi per poi proseguire la passeggiata a piedi.

Dopo la visita ai musei, passando per la Macar Kardeşler caddesi si raggiunge la Fatih Mehmet Camii e quindi, percorrendo l'Haliç caddesi, si arriva alla Selimiye Camii, da cui si potrà ridiscendere verso il Corno d'Oro.

Acquedotto di Valente* (III, C1-2). Detto in turco Bozdoğan Kemeri, 'arcata del falcone grigio', l'imponente monumento costituisce uno dei tratti più caratteristici del paesaggio di İstanbul e riunisce la terza e la quarta collina della città. La sua lunghezza iniziale era di circa 1 chilometro mentre i resti attuali si estendono per circa 800 metri. Comprende due ordini di archi a tutto sesto sovrapposti, tranne nella parte orientale che ne ha uno solo. L'arcata inferiore è composta da grossi blocchi di pietra ben squadrata, mentre quella superiore è costruita in materiali più leggeri.

Iniziata da Adriano, la costruzione fu ripresa e portata a termine nel 378 dall'imperatore Valente. A quell'epoca l'acquedotto incanalava le acque delle colline della regione di Ali Bey Köy destinate ad alimentare i palazzi bizantini, utilizzando come serbatoio la cisterna del Nymphaeum Maximum (il grande ninfeo, che occupava l'attuale area del parco dell'università di Beyazıt). In seguito servì a rifornire d'acqua il Serraglio dei sultani. Più volte danneggiato nel corso dei secoli, l'acquedotto fu rimaneggiato nel 576 da Giustino II che vi fece installare sulla cima una seconda conduttura; altri lavori vennero eseguiti nel 758 e nel 1019. Mehmet II ne avviò un ulteriore restauro, proseguito un secolo dopo per ordine di Solimano il Magnifico, che affidò il

L'acquedotto di Valente,
formato da due ordini
di archi a tutto sesto
sovrapposti

lavoro a Sinan. Solo la parte a destra dell'attuale Atatürk bulvarı, crollata nel 1509, non fu più ricostruita, poiché su quell'area venne eretta la Şehzade Camii con gli edifici annessi. Ulteriori restauri furono portati avanti da Mustafa II nel 1697, ma nel 1912 un notevole tratto, nei pressi della Fatih Camii, venne sacrificato per ragioni urbanistiche.

Ai piedi dell'acquedotto, la **medrese di Gazanfer Ağa** (III, C1-2), costruita all'inizio del XVII secolo su ordine del capo degli eunuchi bianchi del Serraglio da Davut Ağa, allievo di Sinan, è attualmente sede del **Museo delle Caricature e Vignette Umoristiche** (İstanbul Karikatür ve Mizah Müzesi; *visita dalle 10 alle 18; chiuso la domenica*) dove vengono esposti al pubblico disegni umoristici di origine turca e dell'Europa orientale.
Proseguendo lungo l'Atatürk bulvarı, dopo aver attraversato le arcate dell'acquedotto di Valente, si arriva a un ampio giardino che oltre la Şehzadebaşı caddesi porta alle rovine della chiesa di S. Polieucto.

Chiesa di S. Polieucto (III, C1). Fu casualmente scoperta durante i lavori di costruzione del sottopassaggio avvenuti negli anni '60 del Novecento. Ne è seguito uno scavo archeologico sistematico che ha consentito di individuare le fondamenta di una delle più importanti chiese costruite a Costantinopoli nel VI secolo. Attualmente le rovine della chiesa, voluta dalla principessa Anicia Giuliana della famiglia degli Anici e pronipote di Galla Placidia, versano in uno stato di completo abbandono, ma meritano almeno una rapida visita.
La chiesa venne costruita tra il 524 e il 527, prima che Giustiniano iniziasse i lavori di ricostruzione della basilica di S. Sofia. È stato possibile identificare le mura di fondazione con la chiesa di S. Polieucto grazie al ritrovamento di alcuni frammenti dell'iscrizione marmorea che decorava le esedre all'interno dell'edificio – attualmente nel cortile del Museo Archeologico – il cui testo corrispondeva esattamente a un epigramma dell'«Antologia Palatina» che riferiva della committenza di Giuliana. L'edificio è probabilmente il 'precursore', da un punto di vista architettonico, di S. Sofia in quanto è stato ipotizzato dai ricercatori che avesse una pianta basilicale dominata al centro da una grande cupola.
La chiesa doveva trovarsi in uno stato di abbandono avanzato già all'epoca della presenza latina a Costantinopoli: a seguito degli scavi archeologici è stato possibile stabilire che alcune delle parti mancanti della decorazione originaria sono state riutilizzate nella basilica di S. Marco a Venezia. I due grandi pilastri, per esempio, normalmente conosciuti come 'pilastri acritani' posti a lato della basilica di S. Marco – e così denominati perché provenienti secondo le fonti veneziane da S. Giovanni d'Acri in Palestina – erano in realtà parte integrante della chiesa di S. Polieucto.

Museo delle Costruzioni Turche e delle Opere d'Arte (III, C1). *Visita a pagamento dalle 9 alle 16.30; chiuso il lunedì.* Il vasto complesso, che comprendeva tra i numerosi edifici una moschea, una *medrese*, una biblioteca e dei mausolei, oltre a negozi e a una scuola primaria, fu costruito da Köprülü Huseyn Paşa, gran visir di Mustafa II (1695-1703).
Il museo, collocato quasi interamente nelle piccole stanze della *medrese*, raggruppate intorno a un giardino, presenta modellini, piante e fotografie di edifici, ma è soprattutto dedicato all'arte islamica. Vi sono esposti frammenti architettonici provenienti da vari monumenti, stucchi, piastrelle di ceramica, oggetti di bronzo, vessilli, armi, oggetti in legno intagliato, strumenti di misura. Nell'oratorio isolato, che si trova nel giardino, è esposta un'inte-

ressante mostra fotografica sulla storia del complesso.

Colonna di Marciano (III, C1). Detta in turco Kıztaşı, si erge al centro di una piazzetta. Il monumento, chiamato la 'pietra della vergine', consta di un unico blocco di granito alto 10 metri, collocato su un piedistallo. La colonna era un tempo sormontata da un capitello corinzio di marmo, sul quale si trovava una statua dell'imperatore Marciano (450-57). Sul piedistallo sono visibili tracce di sculture e i resti di un'iscrizione latina nella quale Dacio afferma di aver eretto la colonna in onore di Marciano.

Fatih Mehmet Camii (III, B1). Si tratta di un'altra delle moschee imperiali, notevole più per le colossali dimensioni che per il valore architettonico. Il complesso sorge sulla sommità del quarto colle, al centro di un'ampia cinta che racchiude anche ospizi, scuole, alloggi per studenti e viaggiatori, hammam e perfino un ospedale. La moschea fu costruita tra il 1462 e il 1470 per volontà di Maometto II dall'architetto Christodoulos, un greco convertitosi all'Islam, ma andò distrutta nel 1766 per un terremoto e fu ricostruita negli anni immediatamente successivi per ordine del sultano Mustafa III (1757-73). La sala di preghiera è introdotta da un cortile con portici coperti da cupolette, come nella maggior parte delle moschee ottomane, e riprende la tipologia creata da Sinan per la Şehzade Camii, cioè un ambiente coperto da una grande cupola centrale circondata da quattro semicupole. Le otto *medrese*, poste in rigida simmetria a nord e a sud della moschea, risalgono a Mehmet II e facevano parte dell'università da lui fondata, che poteva ospitare circa un migliaio di studenti. Dietro l'edificio principale si trova il cimitero che conserva il mausoleo di Maometto II, costruzione barocca del 1682.

Disponendo di un po' di tempo si può fare un giro attorno alla moschea: a metà del muro di cinta una stradina scende verso la Vatan caddesi e, dopo circa 700 metri, sbocca davanti alla Fenarı İsa Camii.

Fenarı İsa Camii (I, D2). È l'ex chiesa della Theotokos (Madre di Dio) e S. Giovanni Battista. La chiesa settentrionale, dedicata all'Immacolata, fu costruita nel 908; quella meridionale, dedicata a S. Giovanni Battista, risale alla fine del XIII secolo. Intorno all'edificio fu in seguito aggiunto un ambulacro coperto a volta. Entrambe le chiese furono trasformate in moschea nel 1496 e il grande incendio del 1633 danneggiò fortemente gli edifici che furono restaurati per volontà del visir Bayram Paşa. Le mura esterne della chiesa, e in modo particolare quelle delle absidi, sono riccamente decorate con nicchie, colonne e ricorsi di marmo. La chiesa settentrionale è caratterizzata, inoltre, dalla presenza di quattro piccole cappelle poste nella copertura, intorno alla cupola; quella meridionale è circondata invece di arcosoli, contenenti le tombe di Teodora e altri membri della famiglia dei Paleologhi.

Dal 1970 sono stati avviati nuovi lavori di restauro. Particolarmente interessante per il visitatore è la visione d'insieme delle sei absidi.

Mollazeyrek Camii (III, B2). Si tratta dell'ex monastero dedicato al Cristo Pantocratore, noto anche come Zeyrek Camii, eretto intorno al 1120. La vasta costruzione in mattoni, parte della quale attualmente trasformata in moschea, ospitava un tempo una cappella e due chiese giustapposte, che facevano parte di un monastero. Quest'ultimo, insieme alla chiesa meridionale, fu eretto intorno al 1120 dall'imperatrice Irene, moglie di Giovanni II Comneno. Alla morte della consorte (1124) l'imperatore fece costruire la cappella funeraria e la chiesa settentrionale. Nel XII secolo il monastero ospitava 700 monaci e comprendeva un ospedale, una foresteria, un ospizio per anziani e dei bagni pubblici. Nel 1453 Molla Zeyrek Mehmet Efendi trasformò la chiesa meridionale in moschea e installò una *medrese* negli annessi del monastero.

Cinque porte permettono di accedere all'esonartece, separato dal nartece da belle cornici in marmo rosso: colpiscono sia la grandiosità del santuario, con una facciata larga circa 70 metri, sia il grave stato di degrado del complesso. Una parte del magnifico pavimento è nascosta sotto un tavolato (chiesa meridionale), un'altra sotto il tappeto della moschea. Nella chiesa meridionale il pavimento, composto da blocchi di marmo di diversi colori (porfido rosso, marmo verde e dolomite bianca), presenta dei medaglioni nei quali sono raffigurate le fatiche d'Ercole (o di Sansone), i segni dello Zodiaco, le Stagioni. Nella cappella funeraria, detta l'''Incorporea', furono sepolti numerosi membri della famiglia imperiale dei Comneni e dei Paleologhi, tra i quali vari imperatori.

Non lontano dalla Mollazeyrek Camii c'è un altro interessante edificio religioso, l'Eski İmaret Camii.

Eski İmaret Camii (III, B1-2).

Ex chiesa bizantina dedicata a S. Salvatore Pantepopte ('Cristo che tutto vede'), fu fatta erigere tra il 1085 e il 1090 dalla madre di Alessio I Comneno, Anna Dalassena.

Dopo la presa di Costantinopoli da parte dei Crociati (1204), la maggior parte delle reliquie che la chiesa conservava furono inviate in Europa, soprattutto a Venezia e, dopo la Conquista, la chiesa fu utilizzata in un primo tempo come refettorio per una vicina *medrese*, quindi trasformata in moschea. Di particolare interesse sono le decorazioni in mattoni della facciata. All'interno, delle cinque navate non restano che le tre centrali. La sala di preghiera è preceduta da due vestiboli: un esonartece, dalle porte in breccia rossa, e un nartece, comunicante con ognuna delle navate che terminano con un'abside; di queste, la centrale è affiancata anche da due sacrestie: la protesi e il diaconicon.

Sultan Selim Camii (III, A1).

Visita dalle 9.30 alle 16.30; chiusa il martedì. Questa moschea, detta anche Selimiye, è posta sulla sommità di una collina, con una bella vista sul Corno d'Oro, nel quartiere più religioso e integralista di İstanbul, dove non è difficile incontrare molte donne velate.

L'edificio fu completato intorno al 1522 da Solimano il Magnifico, ma fu probabilmente iniziato negli ultimi anni di regno del padre, Selim I (1512-20), fautore delle campagne di conquista di Egitto, Siria e Persia, per cui ottenne il titolo di califfo dell'Islam mantenuto dai successori fino al 1923.

È tra le più antiche moschee imperiali, seconda solo al complesso del sultano Beyazıt, oltre che l'unico edificio di rilievo nel quale si sia impegnato Solimano prima di nominare Sinan architetto di corte.

Il vasto cortile che precede la moschea si prolunga a destra in un giardino nel quale si trovano varie tombe monumentali, tra cui il mausoleo dello stesso Selim I, coperto da una cupola e ornato di belle piastrelle di İznik del XVI secolo (il colore giallo indica che furono costruite nella fase più antica). La sala di preghiera, quadrata, è sovrastata da una vasta cupola di 25 metri di diametro; interessanti anche il mihrab e il minbar lavorato a intarsio. Nel cimitero dietro la moschea è il mausoleo di Selim.

Gül Camii (III, A1-2).

Detta 'moschea delle rose', forse corrisponde alla chiesa di S. Teodosia (precedentemente chiamata S. Eufemia), che sarebbe stata annessa a un monastero del IX secolo per onorare la memoria di una donna bizantina vittima delle persecuzioni iconoclaste sotto Leone III Isaurico (717-40). Secondo la leggenda il nome trarrebbe origine da un episodio legato a quando la chiesa fu espugnata (29 maggio 1453) e fu trovata piena di rose, offerte dallo stesso imperatore Costantino XI per celebrare la festa di S. Teodosia. L'edificio, trasformato in moschea durante il regno di Ahmet I (1603-17), accoglieva una serie di reliquie sacre assai venerate, che venivano portate in processione due volte la settimana e furono rubate dai Crociati in occasione della presa della città nel 1204.

Dopo la visita della Gül Camii, riprendendo la strada che costeggia il Corno d'Oro, si sale verso la **Yeni Aya Kapi**, la 'Nuova Porta Santa'. È una costruzione di epoca ottomana, attribuita all'architetto Sinan e realizzata nel 1582.

Quartiere di Fener** (I, C2).

'Fenerioti' (da *fener*, il faro che doveva trovarsi lungo le rive del Corno d'Oro), era il nome attribuito agli abitanti di questo quartiere. Si trattava in prevalenza di mercanti e bottegai greco-ortodossi, di condizione socio-economica elevata, che dopo la conquista della città, nel 1453, erano rapidamente divenuti i principali funzionari del nuovo impero ottomano. In questa zona costruirono i loro palazzi, che ancora oggi fanno da lussuosa cornice alla collina, nonostante il degrado seguito al loro abbandono da parte dei fenerioti, dopo le rivolte del 1955, e l'insediamento di nuovi immigrati, provenienti dalle aree più povere del Paese, che hanno occupato le case abbandonate e decrepite. Un progetto dell'Unesco prevede il recupero urbanistico e delle tradizioni del quartiere.

Il Patriarcato greco-ortodosso (I, C2).

È sede e residenza permanente del patriarca di Costantinopoli (per la comunità greco-ortodossa il nome della città è ancora quello bizantino) e del Sacro Sinodo. Il patriarca si trasferì nella sede attuale solo nel 1601 e la **chiesa patriarcale di S. Giorgio**, che sorge accanto a essa, fu costruita nel 1720. È importante notare che l'edificio sacro, secondo la regola stabilita dagli Ottomani dopo la conquista della città, non presenta la cupola, considerata da quel momento appannaggio di moschee ed edifici legati alla tradizione islamica. Notevole il trono patriarcale, collocato nella navata laterale di destra: incrostato di avorio, potrebbe risalire alla tarda epoca bizantina. S. Giorgio custodisce le reliquie di alcuni dei più venerati santi della chiesa greco-ortodossa, tra i quali Eufemia di Calcedonia, la cui chiesa martiriale si trova in un ambiente del palazzo di Antiochos, Gregorio Nazianzieno (uno dei conclamati padri della chiesa orientale, morto nel 390 d.C.) e Giovanni Crisostomo (discusso patriarca di Costantinopoli, morto in esilio nel 407 d.C.): i resti di questi ultimi trasferiti a Roma quasi certamente nel 1204 dopo l'occupazione di Costantinopoli, e ivi custoditi in S. Pietro, nel novembre 2004 sono stati (in parte) resi da papa Giovanni Paolo II al patriarca greco-ortodosso di Costantinopoli con una solenne cerimonia.

Fethiye Camii (I, C2). Si raggiunge discendendo la collina dove sorge la Kariye Camii (*se l'edificio è chiuso, rivolgersi al guardiano, nella casa sulla destra; ingresso a pagamento*). L'ex chiesa di Theotokos Pammakaristos (la 'gioiosa Madre di Dio') è composta da un santuario principale, eretto alla fine del XII secolo e rimaneggiato nel 1292 da Michele Dukas Glabas Tarcaniote, personaggio assai influente alla corte di Andronico II Paleologo. Il parecclésion fu aggiunto nel 1315 per volontà di sua moglie. Dopo il 1420, la chiesa fu assegnata a un convento di monache, e dal 1456 al 1586 divenne sede del Patriarcato greco-ortodosso. Il gran visir di Murat III la trasformò nel 1591 in una moschea detta 'della Vittoria', in ricordo della conquista della Georgia e dell'Azerbaigian. I lavori di adeguamento dell'edificio alle esigenze del culto musulmano portarono a pesanti alterazioni della pianta originale, che è stata in parte ricostruita in epoca recente grazie al restauro promosso dall'Istituto Bizantino americano.
La chiesa, un edificio a cupola con pianta a croce attorniato da altri corpi architettonici e dotato in origine di tre absidi e un nartece, è tuttora utilizzata come moschea; il parecclésion, coperto da quattro cupolette appoggiate su altrettante colonnine di marmo dai capitelli scolpiti, è stato invece adibito a **museo** e vi sono esposti i frammenti delle decorazioni a mosaico ritrovate nel corso del restauro. Si notino il rivestimento in marmo sulla

parte inferiore delle pareti e, soprattutto, i mosaici a fondo oro degli inizi del XIV secolo. Sulla calotta della cupola è raffigurato il Cristo Pantocratore circondato da dodici profeti e, nel catino dell'abside, c'è un'immagine del Cristo Hyperagathos; sulla parete sinistra del bema l'immagine è della Vergine, su quella destra figura S. Giovanni Battista. Sulla parete laterale destra, vicino al coro, spicca un Battesimo di Cristo, e infine sull'intradosso degli archi e nelle cupolette della navata della cappella, i ritratti di santi.

S. Maria dei Mongoli (I, C2). Appartenente al Patriarcato greco-ortodosso, la chiesa sorge sulla collina che ne domina la sede ed è nota anche con il nome di Panaghia Mougliotissa.
È l'unica chiesa di epoca bizantina che ancora osserva il rito greco-ortodosso e faceva parte di un convento, fondato nel 1261 probabilmente da Michele Dukas, ampliato poi nel 1266. Nel 1282, quando divenne proprietà di Maria Paleologhina, figlia naturale di Michele Paleologo, subì ulteriori rifacimenti. I turchi chiamano questo edificio Kanlı Kilise, 'chiesa del Sangue', poiché nella vicina Sancaktar Yokuşu ('salita del Portastendardo') il giorno della presa di Costantinopoli la battaglia fu particolarmente cruenta.
Molte aggiunte hanno modificato la pianta originaria dell'edificio: tra queste il vasto nartece e il muro di cinta con un rilievo scolpito che rappresenta il Cristo. Le pareti interne sono state intonacate: sopravvive solo un bel mosaico rappresentante la Theotokos (Madre di Dio).

Chiesa di S. Stefano dei Bulgari. Sede del patriarcato bulgaro-ortodosso. La caratteristica costruzione in stile gotico, che si incontra proseguendo lungo il litorale, è formata esclusivamente di parti prefabbricate e 'componibili' di ferro battuto, realizzate a Vienna e trasportate lungo il Danubio e poi via mare per essere assemblate sulle rive del Corno d'Oro nel 1871. La chiesa venne eretta dalla comunità bulgara della città, quasi a simbolo della volontà di indipendenza rispetto al Patriarcato greco-ortodosso.

Dalla chiesa di S. Stefano si procede verso il secondo quartiere storico di questa parte del Corno d'Oro, **Balat**, che per secoli è stato il punto di riferimento della comunità ebraica della città. La sinagoga di Okrida ne è la testimonianza tangibile.

1.6 Le mura terrestri e la Kariye Camii

L'itinerario costituisce un necessario coronamento alla visita di İstanbul, con un giro intorno all'ultima cerchia delle mura terrestri, che permisero alla città di resistere per oltre mille anni a successivi tentativi di invasione: furono pochi, infatti, gli eserciti che riuscirono a superarle e la scoperta di queste fortificazioni continua a impressionare, per l'imponenza dell'opera e per l'interessante architettura militare. Il percorso include una delle più belle chiese cittadine, S. Salvatore in Chora: l'edificio bizantino, trasformato in museo, conserva una ricca decorazione di affreschi e mosaici.

Dopo la visita ai monumenti nel quartiere, l'escursione si estende alla zona sud-occidentale di İstanbul, intorno al castello di Yedikule, da dove si gode un bel panorama sulla parte meridionale della città.

La passeggiata lungo le mura terrestri, dal Corno d'Oro al mare di Marmara, si snoda per un percorso di circa 7 chilometri. Il degrado di alcuni tratti sconsiglia di andarci la sera. Partendo dalla Ayvansaray Kapı, si prosegue a piedi sino alla Kariye Camii. Da lì, con un mezzo di trasporto pubblico (minibus o autobus, ma anche taxi), si prosegue verso il mare di Marmara per riprendere a piedi il cammino in prossimità della Mevlevihane Kapı e arrivare, infine, alla fortezza di Yedikule, fermandosi lungo il percorso a Edirne Kapı e a Topkapı.

Mura terrestri di Teodosio II*(I, C-F 1-2).

In prossimità di **Ayvansaray Kapı** si trova la 'testa' dei resti del sistema di mura terrestri che, eretto sotto Teodosio II, resistette sino al momento in cui i Turchi si impadronirono della città nel 1453.

La passeggiata lungo le mura prende le mosse proprio dalla Ayvansaray Kapı ma, prima di oltrepassare la porta, vale la pena spingersi lungo la Ayvansaray caddesi, la strada che costeggia il Corno d'Oro, sino a un grande spiazzo verde dal quale si può osservare l'estremità settentrionale delle mura terrestri. Si tratta della cosiddetta **cittadella di Eraclio e Leone V**. Quest'ultimo, considerando inadeguata la fortificazione eracliana, all'inizio del IX secolo decise di aggiungere un antemurale, creando una fortezza quasi indipendente che aveva una sola porta di accesso alla città. Si notino le iscrizioni in marmo e il materiale di spoglio utilizzato nella costruzione di queste possenti mura.

Di fronte ad Ayvansaray Kapı, sul lato opposto della Demirhisar caddesi, un portone in ferro dà accesso a un giardino dove si trova l'**aghiasma di S. Maria delle Blacherne** (I, C2), vasca sacra in cui gli imperatori venivano spesso a purificarsi. Questo accadeva, in special modo, il 15 agosto, nel corso del pellegrinaggio alla chiesa della S. Cassa, che dal regno di Giustino I in poi accolse gli abiti della Vergine.

Le mura terrestri rappresentano il limite massimo di espansione raggiunto dalla città di Costantinopoli e, nello stesso tempo, uno degli apparati difensivi più formidabili dell'antichità. Completate entro il 413 sotto il regno dell'imperatore Teodosio II, si estendevano per una lunghezza di circa 5.5 chilometri dal mare di Marmara sino al punto in cui, in seguito, sorse il Tekfur Sarayı (vedi a pag. 116). Il tratto di mura teodosiane costituiva un sistema di difesa tripartito: il nemico si trovava inizialmente di fronte a un ampio fossato alle cui spalle correva una prima linea di mura – nota come 'antemurale' – munita di torri con pianta a ferro di cavallo e di bassi camminamenti interni. Infine, ultima barriera del sistema, si ergeva un possente muro alto oltre 12 metri con torri a pianta pentagonale o quadrata la cui articolazione interna poteva raggiungere i tre piani di altezza. La monumentalità di tale costruzione a difesa del lato terrestre della penisola doveva essere percepibile già a una certa distanza dalla città. Non meno di 12 porte si aprivano lungo il perimetro, collegando la città alle grandi arterie stradali, come la via Egnatia, che portavano verso occidente. Le mura sono state restaurate più volte nel corso dei secoli, soprattutto in seguito ai numerosi terremoti che ne hanno distrutto ampie porzioni. In particolare, il sisma del 447 provocò danni massicci: oltre un terzo delle torri più alte crollarono insieme a lunghi tratti di mura. Si decise allora di ricostruire le torri facendo il modo che si 'appoggiassero' come sostegno alle mura e le due componenti architettoniche si rafforzassero a vicenda; molte delle torri rimaste, che presentano appunto questa caratteristica, sono quindi state costruite in un secondo momento.

Oltre il Tekfur Sarayı le mura teodosiane sembrano terminare improvvisamente: finisce il sistema tripartito e inizia una linea difensiva unica, che scende lungo la collina verso il Corno d'Oro per ricongiungersi alle mura marittime. Si è spesso discusso sul perché le mura teodosiane siano state interrotte in prossimità del punto più vulnerabile del loro percorso, senza peraltro trovare risposte plausibili. La prima parte di questo tratto di mura che si innesta sulla cerchia del V secolo venne costruita in epoca comnena, nel XII secolo; il tratto in prossimità del Corno d'Oro conserva invece tracce di lavori fatti eseguire dall'imperatore Eraclio, probabilmente in occasione delle incursioni persiane agli inizi del VII secolo.

Questo imponente sistema di difesa non riuscì tuttavia a impedire che la città cadesse in mano agli Ottomani. Durante l'assedio del 1453 Maometto II pose il suo accampamento fuori le mura, nella piana di Davut Paşa vicino alla Top Kapı. L'imperatore bizantino Costantino XI decise di assegnare la difesa delle mura a una serie di condottieri italiani accorsi a Costantinopoli nell'estremo tentativo di salvarla dall'attacco ottomano. Nonostante le milizie spiegate lungo le mura, il 29 maggio 1453 Maometto II prese possesso della città entrando dalla porta di Edirne. Anche in epoca ottomana vari sultani, tra i quali lo stesso Maometto II, Beyazit II e Murat IV eseguirono importanti lavori di manutenzione o restauro della cerchia difensiva che continuò a rappresentare uno dei simboli più noti della città e della sua forza.

Il primo tratto delle mura, dall'Ayvansaray Kapı all'Eğri Kapı, presenta 14 torrioni, costruiti in epoche diverse, e due porte, murate dopo la Conquista. Un ampio fossato, scavato dal Corno d'Oro fino alla torre di Isacco Angelo, proteggeva le mura. Nel punto in cui queste si piegavano verso est per coprire la sponda del Corno d'Oro, si erge una torre, a protezione della Xylo Porta, o 'porta di legno'. Poco oltre, a partire dalla torre di S. Nicola, attribuita a Romano I Lecapeno (919-44), le mura disegnano un saliente, oggi quasi completamente sepolto, costruito da Leone V l'Armeno nell'813 insieme alla porta delle Blacherne. Questo saliente si raccordava all'estremità opposta a due enormi torri quadrate accoppiate, chiamate **torri di Isacco Angelo e Anemas** (I, C1-2). Più oltre, si incontra una serie di sette torri quadrate erette, al pari della muraglia che corre fino al Palazzo del Porfirogenito, da Manuele I Comneno, e in seguito più volte rimaneggiate.

Lungo le mura tra passato e presente

Fino a qualche decennio fa era possibile percorrere per intero le mura teodosiane sul versante esterno lungo una strada che le costeggiava, attraversando un paesaggio decisamente suburbano, con floridi orti, piccoli caffè in corrispondenza di alcune delle porte e le grandi distese di cimiteri che, fuori le mura, caratterizzavano la campagna circostante. Con la rapida crescita di İstanbul, le mura terrestri sono venute a rappresentare una sorta di impedimento all'espansione dello spazio urbano; in molti tratti questo imponente sistema difensivo è stato, quindi, distrutto per consentire il passaggio di grandi arterie stradali o della linea ferroviaria che porta alla stazione di Sirkeci. Trafficati snodi autostradali non solo occultano la vista delle mura nel loro tratto centrale, ma ne impediscono la visita. Come se non bastasse, dai primi anni '90 del Novecento sono state intraprese massicce opere di restauro che, invece di garantire la conservazione del monumento, ne hanno radicalmente alterato l'aspetto originario con ricostruzioni spesso infondate.

Per chi vuole cogliere l'importanza di uno dei monumenti più antichi della Costantinopoli bizantina e respirare l'atmosfera nostalgica di alcuni angoli di città, che hanno colpito i visitatori di ogni tempo, percorrere anche solo un tratto delle mura teodosiane è comunque un'esperienza irrinunciabile.

L'**Eğri Kapı** (I, C2), la 'porta obliqua', deve questo nome al fatto che un mausoleo costruito in onore di Hazreti Hafız ne ostruisce parzialmente il passaggio. In epoca bizantina si chiamava porta di Kaligaria e dava accesso al quartiere omonimo. Nel 1453, benché attaccata con tre cannoni e una bombarda dalle truppe di Maometto II, resistette all'esercito ottomano, che in quel punto non riuscì a entrare in città.

Dall'Eğri Kapı sokağı (subito a sinistra dopo la porta) si raggiunge il sito occupato dal **palazzo delle Blacherne** (I, C2), poco oltre una piccola moschea. Fu sotto Manuele I (1143-80) che la corte abbandonò ufficialmente il palazzo posto vicino a S. Sofia (troppo vasto e degradato) per trasferirsi nel complesso delle Blacherne, costituito da edifici che avevano le pareti interne riccamente decorate con mosaici a fondo oro.
Iniziata la decadenza sotto la dominazione latina, dopo la Conquista ottomana l'ex residenza imperiale fu devastata e oggi appare in uno stato di totale abbandono.

Tekfur Sarayı (I, C2). L'edificio del XIII secolo è noto anche come palazzo di Costantino Porfirogenito, ma ciò non ha alcun legame con l'imperatore Costantino VII Porfirogenito (913-59): l'appellativo di 'nato nella porpora' era riferito, infatti, a tutti gli imperatori che qui abitarono fino alla conquista ottomana della città.
Di questa residenza regale resta tra l'altro una splendida parete, nella quale si aprono ampie arcate con conci di marmo bianco alternati a decorazioni in mattoni, notevole esempio della policromia tipica del-

l'esterno degli edifici bizantini. Pavimenti e soffitti sono andati perduti, ma le pareti sono ancora in buono stato. Nel XVIII secolo qui era una fabbrica di maioliche.

Lasciando temporaneamente la strada che costeggia le mura terrestri (Hoca Çakır caddesi) e prendendo a sinistra, si raggiunge, più in basso, la Kariye Camii. La piccola deviazione non scoraggi, perché la meta vale il percorso.

Kariye Camii** (I, C1-2). V*isita a pagamento dalle 9.30 alle 16; chiusa il mercoledì*. Originaria chiesa di S. Salvatore in Chora, celebre per i mosaici a fondo oro e gli affreschi parietali, tra i più belli del mondo bizantino, oggi trasformata in museo.

Il nome della chiesa può essere tradotto con S. Salvatore dei Campi, dall'omonimo monastero di cui era parte che sorgeva appunto fuori le mura costantiniane, in un'area rimasta campagna anche in epoca teodosiana. L'edificio attuale è il risultato di diverse fasi costruttive: verso la fine dell'XI secolo Marina Doukaina, legata alla famiglia di Alessio Comneno, fece erigere una chiesa con la pianta a croce greca e una cupola sorretta da quattro colonne. Pochi anni dopo furono costruiti i quattro pilastri che oggi sostengono la cupola, mentre l'esonartece e il parecclésion furono aggiunti verso la fine del XIII secolo. Un'ulteriore fase di attività edilizia risale al XV secolo. Durante l'assedio del 1453, i Greci vi avevano collocato l'icona della Vergine Hodeghetria, sperando che la sua presenza servisse ad allontanare il pericolo. La chiesa venne trasformata in moschea verso la fine del XV secolo da Atik Ali Paşa, prendendo il nome di Kariye Camii. I lavori di restauro, intrapresi nel 1948 dall'Istituto Bizantino americano, si sono conclusi nel 1959, aprendo il complesso al pubblico e adibendolo a museo.

La facciata principale del Tekfur Sarayı (XIII secolo), residenza imperiale fino al 1453

Kariye Camii

Map legend:
- Chiesa primitiva
- Ampliamento del XIII sec.
- Trasformazioni del XV sec.

Labels on plan: Navata, Nartece, Esonartece, Parecclésion, Ingresso, 0 — 10 m

Esonartece. *Prima crociera*: (1) un angelo annuncia in sogno a Giuseppe la nascita di Gesù; incontro tra Maria ed Elisabetta; partenza per Betlemme; (2) Giuseppe e Maria si recano al censimento; (3) la Sacra Famiglia in viaggio verso Gerusalemme; (4) nella volta, mosaico assai rovinato rappresentante forse Gesù che discorre nel Tempio coi dottori della Legge. *Seconda crociera*: (5) la nascita di Gesù; (6) il ritorno dall'Egitto in Galilea; (7) battesimo e tentazione di Cristo. *Terza crociera*: (8) Cristo Pantocratore; (9) la Vergine in preghiera; (10) le nozze di Cana; la moltiplicazione dei pani; il sacrificio di un toro. *Quarta crociera*: (11) i Magi in viaggio verso Betlemme e dinnanzi a Erode; (12) Elisabetta e S. Giovanni inseguiti da un soldato romano. *Quinta crociera*: (13) Erode interroga i sacerdoti sul luogo di nascita di Gesù; (14) disperazione delle madri dopo la strage degli Innocenti. *Sesta crociera*: (15-16) la guarigione di un paralitico; guarigione di un idropico; guarigione di un altro paralitico; (17) Erode ordina la strage degli Innocenti; (18) la strage degli Innocenti; (19) Gesù e la Samaritana. Il mosaico nella volta della crociera precedente l'atrio del parecclésion è di incerta interpretazione e raffigura forse Zaccheo sul sicomoro.

Nartece. *Prima crociera*: (20) guarigione di un lebbroso; (21) il Cristo Pantocratore e la genealogia di Cristo da Adamo a Giacobbe e ai suoi dodici figli; (22) guarigione della suocera di S. Pietro; guarigione di un sordomuto; (23) guarigione dei due ciechi di Gerico; (24) Deisis; nella parte inferiore sono raffigurati due personaggi: sulla destra una monaca, indicata da un'iscrizione come appartenente alla famiglia imperiale dei Paleologhi (si tratta della sorellastra di Andronico II) e, a sinistra, Isacco Comneno, figlio di Alessio I e fratello dell'imperatore Giovanni II. *Seconda crociera*: (25) Teodoro Metochite offre la chiesa a Cristo; (26) Maria riceve del pane dall'Ar-

117

Il ciclo decorativo di S. Salvatore in Chora

I famosi mosaici e affreschi che hanno reso celebre l'odierna Kariye Camii risalgono ai primi anni del XIV secolo, con qualche frammento precedente di minore importanza. Tra il 1315 e il 1321 Teodoro Metochite, primo ministro e gran cancelliere del tesoro imperiale, fu nominato fondatore del monastero dall'imperatore Andronico II Paleologo. Teodoro assunse con orgoglio l'incarico e, grazie alla sua ricchezza e cultura personale, trasformò la chiesa nel monumento più rappresentativo della tarda arte bizantina, facendola decorare con mosaici e affreschi. Una lunetta sopra l'ingresso del nartece ritrae Teodoro mentre offre un modellino dell'edificio al Cristo assiso in trono: il primo ministro, inginocchiato, indossa un abito sfarzoso e un alto turbante, simbolo dell'alta carica da lui rivestita; alle sue spalle un'iscrizione elenca i suoi titoli. Il progetto iconografico del ciclo decorativo, piuttosto complesso e non sempre agevole da seguire, contiene la rappresentazione dei tradizionali episodi riguardanti la vita della Vergine e di Cristo. Nel parecclésion, gli affreschi mostrano la Vergine e le sue prefigurazioni, il Giudizio Universale e la Resurrezione.

cangelo Gabriele; preghiera di Zaccaria; la Presentazione al Tempio; (27) la santificazione di Maria; S. Pietro e S. Paolo. *Terza crociera*: i primi passi di Maria; Maria riceve la lana per tessere il velo; (28) la nascita di Maria; Giuseppe designato come fidanzato di Maria; (29) Maria circondata dalla sua famiglia. *Quarta crociera*: incontro tra Gioacchino e Anna; Giuseppe accoglie Maria in casa propria; (30) la Vergine e i patriarchi; (31) Gioacchino nel deserto si lamenta di non avere figli; il gran sacerdote respinge l'offerta al Tempio di Gioacchino; (32) l'Annunciazione; Giuseppe si congeda da Maria.

La **navata**, coronata da un'ampia cupola, è a pianta quadrata, prolungata da un'abside. Le pareti sono rivestite di lastre di varia grandezza e forma, di materiali diversi (marmo, porfido, breccia ecc.). In un pannello è rappresentata la cosiddetta Dormizione della Vergine.

La Kariye Camii, ex chiesa di S. Salvatore in Chora trasformata in moschea nel XV secolo

L'interno della Kariye Camii con frammenti del ciclo decorativo

Parecclésion. Si tratta di una cappella funebre composta da un atrio e da una navata con abside.

Atrio: al centro della cupola (33), la Vergine col Bambino, e ai lati, dodici angeli; nei quattro pennacchi dei poeti innografi. Sugli archi trasversali, il Cristo in un medaglione e, a ovest (dal lato dell'esonartece), Melchisedech, il re-sacerdote di Salem (Gerusalemme). Sull'intradosso di quest'arco, Aronne e i suoi figli dinanzi all'altare, le anime dei Giusti nella mano di Dio e infine, a sud, l'angelo che salva Gerusalemme dagli Assiri. Nell'ultima delle tre composizioni dell'intradosso del lato occidentale, sulla sinistra, è raffigurato Isaia che predice la sconfitta delle truppe di Sennacherib davanti a Gerusalemme; sulla destra, infatti, un angelo stermina i soldati assiri davanti alle mura della città. Sul timpano settentrionale (a sinistra) dell'atrio si trovano scene che illustrano episodi della Bibbia relativi a Giacobbe e Mosè. Sulla parte sinistra del timpano figura il sogno di Giacobbe; sulla destra Mosè, a sinistra l'angelo, dipinto a chiaroscuro come il medaglione con la Vergine e il Bambino che si trova al di sopra del roveto; in

basso a sinistra, nello stesso riquadro, Mosè si slaccia i sandali.

Sull'intradosso dell'arco, il 'roveto ardente', la forma in cui Dio apparve per la prima volta a Mosè. Sulla parete meridionale (a destra, di fronte al coro), sono rappresentate quattro scene del ciclo dell'Arca dell'Alleanza: la prima, dipinta sulla destra dell'ingresso alla navata, rappresenta il trasporto dell'Arca nel tempio di Salomone; a destra, sull'intradosso di un arco dell'atrio, è invece raffigurata la scena del trasporto degli oggetti di culto nello stesso tempio. Ancora più a destra, nella prima parte del timpano, il re e il popolo d'Israele davanti all'Arca dell'Alleanza.

La quarta scena, a destra della precedente, sulla seconda parte del timpano, mostra il luogo in cui era conservata l'Arca nel Sancta Sanctorum del tempio di Salomone. Si passa quindi nella *navata* (34), adorna di uno splendido **Giudizio Universale***. Il Cristo appare al centro della volta celeste, tra gli Apostoli, la Vergine e S. Giovanni Battista. Al di sotto di questo arcopago stanno i cori degli eletti: a sinistra quello dei Profeti, poi l'etimasia o preparazione del Trono del Giudizio, ai piedi del quale si pro-

119

strano Adamo ed Eva. Più in basso è raffigurata una scena di psicostasia, o pesatura delle anime. I tormenti dei dannati sono riprodotti in quattro riquadri sulla parte a sinistra della finestra.

Su tre dei quattro pennacchi della volta di questa campata sono dipinte le parabole di Lazzaro, di Abramo e del Ricco Epulone; sul quarto è raffigurata la scena della Terra e del Mare che restituiscono i morti al suono delle trombe del Giudizio Universale. Alla parete sinistra: l'ingresso degli eletti in Paradiso.

Gli **affreschi dell'abside** * * (35) sono considerati uno dei maggiori risultati dell'arte bizantina. L'anastasi del catino absidale è una composizione monumentale, assai ben conservata: il Cristo nella mandorla, circondato da gruppi di Giusti, tra i quali si fanno avanti S. Giovanni Battista, a sinistra, e Abele, a destra, trae Adamo ed Eva fuori dalle loro tombe. Sull'intradosso dell'arcata antistante l'abside sono raffigurati il miracolo della resurrezione della figlia di Giairo (a destra), e quello della resurrezione del figlio della vedova di Naim (a sinistra). Sulle pareti dell'abside si possono distinguere i sei Padri della Chiesa, divisi in due gruppi ai lati della finestra centrale. A destra, dopo l'ultimo Padre, si trova una bellissima immagine della Vergine col Bambino.

Ritornati a Eğri Kapı, si riprende a costeggiare il sistema difensivo fino a Edirne Kapı. Lungo questo tratto di circa 600 metri, le mura sono rinforzate da undici torri, tutte pressoché in rovina.

Edirne Kapı (I, C1). È la porta attraverso la quale Mehmet II fece il suo ingresso trionfale nella città la sera del 29 maggio 1453, dopo che larghe brecce erano state aperte tra questa porta e la Top Kapı. Nel 625, sotto l'imperatore Eraclio, la porta aveva invece retto a un formidabile attacco da parte degli Avari.

Mihrimah Camii (I, C1). È un'altra delle moschee imperiali di İstanbul, progettata da Sinan nel 1550 per Mihrimah, figlia prediletta di Solimano il Magnifico e moglie del gran visir Rüstem Paşa.

Il complesso comprende, oltre alla moschea, una *medrese*, un mausoleo, una scuola elementare, un doppio hammam (con due edifici separati per i bagni degli uomini e delle donne), e infine una lunga serie di botteghe alla base del terrazzamento su cui sono stati costruiti questi edifici, sulla sommità del sesto colle di İstan-

bul. Gravemente danneggiata da terremoti nel 1776 e nel 1894, la moschea è stata oggetto di numerosi restauri.

L'edificio, preceduto da un imponente portico coperto da sette cupolette, mostra chiaramente già dall'esterno come il problema dell'illuminazione abbia condizionato la realizzazione del progetto. La grande cupola (alta 37 metri) sovrasta i quattro arconi e relativi pilastri d'angolo, prolungati all'esterno in una sorta di torrette poligonali. Ciò consentì a Sinan di limitare al minimo indispensabile la parte in muratura nelle quattro fiancate al di sotto degli arconi, moltiplicando così il numero delle finestre. L'interno appare quindi inondato di luce, che entra anche da una fila di aperture poste nel tamburo della cupola.

A circa 300 metri dalla Mihrimah Camii, a sinistra lungo la Fevzi Paşa caddesi, si trova la **cisterna di Aetius** (I, C2), oggi chiamata Çukurbostan, lunga 244 metri e profonda 8 metri. Costruita verso il 421 dal prefetto Aetius, è la più piccola delle tre cisterne romane di Costantinopoli. Già prosciugata e adibita a giardino fin dalla tarda epoca bizantina, viene attualmente utilizzata come campo sportivo.

Proseguendo il giro esterno delle mura terrestri, prima di lasciare sulla sinistra Vatan caddesi, si passa davanti a una porta murata che i turchi chiamano **Hücum Kapısı**, la 'porta dell'Assalto', per commemorare il grande attacco finale che portò alla caduta della città nel 1453.

Poco oltre, una deviazione di un centinaio di metri sulla destra lungo Davut Paşa Yolu permette di raggiungere la **Takkeci Camii** (I, D1), 'moschea dei fabbricanti di takke', i cappelli di feltro di forma conica indossati dai dervisci nel corso delle loro danze mistiche. Eretta nel 1592 a opera di un certo İbrahim Ağa, è l'unica moschea in legno della città che sia riuscita a conservare la cupola e il portico originali. L'interno della moschea è ornato anche da pannelli di piastrelle di İznik a motivi floreali.

Top Kapı (I, D1). Detta 'porta del Cannone' e un tempo chiamata porta di S. Romano, fu ribattezzata con la definizione omonima di quella del Serraglio per il grosso cannone che Mehmet II fece piazzare davanti a essa per bombardarla.

È qui che fu ritrovato il corpo senza vita di Costantino Dragases, l'ultimo imperatore bizantino, la cui testa fu poi tagliata ed esposta ai piedi della statua di Giustiniano, presso S. Sofia.

Ahmet Paşa Camii (I, D1). Venne costruita nel 1551 da Sinan per Kara Ahmet Paşa, allora gran visir di Solimano il Magnifico. Il complesso, che comprende anche una *medrese*, è preceduto da un grazioso cortile alberato, sul quale affacciano le cellette degli studenti. Degne di nota sono le eleganti maioliche del portico di colore verde mela e giallo intenso, forgiate secondo l'antica tecnica detta della 'cuerda seca'. Altre piastrelle realizzate con la stessa tecnica, ma decorate con iscrizioni in bianco e blu, sono poste all'interno della moschea. Il rivestimento in marmo in stile Impero, intorno al portale d'ingresso, risale al 1896. All'interno la parte sinistra è stata manomessa da un tentativo di restauro, mentre la destra ancora conserva la sobria vivacità originale.

Tornando sui propri passi, il tratto di mura da Top Kapı a Mevlana Kapı conta 15 torrioni e 12 torrette, queste poste nel muro di rinforzo. Di fronte si estende la piana di Davut Paşa dove, secondo la tradizione, durante l'assedio Maometto II stabilì il suo quartier generale.

Mevlana Kapı (I, D1). L'antica porta Polyandrion, conserva ancor oggi numerose iscrizioni, tre delle quali su una delle due torri quadrate che la affiancano, detta 'di Costantino' dal nome del prefetto che la fece costruire nel 447.
Tra le porte di Mevlana e di Silivri, su una distanza di circa 900 metri, punteggiati da 15 torrioni nella muraglia principale e 13 torrette in quella di rinforzo, le mura conservano ancora varie iscrizioni di epoca diversa. Tra la decima e l'undicesima torre della muraglia principale si apriva, fino alla fine del XIV secolo, una porta militare attraverso cui gli imperatori erano soliti uscire per recarsi al palazzo e all'aghiasma di Balıklı (vedi oltre).
La **Silivri Kapı** (I, E1), all'estremità meridionale, si apre tra due torri ottagonali assai ben conservate.

Il passaggio a nord, tra l'antemurale e la porta principale, consente di accedere, percorrendo un piccolo sentiero, ai resti di un antico **ipogeo**: scoperto nel corso dei lavori di restauro che hanno interessato questa porta alla fine degli anni '80 del Novecento, versa attualmente in uno stato di abbandono. L'ipogeo venne costruito all'ombra di una possente torre a pianta pentagonale, tra l'antemurale e la cortina difensiva più alta, secondo le leggi che vietavano le sepolture dentro le mura della città. A pianta rettangolare, con il tetto a spiovente, può essere datato alla prima metà del V secolo. All'interno sono stati rinvenuti affreschi parietali molto simili, per stile e iconografia, a quelli delle catacombe

cristiane, oltre a una serie di sarcofagi decorati a rilievo addossati alle pareti. Gli originali sono stati rimossi e si trovano al Museo Archeologico. I calchi in loco mostrano scene quali la consegna delle leggi a Mosè, una figura di orante femminile e la predica di Cristo ai dodici Apostoli. È questa l'unica testimonianza sopravvissuta di sepolture di alto rango nella Costantinopoli di questo periodo.

Aghiasma di Balıklı (I, E1, *f.p*). Legata all'antico convento di Pighi, si raggiunge percorrendo la strada che si apre di fronte alla Mevlana Kapı. La sorgente di Balıklı sarebbe stata consacrata alla Madre di Dio intorno al V secolo. L'imperatore Giustiniano avrebbe poi contribuito al restauro del monastero, con materiali eccedenti provenienti dal cantiere di S. Sofia. L'edificio fu varie volte distrutto da terremoti o incendiato durante le incursioni di cui furono spesso fatti oggetto i dintorni di Costantinopoli. Nel fondo del coro si trova ancora una scaletta che conduce a una cisterna sotterranea, dove nuotano dei pesci rossi, da cui il nome 'Balıklı' dato all'edificio.

Belgrat Kapı (I, E1). È l'antica porta di Xylokerkos, il cui nome attuale deriva dal fatto che Solimano il Magnifico fece insediare nelle sue vicinanze molti degli artigiani che aveva portato con sé da Belgrado dopo la presa della città, nel 1521. L'antica porta era stata in parte distrutta: si conservavano solo frammenti dell'apertura dell'arco e delle due torri quadrangolari laterali. Un'iscrizione consente di datare i primi lavori di restauro al regno di Costantino V, tra il 720 e il 740.
Nel successivo tratto la muraglia comprende 11 torri unite da cortine in ottimo stato. La prima e la terza torretta della cinta presentano un'iscrizione di Giovanni VIII Paleologo che attesta l'intervento di manutenzione compiuto nel 1434, per preparare le difese di Costantinopoli a resistere a una nuova ondata di assalti da parte degli Ottomani. In questo settore il muro di rinforzo è ancora in piedi.
Negli anni '80 del secolo scorso sono stati effettuati nuovi lavori di restauro, poco rispettosi dell'aspetto originario della porta e dei restauri antichi. Questo atteggiamento è emblematico degli interventi che hanno interessato nel complesso le mura terrestri. Oltre a utilizzare materiali nuovi che hanno occultato le strutture antiche, sono stati infatti introdotti ex novo dettagli, come rampe di accesso o merlature, la

cui esistenza non è archeologicamente provata.

Yedikule (I, F1). *Visita a pagamento, tutti i giorni tranne il mercoledì, dalle 9 alle 16. È utile una torcia elettrica.* Si accede al 'castello dalle Sette Torri' attraverso la **Yedikule Kapı** (I, F1), piccolo portale bizantino sormontato da un'aquila.

Il complesso, mescolanza di stili bizantino e ottomano, si presenta più come una cinta fortificata che come un vero e proprio castello; non ha mai avuto mastio né fossato e, all'interno, sorgevano solo un baraccamento per i comandanti della guarnigione, caserme per i soldati, e una piccola moschea, di cui permangono i resti del minareto.

La fortezza, sorta in epoca bizantina col nome di Strongylon, fu in seguito ricostruita e rinforzata con cinque torri. Altre due torri furono aggiunte verso la metà del XIV secolo e il castello prese il nome di Heptapyrghion, poi tradotto in Yedikule. All'epoca di Maometto II (XV secolo) fu utilizzato per conservare i tesori di Stato. In seguito trasformata in prigione, soprattutto per i diplomatici stranieri e per i prigionieri di guerra, la fortezza fu incendiata nel 1782 e quindi restaurata per volere del sultano Abdülhamit I.

La visita inizia dalla **torre est** (a sinistra), chiamata ancora 'torre delle iscrizioni', che servì da prigione. La scala, ricavata nello spessore della muraglia, permette di salire ai piani superiori e di raggiungere la cortina, larga circa 5 metri, protetta da un parapetto merlato. Procedendo lungo il cammino di ronda, si arriva alla torre sud, alta circa 20 metri. Poco prima di raggiungere la muraglia bizantina, la cortina è rafforzata da una torre semicircolare. Si scende poi nella corte, per attraversarla e raggiungere la **Porta Aurea** (di fronte all'ingresso attualmente in uso), monumentale arco di trionfo – l'unico di cui siano rimaste tracce – eretto contestualmente alle mura di epoca teodosiana. L'arco aveva tre aperture, la più ampia delle quali, posta al centro, era riservata al *basileus*. Due vasti piloni ospitano un piccolo presidio che affianca l'arco trionfale; successivamente, il grande arco monumentale fu fatto precedere da uno più piccolo, nel quale si apriva un unico accesso, ricavato nelle mura di Teodosio II. Poco prima della presa di Costantinopoli da parte dei Latini (1204), l'imperatore Isacco II Angelo fece probabilmente murare i tre archi della Porta Aurea, nel corso di lavori di rinforzo di questo tratto del sistema difensivo terrestre.

Nel pilone sud, a sinistra della Porta Aurea, si trova la sala delle esecuzioni, con i pozzi nei quali venivano gettate le teste dei condannati. La seconda torre bizantina che rafforzava la muraglia, incorporata nelle difese di Yedikule, fu anch'essa distrutta nel 1750, ma un restauro dell'edificio, forse sulla base della costruzione

bizantina, fu intrapreso durante il regno di Mahmut I (1730-54) e completato sotto il suo successore, Osman III. La visita si conclude nella torre nord, alta 20 metri e suddivisa in cinque piani.

L'ultimo tratto delle mura va da Yedikule alla cosiddetta **torre di Marmo** (Mermer Kule; I, F1), che deve il suo nome al rivestimento marmoreo del basamento e fu usata come prigione in epoca bizantina per essere poi trasformata in stabilimento della Zecca sotto gli Ottomani. Alta 30 metri, la torre, in origine padiglione marittimo dell'imperatore, sorge su un piccolo promontorio in riva al mare.

Prendendo a sinistra, un centinaio di metri avanti, si incontra la **posterula di Cristo**, situata nel punto d'incontro delle mura marittime (lungo il mare di Marmara) con quelle terrestri. Porta militare, che dava accesso solo alle fortificazioni, era così chiamata per il monogramma di Cristo che la sormonta. Tra la posterula e il mare, una torre pentagonale reca un'iscrizione relativa ai restauri compiuti dopo il terremoto del 975. Ai piedi della torre ci sono i resti del piccolo molo di sbarco del porticciolo della Porta Aurea.

İmrahor Camii (I, F1). Si raggiunge rientrando un poco, verso la Samatya caddesi. La ex moschea è ricavata in una chiesa – la più antica sopravvissuta a İstanbul – che un tempo faceva parte del monastero di S. Giovanni di Studios. Fondato nel 463 dal nobile Studios, il monastero era uno dei più importanti di Costantinopoli e, in occasione della disputa iconoclasta, si schierò a favore delle immagini, forse anche perché vi si svolgeva un'intensa attività di copiatura di antichi manoscritti e codici miniati, portata avanti per molti secoli salvo qualche periodo di interruzione forzata.

Il monastero apparteneva alla comunità di monaci Acemeti (cioè 'coloro che non dormono') dediti alla recita ininterrotta delle preghiere, tanto che si davano il turno giorno e notte per assicurare continuità alle orazioni. Nel 1293 la chiesa venne restaurata da Michele Paleologo e, sotto il sultano Beyazıt II, fu trasformata in moschea, mentre il monastero andava definitivamente in rovina. Pesantemente danneggiato dal terremoto del 1894, l'edificio venne poi abbandonato, ed è ancora in attesa di un adeguato restauro.

L'ingresso è dal cortile che ha, al centro, una fontana per le abluzioni. La chiesa si apre sul fondo, con un nartece colonnato ancora in piedi, dai bei capitelli corinzi. L'architrave è decorato con ghirlande di foglie d'acanto e girali vegetali. Sulla destra sorge il minareto, realizzato al momento della trasformazione della chiesa in moschea. Dal nartece si penetra nella chiesa propriamente detta attraverso cinque porte, tre delle quali comunicano con la navata centrale, mentre le altre due danno accesso alle navate laterali. Le tre navate erano originariamente separate da due file di sette colonne di breccia verde, alcune delle quali sono ancora in piedi. Il pavimento a mosaico, di cui si notano i frammenti, risale al restauro di Michele Paleologo.

A sud della moschea (sulla destra guardando l'abside) si trova una **cisterna** che faceva un tempo parte del convento e conserva ancora 24 colonne di granito sormontate da capitelli corinzi. Nei pressi della cisterna, un'aghiasma con due colonne antiche.

Tornando a percorrere l'ampio viale litoraneo Kennedy caddesi, detto anche Florya Sahil Yolu, si torna verso Eminönü meydanı (km 4), facendo il giro della punta del Serraglio. Si costeggia, dapprima, il porto di pesca di **Yenikapı**, identificato con l'antico porto di Eleuteres – costruito da Costantino il Grande, ma già nel V secolo semidistrutto da una serie di alluvioni – e quindi il porto di **Kumkapı** (ora mercato del pesce e vivace zona di ristoranti alla sera; I, E2-3), nell'area dell'antico porto Konstokalion, dall'atmosfera particolarmente vivace, per terminare quindi la passeggiata in Eminönü meydanı.

La Porta Aurea, l'unico arco di trionfo della città, coevo alle mura teodosiane

1.7 I quartieri di Galata e Beyoğlu

L'itinerario si dipana all'interno di Beyoğlu, l'antica Pera, cuore pulsante della città moderna, storicamente diviso in due parti: Galata, la zona collinare che digrada verso le sponde del Corno d'Oro, e Pera, la prosecuzione del rilievo oltre Galata che si snoda lungo l'attuale İstiklâl Caddesi (II, B-C-D 3-4) sino alla piazza di Taksim.

Gli Ottomani, come già in precedenza i Bizantini, avevano permesso agli stranieri di installare qui basi commerciali poste sotto il regime delle Capitolazioni (lasciando cioè ai consoli stranieri il compito di regolare la vita dei propri connazionali). La posizione neutrale mantenuta nel corso dell'assedio del 1453 evitò a Pera le rappresaglie di Mehmet II, che cercò, al contrario, di ingraziarsi i mercanti, limitandosi ad abbassare la torre di Galata e ad aprire una breccia nelle mura. Preso, secondo la tradizione, il nome di Beyoğlu ('figlio del Bey') da un principe bizantino convertito all'Islam che vi aveva fatto costruire una casa, a poco a poco il quartiere alto (Beyoğlu o Pera), soppiantò quello basso (Galata). Grandi palazzi, sede di ambasciate, furono costruiti nei pressi dell'ampia arteria (İstiklâl Caddesi) che attraversa Beyoğlu in tutta la sua lunghezza. Nel quartiere cosmopolita, che viveva all'occidentale, si installarono potenti banche e compagnie straniere ottennero la direzione dei servizi pubblici (porto, tram, gas, acqua, elettricità ecc.). Una vitalità anche culturale: all'inizio del secolo nei suoi tre teatri si rappresentavano gli spettacoli parigini di maggior successo.

Oggi la zona è tornata a essere il centro commerciale cittadino, con alberghi di lusso e strade animate da un'intensa attività commerciale di giorno e da innumerevoli luoghi di ritrovo di notte. La memoria della multietnica vita di Beyoğlu, che sembrava essere irrimediabilmente persa agli inizi degli anni '80 del Novecento, fu recuperata con la chiusura al traffico della İstiklâl Caddesi, l'antica gran rue de Pera, la più lunga strada pedonale della città. Un contributo al suo rilancio lo ha dato anche il ricollocamento (nel 1991) dello storico tramway elettrico al centro dell'arteria.

In autobus o a piedi, da Eminönü Meydanı si attraversa il ponte di Karaköy prendendo poi, a sinistra, la Tersane Caddesi. Visitati gli hanı nei dintorni e l'Arap Camii, si sale verso la Voyvoda Caddesi, oltre la quale alcune caratteristiche stradine conducono a Galata e, proseguendo la salita, alla İstiklâl Caddesi, da percorrere fino a Galatasaray o a Taksim. Si può scendere dall'altro lato della strada o imboccando una via parallela, fino alla Tünel Meydanı, dove una funicolare storica riporta in pochi minuti all'incrocio di Karaköy.

Ponte di Karaköy o di Galata (II, E-F 2-3).
Il ponte collega il quartiere di Galata a İstanbul vecchia: all'imboccatura del Corno d'Oro, in prossimità della punta del Serraglio. È, probabilmente, uno dei luoghi più panora-

Il quartiere di Galata, la zona collinare di İstanbul che digrada verso le sponde del Corno d'Oro

mici e spettacolari della città. Le migliaia di persone che lo attraversano quotidianamente e il caos automobilistico, che ne deriva, non sembrano disturbare i numerosi pescatori che indugiano sui suoi parapetti. Il ponte di Karaköy (da Caraiti, ebrei qui stabilitisi) rappresenta un punto di partenza ideale per un itinerario verso Galata o le sponde del Corno d'Oro e la città vecchia. Attraversandolo, il visitatore non solo potrà facilmente orientarsi con lo sguardo, ma avrà la possibilità di osservare un panorama che dalle coste asiatiche del Bosforo si estende sino al termine del Corno d'Oro.

Il primo ponte permanente venne realizzato nel 1845 per ordine della madre del sultano Abdülmeçit: si trattava di una costruzione di legno galleggiante, sostituita da una più resistente struttura metallica nel 1922. Nel 1992, però, in seguito ai gravi danni riportati in un incendio, lo storico ponte di Galata, con i suoi tradizionali locali di pesce e i piccoli caffè posti sotto la strada a livello dell'acqua, è stato smontato e sostituito da un più largo ed efficiente complesso lungo 484 metri e largo 42. Anche il nuovo ponte è stato recentemente abbellito con ristoranti e locali, ma lo charme della vecchia costruzione sembra ormai irrimediabilmente scomparso.

Tersane Caddesi. (II, E2-3) Imboccata la Tersane Caddesi, sulla sinistra si trova subito il **Rüstem Paşa Hanı** (II, E2-3), antico caravanserraglio creato per ospitare laboratori artigiani e magazzini all'ingrosso. Opera della seconda metà del Cinquecento dell'architetto Sinan, è interessante soprattutto per la curiosa scala, al centro del cortile, e per i rivestimenti in piastrelle di ceramica smaltata.

Proseguendo, si giunge, sulla destra, all'**Arap Camii** (II, E2), antica chiesa di S. Paolo (o S. Domenico), fondata secondo la tradizione da Moslema, generale del califfo omayyade al-Walid nel 715, all'epoca dell'assedio di Costantinopoli. Sede di un centro di culto cristiano già prima del XIII secolo, quando i Domenicani vi costruirono la loro chiesa, l'edificio fu trasformato in moschea poco dopo la Conquista. Il passaggio a volta sotto il campanile dà accesso al cortile.

Inoltrandosi nelle vie perpendicolari alla Tersane Caddesi che scendono verso il Corno d'Oro, si arriva al mare, dove si possono vedere piccoli cantieri navali, la cui esistenza è minacciata da un progetto di ristrutturazione del quartiere. Più in là, in direzione del ponte Atatürk si eleva la **Azapkapı Camii** (II, E2), moschea nota anche

Su e giù per İstanbul

Una visita a İstanbul non può considerarsi completa senza un viaggio sulla 'Tünel Meydanı' (II, E3; *in funzione nei giorni feriali dalle 7 alle 21, nei festivi dalle 7.30 alle 21*), la funicolare che collega Tersane Caddesi all'imbocco dell'İstiklâl Caddesi. Inaugurata nel 1875, percorre un tragitto relativamente breve ma con una notevole pendenza, che tocca il picco del 26%. I cittadini di İstanbul sono molto affezionati alla loro funicolare, considerata quasi come una linea metropolitana, tanto da raccontare ai turisti che si tratta della più antica del mondo.

col nome di Mehmet Paşa Camii, costruita nel 1577 da Sinan su richiesta di Sokollu Mehmet Paşa, gran visir di Solimano. Di fronte alla moschea è la monumentale porta che dà accesso all'Arsenale Marittimo (Tersane), detto Azapkapı. L'itinerario principale prosegue risalendo la Yolcuzade Caddesi e, a destra, la Okçumusa Caddesi e la Voyvoda Caddesi fino a incontrare sulla sinistra l'Eski Banka Sokağı, la 'via della vecchia banca', dove si trovano alcune antiche dimore franche: in una di queste nacque, il 30 ottobre 1762, il poeta francese Andrea Chénier, figlio di un commerciante di tessuti stabilitosi a İstanbul, in seguito console francese in Marocco.

Chiesa dei Ss. Pietro e Paolo (II, D-E3). Si raggiunge con una piccola deviazione 'ad anello', inoltrandosi sulla Galatakulesi Sokağı, una delle strade principali dell'antico quartiere di Galata, fiancheggiata da eleganti palazzi ottocenteschi in stile europeo. La chiesa, eretta nel 1604, nel secolo successivo fu distrutta due volte da incendi e ricostruita. All'interno ha alcune interessanti opere d'arte, quali una tavola raffigurante la Vergine, portata nel 1475 dalla Crimea e restaurata intorno al 1700, una graziosa statua di legno dipinto del XVIII secolo e un'icona, dalla bella cornice in argento dorato, il cui viso, secondo la leggenda, sarebbe stato dipinto da S. Luca.

Chiesa di S. Giorgio (II, E3). Completando il giro dell'isolato, senza arrivare subito alla Torre di Galata, si incontra l'edificio più volte incendiato e ricostruito, che oggi appartiene alla comunità tedesca forse fondata da S. Irene all'inizio del IX secolo. La chiesa attuale è del 1720. Il trono, forse di epoca tardo-bizantina, è adorno di intarsi d'avorio.

Chiesa di S. Benedetto (II, D-E3). Tornando sulla Voyvoda Caddesi si prosegue finché questa si trasforma in Kemeraltı Caddesi, ampia via dove sorge un grande liceo. All'interno, è la chiesa di S. Benedetto, un tempo parte dell'omonimo convento, fondato nel 1427 dai Benedettini, installatisi a Galata fin dal XIII secolo. Nel 1540 Francesco I, intercedendo con Solimano il Magnifico, ottenne che i Benedettini conservassero la chiesa, cui nel 1583 si aggiunse una scuola, aperta dai Gesuiti. Danneggiata da più incendi, la chiesa è particolarmente venerata dagli Ungheresi, poiché fino a poco tempo fa accoglieva le spoglie di Francesco II Rakocski, morto in esilio nel 1735 a Tekirdağ (vedi pag. 139) a 80 chilometri da İstanbul, che era stato l'artefice della sollevazione contro gli Asburgo.

Torre di Galata** (II, D3). *Visita a pagamento, salita in ascensore o scale.* Continuando a salire verso Beyoğlu, si raggiunge la piazza di Galata, dominata dall'omonima torre (Galata kulesi). La torre, alta 68 metri, è una struttura in muratura a pianta circolare, chiusa da un caratteristico tetto a cono. Un ascensore porta al penultimo piano, poi una rampa di scale conduce in cima, dove si trovano un ristorante con night-club e una galleria panoramica (*aperta dalle 9 alle*

La torre di Galata con il caratteristico tetto a cono e la balconata con vista sulla città

18). Alla base della torre stessa è aperto un piccolo ristorante con il giardino.

Costruita durante il regno dell'imperatore Anastasio I (491-518), fu distrutta nel 1261, subito dopo la firma del trattato di Nymphaeum, concluso tra Michele VIII Paleologo e i Genovesi, in base al quale questi ultimi erano autorizzati a stabilirsi a Galata. La torre, utilizzata per l'avvistamento delle navi, fu tuttavia ricostruita dai Genovesi nel 1348 col nome di torre di Cristo. Dopo la conquista, Mehmet II ne fece ridurre l'altezza di due piani e fu utilizzata come prigione. Sotto il regno di Murat III, dal 1575 al 1595, la torre divenne un osservatorio, trasformato poi, alla fine del periodo ottomano, in un posto di guardia contro gli incendi, funzione che svolse fino alla fine degli anni '70 del Novecento. Un'iscrizione all'ultimo piano, proprio all'uscita dell'ascensore, ricorda la curiosa impresa di un personaggio vissuto nel XVII secolo che, sfruttando le correnti d'aria, si lanciò dalla sommità munito di due grandi ali, riuscendo ad attraversare il Bosforo.

Dall'alto della torre si possono osservare i principali punti di interesse monumentale e paesaggistico di İstanbul. Ai piedi della Galata kulesi si estende il quartiere di Galata. Sull'altra riva del Corno d'Oro lo sguardo sorvola l'antica İstanbul, dalla punta del Serraglio al quartiere di Eminönü, dove spiccano i minareti e le grandi moschee di Solimano, la moschea Blu e la basilica di S. Sofia.

Dalla piazza della torre di Galata si diparte, in salita, la **Galip Dede Caddesi**, nota per i negozi di strumenti di musica tradizionale turca, ma anche occidentale. Nella parte alta della strada, ci si trova nel cortile del Tekke.

Tekke. Il monastero dei dervisci rotanti fu costruito da uno dei discendenti diretti di Mevlâna Rumi (vedi box a pag. 127) intorno al 1492. Si tratterebbe del più antico monastero cittadino di epoca ottomana. L'edificio attuale risale al 1796 ed è stato restaurato in diverse occasioni. Il Tekke ospita tuttora alcuni dervisci, mentre in fondo al cortile c'è la stanza dove, ancora oggi, hanno luogo le sedute di danza mistica. Il Tekke è, inoltre, sede di un piccolo museo dedicato alla 'Letteratura del Divano', ovvero le opere di alcuni dei più grandi poeti mistici di epoca ottomana.

Dal Tekke dei dervisci rotanti ci si dirige verso la Tünel Meydanı, la piazza di arrivo della funicolare e del tram che percorre la İstiklâl Caddesi.

Mevlâna Rumi e i dervisci rotanti

Mevlâna Celaleddîn Rumi (1207-1273) giunse in Turchia al seguito del padre, noto predicatore itinerante, che da Balk in Afghanistan si trasferì a Konya dove la presenza selgiuchide aveva cominciato ad attrarre artisti e persone di cultura legate al mondo islamico. Un discepolo del padre divenne la guida spirituale di Mevlâna, istruendolo nelle discipline teologiche. A Konya, Mevlâna fondò un ordine monastico mistico di ispirazione sufi. Mevlâna è oggi considerato il padre di una mistica la cui pratica è accompagnata dalla musica. Per il mondo islamico, in particolare, Mevlâna è un santo e un poeta il cui lirismo passionale culminò nella redazione del *Mesnevi*, un immenso poema di oltre 25 000 versi redatto in persiano, che doveva contenere i fondamenti guida per lo spirito, da osservare nel cammino di ascesa a Dio. La confraternita dei dervisci rotanti è nota, appunto, per la danza rotante (*samâ*), ancora oggi tradizione e appannaggio degli appartenenti al gruppo, che si propone come il manifesto visivo e musicale della mistica scritta *mevlevi*.

Si apre con un canto solenne di lode al profeta accompagnato da un solo strumento musicale, il flauto. Al termine dell'ode entrano i dervisci ed effettuano tre giri della sala, a simboleggiare i tre diversi modi di avvicinarsi a Dio: la contemplazione, la verità e l'unione. A questo punto i dervisci, gettato il nero mantello a sottolineare la loro resurrezione spirituale, iniziano a ruotare con la mano destra puntata verso il cielo per ricevere la grazia divina, che viene portata in terra simbolicamente dalla mano sinistra orientata verso il basso. Ruotando vorticosamente su se stessi, i 'monaci' più abili inarcano armoniosamente il corpo e, spingendosi verso il centro della sala, riescono ad avvicinarsi spiritualmente a quell'unione mistica con Dio che è l'obiettivo della loro contemplazione.

İstiklâl Caddesi (II, B-D 3-4). Un tempo nota come la 'grand rue de Pera', era la strada principale del quartiere omonimo che si estendeva, con campi, orti e cimiteri poco oltre la torre di Galata, bastione estremo della zona. Con il tempo, e soprattutto dopo la conquista ottomana della città, anche il distretto di Pera iniziò a urbanizzarsi, acquisendo caratteristiche residenziali e ospitando le sedi delle rappresentanze diplomatiche occidentali presso i sultani. Con l'avvento della Repubblica turca nel 1923, le sedi diplomatiche vennero trasferite nella nuova capitale Ankara e la denominazione della strada fu trasformata in İstiklâl Caddesi ('viale dell'Indipendenza'), mentre il quartiere assunse il nome di Beyoğlu. Rimane memoria di queste storiche presenze negli edifici che ancora oggi si ammirano passeggiando per la più lunga e affollata strada pedonale della moderna İstanbul. Tra i tanti va citata l'**antica ambasciata di Russia**, primo progetto in città dei fratelli svizzeri Fossati, realizzata nel 1837. I Fossati, che avevano lavorato alle dipendenze dello zar, si occuparono un decennio più tardi dei restauri di S. Sofia. Al civico 431, al fondo di una rampa di scale, un portale dà accesso alla **chiesa di S. Maria Draperis** (II, C3), eretta nel 1678 ma più volte distrutta e riedificata. L'edificio attuale risale al 1769, pur conservando vestigia del luogo di culto consacrato dai Francescani dell'Osservanza nel 1584, anno in cui Clara Draperis donò loro una casa in legno che include una cappella. Qui si conservava la preziosa immagine della Vergine, intagliata nel legno e oggetto di venerazione, tuttora al di sotto dell'altare maggiore.

Proseguendo per la via ci si imbatte in una stradina che scende a destra, la Tomtom Kaptan Sokağı, e si giunge al palazzo di Venezia, che oggi ospita il consolato italiano. Di fronte, s'intravede una graziosa facciata: è il **palazzo di Francia** (II, C3), costruito intorno a metà Ottocento sull'area assegnata nel 1535 da Solimano ai rappresentanti della Francia e circondato da bei giardini.

Tornati alla strada principale e proseguendo verso il liceo Galatasaray si incontra la **chiesa di S. Antonio**, patrimonio dell'ordine francescano. Dotata di una facciata composta in stile gotico veneziano, con mattoni rossi e marmo, venne costruita nel 1725 ed è la più grande chiesa di rito romano-cattolico della città. L'edificio nella sua forma attuale data, tuttavia, al 1913 ed è anch'esso in stile gotico. Le campane della chiesa di S. Antonio fanno udire nel quartiere i propri rintocchi almeno tre volte al giorno.

Galatasaray: il cuore giallo-rosso di Beyoğlu

Nell'autunno del 1905 venne fondato il primo club sportivo della città e dell'impero ottomano, il Galatasaray. La sede originaria del club era in una latteria, proprietà di un bulgaro, che sorgeva non lontana dall'omonimo liceo. Nell'atto di fondazione del Galatasaray è contenuto il manifesto ideologico e sportivo della squadra: praticare un gioco all'inglese, avere, oltre a un nome, dei colori propri – il giallo e il rosso – e sconfiggere le squadre non turche. Da allora il Galatasaray è stata la prima squadra turca ad aver battuto una squadra straniera, l'unica ad aver conquistato il titolo di Campione d'Europa e, nel complesso, quella che ha vinto di più: una coppa UEFA nel 2000 senza subire sconfitte e 15 campionati nazionali. Per questo prestigioso palmarès il Galatasaray, insieme ai bianconeri del Besiktas, è una delle squadre di calcio più amate a İstanbul e in Turchia.

Liceo Galatasaray (II, C3). È l'unica fermata intermedia del tram lungo la İstiklâl Caddesi. Nonostante gli edifici, con il loro stile ornato (come il cancello d'ingresso), datino all'inizio del '900, il liceo è una delle istituzioni educative più antiche della città. Fu fondato, infatti, dal sultano Beyazit II alla fine del XV secolo come scuola per i paggi del palazzo di Topkapı. Dopo alcuni secoli in cui l'importanza dell'istituzione conobbe alterne fortune, nel 1868 la scuola fu riorganizzata dal sultano Abdül Aziz, secondo un modello educativo francese. Da quel momento il liceo, che continua a utilizzare il francese come lingua di istruzione primaria, è divenuta l'istituzione più prestigiosa, dove si è formata l'élite della società turca.

Chi vuole assaporare l'atmosfera dei vicoli di İstanbul, non deve perdersi il **Çiçek Pasajı**, il 'passaggio dei Fiori'. La *Nevizade Sokak*, una traversa del Çiçek Pasajı, è una distesa di ristoranti, che servono specialità locali. Nel quartiere di Cukurcuma, alle spalle del Liceo Galatasaray, negozi di antiquari e anticaglie, provenienti da ogni parte del mondo.

Meşrutiyet Caddesi (II, C-D3). Dal liceo Galatasaray è consigliabile un'altra deviazione imboccando, sul lato opposto della strada, la Hamabaşi Caddesi e svoltando poi a sinistra. Lasciata sulla destra una delle uscite laterali del Çiçek Pasajı, si osserverà l'edificio dell'**Ambasciata inglese**, realizzato nel 1845 in stile rinascimentale italiano da Sir Charles Barry, lo stesso architetto che ha progettato il Parlamento a Londra. La Meşrutiyet Caddesi conduce alla collina di Tepebaşi dove, nei giardini che si affacciano sul Corno d'Oro, si trovava un tempo l'Opera della città. Di fronte ai giardini, al numero 161, è la sede dell'Istituto Italiano di Cultura, edificio ot-

Il Museo Rahmi M. Koç

Memoria e simbolo dell'intenso processo di industrializzazione che ha interessato la città dal XIX secolo, il Museo Rahmi M. Koç (II, B1 fp; Hasköy Caddesi 27, Hasköy, tel. 2122976639, fax 2122976637, www.rmk-museum.org.tr; *visita dalle 10 alle 17 da martedì a venerdì, dalle 10 alle 19 sabato e domenica; chiuso il lunedì*) sorge nella zona di Hasköy, sulle rive del Corno d'Oro, che per la presenza di una serie di Lengerhane o approdi, cantieri e depositi marittimi è stata il centro di questo sviluppo. Il museo, inaugurato nel 1994 e allestito in alcuni dei più imponenti padiglioni della Lengerhane ristrutturati allo scopo, ospita mostre di tecnica, tecnologia e industria legate alla storia della Turchia. Tra gli oggetti in esposizione: un sottomarino americano classe 1944; una delle autoambulanze più antiche (Scozia 1899); la famosa moto appartenuta a Lawrence d'Arabia, insieme alle prime lavatrici prodotte in Turchia e alle autovetture FIAT assemblate nelle fabbriche di Bursa.
La visita non è concepita in modo statico: il visitatore è chiamato a stabilire continuamente un rapporto interattivo con gli oggetti e con lo spazio che li contiene. Istituzione tra le più all'avanguardia della città di İstanbul, il Museo Rahmi M. Koç ha inoltre operato un brillante e attento recupero di grandi padiglioni di archeologia industriale e punta alla trasformazione e al miglioramento del quartiere circostante.

tocentesco che ancora mostra sull'ingresso lo stemma sabaudo.

Più avanti si trova uno degli alberghi più noti al mondo, il **Pera Palace**. Costruito nel 1876 per ospitare i viaggiatori dell'Orient Express, mantiene intatto il suo charme, dovuto alla commistione di elementi europei e orientaleggianti. Tra il 1926 e il 1932 vi soggiornò Agatha Christie: pare che al Pera Palace la scrittrice abbia concepito alcuni dei suoi capolavori, come *Assassinio sull'Orient Express*. Oggi l'albergo, ristrutturato, è entrato a far parte del mito, anche grazie alla leggenda secondo cui, nella stanza 411, sarebbe nascosta la chiave per accedere al luogo dove è conservato il diario della grande scrittrice, mai ritrovato.

Altri personaggi, tra i più famosi della storia degli ultimi cento anni, hanno soggiornato al Pera Palace. Sulla porta delle camere in cui hanno pernottato è affissa una targhetta commemorativa: la stanza 101, dove alloggiava Atatürk, è stata trasformata in un piccolo museo; la 103 fu appannaggio di Greta Garbo, e accanto, nella 104, sostò Mata Hari.

Taksim Meydanı (II, B5). Ripresa l'İstiklâl Caddesi e percorsa fino in fondo, si sbocca nella Taksim Meydanı: la piazza è il cuore delle cerimonie ufficiali che si svolgono a İstanbul, grazie alla presenza del monumento a Mustafa Kemàl e ai Caduti della Guerra d'Indipendenza (1919-22), realizzato nel 1928 dall'italiano Pietro Canonica.

Da qui ci si può recare all'estremità settentrionale dell'area verde tra Taksim Meydanı, a ovest, e il palazzo Dolmabahçe, a est, nei pressi dello Spor ve Sergi Sarayı, arena coperta per manifestazioni sportive e spettacoli, raggiungibile (1200 metri) percorrendo Cumhuriyet Caddesi fin oltre l'Hilton e proseguendo per la prima traversa a destra dopo Radio Evi, edificio sede di Radio İstanbul. Vi sorge il **Museo Militare** (Askeri Müze; I, B4; *visita dalle 9 alle 17, chiuso il lunedì e il martedì, ingresso a pagamento*), che documenta la storia militare dell'impero ottomano. Tra le collezioni si segnalano armi, uniformi militari di epoche diverse, stendardi da battaglia. I pezzi più interessanti sono i *sayebanlar*, sontuose tende ricamate in oro e argento, che venivano montate sul campo come quartier generale del sultano. Fate in modo di trovarvi lì tra le 15 e le 16 in un giorno tra mercoledì e domenica, quando la fanfara si esibisce in un concerto di musica militare turca, indossando le divise del corpo dei Giannizzeri (sciolto nel 1826), le guardie dei sultani.

Da Taksim, si può tornare a Eminönü Meydanı con un autobus, o arrivare a piedi fino alla Tünel Meydanı. La funicolare riporta all'incrocio di Karaköy e attraversato il ponte a Eminönü Meydanı.

1.8 Le sponde del Bosforo

Quest'itinerario piacevole e rilassante (ma non dimenticate che, nei giorni festivi o nel fine settimana, lungo le rive si riversa un intenso movimento turistico locale) consente di ammirare bei paesaggi, caratterizzati da sontuosi palazzi e yalì. Il percorso (in cui vengono distinte la visita della riva asiatica e di quella europea) può essere effettuato sia in auto sia con imbarcazioni. Nel primo caso, è necessario usare grande prudenza, soprattutto all'uscita e all'ingresso del centro di İstanbul, dove il traffico è assai caotico. Il tragitto automobilistico lungo la riva europea (di circa 30 km) inizia a Eminönü Meydanı (I, D3), attraversa il ponte di Galata (II, F3), prosegue lungo la Necatibey Caddesi e percorre quindi la Meclisi Mebusan Caddesi fino a Dolmabahçe. Da qui raggiunge Ortaköy e il primo ponte sul Bosforo (I, B6) per poi proseguire fino a Kylios, sulle sponde del mar Nero. Per la visita lungo la riva asiatica è opportuno ripartire da İstanbul (Taksim/Eminönü), seguire la direzione per Beşiktaş e imboccare il grande viale in salita, Barbaros Bulvari, che dopo l'Yildiz Park, sulla destra segnala l'ingresso al primo ponte sul Bosforo (Boğaziçi Köprüsü). Presa quindi l'uscita della E80 – la superstrada che attraversa il Bosforo e prosegue in direzione Izmit-Ankara – in direzione Üsküdar, si prosegue a destra verso nord-est, lungo la Burhaniye Abdullah Caddesi. La gita termina ad Anadolu Kavagi (km 22).

Riva europea

Kılıç Ali Paşa Camii (II, D4). Attraversato il Corno d'Oro sul ponte di Galata, si raggiunge la Karaköy Meydani (II, E3) e si segue lungo la Necatibey Caddesi. Al termine della via, sulla destra, sorge la cinquecentesca moschea, realizzata nel 1580 su progetto dell'architetto Sinan; l'edificio è l'unico, tra i tanti realizzati dal grande architetto, a replicare la pianta della bizantina S. Sofia. Nell'attiguo giardinetto, sulla sinistra, si trova la tomba (türbe) del fondatore del santuario, Kılıç Ali Paşa, soprannominato il 're dei mari', interessante personaggio della corte di Solimano il Magnifico (vedi box a pag. 131).

Il complesso, un tempo isolato, è oggi circondato da costruzioni, giacché la riva del Bosforo è arretrata di circa 200 metri in seguito a imponenti lavori di terrazzamento. Non lontano dalla moschea, all'incrocio con la Boyazkesen Caddesi c'è una delle più famose fontane barocche della città, la **Tophane Çeşmesi** (II, D4), realizzata da Ahmet III (1703-30) e ricostruita nel 1732 da Mahmut I. Poco oltre, sulla destra, è l'ottocentesca Nusretiye Camii (II, D4), la 'moschea della vittoria', fatta erigere tra il 1822 e 1826 in forme barocco-impero, su commissone di Maometto II (e a opera dell'architetto armeno Kirkor Balyan) per celebrare lo sterminio dei Giannizzeri.

Dolmabahçe Sarayı* (II, B6; arrivando in battello, fermata Beşiktaş, la successiva è Kanlıca sulla sponda asiatica. *Visita guidata a gruppi dalle 9 alle 16; chiuso il lunedì e il giovedì; ingresso e foto a pagamento*). Poco oltre la piccola moschea barocca di Dolmabahçe, opera dell'architetto Baylan, si erge il più vasto palazzo ottomano del Bosforo, situato in mezzo a bei giardini nei quali si può passeggiare, evitando tuttavia di avvicinarsi alla riva dello stretto, per il divieto posto dal Ministero della Difesa, cui l'edificio appartiene. L'attuale palazzo, residenza imperiale degli ultimi sultani ottomani e destinato a residenza presidenziale dal 1923, anno della proclamazione della Repubblica, è stato costruito nella prima metà dell'Ottocento per volere del sultano Abdülmeçit e su progetto dell'architetto Balyan La monumentale facciata in marmo bianco, lunga oltre 240 metri, si apre al Bosforo e al giardino, chiuso da un'elegante inferriata con pilastri marmorei. Centrale, rispetto all'articolazione del complesso (di oltre 280 stanze) è il salone del trono, ambiente a pianta cruciforme, coperto da una vasta cupola da cui pende un immenso lampadario di cristallo, dono della regina Vittoria. Tutti gli interni del palazzo colpiscono, comunque, per la profusione di marmi e cristalli e per i sontuosi arredi barocchi raccolti in tutta Europa. Particolari sono la scala di cristallo e il bagno interamente in alabastro. Tutti i 156 orologi del palazzo sono fermi sulle 9.05, ora in cui, il 10 novembre 1938, morì Atatürk, che qui trascorse gli ultimi giorni della sua vita.

Museo della Marina (I, C5; Hayrettin Iskelesi sok. 80690, Beşiktaşő tel. 223274345, 2123274346, www.dzkk.tsk.mil.tr. *Visita a pagamento dalle 9 alle 12.30 e dalle 13.30 alle 17; la vendita dei biglietti termina alle 16; chiuso il lunedì e il martedì*). Chiamato in turco Deniz Müzesi, è ospitato in un edificio accanto al Dolmabahçe Sarayı. Conserva soprattutto armi, tra cui una colubrina a forma di drago alato presa all'assedio di Vienna del 1529, oggetti appartenuti all'ammiraglio e corsaro Khayr ed-Din Barbarossa, nonché grandi caicchi imperiali e un galeone a tre ponti con 136 cannoni, oltre a una copia dell'antica mappa della costa del Nord America, realizzata nella prima metà del Cinquecento dal cartografo turco Piri Reis. La mappa originale è custodita nel palazzo di Topkapı.

Yıldız Parkı

Proseguendo dal Museo della Marina lungo la Çırağan Caddesi (I, B5) si passa un ponte che, all'interno di una vasta area a parco, univa il Çırağan Sarayı, un palazzo costruito nel 1874 da uno degli ultimi sultani, recentemente ristrutturato e trasformato in albergo di gran lusso, all'Yıldız Sarayı (I, B5; km 2.5; entrata a sinistra di Mecidiye; *visita a pagamento per vettura e per persona dalle 9 alle 18*). Nello splendido parco rimangono vari padiglioni del palazzo di Yıldız, dimora

Il Dolmabahçe Sarayı, ultima residenza dei sultani ottomani, poi residenza presidenziale

Il 're dei mari'

Di origine italiana, forse nato in Calabria come Giovanni Dionigi Galeni, Kılıç Ali Paşa fu catturato ancora molto giovane dai pirati algerini e passò i successivi 14 anni a lavorare come schiavo sulle galere. Recuperata la libertà, entrò al servizio di Solimano il Magnifico come bucaniere e si convertì all'Islam cambiando il proprio nome. Distintosi in numerosi combattimenti navali, e in particolare nella battaglia di Lepanto (1571), venne nominato da Selim II (1566-74) grande ammiraglio e governatore di Algeri. In quest'ultima veste ebbe modo di conoscere lo scrittore spagnolo Miguel Cervantes, a sua volta catturato dai pirati nel 1575 mentre si trovava in viaggio per mare. A Kılıç Ali (Ucciali) Cervantes accenna nei capitoli 39 e 40 del suo *Don Chisciotte*. Stabilitosi a İstanbul, l'ammiraglio incontrò non poche difficoltà nel trovare un luogo dove erigere una moschea che perpetuasse la sua memoria. Secondo la tradizione, infatti, il sultano Murat III (1574-95), indispettito per il titolo di 're del mare' (in arabo amir al-bahr) di cui si fregiava Kılıç Ali Paşa, quando questi gli chiese un terreno per il suo progetto, gli rispose che, dal momento che era 're del mare', sul mare avrebbe dovuto costruire la sua moschea. Dopo varie ricerche, l'ammiraglio scelse dunque un'insenatura sulla riva del Bosforo, la fece riempire di terra e vi edificò la moschea. L'edificio è uno degli ultimi progetti di Sinan, allora novantenne.

prediletta del sultano Abdülhamit II che fece realizzare diversi edifici e abbellire il parco con rare essenze e corsi d'acqua, laghetti e cascatelle. Risalendo la collina si incontra il **Çadir Köşkü** realizzato nel 1870 quale luogo di sosta e riposo del sultano. In cima alla collina sono il **Malta Köşkü**, uno dei padiglioni dell'eccentrico complesso residenziale, in stile neoclassico con ricchi arredi di marmo (si può sostare per un tè) e lo **Chalet Köşkü** (*visita tutti i giorni dalle 9.30 alle 17; chiuso il lunedì e il giovedì*), padiglione per gli ospiti (64 stanze) realizzato in occasione della visita del Kaiser Guglielmo nel 1882 e ampliato nel 1898 dal sultano Abdülhamit II. Tra gli altri edifici del parco è anche l'elegante **Merasim Köşkü**, o padiglione delle cerimonie, che ospita in un'ala restaurata nel 1988, il **Museo della città di İstanbul** (İstanbul Şehir Müzesi; *visita dalle 9 alle 16.30; chiuso il giovedì*).

Ortaköy

Sino a qualche decennio addietro sobborgo della città, ormai pienamente integrato nella metropoli, Ortaköy (fermata del traghetto; il nome significa 'villaggio di mezzo') conserva caratteristiche di piccolo villaggio a 4 km dal centro storico. Oggi il quartiere è parzialmente 'coperto' dal primo ponte sul Bosforo (I, B6; senza possibilità di accesso da Ortaköy), una grandiosa opera inaugurata nel 1973 in occasione del cinquantesimo anniversario della fondazione della Repubblica turca. È il ponte sospeso più lungo d'Europa, il quarto nel mondo. Realizzato da una società an-

glo-tedesca, misura 1560 m di lunghezza (con 1074 m di distanza tra i due piloni), e 33.4 m di larghezza. Il piano stradale corre a 64 m sul livello del mare, mentre i due piloni sono alti ben 165 metri. Vecchie case ben restaurate caratterizzano questo villaggio, frequentato a qualsiasi ora del giorno, per i caratteristici locali, le gallerie d'arte, e gli atelier di giovani artigiani (tutti i giorni si tiene un variopinto mercatino all'aperto). Dalla punta Defterdar riflette nelle acque del Bosforo l'elegante sagoma bianca della moschea, ricostruita nel 1855 dall'architetto Balyan.

Arnavutköy

Posto che ci si muova in auto, poco oltre il primo ponte sul Bosforo, a 6 km dal centro storico, si raggiunge il 'villaggio degli albanesi', noto per le caratteristiche case di legno, che contraddistinguono la zona superiore, e per i lussuosi yali, lungo la strada costiera. Nella parte alta del villaggio si trova il campus dell'Università del Bosforo che, dal 1971, occupa gli edifici del Robert's College, una delle scuole più prestigiose del Paese, fondata nel 1871 come collegio americano per ragazze, ora aperto anche ai ragazzi. Una bella passeggiata lungo la strada costiera vi condurrà all'elegante quartiere di Bebek.

Bebek

A 8 km dal centro di İstanbul, l'abitato di Bebek è situato nella baia omonima e, con il suo porticciolo di caicchi in legno, è uno dei punti più panoramici del Bosforo. Prima di arrivare al piccolo porto spicca, sulla destra, l'imponente costruzione del Consolato egiziano, costruito al volgere dell'800 dall'architetto italiano Raimondo d'Aronco.

Rumeli Hisarı

Percorsi 9 km dal centro di İstanbul, ecco il piccolo villaggio immerso nel verde con le case disposte lungo i fianchi della collina. Lo domina lo straordinario **Rumeli Hisarı***, il 'castello d'Europa'* (*visita a pagamento dalle 10 alle 17; chiuso il lunedì; in estate, sede di concerti*), sorto a controllo del punto più stretto del Bosforo, fu voluto da Maometto II nel 1452, un anno prima della presa di Costantinopoli. Un migliaio di muratori e altrettanti operai furono impiegati per realizzare l'opera, compiuta in tre mesi. Dopo l'incendio del 1746, che distrusse il villaggio di Rumeli Hisarı, il sultano Mahmut I fece restaurare il castello e la moschea.

La massiccia cinta fortificata si compone di tre torrioni principali, collegati da bastioni merlati. Sei torrette vennero a rinforzare i punti più deboli della fortezza; nella muratura si trovano inseriti numerosi frammenti provenienti da edifici antichi: colonne, architravi, capitelli. La fortezza comunicava con l'esterno attraverso cinque porte; le più importanti erano quella a ovest, verso la montagna, e quella a est, verso il Bosforo. È da quest'ultima che si entra, dopo aver superato un barbacane dove Maometto II fece piazzare una ventina di grossi pezzi d'artiglieria che potevano sparare a fior d'acqua, in modo da tenere sotto tiro tutte le imbarcazioni che navigavano nelle acque del Bosforo. L'ingresso attuale si trova sotto la torre orientale, alta 23.3 m e con un diametro di poco inferiore. Di fronte alla porta d'ingresso, a un livello più alto, sono le rovine della moschea costruita per i Giannizzeri; all'interno, a causa del terreno molto scosceso, il pavimento venne livellato mediante dei terrazzamenti. La torre settentrionale, sulla destra entrando, è la più massiccia e imponente. Alta 28 m e con un diametro di circa 24, è sezionata in sette piani, mentre la

torre meridionale, posta nella parte più elevata del complesso, si ferma al quinto piano. Nei pressi della torre settentrionale sembra si trovasse la roccia sulla quale, nel v secolo a.C., Dario I fece erigere il trono da cui osservò la sfilata delle truppe persiane, che da questo punto si accingevano a traversare il Bosforo su un ponte di barche, dirette in Tracia a combattere gli Sciti. Il secondo ponte sul Bosforo (Fatih Sultan Mehmet Köprüsü) si trova alla fine del quartiere di Rumeli Hisarı. Il ponte, supera lo stretto tra le colline sovrastanti le due fortezze; inaugurato nel 1988, è lungo 1480 metri, con un'arcata principale di 1090.

Da Emirgan a Kilyos

Poco più avanti, a 10.5 km dal cuore della città, **Emirgan**, l'antica Kyparodes, è uno dei luoghi favoriti per le passeggiate fuori porta degli abitanti di İstanbul. L'abitato è famoso soprattutto per il giardino dei tulipani (autobus diretti da Eminönü). Vicino alla piazza principale è la moschea barocca eretta nel 1781. Ad Emirgan, lungo la strada costiera, è stato inaugurato non molti anni fa il Museo Sakıp Sabancı, che consta di una ottima collezione di calligrafia ottomana e una notevole raccolta di opere di pittori turchi e ospita mostre temporanee, *dal martedì al venerdì dalle 10 alle 18, fine settimana dalle 11 alle 18*; tel. 2122772200, muze.sabanciuniv.edu).

A 14 km dalla partenza **İstinye**, un tempo grazioso villaggio sviluppato intorno a una profonda baia, impreziosito da splendidi yalı, oggi è rinomato per i ristoranti di pesce. Al 15° km, **Yeniköy**, costituisce la terza fermata del *vapur*. La 'città nuova', nota in epoca bizantina come *Neapolis*, è un villaggio alle pendici di una collina di vigneti, caratterizzato da eleganti yalı e chiese cristiane (di cui 3 greco-ortodosse). Superato il promontorio di Yeniköy, si raggiunge la baia di Kalender, le cui rive sono state erose dalla forte corrente.

Tarabya (dal greco *terapia*, soprannome dato al villaggio dal patriarca Attico per la salubrità dell'aria), è a 18 km da İstanbul: un moderno e mondano quartiere suburbano residenziale, sino a qualche anno fa località di vacanze estive per gli abitanti della metropoli. La baia di Tarabya fu in varie occasioni teatro di scontri tra la flotta ve-

I bastioni merlati del castello di Rumeli Hisarı

neziana e quella genovese, all'epoca in cui le due città si disputavano l'egemonia dei commerci nel mar Egeo e nel mar Nero. Nel XVIII e XIX secolo Tarabya fu il luogo d'incontro preferito dalla buona società di Fener. La parte nord-occidentale dell'abitato si stende lungo una riva rettilinea ai piedi di una grande collina. Vi sopravvivono tracce dei palazzi estivi, un tempo dipendenti dalle ambasciate straniere a İstanbul.

Anche **Büyükdere** (fermata traghetti), al km 21, è un grazioso centro in fondo alla baia di Tarabya, dove si può vedere ancora qualche vecchia casa di legno (*yalı*). Lungo Büyükdere Piyasa Caddesi, lo *Azaryan Yalısı*, imponente dimora costruita al volgere del XIX secolo, ospita il Sadberk Hanım Müzesi, (*orario dal giovedì al martedì dalle 10 alle 17, chiuso mercoledì*, tel. 2122423813, www.sadberkhanimmuzesi. org.tr), collezione privata di reperti dell'età del bronzo, di epoca romana e dell'antichità greca, oltre ad abiti e oggetti di lusso dell'artigianato ottomano.

Nei dintorni di Büyükdere, inoltrandosi in auto si possono visitare alcuni insediamenti di un certo interesse ambientale. All'ingresso dell'abitato diverge a sinistra la strada che risale una vallata ricca di boschetti di platani e cipressi. Dopo 5 km superato l'**acquedotto di Mahmut I**, del 1732, si prende a sinistra la strada per **Kemerburgaz** (km 9), dove si trovano gli acquedotti detti *Uzunkemer* ed *Eğrikemer*, poderose opere di ingegneria idraulica realizzate da Sinan nel XVI secolo. Percorsi 10 km si giunge a **Belgrat**, l'antica Petra, che prese il suo nome attuale quando, dopo la presa di Belgrado del 1521, Solimano il Magnifico vi insediò una parte dei Serbi deportati. Il villaggio, oggi in rovina, è nel cuore della grande Foresta di Belgrado, unica esistente nei dintorni di İstanbul oltre che la più ampia nella parte europea del Bosforo, che offre ampi spazi per passeggiate. Prendendo la strada che da Çayırbaşı si inoltra lungo la valle di Büyükdere si arriva alla Foresta dopo appena 3 km circa.

Ritornando a Büyükdere e proseguendo lungo lo stretto, al km 22 si raggiunge **Sarıyer**, l'antica Simas, il più importante porto dello stretto, attraente anche per i numerosi ristoranti di ottimo pesce. Poco oltre, superato il km 25, si passa per **Yenimahalle** e, dopo 3 km, si giunge a **Rumeli Kavağı**. Tra i due piccoli villaggi di pescatori, il secondo si distingue perché dominato da una fortezza bizantina: tra questa e quella che la fronteggia sulla sponda asiatica, ad Anadolu Kavağı (ultima tappa della crociera; vedi pag. 134), veniva tesa una catena, per impedire che qualche imbarca-

zione sfuggisse al dazio. Nel XIV secolo i Genovesi si impadronirono di entrambe le fortezze, ma furono poi a loro volta sconfitti dagli Ottomani.

L'itinerario sulla riva europea termina a **Kilyos**, piccolo villaggio di pescatori con splendida spiaggia di sabbia sul mar Nero. Per proseguire la visita lungo la riva asiatica è opportuno ritornare indietro, verso il centro di İstanbul (Taksim/Eminönü), percorrendo la strada che passa dalle alture che dominano il Bosforo, girando a sinistra all'ingresso di Büyükdere. Alla riva asiatica si approda con l'autostrada E80, seguendo la direzione İzmit-Ankara (a sinistra) e percorrendo il ponte sul Bosforo più vicino a İstanbul.

Riva asiatica

Beylerbeyi Sarayı

A poca distanza dal ponte sul Bosforo, che lo domina, sorge il **Beylerbeyi Sarayı** (I, B6; *visita guidata dalle 9.30 alle 16 in inverno e alle 17 in estate; chiuso il lunedì e il giovedì*; tel. 2163219320; per informazioni su questo e gli altri palazzi ottomani aperti al pubblico: tel. 2122369000 o www.millisaray lar.gov.tr). Si tratta del più grande e lussuoso palazzo di epoca ottomana edificato sulla sponda asiatica del Bosforo. Voluto dal sultano Abülaziz nel 1864, è il riflesso del gusto per il mare del suo committente. Usato come residenza estiva e per ospitare dignitari in visita, il palazzo di Beylerbey è immerso in uno splendido giardino a diretto contatto con le acque del Bosforo. Realizzato da Sarkis Balyan come residenza per i capi di Stato e le personalità in visita ufficiale a İstanbul, si estende su una superficie di 3000 mq e include 24 camere e 6 saloni. La maggior parte degli oggetti che ornavano il palazzo (mobili, tappeti, soprammobili, quadri e perfino il servizio da caffè utilizzato da Atatürk) è perfettamente conservata.

La visita inizia dal piano terreno con lo scalone monumentale, il salone centrale dotato di fontana e altri ambienti con rivestimenti in legno dorato e mobili d'epoca; al primo piano, si trovavano lo studio del sultano, la sala del Consiglio e numerose camere. L'imperatrice Eugenia di Francia, diretta a Suez per l'inaugurazione del canale, vi sostò nel 1869 per oltre tre mesi. Tra gli annessi spiccano le scuderie ben tenute. Sul terrazzamento superiore, a sinistra delle scuderie, si trova un grazioso padiglione di caccia.

Da Kandilli a Hünkar

Tra Beylerbey e Kandilli, si affaccia sul mare un edificio monumentale a pianta rettangolare, segnato da due torri con coperture coniche appariscenti. Si tratta della Scuola Ufficiali di Marina di Kuleli costruita intorno al 1800 dal Sultano Selim III.

Allontanandosi in auto 7 km da İstanbul si giunge a **Kandilli**, l'antica Perriron, sulla riva del Bosforo, in un tratto in cui le correnti sono molto forti. L'abitato è noto per i suoi yalı, tra cui spicca quello degli Ostrorog, dal '700 di proprietà della stessa famiglia levantina francese. Vi soggiornò lo scrittore francese Pierre Loti al volgere dell'Ottocento. Di interesse architettonico è pure il piccolo **palazzo di Göksu** o di Küçüksu (*visita a pagamento dalle 9.30 alle 16; chiuso il lunedì e il giovedì*), grazioso edificio rococò costruito nel 1856 da Abdülmeçit sulla sponda del Bosforo, nell'area su cui sorgeva un padiglione del XVIII secolo. Il piccolo 'successore' fu eretto sul fertile delta che si estendeva tra il Büyük Göksu Deresi (grande corrente del Cielo) e il Küçük Göksu Deresi (piccola corrente del cielo), due torrenti che si riversavano nelle acque del Bosforo. Restaurato negli anni Settanta è oggi un museo. Nella parte sud del palazzo è collocata una delle più belle fontane di stile barocco della città (1796 per il sultano Selim III che la dedicò alla sua adorata madre).

Kanlıca (seconda fermata del *vapur*), l'antica Glarus, 10.5 km fuori città, conserva sulla piazzetta nei pressi dell'imbarcadero la moschea costruita nel 1559-60 da Sinan per İskender Paşa, visir di Solimano il Magnifico.

Al km 12.5 si entra a **Çubuklu**, villaggio in cui il monaco Alessandro, poi proclamato Santo, fondò nel V secolo un convento occupato da religiosi dell'ordine degli Acemeti. Seguendo sulla destra l'indicazione 'Hidiv Kasrı', si raggiunge sulla collina il palazzo d'estate dell'ex kedivè d'Egitto, Abbas Hilmi Paşa, eretto in stile art nouveau. Restaurato dal Touring Club di Turchia è stato trasformato in albergo.

Hünkar İskelesi ('scalo del Sovrano'), è appena più avanti a 18.5 km da İstanbul, ai margini di una vallata aperta sul Bosforo, fu uno dei luoghi di soggiorno prediletti dai sultani, che vi costruirono prima un padiglione (Maometto II) e poi un palazzo (Solimano il Magnifico).

L'itinerario si chiude al km 22, ad **Anadolu Kavaği** (ultima tappa anche della crociera), pittoresco villaggio lungo la carreggiabile che costeggia la parte asiatica dell'alto Bosforo. Inoltrandosi prima dell'abitato si vedono gli ultimi ampi boschi e gli spazi verdi che, fino a poco tempo fa, caratterizzavano il paesaggio lungo le due sponde del Bosforo.

Nella parte alta del villaggio, l'imboccatura dello stretto e un ampio specchio del mar Nero sono dominati dalla 'fortezza dei Genovesi', fronteggiata da quella di Rumeli Kavaği sulla sponda europea (vedi pag. 133): due 'vedette' di controllo sullo sbocco del Bosforo nel mar Nero. Grazie alla posizione strategica sulla collina – il cui nome antico era probabilmente Yoros (forse derivato da Giove) –, la fortezza bizantina oltre ad assolvere funzione difensiva, era il principale punto di riscossione dei pedaggi per chi attraversava il Bosforo. Parte della costruzione, che è l'opera difensiva più grande mai costruita lungo le due sponde dello stretto, risale al XIII secolo. Si raggiunge a piedi, con una passeggiata in salita di circa mezz'ora.

1.9 La zona asiatica di İstanbul e le isole dei Principi

Al di là del Bosforo, sulla sponda asiatica più verde e tranquilla di quella europea, si distendono placidi sobborghi raggiungibili con le imbarcazioni che, da Eminönü o da Beşiktaş, in pochi minuti attraversano lo stretto.

mare di Marmara, in direzione della stazione di Haydarpaşa. Oggi, in uno dei quartieri più tipicamente turchi di İstanbul, nulla rimane del periodo bizantino, ma numerose sono le testimonianze del periodo ottomano: sontuose moschee, caravanserraglio e le caratteristiche case di legno a sporti.

Üsküdar

Üsküdar, centro pescereccio della İstanbul asiatica noto anche come Scutari (l'antica Chrysopolis, 'città dell'oro'), si stende sia lungo le rive del Bosforo che su quelle del

Chrysopolis (che significa 'città dell'oro') era nell'antichità solo un sobborgo della vicina e più importante Calcedonia, la moderna Kadıköy ('città del rame'). Polibio la menziona come scalo d'imbarco per attraversare il Bosforo dove, su con-

Veduta del sobborgo di Üsküdar, sulla sponda asiatica di İstanbul, dal ponte di Galata

siglio di Alcibiade, gli Ateniesi avevano fissato un pedaggio per ogni imbarcazione che passava lo stretto. Nel 324 le pianure appena ondulate che circondano Üsküdar furono teatro delle ultime vittorie di Costantino su Licinio. In epoca bizantina, la città seguì il destino di Costantinopoli, tranne che nel 626, quando i Persiani riuscirono a occuparla e saccheggiarla, e durante gli assedi da parte degli Arabi (710 e 782), che non riuscirono a prendere la capitale bizantina, ma ne invasero la parte asiatica. Nel 963 Niceforo Foca, forte del sostegno delle truppe stanziate in Anatolia, prese il potere facendosi proclamare imperatore a Chrysopolis. Il 26 giugno 1203 i cavalieri della IV Crociata si impadronirono di questo sobborgo e, da qui, si lanciarono alla conquista di Costantinopoli. Più tardi, nel tentativo di contrastare l'avanzata degli Ottomani verso la capitale bizantina, dopo la caduta dell'impero latino, vari imperatori si installarono nel palazzo detto di Scutarion, la cui esatta collocazione è oggi ignota, dal quale proviene il nome Scutari con cui la città era nota in Europa fino in epoca recente. Gli Ottomani riuscirono tuttavia a conquistare nel XIV secolo sia Scutari (che divenne Üsküdar) che Calcedonia.

In prossimità dell'imbarcadero di Üsküdar İskelesi, alta su una terrazza dominante la piazza (con al centro la sontuosa fontana barocca), si erge la **Mihrimah Camii** (I, C5), nota anche come İskele Camii ('moschea dell'imbarcadero'), fu eretta da Sinan nel 1548 per la principessa Mihrimah, figlia di Solimano il Magnifico e moglie del gran visir Rüstem Paşa. La monumentalità del complesso è accresciuta da un ampio doppio portico e da due minareti gemelli, simbolo delle costruzioni imperiali. L'interno della moschea, decorato ad arabeschi color pastello e vetrate, appare meno vincente per quanto riguarda l'equilibrio dei volumi e mostra come Sinan fosse ancora in una fase sperimentale. Le tre semicupole che circondano la cupola centrale (invece delle due o quattro usate negli altri suoi progetti) danno l'impressione di un edificio in qualche modo tronco.

Sull'altro lato della piazza si trovano la **Yeni Valide Camii** (I, D5), la 'nuova moschea della sultana madre', costruita da Ahmet III (1703-30) in onore della madre (belle le grate di ferro battuto all'annesso mausoleo) e, in riva al Bosforo, la Şemsi Paşa Camii (I, D5), realizzata da Sinan nel 1560 per Şemsi Ahmet Paşa.

A circa 200 m a sud della punta di Üsküdar, su una minuscola isola, si trova **Kız Külesi** (I, D5), 'torre della ragazza' (vedi box a pag. 136), del XII secolo. Adibita nei secoli a castello, deposito, base militare, poi restaurata, oggi è un suggestivo ristorante. Di giorno può essere raggiunta con una piccola imbarcazione da Üsküdar, mentre di sera occorre prenotare un battello che parte da Kabataş o da Ortaköy. La sagoma della torre, illuminata di notte, è inconfondibile ed è uno dei simboli della città.

Tra le altre moschee di Üsküdar si segnalano l'**Atik Valide Camii**** (I, D6), grande complesso costruito da Sinan nel 1583 per la sultana Valide Nur Banu, moglie di Selim II e madre di Murat III e comprendente, oltre alla moschea, una *medrese*, un ospedale, un ospizio, una scuola coranica, un caravanserraglio e un hammam, tutti in otti-

La 'torre della ragazza'

La Kiz Külesi (I, D5), la 'torre della ragazza', deve il nome a una leggenda locale secondo cui un padre facoltoso, per impedire che si avverasse una minacciosa profezia che prevedeva la morte della figlia a causa del morso di un serpente, avesse rinchiuso la ragazza nella torre sull'isoletta di fronte a Üsküdar. Nonostante le precauzioni prese dal padre, un serpentello che si nascondeva in un cesto di frutta recapitato alla fanciulla fece avverare la profezia.

La struttura è nota anche come torre di Leandro, perché voleva la tradizione che qui fosse annegato l'eroe, mentre a nuoto attraversava lo stretto per recarsi dalla sua amata Ero, sacerdotessa di Afrodite (oggi il tragico evento viene ambientato ad Abydos, nei Dardanelli).

tali lungo la riva asiatica del mar di Marmara, imboccando, nella zona antistante lo scalo, la Halk Caddesi (I, D5). Superata dopo circa 2 km la Selimiye Kışlası (I, E5), la caserma Selimiye, immensa costruzione dominata dai quattro torrioni angolari, si giunge in breve (km 3.5) allo *Haydarpaşa*, imbarcadero della Haydarpaşa İstasyonu (I, E-F5), stazione costruita nel 1903 dalla quale partono le linee ferroviarie anatoliche.

A 5 km è **Kadıköy** (*raggiungibile anche coi traghetti da Eminönü e da Beşiktaş*), l'antica Calcedonia, probabile insediamento fenicio del II millennio a.C., occupato da una colonia di Megarici verso il 685 a.C., e invaso dal re persiani achemenidi. Sempre autonoma rispetto alla rivale Bisanzio, iniziò a decadere dopo la vittoria di Costantino nel 324. Il fascino della cittadina risiede soprattutto nell'aspetto tipicamente turco delle sue vecchie case di legno e nella bellezza della baia, sulla quale affacciano hotel e piccoli caffè.

Proseguendo lungo l'itinerario, superata **Fenerbahçe**, l'antica Hiera, dove Giustiniano fece costruire un palazzo per Teodora e altri edifici, che resero questa cittadina uno dei luoghi di soggiorno preferiti della corte imperiale, si prende la superstrada E5 in direzione di İzmit. All'uscita Küçükyali si seguono le indicazioni a sfondo marrone per il parco archeologico omonimo (in tutto km 12).

Küçükyali è una vasta area archeologica di epoca bizantina. Qui, alle spalle della Cinar Camii, sono stati rinvenuti i resti di un imponente complesso monastico di epoca mediobizantina. Inizialmente identificate con quelle di un palazzo bizantino di derivazione islamica, le rovine di Küçükyali sono attualmente oggetto di indagini archeologiche da parte di un gruppo italo-turco, che segue da vicino le operazioni di allestimento del parco archeologico, attuando un programma di scavo (con importanti ritrovamenti), restauro e conservazione del sito. Il complesso è delimitato da un grande recinto in muratura a pianta rettangolare, all'interno del quale sono i resti di una cisterna e di un edificio sacro (*per la visita rivolgersi agli uffici del vicino Muhtarlik – capo del quartiere –, un piccolo edificio di colore rosa di fronte alla Cinar Camii*). La parte orientale della cisterna conserva una grande cupola di copertura in laterizio. A est di quest'ala è visibile il canale di adduzione dell'acqua. Sopra la cisterna sono stati scoperti i resti di una grande

mo stato di conservazione; e la **Çinili Cami**, la «moschea delle ceramiche» (I, D6), piccolo santuario costruito dall'architetto Koca Kasım nel 1640, per la Valide Sultan Kösem. La moschea, dalla semplice pianta quadrata sormontata da una cupola, è rivestita sia all'esterno che all'interno di piastrelle di İznik di pregevole fattura, sebbene la produzione artistica degli atelier imperiali avesse già passato il periodo di maggior splendore. Dalla soglia della moschea si gode uno dei più bei panorami di İstanbul, in particolare al tramonto.

Il **cimitero di Karacaahmet*** (I, D-E 5-6), in turco Karacaahmet Mezarlığı o anche Büyük Mezaristan (Cimitero Grande), è il più vasto cimitero musulmano dell'Oriente. Una delle mete più note da Üsküdar è la gita al parco di **Büyük Çamlıca**, la «grande pineta», la più alta collina di İstanbul (267 m). Il parco è stato per secoli uno dei giardini più frequentati dalla nobiltà. Abbandonata verso la fine dell'Ottocento, la zona è stata oggetto negli anni '70 del Novecento di un progetto di recupero da parte dell'amministrazione comunale del Touring Club di Turchia, che prevedeva anche la costruzione di un caffè panoramico. Un po' più in basso è **Küçük Çamlıca**, un'altra collina con giardino del tè, meno bello del precedente ma altrettanto rilassante.

I dintorni di Üsküdar

A Kadıköy e Kücükyali

Da Üsküdar è possibile effettuare una breve escursione nei sobborghi sud-orien-

chiesa con pianta a croce greca inscritta, dominata al centro da una cupola sorretta da pilastri, che scaricava il peso sui massicci piloni e sulla cupola della cisterna sottostante. L'edificio è databile all'inizio del x secolo e sarebbe da identificare con il complesso monastico suburbano di Satyros, voluto da Ignazio, futuro patriarca di Costantinopoli.

Isole dei Principi

Frequentata meta di un turismo prevalentemente d'élite, collegate da regolari servizi di traghetti e aliscafi in partenza dal porto di Kabataş o da Eminönü; le isole richiedono una giornata (*per muoversi sulle isole maggiori è possibile noleggiare le biciclette, ma è necessario presentare il documento d'identità*).
Nove isole che emergono dal blu del mar di Marmara una ventina di chilometri a sud di İstanbul. Ecco le isole dei Principi, in turco Kızıl Adalar, un tempo chiamate Panadanisia, le 'isole dei sacerdoti', per il gran numero di conventi che vi sorgevano. Il nome attuale ne ricorda la destinazione a luogo di ritiro, o talvolta di reclusione, dei principi bizantini durante il Basso Impero. L'escursione è di grande interesse paesaggistico, anche per le belle spiagge, ma il fascino di queste isole è legato anche alle ricche architetture e agli eleganti yalı, le caratteristiche case in legno che testimoniano lo splendore dell'Ottocento ottomano.

Kınalı

L'antica Proti, ha una superficie di 1.3 km² ed è formata da un piccolo massiccio montagnoso che, a ovest, dà origine a falesie rocciose di colore rosso, mentre il versante nord presenta un dolce declivio erboso. In epoca bizantina vi furono costruiti due o tre conventi, in cui furono relegati vari principi tra cui nell'813 l'imperatore Michele I coi suoi due figli.

Dopo aver lasciato l'imbarcadero di Kınalı e superato la punta meridionale dell'isola, si scorge in lontananza l'isola di **Yassı** (Plati), dove S. Ignazio fondò un convento e una chiesa dedicata ai Quaranta Martiri.

Burgaz

L'Antigone di un tempo, è un isolotto di 1.5 km² ricoperto di boschi di pini. Vi sorgono due monasteri greci: quello della Trasfigurazione, ricostruito nel 1869 sulle rovine di un antico convento, e quello di S.

Giorgio, nel punto più alto dell'isola, da cui si gode un bel panorama sull'arcipelago.

Heybeli*

L'antica Chalkitis (2.3 km²), prende il nome dalle vecchie miniere di rame. Sulla collina settentrionale, che domina la città, sorge il convento della Ss. Trinità, fondato nell'857 e più volte ricostruito. Sulla costa orientale nell'edificio dell'Accademia Navale si trova ancora la chiesa conventuale della Theotokos, eretta nel XIV secolo, per volere di Giovanni V Paleologo (1341-91) e di sua moglie Maria Comnena.

Büyük Ada*

Solo in carrozzella, a piedi o in bicicletta (l'uso delle auto è vietato e il calesse è il mezzo più caratteristico) si può visitare la più estesa isola dei Principi, storicamente Prinkipio (5.4 km²), dalla fertile terra coltivata. Dall'imbarcadero la strada si inerpica sulla collina e attraversa il quartiere più elegante della cittadina. Seguono vigneti e oliveti e una pineta oltre la quale si giunge al **monastero del Cristo o della Trasfigurazione**, costruito nel 1597, probabilmente nel luogo dove sorgeva un convento più antico.
Tornando sulla strada principale per continuare il giro dell'isola, si raggiunge in breve un belvedere da cui si domina la costa e che offre uno splendido panorama su Heybeli. Poco oltre, si scende in una vallata e si risale per superare il colle di Birlik, dal quale si raggiunge (in un quarto d'ora) il **convento di S. Giorgio** che sorge sul sito di un precedente monastero, fondato forse nel VI secolo, di cui restano tre piccole cappelle. Al di là del colle, la strada scende attraverso una seconda vallata, al cui ingresso sorge il **convento di S. Nicola**; da qui una strada agevole raggiunge la costa orientale e conduce all'imbarcadero, concludendo il giro dell'isola.

Se resta un po' di tempo, prima di riprendere il battello per İstanbul, si consiglia di fare una breve passeggiata per le strade della cittadina, dove fanno mostra di sé alcune dimore in legno (*yalı*) anche ben conservate. Al numero 55 di Çankaya Caddesi è l'ottocentesco palazzo di Izzet Paşa, dove Leone Trotsky visse i suoi primi anni d'esilio (1929-33), ospite del capo della polizia segreta sotto Abdülhamit II. Qui probabilmente lo scrittore iniziò a stendere la sua monumentale *Storia della Rivoluzione Russa*. Nel Palazzo del nunzio apostolico abitò il futuro papa Giovanni XXIII dal 1933 al 1944, quando esercitava questo incarico.

2 La Tracia

Profilo dell'area

La Tracia rappresenta una regione di passaggio tra il mondo anatolico e quello balcanico. L'odierna parte europea della Turchia costituisce soltanto il settore orientale della regione storicamente intesa come Tracia, i cui limiti si spingevano sino al fiume Mesta (Néstos in greco) a ovest e alle pendici dei monti Rodopi verso nord, quindi ben al di là del fiume Évros (in turco Meriç) che ne segna oggi per lungo tratto il confine con la Grecia. Questo territorio fu colonizzato prima dagli Ioni di Mileto, poi da Filippo il Macedone; più tardi vi ebbero possedimenti Egitto e Siria, sino all'invasione dei Celti e alla conquista di Roma, che ne fece una provincia dell'impero. Seguì poi le sorti dell'impero bizantino fino alla conquista ottomana nel 1453: sotto i Turchi costituì la provincia di Rumelia, smembrata, all'epoca delle guerre balcaniche e dopo il secondo conflitto mondiale, tra Bulgaria, Grecia e Turchia. La regione presenta situazioni ambientali notevolmente diversificate, con a nord il massiccio dei monti Strangia (Yıldız Dağları), dai versanti ancora coperti da fitti boschi lungo la frontiera bulgara, verso sud più denudati per l'attività agricola (colture di cereali) praticata dagli abitanti di antichi villaggi rurali. Lungo il mare di Marmara e il mar Nero si distende invece un'ampia fascia pianeggiante, con vaste zone acquitrinose in corrispondenza delle foci dei fiumi e coste basse e sabbiose. D'estate le massime si aggirano intorno ai 25-28 °C; d'inverno si sfiora lo 0: il momento migliore per una visita va da fine aprile a ottobre. Ma il paesaggio che soprattutto colpirà chi percorra la statale 100 che collega İstanbul a Edirne – o l'autostrada E80 a essa parallela – è quello della steppasa regione centrale, dove a zone ancora utilizzate a pascolo (le precipitazioni superano i 500 millimetri all'anno) si alternano aree di agricoltura intensiva (barbabietole da zucchero, tabacco e altre colture industriali, oltre, naturalmente, ai cereali). Nel primo tratto invece, i laghi costieri Büyük Çekmece e Küçük Çekmece, alcune belle spiagge (Bakır Köy e Florya) e un'intensa urbanizzazione rivelano ancora la vicinanza di İstanbul. Questa zona non presenta motivo di straordinario interesse se non per chi sia appassionato di arte ottomana, rappresentata dalla moschea di Selimiye, di Sinan, e dal complesso di Beyazit II, a Edirne.

La Selimiye Camii di Edirne, capolavoro di Sinan, è uno dei monumenti più importanti della regione

Gli itinerari

Seguendo l'itinerario proposto (vedi tracciato sulla carta del risguardo posteriore, B1-2) **Edirne** (→), capoluogo della Tracia vicino al confine sia bulgaro sia greco, è facilmente raggiungibile da Istanbul in 246 km grazie alla comoda strada statale 100-E80 che porta fino al confine con la Bulgaria; lungo questo percorso nell'entroterra della Tracia si allineano (o sono facilmente raggiungibili con deviazioni) alcuni tra i principali centri della regione, come **Çorlu** (→) e **Lüleburgaz** (→). Un'alternativa alla 100-E80 può essere, soprattutto per chi ha intenzione di entrare in Grecia attraverso la frontiera di **İpsala** (→), la strada statale 110-E84, che costeggia per un lungo tratto la sponda settentrionale del mare di Marmara attraversando piccoli ma interessanti centri portuali come **Tekirdağ** (→).

2.1 La costa e l'entroterra della Tracia

La sponda del mare di Marmara da İstanbul a İpsala

Marmaraereğlisi
È un villaggio di pescatori in cui si trovano alcuni ruderi dei contrafforti dell'antica Périnthos-Eraclea e l'Ayaz Paşa Camii, moschea del XVI secolo.

Tekirdağ
(B2). È un piccolo porto del mare di Marmara, capoluogo di provincia con 85 000 abitanti, che conserva ancora l'aspetto dei tempi dell'impero ottomano con alcune vecchie case in legno. Identificata con l'antica colonia greca di Bisante, vi si trovano la **Rüstem Paşa Camii**, moschea eretta nel XVI secolo dall'architetto Sinan, e un *bedesten* o mercato coperto, della stessa epoca. Vi sorge, inoltre, la casa, trasformata in museo, dove morì nel 1735 il principe ungherese Ferenc II Rakoczy, che aveva guidato una rivolta contro gli Asburgo, dopo un esilio volontario di 17 anni.

İpsala
È il piccolo centro con ufficio turistico, ufficio di cambio e duty-free shop, in corrispondenza dell'omonimo posto di frontiera, subito dopo il ponte sul Meriç.

Il fiume Meriç (Maritza in Bulgaria e Évros in Grecia), dal corso assai tortuoso, segna il confine a sud di Edirne e fino al mare Egeo fra la Turchia e la Grecia, così come è stato sancito dagli accordi di Losanna del 1923.

L'entroterra da İstanbul a Edirne

Çorlu
È una città (ab. 75 000) della provincia di Tekirdağ, ove sorge una piccola moschea ottomana del 1570. Usciti da Çorlu, in direzione İstanbul, la strada passa nelle vicinanze di un ponte d'epoca romana, molto rovinato, che permetteva alla via Egnazia di attraversare un piccolo corso d'acqua.

La via Egnazia è così chiamata dalla località posta sulla costa pugliese tra Bari e Brindisi, lungo la via Appia Traiana che partiva da Roma. Da lì ci si imbarcava per Dyrrachium (Durazzo), dove iniziava una strada lastricata che, snodandosi su una lunghezza di oltre mille miglia attraverso la penisola dei Balcani, conduceva a Bisanzio passando per la Macedonia e la Tracia, per raggiungere poi Apollonia, nei pressi di Bursa. A ogni miglio un pilastro di pietra indicava la distanza della città più vicina; ogni dieci miglia una 'statio' permetteva il cambio dei cavalli e ogni trenta miglia una 'mansio', sorta di locanda, consentiva di riposare o rifocillarsi. Per la sua funzione di collegamento fra l'Italia e le province orientali, era una delle principali vie di comunicazione dell'impero.

Lüleburgaz
È l'antica Arcadiopolis, cittadina della Tracia centrale (ab. 45 000 abitanti) ove sorge la **Sokollu Mehmet Paşa Camii**, moschea costruita nel 1549 dall'architetto Sinan per conto del gran visir Sokollu Mehmet Paşa. Come la maggior parte degli edifici di quel periodo, è preceduta da un cortile a porticato interno, con colonne in parte antiche, al centro del quale si trova un *şadırvan* o fontana per le abluzioni. Un piccolo *türbe* (mausoleo), progettato anch'esso da Sinan, completa il complesso monumentale.

Kırklareli
(B1). A 64 km da Edirne (*si prende la strada per İstanbul, poi dopo 9 km si devia a sinistra sulla 020*), è un capoluogo di provincia che conserva numerosi monumenti islamici quali la **Hızır Bey Camii**, moschea dell'inizio del XV secolo.

Havsa
A 27 km da Edirne, è un piccolo centro (ab. 8000) che in epoca ottomana rivestì una certa importanza. Vi sorge il **Sokollu Kasım Paşa Külliyesi**, complesso progettato da Sinan ed eretto nel 1576-77 per ordine del figlio di Sokollu Mehmet Paşa, gran visir di Solimano il Magnifico e governatore della Turchia europea.

2.2 Edirne (Adrianopoli)

(B1). Situata in prossimità del confine greco e a poca distanza da quello bulgaro, **Edirne** * è un vivace capoluogo di provincia con oltre 120 000 abitanti. L'abitato, sviluppatosi sulla sponda sinistra del Meriç, si caratterizza già per la presenza di moschee, bazar e per l'aspetto tipicamente orientale di molti edifici. Ma il suo interesse risiede soprattutto in alcuni celebri monumenti tra cui la splendida Selimiye Camii, opera dell'architetto Sinan e considerata un autentico capolavoro dell'architettura ottomana, nonché per le manifestazioni sportivo-culturali che vi si tengono annualmente alla fine della stagione primaverile.

Storia. È l'antica Adrianopoli, fondata da Adriano nel 125 d.C. sui resti della città tracia di Uskudama. Lungo è l'elenco delle battaglie combattute nell'area di Edirne e dei saccheggi e massacri subiti dalla città, che videro protagonisti Costantino e Licinio (323), Valente e i Visigoti (378), gli Avari (586), i Bulgari a più riprese (814, 922, 1022) e anche i Crociati (1101, 1147). Nel 1360 gli Ottomani ne presero definitivamente possesso e nel 1367 il sultano Murat I vi stabilì la sede del governo. Dopo la presa di Costantinopoli (1453), la capitale ottomana venne stabilmente trasferita (1458) sulle rive del Bosforo, ma Edirne rimase per i Turchi un'importante città di guarnigione dove organizzare le truppe prima di ogni spedizione. Il declino della città coincise con quello dell'impero ottomano; oggetto di aspre lotte fra Turchi, Bulgari e Russi, nel 1829 venne presa da questi ultimi e vi fu firmato il trattato di Adrianopoli che sanciva l'indipendenza della Grecia e l'autonomia di alcuni principati danubiani. Dopo la campagna russa del 1877-78, che aveva spinto il granduca Nicola alle porte di İstanbul, il congresso di Berlino restituì Edirne ai Turchi. La seconda guerra balcanica (1913), infine, permise ai Turchi di recuperare la città, persa nel corso del precedente conflitto (1912).

Visita. Per una conoscenza abbastanza approfondita di Edirne sono sufficienti 3 ore circa. Di grandissimo interesse è la Selimiye Camii; l'itinerario attraverso il centro storico, che parte dalla Cumhuriyet Meydanı, principale piazza cittadina in prossimità della quale si trovano interessanti monumenti, può essere integrato con un giro del bazar. In primavera, di grande interesse è il campionato di lotta turca (*güreş*) nell'isola di Sarayiçi, in mezzo al fiume Tunca, a 16 km dal centro della città (vedi oltre).

Üç Şerefeli Cami. La 'moschea delle tre loggette', terminata nel 1447 sotto Murat II, deve il suo nome a uno dei suoi quattro minareti (uno dei quali a torciglione), quello di nord-ovest, il primo dell'impero ottomano provvisto di tre ballatoi sovrapposti. L'edificio consta di una sala di preghiera sormontata da una cupola di 23 m di diametro poggiante su un tamburo esagonale, ed è preceduto da un cortile interno porticato ricoperto da cupole, al centro del quale si trova una fontana per le abluzioni. In origine la moschea era affiancata da un solo minare-

to, quello a due gallerie del lato nord-est; gli altri tre furono eretti più tardi.

Sempre affacciato sulla Cumhuriyet Meydani,di fronte alla moschea, si nota l'edificio del **grande hammam** del XVI secolo, attribuito a Sinan.

Torre dell'orologio. Dalla grande piazza si scorge a sinistra questa torre, che occupa l'angolo nord-est dell'antica cinta muraria.

Le **mura** della città romana, costruita ai tempi di Adriano, erano munite di due torri: quella dell'orologio fu ricostruita da Giovanni Comneno nel 1123, la seconda, sulla sponda del Tunca, occupava l'angolo sud-ovest della fortificazione e controllava la riva sinistra del fiume.

Il bastione nord che parte dalla torre dell'orologio in direzione ovest è in buono stato ed è possibile costeggiarne il fronte esterno. Di recente l'area è stata oggetto di scavi archeologici che hanno portato alla luce resti delle antiche mura della città, della necropoli e di una chiesa. Il sito è spesso inaccessibile ai visitatori, ma alcuni reperti sono esposti al Museo di Edirne.

In prossimità della torre dell'orologio si apre l'asse principale dell'**Ali Paşa Çarşısı**, bazar fatto costruire dal visir Semiz Ali Paşa nel XVI secolo e rifatto dopo l'incendio nel 1992. In fondo alla strada si gira a sinistra e, attraversata la Saraçılar Caddesi, si arriva al **bedesten**, mercato coperto dell'inizio del XV secolo, i cui proventi dovevano provvedere al mantenimento della limitrofa Eski Cami.

Eski Cami. È la più antica costruzione ottomana della città (1403-14), dalla caratteristica struttura con nove cupole in quadrato poggianti su quattro pilastri centrali. Le colonne della facciata anteriore provengono da un palazzo romano. All'interno, splendido mihrab e pareti decorate da grandi iscrizioni calligrafiche.

Lasciata sulla sinistra la Eski Cami, si incontra il **caravanserraglio di Rüstem Paşa**, di Sinan, sobria costruzione a due piani del XVI secolo restaurata nel 1968-72 e oggi adibita ad albergo.

Selimiye Camii∗∗. Ritornando verso la Eski Cami e imboccando la Mimar Sinan Caddesi, si giunge in breve alla grande moschea imperiale, costruita nel 1569-75 per volere del sultano Selim II, capolavoro di Sinan.
Per la sua particolare collocazione, su una piccola altura al centro di numerosi edifici accessori, la Selimiye Camii ricorda in par-

te la Süleymaniye di İstanbul, anch'essa edificata da Sinan. È preceduta da un cortile rettangolare con al centro una bella fontana per le abluzioni, utilizzato d'estate per le funzioni religiose e corredato da un portico coperto da 18 cupole. L'entrata principale è impreziosita da un portale del XIV secolo, magnificamente decorato, proveniente dalla grande moschea di Birgi (regione di Smirne). All'esterno la moschea si presenta come un'armoniosa sovrapposizione di archi e di semicupole, dominata da una cupola il cui tamburo è rinforzato da eleganti contrafforti. I quattro minareti a tre gallerie che svettano snelli da ciascuno degli angoli del santuario contribuiscono all'estrema eleganza dell'insieme. Ma il genio dell'architetto risalta ancor più nelle purissime linee di forza all'interno dell'edificio, costituite essenzialmente da archi messi in luce da una felice bicromia. Gli archi su cui poggia il tamburo della cupola, gli otto pilastri di sostegno di armoniose proporzioni e gli archi di testa delle conche delle cinque absidi disposte a raggiera, una delle quali custodisce il mihrab, costituiscono gli altri elementi architettonici essenziali del monumento. Nell'abside del mihrab, leggermente sporgente rispetto alla pianta rettangolare della moschea, spicca la pregevole nicchia con raffinate decorazioni in maiolica smaltata e a destra il minbar in marmo traforato disposto su 12 colonnine sopra una fonte marmorea.

Il **Museo di Arte Turco-islamica** (*visita a pagamento dalle 8 alle 12 e dalle 13 alle 17.30; chiuso il lunedì*), allestito in un'antica *medrese* adiacente alla moschea, ospita alcune sculture romane, una collezione numismatica e una sezione etnografica di notevole interesse. Degli antichi edifici annessi alla moschea, permane inoltre una galleria di negozi che, restaurati, sono tuttora in uso. Come in passato, il ricavato degli affitti serve alla manutenzione della moschea. Proseguendo lungo la Mimar Sinan Caddesi si incontra, in un edificio moderno sull'altro lato della strada, il **Museo Archeologico** (*visita a pagamento dalle 8 alle 12 e dalle 13 alle17.30*), comprendente anche una sezione etnografica. Il museo conserva una serie di manufatti e testimonianze preistorici, tra cui grandi dolmen e menhir, oltre che reperti romani e bizantini.

Muradiye Camii. Di un certo interesse architettonico, sorge all'estremità periferica della Mimar Sinan Caddesi. La piccola moschea (*non sempre aperta al pubblico*) fu costruita nel 1435-36 e inserita nel complesso di un convento di dervisci rotanti; spicca-

no nella sala di preghiera i raffinati pannelli decorativi di maiolica smaltata.

Complesso di Beyazıt II. Alla periferia ovest della città, in una zona anche in passato lontana dal centro (raggiungibile dalla Hürriyet Meydanı percorrendo la Vilayet Caddesi), sorge questo grande complesso, uno degli esempi più significativi di arte ottomana, che comprende la İkinci Beyazıt Camii, moschea costruita probabilmente dall'architetto Hayreddin (1484-86) e restaurata negli anni Settanta: con una pianta a T capovolta analoga alla Yeşil Cami di Bursa, ha una sala di preghiera con loggia imperiale, sorretta da quattordici colonnine di pietra vulcanica verde o di marmo. Alla moschea sono annessi una *medrese*, una mensa per i poveri, un ricovero per malati di mente e un ospedale, edifici in parte occupati dalle facoltà di medicina e di belle arti dell'Università della Tracia.

I dintorni di Edirne

Kırkpınar
(2 km). Ogni anno si svolge sul prato di Sarayiçi, antica riserva di caccia del sultano, il festival di lotta turca che dura una settimana tra maggio e giugno (vedi box in basso). La leggenda narra che Orhan Gazi, quando passò i Dardanelli verso il 1360 per sottomettere la Tracia agli Ottomani, si insediò con quaranta suoi fedelissimi in questo luogo. I quaranta guerrieri si sfidarono tra loro, finché gli ultimi due rimasti in gara morirono, crollando esausti per lo sforzo, e furono sepolti dai loro compagni ai piedi di un fico. Anni dopo alcuni soldati turchi, passando videro scaturire, presso le tombe, una sorgente che fu appunto chiamata 'sorgente dei Quaranta' (Kırkpınar).

Come gli antichi lottatori

I lottatori (*pehlivanlar*) sono divisi in cinque categorie secondo peso ed età. A torso nudo, indossano solo il *kisbet* (pantaloni di cuoio) e prima dei combattimenti si ungono di olio d'oliva. Secondo un cerimoniale fissato da secoli, il proclama del cazgır (banditore) annuncia l'apertura delle lotte. Al suono di una musica tradizionale (*peşrev*), i *pehlivanlar* danzano e si scaldano. Hanno inizio quindi le gare a eliminazione diretta, nelle quali i concorrenti si affrontano due a due, finché resta un solo campione, nominato *başpehlivan* e premiato con una cintura d'oro.

---

3 La sponda asiatica del mare di Marmara

Profilo dell'area

Il mare di Marmara, conosciuto nell'antichità col nome di Propontide, si allunga per 280 km a separare la Turchia europea da quella asiatica, comunicando attraverso il Bosforo con il mar Nero e attraverso i Dardanelli con l'Egeo. Per questa posizione di frontiera la regione costiera meridionale è stata teatro di importanti avvenimenti storici. È infatti dall'antica Abido, sulla riva asiatica dei Dardanelli, che Serse gettò il suo ponte di barche e negli stessi luoghi, circa 2400 anni più tardi, il generale Mustafa Kemàl (Atatürk) si mise in luce in una delle più grandi battaglie della prima guerra mondiale. A Gebze fu seppellito Annibale, a pochi chilometri da İzmit (l'antica Nicomedia), una delle quattro grandi città dell'impero romano. Vicino a İznik, la città celebre per le belle maioliche (oltre ad essere la Nicea dei concili ecumenici), finì drammaticamente la prima crociata e da Bursa proviene la dinastia ottomana che avrebbe fondato uno dei più grandi imperi della storia.

Tutta la fascia litoranea fra İzmit e la penisola di Biga è caratterizzata dalla presenza di montagne con un andamento parallelo alla costa, che perciò presenta solo poche insenature. La prima catena è quella dei Samanlı Dağları, che separa il golfo di İzmit dal lago di İznik. Il golfo di İzmit, a sua volta, è il residuo di una valle fluviale che un tempo collegava il mare di Marmara con il mar Nero. Procedendo verso ovest, le catene montuose si smembrano in numerosi rilievi isolati, come l'Ulu Dağ con i suoi 2543 m, ai cui piedi sorge Bursa (da non perdere, con le vicine terme di Çekirge). I bacini situati tra le catene montuose pullulano di laghi a livello del mare e sono separati fra loro solo da basse colline e da piane poco elevate. Malgrado la modesta entità (3-400 m), i rilievi collinosi proteggono la regione dall'influenza diretta dei venti nord-occidentali di provenienza balcanica, apportatori di frequenti precipitazioni accompagnate da ondate di aria fredda anche in estate. L'area, perciò, associa a una posizione particolarmente favorevole da un punto di vista climatico, terreni molto fertili di origine alluvionale recente. Se l'Ulu Dağ rappresenta la più importante stazione di sport invernali della Turchia, i margini meridionali del mare di Marmara mostrano per lo più un dolce paesaggio lacustre, fertili valli dalle colture rigogliose, tra cui soprattutto rinomati sono i frutteti (peschi), e rive disseminate di spiagge sabbiose e di stazioni balneari come Şarköy, Çınarcık, Yalova, Gemlik, Erdek e le isole di Avşa e Marmara. L'estremità occidentale del mare di Marmara è segnata dallo stretto dei Dardanelli, che divide la penisola di Gallipoli (in turco Gelibolu) dall'Asia Minore: lungo 60 km, ha una larghezza variabile tra 1300 m e 7 km. Il paesaggio si fa progressivamente più mosso e le colture, tra cui spiccano gli oliveti, già annunciano la costa del Mediterraneo.

Uno scorcio della costa turca lungo le sponde del mare di Marmara

Gli itinerari

L'itinerario da İstanbul ai Dardanelli (vedi tracciato sulla carta del risguardo posteriore, B-C 1-2) segue comode strade che solo in parte costeggiano il mare di Marmara, addentrandosi spesso all'interno. Si percorre prima l'autostrada E80 da İstanbul a İzmit (→); quindi la strada statale N130 fino a Yalova (→) e la N575 che raggiunge Bursa (→), dove ci si immette sulla N200-E90 proveniente da Ankara che attraversa tutta la regione costiera fino ai Dardanelli e a Çanakkale (→). Per abbreviare il percorso esistono numerosi servizi di traghetto che attraversano il mare di Marmara, come dall'imbarcadero di Yenikapı di İstanbul con destinazione Yalova, Mudanya (→) o Bandirma. È consigliabile questa soluzione rispetto al percorso in autostrada, che presenta sempre un traffico intenso e non offre molto da un punto di vista paesaggistico. L'arrivo a Yalova consente di raggiungere İznik (→) o Bursa (un'ora e mezza circa); lo scalo di Mudanya porta in mezz'ora a Bursa, mentre Bandirma avvicina i viaggiatori alla zona di Troia. In alternativa, si può scendere alla penisola di Gallipoli dove sia da Eceabat (→) sia da Kilitbahir partono traghetti per Çanakkale (25 o 15 minuti di traversata).

3.1 La fascia costiera orientale

Gebze

(B2). Prima località (ab. 273 000) sull'autostrada E80, uscendo da İstanbul, ha legato il proprio nome alla morte di Annibale il quale, dopo essere stato sconfitto da Scipione l'Africano nel 202 a.C., era venuto a cercare ospitalità presso il re della Bitinia. Pregevoli la **Orhan Gazi Camii** (1519), con decorazioni in maiolica, e la **Çoban Mustafa Paşa Camii**, con mausoleo poligonale del fondatore. Recentemente sistemata, vi si trova anche la tomba di Annibale.

Hereke

Grazioso borgo, racchiuso in una baia del golfo di İzmit, sorto sull'insediamento dell'antica Ankiron, dove Costantino morì nel 337, in un palazzo di cui non restano tracce. Sotto gli Ottomani fu un centro rinomato per la produzione della seta e dei tappeti, e ancora oggi è il più importante mercato di tappeti in seta (vedi box a fianco). Nel 1844 fu qui fondata una manifattura di corte, che in un primo tempo produsse tappeti solo per il sultano, poi ebbe il permesso di vendere al pubblico una parte degli esemplari; dal 1935 è di proprietà della Sumer Bank, una grande impresa tessile. Arroccate su una collina si trovano le **rovine** di un castello, costruito forse dai Franchi all'epoca della loro dominazione su Costantinopoli (1204-61). Delle torri che munivano la città, di forma esagonale, è rimasta solo quella a est.

İzmit (Nicomedia)

(B2). Capoluogo della provincia di Kocaeli, la città conta oggi 211 000 abitanti e si affaccia sull'estremità orientale di un piccolo golfo del mare di Marmara, compreso tra le pendici di alcune colline – una delle

I tappeti di seta di Hereke

A Hereke sono sempre stati prodotti tappeti di qualità pregiata, realizzati soprattutto con la seta, materiale che presenta i vantaggi della lucentezza e della resistenza, perché non attira tarme o altri parassiti.

Oggi, dato l'alto costo di questi tappeti, occorre accertarsi al momento dell'acquisto che non siano stati tessuti con filati misti o anche solo sintetici. L'unica prova affidabile, semplice ma efficace, consiste nel bruciare un frammento di filo: il materiale sintetico produce un odore acido, pungente, mentre la seta un odore di pelo o corno bruciato (simile a quello della lana).

Gli Hereke sono tra i pochi tappeti turchi (vedi box a pag. 50) a presentare motivi floreali anziché geometrici. La seta non può tuttavia essere utilizzata per ogni tipo di disegno perché non ha l'elasticità della lana.

Il filo di seta consente una certa finezza di lavorazione testimoniata dalla grande quantità di nodi presenti: 100 per cm^2 (in alcuni casi anche di più).

quali dominata dalle rovine di una fortezza di epoca bizantina – e una stretta pianura alluvionale.

Storia. Fondata nel 712 a.C. da coloni di Megara, la città fu distrutta da Lisimaco e ricostruita nel 264 a.C. da Nicomede I, da cui prese il nome, divenendo capitale della Bitinia. Nel 74 a.C. Nicomede III lasciò la città in eredità a Roma. Invasa dai Goti nel 259, fu ricostruita sotto Diocleziano che ne fece la sua capitale e nel 303 vi emise l'editto con cui ordinava di distruggere i templi e le comunità cristiani. Conquistata dai Selgiuchidi nel 1082, ma ripresa da Alessio alla morte di Solimano (1086), fu occupata dagli Ottomani nel 1326.

Entrando in città dalla strada di İstanbul si scorge, sulla sinistra, una torre con orologio presso la quale, in un padiglione costruito da Abdülaziz, ha sede un **museo** (*visita a pagamento dalle 9.30 alle 12.00 e dalle 14.00 alle 17.00; chiuso il lunedì*).
In cima all'**acropoli** che domina la città si trovano i resti della cittadella bizantina le cui mura, costruite su fondamenta di epoca ellenistica, sono rinforzate da torri semicircolari, oggi però quasi completamente distrutte.

All'uscita dalla città, sulla strada per Ankara e Bursa, sulla destra è la **Pertevpaşa Camii**, moschea costruita da Sinan al tempo di Solimano I.

I dintorni di İzmit

Sapanca Gölü
14 km a est di İzmit sulla strada E80-N100 per Ankara. Il lago di Sapanca riveste un certo interesse dal punto di vista dell'ingegneria idraulica: nell'antichità molti progetti vennero elaborati con lo scopo di collegare, tramite un canale, il lago al golfo di Nicomedia. Nel II secolo Plinio il Giovane, governatore delle province del Ponto e della Bitinia, suggerì a Traiano di scavare un canale navigabile lungo 18 km la cui realizzazione imponeva la costruzione di alcune 'piscine' (antesignane delle conche leonardesche), che avrebbero frenato la forza della corrente d'acqua fuoriuscita dal lago. Ancora oggi il lago di Sapanca è una meta apprezzata dagli abitanti di İstanbul: circondato dalla foresta di Arifiye, attrezzato con camping e aree per il picnic, offre la possibilità di fare trekking o di praticare la pesca delle trote presso il Dedeman Lake House che sorge sulle sue rive (seguire i cartelli indicatori).

Taraklı
30 km a sud del Sapanca Gölü, lungo la N650 per Geyve e poi altri 30 km lungo la N150. È una piccola stazione termale dove sopravvivono le tipiche casette pontiche di legno e graticcio. Bella anche la **Yunus Paşa Camii**.

Yalova

(C2). Piccolo porto collegato via mare con İstanbul, costituisce una delle stazioni termali più frequentate della Turchia. 12 km a ovest della cittadina sgorgano cinque sorgenti i cui benefici effetti per la cura di reumatismi e malattie della pelle erano conosciuti fin dall'antichità.

Storia. I Greci vi si insediarono probabilmente già nel VI secolo a.C. e vi costruirono un tempio dedicato ad Apollo; Costantino vi soggiornò verso la fine della sua vita e Giustiniano vi fece erigere le terme e una chiesa dedicata ai Santi Arcangeli. Abbandonate poco dopo la caduta di Costantinopoli (1453), le installazioni per lo sfruttamento delle sorgenti termali furono restaurate nel primo '800 e poi a più riprese modernizzate nel corso del '900.

İznik (Nicea)

(C2). Cittadina dal prestigioso passato, si adagia sulle sponde del lago omonimo e, ben protetta da una doppia cinta di mura, conserva numerosi monumenti bizantini e ottomani. Le antiche case in legno aggettanti, gli orti e i frutteti all'interno dell'abitato, fanno sì che vi sopravviva il fascino delle città ottomane del secolo scorso.

Storia. La città fu fondata forse nel I millennio a.C. da immigrati traci, ma secondo Strabone sarebbe stata costruita nel 316 a.C. da Antigono, luogotenente di Alessandro Magno. In seguito fu occupata da Lisimaco, che la chiamò Nikaea in onore della moglie, e divenne capitale della Bitinia fino alla fondazione di Nicomedia nel 264 a.C. Vi soggiornò Plinio il Giovane (111-112) in qualità di governatore della Bitinia. Dopo il terremoto che la rase al suolo nel 123, Nicea venne ricostruita dall'imperatore Adriano, ma i Persiani e poi i Goti la occuparono e perse definitivamente l'antico splendore. Nel 1204, dopo la presa di Costantinopoli da parte dei Crociati, Teodoro I Lascaris fondò un regno che ebbe Nicea come sua capitale fino al 1261. In seguito alla presa di Bursa, nel 1326, la città cadde sotto il dominio del sultano Orhan. Infine, dopo la conquista dell'Azerbaigian, tutti gli artigiani e gli operai di quella regione furono deportati a İstanbul e a İznik, dove sorsero numerosi laboratori la cui produzione di ceramiche smaltate e vasellame rimase insuperata per oltre duecento anni.

Visita. La visita della città, da compiersi a piedi, dura circa 2-3 ore. Sulle rive del lago si trovano numerosi ristoranti, rinomati per il pesce fresco locale. Se alcuni monumenti della città fossero chiusi, è possibile rivolgersi al museo (vedi oltre) al numero (244) 7571027.

Yenişehir Kapısı. Varco di accesso da sud alla città murata, dispone di tre successive entrate, non allineate sul medesimo asse, di cui la prima si apre fra due bastioni semicilindrici della cinta, costruita all'inizio del XIII secolo da Teodoro I Lascaris. Poco oltre si trova una porta romana, fiancheggiata sulla destra da una torre rotonda. In fondo a una piccola corte, si apre la terza porta di cui rimangono solo i piedritti e parte dell'architrave; un'iscrizione attesta che fu costruita nel 268 d.C. sotto l'imperatore Claudio II.

Alla fine dell'epoca bizantina Nicea era difesa da una doppia cinta di mura. Le mura interne, ricostruite probabilmente verso la fine del III secolo dall'imperatore Claudio, misurano 4970 m di lunghezza e disegnano un poligono irregolare con quattro porte, di cui tre ancora visibili. Le fortificazioni furono restaurate sotto il regno di Giustiniano e nuovamente ricostruite dopo le invasioni arabe. Agli inizi del XIII secolo Teodoro I Lascaris fece erigere una nuova cinta, parallela alla prima, e scavare un profondo fossato. Ancor oggi la prima cinta conserva più di 110 torri di foggia diversa e la seconda quasi 100. La fascia compresa tra le due cinte ha una larghezza tra i 13 e i 16 m e consente un'abbastanza agevole visita del complesso delle mura (*circa 2 ore*).

Superata la porta, si imbocca la Atatürk Caddesi che, seguendo il percorso di una delle principali arterie della città antica, collega la Yenişehir Kapısı (a sud) con la İstanbul Kapısı (a nord).

Eski Saray. Una traversa sulla sinistra conduce, in breve, alle rovine del teatro romano in seguito trasformato in fortezza. Fu eretto su un terreno pianeggiante e ciò spiega la costruzione di possenti volte a sostegno delle gradinate. Bei frammenti scolpiti si ammirano soprattutto su una delle pareti dell'entrata laterale del proscenio.

Tornando sui propri passi, superata Atatürk Caddesi, si raggiungono, sulla destra, la **Yakup Çelebi Zaviyesi**, moschea della fine del XIV secolo, quindi girando a sinistra e subito a destra la **Koïmesis Kilisesi**, chiesa del monastero della Dormizione della Vergine. Di questo edificio eretto all'inizio del secolo VIII e distrutto nel 1922, non restano che le parti inferiori delle mura, settori della pavimentazione e alcuni frammenti di marmo scolpito. Dalla strada che domina dall'alto il sito della chiesa si scorgono le tre absidi che prolungavano la basilica.

Poco lontano, sulla stessa strada, è un'**aghiasma** (ayazma, fonte sacra), che si raggiunge scendendo in una cisterna, collocata sul lato est della chiesa. All'interno della struttura, ben conservata, si trova una fonte battesimale di forma cubica; intorno, lastre di marmo con iscrizioni in greco e in ebraico provenienti da altri edifici.

Kılıçarslan Caddesi. Tornando indietro, Mevlana Sokağı (a destra, parallela ad Atatürk Caddesi) consente di raggiungere, questa traversa ove sorge la **Süleyman Paşa Medresesi**, antica scuola di teologia coranica costruita dal sultano Orhan verso la metà del XIV secolo. Più oltre, sull'angolo di Atatürk Caddesi, si trova la **Mahmut Çelebi Camii**, del 1422, aperta su un portico a colonne – quelle centrali in pietra verde sono antiche. La sala del mihrab, sovrastata da una cupola, è fiancheggiata da un minareto decorato con mattoni verniciati in due tonalità di blu.

Aya Sofya. *Aperta dalle 9 alle 12 e dalle 13 alle 18; chiusa il lunedì.* Nei pressi dell'incrocio tra i due assi principali della città (oggi Atatürk e Mazharbey Caddesi), che mettevano in comunicazione i quattro varchi della cinta muraria, si trovano le rovine dell'antica chiesa di S. Sofia, dove si tennero le sedute del concilio ecumenico nel 787, trasformata in moschea poco dopo la conquista ottomana.

Gli scavi, portati a termine nel 1936, hanno messo in luce i resti di tre edifici che testimoniano le trasformazioni del complesso. Del più antico sono stati rinvenuti un pavimento in mosaico di marmo e un'abside semicircolare, provvista di sei file di stalli. A questa basilica, costruita probabilmente sotto il regno di Giustiniano e distrutta da un terremoto nel 1065, appartiene anche un affresco del VII o VIII secolo (entrando nella navata, a sinistra) che raffigura la *deisis* con Cristo attorniato dalla Vergine e dal Battista. La nuova basilica, eretta sullo stes-

La Yeşil Camii, a İznik, con il suo minareto colorato

bey Caddesi, dirigendosi verso la Lefke Kapısı (a est) e imboccando sulla sinistra İstiklâl Caddesi, si raggiunge questo museo, posto in un'antica mensa per i poveri, il Nilüfer Hatun İmareti, del 1388. Fatto costruire da Murat I per la madre, Nilüfer Hatun, principessa bizantina data in sposa a Orhan, ospita ceramiche, ricami, calligrafie, armi ottomane e oggetti di epoca romana e bizantina. Nella parte anteriore del giardino che circonda il museo si possono ammirare bellissimi capitelli, colonne, statue e stele funerarie di epoche diverse.

so luogo sopraelevando il terreno di 1.4 m, era preceduta da un nartece e decorata da mosaici murali e rivestimenti in marmo. Dopo la conquista ottomana, nel 1331, fu rimaneggiata e consacrata al culto musulmano. La nicchia del mihrab, installata nell'abside, fu completata da un minareto eretto verso la fine del XIV secolo. Dopo un incendio che devastò l'edificio nel XVI secolo l'architetto Sinan ne curò i restauri: il pavimento fu ancora una volta rialzato e le pareti decorate da formelle di ceramica smaltata, lavorate nelle botteghe della città.

Museo. *Visita a pagamento dalle 8 alle 12 e dalle 13 alle 17; chiuso il lunedì.* Usciti dall'Aya Sofya, prendendo a destra la Mazhar-

Yeşil Camii. Quasi di fronte al museo, riconoscibile dal suo minareto colorato, sorge la 'moschea verde', il monumento musulmano più interessante della città, costruito nel 1492. Si affaccia sulla piazza con un portico in marmo bianco dotato di arcate sorrette da quattro colonne in granito rosso e verde. Il minareto è decorato da mattonelle smaltate di verde.

Lefke Kapısı. All'estremità orientale della città murata, consta anch'essa di tre successivi passaggi di cui il secondo si presenta come un arco di trionfo sormontato da una massiccia costruzione in mattoni.

I segreti della ceramica di İznik

Dall'inizio del XVI secolo maestri artigiani provenienti dalla Persia fecero di İznik un centro di produzione di ceramiche smaltate di altissimo livello artistico: fino al Settecento le piastrelle di İznik hanno decorato l'interno delle moschee più famose del Paese, mentre vasi e piatti hanno arredato le case private. In seguito la produzione è gradualmente scomparsa: solo di recente, dopo quasi tre secoli di inattività, l'antica arte di İznik ha ripreso vigore grazie all'impegno tenace della İznik Foundation, creata nel 1993 con lo scopo di far rivivere un'eredità che si era persa. La fondazione ha attivato un Centro di ricerca su piastrelle e ceramiche nel 1995 e l'anno seguente ha aperto un atelier. L'attività di ricerca è stata basilare poiché non si conoscevano le tecniche di produzione delle famose piastrelle: si è scoperto che la base è costituita dal 70-80% di quarzo, ricoperta poi da un particolare rivestimento. I colori tradizionali sono il blu lapislazzulo, il turchese, il rosso corallo e il verde smeraldo. Le figure sulle ceramiche sono simboliche, allegoriche, o rappresentano, stilizzate, la flora e la fauna della regione. Accanto alla ripresa dei temi tradizionali, la Fondazione ha ideato anche una linea moderna.

La sede di İznik propone stage di ceramica e comprende una piccola guesthouse (9 stanze) in cui è possibile soggiornare. Un ufficio della fondazione, con un punto vendita, si trova anche a İstanbul, a Kurucesme; le famose piastrelle sono comunque reperibili nei migliori negozi di ceramica di tutto il Paese.

İznik Foundation (Vakif Konukevi): Sahil Yolu Vakif Sokak 13, tel. 224.7576025 (si parla inglese), www.iznik.com

Oltrepassata la Lefke Kapısı, a sinistra della strada di Adapazarı, si trovano il **Çandarlı Halil Hayreddin Paşa Türbesi**, mausoleo costruito alla fine del XIV secolo e (a 300 m dalla porta) un antico ipogeo con numerose nicchie funerarie.

İstanbul Kapısı. Sul lato settentrionale della cinta muraria si apre il meglio conservato tra i varchi che consentivano l'accesso alla città murata. Delle tre porte di cui si compone, la seconda, ricavata nelle mura romane del III secolo, è decorata da un fregio su cui spicca una iscrizione in onore degli imperatori Vespasiano e Tito, e incorpora nella sua struttura un arco di trionfo a tripla arcata.

A 4 km dalla città, a est dell'İstanbul Kapisi, si trova l'**ipogeo**, una tomba sotterranea risalente al IV secolo d.C. La camera funeraria è rico-

perta da una volta a botte, il soffitto e le pareti sono decorati da vivaci affreschi con animali, fiori e motivi geometrici.

I dintorni di İznik

Gemlik
55 km a ovest di İznik, è una località balneare con belle spiagge affacciate sul mare di Marmara; situata all'estremità orientale di un ampio golfo, è rinomata per i suoi cantieri navali (caicchi). Colonia greca della Propontide, fu un importante scalo di Mileto sulla rotta del mar Nero; divenne poi possedimento del re di Bitinia (237-192) che la ricostruì sulle rovine della città distrutta da Filippo V di Macedonia. Il sultano ottomano Orhan se ne impadronì nel 1339 e vi fece costruire un arsenale marittimo, da cui il nome attuale, contrazione di *gemilik* (arte di costruire le navi). Nei pressi di Gemlik si trovano le terme di Armutlu.

3.2 Bursa e la costa meridionale

Bursa**

(C2). Svariati motivi ambientali e storico-artistici concorrono a fare di questa città (ab. 1 290 000, pianta alle pagg. 148-149) una delle mete turistiche più frequentate della Turchia. Innanzitutto spicca la sua particolare posizione geografica alle pendici dell'Ulu Dağ, l'antico Olimpo di Bitinia e di Misia che, con le sue verdi foreste di abeti, castagni, cedri, domina l'abitato.

A ciò si aggiunga la ricchezza del patrimonio monumentale di quella che fu la prima capitale dell'impero ottomano, comprendente moschee, mausolei, bazar, caravanserragli e musei dalle interessanti collezioni. Ma tutto questo non basta a spiegare il fascino di una città che appare dominata dal colore verde (è nota infatti come 'Bursa la Verde'), quello degli smalti della sua celebre moschea in primo luogo, ma anche il verde dei numerosi giardini, dei frutteti, dei cipressi che spezzano la trama edilizia. Una struttura urbanistica in cui, nonostante la recente espansione, il nucleo storico ha conservato una sua omogeneità, sottolineata dagli edifici a due-tre piani con tetti di tegole rosse, dalle verande aggettanti tipiche dell'architettura ottomana, dalle strade strette e tortuose fino a minuti particolari dell'arredo urbano, come la presenza quasi a ogni angolo di graziose fontane.

La città è inoltre un importante centro universitario e industriale (produzione tessile, ortofrutticola e metalmeccanica). Bursa è famosa in particolare per la produzione del cotone e della seta: nel bazar, ma anche nei negozi di biancheria sparsi per la città (famosa è la catena Özdemir), è possibile acquistare asciugamani, tovaglie, tende, tessuti di altissima qualità. La seta, di raffinata produzione, è invece in vendita presso il Koza Hanı.

Storia. Fondata probabilmente da Prusia I, re di Bitinia, verso la fine del III secolo a.C. sui resti di un precedente insediamento, venne chiamata 'Prusa ad Olympium', Prusa dell'Olimpo, per distinguerla dalle numerose altre località con lo stesso nome. Attribuita a Eumene II, re di Pergamo e alleato dei Romani, nel I secolo a.C., in seguito alla disfatta del re del Ponto, divenne parte con la Bitinia dei possedimenti romani in Asia Minore. Più tardi, evangelizzata da S. Andrea, costituì uno dei capisaldi del Cristianesimo in Oriente e, all'epoca di Giustiniano (VI secolo), che vi fece costruire un palazzo e sontuose terme, lo sfruttamento delle risorse termali dei dintorni e soprattutto l'allevamento del baco da seta contribuirono a farne un importante mercato dell'impero bizantino: fino al XIX secolo Bursa fu infatti uno dei maggiori centri al mondo per la produzione della seta grezza e di manufatti in seta (ancor oggi questa industria occupa un posto rilevante nell'economia cittadina). Decaduta a partire dall'VIII secolo per le continue guerre tra Bizantini, Arabi, Selgiuchidi e Crociati, fu presa dai Turchi, dopo un assedio decennale, il 6 aprile 1326. Divenuta capitale dell'impero ottomano col nome di Bursa, la città si sviluppò rapidamente arricchendosi di monumenti che testimoniano la straordinaria fioritura dell'arte ottomana. Fu però una capitale provvisoria: gli Ottomani trasferirono infatti la sede del loro impero a Edirne, la cui posizione favoriva da un lato gli ultimi assalti contro Costantinopoli e dall'altro sottolineava il loro predominio sui due continenti. Nonostante ciò, Bursa mantenne il suo prestigio di prima

grande capitale ottomana, dove Osman Gazi, fondatore della dinastia, aveva espressamente voluto farsi seppellire, e contemporaneamente consolidò la sua posizione di importante centro carovaniero sulla strada che collegava l'Oriente con l'Occidente.

Il 9 luglio 1920 la città fu occupata dalle truppe greche, che il 12 settembre 1922 dovettero ritirarsi sotto la pressione dell'esercito turco: ebbe luogo allora un intenso scambio di popolazione che portò al trasferimento dei Greci e all'insediamento di nuovi immigrati turchi.

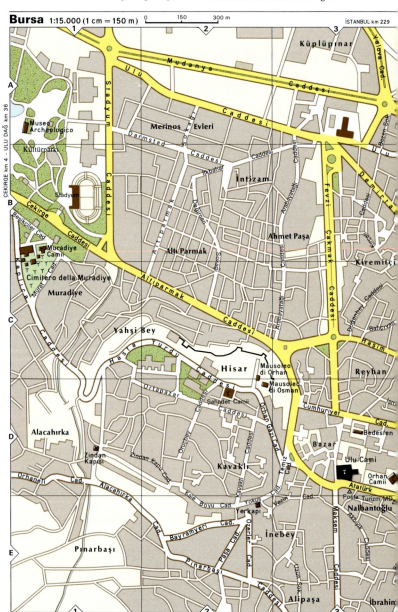

Visita. Una giornata è il minimo indispensabile per una conoscenza non affrettata della città. La visita può avere inizio dal cimitero della Muradiye, antica necropoli reale. Raggiunti i quartieri del centro, si possono visitare l'Ulu Cami e l'Orhan Camii, due tra le più belle moschee di Bursa, e il *bedesten* (bazar coperto), che verso mezzogiorno raggiunge la sua massima animazione. Nel pomeriggio si visiteranno la Yeşil Cami, la più celebre moschea cittadina, e lo Yeşil Türbe (mausoleo verde), dallo splendido rivestimento in ceramica smaltata, riservando l'ul-

tima parte della giornata al quartiere termale di Çekirge, a 4 km dal centro, ove sorge la più antica moschea della città e ove è possibile concedersi un rigenerante bagno turco in un autentico hammam ottomano. Avendo più tempo a disposizione, è senz'altro consigliabile un'escursione nei dintorni con la salita all'Ulu Dağ.

Muradiye Camii (B1). *Visita dalle 9 alle ore 12 e dalle 15 alle 18.30.* Costruita nel 1424-27 da Murat II, si affaccia su una piaz-

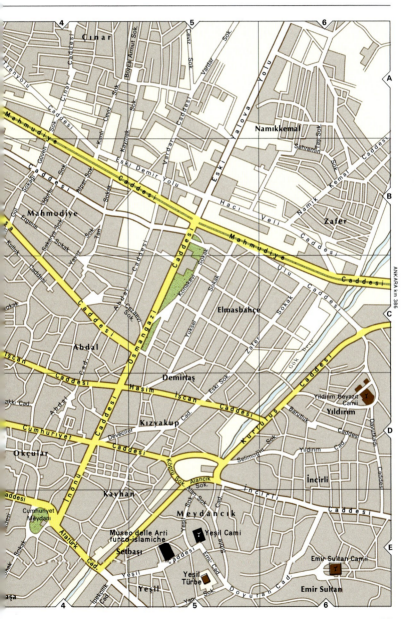

za raggiungibile dal centro cittadino per la Altıparmak Caddesi e quindi la Çekirge Caddesi, principale arteria urbana, svoltando a sinistra poco prima dell'Hotel Çelik Palas e dirigendosi verso la città alta. Pregevoli rivestimenti a mosaico con motivi geometrici e floreali ornano i timpani della moschea compresi tra l'arco della porta d'ingresso e la sua cornice rettangolare, oltre a quelli sovrastanti le finestre laterali. La sala di preghiera è in parte decorata da formelle di ceramica smaltata blu turchese con bordo bianco.

Di fianco alla moschea si trova lo storico bagno turco del sultano Murat II, il **Tarihi II Murat Hamamı**, tuttora in funzione (*aperto dalle 10 alle 18; per gli uomini il venerdì e la domenica; per le donne tutti gli altri giorni*).
Di fronte alla moschea si trova una bellissima **casa nobiliare** del XVII secolo (*visita a pagamento dalle 10 alle 12 e dalle 13 alle 17; chiusa il lunedì*), restaurata nelle sue strutture portanti in legno, al cui interno sono stati ricostruiti ambienti e arredi dell'epoca.

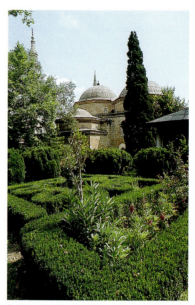

La Muradiye Camii di Bursa, eretta nel 1424-27

Cimitero della Muradiye* (B-C1). *Visita a pagamento dalle 8.30 alle 12 e dalle 13 alle 17; chiuso il lunedì*. Vi si accede da un passaggio tra la moschea e la limitrofa *medrese*: è un ampio giardino piantato a rose, magnolie, cipressi e platani ove si trovano 11 mausolei che accolgono le spoglie del sultano Murat II e di membri della famiglia imperiale ottomana. In particolare le tombe dei *şehzadeler* (principi imperiali) ospitano le salme dei principi, spesso uccisi per mano dei familiari: dato che la dinastia ottomana non riconosceva al primogenito il diritto esclusivo di accedere al trono, l'erede designato o il più forte preferiva condannare a morte i fratelli piuttosto che rischiare una guerra civile che avrebbe dilaniato l'impero. A sinistra del viale del cimitero, presso la moschea, sorge il mausoleo del principe Ahmet, figlio di Beyazıt I, una semplice torre ottagonale sormontata da una cupola, al cui interno spicca il rivestimento di formelle di ceramica smaltata blu e bianca.
Dietro al mausoleo di Ahmet, in fondo al viale, il mausoleo di Murat II (1451) si apre con una larga porta protetta da una splendida tettoia di legno scolpito e dipinto. La camera funeraria principale conserva il cenotafio del sultano. La cupola, sorretta da quattro pilastri e quattro colonne antiche sormontate da capitelli bizantini, ha un'apertura in alto per consentire alla pioggia di lavare la lapide. A sinistra dell'entrata, attraverso una bassa porta, si accede alla camera che custodisce le tombe dei quattro figli del sultano, ove spicca una colonna monolitica in porfido con un capitello bizantino.
A fianco, alle spalle della *medrese*, è poi il mausoleo del principe Cem, con decorazioni in ceramica smaltata della fine del XV secolo; i dipinti della cupola sono stati restaurati.

Dopo la visita del complesso della Muradiye, percorrendo a ritroso l'itinerario di collegamento col centro della città, si costeggia il vasto Kültürparkı, attrezzato con caffè e ristoranti all'aperto e un lago artificiale. All'interno ha sede il **Museo Archeologico** (A1; *visita a pagamento dalle 8 alle 12 e dalle 13 alle 17.30; chiuso il lunedì*), che conserva reperti dalla preistoria fino all'epoca bizantina e dispone di una piccola sezione di etnologia.
Si raggiunge quindi la Cumhuriyet Meydanı (E4), intorno alla quale si concentrano interessanti monumenti e da cui si può facilmente accedere alla cittadella (Hisar).

Orhan Camii (D3). Percorrendo l'Atatürk Caddesi verso la cittadella, si incontra, sulla destra, questa moschea costruita nel XV secolo sul sito di un santuario precedentemente distrutto per ordine del sultano di Karaman. Si apre su un portico sorretto da pilastri e da due colonne ottagonali antiche sovrastate da capitelli ornati con foglie di acanto.

Ulu Cami* (D3). A fianco della Orhan Camii è la 'grande moschea', importante edificio religioso in stile selgiuchide, più volte danneggiato e restaurato nel corso dei secoli, che ha tuttavia mantenuto gran parte dei caratteri originari. Eretta tra il XIV e il XV secolo, ha sala di preghiera di forma rettangolare (68 x 56 m) coperta da 20 piccole cupole. Al centro si trova una fontana di marmo e alle pareti una splendida serie di iscrizioni calligrafiche; spicca il minbar in legno di cedro, costruito nell'anno 802 dell'Egira (1399-1400) e sovrastato da un baldacchino finemente traforato. Al disotto della cupola centrale, più alta delle altre, si trova una fontana in una vasca di marmo.

Bedesten (D3). Nei pressi della moschea si stende, in un dedalo di vicoli, il bazar con il suo mercato coperto. Gli edifici che ospitano questo animato mercato sono ancora in parte (anche se ampiamente rimaneggiati dopo il terremoto del 1855 e l'incendio del 1957) quelli dell'epoca di Beyazıt I; da notare, in particolare, le numerose cupole di copertura del complesso. Appena fuori dall'ingresso orientale del *bedesten* si trova il **Koza Hanı**, caravanserraglio del 1490 con logge sovrapposte su due piani, dove una volta all'anno si tiene il mercato dei bozzoli dei bachi da seta e dove sono in vendita i tessuti in seta per cui Bursa è famosa.

Al centro del cortile sorge una piccola moschea ottagonale con fontana restaurata a spese della corporazione dei commercianti di bachi da seta e dell'Aga Khan. Tra gli altri caravanserragli del *bedesten* meritano una visita il Geyve Hanı, il Fidan Hanı e l'**Emir Hanı**. Nel cortile di quest'ultimo, eretto per ordine di Orhan e situato subito dietro l'angolo nord-orientale della Ulu Cami, sorgono una bella fontana e una sala da tè.

Cittadella (Hisar). Vi si accede, superato l'incrocio con Temiz Caddesi, da Orhan Gazi Caddesi. Occupa l'area della città fortificata romana e bizantina, ancora in parte delimitata da bastioni rafforzati da alcune torri; a sud, fra le due porte, la Yerkapı e la Zindan Kapısı, le mura romane furono raddoppiate nel IX secolo da un secondo bastione.

I **mausolei di Osman e di Orhan** (C-D2; Osmangazi e Orhangazi Türbesi), attorniati dalle tombe degli eredi dei due sultani, sorgono su una terrazza da cui si gode di uno splendido panorama della città bassa e dei suoi rigogliosi frutteti, sino alle pendici dell'Ulu Dağ. All'interno del mausoleo (distrutto dal terremoto del 1855 e ricostruito nel 1869) di Osman, il sultano che diede il nome alla dinastia ottomana (Osmanlı), e di quello di Orhan, è possibile apprezzare il fascino originale del rococò ottomano del XIX secolo. Il pavimento del mausoleo di Orhan reca tracce delle fondamenta della chiesa bizantina su cui fu edificato.

Ritornati nella Cumhuriyet Meydanı, si prosegue verso i quartieri orientali della città percorrendo l'Atatürk Caddesi e, superato il Gök Dere, la Yeşil Caddesi.

Yeşil Cami* (E5). *Visita dalle 10 alle 12 e dalle 14 alle 17.* Al termine della Yeşil Caddesi, sulla sinistra, si intravede la 'moschea verde', gravemente danneggiata dal terremoto del 1855 e restaurata nel 1863-64. Situata su una terrazza da cui si domina la città, disseminata di minareti che svettano in mezzo ai cipressi, la moschea, capolavoro in marmo e ceramica, deriva il suo nome dalla sala di preghiera, rivestita di piastrelle di maiolica verde-azzurra. Eretta per volontà del sultano Maometto I Çelebi (1413-21), è una delle più belle moschee ottomane e segna l'inizio di una nuova architettura religiosa tipicamente turca. Come i primi santuari ottomani è costruita secondo una pianta a T capovolta e si compone di due sale rettangolari sovrastate da una cupola. Prima di accedere alla sala di preghiera, si osservi il gioco di stalattiti del portale e la facciata in marmo bianco venato di grigio, ove spiccano le finestre ornate da arabeschi e racemi finemente scolpiti.

Si entra nel vestibolo, sormontato dalla loggia imperiale che si apre sull'interno della moschea: è una piccola sala rivestita di piastrelle di ceramica smaltata, sulla quale spicca un enorme rosone; da qui si ha accesso alla sala centrale sovrastata da una cupola decorata da arabeschi e sorretta da pennacchi a ventaglio. La loggia (*per visitarla occorre chiedere l'autorizzazione al custode*) era uno dei luoghi di residenza del sultano; ai suoi lati si trovavano gli alloggi della servitù e l'harem. In fondo, un po' sopraelevato rispetto alla sala di preghiera, si apre il mihrab, alto 15 m, rivestito di raffinati pannelli che formano medaglioni, rosoni e ghirlande di grande effetto. Altrettanto pregevoli sono le decorazioni delle due piccole logge poste ai lati della porta d'entrata, le cornici in marmo scolpito e le iscrizioni a mosaico in ceramica smaltata.

Museo delle Arti turco-islamiche* (E5). *Visita a pagamento dalle 8 alle 12 e dalle 13 alle 17; chiuso il lunedì.* È ospitato nella *medrese* (Yeşil Medrese), antica scuola coranica eretta anch'essa da Maometto I all'inizio del XV secolo, annessa alla moschea.

Vi sono conservate belle collezioni di ceramiche selgiuchidi (XII e XIII secolo), oggetti in legno intagliato, ferro battuto, bronzo, rame e vetro; costumi, ricami, turbanti e passamanerie; gioielli e armi; oggetti di culto dei Dervisci; opere calligrafiche e strumenti di scrittura; oggetti di un bagno turco e un interessante esempio di *kıblenüma*, bussola orientata verso la Mecca. Pregevole è inoltre la collezione di marionette del teatro popolare *karagöz*, un teatro delle ombre che sembra rifarsi a una tradizione centro-asiatica portata per la prima volta a Bursa e da qui diffusasi nell'impero ottomano. Le marionette, ricavate dalla pelle di cammello, vengono trattate con olio per renderle semitrasparenti e quindi dipinte con colori vivaci. Il museo ospita inoltre ricostruzioni di interni ottomani (un salotto con arredi d'epoca e una sala della circoncisione).

Yeşil Türbe* (E5). *Visita dalle 8 alle 12 e dalle 13 alle 17.* Sull'opposto lato della Yeşil Caddesi sorge il 'mausoleo verde'. Di forma ottagonale e sormontato da una cupola conica, è uno dei monumenti più singolari di Bursa per la particolare posizione, dominante rispetto agli edifici attigui, e per la raffinatezza dello splendido rivestimento in piastrelle smaltate, originariamente di colore verde. Gravemente danneggiato nel corso dei secoli e dal terremoto del 1855, il mausoleo è stato restaurato nel secolo scorso e proprio buona parte del rivestimento non è più quello originario. Il mausoleo accoglie le spoglie di Maometto I, di tre suoi figli e di altri personaggi e si compone di un'unica sala coronata da una cupola poggiante su pinnacoli a ventaglio. Particolarmente pregevole è la decorazione a mosaico dell'enorme mihrab dove risaltano, fra ghirlande di fiori, le iscrizioni in rilievo.

Seguendo Emir e Doyuran Caddesi, si giunge all'**Emir Sultan Camii** (E6), moschea ricostruita nel 1804-05 dal sultano Selim III, che costituisce un bell'esempio di rococò turco del XIX secolo. Vi si gode un bellissimo panorama sulla città, la Yeşil Cami e lo Yeşil Türbe.

Yıldırım Beyazıt Camii. Nella vallata sottostante si scorgono le cupole di questa moschea costruita intorno al 1400 da Beyazit I detto 'la Saetta' (1389-1402), su una pianta a T capovolta, poi divenuta caratteristica del primo tipo di moschea ottomana. Il tempo e il terremoto del 1855 l'hanno purtroppo gravemente danneggiata. Degli edifici che la circondavano in passato restano solo una *medrese*, oggi sede di una casa di cura, e il mausoleo che ospita le spoglie del fondatore della moschea, morto prigioniero di Tamerlano.

I dintorni di Bursa

Çekirge

4 km dal centro della città. Sobborgo termale di Bursa, raggiungibile attraverso il prolungamento a ovest di Çekirge Caddesi. A circa metà strada, in un grande parco ombroso, si trovano le terme di Yenikaplıca, Karamustafa (attrezzate per i bagni familiari) e Kaynarca (riservate alle donne), tuttora in funzione (*aperte dalle 6 alle 23*). Dei tre complessi, il più interessante è l'**hammam di Yenikaplıca** (riservato agli uomini), costruito nel XVI secolo da Rüstem Paşa, gran visir sotto Solimano il Magnifico; l'edificio è sovrastato da cupole munite di lucernari, attraverso i quali filtra all'interno una luce soffusa. Dopo il vestibolo, con pavimento a mosaico in marmo rosa e verde, si apre la sala centrale, di forma ottagonale, che comunica con altre otto stanze, le cui pareti sono rivestite in ceramica smaltata di colore turchese e decorata con raffinati motivi. La piscina, in marmo, è circonda-

---

Bursa per i buongustai

La città di Bursa è rinomata per la produzione dei migliori marron glacès (*kestane*) del Paese che vengono esportati nel resto della Turchia e sono esposti ben in vista nelle vetrine di tutte le pasticcerie del centro.

Un'altra leggendaria specialità gastronomica di Bursa, che vanta imitazioni in tutto il Paese, è l'Iskender Kebab: si tratta di uno strato di kebab (carne di montone arrostita, tagliata a fette sottilissime), servito su una fetta di pane, condito con una salsa densa di pomodoro, burro fuso e accompagnato da yogurt.

---

ta da quattro colonne bizantine sormontate da una cupola. Al termine della Çekirge Caddesi si scorgono sulla destra le cupole delle **terme di Eskikaplıca** (*ingresso a pagamento dalle 7 alle 22.30 con sezioni divise uomini e edonne*), le più interessanti e le più antiche di Bursa. Alcuni elementi di architettura bizantina, probabili resti di bagni imperiali, forse risalenti all'epoca di Giustiniano, sono stati incorporati nello stabilimento, ricostruito sotto il regno di Murat I (fine XIV secolo), oggi magnificamente restaurato e integrato all'hotel di lusso Kervansaray Termal. Si noti la superba cupola in mattoni; in una sala sul fondo, una vasca raccoglie l'acqua calda che sgorga da una fonte alla temperatura di 45 °C. I bagni termali di Bursa sono noti sin dall'antichità per le loro acque adatte, tra l'altro, alla cura di reumatismi, dermatiti e affezioni ginecologiche (famose anche le terme di İnegöl Oyalt, 23 km a sud-est di Bursa). Quasi tutti gli alberghi cittadini dispongono di un proprio bagno termale.

Sul lato sinistro della strada principale di Çekirge sorge la **Hüdavendigar Camii**, moschea fatta edificare da Murat I e attribuita a un architetto italiano prigioniero del sultano. Sull'altro lato della strada si trova il mausoleo di Murat I, distrutto dal terremoto del 1855 e ricostruito sotto Abdülhamit II.

Mudanya

29 km per la E90-N200 verso Smirne e, a destra dopo 5 km, la N575. Piccolo porto del mare di Marmara, con una bella spiaggia, è identificato con l'antica Myrleia, fondata dai Greci nel VII secolo a.C.

Ulu Dağ*

(C2). L'antico monte Olimpo di Bitinia, raggiungibile con una cabinovia (stazione di partenza a 2 km dal centro, percorrendo la Namazgah Caddesi, prolungamento a sud-est di Atatürk Caddesi; orario dalle 8 alle 17.30; durata del tragitto: 30 minuti) o con una strada panoramica lunga 36 km (uscendo dalla città per la Çekirge Caddesi e la strada di Smirne, prendendo dopo 4 km la deviazione segnalata per l'Ulu Dağ), tortuosa ma larga, che si snoda attraverso verdi praterie e fitti boschi di castagni, pini, larici e cedri.

Il massiccio dell'Ulu Dağ (m 2543), meta di un intenso movimento turistico (d'inverno costituisce la principale stazione sciistica turca), è tutelato dal 1961 come **parco nazionale** (**Uludağ Milli Parkı**, 11 338 ettari): per la particolare posizione a poca distanza dal mare vi si sovrappongono cinque differenti orizzonti botanici che vanno dalla vegetazione mediterranea a quella dei pascoli alpini. L'ascensione (2 ore circa) alla vetta non presenta grosse difficoltà e ha inizio dalla stazione di arrivo della cabinovia. Da dicembre a marzo la località è la meta preferita dagli appassionati di sci di tutta la Turchia, a cui offre 15 piste di varia difficoltà e 13 impianti di risalita. Nei mesi estivi è possibile praticare il trekking e ammirare una specie rara di farfalle, le Apollon, che trovano proprio in questa zona uno dei loro pochi habitat.

Cumalıkızık

12 km a est di Bursa lungo la E90-N200 e poi 3,5 km a sud. Sulle pendici dell'Ulu Dağ, l'antico villaggio ottomano è sotto la tutela dello Stato come monumento nazionale. Esso farebbe parte di un gruppo di sette villaggi voluti da Osman Gazi, fondatore dell'impero ottomano, per i suoi sette figli. Oltre a Cumalıkızık esistono tuttora altri quattro villaggi, tutti a sud della statale che collega Bursa e Ankara: Hamamlıkızık, Fidyekızık, Değirmenlikızık e Derekızık.

La costa meridionale del mare di Marmara

Kuş Cenneti*

Dal nome suggestivo, 'paradiso degli uccelli', è una splendida isoletta del Kuş Gölü, lago un tempo detto 'di Manyas', trasformata in riserva naturale (Kuşcenneti Milli Parkı), ove dimorano 246 specie di uccelli stanziali e migratori (tra cui ibis, aironi, pellicani, cicogne, cormorani), per un totale di circa tre milioni di permanenze annuali. La rigogliosa flora acquatica e la ricca fauna ittica con 20 specie di pesci caratterizzano un'oasi ornitologica tra le più importanti dell'Asia Minore. La visita è consigliabile nei periodi delle migrazioni di animali (*da aprile a giugno e da settembre a novembre*). Nel parco sono vietati picnic e campeggio.

Rovine di Cyzica

(Kyzikos, in greco) 8 km a est del grazioso centro balneare di **Erdek** (sulla strada per Bandirma), sulla penisola di Kapı Dağı – dove partono e arrivano i traghetti e gli aliscafi per İstanbul –, circondato da verdeggianti colline coperte da una fitta macchia mediterranea.

Le rovine di questa antica città, distrutta in seguito a terremoti, incursioni arabe e guerre tra Bizantini, Selgiuchidi e Crociati, si trovano nei dintorni della cittadina, in prossimità dell'istmo che collega la penisola alla costa.

Fondata, secondo la tradizione, nel II millennio a.C. dai Pelasgi, diventò un'importante colonia di Mileto (VII-VI secolo a.C.). Sorta inizialmente su un'isola prossima alla costa, fu poi unita alla terraferma da due ponti costruiti per volere di Alessandro Magno. Durante le guerre mitridatiche Roma le concesse il titolo di città libera e il controllo di vasti territori nella parte settentrionale della Misia.

A qualche centinaio di metri dal termine della strada si raggiungono i resti dell'anfiteatro (II secolo d.C.), dell'acropoli, di un teatro romano e le rovine della cinta muraria del IV secolo a.C., a pianta poligonale. Del tempio di Adriano non resta che una camera sotterranea.

Marmara adası

Si può raggiungere in battello da Erdek (traversata 1 ora e 15 minuti circa). Identificata con l'antica Proconesi, è l'isola più vasta di un piccolo arcipelago (130 km²) e vi si produce un buon vino bianco: viti e uliveti ne caratterizzano infatti il paesaggio, che offre anche le belle spiagge di Aba, Manastir e Köle.

Colonizzata nel VII secolo a.C. da abitanti di Mileto, fu poi conquistata dai Fenici. Il nome di Marmara (o Marmora) appare nel medioevo e deriva probabilmente dalle cave di marmo, sfruttate fin dall'antichità; l'isola diede poi il nome al mare che la circonda, precedentemente detto Propontide. Gran parte del marmo che ammiriamo in monumenti antichi a İstanbul e nella parte occidentale del Paese proveniva da quest'isola (il famoso marmo del Proconneso).

Biga

È una cittadina di circa 25 000 abitanti situata lungo un piccolo fiume, il Çan Çayı, sulle cui rive ebbe luogo nel giugno del 334 a.C. la grande battaglia di Granico, che doveva aprire ad Alessandro Magno, vincitore dei Persiani, le porte dell'Asia.

3.3 Lo stretto dei Dardanelli

Il mare di Marmara termina a ovest nell'angusto stretto dei Dardanelli, in origine valle fluviale poi occupata dalle acque. Per la sua importanza strategica ha rappresentato un punto di passaggio obbligato per gli eserciti in marcia dall'Europa all'Oriente e viceversa. Sulle sue coste e lungo lo stretto furono combattute in ogni epoca importanti battaglie, dalla sconfitta dell'ammiraglio Conone durante le guerre del Peloponneso, alla battaglia di Gallipoli nella guerra di Crimea, fino alla grande battaglia della prima guerra mondiale. Sulla penisola di Gallipoli si contano ben 31 cimiteri di guerra (vedi box in basso).

Nel marzo del 1915, con l'intenzione di risalire i Dardanelli e il mare di Marmara fino a İstanbul e costringere la Turchia a ritirarsi dalla guerra, una squadra navale anglo-francese tentò invano di forzare lo stretto. Winston Churchill, ideatore della spedizione, fece allora sbarcare le truppe inglesi in due punti della costa europea, presso Seddülbahir, mentre i Francesi eseguivano un'operazione diversiva sulla costa

I luoghi della prima guerra mondiale

La spiaggia vicino a Kabatepe, fu teatro del primo sanguinoso sbarco dei soldati australiani e neozelandesi (ANZAC, Australian and New Zealand Army Corps) il 25 aprile 1915; la battaglia che vi si tenne è commemorata ancora oggi con grande emozione (si consiglia di evitare la data del 25 aprile per visitare Gallipoli, perché è quasi impossibile raggiungere la zona). Il suggestivo cimitero sulla spiaggia (*Beach cemetery*) è il più famoso tra quelli presenti in questo tratto di costa, ma scendendo sul lato opposto della penisola, in un ambiente naturale sempre più silenzioso, se ne incontrano diversi: tra questi, il *Lone pine*, devastato nel 1994 da un incendio, con il suo monumento al Mehmetçik, il 'piccolo Maometto', il soldato semplice turco. Sempre dirigendosi a sud, verso Johnston Jolly e Quinn's point, sono ancora visibili le trincee e poi, di nuovo, cimiteri – come il *Baby 700*, che segna il punto massimo dell'avanzata degli Alleati – e monumenti, tra cui quello dedicato al 10° Reggimento ottomano che si lasciò massacrare pur di tenere la postazione.
Proseguendo, ancora campi santi nei luoghi dove la resistenza del 57° Reggimento di fanteria ottomano bloccò la nuova avanzata dei nemici. Protagonista di questa campagna fu il giovane colonnello Mustafa Kemàl (il futuro Atatürk), che riuscì in più di un'occasione a prevedere le mosse degli avversari e combattè in prima linea. Un frammento di proiettile lo colpì al petto, ma fu fermato da un orologio, oggi esposto al Museo di Çanakkale.
Accanto ai cimiteri dei soldati turchi si possono visitare le tombe dei soldati francesi, inglesi, australiani e neozelandesi.

asiatica (Kumkale). Dopo due mesi e mezzo di furiosi combattimenti, le truppe anglo-francesi (150 000 uomini) erano avanzate di soli 6-7 km lungo la penisola di Gallipoli. Fra il 6 e l'8 agosto un altro contingente alleato sbarcò sulla costa egea della penisola, presso Eceabat, ma di fronte alla strenua resistenza dei Turchi comandati dal generale tedesco Liman von Sanders e da Mustafa Kemàl (il futuro Atatürk), lord Kitchener, ministro della guerra britannico, decise l'evacuazione del corpo di spedizione alleato, conclusasi il 9 gennaio 1916.

La riva asiatica

Lâpseki

(C1). Situata di fronte a Gelibolu, corrisponde all'antica Lampsaca, in passato apprezzata per i suoi eccellenti vini che, si diceva, erano riservati agli dei dell'Olimpo. Verso la fine del v secolo a.C., all'epoca della guerra del Peloponneso, lo spartano Lisandro occupò la città e la utilizzò come base per le operazioni contro la flotta ateniese comandata da Conone.

Çanakkale

(C1). Centro agricolo in espansione e capoluogo di provincia, è situata nel punto più stretto dei Dardanelli. Vi fiorisce la produzione di ceramiche (il suo nome significa 'fortezza dei vasi'). Gravemente danneggiata da un terremoto nel 1912, la città conserva la fortezza, fatta costruire da Maometto II nel xv secolo, ancor oggi considerata importante per la difesa dello stretto. Nella zona militare all'estremità meridionale del molo sorge un **Museo Militare e Navale** (*visita a pagamento dalle 9 alle 12 e dalle 13.30 alle 17; spesso chiuso il lunedì e il giovedì*) che espone testimonianze sulle battaglie di Gallipoli. Nella periferia sud, sulla strada per Troia, si trova il **Museo Archeologico** (*visita a pagamento, ore 10-17; chiuso il lunedì*) che ospita raccolte di oggettistica dalla preistoria all'età moderna. Interessanti in particolare i reperti provenienti da Troia e Dardano.

La città è collegata via mare con due isole, oggi zona militare, che controllano l'accesso allo stretto: Ìmroz Adası e Bozcaada. Quest'ultima è stata identificata con l'antica Tenedo, dove si racconta che la flotta di Agamennone si sarebbe nascosta fingendo di aver levato l'assedio di Troia. Nei pressi di Çanakkale si segnalano anche le terme di Kestanbul.

La riva europea

Gelibolu (Gallipoli)

(C1). È un porto di pesca con 23 130 abitanti, in una bella baia all'estremità settentrionale dei Dardanelli. All'inizio del XIV secolo la città fu occupata dall'armata catalana di Ruggero di Flor, chiamata in Asia Minore dall'imperatore Andronico per combattere gli Ottomani. Durante la guerra di Crimea (1854-56) l'esercito franco-inglese vi stabilì le sue truppe, che vennero falcidiate da un'epidemia di colera (5000 vittime). Oltre ai monumenti ai morti della guerra di Crimea, permangono le rovine di una fortezza bizantina, collegata a due fortini costruiti probabilmente da Ruggero di Flor. La torre di pietra accanto al piccolo porto ospita il museo di Piri Reis, il più famoso cartografo turco.

Eceabat

(C1). Vivace porto all'ingresso dei Dardanelli, è protetto dalla **fortezza di Kilitbahir**, la 'serratura del mare', a 4 km dal centro, costruita nel XV secolo per volere di Maometto II e che attualmente ospita un museo militare imperniato sulla campagna di Gallipoli.

La Kilitbahir si erge su un promontorio, chiamato Kinossema dagli antichi, nei cui pressi si svolse (405 a.C.) la battaglia di Egospotami ('fiume delle capre', oggi Karakovadere, torrente alla cui foce era ormeggiata la flotta ateniese). La vittoria dello spartano Lisandro su Conone fu decisiva per l'esito della lunga guerra del Peloponneso: ormai senza flotta, Atene dovette infatti capitolare nell'aprile del 404.

A sud-ovest della città si trovano gli uffici del **Parco Storico Nazionale di Gallipoli** (Gelibolu Tarihi Milli Park), che occupa gran parte della penisola includendo i siti bellici più importanti; un centro informazioni e un piccolo museo si trovano anche a Kabatepe, dall'altra parte della penisola.

4 La Troade

Profilo dell'area

Vertice nord-occidentale della Turchia, affacciata sullo stretto dei Dardanelli e sul mare Egeo, la Troade trova la sua identità soprattutto nelle remote vicende storiche che hanno visto fiorire intorno alla città di Troia, posta in posizione strategica a controllo dell'accesso marittimo al mare di Marmara, una florida regione per lungo tempo al centro delle contese che opponevano i popoli provenienti da occidente e oriente. Annessa alla Persia alla fine della guerra del Peloponneso, Troia fu infatti riconquistata da Alessandro Magno, per passare poi sotto il controllo di Pergamo e quindi dei Romani.

Il paesaggio si presenta per lo più montagnoso con rilievi non molto elevati che tuttavia incombono sul mare oppure digradano dolcemente con sistemi collinari coperti dalla tipica vegetazione mediterranea – favorita dalla mitezza del clima, caratterizzato da estati piuttosto calde (28 °C) e inverni tiepidi e piovosi –, dove zone a macchia ed estese pinete si alternano agli oliveti. I gruppi montuosi sono tra loro divisi in senso longitudinale dal corso del Küçük Menderes, l'antico Scamandro, che, dopo aver attraversato una zona acquitrinosa, sfocia non lontano da Troia. La Troade è una regione tranquilla, rimasta pressoché immune – se si esclude qualche insediamento sulla costa – dalle speculazioni edilizie che segnano le sponde dell'Egeo più a sud, e interessata da un turismo prevalentemente locale, nonostante l'importanza dei suoi siti archeologici. Proprio per questo un soggiorno nella Troade può rivelarsi piacevole: il paesino di Assos, una minuscola oasi di pace a 73 km da Çanakkale e circa a metà strada tra Troia e Pergamo (quest'ultima da non perdere), può costituire un ottimo punto di partenza per la visita della regione. La costa offre anche una serie di belle spiagge intorno ad Assos e nel golfo di Edremit. Un po' ovunque sono in vendita prodotti della zona, in particolare olive di vari tipi, olio e un delicato sapone all'olio di oliva.

Gli itinerari

All'uscita da Çanakkale (vedi tracciato sulla carta del risguardo posteriore, C1) si prende la strada nazionale 550-E87 che, dopo aver fiancheggiato le colline di Troia (→) e superato il Küçük Menderes, aggira il massiccio montuoso del Kaz Dağı, l'antico monte Ida su cui Paride scelse la dea più bella tra Afrodite, Atena ed Era; oltre il promontorio di Assos (→) ci si inoltra nella piana di Edremit (→), affacciata sul golfo omonimo. La strada segue il profilo costiero di fronte all'isola greca di Lesbo per raggiungere poi, con una breve deviazione, il sito di Pergamo (→), ricco di monumenti che ne testimoniano l'antico splendore.

4.1 Troia, Assos e il golfo di Edremit

Troia** (Truva)

(C1). Il nome della città (pianta a pag. 159), evocatore dei poemi omerici, è legato alle gesta di Agamennone, Ulisse e Achille, eroi achei che dopo un assedio di dieci anni distrussero la città di Priamo per riprendere Elena, rapita da Paride. Ma richiama anche l'impresa di Heinrich Schliemann, il 'padre dell'archeologia' che, entusiasmatosi da bambino alla lettura dell'*Iliade*, sognò di riportare alla luce la Troia di Omero. Il sito, sotto la tutela dell'Unesco dal 1998 (vedi box a pag. 45), è suggestivo più per la sua storia

e per il significato assunto nell'immaginario collettivo occidentale che per le rovine, di non facile interpretazione e che possono risultare piuttosto deludenti. I ritrovamenti più interessanti, oltre a una dettagliata descrizione del sito, sono custoditi nei Musei Archeologici di İstanbul, mentre parte del cosiddetto 'tesoro di Priamo' è conservato al Pergamon Museum di Berlino.

La realtà archeologica

Dopo oltre un secolo di ricerche si è potuto stabilire che Troia fu distrutta e ricostruita ben nove volte. Grazie agli scavi effettuati da Heinrich Schliemann, che per primo affrontò questa im-

Le rovine del teatro romano di Troia

presa (dal 1871 al 1890), da Wilhelm Dörpfeld (dopo il 1891) e dall'università di Cincinnati (1932-38), sotto la direzione di Semple prima e Carl William Blegen poi, è stato possibile individuare 46 livelli di insediamento, distribuiti su una profondità di 20 m e corrispondenti a 10 strati, numerati dal I (il più antico) al IX con 2 fasi del VII.

Troia I (3000-2600 a.C.). Si presenta come una cittadella fortificata che posa direttamente sulla roccia, i cui abitanti provenivano forse dalla foce dello Scamandro. Le mura, più volte ricostruite e ampliate, con porte fiancheggiate da torri, racchiudono abitazioni a uno o due ambienti, precedute da un portico. Reperti caratteristici di Troia I sono ceramiche monocrome scure con scarse decorazioni, figurine (per lo più femminili) in pietra, osso o terracotta, utensili e oggetti ornamentali in rame e bronzo, tra i primi esemplari conosciuti di una lega di rame e di stagno.

Troia II (2500-2300 a.C.). Distrutta la città precedente da un incendio, un'intensa attività edilizia porta Troia II a essere sede di un piccolo regno. La prosperità di Troia II, dovuta alle attività artigianali e agli scambi commerciali, è attestata da alcune testimonianze architettoniche (tracce di un megaron) e dal gran numero di oggetti preziosi rinvenuti, tra cui un tesoro di gioielli e vasellame d'oro, identificato da Schliemann come il 'tesoro di Priamo'. In seguito, però, gli scavi portati a termine da Dörpfeld e da Blegen hanno accertato che in nessun caso Troia II avrebbe potuto costituire lo scenario del conflitto omerico.

Troia III (2300-2200 a.C.) e **Troia IV** (2200-2050 a.C.). Definite da Schliemann come poveri villaggi, sono risultate, in seguito a scavi più recenti, più estese dei due centri precedenti, con case disposte in agglomerati irregolari separati da strade strette. Oggetti e suppellettili, in particolare quelli provenienti da Troia III, mettono in luce una continuità rispetto a quelli di Troia II, sebbene emerga una tendenza alla decorazione antropomorfa di ceramiche e vasi e, nei fusi per filare provenienti da Troia IV, alla decorazione incisa e riempita di bianco.

Troia V (2050-1900 a.C.). Distrutta come le due precedenti da cause sconosciute, ha una planimetria regolare con edifici spaziosi, circondati da mura di fortificazione. Con Troia V la civiltà che si perpetuava dai tempi di Troia I si interrompe.

Troia VI (1900-1300 a.C.). Una popolazione, d'influsso probabilmente miceneo, si installa sui precedenti insediamenti dando origine a una nuova cultura caratterizzata dalla comparsa del cavallo e dall'uso della ceramica minia grigia. Importante e prospera cittadella fortificata, Troia VI ha mura possenti, delle quali sopravvivono ancora tracce abbastanza ben conservate che hanno messo in evidenza come sia stata distrutta da un violento terremoto.

Troia VII a (1300-1250 a.C.) e **Troia VII b** (1250-1100 a.C.). I due periodi si distinguono per il diverso tipo di vasellame rinvenuto. Troia VII a, probabilmente la Ilio di Omero, sopravvive per una generazione soltanto; distrutta da un incendio, conserva scarsi reperti simili a quelli di Troia VI. In Troia VII b, ricostruita all'incirca con la medesima planimetria dai suoi stessi abitanti, si distingue un'ulteriore fase, ove le costruzioni vedono l'uso di ortostati e compare una ceramica a impasto grezzo, modellata a mano e decorata a bugne. Quest'ultima fase, chiusa da un incendio cui seguono 400 anni di abbandono, si ritiene legata alla presenza di una popolazione balcanica (forse tracia o illirica) per molti aspetti più arretrata.

Troia VIII (700-I secolo a.C.). Il sito è rioccupato da coloni greci (eoli e tessali) intorno al VII secolo a.C. con un modesto insediamento, più volte devastato da invasioni e soggetto, alternativamente, ad Ateniesi, Spartani e Persiani. Spicca solo il santuario di Atena, ove compie sacrifici anche Alessandro Magno (334 a.C.). Troia VIII, secondo Strabone ricostruita da Lisimaco con il nome di Ilios e dotata di un nuovo tempio (più verosimilmente fatto realizzare da Alessandro Magno), cade dapprima sotto il controllo dei Seleucidi, per passare poi sotto l'autorità romana e, nell'86-85 a.C., essere distrutta per aver parteggiato per Silla.

Troia IX (secoli I a.C.-IV d.C.). Ricostruita, sembra per volere di Giulio Cesare, con il nome di Ilium Novum, fu luogo di soggiorno di Augusto, Adriano, Marco Aurelio e Caracalla. La città continua per qualche secolo a essere abitata, finché viene definitivamente abbandonata.

Visita. Una comoda strada conduce al sito archeologico, per la cui visita (*a pagamento, dalle 8 alle 17 da maggio a metà settembre; fino alle 19 da metà settembre a fine aprile*) sarà sufficiente circa un'ora, seguendo un percorso circolare in senso antiorario. Alcuni cartelli (in inglese) segnalano i diversi reperti, specificando l'epoca cui appartengono. Le aree in cui gli scavi sono tuttora in corso sono chiuse ai visitatori. Sulla destra, entrando nell'area recintata, un piccolo museo raccoglie reperti degli scavi di interesse prevalentemente specialistico.

Area archeologica. Seguendo il percorso indicato si scorgono, dapprima, gli antichi bastioni e una parte delle **mura** di Troia VI (90 m di lunghezza per 6 m di altezza); ancora ben conservata appare la torre orientale. Costeggiando il bastione, si accede alla città attraverso la porta VI S. Dopo l'ingresso, a sinistra, è la **casa VI F** risalente a Troia VI, il cui maggior interesse è costituito dall'angolo sud-ovest ove sono i resti di una cucina. Di fronte, quasi lungo la muraglia, si trova un'altra dimora (Troia VII a), dove sono stati rinvenuti parecchi *pithoi* interrati nel suolo che contenevano granaglie e provviste alimentari.

Ritornando sui propri passi si segue il sentiero fino alla sommità dell'**acropoli**, dalla cui piccola terrazza si gode una vista spettacolare sulla pianura dello Scamandro (teatro delle battaglie omeriche), sui Dardanelli e sulla penisola di Gallipoli (Gelibolu); sono anche visibili parecchi tumuli che portano i nomi suggestivi di tomba di Aiace, di Achille ecc.

Superata l'acropoli, il percorso di visita raggiunge i resti del **tempio di Atena**, ricostruito dai Romani. Qui Serse, re dei Persiani, fece immolare nel 480 a.C. mille buoi prima di iniziare la guerra contro i Greci, culminata nella sconfitta di Salamina. Si incontra poi uno degli scavi di Schliemann, corrispondente a una parte molto danneggiata delle fortificazioni di Troia I, dove è possibile riconoscere una porta affiancata da due torri. Più oltre, sulla destra, si identificano in una depressione del suolo le fondamenta di case appartenenti sempre a Troia I.

Subito dopo si giunge a una **rampa**, pavimentata da lastre calcaree, che costituisce uno dei resti più significativi del sito. Lunga 21 m e larga 7.5, dava accesso a Troia II. Sulla sinistra si nota una depressione do-

Troia fra storia e mito

L'*Iliade*, l'*Odissea* e le leggende lasciate da numerosi autori antichi hanno permesso di ricostruire in questi termini l'epopea troiana: Tindaro, re di Amiclea (la futura Sparta), volendo maritare la figlia Elena, fece promettere a ciascun pretendente che avrebbe prestato aiuto allo sposo prescelto, qualora si fosse trovato in difficoltà a causa della di lei bellezza; Elena andò in sposa a Menelao, fratello di Agamennone, re di Micene. Nel frattempo Paride, principe troiano, riuscì a dirimere la lite tra Era, Atena e Afrodite che si contendevano il primato della bellezza: attribuì la vittoria a quest'ultima che gli aveva promesso in premio la donna più bella del mondo, Elena appunto. Paride, ospite presso la corte spartana, riuscì a rapire la giovane e la portò con sé a Troia. Memori del giuramento, i prìncipi greci si coalizzarono per formare una spedizione punitiva contro Troia. La guerra durò 10 anni e gli Achei riuscirono a devastare Troia e restituire Elena al legittimo sposo, grazie al celebre stratagemma del cavallo di legno, ideato da Ulisse.

Fu merito dell'archeologo tedesco Heinrich Schliemann l'aver dimostrato che gli eventi narrati da Omero non erano solo frutto dell'immaginazione di un poeta: dopo studi approfonditi giunse alla conclusione che la Troia omerica, identificata con le vestigia dei livelli VI e VII a (1900-1250 a.C.), doveva essere ubicata nei pressi di Hisarlık. L'11 ottobre 1871 Schliemann diede inizio agli scavi e la sua impresa, coronata da successo nonostante le numerose contestazioni di cui fu oggetto, costituisce una delle più spettacolari scoperte dell'archeologia. Quanto all'identificazione della Troia omerica, quasi tutto il mondo dell'archeologia concorda nell'associare la fine della fase VII a di Troia con il saccheggio e la distruzione da parte degli Achei.

Troia

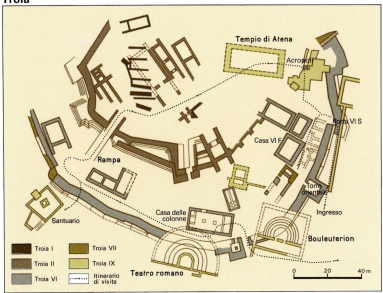

ve Schliemann portò in luce il famoso tesoro detto erroneamente 'di Priamo'. L'itinerario di visita conduce poi fuori dalla cinta muraria di Troia VI-VII a, fino a un santuario di cui sono stati parzialmente restaurati un altare e due pozzi. Sulla destra si scorgono le rovine di un **teatro romano** e frammenti di mosaici appartenenti alle terme.

Si raggiungono quindi la torre VI I e la porta VI T, sempre appartenenti alle fortificazioni di Troia VI-VII a. Sotto il lastricato della strada 710 si notano ancora le canalizzazioni che servivano allo scolo delle acque. Gli appassionati di archeologia riconosceranno sulla sinistra la cosiddetta *pillar house* (casa delle colonne) riportata alla luce da C.W. Blegen. La visita delle rovine di Troia si conclude passando davanti al **bouleuterion**, dove si riuniva l'assemblea della città.

Assos* (Behramkale)

(C1). Il sito di **Assos**, nei pressi del villaggio di Behramkale, si raggiunge da Ayvacık con una breve deviazione (18 km) sulla destra, e risulta davvero spettacolare: un promontorio, coronato da una cinta fortificata tra le meglio conservate del mondo greco, che domina il mare, proprio di fronte all'isola di Lesbo. Il villaggio di Assos, con una manciata di case in pietra attorno al

porticciolo, offre ristoranti di pesce e spiaggette sassose. 4 km a est, a Kadırga, si trovano una bella spiaggia e uno splendido mare. In questa zona protetta dai venti, anche al di fuori della stagione estiva il clima è generalmente mite.

Data la sua posizione strategica è probabile che l'insediamento risalga al II millennio a.C., sebbene risulti ancora incerta l'identificazione con la città di Assuwa contro la quale combatté il re ittita Tudhaliya IV. La città greca fu fondata da coloni provenienti da Mitilene, nella vicina isola di Lesbo, e dopo essere stata occupata da popolazioni della Lidia e dai Persiani, nel V secolo a.C. si unì alla Lega ateniese. Tra il 348 e il 345 a.C. vi soggiornò Aristotele. Entrata a far parte del regno di Pergamo, passò sotto il controllo romano nel 133 a.C. La sua importanza declinò rapidamente nel corso dei secoli successivi; occupata intorno al 1330 dall'emiro di Karasi, fu poco dopo annessa da Orhan al nascente impero ottomano.

Visita. Per maggiore comodità è opportuno dividere in due momenti la visita del sito (un'ora e mezza). Per recarsi al tempio di Atena e alla moschea ottomana si consiglia, provenendo dalla parte bassa del villaggio di Behramkale, di attraversarlo a piedi, fino alla sommità della collina. Per raggiungere i bastioni e l'agorà occorre invece seguire per 200 m la strada che scende verso il mare, dirigendosi quindi verso la necropoli a sinistra della strada. L'ingresso, a pagamento, è controllato da un custode.

Moschea. In cima alla collina, è una delle più antiche moschee ottomane dell'Anatolia, fondata da Murat I (1359-89) e attualmente sconsacrata. L'imponente cupola che sovrasta in misura sproporzionata la sala di preghiera costituisce uno degli aspetti caratteristici dell'architettura ottomana.

Tempio di Atena. Della struttura originaria dell'edificio, eretto nel 530 a.C., non restano che le fondamenta; alcune colonne sono parzialmente restaurate e il fregio che lo adornava è conservato al museo archeologico di İstanbul. Dal promontorio, alto 238 m, si gode uno splendido panorama dei dintorni e in particolare dell'isola di Lesbo; a un livello inferiore si scorgono l'agorà e la grande porta della città bassa.

Bastioni*. Ritornati nella parte bassa del villaggio, una piccola strada asfaltata in direzione del mare porta ai **bastioni**, molto ben conservati (alti ancora 14 m), eretti utilizzando grandi blocchi minuziosamente sagomati. Due torrioni fiancheggiano la **grande porta*** che si apre su una corte, adibita a fermare gli invasori qualora avessero superato il primo ingresso. Davanti ai bastioni gli scavi hanno riportato alla luce l'antica strada che portava alla città, e una grande necropoli con tombe risalenti ai secoli precedenti l'inizio della nostra era.

Seguendo il sentiero che conduce all'agorà si passa nei pressi di una palestra del II secolo a.C., di cui non resta che il cortile.

Agorà. Risale al III-II secolo a.C.; si notano, a destra e a sinistra della strada di accesso, le vestigia di botteghe e, di fronte, leggermente sopraelevate, quelle del tempio dell'agorà; la piazza era fiancheggiata da due lunghi portici dorici: quello settentrionale conserva ancora il muro appoggiato al pendio, quello meridionale era in realtà costituito da un edificio a tre piani il cui livello più elevato era alla stessa altezza dell'altro porticato.

All'estremità orientale dell'agorà sono le rovine del **bouleuterion**, davanti al quale era costruito un podio da cui gli oratori arringavano la folla.

Golfo di Edremit

Akçay

(C1). Situato al centro del golfo di Edremit, è un piccolo porto disteso lungo un'immensa spiaggia ghiaiosa di 5 km, ai margini di una pineta. Al pari di numerose altre località situate lungo il versante meridionale del Kaz Dağı (Küçükkuyu, Altınoluk), ha conosciuto un intenso sviluppo turistico. Nei pressi si trovano le rovine dell'antica Astyra e sorgenti d'acqua solforosa.

Ören è un villaggio con una bella spiaggia lunga 9 km. Un po' più a sud si trovano le rovine di Adramiteio, antica città lidia.

Kaz Dağı

È uno dei tesori naturalistici non solo della zona ma di tutta la terra: solo qui cresce una rara specie di alberi che porta il nome del monte e con il cui legno, si dice, fu costruito il cavallo di Troia. Famoso nell'antichità come monte Ida, fu teatro della nascita di Zeus e del celebre giudizio di Paride. La vetta più alta del monte, Sakırsız Tepesi, era venerata come sito sacro dalle tribù nomadi della regione, che vi celebravano il 15 agosto la morte di una misteriosa figura femminile chiamata 'la ragazza bionda'. Oggi è meta apprezzata dagli appassionati di trekking.

Sul versante meridionale del Kaz Dağı, nei pressi di Altınoluk, il canyon di Şahinderesi è considerato il serbatoio di ossigeno di tutta la zona: grazie a un sistema naturale di circolazione, l'aria profumata di pini arriva fino in pianura. Nel canyon sgorgano numerose sorgenti le cui acque hanno una vaga fragranza di fiori e di menta.

Ayvalık

(C1). Porto peschereccio, oltre che uno dei più importanti centri della Turchia per la produzione e il commercio dell'olio d'oliva e del sapone, si affaccia su un tratto di costa molto frastagliato, punteggiato di numerose piccole baie, all'estremità meridionale del golfo di Edremit, di fronte all'isola di Lesbo (Lésvos, detta anche Mitilíni). La trama edilizia e alcune architetture rivelano la passata presenza di greci, poi trasferitisi in patria a seguito dello scambio di popolazioni tra Turchia e Grecia stabilito dal trattato di Losanna del 1923. Molte chiese ortodosse sono state trasformate in moschee.

A poca distanza dalla costa si trova un arcipelago di isole vulcaniche; la maggiore, l'*isola di Cunda* (Alibey Adası) è stata collegata nel 1964 ad Ayvalik divenendo così una penisola. Tra pinete e alberi di oliva ospita chiese e monasteri abbandonati, antiche case greche, ristoranti di pesce sul mare. Nel nord dell'isola la *Riserva naturale dei Patrica* è un luogo molto suggestivo, con le rovine del monastero di S. Demetrio affacciate sul mare.

4.2 Pergamo (Bergama)

(C1). Principale centro, con Alessandria, della civiltà ellenistica in Oriente e capitale della provincia romana d'Asia, **Pergamo**** (pianta alle pagg. 162-163) conobbe per oltre tre secoli una prosperità economica che si tradusse in un'eccezionale fioritura artistica e culturale, ancor oggi testimoniata dalle vestigia di monumenti grandiosi. È così possibile apprezzare l'abilità con cui architetti greci e romani seppero adattare un'area dalla difficile situazione orografica alle esigenze urbanistiche ed edilizie di una grande capitale. Qui si costituì una delle sette chiese dell'Asia Minore citate dall'Apocalisse di Giovanni.

Storia. Il primo insediamento accertato corrisponde al periodo dell'occupazione persiana (546-334 a.C.), sebbene l'acropoli di Pergamo fosse già abitata in epoca arcaica. La vera nascita della città risale però al regno di Alessandro Magno quando Lisimaco, suo luogotenente, durante la conquista dell'Asia Minore vi costruì una fortezza e vi fece depositare un ricco tesoro (9000 talenti), affidandone la custodia a Fileteo. Non appena Lisimaco fu sconfitto da Seleuco (281 a.C.), Fileteo si appropriò del tesoro e rafforzò il suo potere grazie ad abili patti di alleanza con i popoli vicini, lasciando in eredità il suo patrimonio al nipote Eumene I il quale, a sua volta, riuscì a sconfiggere il re seleucide Antioco I presso Sardi (262 a.C.). Il figlio Attalo I (241-197), approfittando delle rivalità tra i pretendenti seleucidi, si assicurò l'alleanza dei Romani, allargando il suo dominio a danno delle tribù di Galati. Sotto il suo regno ebbe inizio la costruzione di magnifici monumenti e crebbe l'importanza economica e politica della città su gran parte della sezione occidentale dell'Asia Minore.

Il successore di Attalo, Eumene II (197-159), dopo la vittoria dei Romani a Magnesia al Sipilo (190 a.C.), l'odierna Manisa, arrivò a controllare un territorio sempre più vasto che andava dall'Ellesponto alla Cappadocia e alla Cilicia. Artefice di imponenti interventi urbanistici, fece della sua capitale uno dei centri più importanti del mondo ellenistico: sviluppò il commercio, costruendo, tra l'altro, vasti magazzini che attirarono mercanti da tutto il bacino mediterraneo e favorì anche lo sviluppo della cultura, dando vita a una biblioteca di 200 000 volumi che Antonio offrirà più tardi ad Alessandria, la città di Cleopatra. Quando l'Egitto, preoccupato per l'influenza culturale assunta da Pergamo, proibì l'esportazione del papiro, si incominciò a utilizzare un nuovo materiale per scrivere, fabbricato con la pelle conciata di montone o di capra: si trattava di quella pergamena (dal latino *pergamen*) che avrebbe perpetuato nella città il nome della città. Attalo II (159-138), fratello di Eumene II e suo successore, beneficiò dell'aiuto romano per liberare la città da Prusia II, re della Bitinia, che l'aveva conqui-

stata. Gli succede Attalo III (138-133) che, alla sua morte, lasciò in testamento il regno a Roma dando così inizio all'insediamento romano in Oriente. Sotto Vespasiano, Traiano e soprattutto Adriano, Pergamo raggiunse l'apice del suo splendore, si arricchì di monumenti di gran pregio, l'Asklepieion divenne il più famoso luogo di cura dell'antichità e la città raggiunse una popolazione di 160 000 abitanti. Il declino di Pergamo cominciò al momento della disgregazione dell'impero romano quando, a causa della concorrenza di Petra e Palmira, il commercio con l'Oriente andò progressivamente diminuendo. Sede di vescovado in epoca bizantina, fu saccheggiata e incendiata dagli Arabi e molti antichi monumenti furono demoliti da Leone III l'Isaurico e Costantino V Copronimo per recuperare materiali da costruzione, utilizzati nella nuova cinta di mura. Conquistata dagli Ottomani, nuovamente devastata dalle truppe di Tamerlano, divenne in seguito un centro religioso di una certa importanza e fu dotata di numerose moschee.

Visita. Una mezza giornata è sufficiente per visitare i diversi monumenti, distanti tra loro alcuni chilometri. È consigliabile iniziare dalla visita all'Asklepieion (a sud-ovest del centro abitato; provenendo dalla costa e dalla strada 550-E87, seguire l'indicazione a sinistra prima di entrare in città; parcheggio sul posto) per poi recarsi sull'acropoli, dove si concentrano i principali monumenti. Se rimane altro tempo si potranno visitare il Museo Archeologico ed Etnografico. Molto suggestiva è la passeggiata che segue l'antica strada di collegamento tra l'acropoli e la città bassa.

Il complesso dell'Asklepieion* (C1). *Visita a pagamento dalle 8.30 alle 17.30 in inverno, fino alle 19 in estate.* Dedicato ad Asclepio (Esculapio per i Romani), dio della medicina, era insieme luogo di culto e

---

La scoperta di Pergamo

Il ritrovamento del sito avvenne in modo del tutto casuale alla fine dell'Ottocento, quando alcuni ingegneri tedeschi che stavano curando su commissione del sultano la costruzione di una linea ferroviaria scoprirono, scavando nel terreno, alcune statue. Esistono ancora le lettere, piene di entusiastico stupore, in cui essi descrivono la bellezza di queste statue, che sembravano emergere dalla terra come uomini in carne e ossa. Si trattava nientemeno che dell'altare di Pergamo, acquistato in seguito dalle autorità tedesche e ricostruito nel Pergamon Museum di Berlino.

Pergamo

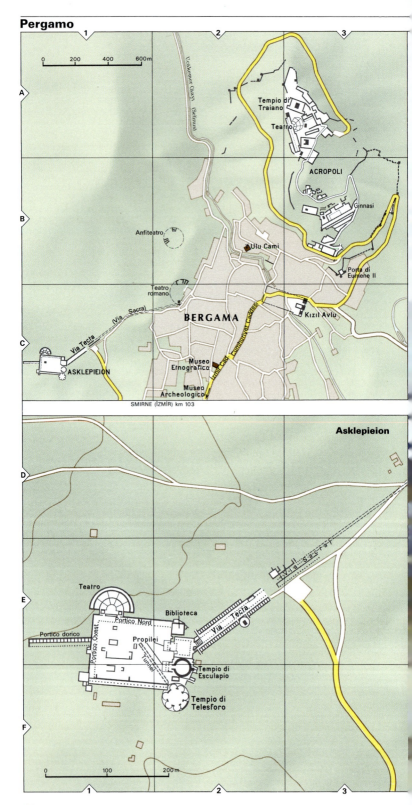

Uzakdemir Çayı (Selinus)

A

Tempio di Traiano

Teatro

ACROPOLI

B

Anfiteatro

Ulu Cami

Ginnasi

Porta di Eumene II

Teatro romano

Via Sacra

C

Via Tecla

BERGAMA

Kızıl Avlu

ASKLEPIEION

Museo Etnografico

İzmir Cad. Bankalar ve Çarşısı

Museo Archeologico

SMIRNE (İZMİR) km 103

Asklepieion

D

Via Sacra

E

Teatro

Biblioteca

Portico Nord

Portico dorico

Via Tecla

Propilei

Portico Ovest

Tunnel

Tempio di Esculapio

Tempio di Telesforo

F

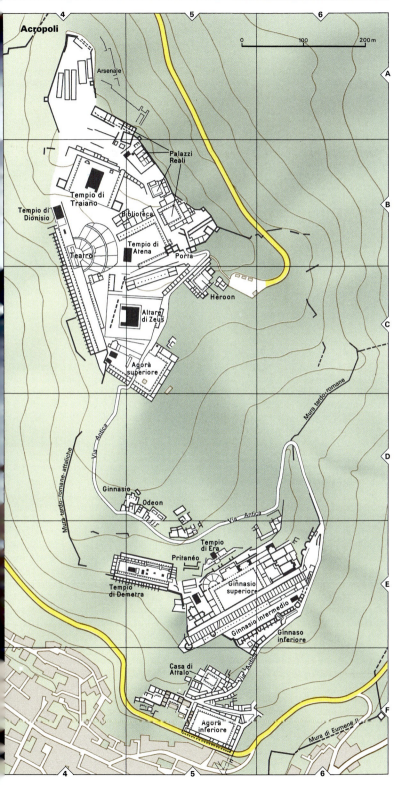

Acropoli

Arsenale

Palazzi Reali

Tempio di Traiano

Tempio di Dionisio

Biblioteca

Tempio di Atena

Teatro

Porta

Hèroon

Altare di Zeus

Agorà superiore

Mura tardo-romane

Mura tardo-romane attaliche

Via Antica

Ginnasio

Odeon

Via Antica

Tempio di Era

Pritanéo

Tempio di Demetra

Ginnasio superiore

Ginnasio intermedio

Ginnaso inferiore

Casa di Attalo

Via Antica

Agorà inferiore

Mura di Eumene II

0   100   200 m

centro terapeutico, tra i più rinomati dell'antichità. Il malato veniva curato fisicamente e psicologicamente: i medici prescrivevano bagni, massaggi, esercizi fisici, cure e diete; la diagnosi veniva formulata in base ai sogni raccontati dai pazienti che dormivano in locali appositi (stanze d'incubazione); anche le rappresentazioni teatrali costituivano parte integrante della terapia. La sua scuola di medicina raggiunse il massimo della fama quando vi operò Galeno, nativo di Pergamo (II secolo d.C.).

Secondo Pausania il culto di Asclepio fu qui diffuso da un certo Archia, che in segno di riconoscenza (una guarigione avvenuta nel tempio di Asclepio a Epidauro) fece edificare in suo onore questo centro terapeutico, dove vennero a curarsi, tra gli altri, Adriano, Marco Aurelio e Caracalla. Gran parte degli edifici, tra cui alcuni eretti in epoca romana, furono distrutti da Prusia II nel 156 a.C., ma in seguito ricostruiti. Devastato da un terremoto durante il regno di Valeriano (233-260), il tempio di Asclepio fu trasformato sotto i Bizantini in basilica con annesso battistero.

Si accede al sito dell'Asklepieion seguendo un tratto della **via Tecta*** (via Sacra; D-E2-3), lunga 820 m, che collegava il santuario alla città bassa; attualmente lungo il suo lato orientale ha sede una zona militare. Questa via monumentale era fiancheggiata da portici sotto i quali si aprivano locali e botteghe. Si possono notare, sulla destra, una fontana costruita in epoca tardiva, e più oltre, a sinistra, le fondamenta di un monumento funerario innalzato sotto Augusto. All'estremità della via Tecta si arriva a una corte curiosamente sfasata rispetto al piano stradale: risale infatti al primo santuario del IV secolo che aveva un accesso diverso. Era circondata su tre lati da un portico e si apriva a ovest su una porta monumentale, i cosiddetti **propilei** (E2), preceduti da quattro colonne corinzie che un'iscrizione fa risalire al 146 d.C. Si noti un piccolo altare circolare ornato di serpenti, simboli del dio. Due soli gradini, unici rimasti dell'originario scalone, permettono di accedere alla corte centrale dell'Asklepieion. Iniziando la visita del complesso sacro ad Asclepio, subito a destra dell'ingresso si trova la **biblioteca** (E2), edificio destinato anche al culto dell'imperatore Adriano, cui era dedicata una statua oggi conservata al museo archeologico della città. I libri erano disposti su scaffalature dentro nicchie ricavate su tre lati ed è ancora possibile vedere una

parte del pavimento a mosaico. Una delle due porte dell'edificio immetteva direttamente sul **portico nord** (E1-2), lungo 128 m e comprendente 45 colonne, in origine ioniche. La parete di fondo del colonnato era coperta da lastre di marmo, mentre il pavimento era in terra battuta per ragioni religiose e mediche. All'estremità del portico si trova il **teatro** (E1), molto rimaneggiato in tempi recenti per potervi svolgere festival locali. I gradini sono ornati da zampe di leone delle quali solo alcune originali. Poteva contenere all'incirca 3500 spettatori e la parete di scena era a tre piani. Anche il **portico ovest** (F1-2), analogamente a quello settentrionale, presentava una struttura ionica ed era interrotto da una porta centrale che dava accesso a un edificio dalla funzione indeterminata, a sua volta preceduto da un portico dorico, lungo 104 m. Prima di prendere la scala che porta al passaggio sotterraneo si osservino, al centro, le fondamenta di alcuni templi, la fontana ellenistica dove l'acqua sprizzava dalla gola di un leone, e i resti delle vasche per raccogliere l'acqua utilizzata per i trattamenti terapeutici. Una lunga galleria sotterranea con volta a botte porta al **tempio di Telesforo*** (F2), costruzione a pianta circolare con tetto in legno ricoperto di tegole, che comprendeva tre file concentriche di colonne tra le quali erano disposte le vasche. Una scala conduce al pianoterra dove si aprivano sei nicchie semicircolari, un tempo ornate da statue. Ritornati nella grande corte centrale si visita, infine, il **tempio di Esculapio** (E-F2) del quale restano poche tracce ma che, in origine, costituiva l'edificio principale dell'intero complesso. Di forma circolare, preceduto da un ingresso monumentale a colonne, fu costruito nel 150 d.C. da Potumenio Rufino. All'interno, i pilastri che sostenevano una cupola di 23.85 m di diametro (simile a quella del Pantheon di Roma costruita 20 anni prima) erano separati da nicchie semicircolari o rettangolari contenenti statue di dei.

Museo Archeologico (C1-2). *Visita a pagamento dalle 8.30 alle 17.30; chiuso il lunedì.* Entrando nel centro abitato, l'attuale Bergama propriamente detta, che si è sovrapposta alla città bassa antica, si raggiunge il museo, situato lungo la strada principale, che ospita tutte le sculture e i reperti rinvenuti negli scavi di Pergamo e non trasferiti a Berlino. Alcune collezioni sono esposte nel cortile e sotto le gallerie: numerosi frammenti architettonici di monumenti dell'acropoli e della città bassa, capitelli di diverso stile, sculture di epoca ellenistica e romana. Interessanti, soprattutto, un cavallo ellenistico (II secolo a.C.) proveniente dall'altare di Zeus e, davanti all'ingresso, la più antica statua del museo, un *kuros* arcaico (VI secolo a.C.), rinvenuto a Çandarlı. All'interno: terracotte di Myrina, alcuni ornamenti del tempio di Demetrio raffiguranti Vittorie alate e una splendida statua di Adriano, proveniente dalla biblioteca dell'Asklepieion.

Museo Etnografico (C2). *Visita a pagamento dalle 8.30 alle 17.30; chiuso il lunedì.* Più oltre, proseguendo sull'asse di İzmir Caddesi, poi Cumhuriyet Caddesi, sorge il Museo Etnografico, che raccoglie collezioni di costumi e tappeti provenienti dalla regione di Pergamo, nonché un prezioso *Commentario del Canone della Medicina*, opera di Avicenna, celebre medico e filosofo musulmano del secolo XI.

La strada a sinistra prima del museo etnografico porta a un trecentesco minareto selgiuchide in mattoni, ornato di ceramiche smaltate; da qui, attraverso un dedalo di viuzze si raggiunge l'**Ulu Cami** (grande moschea; B2), costruita alla fine del XIV secolo dal sultano Beyazıt, in parte recuperando il materiale dalle rovine di un ginnasio romano.

Kızıl Avlu (corte rossa; C2-3). Non lontano, nei pressi del corso d'acqua che attraversa l'abitato, si trova il santuario eretto ai tempi di Adriano e dedicato, secondo alcuni studiosi, agli dèi egizi e in particolare al culto di Serapide. Così chiamato a causa dell'abbondante impiego di mattoni rossi, era un tempo circondato da un colonnato che si estendeva su 3 lati. Nell'interno, rivestito in marmo, si ergeva su un podio una gigantesca statua consacrata alla divinità. A est si apre una vasta corte, sotto cui scorreva il fiume Selinus (l'attuale Üçkemer Çayı) attraverso due gallerie a volta. Trasformato in basilica a tre navate e munito di abside durante la dominazione bizantina, il tempio fu distrutto dagli Arabi nel 716-717 e in seguito ricostruito; oggi ospita una piccola moschea.

L'acropoli**(A-B2-3). *Visita a pagamento dalle 8.30 alle 17.30.* Una strada asfaltata, lunga circa 3 km, gira intorno al colle di Pergamo e collega la città moderna all'acropoli che, da un'altezza di 275 m, domina la piana circostante. Originariamente circondato da una triplice cinta muraria di cui restano alcune tracce, su questo sperone roccioso, largo circa 120 m nella parte settentrionale e fino a 350 m in quella meridionale, furono costruiti numerosi templi, palazzi, edifici pubblici e privati. Dal parcheggio una rampa abbastanza ripida sale all'entrata principale della prima cinta di mura, risalente a Eumene II.

Prima di varcarla, sulla sinistra si scorgono i resti dell'**heroon** (B-C5), edificio di culto eretto in onore dei sovrani di Pergamo Attalo I e Eume-

Una veduta delle rovine dell'acropoli di Pergamo

ne II e rimaneggiato in epoca romana. La costruzione era composta da un peristilio intorno a cui si aprivano alcune sale, tra le quali quella adibita alle cerimonie religiose. Oltre la **porta** (B5) un propileo conduceva, a sinistra, verso il tempio di Atena (vedi sotto) mentre, a destra, addossati alla muraglia orientale della cittadella si succedevano i **palazzi reali** (A-B4-5), di cui non restano che le fondamenta.

Seguendo il tracciato della prima cinta muraria si attraversa un quartiere del periodo ellenistico dove si trovavano le caserme degli ufficiali di alto grado, le cisterne e, su un vasto terrapieno a nord, gli arsenali e i magazzini di epoca romana. Dalla punta dello sperone, si gode una splendida vista sulla valle dell'antico Celtius, in cui si riconoscono le rovine di acquedotti romani (in tutto 41) che assicuravano l'approvvigionamento idrico della città raggiungendo sorgenti poste a più di 50 km di distanza. Ritornando lungo il fianco occidentale dell'acropoli si incontrano i monumenti più importanti, cominciando dal **tempio di Traiano*** (Traianeum; B4), restaurato negli anni ottanta, costruito nel punto più elevato dell'acropoli; poggia su imponenti costruzioni a volta, al centro di un vasto *temenos* chiuso su due lati da un colonnato.

A sud del Traianeum sorgono le rovine della **biblioteca** (B4-5), una delle costruzioni più prestigiose della città. Eretta sotto il regno di Eumene II, fu dotata di 200 000 volumi scritti su pergamena, che furono poi in parte regalati da Antonio a Cleopatra, andando quindi ad arricchire la biblioteca di Alessandria. Dell'edificio, riportato alla luce alla fine del secolo scorso da archeologi tedeschi, non restano che le fondamenta di quattro sale.

A fianco, una vasta terrazza che domina il teatro un tempo costituiva un *temenos* consacrato ad Atena Polias, chiuso sui lati settentrionale e orientale da un colonnato (stoà) a due piani, dorico nell'inferiore e ionico nel superiore, sotto il quale erano esposti bassorilievi (famosi quelli dei Galati) e sculture consacrate alla dea, e che si concludeva con il propileo antistante la porta d'accesso all'acropoli (vedi sopra). All'estremità occidentale del *temenos* si erge il **tempio di Atena** (B4-5), santuario di stile dorico, di cui rimane solo il basamento (stereobate), e che fu costruito nel III secolo a.C. su pianta periptera con 6 colonne lungo i lati brevi e 10 lungo quelli lunghi. Proseguendo verso sud si giunge a una stoà della fine del periodo ellenistico.

A un livello inferiore si scorge il celebre **altare di Zeus** (C4-5). Consacrato alla gloria degli Attalidi, questo grandioso monumento di cui non resta che qualche traccia (è stato ricostruito al Pergamon Museum di Berlino) fu eretto nel II secolo a.C. e rappresenta il massimo esempio dell'arte plastica a Pergamo. Posto su un alto basamento, ornato su tre lati da uno splendido fregio ad altorilievo raffigurante una Gigantomachia (lotta tra dèi e giganti), era costituito da un grande colonnato ionico aperto verso ovest, cui si accedeva da una imponente scalinata e da due portici laterali.

Addossato alla ripida scarpata della collina, il **teatro*** (B-C4) è compreso tra il tempio di Atena (in alto e est) e la terrazza del teatro (in basso a ovest), lunga 250 m circa e originariamente fiancheggiata da un portico in stile dorico. Il teatro, eretto in epoca ellenistica e modificato in età imperiale, disponeva di gradinate che, con i loro 78 livelli, raggiungono 38 m di altezza (dall'alto si domina un panorama d'incomparabile bellezza) e poteva contenere 10 000 spettatori; al centro, vicino all'orchestra, era ubicata la loggia reale, costruita in marmo. In epoca ellenistica il palcoscenico era interamente in legno.

All'estremità settentrionale della terrazza del teatro era posto il **tempio di Dioniso** (B4), eretto su un imponente basamento preceduto da una gradinata davanti alla quale si innalzava l'ara sacrificale. Costruito nel II secolo a.C. in stile ionico su pianta prostila, sotto Caracalla (211-217) fu impreziosito da rivestimenti in marmo.

Dalla terrazza del teatro si può ritornare all'altare di Zeus e raggiungere l'ingresso dell'acropoli oppure, dall'estremità meridionale della terrazza, risalire verso l'agorà superiore e seguire poi a piedi l'antica strada che collegava l'acropoli alla città bassa.

Costruita con una pianta a L in epoca ellenistica (II secolo a.C.), l'**agorà superiore** (C-D4-5) era circondata da portici in stile dorico che intercalavano elementi ionici nella parte a sud della strada. All'estremità nord-occidentale dell'agorà sorgeva un tempietto prostilo, ornato da 4 colonne, dedicato a Dionisio, Zeus o Ermes.

Seguendo verso sud la via antica, lastricata in trachite, che scende alla città bassa, si raggiungono le rovine di un vasto complesso di edifici romani, costruiti sull'area di un precedente quartiere ellenistico. La visita risulta interessante perché aiuta a comprendere aspetti quotidiani della vita della città.

Si incontrano, dapprima, le tracce di un **ginnasio** (D-E4-5), con le rovine di una palestra affacciata su una corte triangolare ove sono state rimesse in piedi quattro colonne; le terme con le piscine, le vasche, i lavatoi erano in comunicazione diretta con la palestra. In questo settore degli scavi è venuto alla luce un **odeon** (D5) semicircolare con l'annessa sala di marmo; risalgono entrambi al I secolo a.C., ma furono rimaneggiati probabilmente sotto il regno di Augusto (27 a.C.-14 d.C.). La sala di marmo, sul lato orientale dell'odeon, era rivestita di lastre marmoree scolpite, i cui originali sono oggi sostituiti da copie. Sui bassorilievi si distinguono un gallo da combattimento e i Dioscuri. Dall'altro lato della strada è una vasta terrazza (100 per 45 m) ove sorge il complesso del **tempio di Demetra** (E4-5), eretto all'inizio del III secolo a.C., modificato all'epoca di Attalo I e nuovamente rimaneggiato in età romana. Lo spazio sacro del santuario (*temenos*), cui si accedeva da un propileo a 2 colonne doriche, era delimitato su 3 lati da portici. Davanti al tempio sorgevano 5 altari; sui due lati più lunghi una gradinata accoglieva oltre 1000 fedeli che assistevano alle cerimonie di iniziazione, i cosiddetti misteri eleusini, o a riti in onore di Demetra e di sua figlia. Piccolo edificio ionico in andesite, cui furono aggiunte in epoca romana 4 colonne corinzie, il tempio propriamente detto era decorato da un fregio di ghirlande e bucrani. Non lontano sono le fondamenta di un edificio, corrispondente forse al **pritanèo** (E5) della città, e del **tempio di Era** (E5), dorico, prostilo risalente al II secolo a.C. e racchiuso da una cinta di mura sacre.

Dall'alto si domina il complesso di edifici che formavano i **ginnasi**, sviluppati su tre terrazze diverse, quella superiore riservata agli adulti, quella intermedia agli adolescenti e quella inferiore ai bambini. Il **ginnasio superiore** (E5-6) costruito su una terrazza sostenuta da mura massicce, comprendeva una palestra rettangolare (74 per 36 m) per gli esercizi ginnici, circondata da un porticato ellenistico rimaneggiato in epoca romana, da un odeon, piccolo teatro dove si tenevano i corsi, e da un *ephebeion*, sala riservata alle cerimonie. Sui lati est e ovest del ginnasio superiore si distinguono le terme e i bagni, alimentati da

un acquedotto. Di monumentale bellezza è la scala a volta che collegava l'edificio superiore al **ginnasio intermedio** (E5-6), destinato all'allenamento degli adolescenti, che si estendeva su una terrazza lunga 150 m e larga 36 e comprendeva un lungo stadio coperto. Il **ginnasio inferiore** (E-F5-6) era adibito alla ricreazione dei bambini e si estendeva su una terrazza di 80 m di lunghezza, fiancheggiata da una strada lastricata di epoca romana, su cui affacciavano botteghe ellenistiche. Proseguendo lungo la via antica, sul pendio a destra si trova la cosiddetta **casa di Attalo** (F5), costruzione ellenistica con peristilio di cui si conservano un mosaico murale e bei pavimenti. La visita termina all'**agorà inferiore** (F5), sorta sotto il regno di Eumene II e riservata ad attività commerciali. La piazza del mercato, pavimentata, occupava un quadrilatero lungo 64 m e largo 34; era circondata da portici di stile dorico sotto i quali affacciavano grandi botteghe. Nei pressi dell'agorà è ancora possibile vedere i resti del bastione nel quale era aperta la **porta di Eumene II** (B3) che consentiva il collegamento tra la città bassa e l'acropoli.

I dintorni di Pergamo

Necropoli di Pergamo

2 km sulla strada per Smirne. A sinistra della strada, alti tumuli segnalano la presenza di un'estesa necropoli, utilizzata a partire dall'epoca ellenistica fino a quella romana. Degno di nota è il tumulo di Mal Tepe (20 m di altezza, 170 di diametro) che, protetto da un muro in pietra, custodiva tre camere mortuarie.

Çandarlı

Circa 18 km a sud di Pergamo, in direzione di Smirne, e poi altri 10 km sulla destra. Al centro del villaggio, grossa fortezza del XIV secolo, in ottimo stato di conservazione, sul sito dell'antico porto di Pitane, influente membro della confederazione eolica. Bella spiaggia, meta di turismo locale.

Perperene

31 km a nord sulla strada per Kozak. Si esce dalla città in direzione Kozak e, attraversato il fiume su uno stretto ponte, dopo 5 km si incontrano su un'altura (a sinistra) le rovine del **Kapı Kaya**, antico santuario ellenistico. Superato (16 km) **Kozak**, dopo altri 15 km si raggiungono le rovine dell'antica **Perperene**, centro fiorente sotto gli Attalidi e poi sotto la dominazione romana; da notare la cinta muraria rinforzata da torrioni.

5 La costa della Ionia

Profilo dell'area

La fascia costiera della Ionia, storicamente compresa tra Focea, l'odierna Foça, a nord e Mileto a sud, costituisce una delle regioni più importanti della Turchia, sia per le numerose testimonianze storico-artistiche, sia per il recente sviluppo balneare che ne ha fatto uno dei più frequentati comprensori turistici. Il clima mite, con temperature estive intorno ai 28 °C e inverni tiepidi e piovosi, spiega il prosperare della macchia mediterranea accanto a ulivi e frutteti.

I nomi di Efeso, Priene, Mileto evocano gli splendori del mondo antico e gli scavi condotti in queste località offrono al visitatore una testimonianza della raffinata civiltà ionica, nata dalla fusione della cultura greca con elementi orientali. Purtroppo l'intenso sfruttamento turistico ha segnato la regione: in assenza di un piano regolatore, abitazioni e hotel hanno invaso il territorio. Per visitare la zona potete scegliere come base località un po' defilate rispetto a quelle più note e affollate. Nella prima parte dell'itinerario, per esempio, la penisola di Çeşme può costituire una piacevole sorpresa e la base ottimale per la scoperta di Smirne. Per la visita di Efeso si può scegliere se soggiornare a Selçuk, un paesino tranquillo che ha il vantaggio di trovarsi a soli 3 km dagli scavi, oppure a Kuşadası, una delle località più frequentate del Paese. Scendendo verso Didyma, è possibile soggiornare in deliziose pensioni: l'intera zona offre una vasta gamma di soluzioni alberghiere, adatte ai gusti e alle disponibilità di tutti. Nella parte finale del percorso, Bodrum accoglie i turisti con le sue spiagge e l'intensa vita notturna, animata da musica, bar e discoteche, ma per chi ama ritmi più tranquilli è preferibile la zona settentrionale della penisola. Un'altra soluzione è quella di alternare la visita ai siti più prestigiosi (in estate, si consiglia di recarvisi di buon ora per evitare caldo e folla) con quella ad alcune località, forse meno spettacolari, ma che consentono di esplorare in modo approfondito la straordinaria ricchezza del passato storico della regione. Da non perdere la zona archeologica di Efeso, Priene, Mileto, Bodrum.

Gli itinerari

La regione è attraversata da nord a sud dall'ottima strada 550-E87 (vedi tracciato sulla carta del risguardo posteriore, D1-2), per lunghi tratti a due corsie per ogni senso di marcia, che tocca in successione Smirne (→) ed Efeso (→), poi dalla 525 fino a Milas (→) per poi ridirigersi sulla costa di Bodrum (→). Quest'asse di comunicazione corre tuttavia a una certa distanza dalla costa, per raggiungere la quale, in corrispondenza delle stazioni balneari o dei siti archeologici (Priene, Mileto, Didyma, Eraclea →) occorre effettuare brevi deviazioni.

Il teatro romano di Efeso, uno dei siti archeologici di maggior interesse della costa della Ionia

5.1 La regione di Smirne

Smirne* (İzmir)

(D1). Capoluogo di provincia con quasi 3 milioni di abitanti, Smirne (pianta alle pagg. 170-171) è, dopo İstanbul, la seconda città della Turchia grazie al suo porto e all'intensa attività industriale che, dai tradizionali settori legati all'agricoltura, si è andata ampliando sino a comprendere cantieristica, meccanica e impianti chimici e per la raffinazione del petrolio. Posta all'interno di una bella baia contornata da ridenti colline, è divenuta negli ultimi decenni una moderna metropoli con una regolare struttura urbanistica e nuovi quartieri residenziali. A causa dei terremoti e degli incendi che ne hanno più volte distrutto l'abitato, non è una città che offra monumenti di grande rilievo, ma può costituire una comoda base per la visita sia della costa, sia dell'entroterra ionico.

Storia. Il primo insediamento di Smirne, che occupava il sito di Bayraklı, a 12 km dall'attuale abitato, risale probabilmente al III millennio a.C. Sviluppatosi nel millennio successivo, questo primitivo agglomerato subì l'influenza ittita, di cui interessanti tracce sono state rinvenute nei dintorni. Nel X secolo a.C. vi si insediarono coloni provenienti dall'isola di Lesbo. Occupata dagli Ioni verso la fine del IX secolo, attraversò una lunga fase di floridezza economica e culturale (a Smirne, secondo la tradizione, sarebbe nato Omero), per passare poi sotto il controllo di tiranni locali fino alla conquista di Alessandro Magno (334 a.C.), il quale affidò al suo luogotenente Lisimaco il compito di fondare una nuova città sulle pendici del monte Pagos. Lo smembramento dell'impero alla morte di Alessandro consentì ai Seleucidi di impadronirsi di tutta la regione. Dal 27 a.C., con l'affermarsi della dominazione romana, la città conobbe un nuovo periodo di prosperità, durante il quale si arricchì di sontuosi monumenti. Distrutta da un terremoto nel 178, fu ricostruita per ordine di Marco Aurelio. All'epoca di Costantino era divenuta un'importante sede vescovile, ma le incursioni arabe la condussero a un lento declino. Assediata dai Turchi selgiuchidi, dopo la disfatta dei Bizantini (1071) fu espugnata (1076) e in seguito usata come base per scorrerie nel mare Egeo. Caduta nuovamente nelle mani dei Bizantini, durante la dominazione latina su Costantinopoli (1204-61) fu ceduta ai Genovesi e quindi ripresa dai Turchi nel 1320. Più tardi divenne feudo dei Cavalieri di Rodi fino a quando le truppe di Tamerlano (1402) la saccheggiarono massacrandone gli abitanti. Fu poi definitivamente annessa all'impero ottomano da Maometto I Çelebi. In tempi più recenti, Smirne è stata teatro dell'ultimo atto della drammatica guerra turco-greca

(1921-22) quando, il 9 settembre 1922, l'esercito ellenico in ritirata abbandonò la città in fiamme nelle mani delle truppe di Mustafa Kemâl. Ripetutamente vittima di terremoti (particolarmente violenti quelli del 1688 e 1778), Smirne ha conservato la sua prosperità, soprattutto grazie all'attività commerciale del suo porto.

Visita. Mezza giornata è sufficiente per la visita della città che può essere facilmente combinata con un'escursione a Sardi (90 km). Una giornata supplementare potrà invece essere dedicata alla penisola di İzmir. Le dimensioni e la struttura della città, distesa sui tre lati del golfo, rendono necessario l'uso di mezzi di trasporto per visitare i principali monumenti. Tutte le grandi arterie del centro sono a senso unico e solo le strade principali hanno un nome, mentre le altre sono indicate da un numero. La visita di Smirne può iniziare dal museo archeologico, proseguendo poi per l'agorà e per il bazar. Particolarmente suggestivo è, al tramonto, il panorama della città dal castello; il lungomare è rinomato per i numerosi locali specializzati in pesce e crostacei. Caratteristico il porto.

Dalla 9 Eylül Meydanı, nei pressi della stazione ferroviaria (Basmane Garı) e degli autobus, si raggiunge per Gazi Bulvarı il lungomare (Cumhuriyet Bulvarı), imboccandolo in direzione sud verso la periferia. Superato il quartiere di Konak, si arriva al Bahrihaba parkı, dove hanno sede il Museo Archeologico e il Museo Etnografico.

Museo Archeologico (D6, *f.p.*). *Visita a pagamento dalle 8 alle 17; chiuso il lunedì.* Inaugurato nel 1983, presenta reperti rinvenuti a Efeso, Belevi, Bayraklı, Pitane, Myrina ed Eritre. Numerose le statue in pietra, tra cui quella di un dio fluviale che ornava una fontana di Efeso, quelle di Poseidone, Demetra e Artemide, che decoravano l'altare di Zeus al centro dell'agorà di Smirne in epoca romana, e quella di Flavio Damiano, rinvenuta a Efeso, risalente al regno di Settimio Severo (193-211). Della statua di Domiziano (fine del I secolo) che ornava il tempio di Efeso a lui consacrato rimangono solo una testa e un braccio giganteschi. Notevoli anche gli oggetti funerari: stele, sarcofagi (fra cui un bell'esemplare proveniente dalla vicina Clazomene, specializzata nei sarcofagi in terracotta dipinti) e la ricostruzione di una tomba del III millennio scoperta a Iasos. Fra i bellissimi fregi scolpiti, spiccano quelli del **mausoleo di Belevi** (III secolo a.C.), di un tempio ellenistico di Teo (dintorni di Claros) e dei teatri di Afrodisia (I secolo a.C.) e di Mileto. Il museo offre inoltre una raccolta di sculture in

Smirne 1 : 15 000 (1 cm = 150 m)

marmo: kuros, kore del VI secolo a.C., statue di Afrodite, la statua di Antinoo (metà del II secolo) e alcune teste di sacerdoti provenienti dai ginnasi di Efeso; pregevole anche la statua di un atleta, in bronzo, di raffinata fattura. La sezione dedicata al **tesoro** accoglie vetri romani, monete romane e bizantine, statuette in bronzo e soprattutto il celebre **busto di Demetra** (IV secolo a.C.) scoperto al largo di Bodrum (Alicarnasso). Il vasellame è ordinato cronologicamente dal Neolitico all'epoca ellenistica.

Museo Etnografico (D6, *f.p.*). *Visita a pagamento dalle 8.30 alle17; chiuso il lunedì.* Vi sono esposte interessanti collezioni di arte e artigianato di provenienza popolare: ceramiche, utensili in rame, ricami, costumi tradizionali, scialli e tessuti decorati con silografie, tappeti, armi e armature. Notevoli inoltre le accurate ricostruzioni di interni in stile ottomano, tra cui una farmacia, un salotto, una camera nuziale e un locale dove si effettuavano le circoncisioni.

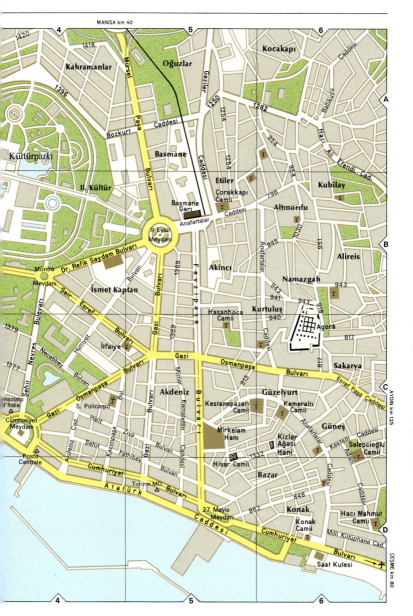

Usciti dal museo, si raggiunge la Eşref Paşa Caddesi e la si percorre in direzione nord verso il centro cittadino; oltrepassato il bazar, si imbocca poi la strada 817.

Agorà (B-C6). *Visita a pagamento dalle 8.30 alle 17.30.* Costruita nel periodo ellenistico fu ingrandita dai Romani, ma distrutta nel 178 d.C. da un terremoto. Alla ricostruzione, avvenuta sotto Marco Aurelio (161-180 d.C.), appartengono gli imponenti resti del portico settentrionale, occidentale e orientale, riportati alla luce negli anni quaranta.

Articolata intorno a una vasta corte centrale (120 per 80 m), l'agorà era circondata da porticati (stoà) a due piani, poggianti su due file di colonne allineate longitudinalmente. Il portico settentrionale (e, si presume, quello meridionale) era più largo di quelli orientale e occidentale (28 m contro 17); a metà della sua lunghezza era segnato da un ingresso monumentale, eretto su un solido basamento tuttora riconoscibile. Nella navata più settentrionale si aprivano le botteghe, affacciate su una strada.

171

Vicino all'agorà, intorno alla Anafartalar Caddesi che lo attraversa in tutta la sua lunghezza, si sviluppa il coloratissimo **bazar** (C-D5-6; *9.30-21, fino alle 17 in bassa stagione; chiuso la domenica*), con le botteghe raccolte in settori specializzati nella vendita dei diversi prodotti e le strade protette dal sole con stuoie e tende. Questo immenso mercato ricorda solo vagamente il bazar di Smirne dei secoli passati, quando vi facevano capo carovane di cammelli provenienti da tutta l'Anatolia. Il dedalo di vie strette e tortuose si spinge sino a Konak Meydanı, occupando l'area del vecchio porto.

Sulla vastissima piazza, dominata dalla moderna torre dell'orologio in stile moresco, dono del kaiser di Germania Guglielmo II, si affacciano il municipio, la Konak Camii, piccola moschea rivestita di piastrelle smaltate e circondata da un ampio giardino, il Centro Culturale cittadino e l'imbarcadero dei traghetti per Karşıyaka, sobborgo di Smirne sull'altro lato della baia (*traversata 20 minuti circa*). Nell'area del bazar si trova inoltre la **Hisar Camii** (C-D5) costruita alla fine del XVI secolo. Interessanti, sempre nella zona del bazar, due caravanserragli del XVIII secolo, il Kızlarağası Han (C6), che ospita negozi per turisti, e il Çakaloğlu Han, dalla bella struttura interna.

Nel centro della città, a ovest della stazione ferroviaria (Basmane Garı), si estende la vasta area verde del **Kültür Parkı** (A-B3-4), con un luna park, uno zoo, un laghetto e padiglioni in cui ogni anno, da metà agosto a settembre, si tiene la Fiera Internazionale di İzmir, forse la fiera commerciale più importante del Mediterraneo.

Kadifekale. Detta 'fortezza di velluto', ri raggiunge uscendo dal centro città verso sud-est lungo la strada 550-E87 in direzione di Denizli. È la cittadella, costruita in epoca bizantina su fondamenta ellenistiche, che domina la città dall'alto dell'antico monte Pagos (160 m). Più volte rimaneggiata, la cinta muraria, di forma irregolare, è rinforzata da torri semicilindriche. L'interno (caffè, giardini) non presenta motivi di particolare interesse ma, salendo sul bastione presso la porta d'ingresso, si può godere di un eccezionale panorama su tutta la città e la sua baia.

I dintorni di Smirne

Bayraklı

8 km circa a nord di Smirne, raggiungibile con una breve deviazione dalla E87 per Pergamo, oppure in battello in circa 15 minuti dalla stazione di Alsancak. Sulla sponda settentrionale del golfo di Smirne, è il luogo dove sono stati portati in luce i resti dell'insediamento fondato dai coloni greci nel secolo X a.C., oltre alle vestigia del più antico tempio greco conosciuto in Asia Minore. Il sito è di grandissimo interesse archeologico per la ricostruzione delle forme della prima colonizzazione eolica e poi ionica. Del tempio di Atena, innalzato in epoca geometrica (fi-

ne VIII-metà VII secolo) fu ricostruito alla fine del VII secolo (epoca subgeometrica) con l'aggiunta di alcune terrazze, sono in parte riconoscibili i muri poligonali. Distrutto dai Persiani nel 600 a.C., fu nuovamente restaurato e ampliato.

Balcova

A 10 km da Smirne, vi sorge un'importante stazione termale. Noti fin dall'antichità, le sue acque (63 °C) e i suoi fanghi sono indicati per la cura di affezioni delle vie respiratorie, reumatismi, disturbi del metabolismo e malattie della pelle.

La penisola di Smirne

(D1). Percorsa fino a Çeşme (km 81) dalla strada 300, in buona parte costiera, che l'attraversa da est a ovest, la penisola riunisce numerose vestigia delle antiche colonie ioniche e testimonianze del tormentato passato dell'area circostante la città. Poco dopo Güzelbahçe, al km 22, una deviazione a sinistra conduce (21 km) a Seferihisar da cui si prosegue (9 km) per **Sığacık**, piccolo porto con una fortezza genovese.

A 2 km da Sığacık, in una baia riparata, si trova la spiaggia di *Akkum*, popolare e molto frequentata in estate dagli appassionati di windsurf, come altre spiagge della zona.

Teo

Fondata all'inizio del I millennio a.C., fu fiorente centro commerciale favorito da due porti ben protetti. Patria di Anacreonte, continuò ad arricchirsi anche grazie alla presenza del più grande tempio di Dioniso del mondo antico. Passata sotto il dominio di Roma, conobbe un lento declino. Spicca tra le vestigia di Teo il **tempio di Dioniso**; costruito secondo Vitruvio verso il 175-150 a.C. dal celebre architetto Ermogene, era circondato da un colonnato e presentava un ampio naos in antis al quale si accedeva attraverso una gradinata che ne saliva l'alto basamento; era ornato da un fregio scolpito, oggi conservato al museo archeologico di Smirne.

Proseguendo verso la collina, dove sono visibili tratti di una cinta muraria arcaica, si incontra l'odeon, con alcune gradinate in ottimo stato, e i resti di un teatro. All'estremità est dell'altura, da cui si gode un bel panorama sulla pianura che digrada fino al mare tra olivi e pioppi, si trovava un ginnasio attualmente in abbandono.

Ritornati sulla strada 300 in direzione di Çeşme, si incontra al km 35 **Urla İskelesi**, villaggio di pescatori e località termale.

Clazomene

Da Urla İskelesi è possibile raggiungere, a nord dell'abitato, le rovine di questa antica città, patria del filosofo Anassagora (500-428 a.C.), di cui restano poche tracce.

Colonia ionica fondata nel IX secolo a.C., divenne fiorentissimo porto e centro di produzione di preziose ceramiche, tra cui i magnifici sarcofagi di terracotta decorati di cui si conservano alcuni esemplari nei musei archeologici di İstanbul e Smirne. Probabilmente in seguito al fallimento della rivolta delle città ionie contro i Persiani (499-494), gli abitanti di Clazomene, temendo rappresaglie, si rifugiarono in un'isola al largo della città (unita alla costa da una strada).

Sull'isola è stata scoperta una grotta utilizzata per le cerimonie religiose, poiché vi scorreva l'acqua di un pozzo sacro. Più lontano, se il mare è calmo, si scorgono i resti sommersi del porto. Il teatro era situato sul versante della collina, sulla cui sommità si riconoscono le rovine di un tempio. Sulla terraferma recenti scavi hanno riportato alla luce i resti dell'acropoli.

Proseguendo sulla 300, al km 47 una deviazione sulla destra porta (57 km) a **Karaburun**, piccolo porto di pesca. La strada costiera 505 offre splendidi scorci panoramici e fiancheggia una successione di belle spiagge, in generale non molto frequentate (tranne nei giorni festivi, quando vi si riversano gli abitanti di Smirne).

Çeşme

All'estremità occidentale della penisola, è una stazione termale e balneare con spiagge di sabbia finissima, collegata da un traghetto con trasporto auto alla vicina isola di Chio (Hios).
Il vecchio borgo è dominato dal castello costruito dai Genovesi e successivamente ampliato e rafforzato dagli Ottomani per difendere la costa dai pirati e dai Cavalieri di Rodi. Al suo interno si trova un **museo** (*visita a pagamento dalle 8 alle 17*). Accanto alla fortezza, rovine di un caravanserraglio del XVIII secolo. A sud della piazza principale, si trova un altro caravanserraglio, costruito nel 1528 sotto Solimano il Magnifico.

Nel golfo di **Ilica** e Sifne, 7 km a est di Çeşme, si trovano diverse stazioni termali, le cui acque (50° C), ricche di cloruro, sodio, magnesio e fluoro, sono indicate per problemi respiratori, dermatologici, ginecologici, urinari, oltre che per disturbi del metabolismo.
Altınkum, 9 km a sud-ovest di Çeşme, e **Alaçati**, 9 km a sud-est, offrono due spiagge tranquille, dove è possibile noleggiare l'attrezzatura per sport acquatici, in particolare per il windsurf.

Eritre

A 21 km da Çeşme si potranno visitare le rovine di questa città, fondata – secondo la leggenda – dai Cretesi. Raggiunta una certa importanza già nel IX secolo a.C., fece parte della confederazione ionica. Assoggettata dai Lidii (560 a.C.) e dai Persiani (545 a.C.), al disfacimento dell'impero di Alessandro Magno passò sotto il controllo di Pergamo e poi di Roma, conoscendo una notevole prosperità, testimoniata dalle ville sontuose costruite su terrazze o in riva al mare.
Si consiglia di iniziare la visita (*circa 2 ore*) dalla zona settentrionale, dove sono state scoperte molte ville di epoca romana ed ellenistica: la loro struttura, intorno a un grande cortile con canalizzazioni e pavimenti ben conservati, è ancora riconoscibile. Verso sud, a est del villaggio, si scende alle rovine del teatro che conserva solo alcune gradinate e l'altare, ma dà un'idea dell'importanza della città, dovuta anche all'oracolo di una celebre sibilla, il cui santuario non è stato però localizzato. Sull'acropoli, da cui si gode uno splendido panorama, si trovano i resti di una chiesa cristiana. Sono stati recuperati tratti delle mura, alcuni edifici e il tempio di Atena.

Scendendo al villaggio, si può notare come siano utilizzati ancora pozzi della città antica e le stradine seguano l'originario tracciato; un po' ovunque si ritrovano reperti archeologici inglobati nelle costruzioni moderne: colonne, capitelli, pietre scolpite, sedili del teatro.

La regione a nord di Smirne

La strada (E87-550) che raggiunge Kalavası, 66 km a nord-ovest di Smirne in direzione di Pergamo, si snoda nella pianura formata dalle alluvioni del Gediz, l'antico Hermos, il cui corso inferiore è stato deviato artificialmente più a nord nel 1886, per evitare l'insabbiamento della parte centrale del golfo.

Buruncuk

(D1). Al km 43, è un borgo ai piedi della collina che conserva le tracce di un antico insediamento da alcuni identificato con **Larissa Eolide**. Fondata probabilmente nel III millennio a.C., la città, circondata da bastioni, subì l'influenza ittita nel II millennio, come testimoniano i rinvenimenti di terrecotte monocrome. I resti più importanti sono stati scoperti sulla sommità della collina. Si scorgono tratti dell'antica via che conduceva al propileo dell'acropoli e parte dei bastioni del V e IV secolo a.C. Nel recinto dell'acropoli sorgevano alcuni edifici, tra cui il tempio di Atena e un palazzo, di cui oggi restano soltanto le fondamenta.

Poco oltre, si dirama a sinistra la strada 250 (km 27) per Foça che, dopo circa 20 km, passa vicino alla tomba rupestre di Taş Kule (torre di pietra), di tipologia insolita e datazione incerta (VII o VI secolo a.C.).

Foça

(D1). È un centro di villeggiatura (Club Méditerranée) in una splendida cornice naturale, il cui nome deriva dall'animale simbolo della città, raffigurato anche sulle monete. Sorge sul sito dell'antica **Focea**.

Fondata verso la metà dell'VIII secolo a.C., forse da coloni provenienti da Teo o da Eritre, fondò a sua volta, intorno al VII secolo a.C., numerose città sul mar Nero, nell'Ellesponto e nel Mediterraneo occidentale, fra cui Marsiglia, Nizza, Aleria in Corsica e Ampurias in Catalogna. Coinvolta nella rivolta delle città ionie contro i Persiani, fu liberata da Alessandro Magno nel 334 a.C. Passò poi sotto il dominio dei re di Pergamo. Diventata romana e in seguito bizantina, Focea conobbe una nuova prosperità grazie alle attività commerciali di Genova, cui andò in feudo nel 1275. Verso il 1300, per facilitare lo sfruttamento delle miniere di allume, i Genovesi fondarono una nuova città (Yenifoça) a nord-est di Focea. Attaccata dai Veneziani nel 1379, fu conquistata dagli Ottomani nella seconda metà del '400.

La città antica, di cui restano poche tracce, è stata localizzata sul promontorio, oggi circondato da quartieri moderni dove sono stati riportati alla luce i resti del tempio di Atena, fondato nel VI secolo. Su un promontorio alle spalle della città si trova la fortezza genovese (XIII secolo).

Raggiunta **Kalavası** al km 66, una strada conduce (2 km) all'antica **Myrina**, città della confederazione eolica, ove sono state rinvenute più di cinquemila tombe di epoca ellenistica (II e I secolo a.C.), con un ricco corredo di ceramiche di raffinata fattura.

5.2 La regione di Efeso

Efeso** (Efes)

(D1). L'antica città di Efeso (pianta a pag. 175), in un sito di eccezionale bellezza in fondo a una baia naturalmente protetta alla foce del Kaystros (oggi Küçük Menderes), costituì il più importante centro romano di tutta l'Anatolia. Oggi i suoi monumenti particolarmente ben conservati (oggetto di attenti interventi di restauro e di continue campagne di scavo per riportare alla luce tutto il vasto insediamento), nonché la suggestione delle passeggiate e l'incantevole posizione del porto, ne fanno una delle mete turisticamente più frequentate del Paese. Il culto di Artemide vi fu per secoli celebrato in uno dei più sontuosi templi mai eretti; in epoca cristiana, la presenza e la morte dell'evangelista Giovanni ispirarono la costruzione di una grande basilica che attirò folle di fedeli, mentre la moschea di İsa Bey è tuttora un santuario importante per i Musulmani.

Storia. Numerose leggende sono fiorite intorno all'origine della città: secondo alcuni sarebbe stata fondata da Androclo, guidato, come predetto dall'oracolo, da un pesce e da un cinghiale; secondo altre fonti la fondazione risalirebbe invece alle Amazzoni. Pare comunque accertato che la località tra la collina oggi occupata da Selçuk e il monte Pion (oggi Panayır Dağı) venne abitata prima del I millennio a.C. da coloni provenienti da Atene. Diventata membro della confederazione delle città ionie, Efeso, nonostante fosse stata invasa in un primo tempo dai Cimmeri (inizio VII secolo a.C.) e, in seguito, dai Lidii (550 a.C.), si trasformò in uno dei centri commerciali più importanti del Mediterraneo.
Sfuggita abilmente alla rivolta delle città ionie contro i Persiani (inizio V secolo a.C.), conservando la sua autonomia nei confronti sia di Atene che di Sparta, rimase sotto il dominio persiano fino al 334, quando fu presa da Alessandro Magno, il quale promosse anche la ricostruzione del tempio di Artemide cui Erostrato, per rendere immortale il proprio nome, aveva dato fuoco nel 356 a.C. e che fu in seguito annoverato tra le Sette Meraviglie del mondo. Alla morte di Alessandro, Lisimaco (suo luogotenente) sviluppò ulteriormente la città, che ribattezzò Arsinoeia in onore della sua sposa. Fece costruire un nuovo porto e trasferire il centro di 2,5 km verso ovest, circondandolo di bastioni che seguivano le creste di due montagne dominanti il luogo: il monte Pion e il monte Coressos (Bülbül Dağı). Attorno al 200 a.C. la città passò sotto il controllo di Pergamo e, nel 129 a.C., sotto i Romani che ne fecero la capitale della provincia dell'Asia. Fu in questo periodo che conobbe la maggior prosperità: si arricchì di splendidi monumenti e raggiunse i 200 000 abitanti.
Altri monumenti (ancora oggi visibili, malgrado i danni dovuti al forte terremoto del 17 d.C.) vi sorsero sotto Augusto, e poi in età imperiale, allor-

Efeso

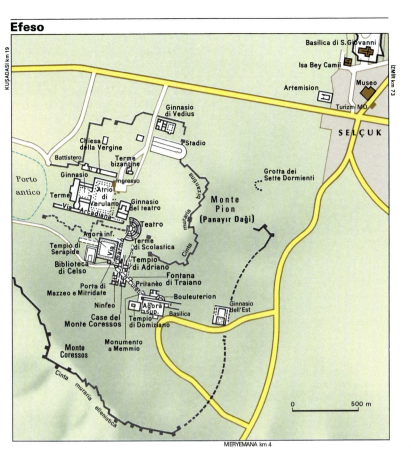

ché Efeso, capitale politica e commerciale, divenne anche capitale intellettuale: fu sede di una brillante scuola filosofica e uno dei centri del nascente cristianesimo. San Paolo, infatti, vi trascorse tre anni, scontrandosi con i sostenitori del culto di Artemide; in seguito indirizzò proprio agli abitanti della città conosciuti in quel periodo la *Lettera agli Efesini*. Saccheggiata dai Goti nel 263, cominciò a perdere importanza a causa anche dell'insabbiamento del porto. Con l'avvento del cristianesimo, che proclamò la chiusura dei templi pagani, l'Artémision, fino allora fonte di grande ricchezza, fu lasciato cadere in abbandono e utilizzato come cava di pietra. Sede di due importanti concili ecumenici (431 e 449), ebbe un altro momento di aggregazione attorno alla basilica di S. Giovanni, voluta da Giustiniano e meta di frequenti pellegrinaggi. Oggetto di incursioni arabe, nel VI secolo Efeso conobbe un ultimo periodo di prosperità sotto il regno degli emiri di Aydın. Dal XV secolo la dura lotta di difesa dei Selgiuchidi contro gli incalzanti Ottomani rase al suolo la città che venne definitivamente abbandonata.

Visita. Una giornata intera è necessaria per la visita di questi luoghi più interessanti. Si consiglia di recarsi sul sito nelle prime ore del mattino, per evitare la calura e la folla dei turisti e, arrivando da Smirne o Kuşadası, attraversare la nuova Efeso (Selçuk) per dirigersi direttamente alla zona degli scavi archeologici (indicati da un cartello giallo). Al rientro ci si potrà fermare a visitare l'Artémision ed il Museo ubicati all'ingresso di Selçuk. Essendo Efeso stata scavata finora solo per il 30%, è sempre possibile trovare aree o monumenti non visitabili per lavori in corso.

Grotta dei Sette Dormienti. Circa un chilometro prima di raggiungere il sito archeologico, una piccola strada asfaltata indica, sulla sinistra, questa grotta, uno dei luoghi di culto più antichi della città, ove si sarebbe venerata la Dea-Madre.
Secondo la leggenda, sette giovani vi si rifugiarono per sfuggire alle persecuzioni e, dopo che i soldati romani ne ebbero murata l'entrata, caddero in un sonno profondo per ben 200 anni; vissero in seguito nella città ormai cristianizzata e alla loro morte furono seppelliti nella grotta stessa. La visita richiede particolare cautela per la possibilità di improvvisi cedimenti

del terreno, disseminato di vani sotterranei utilizzati come sepolture.

Zona dello stadio. Ancor prima di raggiungere l'ingresso dell'area archeologica delimitata, si può visitare quest'area. Scendendo di qualche metro, si scorgono, sulla sinistra, le rovine del **ginnasio di Vedius**, edificato intorno al 150 d.C. da Publio Vedio Antonino, uno dei cittadini più ricchi di Efeso, che lo dedicò ad Antonino Pio. Entrando dalla parte posteriore, si accede alle stanze calde, riconoscibili dal sistema di riscaldamento del pavimento, in parte scoperto. Sul lato opposto (rispetto alla strada) si trovavano una palestra, adibita alla pratica di numerosi sport, e le terme, dove si tenevano anche discussioni filosofiche. Delle venti sale originarie, oggi non tutte accessibili, la più importante era consacrata al culto dell'imperatore. Le numerose statue qui rinvenute sono per lo più esposte al museo di Smirne.

A fianco del ginnasio si trova lo **stadio** che, costruito sotto l'imperatore Nerone, misura 230 m di lunghezza per 30 di larghezza. È conservata solo l'enorme porta delle cerimonie attraverso la quale si accede al complesso. Tutte le tribune in pietra sono state invece demolite e utilizzate per la costruzione del castello sull'attigua collina, sebbene siano ancora ben riconoscibili i contorni dell'impianto.

A ovest, su una collina di fronte allo stadio, si trovano altre rovine: un colonnato di forma quadrata circondava una struttura rotonda, forse un mercato della carne o, più probabilmente, un *heroon* dedicato alla memoria di Androclo. Non lontano, sono stati scoperti i resti di un gigantesco **tempio di Zeus**, un Olympeion, di cui sono riconoscibili solo le basi delle colonne e le infrastrutture del colonnato; più oltre, su una collinetta, si estende un'acropoli con un tempio dedicato alla Dea-Madre.

Proseguendo si raggiunge, in breve, l'ingresso della vera e propria **zona archeologica** (*visita a pagamento dalle 8.30 alle 17.30; fino alle 19 in estate*). Sul piazzale della biglietteria affacciano imponenti vestigia, appartenenti a **terme bizantine** del VI secolo o piuttosto alla dimora di un importante dignitario bizantino.

Chiesa della Vergine. Detta anche chiesa dei Concilî, fu ricavata da un precedente edificio romano, risalente al II secolo a.C. (lungo 260 m e largo 30), forse una *domus mercatorum*, luogo di commerci e affari, trasformato nel IV secolo in basilica a tre navate, suddivisa da colonnati con nartece e atrio; la chiesa, preceduta da un cortile, occupò dapprima la parte occidentale della costruzione, mentre quella orientale era adibita a servizi; a nord si trovava il battistero, ancora perfettamente visibile con, al centro, la vasca battesimale. Quando la chiesa cadde in rovina, se ne costruì un'altra al suo interno coperta da una cupola, conservando l'abside primitiva.

La chiesa fu sede di due importanti concili. In quello del 431, si affrontarono i sostenitori di Nestorio, vescovo di Costantinopoli (381-451), che attribuivano due nature (una umana e l'altra divina) al Cristo, negando che Maria fosse la madre di Dio, e quelli di Cirillo di Alessandria che proclamavano la natura contemporaneamente umana e divina del Cristo e Maria, madre di Dio. Trionfò la tesi di Cirillo. Nel 449, il secondo concilio di Efeso sostenne la tesi di un'unica natura divina preponderante nel Cristo (monofisismo).

Di fronte al battistero, uno stretto sentiero conduce a un'area un tempo bagnata dal mare, dove si trovava il porto. Le rovine che si scorgono appartengono alle terme del porto e a un ginnasio; la fitta vegetazione circostante ne impedisce, però, una visita agevole. Le **terme**, costruite nel II secolo d.C. e restaurate durante il regno di Costantino II (337-361) misuravano 160 m di lunghezza e 70 m di larghezza. I locali si aprivano su due gallerie con muri scavati da nicchie. Il **ginnasio** aveva la palestra circondata da un colonnato, dietro al quale si affacciavano numerose sale destinate alle diverse attività. A fianco si estendeva una immensa installazione sportiva, chiamata **atrio di Verulano** dal nome del grande sacerdote Claudio Verulano, che ne fece rivestire di marmo i portici all'inizio del II secolo. Il cortile misurava da solo 240 per 200 m e comprendeva numerose piste coperte per l'allenamento degli atleti.

Via Arcadiana. Una delle vie più famose e sontuose dell'antichità, lunga 600 m e larga 11, conduceva dal porto al teatro, e fu così chiamata in onore dell'imperatore Arcadio (395-408) che la restaurò. Delimitata da portici coperti lastricati di mosaici, su cui si aprivano dei negozi, e fornita di un sistema di illuminazione, era una via trionfale vera e propria. Alle due estremità si trovavano porte monumentali e fontane; nella parte centrale erano poste quattro colonne con statue degli apostoli, erette sotto Giustiniano. Si percorre la via Arcadiana in direzione del teatro (est) incontrando dapprima, sulla sinistra, un altro complesso sportivo: il **ginnasio del teatro**, la cui palestra misurava 70 m per 30, era lastricata di marmo e circondata su tre lati da portici mentre sul quarto una gradinata fungeva da tribuna.

Teatro*. Costituisce uno degli edifici più scenografici della città; edificato in epoca romana tra il I e il II secolo d.C., fu addossato al monte Pion; poteva contenere 25 000 spettatori e, un tempo, era rivestito di marmo con le gradinate decorate da zampe di leone. Dietro alla facciata a tre piani (alta 18 m) si trova la scena, sotto la quale sono stati rinvenuti i resti di un precedente teatro ellenistico; il muro di fondo era ornato da bassorilievi e statue. La cavea era divisa in tre settori sovrapposti di ventidue file di gradini da due corridoi orizzontali. Si consiglia di salire fino alla sommità delle gradinate: la prospettiva sulla via Arcadiana e sulla città compensa ampiamente la fatica. Il teatro è stato riaperto dopo lunghi lavori di restauro.

Al di sopra del teatro spiccano le rovine di un palazzo appartenuto a un dignitario. Proseguendo l'ascensione del monte Pion, il panorama si allarga e si scorgono i resti di un piccolo edificio in marmo, a pianta circolare, di età ellenistica, la cui destinazione è incerta. Sulla cresta del monte restano ampi tratti della cinta muraria bizantina.

Via di marmo. Risalente al V secolo d.C., conduce dal teatro alla biblioteca di Celso, costeggiando sulla destra l'agorà inferiore: è così chiamata per le grandi lastre di marmo di cui è pavimentata. Al centro della strada corre una grande fogna sotterranea, che si scorge da un'apertura; sul lato destro sono allineati alcuni rilievi che rappresentano dei gladiatori e, per terra, sono incisi alcuni segni (un cuore, un piede, un volto femminile) che indicavano l'accesso a una vicina casa di piacere. La via era fiancheggiata da portici su entrambi i lati: quello aperto sull'agorà, costruito nel I secolo d.C., è conosciuto col nome di portico dorico. Al termine della strada si apre una piazza sulla quale affacciano alcune tra le più importanti architetture di Efeso, tra cui spicca la biblioteca di Celso.

Agorà inferiore. Attraverso la monumentale **porta di Mazzeo e Mitridate** si accede a questo ampio quadrilatero di 110 m di lato che fu utilizzato già in epoca ellenistica, ristrutturato nel I secolo a.C. e poi sotto Caracalla. Costeggiando il lato meridionale dell'agorà si arriva al **tempio di Serapide** (o Serapeum), di dimensioni colossali, eretto nel II secolo d.C. Sul lato settentrionale si apriva un ampio portico di 29 m ornato da 8 gigantesche colonne monolitiche alte 14 m, sormontate da capitelli corinzi; sono ancora visibili, insieme ad altri frammenti architettonici, i resti delle colonne, intagliate in marmo bianco finissimo. La cella, larga anch'essa 29 m e un tempo coperta da una volta, custodiva una statua in granito di Serapide.

Biblioteca di Celso**. Venne costruita fra il 110 e il 135 d.C. dal console Giulio Aquila in onore del padre, Giulio Celso Polemeno, governatore della provincia asiatica;

La facciata della biblioteca di Celso a Efeso, risalente all'inizio del II secolo d.C.

vi si accede attraverso un cortile e una scalinata di marmo. La facciata, che presenta delle nicchie con statue della saggezza, della virtù, dell'intelligenza e della scienza (si tratta di copie; gli originali si trovano al Kunsthistorisches Museum di Vienna), è stata completamente ricostruita nel 1975 da archeologi austriaci, attualmente impegnati in altri scavi nell'agorà. All'interno, la sala della biblioteca (16.5 per 11 m) era alta 16 m e coperta da un tetto in legno; il pavimento e le pareti, decorate con bassorilievi, erano completamente rivestiti di marmo. Poteva contenere fino a 12 000 pergamene, ordinate su ripiani sistemati nelle nicchie, dietro ai quali un corridoio largo un metro assicurava la circolazione dell'aria. Nel 1904 è stata rinvenuta la camera funeraria del suo fondatore (*accessibile da una porta sul lato settentrionale; chiavi e lampada presso il custode*) con il sarcofago ancora intatto, miracolosamente scampato alla distruzione dell'edificio, nel IV o V secolo.

I Bizantini utilizzarono i materiali della facciata per erigere una splendida fontana lungo la **via dei Cureti**, che ha inizio proprio di fronte alla biblioteca di Celso e, salendo dolcemente, porta all'agorà superiore. Proprio nei pressi di questa strada è stata rinvenuta la statua di Priapo, dalla vistosa virilità, conservata al Museo di Selçuk e ampiamente riprodotta su cartoline e souvenir. Una **porta** monumentale di cui restano i basamenti dei pilastri si ergeva subito sulla destra e, poco più avanti era appunto la fontana bizantina o **ninfeo** eretta su un heroon (tomba monumentale) del periodo dell'imperatore Augusto. A fianco si incontra un altro monumento funerario chiamato l'**ottagono**, dell'inizio dell'era cristiana, dove furono trovati i resti di una ragazza ventenne. Le lapidi che ne ricoprono la parte inferiore vennero utilizzate nel IV secolo per incidervi gli editti dei governatori Eutropio e Festo, relativi alla ricostruzione della città dopo i terremoti del 358 e del 365. Sul lato opposto della strada, proprio all'incrocio della via di marmo e della via dei Cureti, si trova il **porneion**, casa di piacere con all'entrata una graziosa fontana e, all'interno, un mosaico raffigurante quattro teste femminili che simboleggiano le stagioni; l'edificio disponeva anche di piccole terme.

Tempio di Adriano*. Ubicato subito dopo l'incrocio tra la via di marmo e quella dei Cureti, sempre sul lato sinistro della strada, questo tempio dedicato all'imperatore Adriano (117-138), come risulta da un'iscrizione, è considerato uno degli edifici più sontuosi di Efeso per l'eleganza del portico, sormontato da una trabeazione finemente scolpita (così come l'arcata che unisce le due colonne centrali). Le sculture del fregio (calchi di quelle originali, esposte al museo cittadino) che orna l'interno del pronao risalgono però alla ricostruzione del IV secolo e provengono da edifici del III secolo d.C.; fa eccezione un frammento, eseguito al momento dei restauri, in cui l'imperatore Teodosio I, grande accusatore del paganesimo, è curiosamente rappresentato con la sua sposa e il figlio maggiore Arcadio, in compagnia di Atena, con elmo e scudo (raffigurata due volte, alle estremità del gruppo) e di Artemide (la quarta da destra). La cella, contenente la statua divinizzata dell'imperatore, era un tempo coperta da un soffitto a volta.

Di fronte al tempio di Adriano, sul lato opposto della strada, si trova la cosiddetta **casa del pendio**, attualmente in restauro e non visitabile, su tre piani. Il terzo piano consisteva in una sorta di cortile rialzato con peristilio e al centro una fontana monumentale con vasca. Si notano sulla scala a gomito, che gira attorno a un lucernario, complicate condotte d'acqua e resti di affreschi: quello rappresentante Socrate seduto (I secolo a.C.) è oggi al museo di Selçuk. Più in basso, alcune botteghe si affacciavano su un marciapiede con pavimentazione a mosaico, fiancheggiato da colonne di fattura e materiali diversi.

Terme di Scolastica. Alle spalle del tempio di Adriano sorgevano le terme che, costruite nel I secolo d.C., furono ampliate nel IV secolo grazie alle sovvenzioni della ricca dama romana da cui prendono il nome. Vi si accede da una vasta sala con funzione di vestibolo: tutt'intorno si aprono i locali termali, provvisti di un sistema di riscaldamento e di numerose vasche.

Case del monte Coressos**. *Ingresso a pagamento dalle 8.30 alle 17*. Accessibili solo dal 1985, costituiscono uno dei complessi di maggior interesse di Efeso. Occupate dal periodo ellenistico (I secolo a.C.) a quello bizantino (VII secolo d.C.), sono state più volte rimaneggiate e il loro aspetto attuale risale al II-IV secolo. Abitate da ricchi proprietari o da notabili, coprono vaste superfici (da 600 a 1000 m²): le stanze ricevevano luce e aria da un cortile centrale a cielo aperto; i locali più importanti erano la sala di ricevimento e quella da pranzo, ma si visitano anche numerose camere da letto e stanze di servizio. Tutte le case erano dotate di acqua corrente, che sgorgava in fontanelle adorne di mosaici. Gli interni sono rimasti quasi intatti: i muri, alti anche 4 m, sono ben conservati e si riconoscono le scale che salivano al primo piano. I pavimenti erano in marmo, oppure rivestiti da mosaici. La maggior parte dei muri è ricoperta di splendidi **affreschi** dai soggetti più vari: fiori, animali, maschere e ghirlande, ritratti oppure scene tratte da opere teatrali e da racconti mitologici. Tre sale del museo di Selçuk ospitano i materiali rinvenuti in queste case; l'allestimento, particolarmente curato, merita una visita.

Alle spalle di queste dimore, lungo le pendici del monte Coressos, si scorgono tracce della cinta muraria fatta costruire da Lisimaco, in buono stato di conservazione. Possenti bastioni quadrati, disposti in modo irregolare in funzione delle asperità del terreno, piegano in direzione del porto oggi completamente insabbiato. La grossa e quadrata **torre di S. Paolo** costituiva in epoca ellenistica il cardine del sistema difensivo del porto; al suo interno, secondo la tradizione, sarebbe stato imprigionato l'apostolo Paolo.

Fontana di Traiano*. Ritornati sulla via dei Cureti, si continua a salire incontrando subito, sulla sinistra, questa bella fontana, costruita in onore di Traiano all'inizio del II secolo d.C. e parzialmente restaurata. La vasca era chiusa su tre lati da una struttura monumentale a due piani, con colonne alternate a statue, dove sono stati rinvenuti i frammenti di una statua colossale di Traiano; le sculture che ornavano la fontana sono esposte al museo di Selçuk.

Allo sbocco della strada nell'agorà superiore sorge, sulla sinistra, una **fontana** fatta erigere dal proconsole Basso, a fianco della quale si trovano i resti del **monumento a Memmio**: alcune sculture (statue dei tetrarchi) sono tuttora molto ben conservate; ai lati della strada si fronteggiano due stele scolpite, raffiguranti il dio Ermes.

Fontana di Sestilio Pollio. Di fronte al monumento a Memmio, lungo la strada che porta al tempio di Domiziano, si incontra a sinistra questa imponente fontana o ninfeo. Oggi completamente restaurata, era un tempo rivestita di lastre di marmo e comprendeva una grande vasca absidale. Una struttura alta 8 m sorreggeva la facciata dove, tra le colonne e i pilastri che la decoravano, si ergevano numerose statue: di quella di Zeus è stata rinvenuta la testa, mentre di quella di Afrodite solo il tronco. Alle spalle della fontana, un alto muro di pietra sosteneva la facciata occidentale della cosiddetta 'basilica' dell'agorà superiore.

Sull'opposto lato della strada si scorge invece una parte dell'imponente complesso eretto a sostegno della terrazza su cui fu eretto il **tempio di Domiziano**, di cui restano solo poche tracce. Sul lato est della terrazza, all'interno di una lunga sala a volte, si trova il **Museo delle Iscrizioni** (*aperto secondo la disponibilità del personale*), che conserva un grande numero di incisioni di epoche diverse, con relative traduzioni. Prima di accedere all'agorà si possono vedere, di fronte all'estremità sud-orientale della terrazza del tempio di Domiziano, i resti della **fontana di Lecanio Basso**, costruita negli anni 75-81 e ornata da numerose sculture di dee, tritoni e satiri, che si trovano attualmente al museo cittadino.

Agorà superiore. Era il centro amministrativo della città; tutti i principali edifici pubblici erano disposti lungo il lato settentrionale, pressoché addossati al monte Pion e, dagli scavi effettuati, sembra accertato che questo spiazzo fosse occupato in epoca arcaica (IV sec. a.C.) da una grande necropoli attraversata da una via sacra. Al centro della piazza, più volte trasformata, si notano le fondamenta di un tempio probabilmente dedicato a Iside. Segnano il lato settentrionale dell'agorà le due file di colonne, sormontate da capitelli ionici e corinzi, del porticato tripartito (stoà) lungo 160 m, detto anche 'basilica del mercato'.

Pritaneo. Fondato probabilmente nel III secolo a.C. quando Lisimaco trasferì la città più vicino al mare, fu ricostruito al tempo di Augusto e poi rimaneggiato nel III secolo, prima di essere demolito verso la fine del IV secolo; era utilizzato dai pritani (magistrati) per consumare i loro pranzi e accogliere gli ambasciatori, gli ospiti e i benefattori della città. Delle numerose statue che lo decoravano, ne sono state ritrovate intatte due raffiguranti la celebre Artemide *polymastos* (dai molti seni, ma secondo altre interpretazioni si tratterebbe di testicoli di toro, simbolo di fertilità in alcuni culti locali legati alla figura della Dea-Madre).

A fianco si scorgono le rovine di due templi che Augusto fece edificare in onore del padre adottivo, Caio Giulio Cesare.

Bouleuterion. A fianco del pritanèo, era detto anche odeon per la sua forma a emiciclo; era la sede del consiglio della città e poteva accogliere 1400 persone; risale al I secolo d.C. Davanti al lato sud dell'odeon si trovava un portico in stile ionico dagli originali capitelli a forma di teste di toro, denominato anche 'portico delle teste di toro'.

I dintorni di Efeso

La Meryemana

Terminata la visita della città antica, un ingresso secondario consente di raggiungere la strada per Panaya Kapulu, suggestiva località in mezzo a boschi dove si trova la **Meryemana**, la 'casa di Maria' (distante 4 km dal sito archeologico), scoperta nel 1891 dai padri Lazaristi di İzmir in seguito alle rivelazioni della veggente tedesca Catherine Emmerich, che indicava il sito come casa della dormizione della Madonna. Non esistono prove che Maria abbia vissuto a Efeso, tranne un'antica notizia del I secolo secondo la quale vi abitò con Giovanni Evangelista, e una testimonianza siriaca del XIII secolo. La chiesetta, che risalirebbe al I secolo, faceva parte di un complesso monastico, luogo di eremitaggio nel Medioevo. Oggi la cappella è meta assai popolare di pellegrinaggio e tutti gli anni, il 15 agosto, vi si celebra la festa dell'Assunzione di Maria in cielo.

Selçuk

(D1-2). La cittadina di Selçuk, a 3 km dal sito archeologico, merita una visita per il suo museo, alcuni monumenti bizantini e selgiuchidi e per l'Artémision, un tempo principale luogo di culto della città, di cui resta attualmente solo il perimetro delle fondamenta.

Museo*. *Visita a pagamento tutti i giorni dalle 8.30 alle 12 e dalle 13 alle 17; chiuso il lunedì.* Presenta, con un bell'allestimento, i più recenti rinvenimenti degli scavi di Efeso; gli altri reperti rinvenuti nella zona sono conservati al museo archeologico di Smirne o al Kunsthistorisches Museum di Vienna. La visita inizia, a sinistra dell'atrio, dalla *sala 1*: diversi affreschi del periodo ellenistico, alcuni dei quali decoravano la casa del pendio, statuetta di Bes, statua di Priapo e bei ritratti, tra i quali (nella vetrina centrale) testa di Eros, copia di un'opera di Lisippo e testa di Socrate; notevoli anche due piccoli bronzi, uno raffigurante Eros su un delfino, l'altro un sacerdote egiziano. *Sala 2*: statue che ornavano il ninfeo di Pollio; il gruppo rappresenta l'avventura di Ulisse e Polifemo; altre statue provengono dalla fontana di Traiano e da quella di Lecanio Basso. *Sala 3*: collezione di maschere teatrali, lampade a olio e rilievi in avorio; bella statua di Afrodite e piccola collezione di ceramiche. *Atrio*: in un piccolo giardino sono esposti numerosi sarcofagi, fra i quali quello del mausoleo di Belevi (i cui fregi sono a Smirne), frammenti scolpiti e un gran numero di rilievi funebri. *Sala 4*: oggetti vari, in gran parte provenienti da tombe; statuette, vasi di vetro e serie di rilievi raffiguranti Cibele. *Sala 5*: dedicata all'Artémision: alcuni frammenti architettonici permettono di immaginare l'altare; due grandi statue di Artemide, ritrovate nel pritanèo, e numerosi piccoli oggetti votivi. *Sala 6*: numerose sculture di epoca romana tra cui alcune teste molto espressive; fregio originale del tempio di Adriano, che illustra la leggenda della fondazione di Efeso, la nascita del culto di Artemide e la fuga delle Amazzoni; teste degli imperatori Augusto, Germanico e Traiano; fregio dell'altare del tempio di Domiziano.

İsa Bey Camii. Costruita nel 1375 da İsa Bey, figlio di Mehmet Bey, al tempo della dominazione degli emiri di Aydın, è stata recentemente restaurata. Attraverso un magnifico portale a stalattiti, sormontato da un'iscrizione di dedica, si accede al cortile della moschea, un tempo circondato da gallerie coperte da cupole oggi scomparse. La sala del mihrab è sormontata in parte da due cupole poggianti, per mezzo di archi spezzati, su quattro possenti colonne antiche di marmo grigio e rosa provenienti dalle terme del porto e sovrastate da capitelli, uno dei quali di origine romana. Sui pennacchi di una delle cupole spicca un rivestimento a mosaico in ceramica smaltata.

Un sentiero che costeggia il fianco settentrionale della moschea consente di raggiungere direttamente la basilica di S. Giovanni.

Basilica di S. Giovanni. Attraverso la monumentale porta della Persecuzione, del VI secolo, così chiamata per un bassorilievo raffigurante un combattimento di Achille, a lungo confuso con una lotta tra un gladiatore e un cristiano, un sentiero conduce sul vasto piazzale antistante la basilica da cui si gode una bella vista della pianura e dell'Artémision. La basilica di S. Giovanni costituisce il più importante edificio bizantino di Efeso e ha rappresentato fin dall'antichità una delle più importanti mete di pellegrinaggi dell'Asia Minore.

Eretta nel VI secolo, sotto il regno di Giustiniano, in luogo di una piccola chiesa edificata attorno alla tomba dell'apostolo Giovanni (secondo la tradizione, morto a Efeso di ritorno dall'esilio di Patmos; un'altra tradizione locale afferma però che S. Giovanni si sarebbe semplicemente addormentato nella tomba, attendendo il secondo Avvento), è una delle sette chiese a cui fu indirizzata l'Apocalisse. Nel VII secolo la chiesa fu munita di una cinta di mura, che andavano a congiungersi a quelle della roccaforte posta nella parte nord della collina, nel tentativo di respingere le numerose incursioni arabe. Caduta in rovina nel XIII secolo all'epoca dell'invasione turca, fu trasformata in moschea nel 1330. L'edificio, fu completamente devastato quando le truppe di Tamerlano conquistarono la città nel 1402. Distrutta da un terremoto, è stata parzialmente ristrutturata.

La basilica, lunga 110 m e larga 40, era a tre navate su due file di pilastri massicci, costruiti con grandi pietre antiche, che sostenevano le cupole di copertura dell'edificio. Un'abside semicircolare sopraelevata chiudeva a est l'edificio; a sinistra del coro spicca un frammento di pittura murale. Sul piano di marmo, possibile base per un altare, erano custodite le presunte spoglie dell'apostolo (rinvenute nel 1926-28); a sinistra, si trova una cappella del secolo XI con affreschi.

Più in alto sulla collina sorge la fortezza di Ayasoluk (*attualmente chiusa per lavori di restauro a seguito del crollo di parte delle mura*), al cui interno sono riconoscibili le rovine di una chiesa, poi trasformata in cisterna, e di una moschea.

Artémision. Si tratta del grandioso tempio di Artemide, annoverato fra le Sette Meraviglie del mondo antico, situato a destra della strada per Kuşadası, appena fuori della città, e di cui purtroppo oggi rimangono solo scarse tracce. D'estate, tuttavia, quando la depressione in cui sorgeva

Le rovine della basilica di S. Giovanni a Selçuk

il tempio, è in secca, emergono alla luce vestigia molto interessanti, classificate in ordine cronologico con le lettere dalla A alla E in base agli studi compiuti dall'archeologo austriaco Bammler.

Il culto di Artemide, i cui numerosi seni simboleggiano la fertilità, ebbe un ruolo importante in tutta l'Asia minore, dove sorsero numerosi santuari dedicati alla Dea-Madre, a seconda dei Paesi, portava nomi differenti: Iside in Egitto, Lat in Arabia, e Cibele o Artemide in Anatolia. In un antichissimo luogo di culto, probabilmente legato alla presenza di una sorgente, fu edificato attorno al 650 a.C. il tempio A, che si componeva di tre distinte parti e venne poi distrutto dai Cimmeri. Verso la fine del VII secolo a.C. fu eretto il tempio B, inglobando e ampliando i resti del tempio A. Dello stesso periodo sarebbe una via Sacra, mentre all'inizio del VI secolo risale la costruzione del grande altare. Il tempio C fu innalzato tra il 560 e il 500 attorno al tempio B. Sotto il regno di Creso fu terminato il nuovo tempio arcaico diptero (tempio D). Ornato di ben 127 colonne, 36 delle quali scolpite, fu incendiato da Erostrato la notte della nascita di Alessandro Magno. Infine l'Artémision ellenistico (tempio E), alla cui costruzione collaborarono Prassitele e Scopa (i più grandi scultori dell'epoca), sorse notevolmente arricchito sullo stesso luogo del precedente. Depredato da Nerone e poi distrutto per mano dei Goti nel 263 d.C., fu in seguito ricostruito, ma con l'editto di Teodosio (IV secolo) e l'affermarsi del cristianesimo il santuario, ormai in rovina, venne utilizzato come cava di pietra per la costruzione della basilica di S. Giovanni e di quella di S. Sofia a Costantinopoli.

Se la conca ove sorgeva il tempio è in secca, ci si può rendere conto della sovrapposizione del tempio ellenistico su quello arcaico raggiungendo l'unica colonna (ricostituita) che può dare un'idea dell'altezza dell'edificio, considerando che mancano ancora 4 m per raggiungere l'architrave. Questa era la diciassettesima delle 21 colonne che costituivano il colonnato interno, dove si trovava l'entrata. Quasi a livello del suolo sono visibili i resti del tempio arcaico e la base di una delle colonne. Volgendosi verso ovest, si domina l'*hecatompedos*, considerato tra i più antichi templi in marmo del mondo greco e così chiamato per la sua lunghezza (100 piedi ionici, ovvero 34.4 m). Dal lato orientale si vede il primo gradino del tempio ellenistico; di fronte, verso ovest, si trovava l'altare.

A sinistra, una sorgente – forse la fonte sacra che ha dato origine al santuario – forniva l'acqua necessaria ai riti religiosi. La base quadrata a sud dell'altare dei sacrifici potrebbe essere il luogo dove veniva esposta la statua di Artemide in occasione delle grandi cerimonie. Le ossa ritrovate hanno confermato che si sacrificavano soprattutto animali, anche se i sacrifici umani non erano esclusi.

I dintorni di Selçuk

Mausoleo di Belevi
Seguendo a nord di Selçuk la strada statale per İzmir, dopo 16 km si incontra il villaggio di Belevi, presso il quale (a est, in direzione Tire) sorgono le imponenti rovine di questo mausoleo, edificato sulla sommità di un colle forse per accogliere le spoglie del re seleucide Antioco IV, assassinato a Efeso nel 246 a.C. Costruito su una base quadrata di 30 m per lato e alto più di 23 m, non fu mai portato a termine. Venne poi rimaneggiato in età ellenistica.

Claros

(D1). Una breve escursione sulla costa a nord di Efeso porta, in circa 20 km, a questo importante sito archeologico, celebre nell'antichità per l'oracolo di Apollo. Purtroppo lo stato di abbandono e le sterpaglie rendono difficile la visita delle rovine, disperse in un'area di grande interesse paesaggistico e ambientale.
Di origine incerta, Claros deve la sua fama al santuario di Apollo citato per la prima volta tra l'VIII e il VII secolo a.C. Più tardi entrò in contrasto con le vicine città di Efeso e Mileto, sul cui territorio si trovava un altro famoso oracolo, quello di Didyma. Con la dominazione romana l'oracolo raggiunse la sua massima celebrità e fu particolarmente frequentato nel corso del II secolo d.C., quando attirava visitatori da tutte le regioni dell'Anatolia e dalle isole dell'Egeo.

Gli scavi si trovano a circa 200 m dalla strada e si raggiungono in pochi minuti seguendo un sentiero abbastanza agevole.

Propilei. Risalenti al II secolo a.C. e coperti di iscrizioni, a testimonianza del passaggio dei fedeli venuti da lontani paesi, si innalzavano sulla destra, in direzione del mare. In un piccolo avvallamento, si trovano ancora alcune colonne che costituivano un'entrata monumentale aperta sulla **via Sacra** che conduceva al tempio e lungo la quale erano allineati monumenti votivi, steli e statue.

Tempio. Eretto alla fine del IV secolo a.C. (ma il colonnato fu completato sotto il regno di Adriano), si innalzava su un basamento di cinque gradini che portano incisa la lista delle delegazioni venute a consultare l'oracolo. Misurava 46 m per 26 e presentava 6 colonne sulla facciata e 11 sui lati, tutte di ordine dorico (fatto eccezionale nella Ionia). La cella, sopra la stanza dell'oracolo, accoglieva un gruppo di statue raffiguranti Apollo seduto, fra Artemide in piedi alla sua destra e Leto a sinistra. Da alcuni resti delle statue (una gamba misura 3.5 m), è possibile ricostruire l'altezza del gruppo, che raggiungeva quasi 8 m.

I pellegrini rimanevano nel pronao, dal quale, attraverso due scale laterali, si accedeva a un sistema di corridoi sotterranei che immettevano alla prima stanza sotterranea con soffitto a volta, profonda 6.43 m, dove si trovava la pietra sacra ad Apollo. Qui attendeva il sacerdote nominato a vita e incaricato di redigere gli oracoli in versi, insieme a uno o due segretari. Attraverso uno stretto passaggio il profeta, eletto per un anno, era l'unico ad avere il diritto di penetrare, durante la notte, nella stanza dell'oracolo dove si trovava la fonte sacra, oggi abitata da tartarughe.

Uno stretto sentiero di fronte al tempio porta a un grande altare, lungo 18.45 m e largo 9, composto da due tavole sacrificali, una dedicata ad Apollo e l'altra a Dioniso. Non lontano si trova l'altare del tempio di Artemide, circondato da altri altari, consacrati a varie divinità.

I dintorni di Claros

Notion
(D1). 2 km a ovest, lungo la costa. Vi si trovano i resti dell'omonima, antica città ionica, probabilmente fondata insieme a Colofone, cui era collegata da una strada. Nel V secolo a.C. fu dilaniata da lotte intestine tra i fautori degli Ateniesi e quelli dei Persiani, ma Atene riuscì a prevalere e la città fu ricondotta all'interno della Lega marittima attica. Nel 299 a.C. una parte della popolazione di Colofone, sconfitta da Lisimaco, emigrò a Notion. Un sentiero piuttosto ripido, che si distacca dalla strada in prossimità di un ponte, raggiunge la sommità della collina in uno scenario naturale di grande bellezza. Al di là delle mura ellenistiche, costruite con grandi blocchi regolari su un perimetro di 4 km, si trovano le rovine del **tempio di Atena**, che risale all'epoca di Adriano (117-138) e di cui non resta che il basamento dell'altare. Sempre sulla collina si scorgono i ruderi di un piccolo tempio e di una agorà. Sulla sinistra del vallone si trova la porta nord della città vicino a un piccolo teatro del II secolo d.C. La strada che da Notion prosegue verso Doğanbey e Seferihisar, inoltrandosi nella penisola di Smirne, costituisce un itinerario di grande interesse paesaggistico, con una costa punteggiata da splendide spiagge che solo in questi ultimi anni ha conosciuto un certo sviluppo turistico.

Colofone

(D1). 17 km a nord-ovest di Claros. Superata Notion, una comoda strada conduce in 15 km al villaggio di Değirmendere, in prossimità del quale sono le rovine dell'antica Colofone. Fondata al tempo della grande migrazione ionia, della cui confederazione di città fece parte, Colofone legò la sua prosperità ai traffici commerciali, all'allevamento dei cavalli e ai pellegrinaggi all'oracolo di Claros, situato all'interno del suo territorio. Ai tempi di Lisimaco (299 a.C.) fu occupata per aver parteggiato per Antigone nel corso delle lotte legate alla spartizione del regno di Alessandro Magno, la maggior parte della popolazione fu deportata a Efeso, Lebedo e Notion. Il sito archeologico si trova sulla sommità di una collina (raggiungibile a piedi) che domina il villaggio da un'altezza di 200 m circa. In uno stato di totale abbandono si scorgono le rovine di una stoà, probabilmente del IV secolo a.C., e di varie abitazioni. Gli scavi hanno anche riportato alla luce pavimentazioni stradali, resti di edifici del VII-VI secolo a.C. e vestigia delle terme.

5.3 Kuşadası, Söke (Magnesia sul Meandro) e Priene

Kuşadası

(D1). Località balneare (ab. 50 000) sul litorale a sud di Efeso, ha preso il suggestivo nome turco di 'isola degli uccelli' dall'antistante isolotto, oggi collegato alla terraferma e, negli ultimi anni, si è andata dotando di alberghi e ristoranti, impianti sportivi e locali di divertimento, costituendo ormai uno dei principali centri turistici in Turchia, con anonimi palazzoni, traffico caotico e spiagge affollate. Tappa obbligata delle crociere lungo la costa egea, la città rappresenta comunque una comoda base di partenza per la visita dei siti archeologici dei dintorni (Priene, Mileto, Didyma si possono visitare in giornata) o per gite in giornata alla vicina isola greca di Samo. Sorta sul luogo di un antico insediamento, identificato da alcuni con la città di Neapolis, Kuşadası fu ceduta dagli abitanti di Efeso all'isola di Samo, in cambio della città di Marathesium. Conosciuta in epoca bizantina col nome di Ania, fu ribattezzata Scala Nuova dai Veneziani e Genovesi che all'inizio del XV secolo vi ottennero privilegi commerciali. Il porto di Kuşadası ebbe un ruolo importante nel XVII secolo. La città conserva un imponente caravanserraglio selgiuchide nei pressi del porto, ora trasformato in albergo e, sull'isola di Güvercin, collegata alla costa da un molo, una piccola **fortezza** costruita dai Turchi fra il XIV e il XV secolo. Da segnalare, inoltre, qualche chilometro più a nord, su un promontorio nei pressi del villaggio turistico di Kustar, le vestigia di una bella torre rotonda del periodo ellenistico.

Parco nazionale di Samsun Dağı (Dilek Milli Parkı; *ingresso a pagamento dalle 8 alle 18*). Nei dintorni, 28 km a sud a 2 km dal villaggio di Güzelçamlı e raggiungibile in minibus da Kuşadası o da Söke, questo parco comprendente la montuosa penisola che si protende verso l'isola di Samo, offre splendide spiagge attrezzate, alternate ad ampie zone di macchia mediterranea, accanto a una riserva zoologica con specie protette (orsi, lupi, sciacalli, cinghiali e linci) allo stato brado. L'ultima spiaggia, la Kavaklı Burun è la meno affollata.

La fortezza turca dell'isola di Güvercin, di fronte a Kuşadası, collegata alla costa da un molo.

Söke (Magnesia sul Meandro)

(D1-2). Importante mercato agricolo della bassa valle del Büyük Menderes (Meandro), Söke (45 000 ab.) fu probabilmente fondata dai Turchi selgiuchidi nel XIV secolo con il nome di Akçaşehir. Conquistata dagli Ottomani, cambiò nome assumendo quello attuale sotto il regno di Mehmet Çelebi.

Magnesia sul Meandro. 19 km a nord-est sulla 525 per Selçuk e Aydın si può visitare questa antica città, un tempo assai importante, della quale restano poche tracce di difficile interpretazione. I primi scavi, che riportarono alla luce la città antica, furono effettuati alla fine dell'Ottocento (1895-98) da una spedizione archeologica tedesca.

Storia. Battezzata Magnesia sul Meandro dagli Eolici che, provenienti dalla omonima città greca, vi si insediarono per primi (XI secolo a.C.), fu occupata dalle truppe lidie nel VII secolo a.C. e quindi devastata dai Cimmeri. Ricostruita, passò sotto il dominio persiano nel 539 a.C.; verso il V secolo a.C., per evitare le continue piene del Meandro, l'insediamento fu trasferito più a nord. Sottomessa ad Alessandro Magno nel 334, passò (190 a.C.) sotto il dominio dei re di Pergamo. Conobbe allora un lungo periodo di prosperità e nel 129 a.C., dopo la conquista romana, entrò a far parte della provincia d'Asia. Sede di un vescovado in epoca bizantina, cominciò a declinare a partire dall'XI secolo.

Provenendo da Söke, si attraversa un bastione bizantino prima di raggiungere il tempio di Artemide, la cui visita richiede circa mezz'ora; gli scavi della zona archeologica circostante sono stati invece spazzati via dalle piene del fiume.
Il **tempio di Artemide**, costruito da Ermogene (III secolo a.C.) sui resti di un antico santuario probabilmente consacrato alla Dea-Madre, era caratterizzato da una struttura pseudodiptera e da numerosi e raffinati elementi decorativi. Lungo 67 m e largo 41, poggiava su un alto basamento a nove gradini, circondato da un grande colonnato (8 colonne sui lati più corti, 15 sugli altri), decorato da un fregio (oggi in parte a Berlino e in parte a İstanbul) che girava intorno al tempio.
Davanti al tempio, sulla destra, si possono ammirare alcuni capitelli ionici di pregevole fattura e frammenti dell'architrave; di fronte all'ingresso principale del tempio (a ovest) in una vicina radura, si trovano i resti dell'altare.

Priene*

(D1). Al margine del parco nazionale di Samsun Dağı, le rovine di Priene (pianta a pag. 185), con le strade ad angolo retto secondo lo schema ippodameo, sono tra le più suggestive tra quelle delle colonie greche in Asia Minore. Conferisce loro un fascino particolare la posizione dell'abitato, al piede di un'alta scogliera, alla cui sommità si trovava l'acropoli. Si ammirano, oltre al famoso senato, un teatro e alcuni templi purtroppo rovinati; si può inoltre estendere la visita a una zona molto bella dal punto di vista paesaggistico, dove si trovano altri interessanti monumenti.

Storia. Nonostante le prime rovine risalgano alla fine del IV secolo a.C., pare che gli Ioni vi si fossero installati dall'XI secolo a.C. Fu una delle città più attive della confederazione ionica e partecipò nel 494 a.C. all'insurrezione contro i Persiani, che si vendicarono distruggendola. Ricostruita nel 350 a.C., fu annessa nel 129 alle province romane dell'Asia. La nuova città, grazie al piccolo porto di Naulocos, conservò una certa rilevanza fino all'epoca bizantina per avviarsi poi a un progressivo declino via via che, in seguito alla deposizione dei sedimenti del Meandro, la linea di costa andava allontanandosi.

Visita. Superata Söke lungo la strada 525 per Milas, una deviazione a sud-ovest raggiunge dopo 11 km Priene: una ripida salita che culmina in un parcheggio segnala la prossimità con l'ingresso del sito archeologico (*visita a pagamento dalle 8.30 alle 17.30; d'estate fino alle 19.30*). Una visita breve, limitata all'agorà, al teatro, al tempio d'Atena e ai monumenti circostanti richiede circa un'ora.

Mura. Una lunga cinta di **mura**, rinforzata da possenti torri quadrate, il cui tracciato seguiva abbastanza fedelmente il profilo della collina, fu eretta nel IV secolo a.C. a protezione della città. Alte in media 6 m ed esteriormente a pietre bugnate, erano munite di quattro accessi, di cui la **porta nord-orientale** costituiva l'entrata principale.

Dall'entrata, dopo 100 m si raggiunge una strada che porta direttamente all'agorà; un sentiero sulla sinistra, costeggiando le mura, conduce invece allo stadio.

Stadio. Con una pista lunga 190 m (sono ancora riconoscibili i blocchi di partenza), è della metà del II secolo a.C. Una gradinata ospitava gli spettatori; a fianco, una terrazza più elevata, fiancheggiata da un lungo portico dorico, consentiva agli atleti di allenarsi in caso di cattivo tempo e agli abitanti della città di passeggiare.

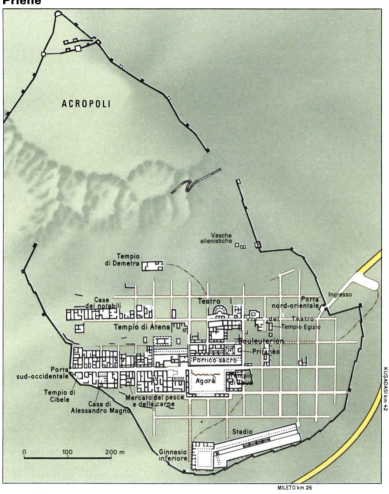

Ginnasio inferiore.
MILETO km 26

Ginnasio inferiore. Situato all'estremità ovest dello stadio, in ottimo stato di conservazione, presenta una corte centrale che, adibita a palestra, era riservata all'allenamento degli sportivi. Circondato da portici dorici, era accessibile da un propileo a due colonne; sulle pareti dell'*ephebeion*, ambiente ove i giovani studiavano, si notano numerosi graffiti. Altri locali erano invece destinati alla cura del corpo: si può visitare una sala da bagno con delle vaschette, allineate contro il muro, che ricevevano l'acqua attraverso delle fontane in forma di fauci di leone.

Dal ginnasio inferiore un ripido sentiero a gradini sale (60 m di dislivello) direttamente all'agorà (vedi oltre). Si prosegue, costeggiando i bastioni, fino a raggiungere la **porta sud-occidentale** della città, ove sorge il piccolo **tempio di Cibe-**

le, dea venerata soprattutto dai poveri che provvedevano alla manutenzione del santuario. Di lì, una splendida via ombreggiata conduce verso l'agorà. Il tracciato delle vie di Priene, risalente al IV secolo a.C., fu progettato in base ai princìpi di Ippodamo di Mileto, con arterie orientate secondo i punti cardinali e intersecantesi ad angolo retto. Seguendo la strada si nota, da una parte e dall'altra, l'inizio di vie trasversali che, a sinistra, salgono verso l'acropoli e a destra scendono verso la base della collina.

Queste vie lastricate e provviste di scoli idrici, delimitavano gli isolati. Le abitazioni, costituite da un ampio cortile su cui affacciavano i diversi locali, erano spesso dotate di un piano superiore. Le pareti erano rivestite da un intonaco di gesso o di stucco modanato e scolpito. Quasi all'inizio della strada, sulla destra, si ergeva una **casa** forse occupata da Alessandro Magno nel 334 a.C. e trasformata in santuario per onorarne la memoria. Costituita da un vasto cortile su cui si apri-

185

vano numerosi locali dedicati al culto, era accessibile, come precisa un'iscrizione, solo ai fedeli vestiti di bianco.

Agorà. Dopo aver costeggiato il **mercato del pesce e della carne** si raggiunge l'agorà che, circondata su tre lati da un porticato, misurava 75 m per 35 e occupava una terrazza dominante il ginnasio inferiore. Autentico fulcro economico e politico della città, al centro dell'agorà era posto un altare consacrato a Ermes; tutt'intorno erano numerose statue di cui non restano che i basamenti. Sul fianco orientale affacciava il **tempio di Zeus**, di tipo prostilo ionico, del III secolo a.C. e oggi in parte occupato da un castello bizantino. A nord, oltre la strada, era invece il **portico sacro** (stoà), lungo 116 m e largo 12.5; eretto nel II secolo a.C. su un basamento di sei gradini, vi si aprivano 15 stanze riservate agli alti funzionari.

Bouleuterion**. Sorge alle spalle della parte più orientale del portico questo piccolo edificio quadrangolare, con gradinate predisposte sui tre lati, riservato alle riunioni del consiglio cittadino (capienza 640 persone); è uno dei meglio conservati dell'antichità e risale alla metà del II secolo a.C. Una tribuna ricavata fra le due entrate era riservata agli oratori; al centro spicca un altare ornato di teste di toro e di foglie di alloro. Di fianco al senato, si trovano i ruderi del coevo **pritanèo**, sede dei funzionari amministrativi della città.

Colonne superstiti del tempio di Atena a Priene

Teatro*. Uno dei monumenti più interessanti della città, fu costruito originariamente nel IV secolo a.C. e rimaneggiato più volte fino al II secolo d.C. quando venne ricostruito il proscenio, ove in epoca romana recitavano gli attori (ancor oggi ben conservato). Poteva contenere 6500 spettatori, che vi convenivano anche per fare politica, come testimonia una clessidra per misurare il tempo a disposizione degli oratori posta all'estremità ovest della cavea. Dopo essere passati sotto il muro di scena a due piani si raggiunge l'orchestra: una fila di primi posti, destinati ai dignitari più importanti, la separava dalle gradinate.

Dall'alto del teatro si può prendere un ripido sentiero che conduce all'**acropoli** (*per la salita e la successiva discesa calcolare un'ora e mezza circa, lungo un percorso abbastanza faticoso*), con oltre 250 m di dislivello. Si risale il pendio in direzione nord, piegando poi leggermente sulla destra; dopo un centinaio di metri si incontrano tre vasche ellenistiche, rifatte in epoca bizantina, che raccoglievano l'acqua portata da un acquedotto e la distribuivano alla città per mezzo di canali in terracotta. Più in alto, ai piedi della parete rocciosa, si incontra uno smottamento di grosse pietre. Si deve seguire quindi il percorso segnalato da indicazioni in vernice rossa. A metà strada, ai margini del sentiero, si trovano un piccolo tempio e alcune nicchie scavate nella roccia che ospitavano statue di divinità. In epoca bizantina le mura della città furono ampliate verso nord con un bastione a forma triangolare disposto a protezione dell'acropoli.
Dal teatro si può raggiungere anche (*in circa 30 minuti, prendendo un facile sentiero sulla sinistra che risale la collina*) il **tempio di Demetra** (III secolo a.C.), costruito su un'ampia terrazza; sebbene molto rovinato, se ne può ancora riconoscere la pianta. Il tempio sorgeva all'estremità occidentale di un *temenos* lungo 45 m e largo 17.7; un podio addossato al muro occidentale del santuario serviva a ricevere le offerte. All'esterno del tempio, a sud, si nota un fossato dove si raccoglieva il sangue degli animali sacrificati.

Case dei notabili. Proseguendo verso ovest lungo la cosiddetta 'via del Teatro' si raggiungono alcune belle ville, circondate da una folta pineta, molto ben conservate. Contrariamente alla maggior parte delle abitazioni della città, costruite con mattoni a secco appoggiati su una base di pietra, queste dimore avevano alti muri (5 o 6 m) in pietra per lo più rivestiti in stucco. I tetti erano ricoperti da tegole e alte finestre assicuravano la circolazione d'aria; su una grande corte centrale affacciavano i locali. La più grande comprendeva ben 26 stanze e aveva una facciata lunga 35 m. In una delle case si può vedere una vera e propria stanza da bagno. Numerosi sono gli oggetti d'arte ivi rinvenuti.

Tempio di Atena*. È il santuario più importante della città, di cui non restano che le fondamenta e una parte del colonnato ionico, accuratamente rimesso in piedi. Costruito con marmo locale tra il IV e il II secolo a.C. su pianta di Piteo, l'architetto del mausoleo di Alicarnasso, l'edificio a pianta periptera ionica (11 colonne per 6) comprendeva un vasto pronao preceduto da due colonne, e uno stretto opistodomo (vestibolo), anch'esso con due colonne. Come risulta da un'iscrizione (oggi al British Museum di Londra) il completamento del tempio fu eseguito a spese di Alessandro Magno. La colossale statua della dea Atena, alta 7 m, di cui sono stati ritrovati alcuni frammenti di marmo, era probabilmente una copia della celebre statua del Partenone e fu donata da Oroferne nel II secolo a.C.

Nei pressi dell'ingresso al sito archeologico, si può visitare, a destra (uscendo) della via del Teatro, un **tempio egizio** di cui restano solo le fondamenta dell'altare.

A ovest delle rovine di Priene si trova il villaggio di **Güllübahçe** e, accanto a questo, un paesino omonimo, ormai disabitato: venne abbandonato nel 1923 dalla popolazione greca e poi definitivamente negli anni Cinquanta del Novecento in seguito a un terremoto. Una grande chiesa in rovina domina la piazza principale e contribuisce all'atmosfera irreale e suggestiva del luogo.

5.4 Mileto

(D1). Un tempo situata in riva al mare, dove disponeva di quattro porti, **Mileto*** (pianta a pag. 188) fu una delle più antiche e potenti città greche dell'Asia Minore. Diede vita a decine di colonie sulle sponde del mare di Marmara e del mar Nero, sviluppando le sue attività commerciali fino in Egitto e nel Mediterraneo occidentale. Grazie alle sue scuole esercitò, inoltre, una intensa influenza culturale, soprattutto nel campo delle scienze, cui Talete diede un importante contributo. Celebre nella storia dell'urbanistica, la città sembra avere adottato per prima una pianta ortogonale, più tardi imitata dalla maggior parte degli insediamenti romani. La località è oggi separata dal mare da qualche chilometro di terreno alluvionale trasportato dal Büyük Menderes (Meandro).

Storia. Le origini della città sono controverse: essa corrisponde forse all'antica Millawanda, citata dai testi ittiti, ma gli scavi hanno scoperto solo un insediamento dell'età del Bronzo e una, piccola città fortificata micenea del XIV secolo a.C., comprendente un mégaron. Occupata da una colonia di Ioni fino dall'XI secolo a.C., Mileto, dopo aver respinto e poi assimilato Cimmeri e Lidii, conobbe un importante periodo di prosperità economica tra il VII e il VI secolo, epoca in cui, grazie alla sua favorevole posizione, divenne la più potente delle dodici città della confederazione ionica, fondando a sua volta numerose colonie in tutto il bacino mediterraneo orientale. A questo importante traguardo si accompagnò una brillante fioritura intellettuale e, per merito delle grandi personalità (Talete, Anassimene, Anassimandro, Ippodamo ecc.) cui diede i natali, ebbe una grossa risonanza culturale in tutto il mondo antico. Alleatasi in un primo tempo con i Persiani, nel 499 a.C. interruppe i buoni rapporti intrapresi e si mise alla testa della rivolta delle città ioniche. Dopo un breve successo iniziale, gli insorti furono debellati e Mileto fu rasa al suolo dalle truppe di Dario. Ricostruita su progetto del grande urbanista Ippodamo, passò dal controllo di Atene a quello di Sparta e dei Persiani. All'epoca della pax romana la città riconquistò l'antico splendore, arricchendosi di importanti monumenti.

Sede episcopale e poi arcivescovile nel periodo bizantino, a causa dell'insabbiamento del porto e delle successive incursioni arabe, Mileto conobbe un lento ma inarrestabile declino. Occupata da Turchi selgiuchidi nell'XI secolo, dopo un intermezzo bizantino col nuovo nome di Castro Palation, nel 1328 divenne definitivamente musulmana, sotto il dominio dell'emiro di Menteşe che ne ricostruì il porto. A partire dal XVI secolo questo divenne inutilizzabile e la città fu abbandonata dalla popolazione.

Visita. Circa 2 km dopo il ponte sul Büyük Menderes (Meandro), provenendo da Smirne sulla strada 525, una deviazione a ovest raggiunge Akköy in 7 km; di lì, in 3 km si raggiunge Balat, villaggio nei pressi delle rovine di Mileto. I primi lavori di scavo, che comportarono il drenaggio delle acque che avevano sommerso parte del sito, furono compiuti tra il 1899 e il 1913 da una missione archeologica tedesca. Ancora oggi in alcuni momenti dell'anno (inverno e primavera) una parte del sito può essere sommersa dalle acque. Ciò rende più disagevole la visita, ma conferisce al luogo un fascino particolare. Si consiglia di iniziare la visita (*ingresso a pagamento dalle 8 alle 17.30; fino alle 19.30 in estate*) che richiede almeno 2 ore, dal teatro, da cui si può avere una visione d'insieme, per poi

Mileto

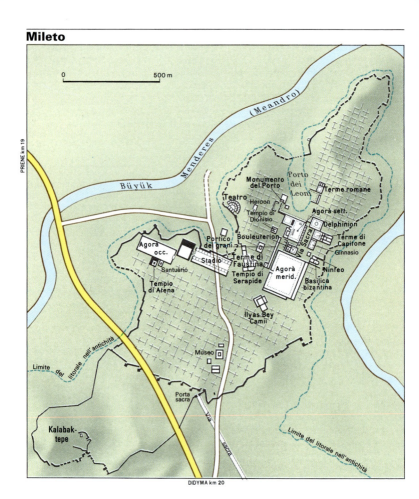

0   500 m

(Meandro)

Büyük   Menderes

Porto dei Leoni

Monumento del Porto

Teatro

Heroon

Tempio di Dionisio

Terme romane

Agorà sett.

Delphinion

Portico dei grani

Bouleuterion

Terme di Capitone

Ginnasio

Agorà occ.

Stadio

Terme di Faustina

Santuario

Tempio di Serapide

Agorà merid.

Ninfeo

Via Sacra

Tempio di Atena

Basilica bizantina

İlyas Bey Camii

Museo

Limite del litorale nell'antichità

Porta sacra

Kalabak-tepe

Via sacra

Limite del litorale nell'antichità

DIDYMA km 20

scendere verso l'antico porto dei Leoni, ove si trovano le agorà e i circostanti monumenti, e concludere con le terme di Faustina, la moschea di İlyas Bey e il piccolo museo degli scavi. Facilitano la visita numerosi cartelli che segnalano l'evoluzione della città e le fasi di costruzione dei suoi monumenti.

Teatro**. Addossato alle pendici meridionali di una collinetta, questo splendido monumento originariamente costruito nel IV secolo a.C., ampliato in epoca ellenistica e riedificato dai Romani nel II secolo d.C., si affacciava su uno dei quattro porti di Mileto. La cavea dal diametro di 140 m, le cui gradinate sono per la maggior parte in ottimo stato di conservazione, aveva una capienza di oltre 15 000 spettatori: era divisa in 3 settori di 18 file di sedili ciascuno. La facciata era alta circa 30 m; le architetture della scena, relativamente ben conservate, incorporano precedenti elementi ellenistici. Numerose scale permettevano agli spet-

tatori di raggiungere i loro posti. Presso l'orchestra i resti di due colonne segnano l'ubicazione della loggia imperiale; un'iscrizione incisa sull'ultima fila di gradinate a sinistra, testimonia il ricorso all'oracolo di Didyma per risolvere una controversia di lavoro durante la costruzione del teatro.

A nord del teatro, dalla cima della collina coronata dai resti di una fortezza bizantina, si gode uno splendido panorama su tutta la penisola.

Porto dei Leoni. Scendendo verso l'antico porto dei Leoni, così chiamato per i due grandi leoni in pietra posti a protezione dell'entrata, si incontrano i resti di un heroon e di altri monumenti di epoca ellenistica e romana.
Sul lato occidentale del bacino si innalza il cosiddetto **monumento del porto**, costruzione a gradini alta 10 m (oggi solo 6), ornata da rilievi di tritoni, che si

ritiene fosse commemorativa della vittoria navale di Augusto ad Azio (31 a.C.). Più a nord, sul lato opposto del porto dei Leoni, sorgono le **terme romane**, risalenti alla fine del I secolo d.C., che comprendono una palestra attorniata da locali di servizio e da bagni aperti su un ampio vestibolo. Una strada monumentale romana, pavimentata di marmo, girava attorno al bacino dal porto dei Leoni e raggiungeva, verso est, il **santuario di Apollo Delfico**, o delphinion, uno dei più importanti luoghi di culto della città, che comprendeva un muro di cinta (peribolo) delimitante il *temenos*.

Via Sacra. Nei pressi dell'ingresso del *delphinion*, proseguendo in direzione sud, ha inizio questa monumentale via, fiancheggiata da portici, che conduceva all'agorà meridionale e, superatala, proseguiva verso Didyma, dove si trovava il tempio di Apollo. Lunga 100 m e larga 28, fu probabilmente rimaneggiata sotto Traiano (98-117), quando ne fu rinnovata la pavimentazione. Alle spalle del portico orientale (a sinistra), eretto in stile ionico nel I secolo d.C., sorgevano le **terme di Capitone**, dell'inizio dell'era cristiana, e un **ginnasio** di cui sono visibili il cortile e alcuni locali riservati agli studenti. Sull'opposto lato della via Sacra si trovava l'**agorà settentrionale**; adiacente era il **tempio di Dioniso**, eretto nell'età ellenistica in forme ioniche sulle fondamenta di un antico edificio di epoca arcaica. Continuando a percorrere verso sud la via Sacra, si scorgono sulla sinistra le rovine del **ninfeo**, grande fontana a tre piani costruita nel II secolo d.C. e riccamente decorata, come risulta dai frammenti sparsi al suolo. A fianco, più arretrata, sorgeva una **basilica bizantina** a tre navate, chiusa da una grande abside ed eretta, probabilmente nel V secolo, riutilizzando parte di un edificio romano del III secolo. Al termine della via Sacra una grande porta monumentale, oggi conservata al Pergamon Museum di Berlino, dava accesso all'**agorà meridionale**, vasto rettangolo di 196 m per 164, ora ricoperto da vegetazione. Dall'altro lato della via Sacra, di fronte al ninfeo e alla basilica bizantina, sorge il **bouleuterion**, l'antica sede del senato, costruito tra il 175 e il 164 a.C. da Timarco ed Eracleido, come risulta da un'iscrizione, e dedicato al re seleucide Antioco IV. Alle sue spalle si raggiunge, quindi, il **portico dei grani**, lunga costruzione (più di 160 m) che comprendeva alcuni magazzini. Percorrendolo in dire-

zione sud si costeggia il lato occidentale dell'agorà e si arriva al **tempio di Serapide**, oggi ricoperto di sterpaglia, del quale è visibile solo il bel frontone. Costruito nel III secolo d.C., a pianta basilicale, era preceduto da un portico tetrastilo.

Terme di Faustina*. Erette in onore di Faustina, moglie di Marco Aurelio (161-180) sono ancora in buono stato di conservazione. Da notare i frammenti delle decorazioni del frigidarium, il calidarium, le cui pareti raggiungono ancora una quindicina di metri di altezza, e i resti degli spogliatoi.

All'estremità occidentale della strada, ai piedi di una collina sulla quale sono stati rinvenuti i resti di un edificio miceneo fortificato del XIV secolo a.C., si trovano lo stadio, le rovine del **tempio di Atena** in stile ionico della prima metà del V secolo a.C., e un piccolo santuario consacrato a Eumene II, re di Pergamo. Costruito in epoca ellenistica e successivamente rimaneggiato, lo **stadio** era dotato di gradinate sostenute da possenti arcate. Proseguendo verso sud sulla strada che porta al museo, a sinistra, nei pressi dell'agorà meridionale, è la **İlyas Bey Camii**, eretta intorno al 1400 dall'emiro İlyas Bey con materiali più antichi. In fondo a un portico a stalattiti, con una fuga d'archi sorretti da due semicolonne, si apre l'entrata alla sala di preghiera sormontata da una cupola; il mihrab e il minbar hanno decorazioni a racemi. Più oltre, una lunga deviazione conduce alla **porta Sacra**, chiamata Demir Kapısı (porta di ferro) dagli abitanti del luogo. Si apriva nella cinta di mura eretta nel V secolo a.C. e in seguito restaurata sotto il regno di Traiano; consentiva il passaggio della via Sacra che dal santuario di Apollo Delfico, presso il porto dei Leoni, conduceva fino al tempio di Apollo a Didyma, 20 km circa dalla città. Nei pressi un piccolo **museo** raccoglie i reperti rinvenuti nell'area archeologica: frammenti architettonici, statuette di terracotta, monete ecc.

Uno scorcio dell'area archeologica di Mileto

5.5 Didyma ed Eraclea di Latmos (Heracli)

Didyma

(D1). Nell'antica Grecia numerosi erano i santuari dove era possibile consultare oracoli che davano responsi circa l'opportunità di effettuare un viaggio, di fondare una colonia, di intraprendere una guerra ecc. Il più celebre era quello di Delfi, ma anche altri e soprattutto quello di Didyma attiravano grandi folle. Il suo tempio di Apollo, anche se oggi in gran parte distrutto, era tra i più grandiosi del mondo antico.

Una prima campagna di scavi ebbe luogo negli anni 1857-58 a opera di archeologi inglesi; i lavori furono ripresi verso la fine del secolo da archeologi francesi e tedeschi. In anni più recenti sono state condotte numerose ricerche dall'Istituto archeologico tedesco di İstanbul.

Visita. Da Mileto, ritornando verso sud, superato il piccolo centro di Akköy, si raggiungono in 15 km le rovine di Didyma, nei pressi di Yenihisar. La visita del tempio (*ingresso a pagamento dalle 8 alle 17.30 in inverno, dalle 9 alle 19 in estate*) richiede circa 45 minuti.

Si accede alla spianata del tempio percorrendo un tratto della **via Sacra** proveniente da Mileto; fiancheggiata da portici o abitazioni, misurava circa 5 m di larghezza tra i due marciapiedi, lungo i quali si allineavano costruzioni ellenistiche e romane, edificate su fondamenta arcaiche. Fu restaurata sotto il regno di Traiano, a cui risalgono probabilmente i lavori di lastricatura.

Tempio di Apollo*. Il tempio quale oggi appare alla vista corrisponde all'edificio risalente all'epoca ellenistica.

Le tracce più antiche del santuario, rinvenute all'interno del tempio attuale, risalgono alla fine dell'VIII secolo a.C. o all'inizio del successivo. I lavori di costruzione del tempio arcaico, che occupava un'area di circa 90 m per 39, cominciarono verso il 550 a.C., epoca in cui l'oracolo era già famoso in tutto il mondo greco. Inserito all'interno di un vasto cortile a cielo aperto (temenos), il tempio era circondato da una cinta di mura alte 18 m intorno a cui si sviluppava un doppio colonnato. La cappella interna (*naiskos*) accoglieva la statua di Apollo (raffigurato con un arco nella mano sinistra e un cervo accovacciato alla sua destra) opera di Canaco di Sicione. All'inizio del V secolo, in seguito alla rivolta delle città ioniche contro i Persiani, il tempio fu devastato e la statua di Apollo trasportata a Ecbatana. Ricostruito da Alessandro Magno dopo la conquista dell'Asia Minore, il nuovo santuario, più vasto del precedente (110 m circa per 51), era anch'esso racchiuso in un doppio colonnato di 120 colonne ioniche, salvo le quattro corinzie che ornavano l'entrata. La statua di Apollo, restituita all'inizio del II secolo a.C., fu esposta in una cappella del III secolo a.C. in cui sono ben visibili gli influssi dell'arte classica attica. Con l'avvento del cristianesimo i lavori di costruzione del tempio, che si erano protratti con varie interruzioni per quattro secoli, cessarono per sempre e fu eretta una basilica all'interno dell'*adyton*. Sotto il regno di Giustiniano, il tempio venne utilizzato come rifugio dagli abitanti della zona.

Splendidi frammenti di sculture (singolare soprattutto una testa di Medusa) si notano ai piedi della scala che conduce all'ingresso, mentre di fronte al tempio si trovano i resti di due terrazze più antiche. Il pozzo, utilizzato per la purificazione dei pellegrini, sorge proprio davanti al santuario accanto alle fondamenta di alcuni altari, tra cui il più importante era quello circolare, riservato ai sacrifici. A sud del tempio, di fronte allo stereobate, si notano invece le gradinate di uno stadio riservato ai giochi e festeggiamenti in onore di Apollo. Delle 122 colonne che formavano il doppio colonnato, tutte ioniche salvo quelle corinzie del *chresmographeion*, ne restano solo alcune. Le basi delle colonne del lato orientale (verso l'entrata) sono decorate con pannelli finemente scolpiti e con racemi. Sormontate da capitelli finemente decorati, sostenevano un architrave, il cui fregio (II secolo d.C.) era ornato con foglie d'acanto e maschere di medusa.

I 13 gradini della scalinata immettono nel **pronao**, che dà ancora un'impressione di grandiosa solennità. Comprendeva 20 colonne e aveva un soffitto a cassettoni riccamente decorato: vi si raccoglievano i pellegrini in attesa del responso dell'oracolo. Sulla parete di fondo, ornata di raffinate decorazioni, si aprono due piccole porte che affacciano su un locale da cui si diramano due stretti corridoi: immettono nell'**adyton** (54 m per 24), posto a un livello inferiore di 4.5 m rispetto al peristilio, lungo le cui pareti si notano alcuni frammenti del fregio ornamentale decorato con racemi, grifoni e lire.

Una più ampia apertura metteva in comunicazione il pronao con il **chresmographeion**, ove i sacerdoti interpretavano e redigevano gli oracoli. Di qui, due scale (quella a sud è utilizzabile ancora oggi) da-

Le feste annuali al santuario di Apollo

Conosciuta già prima della colonizzazione greca per la presenza di una sorgente e di un boschetto ove probabilmente si svolgevano cerimonie rituali, Didyma deve la sua fama essenzialmente all'attività del santuario, collegato con Mileto attraverso la via Sacra, che nel suo ultimo tratto, dal porto di Panormos al tempio di Apollo, era affiancata da portici, lastricata in marmo e ornata di statue di leoni, sfingi e sarcofagi che accoglievano le spoglie della famiglia dei Branchidi (discendenti dell'eroe Brancos, prediletto di Apollo), incaricati della cura del santuario.

Le grandi feste annuali (Didymeia) riunivano gli abitanti di tutte le città ionie: nello stadio e lungo la via Sacra si organizzavano corse con le fiaccole. Soggetti a un rigido rituale, i pellegrini dovevano purificarsi nell'acqua del pozzo sacro e pagare una tassa (11 volte più elevata per le questioni private rispetto a quelle pubbliche); un animale veniva quindi immolato sull'altare circolare, prima di procedere al vero e proprio rito della consultazione. Un sacerdote sottoponeva poi i quesiti

(l'ordine di consultazione era estratto a sorte) a una profetessa che, dopo aver digiunato parecchi giorni, si era anch'essa purificata con l'acqua del pozzo. I messaggi, ispirati da Apollo, venivano quindi tradotti in un linguaggio comprensibile e consegnati dai sacerdoti ai pellegrini richiedenti.

La scalinata del tempio di Apollo a Didyma

vano l'accesso a una terrazza, dove si svolgevano importanti cerimonie.

Il piccolo museo nel villaggio ospita una bella collezione di sculture antiche e arcaiche, di epigrafi e frammenti architettonici del tempio.

A 4 km da Didyma, la grande spiaggia di **Altınkum** (sabbia d'oro) è una delle più belle e frequentate della Turchia e si apre sui vasti orizzonti marini del golfo di Güllük, chiuso a sud dalla penisola di Bodrum, l'antica Alicarnasso.

Eraclea di Latmos (Heracli)

(D1). Ai piedi delle aride pendici del Beşparmak Dağı (monte Latmos), circondata da alti picchi di rocce scure, l'antica Eraclea si stende sulla sponda meridionale del lago di Bafa (Bafa Gölü). I suoi monumenti sono oggi quasi completamente soffocati dagli edifici dell'abitato moderno di Kapıkırı, ma il fascino del paesaggio circostante aiuta a comprendere la grande influenza spirituale che la città esercitò all'inizio dell'era cristiana.

Storia. La città ellenistica fu fondata un po' più a ovest della località dove sorgeva un antico insediamento di coloni provenienti dalla Caria, chiamato Latmos. Almeno fino al I secolo a.C., il lago non era chiuso e il mare lambiva le pendici del monte Latmos. Tra il 498 e il 494 a.C. Eraclea prese parte, insieme alle altre città della confederazione ionica, alla rivolta contro i Persiani; liberata da Alessandro Magno dal dominio dei re di Alicarnasso, in epoca ellenistica e romana si arricchì di importanti monumenti. Fin dai primi tempi dell'evangelizzazione dell'Asia Minore, il cristianesimo si diffuse in questa regione che divenne dapprima rifugio di numerosi anacoreti e quindi meta di pellegrinaggi, soprattutto durante il periodo bizantino, quando furono costruiti numerosi conventi sui versanti inaccessibili del monte Latmos e sulle rive del lago di Bafa.

Visita. Provenendo da Smirne sulla strada 525 per Milas, Eraclea si raggiunge con una deviazione (8 km) sulla sinistra (indicazione Heracli Harabeleri), subito dopo avere costeggiato il lago di Bafa, che si conclude nell'abitato di Kapıkırı, al centro dell'area archeologica. Per una rapida visita saranno sufficienti circa 3 ore; chi dispone di più tempo, può prenotare una guida per raggiungere i monasteri più isolati.

Fortificazioni. Erette intorno al 287 a.C. da Lisimaco, si estendevano per 6.5 km ed erano rinforzate da 65 torri. Più tardi, quando la città perse importanza, fu innalzata una seconda cinta lunga solo 4.5 km. Le mura costituivano una delle più imponenti opere difensive dell'intera regione e oggi sono uno dei motivi che rendono interessante una visita a Eraclea. Dietro il teatro, o a sud della città, si possono ancora vedere alcuni tratti abbastanza ben conservati, con torri quadrate e qualche porta. All'esterno delle mura si trovano anche le rovine di alcuni edifici risalenti alla prima città caria e numerose tombe.

La città bassa. All'entrata in città, la strada si divide in due opposte direzioni: da una parte si scende verso l'isolotto fortificato, dall'altra si sale alla zona archeologica e al villaggio. La parte bassa della città un tempo era affacciata sul mare, prima che i depositi alluvionali del Meandro isolassero il lago di Bafa. Il livello delle acque è da allora salito, sommergendo il porto e numerose tombe della necropoli marittima.

La città alta. Salendo verso la parte alta, si raggiunge l'**agorà**, dove oggi si trova la scuola del villaggio; poco più a ovest, su un promontorio, il **tempio di Atena** domina tutta la zona circostante. Privo di colonne e decorazioni, appare di insolite proporzioni: pronao e cella occupano infatti uno spazio all'incirca uguale. Dirigendosi a nord-est, verso il teatro, si incontrano, nel cortile di una casa, i resti (non molto significativi) del *bouleuterion*. Del **teatro**, affascinante per la sua posizione in mezzo agli ulivi, non restano che alcune gradinate e dei blocchi di pietra appartenenti alla scena. Continuando nella stessa direzione,

si può raggiungere la parte meglio conservata dei bastioni. Rientrando verso il settore meridionale della città, nei pressi di un bivio, si visita, su un'ampia terrazza, il **santuario di Endimione**, tempio prostilo con cella in forma absidale. Secondo la leggenda, Endimione fu addormentato da Zeus in una caverna sul monte Latmos; Selene, dea della Luna, scendeva ogni notte ad allietare i sogni del pastore, eternamente giovane e bello.

Monastero fortificato*. Non lontano, su uno sperone roccioso, sorge questo monastero di epoca bizantina.
I muri ancora ben conservati, lo splendido panorama e soprattutto la necropoli intorno, sommersa da acque trasparenti attraverso le quali si scorgono numerose tombe, conferiscono al complesso un fascino particolare.

I dintorni di Eraclea

I monasteri bizantini
La regione circostante i ruderi di Eraclea conserva alcuni interessanti monasteri bizantini, tra cui il principale è quello di Stylos (oggi Arabavlı), al cui interno sono resti di pitture murali del XII e XIII secolo. In genere raggiungibili solo con lunghi percorsi a piedi, è molto difficile riuscire a visitarli senza l'aiuto di una guida locale.

Lago di Bafa
Oggi sempre più apprezzata meta turistica, il lago era un tempo collegato al mare e attraversato da un intenso traffico di navi che da Mileto raggiungevano Myus, Eraclea e Priene. Conserva lungo la riva meridionale numerose vestigia bizantine, situate sulle isole e lungo le coste, che rappresentano una meta piacevole per una gita in barca, noleggiabile presso i piccoli ristoranti di pesce sulla riva del lago.

5.6 Milas (Mylasa) e il suo territorio

Milas (Mylasa)

(D1-2). Situata al centro di un'arida pianura orlata di basse montagne, Milas, che conta 35 000 abitanti, fu un'importante città della Caria e più tardi divenne capitale di un emirato turco.
Accanto a qualche monumento islamico che la città conserva, meritano una particolare attenzione i dintorni, dove si possono visitare interessanti siti archeologici di antiche città ioniche.

Storia. Identificata con l'antica Mylasa, fece parte fin dal I millennio della confederazione che raggruppava tre tribù carie. Governata dai re di Caria fino all'avvento di Alessandro Magno (333 a.C.), cadde in seguito sotto il dominio del re Mausolo che vi regnò col titolo di satrapo. Ribellatasi nel 168 a.C. a Rodi, da cui si dichiarò indipendente, fu dal 129 a.C. una delle province romane dell'Asia.
Cresciuta d'importanza durante la dominazione romana, Mylasa entrò a far parte nell'XI secolo dei possedimenti selgiuchidi e, successivamente, di quelli ottomani.

Mausoleo Gümüşkesen. Principale motivo di interesse della visita, è situato nel settore occidentale della città, che risale all'inizio dell'era cristiana e sembra essere una copia in miniatura del grande mausoleo di Alicarnasso. Su un alto basamento quadrato che ospita la camera sepolcrale, 8 colonne corinzie e 4 pilastri angolari sostengono un tetto piramidale; notevoli sono soprattutto l'architettura e le decorazioni della volta, cui ci si può avvicinare attraverso una scala di legno.

Delle tre moschee islamiche del XIV secolo, **Ulu Cami** (grande moschea), **Salaheddîn Camii**, costruita da Orhan Bey, e la **Firuz Bey Camii**, si segnala soprattutto quest'ultima, arricchita di marmi provenienti in parte da antiche rovine di templi greci.

I dintorni di Milas

Peçin Kalesi

(D2). 6 km a sud sulla strada 330 per Muyla, poi a destra 500 m dopo il bivio per Bodrum. Possente cittadella bizantina, fu ricostruita dagli emiri di Menteşe nel XIV secolo sul sito dell'antica Mylasa. Vi si accede attraverso una porta, munita di una torre ornata di leoni scolpiti; su un piccolo spiazzo si incontrano le rovine delle residenze dei governatori turchi. Sotto l'*iwan* di una piccola medersa, costruita nel 1375, è la tomba di Ahmet Gazi che ne fu il fondatore.
Oltre Peçin Kalesi la strada continua fino alla bella spiaggia di **Ören** (48 km), piccolo villaggio costruito sul sito dell'antica Ceramos.

Euromos

(D2). 12 km a nord-ovest lungo la strada 525 per Söke. In un sito archeologico (*ingresso a pagamento dalle 8.30 alle 17; fino alle 19 in estate*) immerso in una folta vegetazione, svettano le armoniose colonne corinzie di un piccolo tempio romano, tra i meglio conservati dell'Asia Minore. A circa 50 m dalla strada si erge il tempio di Zeus, costruito nel II secolo d.C. sulle vestigia di altri santuari. Del tempio di Zeus sono ancora in piedi 16 colonne; i bei capitelli corinzi finemente scolpiti presentano pregevoli decorazioni a testa di leone. Altri scavi hanno portato alla luce i resti dell'altare consacrato a Zeus. Sulla collina, a sinistra, si trovano le rovine dell'acropoli e delle mura della città, risalenti al IV secolo a.C.

Labranda

(D2). 14 km a nord per una strada di montagna difficilmente praticabile; consigliabile l'uso di veicoli fuoristrada. Situata a 600 m di altitudine sui contrafforti meridionali del monte Latmos, merita una escursione, sia per l'interesse dei suoi antichi monumenti sia per la cornice naturale che li circonda. Conosciuta fin dal V secolo a.C. e collegata a Mylasa da una via Sacra lastricata, fu un importante luogo di culto, sede probabil-

mente di un oracolo (*al termine della strada, un sentiero conduce all'abitazione del guardiano che accompagna i turisti nella visita della città, effettuabile in circa un'ora e mezza*).
Raggiunti gli ampi spiazzi terrazzati intorno a cui si concentrano la maggior parte dei monumenti, si accede attraverso un'ampia scalinata al propileo meridionale, di stile ionico. Di fianco, gli scavi hanno portato alla luce un'abitazione, la cosiddetta casa dorica, per i fregi che ne decoravano le pareti. Poco oltre, sulla destra, si trovano le terme, consacrate a Zeus nel I secolo d.C., e i resti di una chiesa bizantina. Anche il **propileo orientale**, che consentiva un comodo accesso alla città, appare molto ben conservato; di fronte all'entrata, una pietra forata da buchi di diversa grandezza serviva per misurare il volume delle varie derrate trasportate.
Più oltre, sulla sommità di una adiacente collina, si arriva a una grande **tomba**, secondo la tradizione attribuita a Idrieo, fratello del più famoso Mausolo: per le dimensioni e la raffinatezza dei particolari ospitò, probabilmente, le spoglie di un personaggio importante; nella camera funeraria (in parte scavata nella roccia), cui si accede da un vestibolo, si trovano cinque sarcofagi. Ai piedi della stessa collina è il **tempio di Zeus**, fondato probabilmente nel V secolo a.C., e rimaneggiato nel successivo. Periptero (6 colonne per 8), era circondato da due terrazze e si arriva a est con un pronao; la terrazza orientale era delimitata da un grande porticato edificato da Mausolo. Alle spalle del tempio, verso ovest, si estendeva una terrazza bordata di belle abitazioni tra cui spicca il cosiddetto androne A, probabilmente una grande sala di banchetti dove si riunivano gli uomini più importanti della città.

Iasos (Kiyikişlacik)

(D1-2). Edificata su una penisola affacciata sul mare (un tempo si trattava di un'isola), è interessante tanto per i ritrovamenti archeologici quanto per la straordinaria bellezza della sua posizione: un rilievo boscoso, dominato da un castello medievale circondato da bastioni di epoca islamica – da cui si gode un incantevole panorama sulla costa –, tra due profonde insenature con acque calme e trasparenti.

Storia. Gli scavi hanno messo in luce che la zona di Iasos fu abitata fin dall'età del Bronzo (inizio II millennio a.C.) e hanno altresì permesso di scoprire i resti di una vasta costruzione minoica e di cocci di ceramica di un tipo analogo a quelli rinvenuti a Creta. Distrutta nel 412 da una flotta spartana, la città fu annessa nel IV secolo a.C. ai possedimenti di Mausolo, re di Caria. La prosperità di Iasos, legata all'esercizio della pesca e dei traffici commerciali con le colonie greche, crebbe notevolmente sotto Alessandro Magno per poi declinare rapidamente.

Visita. Una deviazione a sinistra della 525 per Smirne, alcuni chilometri a nord-ovest di Milas, conduce (18 km) al sito archeologico di Iasos. Una piacevole alternativa può essere noleggiare una barca a Güllük per raggiungere poi Iasos in meno di un'ora, contrattando il prezzo col proprietario. La visita delle rovine richiede circa 2 ore.

Avvicinandosi a Iasos si costeggia, dapprima, una vasta necropoli. All'entrata, si affaccia su una corte (solitamente non accessibile ai turisti) un mausoleo romano, recentemente restaurato e trasformato in museo (i reperti più importanti si trovano tuttavia al museo di Smirne). Si arriva, infine, in riva al mare, nei pressi di una baia che costituiva il porto meridionale.

Tutta la penisola era circondata da bastioni, in genere ben conservati, che nel loro stato attuale risalgono al periodo bizantino, così come la piccola fortezza che impediva l'accesso della città agli invasori provenienti dalla terraferma.

Attraverso una porta, un tempo preceduta da un *dipylon* (entrata a due colonne), si accede all'**agorà**, vasta piazza tuttora oggetto di scavi, dove sono state rinvenute antiche costruzioni e tombe, una delle quali è stata ricostruita al museo di Smirne. Sono venuti alla luce anche gli stilobati di tre portici di epoca romana, i cui colonnati sono stati in parte restaurati.

A sinistra dell'agorà si nota un ampio recinto rettangolare, probabilmente il **Caesareum**, dove due piedistalli sostenevano delle statue. Sul lato opposto si trova il **bouleuterion**, piccolo emiciclo eretto in epoca imperiale con materiale più antico, in buone condizioni di conservazione. Poco oltre, attraverso una porta monumentale si accede al **tempio di Artemide**, consacrato alla dea, come attesta un'iscrizione, dall'imperatore Commodo (180-192 d.C.): ospitava gli archivi della città.

Sull'adiacente collina sono le rovine del teatro, di scarso interesse; scendendo verso l'istmo, si incontra una zona di scavi dove, attorno a un'altra agorà, sono distribuiti negozi, abitazioni e un santuario.

Continuando il percorso alla base della collina si incontrano, in riva al mare, le rovine dei moli; quasi all'estremità della penisola, un po' discosta dalla riva, sorge un'imponente **villa romana** con pavimenti a mosaico: alcune stanze conservano tracce di affreschi.

5.7 Bodrum (Alicarnasso)

Bodrum (Alicarnasso)

(D1-2). Un paesaggio tipicamente mediterraneo, un porto ben riparato, una sviluppata attrezzatura ricettiva e un abitato pieno di vita fanno di questa città (ab. 40 870) uno dei centri della costa turca più frequentati nei mesi estivi. In pochi altri luoghi è infatti possibile ritrovare altrettante opportunità per un soggiorno capace di unire motivi di interesse archeologico e occasioni di godere di un mare splendido e di una vita notturna tra le più intense della Turchia. Nonostante l'espansione degli ultimi anni, le nuove costruzioni hanno rispettato lo stile delle abitazioni del posto, basse e bianchissime, dando vita a uno scenario davvero gradevole.

Storia. Secondo Erodoto, cui Alicarnasso diede i natali, la città fu fondata da alcuni coloni dorici guidati dal gigante Anteo, figlio di Poseidone e della Terra, verso l'inizio del I millennio a.C. In seguito Alicarnasso diede vita alla lega dorica insieme ad altre cinque città (esapoli). Più tardi, pur facendo parte della Caria, aderì alla rivolta delle città ioniche e doriche contro i Persiani che, tuttavia, riuscirono a domare l'insurrezione. Ma pochi anni dopo, alleatasi con Serse, Alicarnasso si schierò contro i Greci, sotto il cui dominio passò dopo la sconfitta persiana. Quando, intorno al 377 a.C., Mausolo divenne satrapo della Caria, la sede della capitale fu trasferita da Mylasa ad Alicarnasso e la Caria divenne una delle maggiori potenze marittime dell'Egeo. Alla morte di Mausolo (353 a.C.), gli succedette la sposa e sorella Artemisia II che, per dargli degna sepoltura, fece erigere un grandioso monumento funerario che passò alla storia col nome di 'mausoleo' e fu considerato una delle sette meraviglie del mondo. Nel 334 a.C. Alicarnasso cadde nelle mani di Alessandro Magno, che la fece radere al suolo, e quando fu riunita alle province romane (129 a.C.) aveva ormai perso buona parte dell'antica importanza. Dopo oltre mille anni di abbandono, i Crociati sbarcarono ad Alicarnasso nel 1402 e ricostruirono l'antica fortezza, precedentemente restaurata dai Turchi, sul sito dell'acropoli dorica.

Visita. Mezza giornata è sufficiente per la visita della città, ma disponendo di più tempo è piacevole andare alla scoperta dei dintorni, apprezzabili soprattutto per lo splendido mare e la bella costa rocciosa della penisola, con la possibilità di compiere escursioni alla prospiciente

L'incantevole scenario del porto di Bodrum, diminato dal castello di S. Pietro

isola greca di Coo (Kos). Molto piacevole è passeggiare nel dedalo di vicoli, animati da coloratissime bancarelle della vivace cittadina, ove è anche possibile gustare ottime specialità di pesce in piccole trattorie (molto caratteristica quella situata in un antico caravanserraglio).

Castello di S. Pietro*. *Visita a pagamento dalle 8.30 alle 12 e dalle 13 alle 17.30; fino alle 19 in estate.* Sull'estremità della penisola che chiude a est il bacino del porto (ai tempi dei primi coloni dorici era un'isola) sorge questo capolavoro dell'architettura tardomedievale, eretto sul sito di un'antica fortezza turca, tuttora in ottimo stato di conservazione e sede del Museo di Archeologia sottomarina.

La costruzione ebbe inizio nel 1402 quando i cavalieri gerosolimitani (più esattamente del Sovrano Ordine Militare Gerosolimitano di Malta), trasferitisi nel 1309 a Rodi, decisero di fortificare il tratto costiero di fronte all'isola per resistere ai ripetuti assalti turchi. I lavori furono affidati al tedesco Heinrich Schlegelholt, cui si deve la prima cerchia di mura. Rafforzata sotto il gran maestro Pierre d'Aubusson (1476-1505), più volte rimaneggiata, la fortezza fu definitivamente evacuata nel 1523.

L'istmo che collegava l'antico isolotto alla terraferma era sbarrato da uno spalto, oggi quasi completamente scomparso. Sette successive porte, diversamente disposte e orientate, sulle quali spiccano pregevoli decorazioni scultoree raffiguranti gli stemmi dei gran maestri dell'ordine gerosolimitano, permettono l'accesso fino al centro della fortezza. Attraverso un grande ingresso a volta si raggiunge la corte inferiore ove affacciano diversi edifici (alcuni dei quali ospitano il museo) e la **cappella dei Cavalieri**, eretta all'inizio del XV secolo e restaurata nel 1519.

Nel museo si trovano grandi giare (2500 a.C.) e una splendida collezione di anfore di varie dimensioni e di reperti di archeologia sottomarina recuperati su due relitti del 1500 e del 1200 a.C. A sinistra dell'entrata è una ricca collezione di oggetti micenei provenienti da una tomba.

A nord-ovest della cappella, un grande edificio (ove un tempo erano custodite le armi strappate ai nemici) ospita numerosi reperti bizantini, nonché altri interessanti ritrovamenti sottomarini. In una nicchia un acquario mostra le metodologie di ricerca utilizzate dagli archeologi sottomarini.

Prima di accedere alla parte superiore del castello si può vedere, sulla destra, una collezione di ancore adagiate davanti a un muro che potrebbe essere appartenuto all'antico palazzo di Mausolo.

Arrivando alla cinta più alta del castello si notano numerose torri; sulla sinistra, si ergono la **torre del Serpente** (così detta per un motivo decorativo che la orna), con una collezione di anfore, e poco oltre la **torre di Germania** che, come le altre, prende nome dalle 'lingue' in cui si suddivideva l'ordine gerosolimitano. Dal lato opposto, invece, si innalzano due grandi torri a formare una sorta di maschio: la **torre di Francia** (*visita a pagamento 10-12 e 14-16, chiuso il lunedì*), a sinistra, e la **torre d'Italia**, a destra; sono unite a un edificio con splendide volte, risalente al 1518.

Nella torre di Francia sono raccolti oggetti del periodo medievale e, soprattutto, una bella collezione di vetri provenienti dal carico di una nave affondata all'inizio dell'XI secolo. Il primo piano (raramente accessibile al pubblico così come le altre torri) ospita reperti dall'XI al VI secolo a.C.; da segnalare, in particolare, un sarcofago in terracotta, un cantaro trovato a Gökçebel e delle statue del periodo arcaico. Nella torre d'Italia, la sala a pianterreno ospita collezioni di gioielli e di monete; al primo piano, riservato al periodo classico, sono esposte numerose statuette di bronzo e terracotta. Dalla parte opposta, all'angolo sud-orientale del castello, si raggiunge la **torre d'Inghilterra**, i cui due piani inferiori sono adibiti a laboratori e depositi: in una sala è stata ricreata, con mobili e arredi dell'epoca, l'atmosfera del tempo dei cavalieri gerosolimitani.

Mausoleo. *Visita a pagamento dalle 8 alle 12 e dalle 13 alle 17; fino alle 18 in estate; chiuso il lunedì).* Prendendo una piccola strada che sbocca sul porto proprio in faccia alla moschea e girando poi a sinistra si raggiunge questa celebre tomba, oggi d'aspetto piuttosto deludente rispetto alla fama che doveva avere in passato.

Edificato a partire dal 355 a.C. e portato a termine dopo la morte di Mausolo, il celebre monumento fu distrutto dai terremoti e nel XV secolo utilizzato come cava per costruire il castello di S. Pietro. Nel 1522, dovendosi rinforzare i bastioni del castello, le rovine del mausoleo furono scavate ancora più a fondo, scoprendo così la camera funeraria che racchiudeva numerosi tesori, subito saccheggiati.

Secondo quanto ci tramanda Plinio il Vecchio, il Mausoleo aveva un'altezza di circa 55 m; misurava alla base 38 m per 32 ed era circondato da un vasto *temenos* di 242.5 m per 105. Questo immenso monumento era formato da quattro parti: su un alto zoccolo rettangolare poggiava un tamburo di 36 colonne ioniche che sostenevano un tetto a piramide di 24 scalini, in cima al quale era posta una quadriga rappresentante Mausolo e Artemisia.

Si consiglia di cominciare la visita dal **museo** dove, nella stanza di sinistra, sono presentati progetti, documenti e plastici che permettono di ricostruire le caratteristiche del

mausoleo. Sotto il portico adiacente sono conservati alcuni frammenti del fregio originale, ritrovati nel castello di S. Pietro; il grande fregio esposto è, invece, una copia dell'originale che si trova al British Museum di Londra. Si costeggia, quindi, una depressione del terreno dove si trova la camera funeraria (ricostruita) cui si accede attraverso una grande scala. Tutt'intorno si nota un sistema di canalizzazione realizzato per assicurare il drenaggio delle acque e la stabilità del complesso.

Addossato alla collina di Göktepe, da cui si ha una splendida vista sulla baia (soprattutto al tramonto), il **teatro** è facilmente raggiungibile seguendo la strada che aggira la città. Di origine ellenistica, è stato restaurato in epoca romana ma ne sono giunti fino a noi soltanto le file inferiori delle gradinate e, al centro, l'altare di Dioniso.

I dintorni di Bodrum

La penisola di Bodrum

(D1). Da Bodrum sono possibili molte escursioni alle spiagge della splendida penisola. La zona settentrionale della penisola ha risentito meno, finora, della speculazione edilizia che ha invece colpito alcune zone della costa meridionale. Coloro che non dispongono di un'automobile possono facilmente raggiungere tutte le località con i dolmuş che partono dal terminal al centro di Bodrum.

Nel nord della penisola meritano una visita **Golköy**, 17 km da Bodrum (prendere la strada per Smirne, quindi girare a sinistra, 3 km in direzione di Yalıkavak; la strada lungo la spiaggia non è ancora asfaltata) e **Türkbükü** a circa 1.5 km da Gölköy, un piccolo villaggio di pescatori che è riuscito a conservarsi incontaminato.

18 km a nord-ovest di Bodrum sorge **Yalıkavak**, piccolo centro balneare, molto piacevole; suggestivi, sulla collina vicina al paese, i tre mulini a vento che segnano il paesaggio.

Infine, 23 km a ovest di Bodrum, si incontra il villaggio di **Gümüşlük**, chiuso al traffico automobilistico, che conserva ancora una certa autenticità. La splendida baia è protetta dall'isola di Mindos e molte imbarcazioni propongono anche escursioni a Datça e Cnido.

Köyceğiz (Sultaniye)

54 km a est di Muğla (D2). Vi si trova una sorgente termale per la cura di varie patologie (reumatiche, dermatologiche, ginecologiche, nervose).

6 L'entroterra ionico

Profilo dell'area

L'entroterra che si estende alle spalle della fascia costiera ionica è una regione profondamente segnata dai fiumi che, provenendo dall'Anatolia, la attraversano per sfociare nel mare Egeo. I principali corsi d'acqua sono il Gediz, l'antico Hermos, e, procedendo verso sud, i due Meandri, il Küçük Menderes (Piccolo Meandro) e, soprattutto, il Büyük Menderes (Grande Meandro): le caratteristiche serpentine disegnate dai fiumi nel loro tratto inferiore (i meandri, appunto) hanno ricevuto il nome proprio da questi corsi d'acqua il cui andamento appare estremamente sinuoso, ricco di anse, lanche e rami secondari. I due fiumi – oltre a influenzare la morfologia costiera per la grande quantità di detriti che la loro azione erosiva trascina verso il mare e che ha determinato il rapido avanzare delle foci, i frequenti mutamenti di corso e gli insabbiamenti dei porti di quelle città presenti lungo le loro sponde – hanno portato alla formazione di ampie vallate, caratterizzate, soprattutto nel tratto in prossimità della foce, da un dolce paesaggio che vede alternarsi estese colture industriali (cotone e tabacco) e specializzate (prodotti ortofrutticoli, in particolare fichi) a frutteti e oliveti disposti sulle prime pendici collinari. Si tratta di un vasto comprensorio agricolo che solo procedendo verso l'interno va scemando d'intensità e viene interrotto poi bruscamente dalla comparsa delle spettacolari formazioni rocciose di Pamukkale.
A differenza delle zone costiere, l'entroterra ha ritmi più tranquilli, con una vita notturna molto ridotta, a eccezione di Pamukkale. Di giorno consente tuttavia di scoprire angoli caratteristici scarsamente noti, pur in una zona fortemente segnata dal turismo, e propone un itinerario di grande interesse storico-artistico, consigliato soprattutto agli appassionati di archeologia: dalla capitale dei Lidii (Sardi), al più importante centro della Caria (Afrodisias), fino a Hierapolis, che conserva vestigia del II secolo e dell'età bizantina.

Gli itinerari

Gli itinerari proposti (vedi tracciato sulla carta del risguardo posteriore, D1-2) attraversano le due grandi valli dell'Hermos e del Meandro. La valle dell'Hermos è percorsa dalla strada 300-E96 che da İzmir arriva ad Afyon, passando per **Manisa** (→) e **Sardi** (→). Manisa può in alternativa essere raggiunta direttamente, sempre da İzmir, prendendo la 565 e scavalcando i rilievi dello Yamanlar Dağı. Gli altri centri sono tutti facilmente collegati con deviazioni rispetto alla strada principale. Anche la valle del Grande Meandro (Büyük Menderes) è percorsa dalla comoda strada 320-E87 che da Selçuk raggiunge **Aydın** (→) e **Denizli** (→), con brevi deviazioni che permettono di visitare siti importanti come **Nysa** (→) e **Afrodisia di Caria**, prima di raggiungere **Pamukkale** (→) e inoltrarsi poi nell'altopiano anatolico verso la regione dei laghi.

I resti dell'antico teatro romano di Hierapolis, l'odierna Pamukkale

6.1 La valle dell'Hermos (Gediz)

Manisa (Magnesia al Sipilo)

(D1-2). Capoluogo di provincia al margine della fertile pianura alluvionale del Gediz, ai piedi dell'imponente Manisa Dağı, l'antico Sipilo, attualmente occupato da un parco nazionale (Sipil Dağı Milli Parkı), Manisa (ab. 250 000) è una delle più attraenti città dell'Anatolia occidentale, coronata da una triplice cinta di mura bizantine che in parte posano sulle fondamenta dell'antica acropoli.

Al solstizio di primavera (21 marzo), si festeggia il Mesir Macunu, 'elisir magico': secondo una leggenda un farmacista locale inventò delle caramelle speziate per la madre del sultano, preparate ancora oggi per la festa, che avrebbero proprietà terapeutiche come calmare i nervi, stimolare gli ormoni, immunizzare dai veleni.

Storia. Una colonia di Greci della Tessaglia si insediò nella regione verso il 1200 a.C. alle pendici del monte Sipilo. Per evitare che fosse confusa con Magnesia al Meandro, la città venne battezzata Magnesia al Sipilo e uno dei suoi primi re fu il mitico Tantalo (vedi box a pag. 199). Nel 334 a.C. Alessandro Magno vi insediò una colonia di veterani macedoni e nel 190, dopo che Antioco III venne sconfitto dalle legioni romane, la città fu assegnata a Eumene II e quindi agli Attalidi di Pergamo. Benché privata dell'indipendenza politica, divenne un fiorente centro commerciale e nel 1222, quando Costantinopoli era in mano ai Franchi, divenne capitale dell'impero bizantino. Conquistata dai Selgiuchidi, che la chiamarono Manisa, godette di un periodo di pace fino alla fine del XIV secolo, quando entrò a far parte dell'impero ottomano. Ma ancora nel XVIII secolo, Manisa, posta sotto la giurisdizione dei Karamanoğlu, si rese indipendente dalla Sublime Porta fino al 1822, data in cui il governo del sultano vi ristabilì la propria autorità. La città fu poi di nuovo teatro di aspri scontri all'epoca del conflitto greco-turco del 1920-22.

Muradiye Camii. Attraversato un popoloso quartiere, la strada 565 proveniente da Smirne raggiunge un incrocio dove, sulla destra, sorge questo bell'edificio costruito nel 1583-86 per volere di Murat III, allora governatore della provincia di Saruhan. La moschea si apre su un portico a 6 colonne, ornate di capitelli a stalattiti; la nicchia del mihrab, rivestita di piastrelle smaltate e coronata da una cupola, si stacca dalla pianta rettangolare della sala di preghiera per formare un'abside. Gli affreschi che decorano la cupola, i pennac-chi e le curvature dei grandi archi risalgono al 1819.

Museo archeologico. *Aperto dalle 9 alle 12 e dalle 13 alle 17; chiuso il lunedì.* Ha sede in una *medrese* adiacente alla Muradiye Camii che, insieme a un *imaret* (mensa per i poveri) e una biblioteca, faceva parte degli annessi della moschea. Raccoglie la maggior parte dei reperti rinvenuti durante gli scavi di Sardi, tra cui alcune bellissime statue, mosaici, oggetti in bronzo, iscrizioni, ceramiche e una collezione numismatica; di notevole interesse una **statua** di fanciulla dell'inizio del II secolo d.C., ritrovata a Manisa.

Ulu Cami. Un vicolo a destra della Muradiye Camii, proseguendo (al termine) a sinistra, raggiunge la 'Grande moschea', ubicata a mezza costa lungo le pendici del Sandık Tepesi, sotto i bastioni della cittadella bizantina, da cui si gode un'incantevole vista sulla città. Eretta nel 1366 sotto il regno di İshak Çelebi, ha le colonne di sostegno dei portici della sala di preghiera sormontate da capitelli di origine romana o bizantina. Molto bello il minbar risalente al 1376-77; un *türbe* situato nel cortile della moschea racchiude la tomba del fondatore.

Non lontano, è possibile visitare anche la **Sultan Camii**, moschea eretta nel 1522 per volere di Ayşe Hafize, moglie di Selim I e madre di Solimano il Magnifico. È preceduta da un portico a 6 colonne, in fondo al quale una porta dà accesso alla sala di preghiera, sormontata da una cupola e affiancata da due minareti.

Atatürk Bulvarı. Seguendo la strada che dalla piazza della Muradiye Camii porta alla stazione, si gira a destra per imboccare questa strada lungo la quale, ai margini di un parco, si incontra la **Halk evi** (casa del popolo). Nell'ala orientale dell'edificio sono stati incorporati i muri di un'antica biblioteca unica traccia della residenza dei governatori ottomani della provincia di Saruhan, dove avrebbe vissuto il futuro Maometto II, conquistatore di Costantinopoli. Proseguendo lungo il viale, si incontra poco lontano, la **Hatuniye Camii**, moschea costruita nel 1485 da Hüsnü Hatun, moglie del sultano Beyazıt II.

Nelle vicinanze sorge anche la **Çeşnigir Camii**, una delle più antiche moschee della città (1475).

che consta di una sala di preghiera sormontata da una cupola e affiancata da due navate laterali, coperte entrambe da cupolette.

I dintorni di Manisa

Sandık Tepesi
Partendo dalla città vecchia si sale il colle tra muretti a secco, eretti a sostegno di piccole terrazze coltivate che rendono l'ascesa alquanto faticosa (*un'ora di cammino a piedi*). Prima di raggiungere la vetta si devono superare tre cinte murarie: la prima innalzata nel XIII secolo è quasi completamente in rovina; la seconda, anch'essa fatiscente, è pure d'epoca bizantina; la terza, infine, la più antica e meglio conservata, corona la sommità del Sandık Tepesi. Risale probabilmente al VII o VIII secolo, epoca in cui fu ricostruita dai Bizantini sulle fondamenta dell'antica acropoli, di cui non restano tracce.

Rupe di Niobe
1 km dalla Muradiye Meydani percorrendo la strada 565 per Smirne. Si raggiunge, superato il quartiere di Çay Başı, un torrentello che scende dal Sipilo; dopo pochi minuti di cammino, all'imboccatura di una gola, si scorge una rupe isolata alta una ventina di metri, il cui profilo stagliato contro il cielo sembra avere la forma di una testa umana. Secondo Pausania si tratterebbe della sventurata Niobe, pietrificata da Zeus ai piedi del Sipilo (vedi box a fianco).

Akhisar

(C2). È una moderna città, situata in una vallata laterale dell'Hermos, lungo la strada 565 che collega Smirne alla costa del mare di Marmara. Sorge sul sito dell'antica Thyateira, forse fondata già in epoca arcaica, e nota, come rivela Plinio il Giovane, col nome di Pelopia. Fu sede di una delle sette chiese dell'Apocalisse.
Nel 123 d.C. l'imperatore Adriano vi si recò nel corso del suo viaggio in Oriente, e anche Caracalla vi soggiornò per qualche tempo. Del suo illustre passato conserva solo una via fortificata, una grande chiesa e un tempio in rovina, probabilmente consacrato ad Apollo. Oggi è nota per i suoi tappeti.

Sardi* (Sart)

(D2). Antica capitale della Lidia, celebre per il fiume Pattolo dalle preziose sabbie aurifere, nonché per le immense ricchezze del suo mitico re Creso, fu città di rilevante importanza economica e politica, come testimoniano i suoi pregevoli edifici immersi in un singolare paesaggio caratte-

---

Manisa, terra di miti

Il territorio di Manisa vide fiorire nell'antichità miti famosi, come quelli di Tantalo e Niobe. Tantalo, primo re della città, per aver sfidato gli dèi fu condannato a un terribile supplizio: gettato in mezzo a un lago nell'Ade, fu legato a un albero e costretto a vivere senza poter bere le acque che lo circondavano né cogliere i frutti che pendevano dai rami intorno a lui. Niobe, figlia di Tantalo, madre di dodici figli, fu spinta dall'orgoglio materno a parlare in modo sprezzante di Apollo e Artemide, figli di Latona, che li incaricò di vendicare l'affronto. I suoi sei figli furono trafitti dalle frecce di Apollo, mentre le sei figlie caddero sotto i dardi di Artemide. Disperatasi per nove giorni, l'infelice Niobe supplicò Zeus di trasformarla in una roccia.

---

rizzato da picchi rocciosi che dominano dolci colline coltivate a vigneti, dove si produce la rinomata uva di Smirne.

Storia. Una leggenda fa risalire la fondazione di Sardi all'unione tra Eracle e Onfale, da cui discese la dinastia degli Eracli che regnò sino alla fine del VII secolo a.C. Devastata dai Cimmeri, passò poi sotto l'impero dei Lidii, divenendone la capitale. Secondo lo storico greco Erodoto, furono gli abitanti di Sardi a inventare la moneta. Quando Creso, mal interpretando il responso di un oracolo di Delfi, attaccò Ciro il Grande, re di Persia, Sardi fu conquistata (nel 546 a.C.) dai Persiani, e venne allora costruita la famosa 'strada dei re' che conduceva al cuore dell'impero da Sardi a Susa. Presa da Alessandro Magno e passata poi sotto la sovranità del re di Pergamo, la città fu annessa nel 133 a.C. alle province romane d'Asia. Distrutta dal terremoto del 17 d.C., fu ricostruita da Tiberio. Nei secoli seguenti Sardi fu saccheggiata a più riprese da Goti e Bizantini, Persiani e Turchi; verso il 1313 fu definitivamente sottratta ai Bizantini da Seruhan, emiro di Manisa, e nel 1390 annessa all'impero ottomano. Il colpo finale le fu inferto dai Mongoli di Tamerlano che nel 1402 la rasero al suolo. Fu una delle sette chiese dell'Apocalisse di S. Giovanni.

Visita. Un'ora e mezza può essere sufficiente per visitare la sinagoga, il ginnasio e il tempio di Artemide. Una visita più accurata della parte bassa della città e dell'acropoli richiede circa tre ore. Provenendo da Smirne lungo la 300-E96, dopo il ponte sul Pattolo, una strada asfaltata sulla destra segnalata dalla dicitura 'Sart Harabeleri' porta alle rovine lidie e bizantine e, più oltre, al tempio di Artemide (ampio parcheggio). Sull'opposto lato (nord) della strada statale (a circa 200 m) si trovano invece il ginnasio e la sinagoga.

Area archeologica. Lungo la strada che conduce al tempio di Artemide si nota (a 200 m circa dal bivio sulla destra) un campo di scavi che si può osservare dall'alto. Le rovine vanno dall'VIII secolo a.C. (epoca lidia) al V secolo d.C. (epoca bizantina).

Di notevole interesse il rinvenimento di una fonderia d'oro, con numerosi pozzi (forse 300) in cui il metallo veniva fuso ad alte temperature ottenute per mezzo di mantici; le fucine rimasero in attività dal 580 a.C. fin verso il 550, sotto il regno di Creso. Più oltre, lungo una via romana, si scorgono le rovine della **basilica**, eretta nel XIII secolo sull'area di un santuario del IV secolo, molto più grande e a tre navate, di cui quella settentrionale presenta un'ampia pavimentazione musiva. Parzialmente restaurata, la basilica costituisce l'unico esempio conosciuto in Anatolia di chiesa a 5 cupole.

Tempio di Artemide. *Visita a pagamento, dalle 8 alle 17.* Costituisce un imponente complesso, le cui vestigia attualmente visibili corrispondono a tre fasi di costruzione: nel 300 a.C. fu edificato un piccolo tempio ionico; tra il 175 e il 150 a.C. la cella fu completata con un colonnato. Infine l'imperatore Antonino Pio (II secolo d.C.) fece dividere il tempio in due parti, di cui quella a oriente dedicata alla moglie Faustina. Giungendo dal parcheggio si incontra dapprima un grande altare, cui si accedeva da una scala monumentale, orientato verso occidente. Si passa quindi a una terrazza affacciata a oriente sul pronao della cella di Artemide, le cui pareti interne sono quasi completamente distrutte. A fianco si trova la cella consacrata a Faustina (e trasformata in cisterna nell'VIII secolo), che si apre su un gigantesco colonnato, di cui due colonne ancora intatte rendono l'idea delle dimensioni del tempio.

Dal tempio è possibile raggiungere, dirigendosi verso est, l'**acropoli**, in rovina e di difficile accesso, posta in cima a una collina curiosamente scheggiata. Delle mura della cittadella (probabilmente fondata nel IX secolo a.C.) restano scarse vestigia tra cui fortificazioni, ampiamente rimaneggiate in epoca bizantina. Ai piedi dell'acropoli, sul fianco settentrionale della collina, si trova una **tomba piramidale** persiana, fatta erigere in onore di Abradates, nobile condottiero caduto in combattimento, e di sua moglie, uccisasi per disperazione.

Area del ginnasio*. *Visita a pagamento dalle 8 alle 19.* Ritornando alla strada statale 300, un parcheggio dall'altro lato della strada stessa precede l'ingresso a questa zona. Lungo una via romana fiancheggiata da portici (fine del IV secolo d.C.), rinvenuta sotto una strada bizantina della fine del VII secolo, sorgevano numerose botteghe, tra le quali sono stati individuati delle locande, un negozio di coloranti e uno di chincaglierie. I lavori di restauro hanno rialzato 6 colonne di portici e riadattato 29 botteghe. Sul lato opposto della strada romana giacciono le rovine di un edificio del VI secolo d.C., detto **casa dei Bronzi** per gli oggetti in bronzo rinvenuti, e probabilmente dimora di un sacerdote. Poco oltre, gli scavi hanno riportato alla luce una bella casa, le cui pareti decorate sono conservate per parecchi metri d'altezza. In fondo alla via si incontra un grande edificio absidale: si tratta di un'antica basilica romana, eretta dopo il terremoto che devastò Sardi nel 17 d.C., e più tardi (fine del IV secolo) trasformata in **sinagoga**. Il pavimento a mosaico (molto frammentario), probabilmente composto a più riprese fra il 280 e il 410, è stato restaurato, come le colonne del peristilio e i rivestimenti marmorei delle pareti. Dalla sinagoga si passa al cortile di marmo che costituiva l'ingresso del **ginnasio**. L'edificio, infatti, affacciava su un cortile interno con un **portico*** a doppio loggiato (oggi risollevato) che costituisce un interessante esempio dell'architettura del tempo dei Severi (193-235); alto complessivamente 18 m, presenta sul lato occidentale un frontone ad archetti. Dietro la facciata, si osservano alcuni ambienti che facevano parte di uno stabilimento termale.

Veduta del porticato con doppia loggia del ginnasio di Sardi

Proseguendo verso est per circa 1 km oltre Sardi, sempre sulla 300, si incontrano (sulla destra) i resti di uno stadio romano, di un'agorà (molto rovinata), di una basilica e di un teatro.

I dintorni di Sardi

Bin Tepe

10 km a nord di Sardi si raggiunge il sito delle 'mille colline', necropoli che ospita complessivamente un centinaio di tombe in forma di tumuli a base circolare. Una delle più importanti, probabilmente quella descritta da Erodoto, conserverebbe le spoglie del re Aliatte, padre di Creso: all'interno dell'enorme tumulo si trovano un'intricata rete di tunnel e una camera funeraria, costruita con grossi blocchi di marmo. Il **Karnıyarık Tepe**, un altro tumulo di grandi dimensioni concepito secondo la stessa tecnica (con alla base un muro circolare in pietra), racchiude probabilmente i resti del re Gige (685-652 a.C.), ucciso durante una battaglia contro i Cimmeri. Non lontano, il **Marmara Gölü**, l'antico lago Gige, che si domina anche dall'acropoli, fu scavato per contenere la portata dell'Hermos.

Birgi

(D2). 35 km a sud seguendo la strada 300 verso est e deviando quindi a destra in direzione di Ödemiş. Di origine trecentesca, è uno dei più interessanti villaggi della Turchia per le tradizionali abitazioni in legno, ornate di decorazioni d'ispirazione floreale e agreste. Tra queste, di particolare pregio è la **Çakır Çayı Konağı** (*visitabile all'interno*), costruita alla metà del XVIII secolo e riccamente affrescata in facciata. Interessante anche l'**Ulu Cami** edificata nel 1312-13 con marmi di spoglio; la copertura è sostenuta da colonne con capitelli romani (notevole, all'interno, il minbar del XIV secolo).

L'alta valle dell'Hermos

Karataş

Circa 40 km a est di **Salihli** (D2), grossa borgata agricola presso la confluenza del Koca nell'Hermos (Gediz), seguendo per 4 km la 300 e poi, a sinistra, la 585. Villaggio sorto sul sito dell'antica Satala, all'estremità di una colata lavica eruttata dal vulcano Kaplan Alan. Nei pressi sono visibili alcune torri della cittadella di Adala.

Alaşehir

(D2). Centro della valle del Koca ai piedi del Gözlü Baba Dağı, è la romana Filadelfia, nota per la magnificenza dei templi e per i terremoti che più volte la devastarono.

Sorta sul probabile sito della Callatebus lidia, fu presa da Ciro il Grande nel 546 a.C. e, quattro secoli dopo, dal re di Pergamo Attalo II Filadelfo, da cui prese il nome. Distrutta dai sismi del 17 e del 23 d.C., sotto il regno di Tiberio la città fu riedificata e arricchita di numerosi templi, che divennero meta di pellegrinaggi. Fu una delle sette chiese dell'Apocalisse di S. Giovanni.

Nell'abitato, ancora in parte cinto dalle mura bizantine rafforzate da torri circolari, si trova la **Şeyh Sinan Camii**, piccola moschea della fine del secolo XIV.

Kula

Modesto villaggio dell'antica Katakekaumene (terra bruciata) nel cuore di una regione vulcanica con ampie distese di lava pietrificata, dalle quali emergono singolari formazioni coniche di origine detritica. Questa zona ostile all'insediamento umano fu lo scenario del mito di Tifone, il figlio della Terra che vomitava fiamme.

Uşak

(D2). Capoluogo di provincia con oltre 100 000 abitanti, è nota per l'artigianato dei tappeti, di vivacissimi colori, e sorge nei pressi delle modeste rovine dell'antica Temenothyrae (Flaviopolis).

Circa 40 km a sud di Uşak si trova (*lungo la 595 in direzione di Çivril*) l'area archeologica di **Selçikler**, con sepolture a camera affini a quelle della regione di Sardi. In un deposito sono conservati i ritrovamenti degli scavi, tra cui un ambone del VI secolo in pietra scolpita e una statua di nudo maschile, rara opera di epoca bizantina.

6.2 La valle del Meandro (Büyük Menderes)

Aydin

(D2). Capoluogo di provincia (ab. 150 000) della bassa valle del Meandro, conserva oggi poche tracce del suo passato, quando fu vivace centro artistico, conosciuto in età ellenistica col nome di Tralle, e fiorente mercato nel corso del medioevo.

Storia. Fondata da una colonia di Argivi, passò sotto il dominio dei Persiani dal VI secolo fino al 334 a.C., epoca in cui fu conquistata da Alessandro Magno. Occupata nel 260 a.C. da Seleuco I che la chiamò Seleucia sul Meandro, Tralle venne annessa al regno di Pergamo, di cui seguì la sorte diventando romana nel 129 a.C. Distrutta da un terremoto nel 27 a.C., venne ricostruita per volere dell'imperatore Augusto.

Seguendo la strada che conduce al centro della città, si giunge (poco prima della ferrovia) alla **Bey Camii**, piccola moschea costruita nel XVI secolo da Uveys Paşa. Sempre nel XVI secolo fu eretta la **Ramazan Paşa Camii**, ubicata all'interno del bazar. Nella città alta, due torri dell'antica fortezza bizantina di Tralle incorniciano la porta della prigione.

Il **museo** (*aperto dalle 8 alle 12 e dalle 13 alle 18*) ospita reperti provenienti da Tralle, Mileto, Priene, Afrodisia e Dydima, oltre a prodotti dell'artigianato locale.

I dintorni di Aydın

Amyzon
20 km a sud per una strada di montagna; consigliabile l'uso di un veicolo fuoristrada. Vi sorgono, in una zona di selvaggia bellezza tra dirupi scoscesi e inaccessibili, gli interessanti resti di un **tempio di Artemide**, di ordine dorico, costruito nel IV secolo a.C. su una terrazza cui si accedeva da un'ampia scalinata; in epoca bizantina fu trasformato in fortezza.

La valle del Çine

Alabanda
Poco prima di Çine (*40 km a sud-est di Aydın per la 550*) una deviazione sulla destra conduce (7 km) alle rovine di questa antica città della Caria nota per essere soprattutto un luogo di libertinaggio (Strabone). Sono appena visibili i resti del teatro e qualche tratto delle fortificazioni; risalendo il corso di un ruscello, si raggiungono un piccolo acquedotto e le rovine di una vasta costruzione di incerta destinazione. A ovest del villaggio, quasi sepolti, i resti del tempio di Apollo (II secolo a.C.); a sud interessanti rovine di un *bouleuterion* di epoca ellenistica.

Alinda
Proseguendo sulla deviazione oltre Alabanda, si raggiunge (18 km) il villaggio di **Karpuzlu**, in prossimità del quale si trova questo antico sito. Arroccata su una montagna avvolta da fitta vegetazione, Alinda fu una delle città più monumentali della Caria. Entrando nell'abitato di Karpuzlu, in fondo a una piazzetta una strada sulla destra conduce all'**agorà**. Avvicinandosi si notano le possenti mura di sostegno conservate in tutta la loro altezza (15 m). La grande piazza, larga 30 m, era circondata da portici di cui sono ancora visibili alcune colonne.

In auto è possibile salire all'acropoli seguendo la strada che costeggia la montagna fino all'acquedotto, dove si può parcheggiare. Da qui, seguendo il percorso a destra, dopo 500 m, si raggiungono le due acropoli e il teatro.

La città antica si estendeva lungo il pendio che porta al **teatro**, inserito in una splendida cornice paesaggistica e con 35 file di gradinate, ma oggi in cattivo stato di conservazione. Salendo più in alto si arriva alla **prima acropoli**: sono ancora visibili i muri che sostenevano le terrazze, un tempo delimitate da porticati, e una torre ellenistica perfettamente conservata. Proseguendo lungo il crinale si incontrano i **bastioni**, rinforzati da torrioni quadrati assai ben conservati. Sulla collina a nord sorge la **seconda acropoli**, circondata da due cinte murarie, ove si notano sei cisterne e le vestigia di numerose abitazioni.

Nysa (Nissa)

Presso Sultanhisar, sulla 320-E87 proveniente da Aydın, dei cartelli segnalano, a sinistra, una stretta deviazione asfaltata (km 2) che risale il fianco della montagna percorrendo la quale si raggiunge la città. Nysa, fondata probabilmente dal re seleucide Antioco I Sotere all'inizio del III secolo, fu nell'antichità un importante centro intellettuale dove, tra gli altri, anche Strabone portò a termine i suoi studi. Il fascino attuale del luogo risiede soprattutto nella splendida cornice naturale in cui si inseriscono rilevanti monumenti: profondi precipizi si alternano a riposanti oliveti, lontano dalla calura della piana sottostante.

Teatro*. Risalente all'epoca imperiale romana, ha conservato pressoché intatte le gradinate e gli scavi hanno ne hanno riportato alla luce gli ingressi e la scena; questa presenta, protetti da una grata, pregevoli bassorilievi di tema dionisiaco. Altri frammenti di sculture danno un'idea della ricca decorazione dell'edificio. L'acustica risulta tuttora di ottima qualità ed è da notare che il teatro poteva essere allagato per la rappresentazione di naumachie.

Un sentiero sulla destra del teatro (guardando la facciata esterna) discende il burrone; raggiunto il fondo si risale il letto del torrente (nei periodi di magra) e si entra (muniti di una torcia) nel **tunnel**, geniale opera costruita dai Romani per canalizzare le acque e per creare, con la volta, un sostegno alla piazza antistante il teatro. Lo si può percorrere in tutta la sua lunghezza (150 m); all'uscita sono le rovine di un ponte, sempre di epoca romana, che univa i due settori della città.

Rientrando verso il parcheggio antistante il teatro, una strada sulla destra conduce al **bouleuterion**, della fine del II secolo d.C. e rimaneggiato in epoca bizantina. A fianco si trova una piazzetta delimitata da portici pavimentati a mosaico e ingentilita da una vasca. Non lontano si stendono gli scarsi resti dell'**agorà** (105 m per 89). Sulla sponda occidentale del torrente si possono visitare la **biblioteca**, con i libri disposti in nicchie allineate su due o tre piani, e la **necropli**.

Afrodisia di Caria**(Aphrodisias)

(D2). Le rovine di Aphrodisias (pianta qui sotto), per molti secoli un importante centro della Caria, costituiscono una eccezionale scoperta dell'archeologia moderna: la città, consacrata al culto di Afrodite, ci appare, grazie ad alcuni monumenti assai

ben conservati – un teatro, un odeon e lo stadio forse più bello del mondo antico – in tutto il suo splendore, accentuato dal particolare fascino dell'ambiente circostante. I primi scavi furono compiuti da una spedizione archeologica francese, ma fu un archeologo italiano che scoprì, nel 1937, il portico di Tiberio. Una missione angloamericana conduce ora i lavori.

Storia. Abitata fin dal III millennio a.C., Afrodisia fu probabilmente la sede di un remoto culto di origine babilonese cui più tardi subentrò quello di Afrodite. La città conobbe poi una rilevante prosperità in epoca romana, quando ricevette la protezione di Marco Antonio e Tiberio. Molto lenta e contrastata fu la successiva affermazione del cristianesimo a causa del radicato culto pagano del tempio di Afrodite, poi trasformato in chiesa dai Bizantini quando la città divenne anche sede, con il nome di Stavropolis (la città della Croce), di un vescovado. Venne successivamente saccheggiata da Tamerlano.

Visita. Provenendo da Aydın sulla 320-E87, si supera Nazilli e 15 km più oltre si imbocca la deviazione a destra (330) per Karacasu e Geyre (41 km), villaggio in prossimità del quale si trovano

Afrodisia di Caria

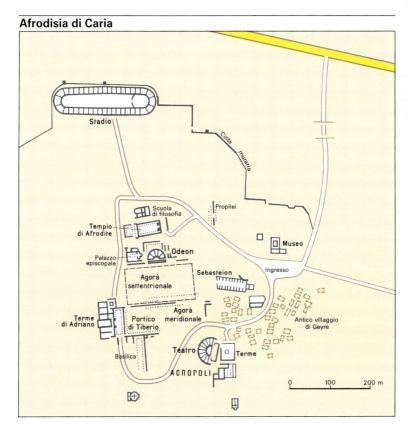

le rovine di Afrodisia. Per visitare (*a pagamento, dalle 9 alle 17; fino alle 19.30 in estate*) tutta l'area archeologica, che si estende su una superficie di 520 ettari, occorrono 2-3 ore circa; è consigliabile concludere la visita con il museo, nei pressi del parcheggio.

Cinta muraria. Lunga oltre 3 km, fu eretta a partire dal 270 d.C., rinforzata a più riprese e completata nel IV secolo. Avvicinandosi ad Afrodisia si notano le rovine della **porta di Tralle**, aperta nel fronte ovest delle mura.

Teatro*. Dall'entrata del sito, un sentiero a sinistra (verso sud) porta alla piazza antistante al teatro. Costruito in epoca ellenistica e modificato da Marco Aurelio (161-180) fino ad avere una capacità di 10 000 posti, fu trasformato dai Bizantini in una gigantesca torre a protezione dell'acropoli. L'insieme delle gradinate è quasi integro, incluso il proedrio riservato ai notabili. Gli spogliatoi per gli attori, le entrate laterali e una grande sala rettangolare, probabilmente destinata all'archivio, sono stati ricostruiti, come le colonne del proscenio, sormontate da capitelli corinzi.

Si consiglia di salire fino alla sommità dell'acropoli, da cui si ha una bella vista d'insieme degli scavi, dove sono state rinvenute vestigia risalenti al 2800-2200 a.C.

Terme. A est del teatro, spiccano per i grandi pilastri decorati con bassorilievi finemente scolpiti con le figure di Eros, di leoni e cervi. I pilastri appartenevano a una porta, la cui chiave di volta era costituita da una bella testa di Medusa, che da un lato si apriva sul portico meridionale della piazza del teatro, e dall'altro su un atrio basilicale a 3 navate. All'interno dell'edificio, da una stanza rettangolare con pavimenti in marmo bianco e nero, si accede a una sala circolare le cui pareti raggiungono i 10 m di altezza, ove si trovavano le piscine.

Un sentiero sulla destra (guardando la facciata esterna del teatro) consente di aggirare l'acropoli e di raggiungere, in direzione ovest, l'**agorà meridionale** (*in corso di restauro*), vasto spiazzo (205 m per 120) circondato da portici dorici e affiancato da un'altra piazza (212 per 69) chiusa da portici ionici.

Portico di Tiberio. Prima di arrivare alle terme di Adriano, riconoscibili da lontano per l'imponente struttura, si costeggia

(sulla sinistra) un grande edificio, probabilmente una basilica civile, di fronte alla quale si ergeva questo portico, innalzato tra il 14 e il 29 d.C., su cui affacciavano numerose botteghe. Varie iscrizioni latine commentano l'editto di Diocleziano (verso il 301), che fissava il prezzo del vasellame, delle calzature, dei tessuti, del vetro, del carbone di legna ecc.

Terme di Adriano. Situate sul lato occidentale dell'agorà, vennero costruite tra il 117 e il 138 d.C. e conservano ancora i pavimenti in marmo originali. Sono composte da varie sale parallele, precedute da una palestra e da una corte a peristilio, che ospitavano non solo le piscine (notare gli ipocausti, intercapedini poste sotto il pavimento per permettere al calore di circolare), ma anche luoghi di ritrovo.

Odeon*. Affacciato sul lato settentrionale dell'agorà, fu edificato verso la fine del II secolo d.C., poi ricostruito nel IV secolo da Flavio Ampelio, ricco cittadino di Afrodisia. L'edificio, in origine coperto e molto ben conservato, si compone di una serie di gradinate, un'orchestra di marmo e una scena riccamente decorata. Accanto, rovine del palazzo episcopale, con peristilio circondato da belle colonne di marmo azzurro.

Tempio di Afrodite. Alle spalle dell'odeon, era il principale luogo di culto della città, eretto nel I secolo a.C. sulle fondamenta di santuari più antichi; venne contornato da un *temenos* all'inizio del II secolo d.C. e trasformato in chiesa nel V.
In seguito, con l'aggiunta di un'abside, si ottenne un edificio a pianta basilicale preceduto da nartece, esonartece e da un atrio con fontana. Delle 40 colonne ioniche che formavano il colonnato del tempio ne restano solo 14.

Stadio**. Tuttora perfettamente conservato (opere di sostegno comprese), di forma ellittica, è raggiungibile seguendo una strada che parte dal lato settentrionale del tempio, dopo aver costeggiato un edificio destinato a scuola filosofica. La pista misurava 250 m per 34 e le 22 file di gradini potevano accogliere 30 000 spettatori.

Ritornando verso l'ingresso si scorge, di fronte al museo, il perimetro del **sebasteion**, tempio dedicato ad Augusto (in greco Sebastos) che misurava 80 m per 12.

Le colonne ioniche del tempio di Afrodite

Museo*. *Visita dalle 8.30 alle 17.30; fino alle 18.30 in estate; prezzo compreso nell'ingresso al sito.* Raccoglie i reperti provenienti dagli scavi compiuti ad Afrodisia. Di particolare interesse le ceramiche rinvenute nell'area del primo insediamento, risalente all'età del Bronzo; si possono altresì ammirare sculture, statue e bassorilievi dall'epoca arcaica a quella bizantina (Afrodisia ospitava una celebre scuola di scultura: le cave di marmo bianco e grigio-azzurro del vicino Baba Dağ fornivano un'eccellente materia prima). Da segnalare, in particolare, una **testa di Domiziano**, una **statua** dell'imperatrice Livia, un ritratto che potrebbe essere quello di Mitridate VI Eupatore e il **fregio** del monumento di Zolyo (I secolo a.C.).

La sezione romana dell'esposizione di scultura comprende anche una **statua** di una Vittoria danzante (quasi completa), splendide **figure** di acroterio trovate nei pressi del teatro, numerosi frammenti di statue colossali, alcuni dei quali conservano delle tracce policrome; un'opera risalente al V secolo d.C. mostra il **volto del dio Sole** così levigato da sembrare avorio. Molto ricche le collezioni numismatiche (dall'epoca romana a quella ottomana).

Denizli

(D2). Capoluogo di provincia con oltre 275 500 abitanti, è la città che subentrò alla vicina Laodicea quale principale centro economico e politico della media valle del Meandro, ma la sua crescita fu due volte sconvolta dai gravissimi sismi del 1710 e del 1899. Non possiede particolari motivi di interesse, se si esclude un caratteristico bazar all'interno di una cinta fortificata e, accanto al Belediye (municipio), nell'İstiklâl caddesi di fronte alla stazione, un piccolo **museo** archeologico ed etnografico con interessanti reperti delle civiltà succedutesi nella regione. Bello e poco turistico il bazar.

I dintorni di Denizli

Ak Han

8 km a nord-est, sulla destra della strada 320 verso Dinar. È un caravanserraglio selgiuchide (il nome significa 'caravanserraglio bianco'), costruito nel XIII secolo lungo la strada che conduceva a Konya e formato da una corte centrale quadrata, affiancata da portici su due lati, e da un'ampia sala con copertura a volte.

Tripoli sul Meandro

40 km a nord-ovest per la strada 320-E87 in direzione di Smirne, deviando a destra sulla 585 dopo 26 km. In prossimità del villaggio di Yenice si trovano le rovine di questa antica città, su una collina sovrastante il fiume. Fondata anteriormente all'occupazione romana, vi si possono vedere le vestigia di un teatro, in parte scavato nella collina.

Laodicea

8 km a nord-est di Denizli, sulla strada 320 per Pamukkale, una deviazione sulla sinistra raggiunge le rovine di di questa antica città (oggi Ladik), nei pressi del villaggio di Goncalı.

Storia. Fu fondata da Antioco II (261-252 a.C.), che le diede il nome della sua sposa, sul luogo dell'antica Dispolis già citata da Plinio il Giovane. Rinomata per la lavorazione di una lana morbidissima con cui si confezionavano vesti chiamate appunto 'laodicee', nel 188 a.C. la città passò sotto il regno di Pergamo e, nel 129, fu annessa alle province romane dell'Asia. Assediata da Mitridate (88 a.C.) e devastata da un terremoto (60 d.C.), Laodicea conobbe comunque, durante l'impero romano, un periodo di grande fioritura, al punto da essere definita la 'metropoli dell'Asia'. Fu una delle sette chiese dell'Apocalisse di S. Giovanni.

Sulla collina ove sorgeva l'acropoli della città si trovano i resti di uno **stadio** del quale sono visibili soltanto alcune gradinate, ma il cui impianto è ancora ben riconoscibile. Accanto sono le rovine delle terme di una palestra e, più lontano, di un odeon o di un *bouleuterion*. Una **fontana**, edificata all'epoca di Caracalla (211-217), è composta da una vasca circondata da un colonnato e da altre vasche semicircolari: il complesso era riccamente ornato di rilievi e statue. Spostandosi in direzione nord, si superano i resti di un tempio ionico (molto rovinato) e si raggiunge un primo teatro, più piccolo, di epoca romana, e poi un secondo, più grande.

Pamukkale** (Hierapolis)

(D2). Il 'castello di cotone' (questo significa Pamukkale) deve il suo nome alle formazioni calcaree che hanno trasformato il luogo in un eccezionale fenomeno naturale (vedi box a fianco). Pamukkale è altresì un sito archeologico di grande importanza (Hierapolis) – attualmente gli scavi sono guidati da una missione italiana (vedi il sito: www.polito.it/ricerca/hierapolis) –, dove fin dall'antichità gli ammalati affluivano per le proprietà terapeutiche delle acque. Pamukkale e Hierapolis sono stati dichiarati siti Unesco nel 1988 (vedi box a pag. 45). Si conservano le terme, ora trasformate in museo, un vasto teatro e alcuni edifici cristiani sorti in memoria dell'apostolo Filippo, secondo la tradizione qui martirizzato. Particolarmente suggestiva la necropoli, dove si sovrappongono vari tipi di tombe di epoche diverse.

Storia. Hierapolis, la città santa, fu fondata da Eumene II, re di Pergamo, nel II secolo a.C., quindi semidistrutta da gravissimi terremoti nel 17 e nel 60 d.C. Sede vescovile in epoca bizantina, nell'XI o XII secolo venne chiamata con l'attuale nome dai Turchi selgiuchidi, che vi fecero costruire una fortezza. Rasa al suolo da un terremoto (1354) non fu più ricostruita.

Visita. Pamukkale si raggiunge in 20 km da Denizli. La strada taglia in due parti l'anfiteatro naturale le cui formazioni calcaree si riconoscono, con il loro abbagliante biancore, da chilometri di

Paesaggi di calcare

In corrispondenza di un crepaccio tettonico scaturiscono innumerevoli sorgenti termali (35 °C) nelle cui acque sono presenti (in soluzione) grandi quantità di sali di calcio. Queste acque hanno lasciato sui fianchi della collina depositi calcarei che, trasformatisi in ossido di calcio, hanno dato luogo nel tempo a rupi frastagliate e dentellate, bianche scogliere e cascate di acqua pietrificata, cristallizzata in lucenti stalattiti di travertino. Ne risulta un suggestivo scenario, caratterizzato da un susseguirsi di terrazze sovrapposte, costituite da enormi vasche tra loro comunicanti, che a seconda delle diverse ore del giorno e della luce riflessa assumono differenti e spettacolari colorazioni.

Purtroppo le vasche risultano non di rado semivuote: fino agli anni Ottanta e Novanta, infatti, le sorgenti venivano captate per alimentare le piscine termali degli alberghi circostanti. Da quando l'Unesco ha però dichiarato Pamukkale Patrimonio dell'Umanità, si sta finalmente realizzando un progetto di demolizione degli alberghi e di salvaguardia delle piscine di travertino.

Le suggestive terrazze calcaree di Pamukkale

distanza. Pamukkale e Hierapolis fanno parte di un parco nazionale con punti di ingresso controllati. Il biglietto è valido due giorni e va conservato nel corso della visita. Non si può fare il bagno nelle vasche di travertino, ma è possibile nuotare nella splendida piscina del Pamukkale Termal (vedi oltre). Mezza giornata è sufficiente per visitare la città antica e le vasche naturali.

Museo. *Visita a pagamento dalle 9 alle12.30 e dalle 13.30 alle 19.15.* È ospitato in un vasto complesso termale, sulla destra della strada di accesso. L'edificio comprendeva una palestra (55 m per 35) e un'ampia sala, anch'essa riservata alle attività sportive. Gli ambienti destinati a frigidarium e calidarium, dai soffitti a volta, erano rivestiti di marmo bianco. Il museo raccoglie una notevole collezione di sculture, in cui è evidente l'influenza della scuola di Afrodisia, e oggetti vari: bronzi, vetri, oggetti votivi, monete ecc., rinvenuti nella zona.

A est delle terme sono i resti di una vasta **basilica cristiana** a tre navate, eretta probabilmente nella prima metà del VI secolo.

Tempio di Apollo. Proseguendo verso est, in direzione del teatro, si costeggia (sulla sinistra) il più importante santuario di Hierapolis, dedicato al patrono della città.

Per vederne il basamento conviene aggirarlo fino alla facciata, orientata a ovest; l'altare e qualche colonna sono stati in parte restaurati. Sulla destra della facciata del tempio si trova, a un livello inferiore, una porta a volta (*ingresso vietato*) che conduceva al **plutonium** (tempio di Plutone), camera sotterranea in comunicazione con una fessura nella roccia dalla quale scaturiva una sorgente che emanava vapori tossici.

Teatro*. Edificio ottimamente restaurato, cui si accede passando attraverso le quinte: le 50 file di gradinate sono ancora ottimamente conservate. La scena, ora abbattuta, ha rivelato splendidi rilievi dei tempi dei Severi (193-235) che illustrano il mito di Dioniso, di Apollo e di Artemide. La magnifica facciata dell'iposcenio (sottopalco comunicante con la scena mediante scalette) è stata invece rinvenuta praticamente intatta con quasi tutti i suoi elementi (le sculture sono dei calchi, gli originali si trovano al museo). Durante il Festival di Pamukkale (fine maggio-inizio giugno) vi vengono allestiti spettacoli folcloristici e musicali. Sparsi intorno si notano frammenti di colonne, decorazioni e statue raffiguranti divinità o figure allegoriche.

In cima alla scogliera, accanto alle rovine del teatro, la piscina del Pammukkale Termal, nella quale sono sommersi frammenti di colonne marmoree, è aperta a tutti (*dalle 10 alle 21*) per una modica cifra. L'acqua vi sgorga a 37 °C.

Martyrium di S. Filippo. Dal teatro, un sentiero verso nord-est, superata la cinta muraria bizantina, raggiunge questo santuario, costruito all'inizio del V secolo probabilmente per accogliere la tomba del santo, ma anche per offrire un'adeguata accoglienza ai pellegrini che convenivano sul luogo dove l'apostolo sarebbe stato martirizzato nell'87, sotto il regno di Domiziano. L'edificio, incendiato verso la fine del X secolo, aveva una pianta ottagonale inscritta in un quadrato: vi si accedeva da una monumentale scalinata e comprendeva anche 8 cappelle disposte a raggiera, separate da altrettante stanze poligonali.

Ritornati verso le terme si può raggiungere la necropoli in auto o a piedi seguendo il tracciato della grande via porticata (all'incirca 5 km fra andata e ritorno), i cui resti si scorgono nei pressi della basilica cristiana.

Via porticata. Realizzata nel I secolo, attraversava la città da sud a nord fino alla porta di Domiziano. Percorrendo verso nord la via porticata si possono notare alcune chiese bizantine, a pianta basilicale, con navata principale terminante in un'abside. Superata una prima **porta bizantina** si arriva, dopo un tratto di strada pavimentata a lastroni, alla **porta di Domiziano**, eretta in onore dell'imperatore da Giulio Frontino, proconsole d'Asia nell'82-83 d.C. I tre archi della porta sono compresi tra due torri rotonde.

Superata la porta si notano gli alti muri in mattoni appartenenti alle **terme** (II-III secolo d.C.), in seguito trasformate in basilica (V secolo).

Necropoli*. Oltre le terme, su ambo i lati della strada, si estendono più di 1200 tombe, datate dal II secolo a.C. fino ai primi secoli della nostra era.

Il gran numero di sepolcri è legato principalmente alla fama di centro di cura dell'antica Hierapolis: vi convenivano, infatti, da ogni parte dell'impero romano, ammalati facoltosi che spesso, anche a scopo propiziatorio oltre che per consuetudine, vi si facevano preparare fastose tombe, frequentemente rimaste inutilizzate. Si accavallano e sovrappongono perciò, in un suggestivo disordine, tombe di tutti i tipi.

7 La costa mediterranea

Profilo dell'area

Oltre mille chilometri di costa affacciata sul Mediterraneo, da Marmaris sino al golfo di Alessandretta (İskenderun): la regione meridionale della Turchia presenta una grande varietà di componenti paesaggistiche, in un alternarsi di marcati contrasti tra coste scoscese, profondamente incise da piccole insenature, e distese sabbiose lunghe svariate decine di chilometri. E, se è vero che la fascia costiera gode di situazioni climatiche abbastanza omogenee e presenta condizioni geografiche fra loro confrontabili, la produttività e le forme dello sfruttamento del terreno, il tipo di insediamenti, le testimonianze storiche e artistiche sono spesso diverse e particolari nelle varie zone, sicché ciascuna manifesta una ben definita individualità. Da un punto di vista morfologico spicca subito l'emergere di due compatte masse montuose protese verso il mare: dapprima il Tauro occidentale (detto anche della Licia), tra i golfi di Fethiye e di Antalya. Poi, verso oriente, il poderoso Tauro centrale, che comprende le vette più elevate del sistema, l'Ala Dağ e il Bolkar Dağları (3488 m). In corrispondenza di questo possente sbarramento naturale, che ha storicamente impedito la penetrazione degli influssi mediterranei verso le regioni dell'interno, la costa presenta in molti tratti una ripida scogliera che precipita in mare. Nella parte occidentale le catene montuose assumono un orientamento perpendicolare alla costa e formano insenature più pronunciate; le più belle si trovano intorno a Fethiye, Finike e Kumluca. Proseguendo verso oriente, si incontra Antalya, al centro di una fertile pianura. La curva verso sud del Tauro determina l'aspetto del paesaggio fra Alanya e Mersin: le coste sono scoscese, ripide, senza insenature. Si ritrova invece di nuovo una zona pianeggiante nella Çukurova, la vallata alluvionale dei fiumi Seyhan e Ceyhan. La catena dei monti del Tauro protegge la regione costiera dai venti provenienti dall'Anatolia centrale: il clima risulta quindi caldo e afoso in estate (circa 35°C, anche 40° verso Adana), piovoso in inverno. Comunque l'acqua non manca, perché le sorgenti che sgorgano dalle rocce carsiche sono ricche anche durante l'estate, la portata dei fiumi è sempre abbondante. L'imponente sviluppo costiero si è, evidentemente, tradotto in altrettante opportunità per l'industria turistica, che, insieme all'agricoltura, costituisce ormai la principale risorsa economica della fascia litoranea. Gli anni Ottanta del Novecento hanno visto una trasformazione della costa, soprattutto in alcune aree: l'aeroporto internazionale di Dalaman ha reso accessibili una serie di località, prima protette dal turismo di massa proprio dalla difficoltà di accesso via terra. La costa mediterranea, tuttavia, con la sua vastità e la varietà di località e di paesaggi, conserva ancora oggi angoli poco frequentati.
Il tratto di costa che va da Marmaris ad Antalya corrisponde alla facciata marittima di antiche regioni, quali la Caria e, soprattutto, la Licia, occupata prima della civilizzazione greca da popolazioni forse di origine cretese. Integrata nell'impero persiano, passò poi sotto Alessandro Magno, quindi agli Attalidi, cui subentrarono i principi di Rodi e infine i Romani. Al 167 a.C. risale la formazione di uno stato federale unitario, cui aderivano 23 città licie, per lo più costiere, fra le quali Tlos, Xanthos, Pinara, Patara, Mira, Olimpo. E di questa civiltà rimangono abbondanti tracce, riferibili in particolare all'architettura funeraria. Quanto alle forme del popolamento, furono sempre caratterizzate da una marcata contrapposizione tra la fascia litoranea, i cui abitanti erano dediti alla pesca e alla pirateria, e le zone interne, ostili alla penetrazione degli influssi provenienti dal mondo mediterraneo e prevalentemente abitate da consistenti nuclei di pastori nomadi e seminomadi che solo nei mesi estivi si riversavano nelle valli e nelle piane costiere. Tale isolamento si è mantenuto pressoché inalterato nei secoli consentendo la conservazione delle caratteristiche ambientali e antropiche dell'area. La rottura degli equilibri è un fatto relativamente recente, legato all'apertura di nuove vie di comunicazione e all'avvento del turismo di massa.
La regione di Antalya, incuneata tra elevati gruppi montuosi al centro della Panfilia, costituisce un'estesa fascia pianeggiante originata dalle alluvioni dell'Aksu Çayı e di altri minori corsi d'acqua provenienti dagli alti rilievi del Tauro. È un territorio che in pochi decenni si è trasformato da area di pascolo invernale per le greggi di ovini in un vasto comprensorio agricolo dove il paesaggio appare caratterizzato dalle serre per la produzio-

Il promontorio roccioso su cui affaccia Alanya, con le pendici del Tauro che si spingono in mare

ne di primizie ortofrutticole e dagli immensi campi coltivati a tabacco e soprattutto cotone. Ma Antalya è anche al centro di un processo di sviluppo turistico della costa che ha visto rapidamente moltiplicarsi le strutture ricettive e gli impianti balneari – che talvolta ha portato a uno sviluppo incontrollato di cui sono emblema i grattacieli sorti in riva al mare – anche per la presenza di valori storico-artistici e di un ricco patrimonio ambientale, adeguatamente valorizzato e difeso attraverso l'istituzione di parchi naturali e zone protette. Il dolce paesaggio della Panfilia lascia ben presto il posto a una regione dominata dai rilievi del Tauro, le cui pendici meridionali si spingono precipiti nel mare. E, ai segni della civilizzazione greca e poi romana che caratterizzano tutta la parte occidentale della Turchia, subentrano dopo Alanya le tracce della civiltà anatolica. Lungo tutta una costa dirupata e scoscesa, priva di facili comunicazioni con l'interno, si ergono castelli, fortezze e borghi fortificati a testimonianza dei conflitti che per lungo tempo opposero i Crociati latini ai Mamelucchi e agli emirati selgiuchidi. Dopo la conquista turca la regione visse in una situazione di generale isolamento; i pochi rapporti esterni erano affidati ai pirati che vivevano arroccati in piccoli porti della costa e alle popolazioni di pastori che nei mesi invernali si trasferivano lungo il litorale alla ricerca di condizioni ambientali favorevoli ai loro allevamenti. Questa situazione si è andata gradualmente modificando e, negli ultimi decenni, se Alanya è entrata a buon diritto a far parte delle mete del turismo balneare, gli altri centri costieri hanno trovato soprattutto in un'agricoltura specializzata l'opportunità di uno sviluppo, seppur relativo, delle attività economiche.

Gli itinerari

La comoda strada 400 corre lungo la costa, toccando tutti i principali centri litoranei e allontanandosene solo per aggirare rilievi a strapiombo sul mare (vedi tracciato sulla carta del risguardo posteriore, D-E 3-4): da **Marmaris** (→) a **Fethiye** (→), **Xantos** (→), **Kaş** (→), **Finike** (→) e, oltrepassato il capo Gelidonia, fino ad **Antalya** (→) per poi seguire la costa della Panfilia. Anche i più importanti siti archeologici si allineano, in genere, lungo la costa o sono facilmente raggiungibili con brevi deviazioni. Molto più complesse sono invece le comunicazioni con l'interno: solo da Finike, Antalya e Silifke si dipartono strade di collegamento, caratterizzate da percorsi tortuosi e molto accidentati. La strada da Fethiye a Kaş, benché di recente costruzione e in buone condizioni, segue un percorso sinuoso: occorre guidare con prudenza e calcolare tempi lunghi per i tragitti da una località all'altra, tenendo presente che in estate queste strade sono piuttosto trafficate. Dopo Kaş, la strada si fa più ampia e meno tortuosa. Anche la statale 400 che corre lungo la costa, superata **Alanya** si presenta poco scorrevole e colma di curve sino a **Silifke** (→). Non di rado sale dal livello del mare sino a 400-500 m di quota; in compenso offre eccezionali punti panoramici. Quasi tutti i porti mediterranei della Turchia, in particolare di quelli della costa licia, offrono l'opportunità di visitare la costa dal mare, affittando imbarcazioni di diverse dimensioni e costi o partecipando a crociere di uno o più giorni che toccano i principali siti archeologici del litorale.

7.1 La costa licia da Marmaris a Fethiye

Marmaris

(D-E2). Situata al centro di una baia naturalmente riparata, si è affermata negli ultimi anni come uno dei porti turistici fra i più animati di tutto il litorale turco: alberghi, villaggi di vacanze, ristoranti e locali di divertimento si susseguono su un lungomare che viene continuamente prolungato per fare posto alle nuove costruzioni. È anche un luogo privilegiato per chi trascorre la vacanza in barca, nonché lo scalo più adatto per prendere un traghetto o un battello per Rodi (*durante la stagione estiva sono possibili escursioni in giornata, spesso, però, con lunghe code alla dogana*).
Identificata con l'antica Physcos, Marmaris non conserva monumenti di rilievo, a eccezione di un piccolo castello del XVI secolo dietro l'ufficio del turismo, che ospita oggi un **museo** (*visita a pagamento dalle 8 alle 12 e dalle 13 alle 17; chiuso il lunedì*).
Dietro l'ufficio turistico a sinistra è anche il *menzilhane*, edificio costruito da Solimano il Magnifico nel 1545 che ospitava una stazione destinata ai messaggeri ottomani a cavallo. L'antica acropoli della città è stata localizzata sulla sommità di un alto colle, circa 2 km a nord del porto, e presenta solo scarse tracce di mura ellenistiche.

La penisola di Cnido

(E1-2). Nonostante le difficoltà di visita, la penisola di Cnido o Knidos (Reşadiye Yarımadası, ma conosciuta anche con il nome di penisola di Datça) si impone agli appassionati di archeologia e agli amanti della natura per l'eccezionale posizione dell'antica città, con due porti contrapposti, difesi dal capo Tropio.

La strada 440, asfaltata e generalmente in buone condizioni, percorre il primo tratto della penisola (km 79) da Marmaris a Datça; 30 km di pista in cattive condizioni consentono di raggiungere il sito archeologico di Cnido. È consigliabile, per chi non disponga di un veicolo adatto (possibilmente fuoristrada), utilizzare, a partire da Datça, taxi locali oppure, in estate, servizi giornalieri di battelli andata e ritorno per Cnido. Una visita, anche affrettata, della penisola richiede una giornata, tenendo presente che solo Datça dispone di infrastrutture alberghiere di un certo rilievo.

Il percorso lungo la penisola si snoda tra spettacolari visioni panoramiche di precipizi selvaggi e insenature intatte, con spiagge sabbiose e acque limpidissime (nelle giornate serene si intravedono le isole greche di Sími e Nímos e, in lontananza, Rodi).

A circa 60 km da Marmaris si costeggia una spiaggia e si percorre l'istmo che segnava, nel II secolo a.C., il limite fra la Perea rodiese e il territorio di Cnido. A 22 km da Marmaris sulla strada per Datça all'inizio della penisola si nasconde il piccolo villaggio di **Hisarönü**. Di notevole bellezza, la zona è stata recentemente classificata come 'sito protetto'. In questo piccolo angolo di paradiso, si trovano anche numerose vestigia antiche. Al km 74 una deviazione (sulla sinistra) conduce in 4.5 km a **Datça**, grazioso porticciolo presso il quale è stato forse localizzato il sito dell'antica Cnido, prima che venisse trasferita all'estremità della penisola: sono stati rinvenuti resti di bastioni e di moli sommersi.

Cnido

Importante centro artistico dell'antichità, doveva la sua fama, oltre che alla celebre statua di Afrodite eseguita da Prassitele, anche al culto di Apollo, nel cui tempio, innalzato sul capo Tropio, si riunivano i rappresentanti delle sei città della confederazione dorica.

Già abitata nel II millennio a.C., la zona sarebbe stata occupata (inizio del I millennio) da una colonia di Greci, provenienti dalla Tessaglia o da Sparta. Divenuta membro della confederazione

Gite lungo la costa

Con partenza dal lungomare di Marmaris, numerosi battelli di varie dimensioni offrono la possibilità di gite giornaliere lungo la costa: è un'esperienza piacevole, soprattutto se si scelgono imbarcazioni di dimensioni ridotte.
In genere, la partenza è prevista per le 9 di mattina e il rientro al tramonto (controllare se il pranzo è incluso o meno).

dorica, Cnido conobbe un periodo di grande espansione nel VII e VI secolo a.C., quando divenne un importante scalo marittimo. Nell VII secolo d.C. la città subì numerose invasioni arabe che, insieme a successivi terremoti, ne determinarono la distruzione.

Se il tempo a disposizione è ridotto, la visita potrà essere limitata alla zona del porto e ai monumenti che si trovano sulla collina. Per una visita più approfondita, si consiglia di cominciare dal capo Tropio, percorrendo l'istmo artificiale formatosi quando la costruzione di dighe permise di collegare alla terraferma lo sperone roccioso antistante la città.

Capo Tropio

Offriva un'ottima protezione naturale ai due porti di Cnido: a nord quello militare (o delle triremi), a sud quello mercantile, più grande, chiuso da due moli oggi sommersi. Il promontorio, occupato da terrazze poste a vari livelli su cui si ergevano numerosi edifici, non è ancora stato oggetto di scavi sistematici e ciò non ha ancora permesso di localizzare il famoso tempio di Apollo. Dalla sommità del capo Tropio si scorgono le tracce del faro che ne segnalava l'estremità e i resti dei bastioni. Eccezionale il panorama sulle ripide scogliere a picco sul mare e, verso la terraferma, sulle vestigia dei diversi monumenti.

Costeggiando il porto mercantile si raggiunge il **teatro inferiore**, che versa ancora in discreto stato di conservazione; i corridoi d'accesso alla cavea affacciavano su una via a gradini, delimitata a destra da un portico di cui non restano che alcune colonne. Più oltre, a circa 300 m, è stato riportato alla luce un **bouleuterion** (o un odeon) in parte scavato nella roccia. Si imbocca, quindi, la scalinata che risale il fianco della collina, ove recenti scavi hanno permesso di scoprire numerose case e botteghe, proseguendo fino al bastione, in prossimità del quale si trova una serie di terrazze: una di esse costituiva il temenos del **tempio di Demetra** del quale non restano tracce; qui è stata rinvenuta una splendida statua della dea, realizzata attorno al 330 a.C. e attualmente esposta al British Museum di Londra.

Dell'**acropoli**, che si estendeva in cima alla collina, restano solo alcuni tratti della cinta di mura di epoca ellenistica. Restando alla quota dell'acropoli e dirigendosi verso ovest, in direzione del capo Tropio, si arriva al **teatro superiore**, del

quale non si distingue che la pianta e un possente muro di sostegno. Circa 150 m più in basso si scorge una rupe, scavata da grotte, intorno alle quali sono ancora visibili alcune strutture in muratura che costituivano il **tempio delle Muse**.

Sulla terrazza più occidentale della città si trovano i resti di una costruzione a pianta circolare, identificata col **santuario di Afrodite**; al centro dell'edificio monoptero, del quale è stato riportato alla luce e restaurato anche l'altare, si trovava la celebre statua della dea realizzata da Prassitele, oggi conservata al Vaticano, al Museo Pio Clementino.

Kaunos

(E2). Di grande interesse archeologico, le rovine di Kaunos sorgono in un'area di pregio paesaggistico, in prossimità dello sbocco in mare dell'emissario del Köyceğiz Gölü: si tratta di un ambiente palustre, circondato da scoscese scogliere, oggi di notevole fascino – ma nell'antichità malsano e affetto da malaria endemica – solcato da un reticolo di vie d'acqua tra canneti e valli da pesca (anguille).

Provenendo da Marmaris e Muğla sulla strada costiera 400, alcuni chilometri dopo Köyceğiz e l'omonimo lago, una serie di strade, strette ma in buono stato, conduce al villaggio di Dalyan, da cui partono le escursioni in barca per Kaunos. Il servizio, gestito da una cooperativa, utilizza imbarcazioni di diversa stazza (fino a 25 passeggeri) che coprono il percorso su via d'acqua in circa 30 minuti; l'escursione ha una durata complessiva di 2-3 ore.

Dalyan sta conoscendo una progressiva trasformazione proprio sulla spinta del turismo estivo – rappresentato soprattutto dai visitatori che giungono in barca da Marmaris per la visita di Kaunos –, ma resta ancora, nelle zone lontane dal centro o fuori stagione, una pacifica cittadina fluviale situata in una posizione estremamente suggestiva.

Discendendo il fiume si notano, scavate nella falesia (a destra), **tombe** risalenti al IV secolo a.C., riutilizzate in età romana: quelle della fila superiore, più complesse, riproducono la facciata di templi greci.

L'antica Kaunos sorgeva ai piedi dell'acropoli, ove rimane la muraglia difensiva medievale, ed era un tempo affacciata sul mare. Due rilievi montuosi, rinforzati da apparati difensivi, racchiudevano il porto che poteva essere chiuso in caso di pericolo: il bacino è oggi occupato dal Sülüklü Göl (lago delle sanguisughe).

Il paradiso delle tartarughe

La spiaggia di İztuzu è una delle zone protette in cui nidificano le tartarughe Caretta: tra maggio e settembre, di notte, le femmine depositano sulla spiaggia le uova, che si schiuderanno dopo 50-60 giorni. Sempre di notte i piccoli si dirigono verso il mare: per questo non è possibile accedere alla spiaggia nelle ore notturne e durante il giorno alcune zone sono vietate (per lo stesso motivo è proibito portare cani). La tartaruga Caretta nidifica anche su altre spiagge della costa mediterranea, come Fethiye, Patara, Kumluca. Un'altra specie di tartaruga, di dimensioni maggiori, nidifica invece sulla spiaggia di Olympos. Per ulteriori informazioni, rivolgersi alla *Society for the protection of sea turtles*, tel. 242.8257260.

*Uno scorcio
della spiaggia di İztuzu*

Storia. Porto della Caria, esistente già all'epoca dell'invasione persiana (metà del VI secolo a.C.), Kaunos fu fortificata nel IV secolo e divenne in seguito scalo seleucide, rodiese e romano, acquisendo importanza con il commercio del sale, del pesce conservato e degli schiavi.

Visita. Si sbarca a poche centinaia di metri dal sito, raggiungibile con una lunga passerella che scavalca una zona a canneto. Un sentiero conduce poi ai piedi dell'acropoli: disponendo di poco tempo, si consiglia di utilizzare il percorso di destra, che porta direttamente al teatro in circa 30 minuti; quello di sinistra, invece, discende al lago e consente una visita più approfondita, di circa un'ora. La salita alla sommità dell'acropoli, difficile e faticosa, richiede almeno un'ulteriore ora di cammino, ma riserva una superba visione panoramica dell'area.

Città bassa. In questa parte della città, distesa sulle rive del lago, si trovano le vestigia di un **tempio** romano tetrastilo, d'ordine corinzio. Oltre una **fontana** ben conservata, anch'essa dell'età romana, si raggiunge un ampio **portico** ellenistico che si apriva su un ninfeo.

Città alta. Al centro di una vasta area circondata da colonne, si erge un **tholos** e, a nord, un tempio in antis. Le **terme** sono un'imponente costruzione di cui rimangono gli alti muri; a nord sono riconoscibili i resti di un altro tempio romano, circondato da colonnato. Dalla parte opposta si trova una spianata, un tempo occupata dalla palestra, in prossimità della quale si innalza una **chiesa** bizantina, in buono stato di conservazione. Sul versante occidentale dell'acropoli è il **teatro***, addossato in parte alla collina e in parte a enormi pareti di pietra. La cavea, di forma semicircolare, caratteristica della tradizione greca, era costituita da 34 file di gradinate ed era accessibile da gallerie coperte, due delle quali sono tuttora riconoscibili.

A 12 km a sud di Dalyan merita una visita la **spiaggia di İztuzu**, zona protetta perché luogo di nidificazione di alcune rare specie di tartarughe (vedi box in alto).

Fethiye (Telmessos)

(E2). Poche tracce restano dell'antica Telmessos, più volte sconvolta nel corso dei secoli da terremoti, l'ultimo dei quali, nel 1958, ha distrutto buona parte della città. Fethiye (ab. 25 000), al centro di una fertile pianura e sull'estremità di una bella baia punteggiata di isole, costituisce comunque una comoda e piacevole base per esplorare i magnifici dintorni, ricchi di luoghi d'interesse sia archeologico che ambientale.

Storia. Citata solo dal V secolo a.C. come una delle città appartenenti alla lega delio-attica, Telmessos fu poi controllata dai re di Xanthos e da Alessandro Magno. Nel 197 e per qualche anno, Telmessos appartenne ai Seleucidi prima di entrare nel regno attalide e di passare quindi ai Romani. Nel 133 a.C. era una delle sei città più importanti della confederazione licia.

Visita. Mezza giornata è sufficiente per visitare la città, le tombe rupestri, il museo e la cittadella bizantina. Disponendo di una giornata intera sarà anche possibile compiere un'escursione a Kaya, proseguendo poi per la spiaggia di Ölü Deniz (5 km a sud della città) e l'isola di S. Nicola. Un comodo servizio di battelli permette di compiere (in una giornata) il giro delle 12 isole della baia antistante la cittadina.

Tomba di Aminta. *Visita a pagamento dalle 8 alle 19; accesso attraverso una scala*. A nord-est dell'abitato, nei pressi della strada 400, sul fianco di una grande falesia si trova un gruppo di tombe rupestri, spicca questo sepolcro, risalente probabilmente al IV secolo a.C. La facciata, scavata nella roccia, è in forma di tempio greco con due colonne ioniche e due pilastri che sostengono, sopra un fregio e una cornice, un frontone ornato da acroteroi.

Imboccando la Kaya Caddesi in direzione del centro cittadino, si raggiunge la **cittadella bizantina**, rimaneggiata in epoca islamica, di cui restano alcune torri e tratti dei bastioni. Ai piedi della cittadella si trovano altre tombe licie scavate nella roccia.

Museo. *Visita a pagamento dalle 8.30 alle 17; chiuso il lunedì*. Ospitato nel palazzo del Belediye (municipio), circondato da un giardino con belle stele funerarie e alcuni sarcofagi, conserva interessanti reperti provenienti dalla regione, ordinati secondo un criterio cronologico.

Da segnalare, un bellissimo vaso nero di epoca ellenistica, una statua di marmo che rappresenta un bambino con un uccello (epoca romana) e una bella collezione di vasi protogeometrici; una saletta ospita collezioni di monete e di lampade a olio. Presso l'ingresso è posta la famosa **stele** di Letoon, un triedro in pietra calcarea, alto 1.35 m, sulla quale fu inciso nel IV secolo a.C. un testo nelle tre lingue licia, greca e aramaica: contiene le disposizioni circa il culto degli dei carii Kaunios e Arkesimas e le maledizioni che avrebbero colpito chi avesse offeso, oltre agli dei succitati, anche Leto, i suoi figli Artemide e Apollo e le ninfe.

I dintorni di Fethiye

Kaya

8 km a sud-ovest. È un singolare villaggio fantasma, costituito da case bianche disabitate e scoperchiate, distribuite sui fianchi delle colline circostanti. Già danneggiato da un terremoto, il piccolo centro fu evacuato nel 1923, in seguito allo scambio di popolazione tra Grecia e Turchia. Interessanti le due chiese, l'una all'entrata del villaggio, l'altra verso l'uscita: non ancora completamente saccheggiate, conservano bei pavimenti di ciottoli a disegni geometrici.

Ölü Deniz e isola di San Nicola

Proseguendo oltre Kaya fino al mare, si raggiunge una delle più belle (e frequentate) spiagge della Turchia. L'Ölü Deniz (mare morto) è una laguna interna che una duna di sabbia separa dal mare, con il quale comunica attraverso un canale. L'accesso alla spiaggia, dotata di infrastrutture turistiche, è regolamentato e a pagamento. Di qui si può fare una gita in barca (30 minuti) all'isola di S. Nicola, che conserva le vestigia di un'importante città bizantina e della grande **chiesa di S. Nicola**, la cui abside è ancora quasi intatta. Dietro il coro è stato portato alla luce un deambulatorio che doveva conservare il tesoro, mentre nel sottosuolo una cripta ospita alcune tombe. Salendo verso la sommità della collina (incantevole il panorama sull'arcipelago) si arriva a una necropoli. Un sentiero a est che scende seguendo il crinale porta ai resti del palazzo episcopale. Si raggiunge, quindi, la costruzione più singolare dell'isola: un lunghissimo **tunnel**, probabilmente utilizzato a scopo di difesa, che si snoda dalla sommità della collina fino al mare.

Gola di Saklıkent

Circa 40 km da Fethiye verso sud. La strada un po' dissestata attraversa villaggi tipici e pinete. Si giunge a un canyon lungo 18 km percorso da un torrente, dove sono scavate una quindicina di grotte. È possibile risalire il canyon camminando nell'acqua (la temperatura è fredda anche in estate) e arrampicandosi in alcuni tratti; l'escursione è quindi consigliabile solo per chi non teme disagi. È bene indossare calzature con la suola antisdrucciolo. Agenzie della zona offrono un servizio di accompagnamento.

Dalaman (ab. 16 500) è una cittadina di passaggio, la cui vita è stata trasformata dalla presenza dell'aeroporto. Oltre a voli per İstanbul, Ankara e Antalya, l'aeroporto effettua anche collegamenti internazionali.

La valle delle farfalle

Circa 30 km da Ölüdeniz, in un parco di 10 ettari (raggiungibile facilmente via mare con partenze da Ölüdeniz, ma anche via terra lungo un sentiero) si trova questa incantevole valle dove, tra giugno e ottobre, è possibile osservare le farfalle Tigre, appartenenti alla famiglia delle *Arctidae*. Oltre alle farfalle Tigre, sono presenti nella valle altre 35 specie diurne e 40 specie notturne. Con un certo spirito di adattamento è possibile trascorrere la notte su una piattaforma costruita sugli alberi e tornare a Ölüdeniz il giorno seguente.

7.2 La valle dello Xanthos (Koca Çayı)

Tlos

(E2). In una posizione che domina da oriente la valle dello Xanthos sorgono, sovrastate dalle propaggini occidentali dell'Ak Dağ, le vestigia dell'antica Tlos (*ingresso a pagamento, dalle 8 alle 18*). Città tra le più importanti della valle e della confederazione licia, fu fondata probabilmente dagli Ittiti col nome di Dalawa. Chiamata in seguito Tlawa dai Licii, mantenne anche sotto i Romani una certa importanza e fu sede di un vescovado in età bizantina.

Da Kemer (da non confondere con Kemer sul Golfo di Antalya), sulla litoranea 400 a est di Fethiye, una strada asfaltata (segnalata) in cattivo stato, deviando a sinistra dopo 10 km, conduce in 15 km al sito archeologico di Tlos.

Su una roccia sotto l'acropoli c'è l'imponente **tomba di Bellerofonte**, la cui facciata, a imitazione di un tempio, è scolpita nella roccia. In cima all'acropoli sorge un **castello** che ha mantenuto tracce di mura del VI-V secolo a.C., riconoscibili dall'accurata sagomatura e dai grossi blocchi utilizzati. Sopra il castello si scorgono numerose tombe scavate nella roccia che presentano pregevoli rilievi di animali, tra cui pantere e cavalli. Proseguendo verso la parte bassa dell'acropoli si incontrano i resti di uno stadio, ora ricoperto da vegetazione, di un grande edificio, probabilmente una basilica, e delle terme; si raggiungono, infine, l'agorà e un **teatro** romano, abbastanza ben conservato, con 34 file di gradinate e tracce di raffinate decorazioni. A destra del teatro un antico sarcofago licio posto nel campo di un contadino.

Pinara

(E2). Malgrado le difficoltà di accesso, costituisce uno dei luoghi più interessanti della regione: in un grandioso scenario montano 46 km a est di Fethiye, si inserisce una straordinaria quantità di tombe di tutti i tipi, alcune delle quali scavate in un'alta parete rocciosa, altre accuratamente decorate da rilievi. Fondata nel V secolo a.C., forse da cittadini di Xanthos, Pinara fu tra le sei città più importanti della Licia e si mantenne fiorente fino ai primi secoli della nostra era.

Visita. Superata Kemer, lungo la strada 400 da Fethiye a Kaş, una deviazione a destra (6 km) raggiunge, dapprima, il villaggio di Gülmez, quindi una pista sino al parcheggio antistante il sito archeologico. La visita (*a pagamento*) della città antica, estesa in fondo a un vallone, richiede circa un'ora e mezza e risulta particolarmente suggestiva al tramonto; sul luogo non è difficile trovare una guida.

Le rovine della città sono sparse su tre colline: su quella occidentale si trova, a più di 700 m di altezza (*accesso molto difficoltoso*), un'acropoli che conserva i resti di costruzioni militari. Sulla dirupata parete orientale della stessa collina si aprono invece, scavate nella roccia, centinaia di tombe. Dal parcheggio si segue un sentiero che oltrepassa un piccolo corso d'acqua; si sale quindi sul fianco della collina centrale, dove si scorgono numerose tombe rupestri, alcune delle quali decorate con rilievi; in una di esse è raffigurata una città licia. Dalla sommità si ha un'ampia veduta della zona: verso est, il teatro; nel vallone occidentale, le rovine della città e, in direzione sud (su una collina in lontananza) un'altra necropoli con belle tombe scolpite.

Scendendo verso il vallone, dove i monumenti della città sono sparsi in mezzo a una fitta vegetazione, si incontra ai piedi di uno sperone roccioso un monumento funerario, probabilmente periptero, e poco oltre un tempio. Costeggiando la collina in direzione sud si scopre un edificio rettangolare, probabilmente un **odeon** del I secolo d.C. Di fronte, un lungo portico composto da colonne monolitiche si affacciava su una grande piazza. Più a sud, si trovano i resti di numerosi edifici, probabilmente delle dimore con cortile interno, dove abitavano i notabili.

Tornando sui propri passi e girando attorno alla collina centrale, si potrà visitare il **teatro**, che, costruito nel periodo ellenistico sul fianco di un'altra collina, fu rimaneggiato in epoca romana. Della scena non restano che le fondamenta; la cavea, invece, che poteva contenere da tre a quattromila spettatori, è ben conservata.

Xanthos**

(E2). Situata su uno sperone roccioso a 8 km dal mare, in una zona bruciata dal sole e attraversata dal fiume Xanthos, oggi Koca Çay, l'antica capitale della Licia offre ai visitatori singolari monumenti funerari, un teatro ben conservato e una grande basilica recentemente riportata alla luce.

Gli scavi effettuati hanno permesso di rinvenire splendidi frammenti del monumento delle Nereidi, ora esposti al British Museum di Londra. Dal 1988, insieme al sito di Letoon, è stata dichiarata dall'Unesco Patrimonio dell'Umanità (vedi box a pag. 45).

Storia. Le sue vestigia più antiche risalgono all'VIII secolo a.C. Distrutta nel VI dai Persiani, si rirese grazie all'aiuto di Atene per sottostare poi ai generali di Alessandro Magno. A partire dal 168 a.C. fu a capo della federazione licia e in seguito, schieratasi con Roma contro Mitridate, divenne capoluogo di provincia. Sede vescovile in epoca bizantina, cominciò a tramontare nel VII secolo.

Visita. Presso il villaggio di Kınık, una deviazione (segnalata) che si stacca, a sinistra, dalla litoranea 400 nelle vicinanze di un ponte, porta in circa un chilometro al parcheggio antistante il sito archeologico; la visita (*ingresso a pagamento dalle 8.30 alle 17*) richiede circa un'ora.

Porta della città. Nei pressi dell'ingresso all'area degli scavi, prima ancora di giungere al parcheggio, si trova, sulla sinistra, questa porta, eretta fra il 197 e il 190 a.C. da Antioco III; è posta davanti a un arco dedicato all'imperatore Vespasiano (69-79 d.C.). In quel punto terminava la strada lastricata che portava a Letoon, il santuario della Licia, e al porto di Patara.

Sull'altro lato della strada, ai piedi della collina, si trovava il **monumento delle Nereidi**, uno dei capolavori dell'arte greca, di cui non restano che le fondamenta. Più oltre, sulla sinistra, un imponente muro poligonale sosteneva l'acropoli; bellissimo il panorama sulla vallata dello Xanthos.

Teatro. Addossato all'acropoli, nella sua attuale struttura risale all'epoca romana; molto ben conservati sono la parte inferiore delle gradinate e il muro della scena, con due piani a nicchie ed esedre.

Monumenti funerari. Sulla sinistra, guardando la scena dalla cavea, al di là delle rovine di una **basilica bizantina** saccheggiata dagli Arabi nel VII secolo, si trovano due monumenti funerari.

Quello detto **delle Arpie** è un monolito, alto 5.43 m, che appoggia su un basamento e sosteneva una piccola camera sepolcrale, ornata da rilievi eseguiti da scultori milesi all'inizio del V secolo e i cui originali sono oggi conservati al British Museum.
L'altro **monumento funerario** è formato da una camera sepolcrale sormontata da uno spesso coperchio a tre gradoni e da un sarcofago licio con una copertura a carena di nave. La camera funeraria, contenente una inumazione intatta del III secolo a.C., era rivestita da una lastra scolpita di epoca arcaica (fine del VI secolo a.C.), evidentemente riutilizzata, ove erano raffigurati giochi funebri (ora al museo di İstanbul).

Agorà. Si estendeva in epoca romana alle spalle della scena del teatro, circondata da portici. All'intorno sorgevano alcuni insigni monumenti eretti per celebrare l'indipendenza della Licia.
Sull'angolo nord-orientale dell'agorà si trova un altro pilastro monolitico, alto 4 m, i cui lati riportano una lunga iscrizione in lingua licia (non decifrata) e dodici versi in greco, che attribuiscono questo monumento funebre al re Khérél, noto per le vittorie ottenute su Atene nella guerra del Peloponneso.

Basilica. Dall'altro lato della strada, oltre il parcheggio, un sentiero conduce a una grande basilica a tre navate: attraverso un grande portale preceduto da una scalinata si entrava in un atrio, delimitato da tre portici, i cui pavimenti a mosaico con disegni geometrici sono stati protetti dalla sabbia; il quarto lato era invece occupato dalla facciata del nartece.

Una panoramica delle rovine di Xanthos, antica capitale della Licia

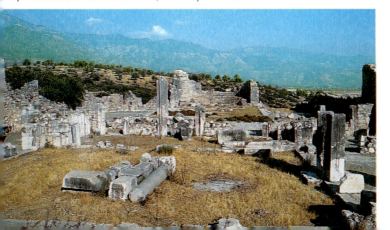

Proseguendo verso est, oltre la basilica, si scorgono alcuni sarcofagi, in parte decorati da rilievi; costeggiando la cinta della città si giunge a un complesso funerario del VI secolo a.C., dominato dalla cosiddetta **colonna del Leone** e in gran parte scavato nella roccia.

Letoon**

(E2). A soli 4 km da Xanthos, capitale politica della Licia (insieme alla quale è sito Unesco dal 1988; vedi box a pag. 45), cui era collegata da una via Sacra, Letoon con il suo santuario era il principale centro religioso della regione. Dei suoi tre templi non restano che le fondamenta; meglio conservato è il teatro, circondato (come il resto dell'area) dalle acque palustri ove emergono resti di mura e colonne del portico settentrionale, mentre altre costruzioni sono ancora in parte sommerse.

Storia. Il primo insediamento risale al VII secolo a.C. ma solo nel V, quando il santuario fu annesso a Xanthos, il culto di Leto, madre di Apollo e Artemide (nota poi ai Romani come Latona) prese il sopravvento su quello arcaico della dea-madre e delle ninfe licie. In breve Letoon divenne il più importante luogo di culto della Licia e fu poi sede dell'omonima confederazione.

Una deviazione a sinistra (segnalata) della litoranea 400, ritornando da Xanthos verso Fethiye, conduce, in 4 km, nei pressi del teatro di Letoon.

Teatro. Addossato alla collina, risale al periodo ellenistico: assai ben conservato, ospitava le riunioni della confederazione licia, celebrazioni religiose e gare sportive. A circa 100 m di distanza si arriva a un vasto complesso, parzialmente sommerso dalle acque, con scavi ancora in corso. Probabilmente in epoca ellenistica un portico dorico si intersecava ad angolo retto con un altro portico orientato verso il ninfeo. Quello interno risale invece all'epoca romana.

Templi. Ai piedi della collina si riconoscono le fondamenta di tre templi: quello a est (il più vicino alla collina) dedicato ad Apollo e Artemide, quello al centro di incerta attribuzione e quello a ovest (il più vicino alla strada) consacrato a Leto.
Il **tempio est**, periptero esastilo, di ordine dorico, era orientato verso il mare e risale, come gli altri, al II secolo a.C.; la cella conserva ancora un mosaico (protetto dalla sabbia) ove sono raffigurati una lira, simbolo di Apollo, e un arco, simbolo della dea Artemide.

Il **tempio centrale**, di ordine ionico e privo di colonnato, era il più piccolo.
Il **tempio ovest**, il più grande dei tre, era costruito su un edificio più antico; periptero ed esastilo, aveva un pronao di cui è ancora riconoscibile il pavimento. Fu distrutto dai terremoti del Medioevo e centinaia di blocchi giacciono ancora a terra, ma il governo francese sta attualmente finanziando i lavori di ricostruzione dell'edificio.

Gli scavi in corso hanno portato alla luce una larga strada, ora sommersa, che, fiancheggiata da statue e da stele, correva fra i templi e il **ninfeo** del II secolo d.C., dove oggi nuotano le anatre.

Patara

(E2). Un tempo famosa per il suo oracolo, fu per lungo tempo il più importante scalo marittimo della Licia. In seguito, con l'interramento del porto a causa delle alluvioni del Koca Çay, la zona si trasformò in un surreale paesaggio di dune.
Oltre ad alcuni interessanti monumenti dispersi su una vasta superficie (il sito non è ancora stato oggetto di una sistematica campagna di scavi), Patara offre una splendida spiaggia (vedi box in basso). Anche questo tratto di costa, che con i suoi 18 km costituisce la spiaggia più lunga della Turchia, è zona protetta per la riproduzione delle tartarughe Caretta (vedi box a pag. 212).

Secondo la leggenda la città sarebbe stata fondata da Pataro, figlio di Apollo e di una ninfa, probabilmente prima del VI secolo a.C., come risulta da alcuni reperti. Celebre soprattutto per l'oracolo di Apollo, conosciuto in tutto il mondo antico (d'estate veniva trasferito a Delos), divenne in epoca ellenistica una base navale utilizzata dai generali di Alessandro.

La spiaggia di Patara

Caratterizzata da fine sabbia bianca, la spiaggia di Patara è una lunga distesa assolata (meglio munirsi di ombrellone) a 2,2 km dal villaggio omonimo. Per raggiungerla è necessario accedere al sito archeologico (*ingresso a pagamento valido per una settimana, dalle 8.30 alle 17.30; si accettano solo lire turche*): dal paese si può compiere il tragitto a piedi (*circa mezz'ora di cammino*) o usufruire del servizio di dolmuş in partenza ogni 30 minuti.

Superato il villaggio di Kınık, dopo circa 7 km sulla strada 400 in direzione di Kaş, una deviazione sulla destra porta (in 6 km) all'odierno villaggio di Gelemiş nei cui pressi è il sito archeologico.

L'ingresso alla città antica era marcato da un **arco di trionfo**, eretto verso il 100 d.C. da Mettio Modesto, governatore romano della Licia, che aveva fatto collocare la sua statua e quelle dei suoi familiari sulle sei mensole poste su ambo i lati dell'arco. Secondo alcuni archeologi, sull'adiacente collinetta si troverebbe il famoso tempio di Apollo. Poco oltre sono le vestigia delle **terme**, composte da numerose grandi sale. Attraverso un sentiero in mezzo a una folta vegetazione (sulla destra rispetto alla strada di accesso al sito) si raggiunge, in prossimità dei bastioni che in epoca bizantina circondavano una piccola acropo-

li, un **tempio** di cui sussistono alti muri (oltre 10 m) e soprattutto una bella porta decorata con fregi corinzi. Procedendo verso il mare, si incontra il **teatro**, eretto nel II secolo d.C., che nonostante il parziale insabbiamento conserva ancora qualche gradinata; dalla sommità della collina cui è addossato si ha una bella vista sugli scavi. Aggirando l'avvallamento paludoso che li separa dalle rovine della città, si consiglia di raggiungere (all'estremità nord del sito) i **granai*** che, seppur di non facile accesso, costituiscono forse la testimonianza più interessante, anche per il buono stato di conservazione delle costruzioni.

Il complesso (65 m x 32) era costituito da otto stanze rettangolari che affacciavano sul porto. Destinato al deposito di cereali o all'approvvigionamento degli eserciti che combattevano in Oriente, risale all'epoca di Adriano (117-138), come ricorda un'iscrizione sulla facciata.

7.3 La costa licia da Kaş a Finike

Kaş

(E2). Kaş (ab. 8000), da tranquillo villaggio di pescatori qual era, si è ormai trasformato in vivace stazione balneare dotata di confortevoli strutture turistiche.
Situata in una zona di grande interesse archeologico e paesaggistico (sorge sul sito dell'antica Antiphellos), è anche un comodo porto attrezzato per imbarcazioni da crociera, da cui è facilmente raggiungibile l'isola greca di Kastelòrizo (detta anche Megìsti; in turco Meis e in italiano Castelrosso), dove è stato girato nel 1991 il film *Mediterraneo* di Gabriele Salvatores.
Presso il porto, lungo la strada a sinistra dell'ufficio per il turismo, si erge, tra moderne abitazioni, una grande tomba licia del IV secolo a.C.; costeggiando il mare provenendo da Fethiye si incontra, addossato a una collina, un grandioso teatro, probabilmente di epoca ellenistica.

Sul retrostante pendio si possono visitare numerose tombe (*visibili dalla strada*), in parte con facciata a imitazione di templi greci, ma non esenti da influenze persiane.

I dintorni di Kaş

Mavi Mağara
La costa licia, selvaggia e frastagliata, con scogliere a picco sul mare e splendide cale solitarie, offre numerose mete per escursioni in bar-

ca; tra queste vale la pena di menzionare la Mavi Mağara (grotta blu), che deve il suo nome ai riflessi e all'eccezionale luminosità del mare.

Kaputaş
Circa 25 km da Kaş. Si tratta di una gola montuosa attraversata da un ponte. Sotto il ponte si trova una caletta con una splendida spiaggia (*raggiungibile con minibus in partenza da Kaş che vi fanno regolare servizio*).

Kalkan
25 km a nord di Kaş. Delizioso paesino di pescatori che, pur avendo conosciuto una graduale trasformazione negli ultimi anni, ha mantenuto un certo piacevole stile. Non c'è un ufficio turistico, ma per avere un'idea del luogo si può consultare il sito web www.kalkan.org.tr

Baia di Kekova

(E2). È una delle scoperte del turismo di questi ultimi anni: l'isola che le ha dato il nome è, infatti, luogo d'incontro privilegiato dei crocieristi. La bellezza del mare, le cui acque trasparenti lasciano intravedere rovine sommerse, quella delle montagne che sembrano proteggerne l'accessibilità, le numerose testimonianze archeologiche e i graziosi porticcioli di pescatori, tutto concorre a creare una località ideale per trascorrervi una vacanza.

Si può accedere alla baia attraverso una pista percorribile con cautela, che devia a destra dalla strada costiera 400 (13 km da Kaş) raggiungendo dapprima Apollonia e quindi Üçağız, da cui ci si imbarca per Kekova. Un'alternativa è costituita dalle escursioni con barche a motore da una decina di posti in partenza dal porto di Andriake (presso Demre o da Kaş): generalmente si parte alle 9.30 e si ritorna alle 18.

Apollonia

La pista raggiunge, dapprima, il villaggio di Çevreli, presso il quale è stato rinvenuto il sito di questa città antica; le rovine, di difficile accesso, si trovano a un chilometro di distanza. Da segnalare il sarcofago detto 'dei leoni', in ottime condizioni, i possenti bastioni che proteggevano la dimora di un principe e, più in basso, una chiesa bizantina e un piccolo teatro di cui sussistono ancora dieci gradinate.

Teimiussa

Al termine della pista è il porto di Üçağız, l'antica Teimiussa, che conserva una vasta necropoli, con tombe in parte sommerse e in parte distribuite lungo il pendio al di sopra della costa. Particolarmente interessanti i cosiddetti 'sarcofagi gotici', dai massicci coperchi a forma di carena, derivati forse dalla consuetudine di porre sopra le sepolture una barca rovesciata.

Kaleköy

Dopo essersi imbarcati per l'isola di **Kekova** si entra, dapprima, in uno stretto canale, approdando (sulla terraferma) al porto di Kaleköy (l'antica Simena), piccolo villaggio dominato da un grande castello che risale all'epoca bizantina (le merlature e alcune aggiunte sono molto più tarde), da cui si gode uno stupendo panorama. Costeggiando il versante settentrionale dell'isola si scorgono, se le acque sono tranquille, le vestigia di alcuni insediamenti sommersi in seguito a bradisismi e si sbarca infine a **Tersane**, al centro di una caletta sabbiosa dove si erge, perfettamente conservata, l'abside di una grande chiesa bizantina.

Da Tersane, in altre due o tre ore di navigazione, uscendo dalla baia di Kekova, si può compiere un'ulteriore escursione alle isolette di Kara Ada e di Toprak Ada; di lì, aggirando il Sıcak Burnu verso ovest si arriverà a una piccola baia ove è il sito dell'antica **Aperlae**, oggi Sıcak İskelesi (*raggiungibile anche a piedi, partendo dall'estremità occidentale della baia di Kekova*). Piccola capitale all'epoca della confederazione licia, Aperlae conserva lunghi bastioni rinforzati da tre torri, resti di moli e di alcune chiese. Attorno alla città si estende anche una vasta necropoli. Ma è soprattutto il mare, di un'incredibile trasparenza, la maggiore attrattiva dell'escursione.

Demre (Myra)

(E2). Importante centro agricolo, sorge in una stretta piana costiera intensamente coltivata a serre per la produzione di primizie ortofrutticole e conserva alcuni interessanti monumenti avvolti nella storia e nella leggenda: grandi tombe rupestri, tra le più spettacolari e fotografate del Paese, un teatro e la chiesa di S. Nicola, conosciuta anche come chiesa di Babbo Natale.

Storia. L'origine di Myra risale probabilmente al v secolo a.C., ma fu in epoca bizantina che conobbe un periodo di fiorente sviluppo, attribuibile anche alla presenza di S. Nicola, che ne fu il vescovo. Subì dal VII secolo incursioni arabe che culminarono, tra l'809 e il 1034, con il saccheggio e il danneggiamento della basilica, contribuendo al declino della città.

Visita. Due ore sono sufficienti per la visita di Demre e della zona circostante, che si estende dal villaggio di Kale, sulla 400, fino al mare, al porto di Andriake, da cui è possibile imbarcarsi per l'isola di Kekova.

Chiesa di S. Nicola*. *Visita a pagamento dalle 8 alle alle 17.30 in inverno; fino alle 19 in estate.* Preceduta da un piccolo giardino, appare ben conservata ma, trovandosi a 3 m

> ### S. Nicola, patrono dei mercanti
>
> S. Nicola, morto forse nel IV secolo, è il patrono dei mercanti e dei navigatori e la sua vita è circondata da leggende, tra cui il regalo di tre borse d'oro a tre ragazze prive di dote. Di qui proverrebbero le tre palle d'oro, emblema dei banchi di pegno, e l'abitudine di offrire regali per S. Nicola e non per Natale (donde la denominazione di chiesa di Babbo Natale). I pellegrini, in segno di venerazione, facevano colare dell'olio all'interno della tomba per poi raccoglierlo 'santificato' dal contatto con le ossa del santo. Questa abitudine venne in seguito sfruttata commercialmente e forse spiega perché, nel 1087, mercanti di Bari vennero a rubare il corpo per trasferirlo in Italia. Sembra peraltro che i ladri abbiano trafugato il corpo sbagliato e che il vero S. Nicola riposi in qualche parte sotto la chiesa: in ogni caso la tomba che viene mostrata come autentica non è certamente quella del santo.

Le tombe rupestri di Demre, le cui facciate richiamano nella forma abitazioni e templi

sotto il livello stradale, in inverno e primavera è spesso resa impraticabile da allagamenti. Sull'origine dell'edificio non esistono dati certi: è documentata la presenza di un martyrion di S. Nicola nel V secolo, periodo a cui potrebbero risalire alcune parti della costruzione. Evidenti sono anche restauri del IX secolo, del 1034 e ancora del XII secolo; i rimaneggiamenti più vistosi risalgono, però, alla seconda metà dell'Ottocento, quando furono ricostruite gran parte delle sovrastrutture e sostituita la cupola di copertura con una volta a crociera. Si accede alla chiesa da sud, attraverso la prima delle cappelle utilizzate per le funzioni funebri, il cui coro, con pianta a croce greca, conserva un bel pavimento di marmo. Dall'estremità occidentale della cappella, dove alcune nicchie ospitano dei sepolcri, si raggiunge il nartece della chiesa vera e propria, un tempo preceduto da un esonartece (del quale sussistono ancora tracce), aperto su un ampio cortile dov'era una fontana ottagonale. L'interno della chiesa aveva pavimenti di marmo variopinto, di cui sono visibili ampi lacerti; l'abside contiene un *syntronon* (gradinata a emiciclo ove trovava posto il clero) con sottostante corridoio anulare; da notare i resti delle colonne del ciborio, al centro del coro, sopra l'altare.

Ritornando sui propri passi, una strada a sinistra (segnalata da un cartello) conduce alla parte più antica di Myra (*visita a pagamento dalle 8 alle 17.30; fino alle 19 in estate*); dopo circa 2 km si gira a sinistra e, a 300 m, si scorgono, scavate in una grande parete rocciosa, le tombe, il cui accesso è difficoltoso (è opportuno farsi accompagnare da una guida).

Tombe rupestri*. Sono decisamente il monumento più suggestivo per la particolare architettura, ricca di ornamenti scolpiti. Le facciate in pietra delle camere sepolcrali colpiscono per la nitida e meticolosa esecuzione. I Lici avevano originariamente l'abitudine di costruire le tombe a forma di abitazione; dal V secolo a.C. cominciano a comparire nelle tombe ornamenti d'ispirazione greca e dal IV secolo vennero prese a modello per la chiusura delle tombe le facciate dei templi. Da notare, in una tomba posta circa a metà della parete, rilievi raffiguranti episodi della vita di un guerriero e della sua famiglia, la cui scena centrale rappresenta la festa successiva ai funerali.

Teatro. Sorge sulla destra della necropoli, di epoca romana, ricostruito dopo il sisma del 141 d.C.; le 38 file di gradini e le lunghe gallerie a volta sono in buono stato di conservazione. L'edificio di scena era riccamente decorato, come testimoniano resti di maschere scolpite nella pietra e frammenti di colonne e trabeazioni.

Sull'acropoli sono riconoscibili mura di epoche diverse; quelle più esterne sono bizantine, le altre, più antiche, risalgono al V secolo a.C. Nella corte interna si trovano le vestigia di una torre e di alcune cisterne; davanti alla porta meridionale le fondamenta di un grande edificio romano. Per completare la visita dell'area di Demre si può raggiungere il **tempio funerario** romano all'ingresso dell'abitato, lungo la strada 400 per Kaş. La facciata è impreziosita da un fregio corinzio. All'interno, cui si accede da un'imponente porta, si notano i grandi archi delle pareti e le panche su cui venivano adagiati i sarcofagi.

I dintorni di Demre

Andriake
(E2). 4 km a sud di Demre. Era un tempo il porto di Myra e conserva tracce di moli, magazzini, granai e mulini; oggi è porto d'imbarco per le escursioni all'isola di Kekova. Nonostante il suo porto fosse attivo già alcuni secoli prima di Cristo, lo sviluppo della città risale al regno di Traiano che la scelse come base marittima per le sue spedizioni in Oriente. Ancora fiorente in epoca bizantina, Andriake decadde inesorabilmente per l'insabbiamento del porto. Nella parte meridionale della città, nei pressi della palude, si trovano i **granai** dell'epoca di Adriano, adibiti a deposito di cereali. Non lontano dai granai, verso il mare, sorge una costruzione absidata, probabilmente una **basilica** civile o un tempio. Lungo le rive del fiume si trovano da un lato le rovine di un **mulino** e dall'altro lato quelle di una installazione termale, probabilmente legata alla presenza di sorgenti solforose. Sulla collina che domina la foce si notano le vestigia del **bastione** che proteggeva il porto verso la terraferma e, presso l'imbarcadero, su un'altra collinetta, alcune rovine bizantine, fra le quali un fortino.

Sura
6 km più a est di Demre. In prossimità di un villaggio che ha mantenuto il medesimo nome dell'antico insediamento, si sviluppò intorno a un tempio di Apollo dove si tramanda che operasse un celebre 'oracolo dei pesci': i richiedenti, infatti, gettavano pezzi di carne in un bacino aperto verso il mare e, a seconda delle specie, del numero e dei movimenti con cui i pesci affluivano nella vasca sacra, il sacerdote rispondeva alle domande di quanti erano venuti a interrogarlo.
Prima di giungere al tempio (*la cui visita è possibile solo d'estate perché circondato da paludi*), si scorge l'**acropoli** ancora munita (verso ovest) da possenti bastioni d'epoca ellenistica che racchiudono una fortezza risalente, in parte, al V secolo a.C. Una ripida scalinata collega l'acropoli alla valle dove si trova il tempio di Apollo; ai piedi del pendio sono le rovine di un edificio che deve il nome di **casa dei sacerdoti** alle iscrizioni, incise sui muri, con l'elenco degli officianti succedutisi nel tempio. Il **tempio di Apollo**, di epoca ellenistica, era un tempo lambito dal mare e ora dalla palude che segna lo sbocco in mare del vicino corso d'acqua: di stile dorico, aveva il pronao con due colonne in antis.

Cyaneae
25 km a ovest, lungo la strada 400 tra Demre e Kaş. Si segnala in lontananza, sul fianco di una rupe alta 200 m, per una grande tomba a tempio. La visita è possibile solo a piedi, con una strada non carreggiabile in partenza dal villaggio di Yavu. Cyaneae fu una delle città più importanti della regione e il suo territorio si estendeva fino alla baia di Kekova; raggiunse il suo massimo splendore durante la pax romana. Sede di un vescovo bizantino, cominciò poi un progressivo declino fino a essere completamente abbandonata già prima della fine del I millennio d.C. Dalla cima di una collina, la cui ascensione è abbastanza difficoltosa, si può ammirare un'ampia distesa di tombe, alcune a tetto 'gotico', altre che imitano i templi greci, tra le più interessanti di tutta la Licia. Dirigendosi verso ovest, lungo il margine dell'altopiano, si giunge all'**acropoli**, la cui cinta è costituita da grossi blocchi: le vestigia dei diversi edifici sono nascoste da una lussureggiante vegetazione; in perfetto stato di conservazione è una bella pusterla, all'estremità del bastione occidentale. Lasciandosi la collina alle spalle, si scende verso il **teatro**, in buone condizioni, del quale sono ancora visibili le gradinate; a mezza costa, infine, si trova una grande tomba, decorata con motivi ionici e con struttura a tempio.

Finike

(E2). L'antica Phoenicus, oggi Finike (ab. 7000), è un piccolo porto turistico alla foce dell'Akçay (Arycandos) che non offre particolari attrattive al di fuori di una bella spiaggia; può però costituire una comoda base di partenza per la visita della retrostante regione del Tauro. Inoltrandosi verso Elmalı, alla base del passo di Karamanbeyli, nei pressi del villaggio di Lymra, sono le rovine dell'antica **Limyra**, una delle più antiche città della Licia.

Storia. Conosciuta già nel V secolo a.C., Limyra fu fiorente solo nel secolo seguente, all'epoca di Pericle, re della Licia, che ne fece la sua capitale. Conquistata da Antioco nel 197 a.C., fu distrutta da un terremoto nel 141 e ricostruita da Opramoa, mecenate di Rhodiapolis.

Visita. A 6 km da Finike, sulla 635 in direzione di Elmalı, una deviazione sulla destra, asfaltata ma in cattive condizioni, conduce in 6 km all'area archeologica, presso il teatro che sorge ai piedi della collina. La visita richiede circa un paio d'ore, tenuto presente che l'ascesa all'acropoli è piuttosto faticosa.

Area archeologica. Attorno al **teatro**, edificio di epoca romana, si estende una vasta necropoli. Nelle gradinate superiori si notano dei fori in cui erano infissi dei pali di legno che sostenevano un tendone per proteggere gli spettatori dalle intemperie. Avviandosi verso la sommità della collina si incontra, dapprima, un monumento commemorativo del IV secolo a.C. che si suppone essere l'**heroon** di Pericle. Si presenta in forma di tempio anfiprostilo, munito di due cariatidi a guisa di colonne che sostenevano la trabeazione. Poco più in alto, sulla destra, sono le rovine di una chiesa bizantina e, sull'acropoli, tratti del bastione di cinta.

La visita della parte meridionale dell'area di Limyra (dall'altro lato della strada di accesso) è più difficoltosa: i monumenti emergono da una zona paludosa, attraversata da corsi d'acqua. Nei pressi della strada si trovano anche poderosi bastioni bizantini e i interessanti vestigia di edifici.

I dintorni di Finike

Arycanda
(E2). A 28 km da Finike, un po' discosti rispetto ai tradizionali itinerari turistici, gli scavi permettono di visitare, in una cornice montana di eccezionale bellezza, vestigia interessanti della città antica. Il loro stato di conservazione e la bellezza delle ricche decorazioni giustificano lo sforzo per superare i 100 m di dislivello che separano la parte bassa del sito dai monumenti posti più in alto (*un custode accompagna i turisti nella visita*).
Fondata attorno al v secolo a.C., Arycanda fu luogo di villeggiatura per i benestanti della costa, soprattutto in epoca romana. Passata sotto il dominio persiano, dopo la morte di Alessandro Magno fu ripresa dai Seleucidi e quindi dai Rodiesi. Membro della confederazione licia, conobbe un lungo periodo di prosperità che proseguì durante tutta l'occupazione romana.
Dal villaggio di Arif, sulla 635 in direzione di Elmalı, una deviazione sulla destra raggiunge direttamente la zona archeologica; la visita richiede circa 2 ore. Seguendo il sentiero che sale verso la collina, si notano alcune abitazioni e, sulla sinistra, una grande **basilica** recentemente portata alla luce, di cui è possibile distinguere la pianta: nell'abside, ben conservati il *synthronon* e i grandi mosaici del pavimento. Piegando verso est si arriva in prossimità delle **terme**, costituite da numerosi locali. Da notare gli ambienti con ipocausti del tepidarium e i grandi muri di sostegno dell'intero complesso. Dal lato opposto della strada si estende una necropoli con numerose tombe in ottimo stato, dalla tipica struttura a tempio greco. Il sentiero sale quindi verso una grande terrazza sulla quale si esten-

deva l'**agorà** che, lunga 75 m, era circondata da un colonnato su tre lati; dal fianco meridionale, vasto panorama sulla vallata. Al centro sorgeva un tempio di cui non restano che le fondamenta. Continuando a salire si raggiunge la **stoà superiore**, lunga più di 100 m e sostenuta da un solido muro di grosse pietre sagomate che portava al **bouleuterion**, dai sedili scavati nella roccia, oggi in cattivo stato di conservazione. Si imbocca un piccolo sentiero che, dopo aver attraversato una folta pineta, conduce allo stadio, di cui si distingue solo la pista, lunga un centinaio di metri. Scendendo la scalinata che porta al teatro si nota l'imponente muro di sostegno su cui lo stadio fu costruito. Il **teatro**, rinvenuto e restaurato di recente, è particolarmente ben conservato: si apre su un vasto orizzonte di montagne, in una splendida cornice paesaggistica. Risale, nello stato attuale, al II secolo d.C. e possiede venti file di gradinate con il muro di scena alto fino al primo piano.

Elmalı
(E2). In un paesaggio dominato da rilievi denudati coltivati a cereali, Elmalı, a circa 70 km da Finike, è un villaggio di montagna, a oltre 1000 m di altezza, con numerose abitazioni in legno dalle caratteristiche verande aggettanti. Al centro si trova l'Ömerpaşa Camii, moschea del XV secolo. La zona circostante è stata di recente oggetto di interessanti scoperte archeologiche. Sono state portate alla luce numerose tombe di epoca arcaica ornate da pitture murali; alcune di esse sono state restaurate ma le visite turistiche sono vietate, dal momento che gli affreschi non tollerano sbalzi climatici. La tomba più vicina si trova a **Kızılbel** (*6 km da Elmalı*) ed è preceduta da un'anticamera dove sono stati sistemati gli arredi dopo il restauro; ancora più interessante è quella di **Karaburun** (*9 km da Elmalı per la strada 635 verso Korkuteli*), che fa parte di una estesa necropoli. La tecnica dei dipinti è visibilmente di ispirazione greca per quel che riguarda l'esecuzione dei volti e delle mani, mentre l'iconografia è prettamente locale.

7.4 La regione del capo Gelidonia (Gelidonya Burnu)

Kumluca

(E3). Grossa borgata agricola (ab. 17000) sulla strada per Antalya, non presenta motivi di interesse; deviando però verso l'interno si raggiunge il villaggio di Hacıveliler in prossimità del quale sorgeva l'antica **Korydalla**. Della città, nota per il rinvenimento di un tesoro bizantino (oggi in parte esposto al museo di Antalya), restano solo le vestigia di un acquedotto e delle terme.

Da Hacıveliler si può continuare la la visita della regione dirigendosi verso nord-ovest e se-

guendo una pista per fuoristrada (*è consigliabile farsi accompagnare da una guida*).

Rhodiapolis

Fondata probabilmente dai Rodiesi e citata dal VI secolo a.C., è nota per aver dato i natali al mecenate Opramoa (II secolo d.C.), la cui fama è legata alla ricostruzione di una parte della Licia, gravemente danneggiata da un terremoto. Da segnalare un teatro ben conservato, imponenti cisterne, alcuni bagni e il monumento a Opramoa, di cui restano le fondamenta; tutt'intorno, tracce di una vasta necropoli.

Olympos

Superata Kumluca sulla costiera 400 in direzione di Antalya, una deviazione a destra (segnalata) raggiunge in 9 km Olympos. Il luogo dove sorgeva questa città antica (*ingresso a pagamento, dall'alba al tramonto*) appare di grande interesse ambientale: un canale che sbocca in una tranquilla caletta, orlata da una spiaggia sabbiosa e circondata da un vasto acquitrino, ove tra canneti e piante palustri emergono le vestigia della città scomparsa, per la felicità degli appassionati di archeologia e per gli ecologisti: numerose tartarughe di mare vengono a nidificare lungo i due chilometri di spiaggia della baia omonima; questa zona è sotto tutela del WWF (vedi pag. 223). La visita alla zona archeologica richiede circa un'ora e mezza; prezioso l'aiuto del guardiano per alcuni monumenti poco accessibili.

Probabilmente fondata dai Seleucidi nel III secolo a.C., Olympos era un importante scalo marittimo della costa anatolica. Tra le sei città più importanti della confederazione licia, fu incendiata dai suoi stessi abitanti, resisi conto di non poter resistere alle truppe romane. Conobbe poi un nuovo periodo di prosperità all'inizio del II millennio, con lo stabilirsi di commercianti veneziani, genovesi e rodiesi, prima di essere definitivamente abbandonata nel XV secolo.

Arrivando in prossimità del canale si scorgono, sull'opposta sponda, numerose costruzioni, che facevano parte della necropoli della città. Costeggiando la riva destra spiccano le arcate di una chiesa bizantina;

un sentiero sulla sinistra conduce alla **porta monumentale** di un tempio ionico.

Un sentiero lungo la palude, dopo aver superato il *temenos* di un tempio, giunge a un piccolo canale, non lontano dal quale si incontrano le **terme**, di cui restano ampi frammenti di mosaici dal disegno geometrico. Una fortezza bizantina corona la cima della collina, da cui si gode uno splendido panorama e ai cui piedi si trovano un bel sarcofago licio con il coperchio a forma di carena rovesciata e altri due rinvenuti recentemente.

Da Olympos, dirigendosi a est verso Cirali, si prende la strada con l'indicazione per la Chimera (Yanartaş, 'pietra che brucia'). Giunti al parcheggio, si percorre a piedi un sentiero che in 20-30 minuti porta a un luogo in cui esalazioni di gas danno origine, a contatto con l'aria, a diffuse lingue di fuoco. Famosa fin dall'antichità e soggetto di numerose leggende, la Chimera è molto suggestiva, specialmente al tramonto. Si ricordi di portare delle torce perché di sera il percorso non è facilmente visibile.

Phaselis

(E3). Quel che resta di questa città si stende ai piedi del Tahtalı Dağ presso un promontorio che, protendendosi nel mare, forma diverse rade un tempo utilizzate come porti. Affascinante è la sintesi tra ambiente marino, pressoché intatto, vegetazione mediterranea e rovine archeologiche, disperse su un'area tuttora oggetto di scavi.

Storia. Fondata forse intorno al 690 a.C. da coloni dorici, probabilmente era già nota come approdo ai marinai fenici. L'importanza dei suoi porti, lo sfruttamento delle foreste dell'entroterra e il commercio delle rose, destinate alla fabbricazione dei profumi, contribuirono al suo rapido sviluppo. Importante porto bizantino nei secoli VII e VIII, cadde nelle mani dei Selgiuchidi verso il 1150, epoca in cui iniziò un rapido declino.

Visita. Un cartello lungo la strada costiera 400 in direzione di Antalya segnala la deviazione per Phaselis (2 km); il sito è raggiungibile anche via mare da Antalya (escursioni in giornata). La visita (*dalle 9 alle 17 in inverno; dalle 8 alle 19 in estate*) richiede un'ora abbondante. Un comodo parcheggio si trova a 1 km circa dal sito, presso un moderno complesso di accoglienza con un piccolo museo; una folta vegetazione intralcia l'accesso all'acropoli e ai monumenti più decentrati. È possibile, in compenso, nuotare nelle prime due insenature della costa, tra colonne e marmi sommersi, il che rende Phaselis una delle località più accattivanti della zona.

Una rada incontaminata nei pressi di Phaselis

Lungo la strada di accesso, prima di arrivare al mare, si nota il basamento di un tempio dai muri accuratamente sagomati; sulla collina resti dei bastioni e di una fortezza che proteggevano la città dal lato della terraferma. Si arriva quindi a un istmo con una grande baia: la trasparenza dell'acqua permette di distinguere, fra due isolotti, i resti di una diga che proteggeva il porto.

A nord del porto si estende una **necropoli**, la più vasta delle tre che circondavano la città: alcune delle tombe, in gran parte di epoca bizantina, erano affrescate. Seguendo il sentiero che sale lungo il fianco della collina, in una bella pineta, si scorgono altri monumenti funebri e, in fondo a un vallone, alcuni sarcofagi di stile licio. Quasi in cima all'acropoli sono le vestigia di una porta monumentale e di una fontana.

Porto centrale. Posto a sud del precedente e destinato a navi di piccolo tonnellaggio, era munito di due torri di difesa ed era collegato al mare da un canale, la cui entrata all'occorrenza poteva essere bloccata da una catena. Una via monumentale, un tempo fiancheggiata da portici e su cui si affacciavano numerosi negozi, collegava il porto centrale con quello meridionale.

Sulla sinistra si incontrano le **terme**, costituite da numerosi ambienti, tra cui quelli del calidarium con ipocausti. Un po' ovunque si notano frammenti del pavimento a mosaico policromo.

Teatro. Salendo una scalinata e aprendosi poi la strada fra blocchi franati, si raggiunge il **teatro**, di origine ellenistica: il muro di scena è sprofondato nella cavea, le gradinate inferiori sono invase dalla vegetazione e dagli alberi ma, dall'alto delle gradinate, si ha una gradevole vista d'insieme del luogo.

Di fronte al teatro sorgevano vari edifici affacciati su un'agorà, dedicata a Domiziano, la cui pianta era in origine quadrata e circondata da portici pavimentati a mosaici. Intorno si ergevano una basilica, di cui si intravede l'abside, e probabilmente alcuni mercati.

Porta di Adriano. Prima di arrivare al porto meridionale, protetto da una diga oggi sommersa, si oltrepassa questa porta, costruita nel 129 d.C. in occasione di una visita dell'imperatore, di cui resta oggi solo la base. Lungo la riva si ergono possenti fortificazioni a difesa del porto.

Tornando verso il parcheggio si può visitare il **museo** (*visita a pagamento dalle 8 alle 17.30; chiuso il lunedì*), composto di un'unica sala, dove sono conservati alcuni reperti provenienti da altri scavi della zona.

Kemer

(E3). Lungo una delle più belle coste della Turchia, ai piedi di un'imponente catena montuosa coperta di foreste di pini, Kemer (ab. 11 700) è divenuta negli ultimi anni uno dei poli del turismo balneare, grazie anche alla presenza di attrezzati villaggi per vacanze, complessi alberghieri, ristoranti e campeggi (*da Kemer è in funzione un servizio di autobus per Olympos*).

Il tratto di costa compreso tra il capo Gelidonia e Antalya, che costituisce la prima breve sezione della Panfilia, è al centro di grandi progetti di sviluppo turistico, cui non è estranea l'istituzione del parco nazionale **Olympos-Beydağları Milli Parkı**. Con un'estensione di quasi 70 000 ettari, il parco raggiunge nella parte più interna oltre 2000 m di altezza, e racchiude i più significativi esemplari della vegetazione mediterranea (vedi anche pag. 222).

7.5 La regione di Antalya

Antalya

(E2-3). Capoluogo di provincia con 798 500 abitanti, Antalya (pianta a pag. 224) è situata su un promontorio, all'estremità nord-occidentale di una maestosa baia incorniciata dalle imponenti cime del Tauro. Nel corso degli anni Ottanta del Novecento il porticciolo di pescatori si è trasformato in un porto per diportisti e il quartiere circostante è stato restaurato e riadattato per accogliere alberghi, ristoranti e altri servizi turistici. Il nuovo porto, costruito a circa 12 km a ovest della città è l'unico di un certo rilievo tra Smirne e Mersin. La città vecchia, con le strette e ripide stradine confluenti a raggiera verso il vecchio porto, ha mantenuto il suo aspetto tipicamente ottomano lasciando intuire quella che doveva essere Antalya fino a 20 anni fa. È la zona dei negozietti, dei ristoranti, dei piccoli alberghi speciali dove si percepisce, nonostante un certo affollamento nei mesi estivi, un ritmo di vita più rallentato e più autentico rispetto ad alcune zone costiere alla moda. Più in alto,

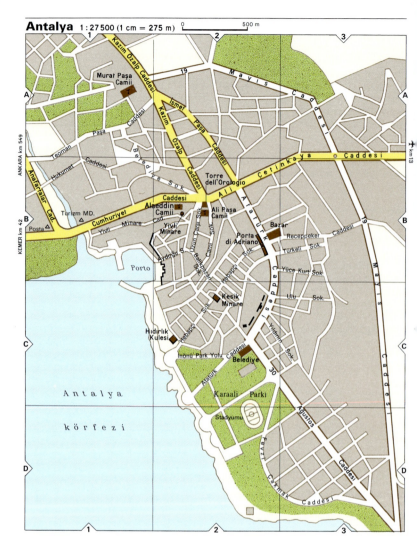

Antalya 1:27500 (1 cm = 275 m)   0   500 m

ANKARA km 549
Amalratlar Cad.
KEMER km 42

Kazım Özalp Caddesi
19 Mayıs Caddesi
Çetinkaya Caddesi
→ km 13
Murat Paşa Camii
İsmet Paşa Caddesi
Kazım Özalp Caddesi
Belediye Sok.
Teoman
Paşa Caddesi
Hukumet
Caddesi
Turizm MD.
Posta
Cumhuriyet
Yivli Minare
Torre dell'Orologio
Alaeddin Camii Caddesi
Yivli Minare
Ali Paşa Camii
Aydoğlu
Balıkpazarı
Kaleiçi Sok.
Porta di Adriano
Bazar
Receppeker Caddesi
Turkeli Sok.
Yüce Kurt Sok.
Ulu Sok.
Porto
Kesik Minare
Hidirlik Kulesi
Hesapçı Sok.
İnönü Park Yolu
Belediye
Atatürk Caddesi
Ali Atatürk Caddesi
Caddesi
Yıldırım Sok.
30
19 Mayıs Caddesi
Antalya körfezi
Karaali Parkı
Stadyumu
Ağustos
Fevzi Çakmak Caddesi

---

sulle prime pendici collinari e lungo la costa, la città moderna ha invece conosciuto un rapido sviluppo con la costruzione di grandi complessi che rischiano di snaturare il carattere dell'insediamento. Antalya è meta ideale per una sosta, offrendo, accanto a una validissima struttura ricettiva, alcuni motivi di interesse storico-artistico e, nelle vicinanze, siti archeologici di grande interesse: Termessos, Perge, Aspendos e Side.

Storia. Anche se precedenti insediamenti sono presumibilmente da collocare in epoche molto remote, le prime testimonianze certe sulle origini di Antalya risalgono al II secolo a.C. quando Attalo II, re di Pergamo, fondò una città cui diede il nome di Attaleia, poi evoluto in Adalya, che fu su-

bito munita di possenti mura a difesa del porto. Saccheggiata verso la metà del IX secolo dalla flotta del califfo Moutawakkil, nel 1085 cadde nelle mani dei Selgiuchidi. Ripresa dai Bizantini nel 1103, acquistò grande importanza con il nome di Satalia ai tempi delle Crociate: dal suo porto i cavalieri cristiani, per evitare la pericolosa traversata dell'Anatolia orientale, si imbarcavano alla volta della Palestina. Annessa nel 1207 ai possedimenti del sultano di Rum e poi controllata dai sultani di Karaman, alla fine del XIV secolo venne incorporata all'impero ottomano.

Visita. Mezza giornata è sufficiente per la visita della città, compreso il suo interessante museo. In seguito si potranno effettuare escursioni lungo le coste della Panfilia o alle spiagge, precedute da folte pinete, che circondano la città, per poi cenare nella caratteristica zona del porto.

Yivli Minare e Alaeddin Camii (B2). L'**Yivli Minare**, minareto dal caratteristico fusto scanalato, eletto a simbolo della città, fu eretto all'inizio del XIII secolo dal sultano selgiuchide Keykubat I Alaeddin. La vicina moschea **Alaeddin Camii**, costruita nel 1373 e sormontata da sei cupole sostenute da 12 colonne coronate da capitelli tra loro diversi, è stata utilizzata per qualche tempo come museo archeologico ed è oggi sede di esposizioni temporanee.

Porta di Adriano (Hadrian kapısı; B2). Si apre sul fianco orientale della cinta muraria romana con tre arcate, un tempo sovrastate da altre strutture (oggi scomparse) affiancate da due torrioni quadrangolari; sprofondata nel terreno, si trova circa un metro più in basso dell'attuale livello stradale. Costruita in onore dell'imperatore durante il suo regno (117-138), conserva eleganti volte a botte, ornate da cassettoni a rosette, e trabeazioni riccamente decorate da racemi, acanti, teste di leoni.

Sulla torre di sinistra, alta 14 m, un'iscrizione conferma l'origine romana del bastione, indicando che fu costruito a spese di Iulia Sancta; quella di destra, restaurata probabilmente sotto il regno di Costantino VII Porfirogenito (X secolo), conserva solo un basamento antico. Lungo l'Atatürk Caddesi si scorgono altri tratti delle **mura** di cinta costituite in origine da una triplice muraglia, eretta nel III secolo d.C. e restaurata a più riprese da Bizantini, Genovesi e Turchi.

Seguendo Hebapçı Sokağı, a fianco della porta di Adriano, si attraversa un quartiere tipicamente ottomano del centro storico con le verande delle case in aggetto. Vivace il contrasto fra il colore scuro del legno, il chiaro dei muri imbiancati a calce e i colori degli alberi e dei fiori che spiccano dai giardini interni. Tutta questa zona compresa tra l'antico porto, la porta di Adriano, fino al parco Karaali (B-C2) è una piacevolissima sorpresa: si tratta della città vecchia, una delle parti più autentiche di Antalya.

Kesik Minare (minareto tronco; C2). La chiesa del V secolo, Camanun Camii o Korkut Camii, consacrata alla Vergine, fu rimaneggiata a più riprese dai Bizantini, trasformata in moschea nel XIII secolo e distrutta in gran parte da un incendio nel 1896. Le vestigia di epoche diverse si fondono armoniosamente: i magnifici blocchi scolpiti sono di epoca romana, le alte volte e le sculture risalgono all'epoca bizantina e il minareto rimanda al periodo selgiuchide.

Zona del porto. Nella città vecchia, scendendo verso il porto, si trova anche la **Karatay Camii**, costruita nel 1250 e oggi in cattivo stato di conservazione, con un bel portale di marmo scolpito a disegni geometrici. Scendendo verso il mare a sud del porto, si raggiunge il **Karaali Parkı** (C-D2-3), con la sua lussureggiante vegetazione subtropicale, da cui si ha uno splendido panorama sui monti che circondano il golfo di Antalya. A destra, su un'alta falesia in posizione dominante il porto (nell'antichità aveva funzione di faro), si erge l'**Hıdırlık Kulesi** (C2), bel torrione di epoca romana.

Museo di Antalya* (B1, f.p.). *Visita a pagamento dalle 9 alle 18.* Offre una sezione etnografica e una archeologica, con una panoramica delle civiltà succedutesi nella Panfilia dal Paleolitico (grotta di Karain), all'età del Bronzo antico (III millennio a.C.) fino all'età ellenistico-romana e bizantina).

Vi si possono ammirare minerali e fossili della regione, vasellame e figurine di Hacılar, statuette in avorio e idoli di ispirazione cicladica rinvenuti a Elmalı, da cui provengono anche armi e ornamenti di epoca frigia; terrecotte a disegni geometrici e oggetti votivi in argento (VIII-VII secolo a.C.), statue provenienti dalle terme di Pergem vasi micenei e classici, mosaici e iscrizioni. Nella galleria cosiddetta 'degli dei' sono custodite le grandi statue di Zeus, Apollo, Atena, Afrodite, Serapide, Iside, Tiche, Igea, mentre la 'sala imperiale' ospita statue di imperatori romani (Adriano, Traiano Settimio Severo); in quella 'dei sarcofagi', notevole la coppia con decorazioni ispirate alle fatiche di Ercole. Pregevole anche la raccolta di icone e pitture bizantine, soprattutto i ritratti dei santi Giovanni, Gregorio, Basile e Crisostomo, e una scena raffigurante Cristo e i dodici apostoli. La sala numismatica espone, in ordine cronologico, monete che coprono 2500 anni di storia anatolica. Alla sezione etnografica appartengono maioliche smaltate (XIII secolo), vetri e mattonelle di İznik (XVI secolo), un Corano del XIII secolo, strumenti musicali, calligrafie, tappeti e ricostruzioni di scene di vita quotidiana, tra cui una tenda di nomadi (yörük).

Attorno al museo meritano una sosta il giardino archeologico e l'adiacente cortile, disseminato di sculture di grande valore provenienti dalla regione: da notare, un frammento della decorazione del monumento delle Nereidi di Xanthos e alcuni sarcofagi.

I dintorni di Antalya

Lara

(E3). 12 km a est di Antalya (*ingresso a pagamento*). Questa bella spiaggia attrezzata fa parte di una serie ininterrotta di spiagge che si estende lungo il golfo di Antalya, la cosiddetta 'riviera turca'; 3 km a ovest di Antalya, la spiaggia ghiaiosa di *Konyaaltı* è purtroppo in parte rovinata dagli insediamenti industriali.

Gençlik Parkı

8 km dalla città (parco della gioventù; *ingresso a pagamento*). Consente di accedere al suggestivo spettacolo delle cascate del Düden Su, che si gettano direttamente in mare e sono raggiungibili anche in battello (mezz'ora) dal vecchio porto di Antalya.

Cascate di Düdenbaşı

9 km a nord-est sulla strada 650 per Burdur, seguendo poi una indicazione sulla destra (*ingresso a pagamento*). Queste interessanti cascate si trovano in un grande parco attrezzato, che ricorda paesaggi nordici.

Cascate Kurşunlu

Circa 7 km a est di Antalya e poi altri 7 km a nord della statale 400 che collega Antalya ad Aksu. Il fiume Düden dà origine anche a queste cascate (*ingresso a pagamento*), all'interno di una bella pineta attrezzata per i picnic.

Termessos*

(D2). Che la si visiti sotto il sole o immersa nella nebbia, Termessos è una delle località più spettacolari della Turchia. La vista di quest'antica città sperduta tra le montagne lascia i visitatori profondamente impressionati. I suoi monumenti (non ancora oggetto di scavi sistematici) ergono le loro poderose facciate di pietra in mezzo a una vegetazione lussureggiante sullo sfondo di impervi e aspri dirupi. Particolarmente affascinante lo scenario della necropoli, con i sarcofagi spalancati da un terremoto sparsi sul pendio.

Storia. Le origini sono incerte: le notizie più antiche parlano di Termessos come di un centro abitato dai Pisidi, popolazione dedita all'agricoltura, all'allevamento e, probabilmente, al brigantaggio, nota anche con il nome preellenico di Solymi. Impostato rapidamente la cultura greca, Alessandro Magno cercò invano di conquistarla per impadronirsi del passo che conduce in Frigia. Costretta dal console Vulsone (189 a.C.) a un patto d'alleanza con Roma, per la sua fedeltà durante le guerre mitridatiche fu eletta al rango di «socia et amica populi Romani». Raggiunse l'apogeo nel II e III secolo d.C., come testimoniano le emissioni di monete, per poi diventare sede episcopale e declinare rapidamente, tanto da essere abbandonata già a partire dal V secolo.

Visita. Lasciata Antalya dirigendosi verso nord per la strada 650 in direzione di Isparta, dopo una decina di chilometri si devia a sinistra sulla strada 350-E87 per Korkuteli; 14 km più oltre, una deviazione (segnalata) sulla sinistra conduce all'ingresso (a pagamento) del Termessos Milli Parkı, parco naturale al cui interno si trova l'area archeologica, raggiungibile attraverso una strada asfaltata, alquanto disagevole, che raggiunge un parcheggio, dove si prosegue (mezz'ora circa di salita) a piedi. Per la visita è opportuno prevedere circa 3 ore.

Circa 1 km prima di arrivare a Termessos si scorgono le rovine di antiche mura e di una torre. Più oltre, sulla sinistra, un muro costruito con grossi blocchi di pietra sosteneva la via d'accesso alla città, pomposamente chiamata via reale.

Città bassa. Dopo una curva sulla sinistra, si trovano le infrastrutture di una porta esterna, un imponente ingresso monumentale di età romana. Si giunge quindi a una vasta area, un tempo occupata dalla città bassa, della quale resta una **necropoli**, ove sono alcuni interessanti monumenti funebri tra cui la **tomba dei Leoni.** Sempre nell'area della città bassa, si può scorgere la **casa della sorgente** di cui rimane soltanto una fontana e il **propileo di Adriano** che portava a un tempio ionico periptero.

Si percorre un sentiero che sale verso la parte alta della città (500 m circa) dominante una vallata ove spiccano, sull'opposto versante, numerose tombe. Dopo essersi immessi nella **via reale**, in questo tratto lastricata, si scorgono più in alto, sulla destra, alcuni resti delle mura esterne e a sinistra le rovine di un **acquedotto** che, insieme ad alcune grandi cisterne, assicurava l'approvvigionamento idrico della città.

Città alta. Superato un tratto a scalini della via reale, si arriva alla porta di accesso alla parte superiore della città, rinforzata da una torre, di cui non restano che scarse tracce. Poco oltre, sulla sinistra, in mezzo a una fitta sterpaglia, si estende su una lunga terrazza il **ginnasio**, ove si allenavano gli atleti: numerosi locali si aprivano su un cortile interno (*oggi inaccessibile*); meritano particolare attenzione le grandi nicchie e i pilastri dorici. Una deviazione a sinistra raggiunge la **stoà di Osbaras**, costruita in epoca romana a imitazione della limitrofa **stoà ellenistica**, offerta da Attalo II (159-138 a.C.), re di Pergamo, e comprendente due livelli di colonne doriche. Le due stoà, disposte ad angolo retto, chiudevano a nord e a ovest l'**agorà**. A fianco, nei pressi dell'estremità orientale della stoà di Osbaras, aperto su uno straordinario scenario di dirupi e vallate, sorge il **teatro***: l'elemento più suggestivo, che rende unico questo edificio, il più interessante e il meglio conservato della città, è proprio la sua posizione su uno sperone di roccia, con alle spalle il vuoto, che lo fa sembrare sospeso nello spazio. Costruito in epoca ellenistica e rimaneggiato dai Romani, poteva contenere 4200 spettatori. La cavea, che comprendeva 26 ordini di gradini ed era completata da un loggiato a pilastri, è ancora in gran parte intatta, mentre la scena è parzialmente crollata sull'orchestra. Sulle gradinate sono ancora visibili scritte e monogrammi.

Proseguendo verso sud, all'opposto lato dell'agorà, si trova il **bouleuterion**, del quale non restano che alcuni muri esterni, alti più di 10 m, rinforzati da pilastri e muniti di finestre che ne movimentano la struttura: ciò lascia supporre che l'edificio fosse coperto, malgrado i suoi 25 m di larghezza. Le pareti interne erano rivestite di marmi policromi, di cui sono stati rinvenuti alcuni frammenti.

Quasi a significare che l'ombra protettrice degli dèi circondava l'assemblea dei notabili cittadini, nelle immediate vicinanze del *bouleuterion* si contano ben quattro templi. Dietro le gradinate si trova il **tempio di Zeus**, dai muri esterni ben conservati; più in basso sorgono un **tempio di Artemide** del III secolo d.C., in buone condizioni, un tempio del II secolo d.C. in stile dorico, sotto le cui rovine furono rinvenuti due bassorilievi con scene del sacrificio di Ifigenia, e i resti di un tempio anonimo, forse un *heroon*.

Procedendo verso nord-ovest si arriva a una grande **abitazione** romana, detta 'del mecenate', poi a un *heroon*, in parte scavato nella roccia, e poco oltre si osservano su una terrazza cinque gigantesche **cisterne** profonde oltre 10 m, alimentate da una conduttura ancora visibile lungo la parete a strapiombo: un'ardita opera di ingegneria idraulica che dà una misura dell'importanza economica raggiunta dalla città.

Necropoli*. Più oltre si arriva a una biforcazione: piegando a destra si torna alla città bassa; seguendo, invece, il sentiero a sinistra si raggiunge (500 m) il luogo più impressionante di Termessos: grandi sarcofagi di pietra, spesso spalancati, appaiono disseminati lungo tutto il pendio; alcune tombe sono a forma di tempio, altre portano iscrizioni, e quasi tutte rilievi, come nel caso della celebre tomba di Alketas, generale di Alessandro Magno, suicidatosi pur di non cadere nelle mani di Antigono.

È consigliabile seguire il sentiero fino alla sommità della collina dove, da un'altezza di 1220 m, si domina un magnifico panorama su tutta la regione e fino al mare.

Güllükdağı (Termessos) Milli Parkı

(D2-3). Costituito nel 1970 su un'area di 6700 ettari, comprende la zona archeologica e i rilievi circostanti, caratterizzati da rari endemismi botanici (tra cui un'orchidea), una vegetazione mediterranea che annovera specie quali la *juniperus foeditissima* (ginepro) e una fauna che associa a numerosi predatori la capra di montagna (ibex), raffigurata nelle decorazioni dei monumenti di Termessos. A 800 m dall'entrata un piccolo museo ospita una mostra sulla fauna e la flora del parco nonché fotografie e reperti del sito archeologico.

Il teatro di Termessos, sospeso su uno sperone roccioso

7.6 La costa della Panfilia

Perge*

(D3). Antico insediamento della Panfilia, sulle rive del fiume Aksu (Kestros), un tempo navigabile dalla foce fino al centro abitato, Perge conserva interessanti monumenti tra cui il più grande stadio dell'Asia Minore, una splendida via porticata e un bel teatro che permettono di ricostruire alcuni momenti della vita quotidiana di una grande città dell'epoca ellenistica.

Storia. Fondata probabilmente attorno al 1000 a.C., Perge occupò l'area ai piedi dell'acropoli al tempo dei Persiani e, grazie alla sua posizione all'incrocio di importanti vie di comunicazione, conobbe una rapida crescita economica. Il tempio di Artemide, allora famoso in tutto il mondo mediterraneo, non è stato ancora riportato alla luce. Nel 188 a.C. i Romani conquistarono la città, che si arricchì di monumenti, estendendosi molto al di là della cinta muraria ellenistica, e divenne poi importante centro di diffusione del cristianesimo.

Visita. La città si raggiunge con una breve deviazione (2 km) dalla statale 400 Antalya-Alanya nei pressi del villaggio di Aksu. Prima di raggiungere il sito archeologico, ci si può fermare nei pressi del teatro (*ingresso a pagamento dalle 8 alle 17 in inverno; fino alle 19 in estate*); il biglietto è valido per la visita di tutta la zona, che richiede circa 2 ore.

Teatro*. Addossato alla collina, sulla sinistra della strada d'accesso, questo edificio greco-romano con una capienza di 15 000 persone offre, dall'alto dell'auditorium, una stupenda veduta d'insieme dello stadio e della città bassa, estesa fino ai piedi dell'altopiano roccioso occupato dall'acropoli. Danneggiato dall'utilizzo come cava di pietre negli anni venti, dell'edificio greco originale il teatro conserva una parte della cavea e i passaggi laterali scoperti, ma il resto della costruzione risente già di un'influenza romana (II secolo d.C.). La parte bassa delle gradinate era articolata su tredici livelli, quella superiore su venticinque e un loggiato coronava in alto la cavea. La scena recentemente ripulita è lunga 56 me larga 4.40; alla base del muro si possono ammirare una serie di rilievi rappresentanti il dio fluviale Cestro e scene della vita di Dioniso.

Stadio*. Si trova quasi di fronte al teatro, è lungo 295 m e largo 34, e risale al II secolo d.C. Costruito in piano, fu dotato di possenti strutture a volta per sostenere le gradinate che, disposte a ferro di cavallo su dodici file, potevano contenere 12000 spettatori. Sotto queste strutture sono ancora ben visibili le tracce delle botteghe che vi avevano trovato sede: sui muri alcune iscrizioni menzionano la natura della merce venduta o il nome del proprietario. Lo stadio terminava con un emiciclo a nord, nei pressi della porta principale della città.

La **città bassa** concentra alcuni tra i monumenti più interessanti dell'antica Perge. Aveva la forma di un quadrilatero, circondato da mura che si diramavano dalle estremità meridionali dell'acropoli, con pianta determinata da due strade fiancheggiate da colonne, tra loro intersecantisi. Il bastione occidentale (più recente, forse del periodo romano) seguiva la collina in direzione sud per piegare poi verso est; il bastione orientale era rinforzato da possenti fortificazioni rettangolari, alte più di 10 m e munite di un frontone, in parte ancora visibile. Dalla porta ellenistica, aperta al centro del bastione meridionale, partiva una delle due magnifiche vie a portici di Perge, che attraversava la città in direzione dell'acropoli.

Porta romana. Eretta sotto il regno di Settimio Severo, aveva la facciata rivestita di marmo ed era ornata da nicchie con statue; si apre in un tratto di mura risalente ai lavori di ampliamento delle fortificazioni, eseguiti nel IV secolo. A destra della porta si trovano le vestigia, poco significative, della tomba di Plancia Magna, figlia di Marco Plancio Varo, governatore della Bitinia, e sacerdotessa del tempio di Artemide.

Superata la porta si scorgono subito, a destra, le vestigia di una basilica bizantina e a sinistra i resti di un **ninfeo**, o fontana monumentale, preceduto da una grande nicchia sormontata da una semicupola e probabilmente destinato a riti religiosi. Sempre a sinistra, i resti di un propileo corinzio, il cui architrave era ornato da rilievi.

Terme*. Riportate alla luce recentemente, sono fra le più belle dell'Anatolia. Costituite da numerose sale, conservano pregevoli pavimenti e grandi vasche marmoree; le statue che ornavano le sale sono ora al museo di Antalya.

Porta ellenistica. Ritornando sui propri passi, ci si trova nella grande corte trapezoidale, di fronte alle due torri rotonde della porta ellenistica, importante opera difensiva risalente al III secolo a.C. che costituiva l'ingresso principale della città ma, all'epoca dell'ampliamento romano della cinta muraria, assunse un carattere soprattutto decorativo.

Dietro le due torri, ai lati della strada, erano due costruzioni offerte da Plancia Magna, a forma di abside, che definivano un cortile a ferro di cavallo. L'insieme era completato, in epoca romana, da un arco monumentale collocato su una corte centrale, cui si accedeva da quattro scalini, con pilastri ricchi di elementi decorativi (oggi ne sopravvive soltanto lo stilobate). Oltre la porta ellenistica, sulla destra, si estendeva la grande **agorà**, a pianta rettangolare (74 m per 67) con una corte centrale, cui si accedeva da quattro porte poste in corrispondenza dei punti cardinali, ove si ergeva un edificio circolare (tholos) di 13.4 m di diametro, sormontato da una cupola e circondato da 16 colonne di marmo. I portici, sotto cui affacciavano numerosi negozi, erano pavimentati a mosaici e costituiti da colonne di granito con capitelli corinzi che sostenevano un architrave con soffitto a cassettoni.

Via porticata. La città bassa, dalla porta ellenistica fino ai piedi dell'acropoli, era attraversata da questa via, larga 20 m, delimitata da eleganti portici su cui affacciavano le botteghe. Al centro della via, che a circa due terzi della sua lunghezza intersecava ad angolo retto un'altra strada a portici orientata da ovest a est, scorreva un canale (alimentato da un ninfeo) che la divideva in due corsie. Nel XIII secolo una violenta scossa sismica provocò il crollo di tutte le colonne, oggi in parte restaurate. Alcune conservano ancora notevoli rilievi, tra i quali spiccano l'Artemide di Perge con archi, frecce e una torcia, una rappresentazione di Apollo e quella di un uomo in toga che spande dei vino su un altare. Su un lieve rialzo, a sinistra della via porticata, sorge una **basilica** a tre navate di cui resta un'alta abside, preceduta da un nartece. Più oltre, all'incrocio tra le due vie porticate, si trova l'**arco di Apollonio e Demetrio**, eretto da questi due facoltosi cittadini in onore di Artemide e Apollo, come risulta da una iscrizione della metà del II secolo d.C.: era formato da due pilastri che sostenevano un attico ornato agli angoli da mezze colonne ioniche; recenti scavi hanno consentito di rinvenirne quasi tutti gli elementi costitutivi. Al termine della via porticata, ai piedi dell'acropoli, si raggiunge il **ninfeo**, fontana monumentale che con le sue acque alimentava il canale al centro della strada e, costruito a forma di U all'epoca di Adriano (117-138), com-

prendeva una nicchia centrale dove, dalla statua di un dio fluviale, scaturiva l'acqua che riempiva una vasca. Dal ninfeo, un sentiero sulla sinistra raggiunge un grande **ginnasio**, costruito a pianta quadrata (76 m di lato) da C. Giulio Cornuto, in onore dell'imperatore Claudio (41-54), come indica un'iscrizione sul muro meridionale.

A nord della città bassa si erge, sopra uno sperone roccioso, l'**acropoli** di difficile accesso; vi si scorgono solo alcune rovine bizantine invase dalla vegetazione.

Sillyon

(D3). Situata su un altopiano roccioso di difficile accesso che domina la pianura costiera, conserva monumenti di notevole interesse, inseriti in un contesto paesaggistico di fascino selvaggio. L'origine e le vicende della città sono piuttosto incerte: gli unici dati sicuri riguardano il 333 a.C., quando Alessandro Magno pose l'assedio all'acropoli, e una citazione di Strabone, tre secoli dopo. In epoca bizantina ebbe il titolo di metropoli e fu sede di un vescovado.

Visita. Superato (7 km) il bivio di Perge sulla 400 in direzione di Alanya, una deviazione a sinistra verso Gebiz, passando per Eski Yürük, giunge al villaggio di Asar Köyü (o Kocahisar) da cui parte l'escursione (circa 4 km a piedi) alla zona archeologica, particolarmente faticosa per la ripidità del sentiero e l'esposizione al sole. Per la visita sono necessarie circa 3 ore, percorso di avvicinamento al sito e ritorno compresi.

Lungo le prime pendici della collina si attraversa lo **stadio**, molto rovinato, che si allungava su un'ampia terrazza; poco più in alto, un **ginnasio**, costruito nel II secolo d.C. e rimaneggiato dai Bizantini, appare un po' meglio conservato. Prendendo a destra, in direzione sud, si arriva alla **porta** della città, notevole struttura architettonica affiancata da due torri quadrate, aperta in un muro semicircolare costruito con grosse pietre ben squadrate.

Si prosegue poi verso nord, incominciando a inerpicarsi sulla collina: sulla destra si vedono i resti di una torre ellenistica appartenente a fortificazioni oggi in rovina, sulla sinistra si estende una **necropoli**, dove spiccano alcune tombe a forma di torre. Si imbocca, quindi, una bella rampa d'accesso di epoca ellenistica, sostenuta da un muro rinforzato da possenti contrafforti. Più in alto (dopo circa 300 m), si scorgono sulla spianata alla sommità dell'altopiano le vestigia della città bassa di epoca selgiuchide e bizantina e i ruderi dell'agorà. Oltrepassato l'ingresso, ben conservato, della città alta, si incontra un cumulo di muri appartenenti a costruzioni in gran parte franate. Fra le rovine si distingue una **fortezza** selgiuchide del XIII secolo, che constava di più piani di cui almeno il primo munito di finestre. Di fronte si trovava un **ginnasio**, di cui rimane il muro di un portico (lungo 54 m e largo 7), che presenta interessanti elementi architettonici e una bella incorniciatura delle aperture.

Dietro il portico, verso sud, alcuni edifici d'epoca ellenistica e di pregevole struttura conservano belle facciate con i vani delle finestre ancora integri. Nello stipite di una di queste si noterà un'iscrizione nella lingua parlata nella Panfilia, un idioma derivato dal greco. Avanzando verso il centro dell'altopiano si incontrano numerose **cisterne** e tratti di mura bizantine. Alcune rare vestigia ellenistiche, riconoscibili dai blocchi quadrangolari accuratamente sagomati, appartenevano per lo più a santuari.
Procedendo, invece, dal portico verso est, si raggiungono i resti di una vasta costruzione, probabilmente un tempio, di cui si distinguono i piccoli piani su cui venivano deposte le offerte.

Aspendos

(D3). Un solo monumento è in grado di giustificare una visita ad Aspendos: il teatro, uno dei più belli e soprattutto dei meglio conservati dell'antichità romana. Ma altre interessanti rovine completano la visita di quella che fu una delle principali città della fascia costiera della Panfilia.

Storia. Secondo la tradizione greca, Aspendos sarebbe stata fondata alla fine del II secolo a.C. da alcuni coloni provenienti da Argo, ma le origini risalgono probabilmente a tempi molto più remoti. Sotto la dominazione persiana (V secolo a.C.), Aspendos prosperò grazie all'allevamento dei cavalli e alla navigabilità del fiume Eurymedon (Eurimedonte; oggi Köprü Çayı) che scorreva non lontano dalla città. Ribellatisi ad Alessandro Magno (334 a.C.), che occupò la città bassa, fu in seguito (190 a.C.) annessa alle province romane d'Asia e a questo periodo risalgono la maggior parte dei suoi monumenti. Sede di un vescovado in epoca bizantina, decadde poi lentamente a favore della vicina Perge.

Visita. Superato Serık sulla costiera 400 in direzione di Alanya, una deviazione sulla sinistra, in corrispondenza di Belkis, porta (4 km) al sito di Aspendos. La visita (a pagamento) richiede circa un'ora e mezza.

Teatro**. Straordinariamente ben conservato, venne eretto, come indica un'iscrizione sopra le due grandi porte, dall'architetto Zenone, nativo della città, intorno al 170 d.C., sotto il regno di Marco Aurelio; fu dedicato, oltre che alle divinità del luogo, alla famiglia imperiale. Addossato alla collina, costituisce nell'insieme della sua struttura architettonica un perfetto esempio di teatro romano, sebbene conservi alcuni elementi greci (forma della cavea). A parte alcune modifiche apportate dai Selgiuchidi (decorazioni in maiolica dell'edificio di scena, rifacimento di alcune mezze colonne della galleria), nonché il restauro delle gradinate, il teatro, che poteva contenere 15 000 spettatori, ha mantenuto lo splendore di un tempo compresa l'ottima acustica: vi si allestiscono ancora numerosi spettacoli, compreso un festival annuale di prosa.
La maggior parte della struttura (gradinate, corridoi, cornici, pavimenti ecc.) è stata edificata utilizzando una puddinga proveniente dai dintorni. La facciata interna dell'edificio di scena era invece rivestita completamente di lastre di marmo, oggi scomparse. Oltre alle due porte principali il teatro possedeva altre due porte di uscita comunicanti direttamente con l'acropoli. Le edicole che si appoggiano alla facciata esterna dell'edificio di scena e sotto le quali si aprono le entrate principali costituiscono delle aggiunte. Le gradinate sono comprese all'interno di una cinta semicircolare di 95 m per 48; la cavea è divisa in due ordini e in cima alle gradinate, addossata al muro di cinta del teatro, si sviluppa una galleria a volta poggiante su pilastri. Le entrate principali del teatro si aprono su una profonda galleria, da una parte e dall'altra dell'edificio di scena, e comunicano con un *parodos* lungo 29 m e largo 10 che sbocca sull'orchestra. Le scalinate, da una parte e dall'altra dell'edificio di scena, facilitavano l'accesso alle gradinate collegando l'esterno con l'ambulacro. L'edificio di scena, pressoché intatto all'esterno, presentava una facciata interna a due ordini di colonne, ioniche al piano inferiore, corinzie a quello superiore, interrotti al centro da un frontone a tre balconate.

Uscendo dal teatro si riprende per circa 200 m la strada per la quale si è arrivati e si raggiungono (sulla sinistra) le terme, di cui restano alcuni ruderi poco significativi. Proseguendo verso sud si incontra un **ginnasio**, in gran parte nascosto dalla vegetazione, di cui sono ancora distinguibili alcune sale. In corrispondenza delle terme,

Una veduta dell'interno del teatro romano di Aspendos, splendidamente conservato

ci si dirige a destra, verso una depressione del terreno fra due colline, per giungere così alla porta meridionale della città, molto rovinata, che introduce all'acropoli: continuando diritto si vedranno, sotto la terrazza che sosteneva la basilica (vedi oltre), le grandi sale a volta che servivano presumibilmente da magazzini.

Agorà. Imboccando il sentiero in salita sulla sinistra, si arriva dapprima a un'esedra e più oltre all'**agorà**, il cui lato occidentale era chiuso da dodici botteghe precedute da un portico (oggi scomparso). Di fronte a esse un vasto edificio (lungo 170 m e largo 27) serviva da **basilica civile**: formato da tre navate parallele (quella centrale era chiusa da un'abside), costituiva una sorta di mercato coperto; a nord dava su una vasta costruzione quadrangolare dai muri ben conservati, probabilmente un luogo di riunione o una sala di giustizia. Il lato settentrionale dell'agorà era fiancheggiato da un monumentale **ninfeo** (largo 35 m e alto 15) decorato da nicchie e da sculture, del quale restano alcune vestigia.

Acquedotto romano*. Dalla zona dell'agorà, seguendo un sentiero che percorre l'acropoli verso nord si può raggiungere la porta settentrionale della città, da cui si domina un bel panorama sulla pianura sottostante e si scorgono i resti di questo acquedotto, considerato il più interessante dell'Anatolia e costruito nel II secolo da Tiberio Claudio per portare l'acqua alla città.

Lungo circa 30 km, in quel tratto attraversava, per una lunghezza di circa 850 m, un terreno paludoso. Assai notevoli le due torri erette alle estremità che, alte una trentina di metri, permettevano di controllare e regolare l'afflusso dell'acqua. Incanalata dentro a condotte sotto una forte pressione, essa si riversava in vasche che ne rallentavano la caduta, favorendo nel contempo l'uscita dell'aria. Per osservare da vicino l'architettura si possono seguire le indicazioni, arrivando (1 km circa) fino ai piedi della torre settentrionale.

I dintorni di Aspendos

Parco nazionale Köprülü Kanyon
A nord di Aspendos, a 96 km da Antalya. Il canyon è lungo 14 km e offre a chi ama l'avventura la possibilità di praticare nelle sue acque rafting o canoa (le escursioni vengono organizzate dalle agenzie del centro di Antalya). All'interno del parco si possono ammirare due ponti romani, del II secolo d.C., capolavori di ingegneria idraulica, e le rovine della città romana di Selge. Si è conservato in condizioni relativamente buone il teatro, avvolto dalla vegetazione.

Side*

(E3). A Side, uno dei rari casi di antico insediamento recentemente ripopolato, si tenta di realizzare una difficile sintesi tra le esigenze di tutela del patrimonio archeologico e ambientale e lo sviluppo dell'industria turistica.

Storia. Già abitata nell'VIII secolo a.C., Side viene menzionata solo in seguito, prima quando fu annessa (VI secolo a.C.) al regno di Lidia, poi per aver accolto nel 333 a.C. una guarnigione di Alessandro Magno. Controllata dai re egiziani, fu integrata nel 218 a.C. al regno seleucide. Nel 190 a.C., al largo delle coste di Side, una flotta di Antioco III, comandata da Annibale, venne sconfitta da una flotta rodiota che agiva per conto di Roma. La città, grazie al suo porto, divenne allora un importante mercato di schiavi e continuò a prosperare grazie all'intensa attività commerciale. Con il declino dell'impero romano anche Side visse un periodo di decadenza, per riacquistare importanza nel V e VI secolo quando divenne, insieme a Perge, un importante centro di diffusione del cristianesimo. Abbandonata nel IX secolo, accolse nel 1895 esuli turchi venuti da Creta; a partire dagli anni Sessanta ha ripreso a svilupparsi grazie soprattutto al turismo.

Visita. Un cartello segnaletico sulla strada 400 che collega Antalya ad Alanya indica a destra la città (3 km); dopo 500 m dal bivio si oltrepassano le vestigia di un acquedotto romano e, 2 km più avanti, in corrispondenza di un edificio moderno che ospita l'ufficio informazioni, una strada a destra conduce alla zona turistica dove si trovano i principali alberghi; proseguendo invece diritto si arriva al sito archeologico. Si può parcheggiare in prossimità della porta ellenistica per visitare il ninfeo, i bastioni e la basilica bizantina (accessibile anche dall'agorà del teatro), quindi nei pressi del teatro, dato che è vietato l'accesso in città in auto. Una visita approfondita della città antica richiede circa tre ore.

Porte. Della principale **porta** di accesso alla città, costruita nel II secolo a.C. insieme ai bastioni di cui faceva parte, non restano che vestigia di scarsa rilevanza. Le mura ellenistiche erano rinforzate dalla parte della terraferma da torri rettangolari, mentre all'epoca bizantina si deve il rimaneggiamento del fronte marittimo. Costeggiando in direzione est le mura si arriva alla monumentale **porta orientale**, rinforzata da due torri e costituita da due passaggi a volta aperti su una corte interna (le cui mura si ergono ancora in tutta la loro altezza (9 m). Era decorata da un lungo fregio, forse un trofeo di guerra, raffigurante corazze, spade ed elmi, alcuni frammenti del quale sono conservati al museo di Side.

Ninfeo. Di fronte alla porta della città si trova questa grandiosa struttura del II secolo d.C., edificio a tre piani con colonne di stile corinzio, rivestito in marmo; la vasca, decorata da bassorilievi, conteneva 500 m³ di acqua, convogliati da un acquedotto che attingeva dal corso del fiume Melas (oggi Manavgat Çayı).

Edifici bizantini. Questo complesso comprende un palazzo episcopale con le sue dipendenze, una vasta basilica a tre navate, preceduta da un nartece e da un atrio, e un battistero. Più a sud sono stati riportati alla luce altri edifici, tra cui una chiesa del V o VI secolo con pianta a croce greca, preceduta da un nartece.

Lasciato questo settore della città ci si può trasferire nella zona del teatro.

Museo. *Visita a pagamento dalle 8 alle 17; chiuso il fine settimana.* Ha sede nell'edificio, ora restaurato, delle **terme romane** (V secolo d.C.): raccoglie una bella collezione di sculture rinvenute, per la maggior parte, nel corso degli scavi della zona. Da un cortile adibito un tempo a spogliatoio (*apodyterium*) si accede al frigidarium, anch'esso senza tetto; l'entrata originaria delle terme si apriva a sinistra di questa sala, con pavimento di marmo del V secolo d.C., ove spicca una piscina circolare alimentata da una cisterna. Si passa quindi in un piccolo locale coperto (*sudatorium*), dove si prendevano dei bagni di vapore: vi sono esposti gioielli, monete e statuette. Girando a destra si entra nel tepidarium, dove si possono ammirare numerose sculture fra le quali delle magnifiche teste romane e alcuni bei sarcofagi. Nell'ultima sala, l'antico calidarium, sono esposte varie statue: una Nike, un Ercole privo di una gamba (II secolo d.C.), il celebre gruppo delle Tre Grazie e un bassorilievo raffigurante il supplizio di Issione.

Agorà. Sorgeva di fronte all'edificio delle terme, delimitata a sud dall'edificio di scena del teatro e lungo il lato occidentale da una grande via a portici (in corrispondenza della strada attuale) dove si apriva un ingresso monumentale. L'interno, quadrilatero, era circondato da portici ionici su cui si affacciavano numerose botteghe; al centro dell'agorà una struttura in marmo bianco su una base di travertino, probabilmente un tempio consacrato a Tiche (II secolo d.C.), era contornata da colonne corinzie che sostenevano una cupola piramidale decorata coi 12 segni dello zodiaco.

Costeggiando verso est i bastioni si raggiunge l'**agorà di Stato**, vasta piazza quadrata di cui si distinguono appena i contorni, un tempo circondata da un portico ionico. Sul lato orientale sono i resti di un edificio di rappresentanza a due piani, riccamente decorato. La sala centrale (detta 'dell'Imperatore'), ornata da numerose statue, era probabilmente utilizzata per cerimonie pubbliche; i due locali laterali erano adibiti ad archivi o biblioteche. Quasi tutte le statue che si trovavano nelle nicchie sono andate perse: le poche conservate sono oggi al museo di Side. Proseguendo verso sud dal tratto di strada d'accesso antistante il museo e l'agorà, si varca il grande **arco romano**, trasformato in porta della città nel IV secolo d.C., che era coronato nella parte superiore da una quadriga imperiale in bronzo. A sinistra dell'arco è stato riportato alla luce il cosiddetto **monumento di Vespasiano**, elegante fontana nella cui nicchia principale si ergeva una statua dell'imperatore.

Teatro*. Assai ben conservato, rappresenta un punto di osservazione eccezionale per cogliere la struttura urbanistica della città antica e apprezzare la bellezza del sito. Solide strutture di sostegno sorreggevano la cavea, capace di 15 000 posti, divisa in due settori di gradinate che costituiscono la parte più integra del teatro, ricostruito intorno alla metà del II secolo d.C. La parte superiore fu distrutta da un terremoto che provocò anche il crollo dell'edificio di scena, la cui facciata era decorata da due ordini di colonne corinzie ornate da fregi di teste di medusa e da maschere comiche e tragiche. L'accesso alle gradinate era possibile attraverso un passaggio a volta e scale che sbucavano sotto le arcate delle mura di sostegno. Oltre alle rappresentazioni teatrali, vi si svolgevano le assemblee del popolo e, in seguito, i combattimenti dei gladiatori. Nel V secolo il teatro fu trasformato in basilica.

Attualmente nulla resta della grande via colonnata che dal teatro conduceva all'antico porto di Side, ora insabbiato; si attraversa, invece, un tipico quartiere balneare. Lungo il percorso si incontrano le vestigia di numerosi edifici: case private, terme e i ruderi di una basilica bizantina. Proprio alla fine della strada, sulla destra, si notano – in mezzo ad abitazioni costruite quasi a ridosso delle rovine – i resti di due **templi**, rispettivamente dedicati ad Apollo e ad Atena, di cui si segnalano i magnifici capitelli corinzi. Edificati (fine del II secolo) a 10 m l'uno dall'altro, furono distrutti da un terremoto in epoca cristiana e riutilizzati come materiale di recupero per costruire poco oltre, verso est, una grande basilica, preceduta da un nartece e terminante con un'abside. Costeggiando la riva orientale (a sinistra della strada che sbocca sul porto) si incontra, ormai soffocato dalle case, il **tempio di Men**, sorto all'inizio del III secolo d.C. e consacrato a una divinità anatolica che incarnava la Luna.

Manavgat

(E3). Vivace cittadina all'estremità orientale della piana costiera, sorge a pochi chilometri dalla foce dell'omonimo fiume, ai margini di una bella pineta. Risalendo il corso del fiume (4 km in direzione di Şelale) si incontrano svariate cascatelle all'interno di un parco attrezzato dove è possibile ristorarsi al riparo dalla calura estiva.

Seleucia di Panfilia

(E3). Proseguendo verso l'interno si raggiunge il sito di questa antica città (8 km e un'ora di cammino), dove spicca una grande costruzione, probabilmente uno stabilimento termale; i templi e l'agorà, un tempo circondata da portici dorici, sono i monumenti meglio conservati.

7.7 La fascia costiera da Alanya ad Anamur

La valle dell'Alara (Alara Çayı)

Una breve deviazione verso l'interno permette di scoprire lungo la valle del fiume Alara, dalle acque limpide e fresche, un singolare sperone roccioso, coronato da una fortezza dalla quale si domina un bellissimo panorama. Ai piedi della rupe, presso un ponte in rovina, sorge quasi intatto l'**Alarahan**, grande caravanserraglio selgiuchide che dà nome al luogo e costituiva il rifugio dei mercanti che percorrevano l'antica strada da Antalya ad Alanya.

Superato il bivio della 695 per Konya, procedendo sulla strada 400 verso Alanya, dopo circa 15 km una deviazione a sinistra (asfaltata) risale la valle dell'Alara. L'escursione alla fortezza è piuttosto faticosa; si consiglia inoltre di procurarsi una torcia elettrica.

Caravanserraglio. Costruito nel XIII secolo, presenta una struttura a corte interna su cui affacciano le camere che venivano occupate dai mercanti. Un vasto ambiente scarsamente illuminato correva tutt'intorno alle camere e fungeva da magazzino e stalla. La torcia elettrica consentirà di apprezzare meglio la pregevole architettura delle volte e di scoprire le mensole leontocefale su cui venivano posti i portafiaccole.

Fortezza (Alara akale). Risale alla medesima epoca del caravanserraglio; per accedervi si costeggia il fiume fino alla gola dove una ripida scala, intagliata nella roccia, conduce a un tunnel, in parte crollato, che raggiunge la prima cinta di mura, dall'alto della quale già si gode di uno splendido panorama. Attraverso altri scalini, molto consunti, su un pendio fortemente scosceso, si arriva alla seconda cinta e alla parte superiore della fortezza, ove si erge un hammam le cui cupole recano frammenti di affreschi. Dal punto più alto delle fortificazioni la vista è superba.

Serafşa Hanı

10 km circa oltre la valle dell'Alara, proseguendo verso Alanya sulla strada costiera 400, a sinistra della statale. È un caravanserraglio, oggi trasformato in scuderia, costruito tra il 1236 e il 1246 sotto il regno del sultano selgiuchide Kayhosrow. Rinforzato da possenti pilastri, conserva un bel portale e all'estremità orientale una piccola moschea. Particolarmente interessante è la grande sala, dalla splendida volta, un tempo adibita a deposito di merci e animali.

Alanya

(E3). Situata su un promontorio roccioso (alto 250 m) circondato da coste frastagliate e coronato da una cittadella fortificata selgiuchide, Alanya (ab. 50 000) è diventata una delle stazioni balneari più importanti e attrezzate della Turchia. Da una parte e dall'altra dello sperone roccioso il litorale viene poco a poco divorato dagli alberghi che si moltiplicano rapidamente, ma arroccato al pendio che conduce alla cittadella resiste ancora un tradizionale tessuto edilizio di vecchie abitazioni in legno. Lo spettacolo delle ripide scogliere dorate dal sole del tramonto si riflette sulle acque blu è realmente splendido, che lo si ammiri da una barca o dall'alto dei bastioni.

Storia. La fortezza originaria che dominava il picco roccioso dell'antica Coracesium fu per lungo tempo un covo di pirati, finché cadde nelle mani dei Romani che, nel 67 a.C., la distrussero. Conosciuta in epoca bizantina col nome di Kalonoros, fu poi conquistata dal sultano selgiuchide Keykubat I Alaeddin (1219-36) che ne fece la sua residenza invernale, costruendovi una nuova fortezza e dando alla cittadina il nome di Alaye. Più tardi, quando la potenza selgiuchide aveva ormai ceduto il posto a quella ottomana, Alanya passò nelle mani del sultano di Karaman; nel 1333, all'epoca del viaggio del geografo arabo Ibn Battuta, era un fiorente porto che intratteneva stabili relazioni commerciali con Alessandria d'Egitto.

Visita. La visita della città richiede circa mezza giornata, ma è consigliabile disporre di più tempo per una gita in barca intorno al promontorio o per raggiungere le belle spiagge dei dintorni. Non meno piacevole è girovagare per la città vecchia, dove piccoli negozi offrono oggetti artigianali.

Kızıl Kule. Il quartiere del porto è dominato da questa 'torre rossa', vasta costruzione ottagonale di 12.5 m di lato che costituisce l'elemento più interessante delle antiche fortificazioni e fu costruita nel 1226. Era posta a guardia del porto e collegata alla fortezza superiore da una lunga muraglia che delimitava tre cinte successive per un totale di 146 torri. La torre è oggi sede di un **Museo Etnografico** (*visita a pagamento dalle 8 alle 12 e dalle 13.30 alle 17.30; chiuso il lunedì*) che conserva, oltre alla ricostruzione di una tenda di nomadi, alcuni telai, tappeti, kilim, ricami e numerosi altri oggetti della vita quotidiana; dall'ultimo piano della torre, magnifico panorama della città e, in particolare, dei vecchi quartieri alle spalle del porto.

Prima di ritornare verso l'istmo, può essere piacevole seguire i bastioni che costeggiano il mare fino all'**arsenale**, costruito nel 1227 e ancora utilizzato come cantiere navale agli inizi di questo secolo. Dal porto, recentemente ristrutturato, partono numerose imbarcazioni per brevi escursioni (45 minuti), che compiono il giro del promontorio e visitano alcune grotte.

Grotta di Damlataş. *Visita a pagamento dalle 10 alle 17.30; fino alle 20 in estate.* Attraversato l'istmo e raggiunto l'opposto versante del promontorio, si può accedere a questa grotta , 10 m al di sotto del livello del mare e dotata di proprietà terapeutiche per i malati di asma, data la temperatura costante (18 °C) e l'alto tasso di umidità dell'aria, dove un sapiente gioco di luci mette in risalto l'intrico di stalattiti e stalagmiti.

Museo di Alanya. *Visita a pagamento dalle 8 alle 12 e dalle 13 alle 17 in inverno; dalle 9 alle 12 e dalle 13.30 alle 19 in estate.* Conserva alcuni interessanti reperti archeologici e comprende anche una sezione numismatica e una etnografica, con oggetti d'uso quotidiano e la ricostruzione dell'interno di una stanza del periodo ottomano (fine del XIX secolo). In particolare, per quanto riguarda la sezione archeologica, sono da notare graziosi idoli di ispirazione cicladica e numerosi oggetti artistici e di uso comune delle antiche civiltà

anatoliche. Nella grande sala il pezzo più noto è una piccola statua di bronzo del II secolo d.C. raffigurante Ercole.

Cittadella. *Visita a pagamento dalle 9 alle 20.* Occupa gran parte della sezione meridionale del promontorio con una triplice cinta di mura. Una fortezza selgiuchide fu eretta all'interno della prima cerchia e l'emblema dei Selgiuchidi è raffigurato nella pusterla della seconda cinta muraria. Tra la seconda e la terza cerchia si notano i resti di un **bedesten**, che fungeva anche da locanda. Continuando a salire si incontra la **Süleymaniye Camii**, moschea ricostruita nel XVII secolo sulle fondamenta di una selgiuchide. Nei pressi dell'estremità settentrionale della seconda cinta si trova la **fortezza di Ehmedek**, ridotto rinforzato da numerose torri una delle quali racchiude un hammam. Attraverso una porta aperta in una torre rettangolare si penetra nella terza cerchia o **İç Kale** (fortezza interna): sulla destra si notano i resti di un palazzo; si costeggiano poi i bastioni sul lato orientale per giungere a una piccola **chiesa bizantina**, un tempo consacrata a S. Giorgio.

Gazipaşa

(E3). Grosso borgo agricolo, al centro di una zona dove, grazie al clima caldo e umido, prosperano le coltivazioni di bananeti e agrumeti, Gazipaşa si è affermata di recente anche come località turistica. Nei dintorni le vestigia di antiche città si inseriscono armoniosamente in un quadro di incomparabile bellezza. Evitando il centro della città, conviene dirigersi verso la spiaggia, sul luogo dell'antica Selinus (Selinunte di Cilicia), che si estendeva ai pie-

di della montagna e di cui rimangono scarse vestigia, in gran parte di epoca bizantina. Lungo la strada spiccano i resti di un acquedotto, di un grande edificio a volte di epoca romana, di alcune tombe e delle terme, sul fianco della collina, coronata da una bella piazzaforte protetta da numerose cinte di bastioni munite di torri.

I dintorni di Gazipaşa

Iotape

9 km a nord-ovest, nei pressi della strada 400 per Alanya. Vi sorgono i resti dell'omonimo centro dell'antichità, che prese il nome dalla figlia di Antioco IV Commagene. A destra della strada si scorgono le rovine dell'acropoli, mentre più verso est si trova una vasta necropoli, in gran parte di epoca bizantina. La parte più interessante della città antica è dall'altro lato della strada, su un promontorio affacciato sul mare, dal quale si gode un bel panorama e ove si trovano vestigia sparse e soffocate dalla fitta vegetazione.

Antiochia ad Cragum

(E3). Sulla strada 400 per Silifke, 20 km oltre Gazipaşa, si imbocca la deviazione a destra per Güney e quindi una pista – in buone condizioni – che sale la collina. È consigliabile soprattutto per la splendida vista che si gode dall'acropoli dell'antica città cilicia costruita su due colline, di cui restano scarse rovine. Molto ben conservati, invece, sono i bastioni del castello che sorge su un promontorio dominante la costa.

Anamur

(E3). Situata a 4 km dalla costa, sui bordi di una pianura alluvionale, la cittadina di Anamur (ab. 32 000) non offre particolari attrattive, ma i dintorni sono molto interessanti dal punto di vista sia paesaggistico sia archeologico e storico-artistico: basti pen-

Veduta della cittadella di Alanya con un tratto della triplice cinta muraria

sare alle rovine dell'antica Anemurium o al castello di Mamure Kalesi. Nel piccolo museo della città moderna sono esposte terrecotte e vetrerie rinvenute nella città antica, oltre a collezioni di monete romane, bizantine, medievali e ottomane e oggetti provenienti da tombe della zona.

Rovine di Anemurium

Si trovano sul versante occidentale del capo Anamur (in turco Anamur Burnu), in un punto in cui le pendici del Tauro arrivano fino al mare.

Storia. L'origine di Anemourion (Anemurium per i Romani) è legata al promontorio su cui sorgeva, estremità meridionale dell'Anatolia e importante punto di riferimento per i naviganti. Fiorente sotto i Romani, che l'arricchirono di monumenti e di un porto, poi distrutta e saccheggiata più volte, tornò prospera in epoca bizantina, quando divenne sede di un vescovado.

Visita. Distante circa 4 km dall'abitato moderno, l'area archeologica si raggiunge percorrendo un tratto lungo 2 km della strada costiera 400 in direzione di Alanya, per poi deviare a sinistra seguendo i cartelli indicatori. La visita richiede circa 2 ore per le rovine ai piedi della montagna, altrettanto tempo se si sale fino all'acropoli.

Arrivando ad Anemurium si rimane colpiti dalla gigantesca **necropoli** sul fianco della montagna: la maggior parte delle tombe è integrata a piccoli monumenti che includono sovente una cappella, un'anticamera e un piano superiore. Non lontano dalla strada, a destra subito dopo avere traversato la cinta di mura, due tombe restaurate sono un esempio, l'una della complessa architettura di questi monumenti, l'altra delle pitture con cui venivano ornate. Sulla destra della strada si notano i ruderi di un grande edificio che faceva parte delle **terme**; uno dei locali del complesso fu in seguito trasformato nel laboratorio di un fabbricante di lampade a olio, come testimoniano le centinaia di lampade ritrovate nel sito.

Più in alto sulla collina, oltre ai resti di due acquedotti, si scorge l'**acropoli**, protetta da diverse cinte di mura, munita di una torre ellenistica e raggiungibile da un sentiero che sale dalla strada.

Dal lato sinistro della strada ci si dirige verso un edificio utilizzato per riunioni ma anche come luogo di divertimento: si tratta di un *bouleuterion* del periodo romano che conserva ancora le sue gradinate. Più oltre, una grande abside a volta è ciò che rimane di un edificio di difficile identificazione, forse una basilica del III secolo

rimasta incompiuta. In prossimità del mare si trova una **chiesa** del V secolo, purtroppo tagliata in due dalla strada e soprannominata 'basilica dei Santi Apostoli': ne è stato riportato alla luce il nartece. Nei pressi è il **battistero**, i cui interessanti pavimenti a mosaico sono stati protetti da un leggero strato di sabbia. Tornando verso il capo Anamur e costeggiando il mare, si accede a una piccola cala dove sorgeva una sorta di 'caffè dei pescatori': sono state infatti rinvenute alcune scritte che esortavano a bere alla salute dei marinai della vicina città di Nagydos.

I dintorni di Anamur

Kösekbükü Mağarası

19 km a nord-ovest, per una strada asfaltata in buone condizioni. È la più famosa delle numerose grotte che si aprono lungo le propaggini carsiche del Tauro, quasi tutte dotate di proprietà terapeutiche. Divisa in tre gallerie, la grotta ha una superficie di 500 m^2 e mantiene una temperatura di 18 °C con un tasso di umidità dell'80%.

Lenger Köyü Çaltı Mağarası

55 km per la strada 400 verso Mersin, deviando poi per Gülnar. Si tratta di una grotta della superficie di circa 1500 m^2, recentemente scoperta. Particolarmente affascinanti i riflessi argentei delle stalattiti e stalagmiti, la più grossa delle quali si è formata nell'arco di 60 000 anni.

Castello di Mamure

(E3). Circa 5 km a sud-est di Anamur. Questo castello (Mamure Kalesi) è uno dei più imponenti di tutta la Turchia: le alte muraglie perfettamente conservate, le grosse torri rotonde e poligonali gli conferiscono un aspetto austero. Riadattato nel 1198 su un impianto probabilmente del III secolo, la fortezza fu completamente rasa al suolo nel 1221 e ricostruita da Karamanoğlu İbrahim Bey. Alcune trasformazioni furono infine apportate dagli Ottomani nel XVI secolo. La visita del castello *(a pagamento dalle 8 alle 17 o 18; in inverno a richiesta)* dura circa 45 minuti. Di notevole interesse la cinta muraria, che conserva pressoché intatte merlature e opere difensive. Prima di entrare nel castello, si può seguire un sentiero che costeggia le mura esterne e il fossato, così da ammirare l'entrata principale (oggi murata) sulla quale si trova l'iscrizione dedicata all'emiro di Karaman: «Ho portato l'acqua, ho rifatto il castello». Ritornati sui propri passi, si può penetrare all'interno del complesso, purtroppo molto degradato (gran parte degli edifici è stata demolita), varcando la prima cerchia attraverso un vasto passaggio a gomito. In fondo a sinistra si erge un'altra torre, dall'alto della quale si ha un ottimo colpo d'occhio sull'insieme delle costruzioni. Una muraglia, parzialmente demolita, separa il primo cortile da un secondo dove sorge, vicino a una fontana, una moschea visibilmente restaurata. Di fronte al castello, dall'altro lato della strada, si trova un hammam ottomano abbastanza ben conservato.

Castello di Softa

(E3-4). Softa Kalesi; 12 km a est lungo la strada 400 in direzione di Silifke. Domina dall'alto di una rupe la strada costiera e il mare. La salita al castello è piuttosto faticosa lungo il sentiero che si stacca dalla strada ai piedi della rupe; l'escursione richiede complessivamente almeno 2 ore. Nel I secolo a.C. fu il rifugio di una delle più temibili bande di pirati che razziavano le coste anatoliche e furono debellati dai Romani. Le costruzioni attualmente visibili, dalle mura merlate chiuse tra torri imponenti, risalgono però alle epoche bizantina e musulmana. Due cerchie di poderosi bastioni proteggono la parte alta del castello dove si trovano ancora vestigia ben conservate di alcune cisterne e di un hammam del XIII secolo.

7.8 La regione di Silifke

Gülnar

(E4). Borgata agricola al centro di una zona carsica, nel cuore del massiccio degli Akçalı Dağları. È raggiungibile da Aydıncık, lungo la strada costiera 400, con una deviazione di 33 km, o da Silifke (63 km) con una strada secondaria che offre bellissimi scorci panoramici.

Meydancık Kalesi

Sulla sommità di un alto tavolato sorge questa cittadella fortificata la cui origine, come risulta da un cartiglio, risale ai tempi del re ittita Muwatalli (1300 a.C.). Le rovine oggi visibili fanno parte di una fortezza costruita in epoca più recente (VI secolo a.C.) da un satrapo nominato governatore della Cilicia tracia dal re di Persia. Si accede alla fortezza da una rampa che, per la sua posizione, obbligava gli assalitori a mostrare il fianco lasciato scoperto dagli scudi; il varco d'accesso, inoltre, ad angolo retto rispetto alla rampa, impediva l'uso di arieti. Gli ambienti interni sono frutto di successivi rifacimenti e sovrapposizioni.

Silifke (Seleucia al Calicadno)

(E4). Al centro di una piana costiera costruita dalle alluvioni del fiume Göksu (l'antico Calicadno), Silifke è una moderna cittadina, priva di fascino, che si va sviluppando in senso turistico grazie anche alla creazione del vicino porto di Taşucu. Dominata da una possente fortezza medievale, conserva però qualche interessante monumento e costituisce altresì una comoda base per escursioni nei dintorni. La cittadina è nota soprattutto per la ricchezza del suo folclore, in particolare le danze.

Storia. Fondata fra il IV e il III secolo a.C. da Seleuco I Nicatore, fu annessa in epoca romana alla Cilicia, di cui divenne una delle città più fiorenti grazie alla sua posizione alla foce del Calicadno, navigabile fino al centro dell'altopiano anatolico. Nei pressi, durante la 3ª crociata (1190), morì annegato l'imperatore Federico Barbarossa.

Visita. Mezza giornata è sufficiente per una visita della città. Si inizia dal museo (appena fuori dell'abitato) e dalle vestigia del tempio di Giove, per salire poi alla cittadella; nell'immediata periferia si trova la basilica di S. Tecla.

Museo archeologico. *Visita a pagamento dalle 8 alle 12 e dalle 13 alle 17; chiuso il martedì.* Si trova sulla strada che conduce al porto di Taşucu. Al pianterreno, sulla destra, una sala conserva l'arredamento della camera da letto dove dormì Atatürk, di passaggio da Silifke. Sulla sinistra, una bella collezione di monete dall'epoca persiana achemenide fino ai Bizantini. Al primo piano sono esposte collezioni etnografiche e costumi tradizionali. La sezione archeologica presenta il tesoro rinvenuto a Gülnar (5215 pezzi d'argento) oltre ad alcune statuette greche del IV e II secolo a.C., bronzi scoperti nelle vicinanze del tempio di Giove e una collezione di vetri.

Tempio di Giove. Lungo il viale di accesso alla città, spiccano i resti di età imperiale romana di questo edificio religioso, costituito da 8 colonne sulla facciata e 14 sui lati: le colonne, una sola delle quali è ancora in piedi, erano scanalate e sormontate da capitelli corinzi.

Scarse tracce rimangono del teatro e del grandioso ponte romano sul Calicadno; ai lati della strada 715 per Konya, invece, è ancora chiaramente visibile la necropoli dell'antica Seleucia.

Cittadella. Su un rilievo (184 m) ove era un tempo l'acropoli, risale al XII secolo, quando l'impero bizantino fece fortificare alcune città della costa. Di imponenti dimensioni (350 m di lunghezza e 100 di larghezza), è munita di una doppia cinta muraria, con 23 tra torri e baluardi: vi si accede seguendo un cammino che conduce a una duplice porta a gomito che reca un'iscrizione in armeno del 1236. All'interno del complesso si notano le vestigia di una moschea. Splendida la vista dei bastioni dall'alto. Ai piedi della cittadella si trova una grande **cisterna** (Tekirambarı) con una bella scala a chiocciola, che per secoli ha rifornito di acqua potabile la città.

Nella parte più antica di Silifke sorgono l'**Ulu Cami**, la grande moschea, che conserva un portale e la nicchia del mihrab di epoca selgiuchide, e la **Reşadiye Camii**, eretta nel 1328, con un portico poggiante su 21 colonne antiche.

Basilica di S. Tecla. Le rovine della basilica (Ayatekla) sorgono all'esterno dell'abitato, raggiungibili uscendo dalla città in direzione di Antalya e del porto di Taşucu per poi deviare a destra (2 km). Sono facilmente identificabili dai resti dell'alto muro dell'abside.

La grande basilica a tre navate fu fatta costruire dall'imperatore Zenone nel V secolo per accogliere i pellegrini che accorrevano alla sottostante grotta dove, secondo la leggenda, si nascose S. Tecla, sfuggita miracolosamente al rogo. Facendosi accompagnare dal guardiano è possibile visitare la grotta, ed è ancora visibile una bella chiesa paleocristiana.

I dintorni di Silifke

Taşucu

(E4). 8 km a sud-ovest lungo la costiera 400 in direzione di Alanya. Centro di recente sviluppo, cresciuto intorno a un porto turisticamente ben attrezzato, con un servizio traghetti per Cipro.

Mut

(E4). 65 km a nord-ovest lungo la strada 715 in direzione di Konya. Il piccolo borgo, ai piedi di una collina coronata da una fortezza turca del XIV secolo, è stato identificato con l'antica Claudiopolis. Si segnalano la **Lal Ağa Camii**, piccola moschea del XIV secolo, due mausolei e i resti della cittadella, che conserva parte dei bastioni rinforzati da due torri e un imponente mastio.

Monastero di Alahan*

41 km da Mut. Superata Mut e un tortuoso tratto della valle del Göksu, poco prima del passo di Sertavul (Sertavul Geçidi m 1610), una deviazione a destra conduce, in 2 km, alle rovine di questo monastero. Nel cuore del massiccio del Tauro (1200 m di altitudine) sorge un complesso monastico paleocristiano di notevole interesse, composto da due distinti edifici, costruiti a circa cinquant'anni di distanza, uno dei quali praticamente intatto. La **chiesa degli Evangelisti**, scoperta e restaurata negli anni Sessanta, fu eretta nel V secolo con pianta a tre navate separate da due file di colonne a capitelli corinzi ed è la più rovinata; conserva un bellissimo portale ornato da rilievi. I capitelli che da una parte e dall'altra dell'abside sorreggono l'arco trionfale sono ben conservati e recano ancora tracce di affreschi. All'estremità est della terrazza, ricavata in parte nella roccia, si innalza la **chiesa orientale** (inizi del VI secolo) mirabilmente conservata. A tre navate, era preceduta da un nartece, oggi scomparso, dal quale si penetrava nel santuario attraverso porte ornate, negli stipiti e nell'architrave, da belle sculture. All'interno, gli archi che sostenevano la copertura di una torre, eretta in corrispondenza della crociera, sono tuttora in buono stato, così come, sopra il coro, la volta di un arco trionfale.

Da Silifke a Uzuncaburç

(E4). La strada asfaltata che si snoda per 29 km da Silifke verso nord, su terreno a tratti in forte pendenza, corre in mezzo agli oliveti e offre splendidi scorci panoramici della pianura. Si incontra dapprima **Demircili**, l'antica Imbriogon, dove si scorgono numerose tombe, molte delle quali finemente scolpite. Da segnalare alcune tombe a due piani, con colonne e capitelli e pregevoli decorazioni che costituiscono gli edifici funerari più importanti della regione.

Uzuncaburç, l'antica Olba, soprannominata la 'città felice', fu fondata da Seleuco I Nicatore nel III secolo a.C. insieme a numerose altre città, tutte collegate tra loro da una rete stradale. Governata da una dinastia di sacerdoti, i Teucridi, dal 150 al 50 a.C., divenne poi romana assu-

Le rovine del monastero di di Alahan

mendo il nome di Diocaesarea. L'antico borgo conserva vestigia di monumenti della città di Olba, poi Diocaesarea. Dalle vicinanze del teatro, si può iniziare la visita dal **portico** che fiancheggiava la via principale della città in direzione est-ovest, di cui restano 5 colonne. Il **teatro**, in parte scavato nella roccia, risale alla fine del II secolo d.C. e poteva contenere 2500 spettatori. Proseguendo verso ovest si riconoscono, sulla destra, le vestigia di un **ninfeo** che attraverso tunnel e canali riceveva le acque del fiume Lamas, distante 20 km. Il **tempio di Zeus**, considerato l'edificio corinzio più antico dell'Asia Minore, risale al III secolo a.C. e fu trasformato in basilica in epoca cristiana. Era circondato da un colonnato di 6 colonne sulla facciata e 12 sulla lunghezza, numerose delle quali ancora in piedi. Più oltre era il **tempio di Tyche**, edificato nel I secolo a.C. sulle fondamenta di un santuario più antico e preceduto da 5 colonne di granito con capitelli corinzi in marmo. A destra, una strada, un tempo fiancheggiata da colonnati, conduce a una **porta romana** a tre arcate, integrata alla cinta muraria che proteggeva la città. Da qui, seguendo un sentiero verso est, si arriva a un'alta **torre** costruita in epoca ellenistica e più volte restaurata.

Castello di Korykos

(E4). 21 km a nord-est di Silifke. Costruito nel XII secolo da un principe armeno con materiale di recupero, costituì un fiorente scalo commerciale frequentato da Genovesi e Veneziani. Dalla piccola spiaggia a ovest del castello, attraverso una breccia, si giunge alla prima cinta muraria; di fronte, nella seconda cerchia, si apriva l'ingresso principale. Seguendo i bastioni verso il mare, una piccola porta permetteva l'accesso a una diga che collegava la fortezza al Kızkalesi (vedi oltre). All'interno si trovano tre chiese con tracce di affreschi.

Kızkalesi

(E4). Il 'castello della fanciulla' dista 200 m dalla spiaggia e fu costruito, come precisa un'iscrizione, dal re armeno Leone II; rimaneggiato in epoca musulmana, è stato recentemente restaurato. Un servizio di barche, dall'imbarcadero nei pressi del castello di Korykos, consente di raggiungere l'edificio (*10 minuti di traversata*). Si entra nel castello attraverso una piccola porta e si giunge alla torre più alta dalla quale si gode una magnifica vista: si scorgono le altre 7 torri appartenenti alla cortina difensiva e la piccola cappella al centro del grande cortile.

Narlıkuyu Mağarası

(E4). 6,5 km a sud-ovest sulla strada 400 per Silifke. Una strada asfaltata (a destra rispetto alla statale) porta a tre grotte: **Dilek Mağarası** (grotta dei desideri), **Cehennem Deresi** (valle dell'Inferno) e **Cennet Deresi** (valle del Paradiso), frutto dell'azione erosiva di corsi d'acqua sotterranei, la più interessante è la Cennet Deresi. Nel villaggio di Narlıkuyu, sul mare, sono visibili i resti di terme romane del IV secolo con un mosaico delle tre Grazie, conservato in un museo annesso.

Kanlıdivane (Kanytelis)

Antica città bizantina costruita intorno a una vasta depressione (400 m di circonferenza per 60 di profondità), conserva resti di vari edifici e una necropoli con rilievi rupestri. L'insediamento risale ai tempi di Teodosio (408-450), sebbene non manchino monumenti funerari di epoca romana. Sottomessa in età bizantina dalla vicina Olba (oggi Uzuncaburç), decadde nei secoli XI e XII in seguito all'occupazione turca.

Una piccola strada asfaltata, segnalata a 8 km da Kızkalesi lungo la statale 400 per Mersin, conduce in 3 km a un parcheggio all'entrata della zona archeologica. Per la visita (*a pagamento, dalle 8 alle 19; è consigliabile una guida*) sono necessarie da una a due ore.

Segna l'ingresso dell'area archeologica un'alta **torre** di guardia, rimaneggiata in epoca bizantina; dall'altro lato della depressione sorgeva il palazzo dei notabili della città; sulla sinistra, prima di imboccare il sentiero che costeggia il vallone, sorge una **chiesa** con pianta basilicale a tre navate, che conserva alcuni muri alti 10 m. Tornando verso il parcheggio spicca, sulla sinistra, un complesso monastico con una grande chiesa e una cisterna a volte. Dal lato opposto della strada, su una piccola terrazza che domina la voragine, si trova un **santuario** probabilmente consacrato a un culto funerario, legato alla necropoli che si estende sotto la torre.

I dintorni di Kanlıdivane

Elaiussa Sebaste

(E4). Da Kızkalesi, sulla destra della statale 400 sono sparse vestigia di antichi edifici; dopo 3 km, su un promontorio circondato da un acquitrinio sorgono i resti dell'antica Elaiussa Sebaste, già nota come Vilhousa negli archivi ittiti di Boğazköy: un bastione bizantino, un teatro, una via porticata e un tempio corinzio di epoca romana.

Çanakçı

(E4). Sulla strada di accesso al sito di Kanlıdivane, si incontrano sulla destra le rovine di un acquedotto romano. Prima di raggiungere la zona archeologica, una deviazione a sinistra conduce al villaggio di Çanakçı, a 1 km, dove si trova un sarcofago in pietra ben conservato. Poco oltre, un sentiero sulla sinistra scende in una valle e, dopo un centinaio di metri, si scorgono alcune tombe ricavate nella roccia e ornate di rilievi.

8 La Cilicia

Profilo dell'area

La parte sud-orientale della Turchia mediterranea è occupata da una vasta regione pianeggiante formata dalle alluvioni dei fiumi Tarsus Çayı (antico Cydnos), Seyhan (Sarus) e Ceyhan (Pyramos), le cui vallate hanno costituito nei secoli i soli assi di penetrazione verso l'interno, dominato dagli elevati contrafforti del Tauro che non di rado superano i 3000 m di altezza. Questa situazione geomorfologica si riflette nelle condizioni climatiche, con alte temperature estive cui si oppone in inverno una stagione relativamente fredda per i venti provenienti dall'altopiano anatolico. Le abbondanti precipitazioni hanno contribuito a trasformare la regione in un vasto comprensorio agricolo. La parte pianeggiante della Cilicia (in turco Çukurova) è coperta da vaste coltivazioni di cotone e da risaie, mentre i legumi danno addirittura quattro raccolti l'anno. Molto estesi, grazie alla capillare rete di irrigazione, gli agrumeti, i bananeti e in generale gli alberi da frutta. Questo fiorente sviluppo appare tanto più notevole se si considera che ancora cento anni or sono questa pianura alluvionale era soprattutto una zona di pascolo invernale per le popolazioni nomadi, priva di rilevanti insediamenti urbani. Da allora la Çukorova è stata sistematicamente ripopolata con il trasferimento di contadini turkmeni e curdi e rappresenta oggi una delle zone economiche più importanti del Paese, per la presenza anche di centri industriali come Mersin, Tarsus, Adana e Alessandretta (İskenderun), a cui affluiscono ogni anno centinaia di migliaia di lavoratori in cerca di occupazione. Le belle spiagge sabbiose del delta sono invece ancora poco sfruttate turisticamente in ragione del loro clima umido e caldissimo. Il clima ritorna a essere sopportabile nella zona sud-orientale, dove le montagne dei Nur Dağları si interpongono tra il mare e la pianura di Antakya o Hatay (Antiochia sull'Oronte), ricca di coltivazioni di cotone e particolarmente fertile.

La Cilicia è una zona molto interessante da visitare, soprattutto se si evitano le città di Mersin, Adana e İskenderun – che si basano sull'agricoltura e non presentano motivi specifici di interesse per un turista – e si prediligono siti minori, dove il turismo è ancora molto ridotto e a volte ci si trova soli alla ricerca delle tracce del passato. Numerose sono infatti le testimonianze storico-artistiche della regione, il cui popolamento risale al VII millennio a.C. e che nel corso del II fu sede del regno autonomo ittita di Kizzuwatna, per passare poi sotto gli Assiri e i Persiani. Ma altrettanto importanti sono le tracce di epoche più recenti, quando la Piccola Armenia divenne terreno di scontro tra i Crociati e gli Arabi. La sua posizione di confine, a contatto con popolazioni diverse, ne ha fatto inoltre un'area di transizione particolarmente

I fertili terreni alluvionali lungo le sponde del fiume Ceyhan

aperta a influenze culturali e religiose eterogenee. Procedendo verso est, per esempio, si avverte sempre più forte la vicinanza con la Siria: già ad Adana la cucina si fa più piccante (la specialità locale, l'Adana kebab, consiste in spiedini di carne macinata, abbondantemente cosparsa di peperoncino, cotta alla griglia), il caldo più intenso, gli abiti delle donne più colorati, quelli degli uomini più mediorientali; diverse persone parlano l'arabo.

Nello stesso tempo, la Cilicia è una regione di importanza fondamentale per la storia del cristianesimo, il che la rende ancora oggi meta di pellegrinaggi religiosi: in questa zona nacquero le prime comunità e ad Antiochia per la prima volta i seguaci del Nazareno furono detti 'cristiani'. Questa città fu inoltre un centro propulsore della diffusione della nuova religione e nelle sue vicinanze san Simeone lo stilita inaugurò una delle prime forme ascetiche di monachesimo, mentre Tarso evoca nel visitatore la vicenda umana e spirituale di san Paolo.

Gli itinerari

Da Mersin (→) a Osmaniye (→) tutti i principali centri della regione (vedi tracciato sulla carta del risguardo posteriore, D-E 4-5), tra cui Tarso (→) e Adana (→), sono tra loro collegati dalla moderna statale 400, in molti tratti a più corsie per ogni senso di marcia. Da Tarso si diparte la comoda strada 750-E90 che, scavalcando il Tauro, raggiunge la Cappadocia. È stata recentemente aperta anche l'autostrada Pozantı-Tarso-Osmaniye-Gaziantep. Le comunicazioni costiere proseguono all'estremità sud-orientale della regione con la statale 817-825 che raggiunge Alessandretta (İskenderun →) e, superati i rilievi dei Nur Dağları, arriva sino ad Antakya (→) e al confine con la Siria. Tutti gli altri centri segnalati sono raggiungibili con deviazioni dall'arteria principale. In generale, non vi sono problemi di pernottamento, salvo che nei centri sulla costa in particolari periodi di punta nei mesi estivi.

8.1 La regione di Adana

Mersin

(E4). L'area intorno a Mersin fu popolata sin da tempi assai remoti giacché dagli scavi eseguiti sulla collina di Yümüktepe, ai confini della città, sono stati individuati 23 livelli di occupazione che vanno dal 6300 a.C. al 1500 d.C. Tuttavia Mersin, capoluogo di provincia con oltre 1 500 000 abitanti, si presenta come un moderno insediamento, importante soprattutto per il porto, da cui ci si può imbarcare per Cipro, e per le attività commerciali, legate a un vasto entroterra agricolo e alla funzione di nodo di comunicazioni verso l'interno dell'Anatolia e i Paesi confinanti (Iraq e Siria). Nel centro della città si trova un piccolo **museo** (*chiuso il lunedì*), che ospita reperti archeologici ed etnologici della zona. Vicino allo stadio sorge invece l'edificio in cui ha sede il Consolato della Repubblica turca di Cipro del Nord.

Dal porto di Mersin, tre sere alla settimana nei giorni dispari, parte il traghetto per Famagusta (Cipro del Nord). Per ulteriori informazioni si rimanda alla guida con le informazioni pratiche.

I dintorni di Mersin

Viranşehir

(E4). 12 km a sud-ovest per la strada 400 in direzione di Silifke, prendendo poi una deviazione sulla sinistra. È identificata con l'antica Soloi o Pompeiopolis. Sviluppatasi sul luogo di un insediamento della fine del III millennio a.C., la città mantenne a lungo le proprie origini ellenistiche anche se i suoi abitanti parlavano un dialetto greco così travisato che la parola solecismo è passata a indicare un errore di grammatica o di sintassi. Soloi fu distrutta nel 91 a.C. da Tigrane, satrapo d'Armenia, e ricostruita da Pompeo, da cui il nome romano di Pompeiopolis. La strada che porta alla spiaggia è fiancheggiata da un pregevole portico del II o III secolo d.C. con 28 colonne dai capitelli corinzi, tuttora in ottimo stato di conservazione. Sul mare si scorgono le vestigia del molo della città antica insieme alle rovine di un complesso termale e di un acquedotto. Alcuni reperti sono esposti al museo di Mersin.

Tarso (Tarsus)

(D4). Moderna città industriale, con 216 000 abitanti, Tarso fu vivacissimo centro intellettuale del bacino mediterraneo, soprattutto in età seleucide quando accolse una

delle maggiori scuole della filosofia stoica.
Storia. Annessa nel 64 a.C. all'impero romano, governata nel 51-50 a.C. da Cicerone, divenne fiorente porto lacustre, collegato al mare tramite un canale. All'inizio del I secolo vi nacque Saulo, poi santificato col nome di Paolo. Conquistata da Baldovino I e Tancredi durante la 1ª crociata (1097) e affidata ai Bizantini, Tarso passò poi agli Armeni (1132) e quindi ai Mamelucchi (1359); nel 1515 fu annessa all'impero ottomano.

All'ingresso nell'abitato, a destra, sono i resti di una **porta** romana, detta 'di S. Paolo' o 'di Cleopatra', perché, secondo la leggenda, la regina attraccò sotto le porte della città e passò quel varco per incontrare Antonio. In direzione invece di Adana, si incontra il **ponte di Giustiniano**, bell'opera rifatta in epoca islamica; l'imperatore avrebbe deviato il corso del fiume Cydnos per proteggere la città dalle sue piene. Il **museo** (*visita a pagamento dalle 8 alle 12 e dalle 13 alle 17.30; chiuso nel week-end*), allestito in una *medrese* del XVI secolo, espone manufatti in vetro e ceramica, sculture in bronzo, oggetti d'arte islamica, monete e gioielli.

Poco oltre, sulla stessa strada, l'**Ulu Cami** (grande moschea), costruita nel XVI secolo sulle fondamenta della cattedrale di S. Paolo e con minareto di epoca precedente; antistante una vicina piazza è il **Kırk Kaşık**, cinquecentesco mercato coperto, oggi restaurato.

La **Kilise Camii**, l'antica chiesa di S. Pietro, a nord della strada principale, è un edificio armeno di raffinata architettura, trasformato in moschea nel XV secolo. Accanto, nel cortile della cosiddetta 'casa di S. Paolo', si trova il **pozzo di S. Paolo**, largo 1.15 m e profondo 38, venerato da numerosi pellegrini che si dissetano alle sue acque.

A **Gözlükule** (*a sud-est dell'abitato*), sono venute alla luce vestigia di epoca ittita, resti delle terme di età ellenistica e un frammento del muro del teatro romano.

Çamlıyayla (Namrun)

(D4). Capoluogo di provincia in cui si trova, inserito in un paesaggio montano che da solo giustifica un'escursione, il castello di Lampron. La strada proveniente da Tarso si inerpica verso Çamlıyayla tra fitte pinete, in mezzo alle quali si nascondono numerose ville, e il paesaggio offre scorci panoramici davvero spettacolari in un alternarsi di profonde vallate, picchi scoscesi e impressionanti vette del Tauro che si stagliano all'orizzonte.

Visita. Da Tarso una strada secondaria lunga 72 km raggiunge direttamente Çamlıyayla; in alternativa è possibile utilizzare un primo tratto (30 km circa) della nuovissima strada 750-E90, per deviare poi a sinistra lungo un'altra strada secondaria (36 km). Per salire al castello è necessario attraversare la valle, e prendere poi la strada che sale verso l'altopiano; la visita richiede circa un'ora.

Castello di Lampron. Situato in posizione strategica a circa 80 km dalla costa e alla confluenza di alcune valli, si erge su una piattaforma lunga 350 m.

Le strutture rimaste risalgono al regno della Piccola Armenia quando, verso la fine dell'XI secolo, il principe armeno Oshin, insediatosi sulla collina, rinforzò le difese della fortezza che più tardi, nel XIV secolo, cadde nelle mani dei Turchi.

Prima di varcare la porta si osservino sulla sinistra alcune terrazze, un tempo protette dai bastioni, che costituivano l'unico accesso praticabile: sono ancora visibili vestigia di costruzioni, probabilmente scuderie, e una sorgente. Superati i bastioni, si comincia la visita sulla destra. Su uno sperone da cui si gode una splendida vista panoramica sulla regione, si trovano resti di mura e di locali scavati nella roccia. La parte più interessante si trova a nord: una vasta costruzione relativamente ben conservata, e risalente al XII-XIII secolo, era la residenza dei signori del castello. Permangono ancora cinque grandi sale dai soffitti a volta; l'influenza armena si riconosce nella particolare lavorazione della pietra e nella raffinata architettura d'insieme; dalle feritoie si scorgono i monti del Tauro e le vallate circostanti.

Adana

(D3-4). Capoluogo della Cilicia e quarta città della Turchia per popolazione (ab. 1 935 000), è centro di comunicazioni e polo industriale e commerciale d'importanza nazionale, nonché sede universitaria. Di un qualche interesse sono i suoi musei: quello regionale, che espone reperti archeologici rinvenuti in Cilicia, e la piccola raccolta etnografica.

All'origine della ricchezza di Adana c'è il cotone, coltivato nella circostante pianura che ancora sessant'anni fa era in larga parte paludosa e malarica. A consentire il successo dell'opera di risanamento ha contribuito la regolamentazione del corso del fiume Seyhan mediante la costruzione di una diga di sbarramento, 9 km a nord di

Adana. Il lago artificiale formatosi in conseguenza, con una superficie di 87.5 km^2, dà un aspetto particolare al paesaggio e fa da serbatoio per l'irrigazione di estese superfici agricole.

Storia. Forse fondata da coloni greci giunti nella regione, controllata dagli Ittiti, intorno al X secolo a.C., Adana fu presa dall'assiro Sennacherib nel 696 a.C. Sviluppatasi sotto il regno di Antioco IV Epifane (175-164 a.C.), che la chiamò Antiochia ad Sarus, venne conquistata dai Romani e fu poi selgiuchide, armena e quindi dei Mamelucchi, che la tennero fino al 1515. Verso la metà del XIX secolo fu annessa per breve tempo all'Egitto e, dopo la prima guerra mondiale, occupata dal 1919 al 1922 dai Francesi.

Museo Regionale. *Visita a pagamento dalle 8.30 alle 12 e dalle 13 alle 16.30.* Raccoglie materiale di varie epoche di provenienza locale ed è situato sulla Fuzuli Caddesi, la grande arteria che, varcato il Seyhan, prosegue per Gaziantep. Espone sarcofagi, tra i quali quello detto 'di Achille', ornato di episodi della guerra di Troia, e uno in piombo di epoca bizantina; mosaici d'età romana; stele funerarie del I secolo d.C.; vetri romani, statue di divinità e altri oggetti del Calcolitico; manufatti ittiti, tra cui una maschera d'oro; ceramiche ottomane e una pregevole collezione di sigilli assiri, ittiti e babilonesi.

Museo Etnografico. *Visita a pagamento dalle 9 alle 12 e dalle 13 alle 16.30; chiuso il lunedì.* Ha sede in un'antica chiesa, in una piccola strada quasi di fronte al Büyük Sürmeli Oteli. Ospita strumenti musicali e gioielli ottomani, armi, costumi tradizionali, tappeti e kilim, manoscritti, corani e ricami, iscrizioni e monumenti funerari.

Ulu Cami. Sorge in prossimità dell'Abidin Paşa Caddesi e vi è annessa una *medrese* (scuola coranica). Fu costruita nel 1513 sotto i Ramazanoğulları sul modello delle moschee della Siria settentrionale; l'interno è decorato con pregevoli maioliche di İznik e di Kütahya. Nel giardino è la tomba del poeta turco Ziya Paşa.

Dietro l'edificio si trova l'**Akça Mesçidi**, piccola moschea degli inizi del XV secolo con bel portone e minbar.

Taş Köprü. È un antico ponte romano sul Seyhan lungo 310 m e alto 13, costruito all'inizio del II secolo d.C. dall'imperatore Adriano e poi più volte restaurato; su alcune delle arcate sono ancora raffigurati dei leoni.

I dintorni di Adana

Yakapınar
28 km a est per la strada 400-E90 in direzione di İskenderun, deviando poi sulla destra. È un villaggio identificato con l'antica **Mopsuestia**, fondata probabilmente dagli Ittiti verso la metà del II millennio a.C. e ribattezzata **Manistra** dai Crociati. In epoca romana Mopsuestia controllava un ponte molto importante sul Pyramos (oggi Ceyhan Nehri) e, grazie alla sua alleanza con Roma, riuscì a mantenere una certa autonomia. Dotata di una guarnigione bizantina all'epoca dell'invasione araba in Cilicia (VII e VIII secolo), la città fu occupata il 13 luglio 965 da Niceforo Foca che la ripopolò con coloni cristiani. Saccheggiata a più riprese dai Mamelucchi (1266 e 1274-75), Mamistra cadde ancora una volta nelle loro mani nel 1374-75.
Conobbe poi un periodo di particolare prosperità tra il XIII e XIV secolo, quando i Genovesi vi stabilirono numerosi magazzini ove depositavano merci trasportate con carovane dalle Indie, Persia e Cina, in attesa di essere avviate in Europa. Nel 1515 venne annessa da Selim I all'impero ottomano.
Scarse sono le vestigia rimaste di questo passato. All'estremità orientale del borgo si conservano un caravanserraglio e una piccola moschea di epoca ottomana, mentre, sulla strada tra Adana e Alessandretta, un ponte con le arcate di un acquedotto rappresenta ciò che rimane dell'antica città di **Misis**, di origine romana. Nei pressi, un piccolo museo conserva un bellissimo mosaico raffigurante l'arca di Noè carica di animali.

La regione di Ceyhan

Ceyhan
(D4-5). Moderna città sul fiume omonimo, non presenta particolari motivi di interesse, ma per la sua posizione all'incrocio di importanti vie di comunicazione è comoda base per partire alla scoperta di Yılankale e Anazarbus.

Castello di Yılankale
Situato a 7 km da Ceyahn in direzione sudovest, lungo la strada 400 verso Adana, sulla sommità di una collina, costituisce uno dei complessi di questo genere meglio conservati della regione.
Poche sono le notizie relative all'edificio il cui nome significa letteralmente 'castello dei serpenti' (vedi box a pag. 244), anche se la tecnica costruttiva e l'architettura sono di inconfondibile stile armeno. Le strutture, nel loro stato attuale, risalgono certamente al regno di Leone II (1187-1219), che fece restaurare la maggior parte delle fortezze della regione.

Una piccola strada asfaltata porta dalla statale a un parcheggio (3 km) da dove un sentiero conduce alla prima cinta muraria. Per raggiungere l'entrata principale occorre superare alcuni enormi massi che, forse in seguito a un terremoto, ostacolano l'accesso; per la visita calcolate circa un'ora.

Lungo circa 200 m e largo 100, il castello è protetto da due cinte di **bastioni** che, affiancati da massicce torri semicircolari, sono costituiti da grossi blocchi bugnati e coronati da una merlatura molto ben conservata, probabilmente rifatta in epoca musulmana. Il sistema delle fortificazioni appare così abilmente concepito da costituire un tutt'uno con la roccia stessa. La porta d'entrata, protetta da due enormi torrioni, è asimmetrica rispetto al cortile. La visita dell'interno inizia sulla sinistra dove si scorge, scavata nella roccia, un'enorme **cisterna**, le cui pareti sono ancora rivestite da uno strato impermeabilizzante. Costeggiando i bastioni si vedono, all'interno delle torri, grandi locali a volte, probabilmente magazzini o dormitori per i soldati.

Dall'alto dei bastioni, splendida vista sulla pianura circostante e sui monti del Tauro. All'estremità del castello, un edificio più grande, cui si accedeva probabilmente da una scala di legno, doveva essere la residenza del comandante della piazzaforte.

Anazarbus

(D4-5). 31 km a nord-est lungo la strada 817 per Kozan, è un'antica città di cui restano alcuni monumenti romani e bizantini, dominata dal castello di Anavarza che si erge su uno sperone roccioso all'estremità settentrionale della grande pianura cilicia.

Fondata probabilmente nel I secolo a.C., la città crebbe rapidamente d'importanza dopo che i Romani si installarono in Cilicia nel 19 a.C.: prese allora il nome di Caesarea (o Caesarea ad Anazarbus) in onore di Augusto. Divenuta nel V secolo, sotto Teodosio II (408-450), la capitale della Cilicia Secunda, fu chiamata Giustinopoli in onore dell'imperatore Giustino. La sua fortezza fu occupata e distrutta nell'XI secolo dai Crociati e più tardi divenne la capitale del re armeno Toros I.

Seguendo la segnaletica si raggiunge dapprima la cinta muraria della città bassa, costruita dai Bizantini e rimaneggiata da Armeni e Musulmani, del cui lato occidentale restano due porte, rinforzate esteriormente da due torri di fiancheggiamento e da un bastione.
Più oltre, nei pressi del limitrofo villaggio, si conservano i resti di due fontane le cui

---

Il castello dei serpenti

Il nome di Yılankale (castello dei serpenti) si riferisce forse a un rilievo sovrastante l'ingresso che richiama alcune leggende locali fra cui quella di un sovrano mostruoso, metà uomo e metà serpente, che sarebbe stato ucciso a Tarso, dove si era recato per rapire la figlia del re.

---

vasche sono rivestite da mosaici, uno dei quali raffigura una Nereide. Sparsi un po' ovunque si possono inoltre ammirare sarcofagi, colonne e capitelli romani. Al centro del villaggio, un sentiero sulla destra conduce allo **stadio** romano (lungo 210 m e largo 64), di cui sono ancora visibili alcuni gradini intagliati nella roccia. Sulla sinistra, lungo i fianchi della montagna, si estende una necropoli con sarcofagi e tombe in muratura o scavate nella roccia.

Tra le rovine della città bassa si segnalano un **arco di trionfo**, a tre arcate, del II secolo d.C. e un **teatro**, le cui pietre sono state utilizzate per rinforzare i bastioni. Dietro al teatro si notano alcuni monumenti funerari e sarcofagi con rilievi.

L'escursione al **castello di Anavarza** non pone particolari problemi sino alla prima cinta, ma la salita alla sommità è decisamente faticosa. Le fortificazioni si snodano lungo tutti i contrafforti montuosi che delimitano la pianura. Il castello di Anavarza propriamente detto è lungo ben 700 m e dotato di una 'corte bassa' che poteva accogliere, in caso di pericolo, tutti gli abitanti della zona. Vi si accede da sud dopo aver seguito un sentiero formato da gradini scavati nella roccia e oltrepassata una porta di origine bizantina. Unico edificio non ancora completamente diroccato è una cappella, forse la chiesa funeraria dei re della Piccola Armenia, con affreschi di cui restano scarse tracce.

Più lontano, verso nord, un massiccio torrione dalla bella architettura di stile armeno sbarra l'accesso alla seconda cinta. Un'iscrizione in armeno, oltre a fornire dettagli tecnici sulla costruzione (le rocce erano state intagliate a mano e le pietre rinforzate con piombo e ferro), menziona anche la data di costruzione: 1188.

Kozan

(D5). Borgo agricolo ai margini settentrionali della pianura, allo sbocco di una profonda valle del Tauro, conserva il bel castello di Sis, abbarbicato su uno sperone roccioso, che rappresenta una delle fortezze chiave della Piccola Armenia.

L'attuale complesso fu ricostruito, dal 1187, dal re armeno Leone II che aveva scelto il sito, già fortificato dai Bizantini e poi dagli Abbasidi, quale sua principale residenza. Filippo, figlio di Boemondo V, vi fu incoronato re della Piccola Armenia. Nel 1375, alla capitolazione di Leone VI, la cittadella passò ai Musulmani e, perduto il suo interesse strategico, venne abbandonata.

Il **castello di Sis**, munito di più cinte bastionate lunghe 4 km, corona il rilievo roccioso e lo difende sin nei luoghi più inaccessibili. Le mura, costruite con pietre bugnate, sono rinforzate da 44 torri semicircolari. Per uno stretto e difficile sentiero è possibile salire all'ingresso principale: a destra si intravedono, tra la vegetazione, i ruderi della cosiddetta 'corte bassa'; a sinistra, un bel corridoio a volte conduce al sentiero che, in cresta, porta al corpo centrale della fortezza, un grande edificio rettangolare destinato a residenza reale.

La regione di Osmaniye

Osmaniye
(D5). Situata ai piedi del Kızıl Dağ (l'antico Àmanus), al centro di una fertile regione agricola, deve il suo sviluppo alla costruzione di linee ferroviarie in direzione di Baghdad, Damasco e Beirut. Nella circostante regione si possono raggiungere luoghi di grande interesse come la fortezza armena di Toprakkale e il sito ittita di Karatepe, inserito nel parco naturale Karatepe-Aslantaş Milli Parkı.

Castello di Toprakkale
Costruito con scura pietra vulcanica, il 'castello di terra' armeno (XIII secolo), si erge al centro di una vallata 7 km circa a ovest di Osmaniye, in direzione di Adana, lasciando la statale 400 e prendendo una parallela strada secondaria.
Dal parcheggio ai piedi dei bastioni un ripido sentiero sale verso nord fino a un'antica porta. Attraverso una breccia nel muro si entra in una grande sala a volte aperta su un vasto cortile, lungo più di 100 m. Poiché le costruzioni ancora esistenti si trovano tutte addossate ai bastioni, conviene salire sulla destra e farne il giro; il cammino di ronda, dal quale si gode un bel panorama, è stato infatti costruito su vasti locali a volta, adibiti ad alloggiare uomini, animali e utilizzati come magazzini.

Karatepe
Nella regione montagnosa a nord di Osmaniye, a poca distanza da un lago artificiale e circondato da splendide pinete, questa cittadina unisce alla bellezza del paesaggio la scoperta di rilievi neoittiti di grandissimo interesse. L'area è infatti oggi un parco nazionale.

Da Osmaniye si percorrono dapprima alcuni chilometri in direzione nord-ovest verso Kadirli, deviando poi a destra (12 km circa) per Karatepe; la visita dell'area archeologica, un vero museo all'aperto (*ingresso a pagamento dalle 8 alle 12 e dalle 14 alle 15.30; fino alle 17.30 in estate; spesso i custodi aspettano che si radunino un piccolo gruppo di persone per iniziare la visita*), richiede circa 2 ore.

Dalla zona d'ingresso un sentiero sulla destra conduce, in circa 400 m, alla porta superiore del **palazzo**, protetto da una cinta muraria lunga circa un chilometro e costituita da grossi blocchi sovrapposti, con uno spessore variante da 2 a 4 m.

È stato accertato che la collina di Karatepe (montagna nera) fosse abitata già dal II millennio a.C., ma il palazzo di cui restano le vestigia risale alla fine del XIII secolo a.C: si trattava probabilmente della residenza estiva dei re di Kizzuwatna, un regno neoittita esteso sulla regione denominata poi Cilicia. All'interno del palazzo è stata scoperta la più lunga iscrizione ittita conosciuta, accompagnata dalla traduzione in fenicio, il che ha permesso per la prima volta di decifrarne la lingua.

Sono state rinvenute numerose statue di basalto, alcune delle quali con iscrizioni e rilievi di vivace ispirazione e di pregevole fattura. Quattro leoni e due sfingi proteggevano dagli spiriti maligni proprio la porta superiore; le pareti del palazzo erano invece ricoperte da grandi pannelli scolpiti. La scena principale, che ha anche un significato religioso, rappresenta il re mentre si accinge a mangiare: alcuni servitori gli porgono piatti prelibati, altri lo intrattengono suonando della musica. Interessante, in questi rilievi, la presenza di temi buffi quali una scimmia sotto il tavolo del re, gli orsi danzanti, alcuni uccelli vicino a una lepre. Vi sono raffigurate anche scene di fresca ingenuità come quella di una madre che allatta il figlio.

Un sentiero sulla destra che attraversa la collina, giunge di fronte al lago, alla porta inferiore, meglio conservata e ornata anch'essa con leoni e sfingi. Vi si notano numerose iscrizioni in geroglifici e una stele rappresentante una nave.

8.2 La regione di Antiochia sull'Oronte (Hatay)

Alessandretta (İskenderun)

(E5). Capoluogo di provincia con 160 000 abitanti, İskenderun, l'antica Alessandretta deve il suo recente sviluppo all'impianto di un grande centro siderurgico che, con i terminali petroliferi e le attrezzature portuali, ha profondamente modificato l'originario paesaggio dominato dai rilievi dei Nur Dağları che chiudono da sud la città e il suo golfo. La città non presenta tracce di particolare interesse del suo passato.

Storia. Fondata da Alessandro Magno, da cui prese il nome dopo la vittoria di Isso (presso l'attuale Dörtyol), Alessandretta non ebbe grande rilevanza nell'antichità, oscurata da Seleucia Pieria che, per la sua favorevole posizione, costituiva il porto naturale di Antiochia. Conquistata dagli Arabi nel VII secolo, prese il nome di İskenderun e dopo la 1ª crociata (1097) entrò a far parte del principato di Antiochia. Nel 1918, dopo il crollo dell'impero ottomano, İskenderun divenne capoluogo di un sangiaccato autonomo, annesso fino al 1937 alla Siria, allora sotto tutela francese. Dal 1939 è incorporata allo Stato turco.

I dintorni di Alessandretta

Yakacık
22 km a nord per la strada 817-E91 in direzione di Adana. Detta anche Payas ospita, immersi in una folta vegetazione di olivi, fichi e cactus, una piccola moschea del XVI secolo, un *bedesten* (mercato coperto), una fortezza ottomana e un piccolo fortino costruito dai Veneziani o dai Genovesi nel XIV secolo.

Uluçınar
33 km, costeggiando la parte meridionale del golfo, lungo il versante nord dei Nur Dağları, ricoperti di foreste. È un porto di pescatori identificato con l'antica Rhosus o Rhosopoli, città seleucide che intorno all'anno 300 a.C. prese il nome di Antiochia Pieria e che in epoca bizantina divenne sede di un vescovado. Sulla collina che domina il villaggio sono state rinvenute le vestigia della città antica e i resti, poco significativi, di un bastione.

Hınzır Burnu
Oltre Uluçınar, una pista continua fino al 'promontorio del porco', l'antico capo Rhosicum, nei pressi del quale, su una collina che domina una bella spiaggia, si trova una fortezza, probabilmente la rocca di Roissel risalente ai tempi delle Crociate.

Antiochia sull'Oronte (Antakya o Hatay)

(E5). Situata in splendida posizione nella fertile vallata del fiume Asi Nehri (l'antico Oronte), circondata da alte montagne (Amanus e Casius), Antiochia è una moderna città (ab. 124 000) che conserva ben poche tracce del suo glorioso passato, a cominciare dal nome (Antakya, in turco), oggi sostituito da quello del distretto di Hatay del quale è capoluogo. Magnifica capitale che rivaleggiava con Alessandria sotto i sovrani seleucidi, fu anche città santa, dove i membri della comunità fondata da S. Barnaba, guidata in seguito dagli apostoli Pietro e Paolo, furono chiamati per la prima volta cristiani. Fu poi teatro, ai tempi delle Crociate, delle memorabili gesta dei Franchi, che riuscirono a espugnare la sua roccaforte, trasformandola nella capitale di un principato secondo per importanza solo al regno latino di Gerusalemme.

Storia. L'origine della città risale al 307 a.C. quando Antigono, generale di Alessandro Magno, fondò poco a monte dell'odierno abitato, Antigonia. Nel 301 a.C., dopo la sua vittoria su Antigono, Seleuco diede vita a una nuova città, denominata Antiochia. L'insediamento si accrebbe rapidamente di altri tre quartieri, tutti racchiusi da una grande cinta muraria, da cui l'appellativo di 'tetrapoli' attribuitole da Strabone. La ricchezza del regno attirò numerosi artisti che l'adornarono di bei monumenti. Greci ed Ebrei ne fecero in breve un grande centro d'affari tanto conosciuto nel Medio Oriente che, nel II secolo a.C., giunse a contare circa 500 000 abitanti. Nonostante i violenti terremoti che più volte la devastarono, mantenne a lungo la sua importanza economica e politica e fu con Alessandria uno dei centri intellettuali più vivaci del mondo orientale. Quando il Cristianesimo fu proclamato religione di Stato, la città tornò a esercitare l'influenza spirituale di un tempo sull'Oriente greco-latino. In questo periodo si sviluppò ad Antiochia, in contrapposizione alla chiesa di Roma, l'Arianesimo, eresia promossa dal prete africano Ario e condannata dai concili del 325 e 340. Nel 526 un terremoto fece più di 200 000 vittime tra gli abitanti della città, ricostruita sotto il regno di Giustiniano; nel 1098, dopo la 1ª crociata, con l'appoggio della comunità cristiana si costituì in principato franco, governato da Boemondo. Sottomessa al protettorato di Bisanzio dal 1137 al 1159 circa, fu in seguito teatro delle lotte tra Franchi ed Armeni. Nel 1268 cadde nelle mani del sultano mamelucco Baybars che la distrusse pressoché completamente e, nel 1516, fu conquistata dal sultano ottomano Selim II. Occupata dal viceré d'Egitto dal 1831 al 1840, passò, dopo la prima guerra mondiale, sotto la tutela francese fino al referendum popolare del 1939 che ne sancì l'annessione allo stato turco.

Visita. Si consiglia di dedicare almeno una giornata alla visita di Antiochia, non tanto per l'interesse dei suoi monumenti, quanto per il celebre museo (Hatay müzesi) che conserva una delle più ricche collezioni di mosaici di epoca romana, e per i suoi dintorni: degni di segnalazione sono soprattutto la fortezza di Antiochia, a 15 km di distanza, le rovine dell'antica Seleucia Pierla, che fu il porto di Antiochia, e il castello di Bakras. Se si è interessati al mare Samanday offre una bella spiaggia.

Museo di Antiochia★★ (Hatay Müzesi). *Visita a pagamento dalle 8.30 alle 12 e dalle 13.30 alle 17; fino alle 18 in estate; chiuso il lunedì.* Situato nei pressi della città vecchia vicino al ponte sull'Oronte, merita una visita per la preziosa raccolta di mosaici romani provenienti dalla stessa Antiochia, da Daphne (Harbiye), Seleucia Pieria, Tarso e Alessandretta, quasi tutti risalenti al II-III e IV secolo d.C. Nel 1934, subito dopo i primi scavi, nacque il progetto di un museo, la cui costruzione si concluse nel 1939 raccogliendo le scoperte di cinque differenti missioni archeologiche operanti nella zona. Il museo fu aperto al pubblico nel 1948 e ampliato nel 1974; costituisce oggi il maggior motivo di attrazione di Antiochia.

Sculture ittite al Museo di Antiochia

Di particolare pregio i mosaici raffiguranti **Oceano e Teti**★, Ifigenia in Aulide, le quattro stagioni, Ganimede che dà da bere a un'aquila, Narciso ed Eco, Orfeo che incanta le fiere, Giove e Ganimede, Dioniso e Arianna, Teti con i pesci e infine, Amore e Psiche. Degni di nota sono anche i basamenti di colonne di basalto ornati di leoni, raffinato esempio di arte ittita, la preziosa **statua**★ in basalto di Yarim-him, re di Yamhad (Aleppo), che verso il 1785 a.C. costruì il palazzo di Alalah, dove fu trovata, i bassorilievi raffiguranti un corteo di soldati assiri (VII secolo a.C., Tainat) e la collezione di sculture dell'età romana, tra cui una testa d'Efebo e una del dio Ares (I-II secolo, Antiochia).
Sono inoltre esposti manufatti vari, ordinati cronologicamente, che datano dal periodo calcolitico (5000-3000 a.C.) alla disgregazione dei piccoli regni ittiti della Siria settentrionale e della catena del Tauro (1000-750 a.C.).

Grotta di S. Pietro. *Visita a pagamento dalle 8 alle 12 e dalle 13.30 alle 18; chiusa il lunedì.* Varcato l'Oronte, si segue a sinistra la Rıhtım Caddesi in direzione est per circa 2 km: a destra, una stradina conduce a questa chiesa rupestre, già rifugio dei Cristiani d'Antiochia, che conserva la facciata (restaurata) del XII-XIII secolo e, all'interno, resti di un mosaico.

Kurtuluş Caddesi. Segue il tracciato dell'arteria principale dell'Antiochia seleucide, che attraversava da nord a sud per circa 4 km la città.

All'inizio del II secolo, la strada era fiancheggiata da portici che comportavano almeno 3200 colonne, di cui molte in granito grigio o rosa. Da un'ampia piazza circolare al centro della città si diramava un'altra strada porticata, che collegava la porta Media, a est, con uno dei ponti sull'Oronte, a ovest.

Percorrendo questa strada in direzione della città vecchia si incontra sulla destra la **Habib Neccar Camii**, chiesa franca trasformata in moschea.

Il territorio di Antiochia

La pianura di Antiochia, luogo d'incontro fin dai tempi più remoti delle civiltà della Mesopotamia, della costa siro-fenicia e dell'altopiano dell'Anatolia, abitata in epoche successive da Greci, Romani, Bizantini, Arabi, Franchi, Armeni e Turchi, offre mete archeologiche (Seleucia Pieria), castelli (Antiochia, Kürşat, Bakras, Trapesac) o gite in montagna (monte Casio). Altri luoghi quali Harbiye (Daphne) e Alalah (Tell Açana) sono invece interessanti soprattutto sul piano ambientale e storico.

Seguendo la valle dell'Oronte in direzione del mare, la strada 420, a circa 12 km da Antiochia, costeggia sulla sinistra il Saman Dağı (monte dei miracoli), coronato dai ruderi di due chiese entrambe dedicate a S. Simeone, lo stilita che, ritiratosi sulla sommità di una colonna, vi sarebbe rimasto fino alla morte (592). La visita alle rovine è però resa difficoltosa da una strada molto dissestata.

Samandağ

(E4-5). Situato a km 28 da Antiochia, è un villaggio immerso in una rigogliosa vegetazione di ulivi, fichi e gelsi, oggi stazione balneare molto frequentata dagli abitanti di Antiochia.

Una strada battuta, sulla sinistra, porta (*3 km a sud-ovest*) nei pressi di una spiaggia, al santuario di **El Hıdı**, luogo di culto degli Ansariyyas o dei Nusayris, membri di una setta religiosa musulmana (sciita) fondata nel IX secolo, i cui membri vendono ai visitatori pittoreschi oggetti votivi.

Seleucia Pieria

Proseguendo oltre Samandağ in direzione del villaggio di Mağaracık (*7 km circa a nord-ovest per la strada costiera*), in prossimità di Çevlik si arriva ai margini di una spiaggia dove è stato individuato il sito di questo antico insediamento, di cui restano alcune vestigia e soprattutto le tracce di grandiose opere idrauliche romane.

Seleucia, fondata da Seleuco I Nicatore attorno al 300 a.C., fu a lungo città di rilievo e, sebbene la posizione più favorevole e più sicura di Antiochia decidesse a favore di quest'ultima, durante l'epoca romana stabilì contatti con i porti italiani e le più importanti province dell'impero, alimentando fiorenti traffici commerciali. Il suo declino cominciò sotto la dominazione bizantina, quando fu sconvolta più volte da terribili terremoti.

L'abitato di Seleucia sorgeva sopra uno sperone roccioso, delimitato a est e ovest da due profondi burroni, ai piedi del quale un bacino naturale fu poi attrezzato a porto interno.
La città bassa e l'acropoli erano munite di una possente cinta di mura. Penetrando nell'area archeologica si notano, sulla destra, i resti di un ninfeo, poi a sinistra le rovine dei bastioni che proteggevano il quartiere marittimo. Più oltre una depressione sabbiosa indica il luogo in cui sorgeva il porto interno. Si giunge quindi al **canale** scavato nella roccia sotto il regno di Vespasiano (69-79) per deviare le acque del torrente, le cui piene provocavano gravi danni alla città; quest'opera geniale venne eseguita da distaccamenti delle legioni della Siria e da equipaggi della flotta, oltre che da numerosi prigionieri di guerra ebrei.

Si può agevolmente scendere nel letto del canale (oggi asciutto) e risalirne il corso. Sulla destra, all'imbocco di una prima galleria, si giunge (in circa 150 m) a una necropoli rupestre presso la quale si trovava un cimitero di marinai della flotta romana. Proseguendo lungo il canale, dopo aver superato un paio di gallerie a volta per una lunghezza complessiva di circa 250 m, si scorgono sulla destra i resti dello sbarramento eretto nel letto del torrente per deviare le acque verso il canale.

Seguendo il letto del torrente verso monte si gira intorno all'acropoli, costeggiando il versante orientale della collina, e si ritorna poi verso la spiaggia. Raggiunta l'estremità settentrionale della collina, oltre una porta, oggi distrutta, si segue il bastione, costruito a forma poligonale con grossi blocchi, secondo la tecnica in uso nel periodo ellenistico. Poco lontano si trovano i resti di un altro bastione; ancora oltre le rovine di una porta, affiancata da due torri quadrate.

Harbiye

Lungo la strada 825-E91 in direzione di Yayladağı si incontra (9 km a sud) questo sobborgo agreste, animato qua e là da piccole cascate, che sin dall'epoca dei Seleucidi e dei Romani, con il nome di **Daphne**, (vedi box in basso) costituì la meta preferita degli abitanti di Antiochia alla ricerca di pace e frescura. Attualmente restano ben poche vestigia dell'antica Daphne: solo qualche tratto di muro e fusti di colonne.

Castello di Kürşat

Proseguendo verso Yayladağı sulla statale 825-E91 che porta verso sud al confine con la Siria, si incontra (dopo 16 km), presso il villaggio di Sofular, questa fortezza (*raggiungibile in circa 45 minuti a piedi*). Costruita per proteggere l'accesso ad Antiochia da sud, apparteneva al patriarca latino, che vi risiedeva per lunghi periodi.

L'antica Daphne

La fama di Daphne nell'antichità era tale che Antiochia veniva talvolta chiamata Epidaphne (presso Daphne). In un suggestivo paesaggio verdeggiante di cipressi e allori, sorgeva un bosco sacro dedicato ad Apollo: la leggenda narra infatti che la ninfa Daphne fu trasformata in pianta di alloro per sfuggire alle profferte amorose del figlio di Zeus. Accanto al tempio di Apollo ne sorsero numerosi altri, consacrati ad Artemide, Afrodite, Iside e, soprattutto, uno costruito da Antioco IV e dedicato a Zeus, dove era custodita una grande statua in oro e avorio. A Daphne si tenevano cerimonie religiose, ma anche giochi sportivi, rappresentazioni teatrali, concorsi musicali e poetici; molti ricchi cittadini di Antiochia, inoltre, vi avevano una residenza.

Sorge su una collina dalle pareti scoscese; la cinta muraria è quasi completamente diroccata salvo che sul lato est, dove si aprono una serie di finestre ad archi a tutto sesto che davano luce agli alloggiamenti; i due torrioni semicircolari a difesa del lato sud-occidentale sono i meglio conservati.

Rilievi di Karabur

Al km 26 si raggiunge il villaggio di **Şenköy**, grosso borgo dove si può trovare una guida per farsi condurre, a poca distanza, a questi suggestivi rilievi scolpiti nella roccia e risalenti all'epoca della dominazione assira sulla valle del basso Oronte: il primo raffigura un dio barbuto con in testa un elmo e un braccio alzato in segno di benedizione; il secondo, a circa 30 m di distanza, rappresenta un dio e un suo adoratore, oltre a simboli religiosi ispirati alle divinità mesopotamiche.

Cebel Akra

A 50 km da Antiochia e a 5 dal confine turco-siriano, è **Yayladağı** (E4-5), un grosso villaggio che costituisce il punto di partenza per l'ascensione (*consigliabile farsi accompagnare da una guida*) a questo monte noto anche come Ğebel Aqra (m 1739), il mons Casius dell'età imperiale romana, legato, con l'omonimo rilievo ai confini tra Arabia ed Egitto, al culto di Giove Casio.

Il monte Casio, considerato già nell'antichità luogo sacro, era chiamato Hazzi dagli Ittiti che vi offrivano sacrifici agli dèi. I marinai che venivano a Seleucia Pieria non mancavano al loro arrivo di rendere grazie a Zeus (o Giove) Casio, il cui tempio sorgeva probabilmente nel luogo dove si trovano oggi le rovine di un monastero.

Fortezza di Antiochia

Lungo la strada 420 in direzione di Aleppo, una deviazione a destra al km 5 conduce in circa 10 km all'imponente costruzione posta sulla panoramica sommità di un picco roccioso. L'edificio risale all'epoca di Niceforo Foca ma fu in seguito più volte restaurato, soprattutto da Basilio II, all'inizio dell'XI secolo, e in seguito dai Crociati. Il complesso appare oggi meglio conservato nelle parti meno accessibili; a mezza costa si erge ancora un bastione pentagonale chiamato 'torre delle due sorelle'.

Alalah

Collinetta artificiale, anticamente Tell Açana, posta a 23 km da Antiochia, raggiungibile deviando di 500 m a destra dalla 420. Qui sono stati riportati alla luce i resti dell'antica capitale dello stato ittita di Mukish, comprendente numerosi palazzi decorati da bassorilievi di stile ittita, oggi conservati al museo di Antiochia e al British Museum di Londra, e le vestigia di antichissimi templi, alcuni dei quali risalgono al XV secolo a.C.

Yenişehir

Al km 41, è l'antica Imma o Emma dei Romani, posta a difesa di uno degli sbocchi della strada che collegava Antiochia ad Aleppo; i Crociati vi costruirono una fortezza, di cui rimangono resti dei bastioni.

Cilvegözü (E5), al km 49, è il posto di frontiera turco sul confine con la Siria.

Bakras Kalesi

A nord di Antiochia è raggiungibile con una deviazione di 8 km che si stacca a sinistra al km 30 della strada 825-E91 per İskenderun. Fortezza in posizione strategica ai piedi del colle di Belen, costituisce una delle testimonianze più significative del passaggio dei Crociati in Oriente.

Identificata con l'antica Pagrae, citata da Strabone come difesa avanzata della capitale seleucide, la fortezza acquistò importanza all'epoca delle crociate, quando divenne una delle principali piazzeforti del principato di Antiochia. Restaurata da Leone II, passò ai Templari e, nel 1268, ai Mamelucchi.

La roccaforte sorge su uno sperone roccioso dai fianchi scoscesi, soprattutto verso ovest; le difese erano perciò concentrate sugli altri lati.
Si entra dal lato orientale dove la fortezza è munita di due cinte murarie rinforzate da un possente mastio rettangolare e da un edificio destinato al culto. Fra questa cappella e il mastio si trova una camera sotterranea, probabilmente costruita dai Crociati, su enormi pilastri. Un acquedotto tuttora in buone condizioni collegava la fortezza alla montagna, assicurando il rifornimento idrico.

9 La costa del mar Nero

Profilo dell'area

La fascia costiera del mar Nero, con i suoi 1695 km di rive affacciate sull'antico Ponto Eusino (mare ospitale) costituisce un insieme territoriale dalle ben definite caratteristiche geomorfologiche che, in relazione anche alla sua posizione eccentrica rispetto alle più frequentate vie di comunicazione transanatoliche, ha mantenuto nel corso dei secoli una marcata autonomia storica e culturale.

Secondo la leggenda è questa la terra delle Amazzoni; una loro regina avrebbe fondato Sinop. Nel I secolo a.C. il regno che comprendeva queste coste era retto da Mitridate VI, il quale per una ventina di anni tenne in scacco Roma prima di essere costretto alla fuga e al suicidio da Pompeo. All'inizio del XII secolo la costa, dove numerosi erano gli insediamenti creati dai Genovesi – che hanno lasciato un'impronta della loro presenza commerciale – divenne il centro dell'impero di Trebisonda, l'attuale Trabzon, rimasto nelle mani dei successori dei Comneni per due secoli e mezzo, fino alla conquista ottomana avvenuta nel 1461 per opera di Mehmet II il Conquistatore.

L'interminabile nastro litoraneo presenta situazioni ambientali profondamente diversificate che si riflettono in un paesaggio segnato dall'alternarsi di ampi pascoli, immense foreste, coltivazioni di tabacco, tè, nocciole e ciliegie, ma anche imponenti zone industriali, porti e centri pescherecci. Gode di un clima più umido del resto dell'Anatolia, con abbondanti precipitazioni invernali e una temperatura che nelle stagioni più calde non supera i 21 °C.; vi spicca quindi una verdeggiante vegetazione, in contrasto con la diffusa aridità delle zone dell'interno (è una regione di parchi, adatta al trekking). La costa del mar Nero si presenta nel suo primo tratto bassa e sabbiosa (Şile e Akçakoca) fin quasi a Ereğli e Zonguldak, centri siderurgici tra i più importanti del Paese. Dal piccolo porto di Amasra, il litorale si fa progressivamente più alto e frastagliato per la presenza di rilievi a strapiombo sul mare. Superata Sinop, la litoranea si snoda tra coltivazioni di tabacco e mais e, dopo Samsun, sono i boschetti di noccioli (la Turchia è la prima esportatrice al mondo) a ricoprire i dolci pendii collinari: la costa prende qui il nome di 'Fındıksahili', appunto costa delle nocciole. Intorno a Giresun appaiono i frutteti di ciliegi e le montagne dell'interno si coprono di abeti

rossi, mentre dopo Trabzon comincia la terra del tè (Rize rifornisce di questa pianta l'intera Turchia), costellata anche di rododendri sui pendii non coltivati. A est di Trabzon abitano i Laz, popolazione di origine caucasica, e gli Hemşin, forse provenienti dall'antica Armenia. Entrambe le popolazioni, in origine cristiane, si sono convertite all'Islam. I vestiti delle donne sono molto colorati e quelle appartenenti al gruppo Hemşin sfoggiano cappelli neri con la tesa orlata di monete. In questa zona, poco turistica, è consigliabile che le donne viaggino accompagnate.

Resti delle antiche mura di cinta di Sinop

Gli itinerari

La lunga strada nazionale 010 che attraversa la regione del mar Nero (vedi tracciato sulla carta del risguardo posteriore, B3-6), solo in alcuni tratti corre lungo la costa. Uscendo da İstanbul si percorre, dapprima, la 020 per poi immettersi, dopo Karasu, nella 010 che prosegue fino al confine con la Georgia, toccando **Samsun** (→) e **Trebisonda** (Trabzon →). La strada ha un fondo generalmente buono. Occorre tuttavia molta prudenza per la tortuosità dell'intero tracciato e per la presenza di un intenso traffico pesante, legato ai centri portuali e industriali della costa. In particolare il tratto da **Amasra** (→) a **Sinop** (→), uno dei più spettacolari del viaggio, è molto tortuoso, e richiede una notevole prudenza nella guida. Si impiegano anche 8 ore per percorrere poco più di 300 km. Vale la pena procedere lentamente, godendosi i bei paesaggi e fermandosi a fare un tuffo lungo la costa, o spezzando il viaggio in due tappe. Non molto numerosi gli assi di penetrazione che consentono, scavalcando le montagne, di raggiungere le regioni interne dell'Anatolia: in particolare, da Zonguldak, İnebolu e Samsun partono collegamenti con i maggiori centri dell'Anatolia occidentale; verso Oriente solo Trebisonda è in comunicazione con Erzurum. Gli altri percorsi trasversali sono per lo più costituiti da lunghe e faticose strade di montagna la cui percorrenza risulta in taluni tratti tutt'altro che agevole. Un'alternativa alla strada costiera è rappresentata dalla linea di cabotaggio costiero che settimanalmente collega İstanbul con i principali centri del mar Nero: gli scali nei porti sono abbastanza lunghi per permettere una visita della città, sebbene talvolta, per la mancanza di adeguati approdi, occorra far ricorso al trasbordo su piccole imbarcazioni.

9.1 La fascia occidentale: da Istanbul a Samsun

Ereğli

(B3). È l'antica città di Eraclea Pontica (circa 300 km a est di İstanbul), centro industriale e porto carbonifero del mar Nero, con oltre 50 000 abitanti, che si distribuisce sulle pendici di un colle, coronato dalle rovine della cittadella bizantina, e lungo la spiaggia disseminata di fabbriche e case popolari.

Storia. Fondata nel VI secolo a.C. da coloni megaresi, Eraclea divenne uno dei principali scali commerciali del Ponto Eusino, toccando l'apice della prosperità nel IV secolo a.C., quando batteva moneta d'argento. Nella seconda metà del XIV secolo fu dei Genovesi, che ne fecero un loro scalo col nome di Ponto Heraclea.

Ben poco è rimasto della città antica, andata distrutta con la costruzione della fortezza bizantina; rimangono, nei pressi dell'abitato, le cosiddette 'grotte di Eracle', citate da Senofonte nell'*Anabasi*: sono tre grotte comunicanti attraverso una delle quali, secondo la leggenda, Eracle discese negli Inferi per rapire il mostro Cerbero e riportare sulla terra Teseo; oggi vi si può ammirare un bel pavimento a mosaico.

Bartın

(B3). Identificata con l'antica Parthenium, è un centro che conserva antiche case in legno. Scavi archeologici effettuati nel 1896 dal tedesco Ernst Kalinka hanno portato alla luce resti della strada romana, costruita sotto l'imperatore Claudio, che la

collegava ad Amasra, cui oggi si perviene in circa 20 km di strada stretta e tortuosa ma aperta su un bellissimo panorama della costa eusina.

Amasra

(B3). Piccolo centro peschereccio e stazione balneare in uno dei siti più belli della costa eusina, è dominata dalla fortezza bizantina, eretta sulla sommità di un alto sperone roccioso.

Storia. Edificata sulle rovine dell'antica Sesamos, colonia fondata dai Milesi nel VI secolo a.C., prese il nome da Amastri, principessa persiana maritata al tiranno di Eraclea. Sottomessa dai Romani nel corso delle guerre mitridatiche, fu fortificata in epoca bizantina con la costruzione della cittadella, nel 1398 occupata dai Genovesi che la tennero fino alla conquista ottomana (1460 circa).

Un piccolo museo archeologico raccoglie i reperti provenienti dall'antica Amastri, di cui sono ancora visibili, non lontano dall'abitato, pochi resti di un teatro, delle terme e di un tempio.

La fortezza, che conserva i bastioni medievali in parte rimaneggiati dai Genovesi, difendeva una sorta di isolotto collegato alla costa da una stretta lingua di terra insinuata tra i due porti. Da questo lato, la cinta è munita di due porte; presso quella aperta sul porto grande, si trova la **Fatih Camii**, chiesa di origine bizantina più volte rimaneggiata, trasformata in moschea dopo la conquista ottomana. Presso il porto piccolo, sorge la **Kilise Mesçidi**, antica cappella in origine riservata al governatore della piazzaforte.

Sinop

(B4). Grazioso porto del mar Nero e capoluogo di provincia (ab. 30 000), si stende su un istmo che collega la penisola di Boztepe alla terraferma. Centro amministrativo e peschereccio, fu in età greca e romana città commerciale (Sinope) di primaria importanza e conserva, del suo prospero passato, alcune vestigia.

Storia. Insediamento di origini antichissime, divenne alla fine del VII secolo a.C. colonia dei Milesi. Nel 413 a.C. dette i natali al filosofo Diogene, seguace di Antistene (fondatore della scuola cinica) e nel 135 a.C. a Mitridate VII, re del Ponto, che ne fece una delle sue residenze preferite. Il sovrano promosse lo sviluppo urbanistico ed economico della città che, dotata di possenti installazioni portuali, assicurava gran parte dei traffici sul mar Nero. Importanza commerciale non minore rivestì sotto l'impero romano, cui fu annessa come colonia nel 63 a.C. assumendo poi il nome di Iulia Felix. Nel 1301 fu conquistata dagli emiri di Kastamonu che concessero ai Genovesi d'insediarsi nella città, diventata capitale dell'emirato. Grazie ai loro fondachi, distribuiti lungo le coste del mar Nero fino all'attuale Crimea, i Genovesi nel XIV secolo riuscirono ad assicurarsi quasi completamente il monopolio del commercio nella regione. Quando il 30 novembre 1853 una flottiglia turca, sorpresa da una squadra navale russa, fu distrutta dopo lunga battaglia nella rada della città, gli Anglo-Francesi ne approfittarono per anticipare il loro intervento militare; prese così il via, l'anno seguente, la campagna di Crimea.

Progetto mar Nero

Il Progetto mar Nero vede dal 1996 un'équipe di studiosi guidati da Robert Ballard impegnati a studiare la zona del mar Nero vicino a Sinop.

Durante le prime due estati di lavori una 'squadra di terra' ha esplorato la penisola di Sinop portando alla luce innumerevoli siti che datano dal Neolitico all'epoca bizantina. Nel 1998 ha iniziato invece i lavori la 'squadra di mare', che con l'aiuto di nuove tecnologie (una slitta sonar e due robot subacquei telecomandati) sta portando avanti l'esplorazione dei fondali marini alla ricerca di imbarcazioni affondate.

Nello stesso anno, un libro di W. Ryan e W. Pitman, intitolato *Diluvio* ipotizzava che il mar Nero, un tempo un lago, fosse stato invaso dalle acque del Mediterraneo in seguito a una violenta inondazione. La teoria è avvalorata dal ritrovamento di vegetali e conchiglie che testimoniano come circa 7500 anni fa l'acqua salata prese il posto di quella dolce. All'interno del Progetto mar Nero sono così cominciate anche le ricerche dell'antica spiaggia di Sinop, posta a 150 m sotto il livello del mare, che è stata individuata nel corso di una spedizione nel 2000 e ha rivelato tracce di insediamenti umani. Sono state inoltre trovate tre imbarcazioni (una risalente al V-VI secolo d.C) perfettamente conservate: in questa zona del mare si verifica il fenomeno della anossia (mancanza di ossigeno) che impedisce la presenza di vita, quindi di pesci, ma anche di organismi che corrompono il legno.

Il Progetto mar Nero è in parte finanziato dalla National Geographic Society. Ulteriori informazioni sono disponibili sui siti: www.nationalgeographic.com/blacksea e www.museum.upenn.edu/sinop/sinopintro.htm

---

Sul lungomare sono ancora visibili i resti delle antiche mura di cinta, rinforzate qua e là da torri in parte costruite con materiale di recupero. Sulla Sakarya Caddesi, non lontano dal Belediye (municipio), si trova la **Büyük Cami** o Alaeddin Camii, costruita nel 1214; nel cortile, il mausoleo edificato nel 1439 durante la dominazione degli emiri di Kastamonu.

Uscendo dalla moschea dalla porta ovest (di fronte alla sala di preghiera), si arriva all'**Alâiye Medresesi**, edificata nel 1262, con un bel portale in stile selgiuchide. Si ripercorre poi in senso opposto la Sakarya Caddesi fino all'edificio del Belediye, dietro il quale un parco conserva le fondamenta di un tempio del II secolo a.C. dedicato a Serapide. Non lontano si trova il **museo** (*visita a pagamento dalle 8 alle 12 e dalle 13 alle 17; chiuso il lunedì*) che ripercorre la storia cittadina dall'età del bronzo alla guerra d'indipendenza. Interessante la raccolta di icone greche e russe provenienti da chiese di Sinop e della regione, nonché le collezioni di ceramiche, terracotte e vetrerie di epoca romana e greca.

Seguendo l'Atatürk Caddesi che sbocca proprio di fronte al Belediye si arriva al porto. Lungo il percorso si notano a destra imponenti vestigia della cittadella di

Sinope, tra cui un'alta torre dominante il cammino di ronda. La cortina, distrutta in più punti, termina presso il porto con un bastione, rinforzato dai Genovesi nel XIV secolo.

Samsun

(B5). È l'antica Amiso, capoluogo di provicia e importante centro del mar Nero (ab. 364 000) in un'insenatura compresa tra i due ampi delta dei fiumi Kızılırmak e Yeşilırmak. Le distruzioni subite nel corso dei secoli hanno lasciato poche tracce del suo passato. Dotata di imponenti attrezzature portuali, è un importante sbocco per le merci provenienti dall'Anatolia centrale e orientale.

Storia. Amiso, fondata intorno al VII secolo a.C. dai Milesi, fece parte dei possedimenti del re del Ponto e fu poi conquistata da Lucullo. Conosciuta in epoca bizantina col nome di Aminso, perse d'importanza a causa della concorrenza del vicino porto di Sinop. I Turchi selgiuchidi se ne impadronirono nel XII secolo e più tardi, dopo che i Genovesi ebbero soppiantato nei traffici i Greci, divenne col nome di Samsun un frequentato scalo commerciale. Nel maggio 1919, Mustafa Kemàl, allora ispettore dell'esercito, partì da İstanbul e sbarcò a Samsun, dove organizzò il primo nucleo di resistenza popolare contro lo smembramento del Paese.

La città ha un aspetto moderno e non possiede monumenti di significativo interesse storico-artistico. Un piccolo **museo** conserva reperti provenienti dall'antica Amiso e da Dündar Tepe (frammenti architettonici, iscrizioni ecc.). Nel centro si trova anche la Pazar Camii, moschea costruita nel XIV secolo.

I dintorni di Samsun

Kara Samsun

Circa 3 km a nord-ovest della città nuova, su un altopiano che sovrasta il porto, è stato individuato il sito dell'antica Amiso, con resti di colonne, cisterne, tumuli e tratti delle mura.

9.2 Trebisonda (Trabzon) e la costa orientale

Ünye

(B5). È un gradevole porto peschereccio con un entroterra coltivato a noccioli.

Nei dintorni è **Kaleköy** (9 km sulla strada per Niksar), 'il villaggio del castello', coronato dalla fortezza medievale di Çaloğlu. Nella sottostante collinetta fu scavata una tomba di epoca romana.

Ordu

(B5). Capoluogo di provincia e porto del mar Nero (ab. 113 000), sorge sul sito dell'antica Cotyora, fondata nel V secolo a.C. da una colonia di Milesi venuti da Sinope e nota per l'imbarco sulla strada del ritorno dei 'Diecimila' di Senofonte, al termine della loro odissea attraverso l'Asia Minore. Estesa ai piedi di una verdeggiante collina, la città conserva, nei pressi dell'abitato, una chiesa armena del XVIII secolo, trasformata per qualche tempo in prigione e ora in rovina.

Museo Etnografico. *Visita a pagamento, dalle 8 alle 17; il lunedì dalle 10 alle 13.* Allestito in un edificio ottocentesco, che ospita ricostruzioni di ambienti ottomani del XIX secolo, arredati con mobili e costumi d'epoca.

Giresun

(B5). Capoluogo di provincia con circa 84 000 abitanti, sorge nei pressi di un promontorio dominato dai ruderi di una fortezza bizantina. È conosciuta non solo per le sue ciliegie esportate in tutta Europa, ma anche per la bellezza del fertile entroterra coltivato a noccioli. Fu fondata nel II secolo a.C. da Farnace, re del Ponto, che la chiamò Farnacia. Quando Lucullo se ne impossessò nel 69 a.C., durante la guerra di Roma contro Mitridate, era già conosciuta con il nome di Cerasus, dal greco kèrasos (ciliegio), in turco kiraz. E fu probabilmente proprio Lucullo a trasportare a Roma il primo ciliegio, o meglio un albero della flora locale che ebbe il nome della città di provenienza: Cerasus.

Sull'isola di **Giresun Adası**, situata di fronte alla città e collegata da un servizio di traghetto, sorgono le rovine di un tempio che si vuole dedicato a Marte dalle due regine delle Amazzoni, Otrera e Antiope.

Trebisonda* (Trabzon)

(B6). Capoluogo di provincia con 215 000 abitanti, Trebisonda è luogo antico, tra i più carichi di suggestioni. Se a ciò si aggiunge l'interesse dei monumenti bizantini e il bellissimo entroterra che raggiunge le pendici della catena del Ponto, risulta evidente perché l'antica colonia greca di Trapezunte, poi piccola capitale del regno dei Comneni, continui a esercitare un fascino particolare, giustificando una sosta in questo moderno centro, oggi caratterizzato da una rapida espansione urbana (anche in seguito all'afflusso di piccoli commercianti provenienti dall'ex Unione Sovietica) e da un crescente sviluppo delle attività portuali.

Storia. Trapezunte fu fondata verso la fine del VII secolo a.C. da una colonia di Milesi venuti da Sinop, cui si aggregò poco dopo un'importante comunità emigrata da Trapezos (in Arcadia), che diede il nome alla città. Senofonte e i suoi 'Diecimila' vi ritrovarono dunque, al termine della drammatica marcia iniziata a 3200 km di distanza, sotto le mura di Babilonia, molti elementi del mondo greco. Già allora Trapezunte era un importante centro commerciale, terminale settentrionale della grande strada che collegava il mar Nero con la Persia passando attraverso le montagne armene. Durante la guerra tra Mitridate re del Ponto e i Romani nel I secolo a.C., la città fu presa da Lucullo e Roma le confermò il suo statuto di città libera. Più tardi, sotto il regno dell'imperatore Adriano (117-138), Trapezunte godette di una particolare prosperità, si arricchì di monumenti e fu dotata di un secondo porto, scavato artificialmente. Grazie alle mura erette in età bizantina e al possente bastione naturale a sud della città, resistette all'invasione selgiuchide dell'XI secolo. Nel 1204, due figli dell'imperatore Andronico I in fuga da Costantinopoli, all'epoca conquistata dai Crociati, si insediarono nella città e il principe Alessio Comneno vi fondò

l'impero di Trebisonda che rimase nelle mani dei suoi successori fino al 1461. I Comneni strinsero alleanze con i Crociati e, dopo la restaurazione bizantina a Costantinopoli, con i Paleologhi; lottarono inoltre a lungo con i Genovesi che avevano monopolizzato il commercio sul mar Nero. Dopo la presa di Costantinopoli nel 1453, Trebisonda rimase ancora per qualche anno l'ultimo baluardo della civiltà bizantina, finché nel 1461 fu occupata dai Turchi e annessa all'impero ottomano.

Visita. Una giornata è sufficiente per la visita della città e dei suoi dintorni, tra i quali spicca, a circa 50 km, il monastero di Sumela. Il centro cittadino, che concentra la maggior parte degli edifici di interesse storico-artistico, si percorre a piedi; è consigliabile invece un'autovettura per raggiungere la chiesa di S. Sofia (a circa 3 km, lungo la strada 010 per Samsun), dove sono conservati splendidi affreschi del XIII secolo.

Chiesa di S. Anna (Küçük Ayvasıl Kilisesi). *Non accessibile al pubblico.* Vi si accede imboccando la Kahraman Maraş Caddesi dalla centrale Belediye meydanı. L'edificio fu eretto sotto Basilio I (867-86) su una cripta e presenta tre navate su quattro colonne sormontate da capitelli ionici; sopra il portale, si nota un bassorilievo con un'iscrizione che riporta l'anno di fondazione.

Kahraman Maraş Caddesi. Si costeggia sulla sinistra il bastione della fortezza mediana e, superato un ponte, si entra sulla destra, attraverso una porta aperta nella cinta bizantina, nella fortezza inferiore. Una traversa a destra della Kahraman Maraş Caddesi, superato l'accesso alla cittadella, conduce alla **Nakip Camii**, ex chiesa di S. Andrea che, costruita con materiale di spoglio e oggi quasi diroccata, risale probabilmente al X o XI secolo. Reşadiye Caddesi, traversa a sinistra della Kahraman maraş Caddesi, raggiunge in breve la **Gülbahar Hatun Camii** (moschea della Dama rosa della Primavera), eretta nel XVI secolo nei pressi del mausoleo costruito da Selim I, in onore della principessa Gülbahar.

La **cittadella**, costruita nel XIV secolo, comprendeva tre ordini di fortificazioni: la fortezza inferiore (Aşağıhisar), quella mediana (Ortahisar) e quella interna (İç Kale). Le fortezze erano tra loro separate da cinte di mura e comunicavano attraverso alcune porte. La cittadella venne distrutta nel XVIII secolo e di essa rimangono tratti di mura merlate e alcune torri.

Fatih Camii. Varcate le mura della fortezza mediana dal lato occidentale, si arriva alla Fatih Camii (o Ortahisar Camii), moschea ricavata nell'antica Panaghia Chrysokephalos, basilica bizantina della Vergine dalla Testa d'Oro. Un portico sostenuto da due colonne, costruito dai Turchi dopo la trasformazione del santuario cristiano in moschea, dà accesso all'edificio, dalla pianta a croce latina, composto da una navata principale chiusa da un'abside a est, due navate laterali con galleria superiore e una navata trasversale. La pianta originale della basilica fu modificata probabilmente nel XIII secolo, quando furono eretti il nartece e la cupola, un tempo rivestita esternamente di rame dorato, da cui il nome di Chrysokephalos (testa d'oro). Si accedeva alle gallerie attraverso scalinate lungo i fianchi nord e sud, ma quello meridionale è stato distrutto per far

posto al mihrab. Nei pressi del portico d'ingresso si trovano una fontana (*sebil*) e la vasca per le abluzioni (*şadırvan*).

A pochi metri di distanza sorge l'edificio del *Vilayet* (municipio); dalla piazza antistante si diparte la İçkale Sokağı che permette di accedere, al termine, alla fortezza interna mediante una porta aperta nella cinta bizantina, edificata al tempo dei Comneni.

Yeni Cuma Camii. Usciti dalla cittadella si raggiunge, dopo aver varcato un ponte che supera la scarpata a est del bastione, l'antica chiesa di S. Eugenio, patrono della città, ora consacrata al culto musulmano col nome di nuova moschea del Venerdì. La chiesa è costituita da tre navate parallele, ciascuna chiusa da un'abside e intersecate da una navata trasversale. Al centro s'innalza una cupola poggiante su un tamburo con finestre, sorretto da pennacchi che poggiano su quattro colonne. A sinistra dell'entrata, si trova il mihrab in pietra scolpita. Numerosi dettagli, e in particolare il pilastro della parete sud che non sorregge alcun carico, fanno supporre che la chiesa sia stata completamente rimaneggiata dopo l'incendio che la devastò nel 1340.

Basilica di S. Sofia. *Visita a pagamento dalle 8.30 alle 17; in inverno chiuso il lunedì.* A 3 km lungo la strada per Samsun si trova quest'importante basilica (Aya Sofya Müzesi), costruita a tre navate intorno al 1200 e poi, nel corso del XIII secolo, trasformata nell'attuale edificio a cupola, con nartece e tre atrii un tempo tra loro collegati da una galleria colonnata. Già restaurata nel 1486 e nel 1547, ai primi del XVII secolo fu adibita a moschea; gli affreschi,

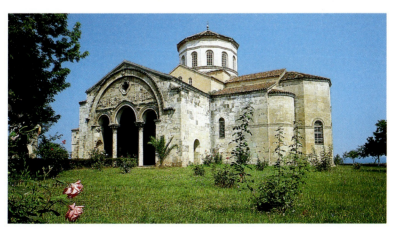

La basilica di S. Sofia a Trebisonda, che custodisce al suo interno importanti affreschi

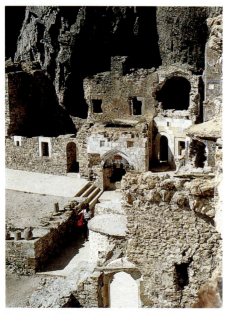

Il monastero di Sumela, tra imponenti pareti rocciose

coperti con intonaco alla fine dell'Ottocento, sono stati restaurati negli anni Sessanta e la chiesa trasformata in **museo**.

Il frontone dell'atrio sud (lato destro guardando la facciata) conserva una parte del fregio ornamentale rappresentante la storia di Adamo ed Eva. Sulla parte sinistra, Adamo è sdraiato sull'erba mentre il Tentatore cerca di corrompere Eva. A destra, Adamo riceve la mela.

All'interno sono conservati affreschi, risalenti probabilmente al XIII secolo, di grande vivacità e forza espressiva. Sulla calotta della cupola spicca il Cristo Pantocratore e, nel tamburo tra le finestre, gli Apostoli; nei riquadri delle finestre, i Profeti. Il fregio sopra il tamburo raffigura gli Angeli in adorazione. Nei medaglioni sono affrescati Matteo e la Crocifissione, Giovanni e la Discesa agli Inferi (Anastasis), Marco e il Battesimo, Luca e la Natività. Nella volta sopra la porta di accesso al nartece: l'Ultima Cena, la Lavanda dei Piedi e l'Agonia al Monte degli Ulivi. Sulla volta dell'arcata che precede l'abside, nella navata sinistra presso la finestra, l'Uccisione di Zaccaria e la Fuga di Elisabetta. Nelle cupole dell'abside di sinistra, da notare la Visitazione e l'Annunciazione ad Anna.

Passando nell'abside centrale, sulla parete laterale sinistra, l'Incredulità di Tommaso e la Pesca miracolosa. Nella conca, la Madonna col Bambino affiancata dagli arcangeli Michele e Gabriele. Sulla volta dell'abside, l'Ascensione e, sulla parete laterale destra, la Missione degli Apostoli. Nell'abside di destra sono invece raffigurati l'apparizione degli Angeli a S. Anna e Gioacchino che rifiuta gli oboli nel Tempio. Sul-

la volta dell'arcata che precede l'abside, nella navata laterale destra, spicca la Nascita della Vergine Maria e la sua Presentazione al Tempio. Nel nartece, la volta centrale è affrescata con la mano di Dio attorniata dai simboli degli Evangelisti e da Angeli. Iniziando il giro da sinistra, rispetto all'ingresso, si riconoscono S. Bacco e S. Sergio, la Guarigione del Paralitico e le Nozze di Cana. Sopra la porta principale del nartece si trova un angelo in adorazione davanti al velo della Veronica. Nella navata opposta spiccano la guarigione della suocera di Pietro, il Cristo che cammina sulle acque e la Moltiplicazione dei pani e dei pesci. Gli affreschi dell'atrio ovest, accessibile dal nartece, raffigurano il Giudizio finale (sulla parete che divide l'atrio dal nartece), il Paradiso (sulla volta), l'Inferno e, infine, la Risurrezione dei Morti sopra i tre archi delle porte che affacciano all'esterno. Gli affreschi sulla volta dell'atrio nord sono ormai quasi completamente cancellati; all'estremità della volta sono riconoscibili alcuni ritratti di santi guerrieri. Sulla parete al di sopra dei tre archi, si notano il Sogno di Giacobbe e, più sotto, i patimenti di Giobbe; a fianco, l'albero genealogico di Cristo. In prossimità dell'atrio nord sono state rinvenute le fondamenta di una chiesa precedente, di dimensioni ridotte rispetto all'attuale Aya Sofya.

I dintorni di Trebisonda

Boztepe
3 km dall'abitato per la Boztepe Caddesi. Si tratta della 'collina grigia', dove giacciono sparse vestigia di epoca bizantina e resti del convento della Vergine Theoskepastos, probabilmente sul sito di un tempio dedicato ad Apollo. Imboccando poi l'İran Caddesi si incontra il **Kaymaklı Manastırı**, conosciuto col nome di Fatih Kulesi, convento armeno occupato da monaci fin dopo la prima guerra mondiale e oggi ridotto a fienile. A sinistra dell'entrata, nel cortile, si trovano i resti di un campanile isolato. La chiesa, oggi senza tetto, fu forse edificata nel XV o XVI secolo e in seguito più volte rimaneggiata. In fondo al cortile rimane una piccola cappella costruita nel 1622. Nella chiesa principale, sopra uno strato più antico, si scorgono tracce di affreschi risalenti alla metà del XVIII secolo.

Monastero di Sumela**
(B6). 48 km a sud, prendendo la strada E97-885 per Erzurum; consigliabile recarvisi al mattino presto per poter meglio apprezzare le bellezze del sito; servizio di dolmuş in partenza dall'ufficio del turismo di Trabzon. Deviando a sinistra dopo 31 km per una strada che diventa nell'ultimo tratto molto stretta, a 5.5 km dal bivio si scorge a destra un vecchio ponte a dorso d'a-

sino che annuncia il villaggio di **Kanalıköprü**. Abitato da Circassi insediatisi nella regione dopo la partenza della comunità armeno-greca, vi si trovano un'antica chiesa greca ora trasformata in abitazione e le rovine di un monastero. Si prosegue fino a una radura al termine della strada e da lì bisogna calcolare ancora da 30 a 40 minuti di salita a piedi lungo un sentiero stretto e sinuoso (300 m di dislivello). Conosciuto oggi col nome turco di Meryemana (Maria Madre) Manastırı, il monastero di Sumela (*visita a pagamento dalle 9 alle 18 in estate, dalle 9 alle 16 in inverno*) sorge in un luogo eccezionale per lo scenario naturale circostante. Gli edifici conventuali, abbarbicati sul fianco di un ripido dirupo, appaiono dalla valle come sospesi tra cielo e terra. La spettacolarità è accentuata dalla cornice delle montagne della catena pontica e della valle dell'Altındere, un aspro paesaggio che ha accompagnato per quindici secoli la vita dei monaci.

Secondo la tradizione, il monastero di Sumela fu fondato da due monaci ateniesi, Barnaba e Sofronio, venuti dalla Calcidica con un'icona della Vergine, attribuita a S. Luca, probabilmente nel 385. La fama della 'Vergine della Montagna Nera' si sparse rapidamente e crebbe ancora dopo la morte dei due monaci fondatori che, venerati come santi, furono sepolti nel monastero. La loro fama di santità contribuì ad aumentare ancor più i pellegrinaggi, sicché Sumela diventò in breve uno dei centri più importanti del monachesimo orientale, al quale nel VI secolo Giustiniano offrì un vaso d'argento per raccogliere le reliquie di S. Barnaba. Dopo la conquista di Trebisonda (1461), Maometto II, e in seguito i suoi successori, accordarono una particolare protezione al monastero. Durante la prima guerra mondiale, al momento dell'avanzata dell'esercito russo (1916), i monaci abbandonarono Sumela per tornarvi poco dopo, ma dovettero andarsene definitivamente nel 1923, alla conclusione della guerra greco-turca. Negli anni successivi, molti danni sono stati provocati da vandali e ladri di antichità.

Nel salire gli ultimi gradini della scalinata di accesso, prima di varcare la soglia del monastero, si passa ai piedi di un acquedotto costruito nella roccia nel 1860.

Al di là della porta si scende verso il nucleo più importante degli edifici monastici, superando le rovine della biblioteca. Più oltre, sulla sinistra, i resti della **chiesa dell'Assunzione della Vergine**, in parte scavata nella roccia e in parte costruita con materiali di riporto, sotto una vasta volta naturale. L'esterno della chiesa e la circostante parete rocciosa conservano lacerti di affreschi che risalgono per lo più alla prima metà del XVIII secolo: sulla parete di roccia, un'imponente Giudizio Universale e, dalla parte del nartece, scene della vita di Gesù (nei quattro registri inferiori), una rappresentazione del Concilio di Nicea (quinto registro) e scene della Genesi (sesto registro); sempre sul muro esterno, dalla parte dell'abside, sono raffigurati episodi ispirati alla vita della Vergine. All'interno della chiesa, dove gli affreschi risalgono pure, in gran parte, al XVIII secolo, si notano alcuni frammenti del XVI secolo e una composizione dell'inizio del XV con Manuele III Comneno a sinistra, Alessio III Comneno al centro e Andronico III a destra. Nei medaglioni della volta si notano la Panaghia Platytera e un Cristo Pantocratore. Accanto alla chiesa dell'Assunzione si trova una cappella settecentesca.

Si passa, poi, alla visita del grande edificio conventuale costruito a ridosso della roccia nel XIV secolo. È composto da 72 celle distribuite su quattro piani, oltre a un grande refettorio, magazzini ecc. Più in alto, un quinto piano posto allo stesso livello della chiesa comprende una galleria in gran parte diroccata ove si trovava un posto di avvistamento.

Rize

(B6). La città capoluogo di provincia ha 78 000 abitanti e può essere considerata la capitale del tè della Turchia. Su gran parte delle colline circostanti e lungo la costa tra Of e Hopa, sorgono infatti ampie piantagioni di tè la cui coltura è stata introdotta in Turchia poco prima del secondo conflitto mondiale. Si visiti, a questo proposito, la sezione didattica dell'orto botanico di Rize (Ziraat Bahçesi), in bella posizione panoramica e ricco di piante subtropicali o, sulla collina alle spalle della moschea Merkez Şeyh Cami, l'istituto di ricerca sul tè (Atatürk Çay Araştırma Enstitüsü), che vanta un meraviglioso giardino (*aperto in estate fino alle 22 circa*) in cui viene servito un tè eccellente.

Il museo di Rize, che ha sede in un palazzo ottomano ristrutturato alle spalle dell'ufficio turistico, espone un'interessante collezione di tessuti, con manichini che indossano i vestiti tipici dei Laz e degli Hemşin. Nel quartiere İslam Paşa Mahallesi (zona nord di Rize), si trova l'**İslam Paşa Camii**, piccola moschea costruita nel XVI secolo, all'epoca di Selim I.

I dintorni di Rize

Ayder

Questa cittadina è un punto di riferimento per gli appassionati di trekking, che qui, nelle varie pensioni, possono facilmente trovare accompagnatori per escursioni sui monti Kaçkar (Kaçkar Dağı). Per farsi un'idea dei luoghi, si può consultare il sito della Cicerone press sulle montagne della Turchia (www.cicerone.co.uk). Si ricordi che la zona di Ayder è inoltre un punto di ritrovo per gli Hemşin che si radunano qui durante l'estate.

10 Ankara

Profilo della città

Capitale politica del Paese, con una popolazione che supera ormai i 5 000 000 di abitanti, **Ankara*** (pianta alle pagg. 260-261; vedi carta sul risguardo posteriore, C3-4) manifesta, nell'impianto urbanistico come nelle strutture economiche e nelle caratteristiche del popolamento, le particolari vicende che hanno accompagnato nell'ultimo secolo la sua rapidissima crescita, dopo che nel 1923 Atatürk la scelse – essenzialmente per motivi strategici – quale sede delle istituzioni politiche e amministrative della neonata repubblica turca. Era infatti priva di condizionamenti storici, a differenza di İstanbul, che ancora viveva di un'economia strettamente legata alla presenza del sultanato, o di Konya, antica capitale selgiuchide e sede principale dei Dervisci, e la centralità rispetto al Paese la avvantaggiava nei confronti di Smirne, troppo vicina alle coste greche, o di altri centri posti in prossimità dei confini e proprio per questo minacciati dalla presenza di agguerrite minoranze etniche o dal permanere di eserciti di occupazione di potenze straniere. La città agli inizi del secolo contava appena 30 000 abitanti e, secondo le descrizioni dei viaggiatori, si presentava ancora come un modesto insediamento sviluppatosi intorno alla cittadella che, dall'alto della collina, sovrasta l'abitato. Il primo ampliamento avvenne a partire dal 1928 sulla base di un preciso piano urbanistico redatto dall'architetto austriaco H. Jansen, che prevedeva oltre al rispetto di una pianta ortogonale, con vie ampie e diritte ed estesi spazi verdi, la costruzione di edifici in stile pseudomoresco, con influenze di modelli architettonici occidentali. Più tardi, nonostante le esigenze di monumentalità legate al ruolo di capitale del Paese, si è andato affermando uno stile più sobrio, caratteristico di gran parte degli edifici destinati ad accogliere ministeri, rappresentanze diplomatiche, banche, istituzioni culturali ecc. Alla realizzazione di questa città moderna si è affiancata negli ultimi decenni (nel 1950 Ankara non superava i 300 000 abitanti) una crescita vertiginosa di quartieri residenziali-popolari che si sono andati estendendo, con uno sviluppo soprattutto orizzontale, fino a coprire gran parte delle lievi ondulazioni che circondano l'agglomerato urbano. Consistente è il fenomeno delle 'case costruite in una sola notte' (*gecekondu*), modesti alloggi a un piano, in cui trovano ricovero le ondate di popolazione inurbata, caratteristica della periferia cittadina.

La visita alla capitale è spesso abbinata a un tour in Cappadocia (a 4 ore di autobus circa) e si consiglia se non altro per il Museo delle Civiltà Anatoliche, collocato nei pressi della zona centrale di Ulus, che con la sua straordinaria esposizione di manufatti consente di entrare in contatto con una cultura spesso ignorata, ma che costituisce una delle molteplici anime del Paese. Accanto al museo sorge la piccola collina della cittadella, cuore della vecchia Ankara, uno dei punti più piacevoli della capitale, sopravvissuto alla trasformazione urbanistica. Se si segue l'Atatürk bulvarı, il lunghissimo viale che

Una veduta di Ankara, dove palazzi moderni si affiancano a tesori dell'architettura ottomana

attraversa la città da nord a sud, in direzione sud si incontrano i quartieri di Kızılay e di Kavaklıdere – zona delle ambasciate, dei grandi hotel e dei ristoranti alla moda – e subito dopo quelli di Gaziosmanpasa e infine di Çankaya, popolari per i ristorantini e la vita notturna. A Çankaya, nei pressi del palazzo presidenziale, sorge la moderna torre Atakule, con un ristorante panoramico che offre una vista straordinaria di tutta la città.

Storia. Molti insediamenti preistorici sono stati scoperti nelle vicinanze della città attuale, ma malgrado la certezza circa l'esistenza nella zona di una piccola città ittita, non si è avuto sinora alcun ritrovamento. Per contro, numerose tombe rinvenute in una vasta area intorno al mausoleo di Atatürk e databili 750-500 a.C. mostrano come la città frigia, anch'essa non ancora venuta alla luce, dovesse aver raggiunto una certa importanza. Il nome di Ankyra deriverebbe dalla radice 'ank', frequente nella maggior parte delle lingue indo-europee, che significa 'gola, burrone, curva' ad indicare le caratteristiche del sito in cui si sviluppava allora la città.

Dalla metà del VI alla metà del IV a.C. l'insediamento costituì una tappa obbligata lungo la Grande Via reale persiana che collegava Susa a Sardi. Alessandro Magno s'impossessò di Ankyra nel 334 a.C. Alla sua morte fu assoggettata dai Seleucidi e nel 278-277 subì l'invasione dei Galati che ne fecero la loro capitale. I Romani, nel corso del II secolo a.C., trovarono un accordo con i Galati che mantennero il controllo della città, ma nel 25 a.C. il regno fu annesso da Augusto all'impero e Ankyra divenne la capitale della ricca provincia della Galazia. A quell'epoca la città, con il nome di Sebaste Tectosagum, si abbellì di monumenti tra cui le terme e il tempio di Augusto. Sotto Nerone, fu poi promossa al rango di metropoli. Sotto i Bizantini conobbe un lungo periodo di prosperità, ma fu poi saccheggiata da Persiani (620), Arabi nel VII e VIII secolo, Turchi e Crociati. Nel 1127 divenne turca e prese il nome di Engüriye, in Occidente trasformato in Angora. La città subì le rivalità che opponevano tra loro i vari emiri finché i Mongoli imposero (1304) la loro sovranità. Nel 1402, durante la battaglia di Ankara, Beyazıt I vi fu fatto prigioniero da Tamerlano e poco dopo (1414) la città divenne definitivamente ottomana. Da allora conobbe un lento declino al punto che, quando Mustafa Kemàl ne fece (1920) il centro della resistenza all'invasione greca, era una piccola borgata circondata da steppe, attiva soltanto nel settore laniero (lane d'Angora), messo in crisi dalla concorrenza dei Paesi occidentali.

La visita

Una giornata è sufficiente per la visita della città; innanzitutto vale la pena di visitare il Museo delle Civiltà Anatoliche, che nel 1997 ha vinto il 1° Premio come migliore Museo Europeo, per poi compiere il giro della cittadella e della città vecchia. Il resto della mattinata sarà dedicato al Museo Etnografico, importante testimonianza del ricco folclore turco. Nel pomeriggio si potranno visitare il tempio di Augusto e di Roma e le terme romane. In seguito si raggiungerà, nel settore sud-ovest, il mausoleo di Atatürk, dal quale si gode un panorama dell'intera città.

Museo delle Civiltà Anatoliche** (C4; pianta a pag. 262). *Visita a pagamento dalle 8.30 alle 17.30; chiuso il lunedì, tranne in estate.* È di eccezionale interesse per la ricchezza delle collezioni che vi sono conservate e che abbracciano tutte le civiltà succedutesi nell'Asia Minore. Pregevole soprattutto quelle di arte e artigianato ittita e quelle relative al Neolitico, risalenti fino al VII millennio a.C. Situato a sud-ovest della cittadella, occupa due edifici, eretti tra il 1464 e il 1471 sotto il regno di Maometto II, e destinati a bazar coperto e caravanserraglio. Nel giardino antistante l'entrata, si trova una gigantesca statua (m 7.4) proveniente da Fasılar (dintorni di Beywsehir).

Per una visita non affrettata occorre calcolare 2-3 ore circa. I reperti sono presentati cronologicamente a partire dalla sala situata a destra dell'ingresso.

Periodo paleolitico (I): reperti provenienti dalla grotta di Karain presso Antalya: utensili in pietra, bulini, lame, asce e resti di ossa umane.

Periodo neolitico (II): reperti provenienti da Çatalhöyük (6500-5720 a.C.): **pitture murali** e **bassorilievi**, raffiguranti soprattutto teste di toro, scoperti in un quartiere di costruzioni adibite a pratiche di culto; motivi ornamentali geometrici monocromi e policromi e scene di caccia. Tra le pitture spicca poi la raffigurazione dell'eruzione di un vulcano, probabilmente l'Hasan Dağı, che, secondo la datazione al carbonio 14, risale al 6200 a.C. Dopo le cerimonie religiose, dipinti e bassorilievi venivano ricoperti di gesso, sicché sono stati rinvenuti fino a 12 strati di pitture intervallate da un centinaio di rivestimenti di gesso. Da Çatalhöyük provengono anche numerose **statuette della Dea-Madre***,

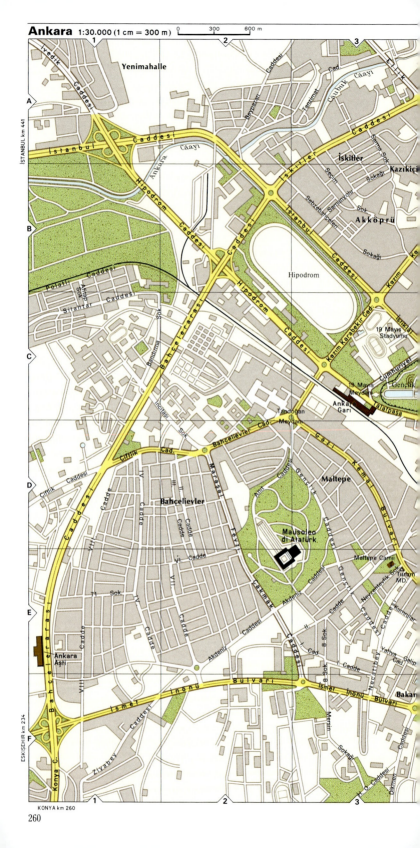

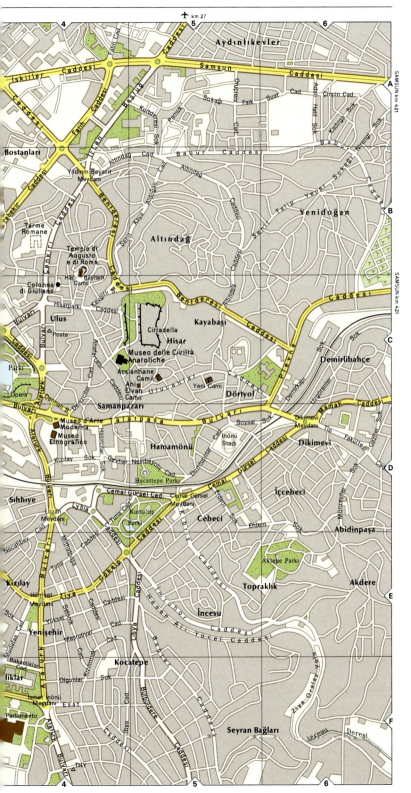

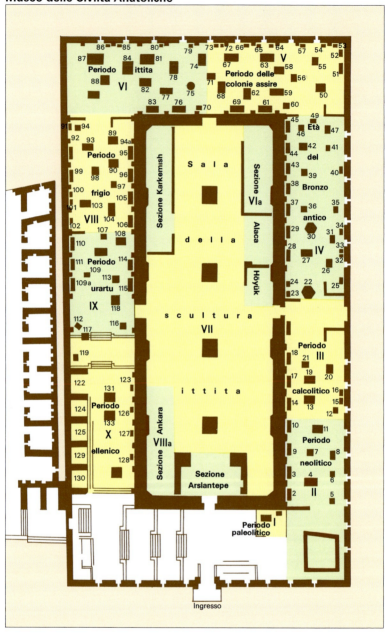

simbolo della fecondità (la più originale è quella di una partoriente su un trono attorniato da animali sacri), e gioielli in pietra e conchiglia, specchi di ossidiana, oggetti per il trucco e stoffe in lana o fibra vegetale. I sigilli in terracotta o pietra, decorati con motivi geometrici, testimonia-

no invece l'importanza della proprietà privata sin dal Neolitico.

I reperti di Hacılar, importante centro dell'epoca neolitica, risalgono al 5500-5400 a.C.: pregevoli il vasellame, nei toni del marrone, rosso e giallo (in particolare un vaso rosso a forma di testa femminile e una serie di vasi zoomorfi) ma soprattutto una ventina di statuette raffiguranti le divinità steatopigie della fecondità nelle posizioni più disparate: inginocchiate, accovacciate, sdraiate o sedute su un trono.

Periodo calcolitico (III): dal V a metà del III millennio a.c.; ceramiche dipinte, sempre più evolute per tecnica e forma, provenienti soprattutto da Hacılar, Can Hasan, Alaca Höyük, Alişar, Tilkitepe; da Beycesultan provengono in particolare un vaso contenente un anello d'argento, alcuni oggetti in rame, un frammento di pugnale e tre aghi di metallo. Presso la porta d'accesso alla sala della scultura ittita, spicca un imponente **bassorilievo** in pietra (XIV secolo a.c.) raffigurante un personaggio con elmo, armato di ascia e spada corta, con ogni probabilità il dio ittita della guerra.

Età del Bronzo antico (IV): dal 2600 al 1900 a.c.; reperti rinvenuti in varie località (soprattutto Alaca Höyük e Beycesultan) che testimoniano il notevole livello raggiunto dalla civiltà anatolica nel campo della lavorazione dei metalli (bronzo, argento, oro): figure di cervidi e simboli rituali in forma di **dischi solari*** di raffinata fattura, **gioielli*** in oro e argento, due statuette della Dea-Madre con testa e ventre rivestiti in oro (vetrina 34) o nelle sembianze di una donna che allatta il figlio (vetrina 40). La sezione detta Alişar III (vetrine 51-54) espone ceramiche molto originali, scoperte ad Alişar (III livello) e in altri centri dell'Anatolia centrale, raffiguranti divinità a forma di violino; da Kültepe provengono alcuni idoli a più teste, dal lungo collo sopra un corpo rotondo, in alabastro decorato con motivi geometrici. *Periodo delle colonie assire (V)*: dal 1950 al 1700 circa a.c.; epoca che in Anatolia corrisponde all'introduzione della scrittura e segna l'avvio dell'età del Bronzo medio. Di eccezionale interesse (vetrina 55) sono alcune **lettere commerciali*** di mercanti assiri redatte in caratteri cuneiformi, talvolta ancora protette dalle loro 'buste', provenienti da Kültepe, alcune **statuette***, molto stilizzate, della dea della fecondità (vetrina 52) e una collezione di **rhyton***, vasi zoomorfi per libagioni (vetrine 65-66).

Periodo ittita (VI): dagli inizi del II millennio alla fine del XIII secolo a.c.; reperti della cultura ittita, di carattere religioso o appartenuti a famiglie reali (da Boğazköy, Alişar, Alaca Höyük e Kültepe). Di pregio il va sellame e i grandi rhyton a forma di testa di toro. Meritano attenzione anche alcuni sigilli cilindrici in bronzo con iscrizioni

cuneiformi e geroglifiche (vetrina 84) appartenuti a re ittiti; nella vetrina 88, due tavolette di terracotta iscritte a caratteri cuneiformi con la descrizione di una cerimonia religiosa, e piccoli rilievi raffiguranti la dea Hepat e il dio ittita della tempesta: interessante è la rappresentazione della testa e dei piedi di profilo e del corpo di fronte.

Periodo frigio (VIII): dal XII alla metà dell'VIII secolo a.c.; reperti provenienti dal grande tumulo di Gordio, attribuito al re Mida (vetrine 89-105): un magnifico paiolo in bronzo*, un **paravento*** con intarsi in legno recentemente restaurato, un tavolo di raffinata fattura, un busto di uomo con orecchie d'asino, forse re Mida, e altri oggetti in metallo di uso domestico.

Periodo urarteo (IX): numerosi reperti del regno Urartu (IX-VI secolo a.c.) tra cui uno scaldapiedi in bronzo, la statuetta di un leone in avorio e uno specchio ancora in bronzo. Nella vetrina 117 spicca un grosso blocco di pietra vulcanica finemente lavorato con iscrizioni cuneiformi e decorato con due leoni sormontati da un dio alato della tempesta (Adilcevaz, VIII secolo a.c.). In una nicchia sulla destra, accanto alla sezione ellenica (vetrina 122), statua raffigurante la dea Cibele tra un flautista e un suonatore di cetra, opera frigia rinvenuta a Boğazköy.

Periodo ellenico (X): V-IV secolo a.c.; bellissimi gioielli in oro, monete e statuette di notevole interesse.

Sala della scultura ittita (VII): nella grande sala al centro del museo sono conservate numerose opere scultoree, soprattutto bassorilievi, incisioni e basamenti. In molti casi accanto all'originale, spesso molto deteriorato, si trova un successivo rifacimento. La *sezione Alaca Höyük (VI a; XIII secolo a.c.)* conserva gli **ortostati** originali che ornavano la porta delle sfingi di Alaca Höyük; sul lato sinistro è illustrato un sacrificio, sul lato opposto una scena di libagione; si possono distinguere il re e la regina mentre procedono all'offerta davanti a un toro, con giocolieri e acrobati, e in un angolo un fedele in adorazione di fronte a un dio seduto. La *sezione Karkemish* (X-VIII secolo a.c.) raccoglie rilievi posteriori di 300-500 anni rispetto a quelli di Alaca Höyük; fonti di ispirazione sono animali fantastici, strane figure (forse sacerdoti mascherati) metà uomini e metà animali, sontuose processioni dove sacerdoti e dignitari scortati da musicisti si preparano alla celebrazione di un sacrificio, scene della vita quotidiana di corte. Nella *sezione Ankara* (VIII a; VIII secolo a.C.) sono raccolte alcune lastre scolpite, raffiguranti un leone, un grifone, una sfinge e un toro, e l'illustrazione di numerosi miti. La *sezione Arslantepe* (accanto alla porta d'uscita; XI-IX secolo a.C.) conserva soprattutto scene di libagioni e una statua del re Tarhunza.

Cittadella (C5). Usciti dal museo, si sale a destra per Gözcü Sokağı, fino alla cittadella, dalla cui sommità si gode un ampio panorama sulla capitale. È piacevole anche aggirarsi senza meta per le stradine di questa zona, che si presenta relativamente intatta e molto ben curata. Alcune delle antiche case ottomane sono state trasformate in ristoranti, ma hanno mantenuto la struttura interna originale. Alcuni offrono anche una bella vista sulla città. Nelle botteghe della cittadella sono in vendita i soliti souvenir, oltre a qualche oggetto di antiquariato.

Il complesso è costituito da due cinte murarie (oggi sotto la tutela dell'Unesco) risalenti al periodo bizantino: la più antica, probabilmente eretta da Eraclio verso il 620, corona la sommità del picco roccioso. In seguito ad assedi da parte degli Arabi, Michele II (820-829) fece costruire un secondo bastione conglobando a un livello più basso, in direzione ovest e sud, le precedenti fortificazioni. Quest'ultima cinta, costituita da 14 bastioni quadrati e 4 torri semicilindriche poste ai lati delle due porte d'accesso, è lunga circa 1500 m e fu costruita con grossi blocchi di pietra prelevati da resti di antichi monumenti, a eccezione dei merli del parapetto, in mattoni.

Si accede alla cittadella attraverso la porta principale della cinta inferiore, chiamata **Hisar Kapısı** e coronata da una torre con orologio. Attraversato un vivace quartiere di vecchie case in legno, dopo circa 200 m si arriva, presso la **Parmak Kapısı**, alla più antica cinta muraria, lunga circa 1150 m e rinforzata da una quarantina di torri. In essa appare evidente l'uso di elementi lapidei provenienti soprattutto da monumenti romani della città.
A destra della Parmak Kapısı si erge una possente torre poligonale detta **Şark Kulesi**, costruita probabilmente tra il VII e l'VIII secolo d.C. e rinforzata sotto il regno di Michele II. All'interno della cinta superiore si trovano la **Alaeddin Camii**, moschea con un pregevole minbar del XII secolo e, all'estremità opposta, l'**Akkale** (fortezza bianca), opera fortificata di epoca selgiuchide o ottomana.

Arslanhane Camii (C5). Tornando verso la città bassa per Yasa Sokağı e girando a sinistra nella Can Sokağı, si raggiunge la più antica moschea di Ankara, costruita nel XIII secolo, forse per volere dell'emiro Şeref ad-Din. Uno dei pochi edifici selgiuchidi a pianta basilicale, presenta cinque navate poggianti su 24 colonne lignee sormontate da capitelli; nella sala di preghiera conserva un pregevole soffitto ligneo del 1289. Notevoli anche il minbar del 1290, in noce scolpito, e i bellissimi mosaici in maiolica che ornano il mihrab.

Nei pressi sorgono altre due antiche moschee, la **Ahi Elvan Camii**, a sud-ovest della Arslanhane Camii, e la **Yeni Cami** (moschea nuova), in Ulucanlar Caddesi. La prima fu eretta e rimaneggiata tra la fine del XIII e i primi dei XV secolo. Al pari della Arslanhane, offre un tipico esempio di moschea 'a selva', con soffitto ligneo piatto sorretto da 12 colonne coronate da capitelli romani o bizantini. Pregevole il minbar in legno intarsiato (1413-14). La seconda, attribuita al celebre architetto ottomano Sinan, fu costruita nel 1565 per ordine di Cenabi Ahmet Paşa. Cupola e muri sono in porfido rosso, minbar e mihrab in marmo bianco.

Museo Etnografico (D4). *Visita a pagamento dalle 8.30 alle 12.30 e dalle 13.30 alle 17.30; chiuso il lunedì.* Il museo, che dal novembre 1938 al novembre 1953 ospitò la salma di Atatürk, poi trasferita nell'attuale mausoleo, espone ricche collezioni di arte popolare a partire dall'epoca selgiuchide: costumi tradizionali, ricami, tappeti, armi, mobili, oggetti in vetro, metallo (X-XIX secolo) e ceramica (XIII-XIX secolo). Tra i manoscritti esposti, notevoli tre Corani rispettivamente del IX, XII e XVI secolo. Di gran pregio alcuni minbar finemente scolpiti (XIII e XIV secolo). Il museo presenta inoltre accurate ricostruzioni di interni, tra cui la camera di un bambino prima della circoncisione. Nella piazza antistante sorge la statua equestre di Atatürk dell'italiano Canonica (1927).

Museo d'Arte Moderna (D4). *Visita gratuita dalle 9 alle 12 e dalle 13 alle 17.* Offre un panorama completo dell'arte turca, della pittura in particolare, dalla fine del XIX secolo ai giorni nostri.
Alcune sale sono attualmente riservate a esposizioni temporanee.

Per la visita dei monumenti risalenti all'antichità classica di Ankara occorre trasferirsi nella parte settentrionale della città.

Terme romane (B4). *Visita a pagamento dalle 8.30 alle 17.* Furono costruite dall'imperatore Caracalla nel III secolo d.C; vi si accede attraverso una grande palestra, lungo il cui lato meridionale sono allineate belle lapidi tombali scolpite in epoche diverse. Il grande cortile era circondato da portici, dei quali restano scarse vestigia solo nel lato settentrionale. In direzione sud-ovest sono collocati il frigidarium, con una grande piscina perfettamente conservata, alcuni piccoli locali di servizio e il calidarium. Tornando verso nord, si attraversano alcuni locali riscaldati adibiti alla conversazione e al relax e più oltre il tepidarium e l'apodyterium.

Colonna di Giuliano. Nella vicina Hükümet Meydanı (piazza del Governo) si erge questa colonna, più conosciuta col nome di Belkis Minaresi, o minareto della regina di Saba. Alta m 14.5 e coronata da un capitello bizantino con foglie d'acanto, fu eretta in onore di Giuliano l'Apostata nel 362, in occasione del suo soggiorno ad Ankara.

Tempio di Augusto e di Roma (C4). Miracolosamente sopravvissuto alle varie trasformazioni, dapprima in basilica e in seguito in moschea, reca sulle pareti un'iscrizione bilingue in latino e greco di altissimo valore storico: una sorta di testamento spirituale di Augusto.
L'edificio originario, consacrato ad antiche divinità anatoliche, risale probabilmente al II secolo a.C.; le vestigia attuali sono invece databili attorno al 25 a.C. Verso il 150 d.C. fu eretto attorno al tempio un colonnato su un basamento accessibile attraverso alcuni gradini. Trasformato in basilica all'inizio del VI secolo, fu abbandonato nel XV secolo.
Davanti al tempio si trovano alcuni capitelli di originale fattura e altri frammenti scolpiti. I muri che si scorgono entrando, sulla destra, servivano da basamento al colonnato. Quattro colonne (l'ubicazione di tre di queste è ancora visibile) precedevano il pronao. Alcuni gradini permettevano di accedere alla cella di cui è stato distrutto il muro di fondo per trasformarla in navata aperta verso il coro della chiesa.

Hacı Bayram Camii. Ai primi del XV secolo fu costruita sul lato orientale del tempio questa piccola moschea dedicata al santo fondatore dell'ordine dei Dervisci ad Ankara, morto nel 1430. Le porte originali del mausoleo che ospita la sua tomba, riccamente decorate, sono custodite nel Museo Etnografico.

Mausoleo di Atatürk* (D-E 2-3). *Visita gratuita dalle 9 alle 16 ; fino alle 17 d'estate.* Si accede al complesso del mausoleo, costruito tra il 1944 e il 1953 da E. Onat, attraverso un viale fiancheggiato da leoni in pietra di imitazione ittita. Ai lati dell'entrata, due padiglioni illustrano la storia della costruzione del monumento. Sul vasto piazzale antistante il mausoleo sorgono dei musei che conservano collezioni di

L'imponente edificio del mausoleo di Atatürk, che richiama nella forma un tempio greco

oggetti personali di Atatürk: quadri, libri, monete, francobolli, regali ricevuti, le sue automobili e il carro funebre. L'interno del mausoleo, a forma di tempio cui si accede mediante una scalinata, è rivestito in marmo verde con venature in nero e bianco; il soffitto è impreziosito da mosaici decorati in oro. Il cenotafio esposto (Atatürk è sepolto nel sotterraneo sottostante) è costituito da un monolito di marmo di 40 tonnellate.

Di fronte al mausoleo, sotto un portico, è posta la tomba di İsmet İnönü, secondo presidente della Repubblica turca.

La zona del Gençlik Parkı (C-D 3-4).

Nel cuore della città, tra Ulus Meydanı e la stazione, si estende il 'parco della gioventù', sorto su una zona bonificata dalle paludi per iniziativa di Atatürk e attrezzato con ristoranti, sale da tè, laghetti (possibilità di noleggiare barche e pattini) e luna park (*a pagamento*). A ridosso del parco, affacciato sull'Atatürk bulvarı, sorge il primo teatro dell'Opera (C4) costruito in Turchia, su progetto dell'architetto tedesco P. Bonatz. Nell'area del parco, vicino alla stazione moderna, si trova il Museo ferroviario, il **Demiryollari Müzesi** (C3; *aperto dalle 9 alle 12.30 e dalle 13 alle 17; chiuso i festivi*), una piccola stazione che fu la dimora di Atatürk durante la guerra di indipendenza; in zona, lungo il Celal bulvarı si trova anche il **Museo all'aperto delle Locomotive a vapore** (Acık Hava Buharlı Lokomotif Müzesi, D3), interessante per gli appassionati.

Atatürk bulvarı (C-F4).

Lungo viale alberato che, dalla piazza centrale dell'antico quartiere di Ulus, dominata dal monumento equestre di Atatürk dello scultore austriaco Krippel (1926), scende per 5 km fino ad attraversare la città nuova. Seguendolo in direzione sud si incrocia l'İsmet İnönü bulvarı, lungo il quale sorge il quartiere governativo, progettato in gran parte tra il 1928 e il 1935 dall'architetto tedesco C. Holzmeister e dominato dall'edificio del Parlamento. Proseguendo ancora più a sud si giunge alla boscosa collina di Çankaya, dove sorgono il palazzo presidenziale, opera di Holzmeister (1932), e l'**Atatürk Evi**, la casa in cui lo statista visse dopo la fondazione della Repubblica e che oggi ospita un museo a lui dedicato.

Nei pressi del palazzo presidenziale sorge la moderna **torre Atakule**, con un ristorante panoramico sulla sommità che offre una vista completa dell'intera capitale. Si può accedervi anche solo per scattare fotografie, pagando un modico biglietto di ingresso.

I dintorni di Ankara

Ak Köprü

3 km a nord-ovest dal centro percorrendo l'İstanbul Caddesi. 'Ponte bianco' a sette arcate sul fiume Çubuk, costruzione di epoca selgiuchide che, secondo un'iscrizione, risale al 1222. È in parte edificato con blocchi di marmo provenienti dalle rovine romane della città.

Parco nazionale Soğuksu

Nella regione di **Kızılcahamam** (circa 70 km a nord-ovest lungo la strada per İstanbul), famosa per le sue acque termali, si trova questo parco attrezzato con bar e tavoli da picnic. Immerso in foreste di roveri e conifere, fu istituito nel 1959 a tutela di orsi bruni, lupi, volpi e numerosissime specie di uccelli.

Haymana

75 km a sud-ovest per la strada di Adana e, a destra presso Gölbaşı, la N260. Villaggio sul sito dell'antica Therma, ove venivano sfruttate le sorgenti di acqua calda che danno il nome al luogo. Della città antica non restano che frammenti sparsi, recuperati in parte nella costruzione di alcune case del paese; con l'aiuto di una guida si può raggiungere la Gâvur Kalesi (fortezza degli infedeli) ove, tra le rovine di un antico santuario ittita (XIII secolo a.C.) cinto da mura, si trovano due interessanti bassorilievi rupestri.

Beypazarı

101 km a nord-ovest lungo la N140. Pittoresca cittadina (l'antica Lagania Anastasiopolis) con moschee del XV secolo, un caravanserraglio ottomano e case in stile pontico.

11 L'altopiano anatolico

Profilo dell'area

Il nucleo principale della Turchia è costituito dall'altopiano anatolico che occupa tutta la parte centrale della penisola, con un'altitudine media di 800-1000 m: delimitato dai due grandi allineamenti dei monti del Ponto a nord e di quelli del Tauro a sud, verso l'Egeo va digradando in più modeste digitazioni montuose tra le quali si aprono le vallate di alcuni importanti corsi d'acqua. Se la parte sud-occidentale costituisce un bacino idrografico prevalentemente privo di sbocchi sul mare e caratterizzato da vaste superfici lacustri (vedi regione dei laghi), quella nord-occidentale è per lo più tributaria del fiume Sakarya che un tempo sfociava nel mare di Marmara e ora riversa le sue acque nel mar Nero. Con un clima tipicamente continentale, caratterizzato da inverni rigidi (spesso con neve), estati calde (le stagioni migliori per una visita sono quindi la primavera e l'autunno), forti escursioni annue e diurne e precipitazioni generalmente scarse, la porzione occidentale dell'altopiano, scarsamente abitata, presenta condizioni per lo più sfavorevoli alle attività agricole, praticate solo dove è possibile l'irrigazione e costituite soprattutto da cereali, tabacco e ortaggi. Il resto è in gran parte destinato a pascolo, quasi esclusivamente ovino e caprino, specie nelle zone più interne dell'altopiano dove strutture e paesaggio agrario, forme di insediamento e modi di vita sembrano essersi fermati al secolo scorso. La parte orientale del grande altopiano anatolico costituisce un bacino interno la cui altitudine media si innalza gradualmente verso est, delimitato da corrugamenti montuosi tra cui spiccano a nord i monti Pontici e a sud il Tauro con numerose vette comprese tra i 2000 e i 2500 m di altitudine. Da un punto di vista ambientale, registra una accentuazione del clima continentale: procedendo verso oriente aumenta l'escursione termica annuale e diurna; parimenti crescono le precipitazioni nevose presenti per numerosi giorni ogni anno. Anche la copertura vegetale allinea alle quote più elevate piante resistenti al freddo come le conifere, mentre più in basso, nelle zone steppose e incolte, crescono arbusti adatti a condizioni di prolungata siccità; solo in corrispondenza di falde freatiche superficiali si formano oasi verdeggianti. Anche nelle zone vallive si coltivano, a una altitudine media ragguardevole, cereali quali l'orzo e la segale. Se si escludono pochi centri di alcune decine di migliaia di abitanti (e due sole città con oltre 100 000, Sivas e Çorum), la popolazione vive in villaggi rurali ubicati soprattutto in funzione delle possibilità di approvvigionamento idrico.

In genere trascurato dai turisti che prediligono mete più spettacolari, o solo più note, l'altopiano anatolico (la cui visita è spesso abbinata a quella di Ankara) può aiutare il viaggiatore a comprendere cosa si intende quando si parla delle molteplici 'anime' della Turchia. I ritmi di vita, le abitudini, anche alcuni dettagli del quotidiano appartengono infatti ancora allo stile della vecchia vita di provincia. Molti i luoghi sotto la tutela dell'Unesco: Safranbolu, Hattusas (l'antica capitale degli Ittiti) e la visionaria moschea di Divriği.

Uno scorcio delle rovine di Midas Şehri, la città in cui sarebbe vissuto il mitico re Mida

Gli itinerari

Per visitare l'altopiano anatolico si propongono diversi itinerari (vedi tracciato sulla carta del risguardo posteriore, B-C 2-5). L' *Anatolia centro-occidentale* (→), oltre che dall'autostrada, è percorsa da una comoda strada di 354 km, che separa Ankara da İzmit; nel primo tratto (fino a Gerede; 135 km) la statale 750-E89 a scorrimento veloce, a più corsie, consente di superare agevolmente i numerosi dislivelli: si costeggia il Soğuksu Milli Parkı, accessibile da Kızılcahamam (74 km da Ankara), ci si immette nella statale 100-E80 che fino a **Bolu** (→) attraversa il nord dell'altopiano anatolico per poi scendere verso le piane di **Düzce** (→) e Adapazarı. Tutto il percorso è battuto da un notevole traffico. La statale 200-E90, che da Ankara raggiunge in 385 km Bursa e il mare di Marmara, è per lo più pianeggiante, con lunghi tratti rettilinei. La strada statale 140 collega la capitale con **Kalecik** (69 km →) attraverso una prima sezione autostradale che unisce la città all'aeroporto internazionale di Esenboğa (km 27) e un successivo tratto, più tortuoso, con un valico che supera i 1200 m. Da Kalecik si prosegue per la 765, in direzione di **Çankırı** (→) e **Kastamonu** (→), verso il mar Nero (269 km, 388 in totale), con tracciato a tratti impegnativo (il valico di Ilgazdağı è a 1775 m) e spesso tortuoso, che però offre begli scorci panoramici. Facilmente raggiungibile da Ankara è **Boğazköy** (Hattusa →). La statale 180 che attraversa l'*Anatolia orientale* (→) da **Amasya** (→) a **Tokat** (km 115 →) segue in gran parte il corso dello Yeşilırmak con un tracciato poco tortuoso e privo di valichi. Più impegnativi, con il valico di Çamlıbel (1646 m), sono i 59 km della 850 da Tokat a Yıldızeli, dove si prosegue, a sinistra (per 67 km), sulla 200-E88 fino a **Sivas** (241 km in totale →).

11.1 L'Anatolia centro-occidentale

Bolu

(B-C3). Capoluogo di provincia (ab. 51 000), sorge nei pressi dell'antica Bithynium, poi Claudiopolis in epoca romana, il cui sito è stato identificato a circa 4 km di distanza, nelle vicinanze del villaggio di Eskihisar. Fu fondata probabilmente da coloni arcadi, provenienti da Mantinea nel Peloponneso. L'unico monumento degno di nota è l'Ulu Cami (grande moschea), costruita in XIV secolo sotto il regno del sultano Beyazıt.

Alcuni alberghi della zona mettono a disposizione sorgenti termali. Nei dintorni (33 km a sud-ovest, deviando a sinistra dopo 11 km dalla statale 100 in direzione di İzmit) si trova l'**Abant Gölü**, specchio d'acqua a 1448 m di altitudine, sulle cui rive sorge una piccola stazione climatica in una splendida cornice forestale. Qui è possibile, rivolgendosi ai piccoli ristoranti e ai centri sulle rive del lago, pescare trote (a pagamento), andare a cavallo e pattinare in inverno.

Düzce

(B3). È una grossa borgata agricola dalla quale si raggiunge (deviazione di 7 km per la 655, in direzione di Akçakoca sul mar Nero) il villaggio di Konuralp, dove, accanto a interessanti abitazioni in legno, permangono le vestigia dell'antica **Prusias ad Hypium**, città fondata da Prusia IV, re di Bitinia.

A 500 m dalla strada, sopra il villaggio, tra case e giardini sorge il teatro, che conserva buona parte delle gradinate, mentre l'orchestra è invasa dalla vegetazione. Nel cortile della scuola è allestito un piccolo museo che ospita frammenti di sculture e sarcofagi.

Gordio

(C3). Antica capitale della Frigia di cui restano importanti vestigia tra cui una splendida tomba reale, è passata alla storia anche per il famoso 'nodo gordiano' che Alessandro Magno sciolse con un solo colpo di spada.

Storia. Il luogo fu occupato fin dalla metà del III millennio a.C. e durante il successivo passò sotto il controllo degli Ittiti. Seguirono popolazioni frigie e la città, a quell'epoca su un'altura alla destra del fiume Sakarya, verso la fine dell'VIII secolo fu elevata a capitale. Nel 684 a.C. fu distrutta dai Cimmeri e ricostruita sulla Küçük Höyük, collinetta a sud-est del sito precedente. Devastata intorno al 400 a.C., probabilmente da un terremoto, passò nel 333 ad Alessandro Magno che, avendo appreso di un antico oracolo secondo il quale chi fosse riuscito a sciogliere la corda che legava il giogo al timone di un carro custodito nel tempio di Zeus avrebbe regnato sull'Asia, risolse il problema tagliandola con un colpo di spada. Gli scavi hanno anche individuato due livelli di occupazione ellenistica: il primo devastato dalle orde celtiche all'inizio del III secolo a.C. e il secondo distrutto dall'esercito di Manlio Vulsone (189 a.C.), che ridusse la città a un piccolo villaggio abitato fino all'epoca romana imperiale.

Gordion, a nord-ovest di Polatlı, si raggiunge con una deviazione a destra (km 12), che si stacca dalla strada 200 18 km a ovest di Polatlı; superato un ponte si gira a destra in direzione dell'area di parcheggio, ai piedi della collina di Yassıhüyük. Dai piedi della collina si prende un sentiero che la aggira sulla sinistra e dopo 350 m si comincia a salire il pendio dove un tempo era tracciata una rampa.

Porta frigia. Principale accesso alla città, fu costruito intorno al VII secolo a.C. con grossi blocchi di pietra e tuttora è abbastanza ben conservato. Il passaggio della porta, largo circa 9 m e lungo 23, era obliquo rispetto al bastione e tagliato a metà da un muro, oggi scomparso, in cui si apriva la porta vera e propria munita di pesanti battenti. Si accede quindi a una corte rettangolare, rinforzata da mura in pietra colorata (donde il nome di casa policroma), di cui non restano oggi che le fondamenta.

Oltre la corte si trovano i resti della città frigia, con i suoi palazzi, forse un tempio e alcuni edifici amministrativi, racchiusa entro mura di cui si può ancora seguire il tracciato. Le costruzioni presentano una pianta a megaron già diffusa nella Grecia micenea.

Necropoli frigia. A 2 km dal villaggio di Yassıhüyük, sorge questa necropoli dove tra i numerosi tumuli, uno in particolare spicca per le imponenti dimensioni. Eretto nel periodo di massimo splendore dello stato frigio, racchiudeva certamente una **tomba reale** che, come tutte le tombe frigie, aveva l'ipogeo sprovvisto di porta d'accesso. La camera funeraria è rimasta inviolata per 2500 anni e per raggiungerla è stato necessario scavare una galleria lunga circa 70 m.

Per costruire questo grandioso monumento venne dapprima preparata una recinzione con grosse assi di pino, ancora ben conservata, che delimitava una camera mortuaria di 6.20 m per 5.15 rinforzata esteriormente con un muro in blocchi di calcare e sassi, con pavimento formato da uno zoccolo di ghiaia ricoperto da spesse assi e sormontata da un tetto a due spioventi in travi di legno. Il complesso era ricoperto da pietre ammucchiate per una altezza di circa 3 m e da uno strato di argilla battuta alto 40 m. Lo scheletro del proprietario della tomba, un sovrano o un personaggio importante, è stato ritrovato supino su una panca in legno. Indossa-

va un corpetto in tessuto, fissato alle spalle, ai gomiti e ai polsi con fibbie in bronzo ben conservate e una sottana in cuoio ornata di una fascia in bronzo lungo la cucitura. L'arredo funerario comprendeva 9 tripodi, 3 grandi paioli in bronzo, ciotole, ceramiche ecc., per un totale di 169 utensili. Di fronte all'ipogeo si trova un piccolo museo, con pianta a megaron, che ospita parte dell'arredo funerario scoperto nella tomba e altri reperti rinvenuti a Gordio.

Sivrihisar

(C3). Borgo agricolo adagiato ai piedi di una montagna modellata dall'erosione e irta di pinnacoli e gobbe, è coronato dai resti di una fortezza bizantina. Nei dintorni (16 km a sud) si trova Ballıhisar, modesto villaggio sorto sull'area dell'antica **Pessinunte**, capitale dei Galati tolistoagi nel III secolo a.C., nota per il culto di Cibele, il cui santuario fu un tempo meta di pellegrinaggi.

Storia. Fondata all'inizio del I millennio a.C. dai Frigi, la città passò in seguito sotto la giurisdizione dei re di Pergamo. Annessa allo stato galata, divenne capitale di una tribù celtica per poi declinare rapidamente dopo l'invasione dei Goti (260-270).

Superato l'abitato moderno, dopo 300 m si incontrano le fondamenta del **tempio di Cibele**, riportato alla luce nel 1967; in asse col tempio sorge una **scalinata** monumentale, con una rampa di 24 scalini fiancheggiata da gradinate in marmo, disposte a cavea a formare una sorta di teatro o di odeon che accoglieva i pellegrini durante le cerimonie di culto. L'intero complesso risale forse al 20-25 d.C. Di fronte alla scalinata giacciono i resti d'un edificio di epoca romana imperiale, comprendente un lungo portico in stile ionico costruito nella prima metà del I secolo d.C. e probabilmente distrutto da un violento incendio durante l'invasione dei Goti.

Un lungo **canale** (450 m), sbarrato da un ponte-diga e provvisto di gradini un tempo lastricati in marmo bianco, svolgeva probabilmente funzioni legate al tempio di Cibele. Realizzato nel II secolo a.C., all'epoca del regno di Pergamo, attraversava la città da nord a sud.

Emirdağ

(C3). È un modesto borgo agricolo, poco discosto (km 10) dal km 49 della strada 260-E96 Sivrihisar-Afyon, noto soprattutto per la tessitura di tappeti (kilim) a disegni geometrici.

Nelle vicinanze è il sito dell'antica **Amorium** (in località Ergankale, presso Asar Kale), culla della dinastia bizantina che portava lo stesso nome. Conquistata nel 716 dal califfo omayyade Solimano in marcia verso Costantinopoli, la città fu assediata nell'838 dalle truppe islamiche del califfo abbaside Motassim. Il luogo conserva i resti della cinta muraria, munita di torri, e di numerosi edifici molto rovinati.

Midas Şehri

(C3). Vicino al villaggio di Yazılıkaya, al centro di una regione isolata coperta di steppe e di rade pinete, è il luogo ove si trovano le rovine della città di re Mida.

Da Hamidiye, 56 km a ovest di Sivrihisar sulla 200-E90 per Bursa, si stacca una strada secondaria (a sinistra) per Afyon dalla quale (al km 69), vicino all'abitato di Kümbet, una deviazione (km 17) conduce a Midas Şehri, presso il villaggio di Yazılıkaya (86 km a sud di Hamidiye).

La città nel v-IV secolo a.C. comprendeva una parte bassa e un'acropoli difesa da mura rinforzate da torri, di cui restano solo le fondamenta. Presso l'abitato moderno si trova la famosa **tomba di Mida** che, in realtà, sarebbe un monumento votivo del VI secolo a.C. Sulla facciata, ornata di un frontone, numerose iscrizioni in lingua frigia, una delle quali cita la dea Mida, identificata con la Dea-Madre Cibele, considerata la mitica madre del re omonimo.

Gli scavi condotti intorno alla tomba hanno rinvenuto i resti di una fonderia di oggetti in ferro a carattere rituale, situata sotto un portico lungo 17 m e largo 2.5, perpendicolare rispetto alla facciata del monumento funerario. All'estremità del portico, sulla sinistra, si nota una grande nicchia ricavata nella roccia e altre piccole cavità e canaletti in cui colava il metallo.
Sui fianchi della collina dell'acropoli sono scavate abitazioni e tombe rupestri e, intagliati nella roccia, numerosi altari; uno di questi, non lontano dalla tomba di Mida, porta un'iscrizione in lingua frigia. Lungo il lato sud della collina, una monumentale scala, scavata nella roccia, portava alla sommità dell'acropoli.

Eskişehir

(C3). A dispetto del suo nome (città vecchia) è una moderna città (ab. 413 000), nei cui dintorni viene estratta la schiuma di mare (sepiolite, in turco lületaş). Nella terza settimana di settembre vi si tiene il Festival internazionale dell'Oro Bianco, come viene definita questa pietra bianca e porosa.

Con la schiuma di mare si fabbricano collane, ciondoli, soprammobili, ma soprattutto pipe, apprezzate dai fumatori perché mantengono il fumo fresco. Spesso intagliate in forme fantasiose e artistiche, si trasformano in vere e proprie sculture, belle da acquistare anche per chi non fuma. In alcuni negozi del centro è possibile vedere all'opera gli intagliatori. Sempre in centro, accanto all'ufficio postale, si trova il **Lületaş Müzesi**, museo che ospita una collezione di pipe antiche.

Eskişehir sorge a breve distanza dall'antica Dorileo, dove i cavalieri della I Crociata guidati da Goffredo di Buglione riportarono una schiacciante vittoria sui Turchi (1097), restituendo una larga parte dell'Asia Minore al dominio bizantino.

Kütahya

(C2). A sud-ovest di Eskişehir (79 km per la statale 230 e, a sinistra al km 35, la 650), la città di Kütahya, capoluogo di provincia, sorge ai piedi di una collina coronata da un'imponente fortezza ed è nota in tutta la Turchia per la fabbricazione di ceramiche smaltate.

La ceramica (*çin*) di Kütahya è colorata, di tipo Faenza. La produzione risale al XIV secolo e conobbe una grande fioritura nel XVI secolo. Dopo un periodo di crisi in seguito alla prima guerra mondiale, si è ripresa con successo, grazie al lavoro instancabile di maestri ceramisti che hanno riaperto le botteghe, riproponendo gli antichi motivi decorativi accanto a nuove espressioni artistiche. Le ceramiche in vendita presentano forme e dimensioni diverse, a vari prezzi. Accanto ai prodotti per turisti, sempre dipinti a mano, ma con disegni semplici e un po' frettolosi, ci sono le realizzazioni degli apprendisti più affermati e dei maestri. Gli artigiani più famosi firmano le loro opere. Per avere un'idea dei motivi decorativi tradizionali e dell'evoluzione di questa forma d'arte, si può visitare il **Museo della ceramica** (Çini Müzesi), situato di fronte all'Ulu Cami (*visita a pagamento dalle 9 alle 12.30 e dalle 13.30 alle 17.30; chiuso il lunedì*).

Storia. Corrispondente probabilmente all'antica Cotyaeum, in epoca bizantina fu dotata di una fortezza. Verso la fine dell'XI secolo venne occupata dai Selgiuchidi che la evacuarono al passaggio della 1ª crociata. Ritornata in mano dei Turchi, dall'inizio del XVI secolo rivaleggiò con İznik (Nicea) nella produzione delle ceramiche smaltate; numerose fabbriche si trovano ancora intorno alla Cumhuriyet Meydanı.

All'interno del bazar si possono visitare il Kavaflar Pazarı, mercato delle calzature risalente al XVI secolo, e l'**İshak Fatih Camii**, moschea del 1434 costruita accanto all'**İmaret Mescidi** (1440), antica scuola di teologia coranica ora adibita a biblioteca. Da segnalare ancora l'**Ulu Cami** (grande moschea), fondata nel 1411, e la **Vacidiye medresesi**, ora trasformata in museo che raccoglie collezioni etnografiche e qualche antichità d'epoca romana. Per una comoda strada, o per un sentiero che attraversa il quartiere ai piedi della collina, si accede alla **fortezza** di Kütahya (purtroppo sormontata da una torre moderna che altera il complesso), dove si possono vedere tratti ben conservati delle mura di cinta.

A Sinav (6 km a ovest), a Gediz (37 km a sud-est), e a Harlek (27 km a nord) si trovano numerose sorgenti termali. Anche a Yoncali, a 6 km dalla città, si trova una stazione termale con albergo a quattro stelle (per ulteriori informazioni si rimanda anche alla guida che contiene le informazioni pratiche).

Çavdarhisar

(C2). Nei dintorni di Kütahya (57 km a sud-ovest per la strada 240 in direzione di Gediz), è un luogo di particolare interesse per le sue rovine archeologiche, tra cui un bellissimo tempio romano particolarmente ben conservato, e per l'armonioso tessuto urbanistico con le case di legno, le stradine e il fiume, rinserrato tra i resti degli antichi argini romani. Identificata con l'antica Aizanoi, fu originariamente luogo di culto della Dea-Madre; fiorente in epoca romana col nome di Aezani, fu sede di un vescovado sotto il dominio bizantino ma venne poi abbandonata in seguito a un terremoto.

Tempio di Giove**. Costruito sotto il regno dell'imperatore Adriano (117-138), sorge su un vasto podio (33 m per 37), con 8 colonne sulla facciata e 15 ai lati. La struttura si rifà a tecniche anatoliche: il colonnato pseudodiptero è caratteristico della concezione architettonica di Ermogene, come pure il vasto intercolumnio centrale e il podio a gradini; il naos e il portico posteriore si ispirano al tempio di Giove di Magnesia al Meandro; l'impiego di volte è invece tipicamente romano.

Anche se la cella principale era consacrata a Giove, è quasi certo che vi si venerasse anche Cibele: il tempio, come tutti gli edifici legati al culto di Cibele, è orientato a ovest e, dei due acroteri che ornavano il tetto, quello verso la cella di Giove rappresentava un uomo mentre l'altro, rivolto verso il retro, era un busto di donna. Davanti al tempio si estendeva una vasta agorà che arrivava sino al fiume Kocasu (antico Rhyndakos), lungo le cui rive si notano gli argini a tratti ben conservati, e quattro ponti di origine romana. Continuando verso sud, al di là del fiume, si incontra l'area di un'altra agorà adibita a mercato con al centro un edificio che portava impresso un editto di Diocleziano (284-305) nel quale erano fissati i prezzi delle derrate. Risalendo il corso del fiume, dopo 300 m si trovano le **terme**; all'esterno si riconoscono le piante delle diverse sale, in particolare del tepidarium disposto sopra ipocausti; all'interno, ancora ben conservato, un vasto pavimento a mosaico.

Teatro*. Attraversando il fiume e proseguendo verso nord oltre le scarse vestigia dello stadio, si raggiunge quest'edificio che conserva numerose gradinate; il muro di scena è però crollato sull'orchestra. Tra le pietre sono riconoscibili le colonne di sostegno delle trabeazioni che ritmavano la facciata e, sparsi qua e là, frammenti di un rilievo raffigurante animali.

Kalecik

(C4). Questo centro sorge ai piedi di una fortezza, probabilmente di origine romana o tardo-bizantina, che domina la parte superiore della vallata del Kızılırmak.

Il tempio di Giove a Çavdarhisar, l'antica Aizanoi, eretto nel II secolo d.C.

Il luogo corrisponde forse alla località di Acitoriziacum riportato nella Tabula Peutingeriana. La presenza di materiali di età bizantina, riutilizzati nei restauri della fortezza e delle case adiacenti, testimonia l'importanza raggiunta da questa località nell'XI secolo, allorché era situata in prossimità della linea di demarcazione dell'impero bizantino da un sultanato turcomanno.

Oggi restano solo le infrastrutture della fortezza, costituite da mura di sostegno di una terrazza sulla quale si ergevano le difese vere e proprie. L'entrata alla cittadella, ad arco spezzato, era difesa da una grossa torre rotonda; il **bastione**, costruito in blocchi di pietra di origine vulcanica, costituisce probabilmente la parte più antica del complesso e segna a tratti il perimetro del castello originario.

Çankırı

(C4). Capoluogo di provincia (ab. 46 000), sorge al confine tra l'altopiano dell'Anatolia centrale e la regione pontica, ai piedi di una montagna coronata dalle rovine di una cittadella bizantina. Situata sull'area dell'antica Germanicopolis, che in epoca bizantina prese il nome di Gangra, verso la fine dell'XI secolo fu occupata dai Selgiuchidi. Riconquistata nel 1135 da Giovanni Comneno, solo nel 1459 fu definitivamente annessa all'impero ottomano. Da segnalare l'**Ulu Cami** (grande moschea), eretta tra il 1522 e il 1558 su progetto dell'architetto Sinan, e il **Taş Mescit**, antico ospedale selgiuchide, edificato nel 1235.

Kastamonu

(B4). Capoluogo di provincia con 64 700 abitanti ai piedi dei monti Ilgaz Dağları, rivestiti da splendide abetaie, conserva un fascino singolare per le sue case in legno, raggruppate lungo le pendici di uno sperone roccioso coronato dalle rovine di un'imponente fortezza.

Storia. Identificata con la bizantina Castamon, fu occupata dai Turchi selgiuchidi verso la fine dell'XI secolo, e in seguito conquistata dalla dinastia turcomanna dei Danismendidi. Passata nel 1291 sotto il controllo degli İsfendiyaroğlu, nel 1392-93 fu annessa all'impero ottomano dal sultano Beyazıt I.

Tra le moschee della città la più antica è l'**Atabey Camii**, eretta nel 1273; della stessa epoca è l'**Yılanlı Darüşşifa**, ospedale selgiuchide, un tempo il più importante di tut-

ta l'Anatolia, con un bel portale d'ingresso; la **Yakup Ağa Camii** fa invece parte di un complesso di opere pie del XVI secolo comprendente una moschea, una scuola di teologia coranica e un ospizio per poveri.

Un **museo** raccoglie reperti provenienti dalla città (degna di interesse la porta di legno scolpito appartenente all'Ibni Neccar Camii, del XIV secolo) o dai dintorni, tradizionali lavori di ricamo, e oggetti di interesse etnografico. Della fortezza, fondata nel XII secolo da Giovanni Comneno e ricostruita dai Turchi, restano solo le mura di cinta, munite di 14 torri.

I dintorni di Kastamonu

Ev Kaya
Nei pressi della città si trova la 'roccia della casa', tomba del VI o VII secolo a.C., la cui facciata presenta colonne intagliate nella roccia.

Mahmut Bey Camii*
17 km a nord-ovest, uscendo dalla città in direzione di Daday e deviando a destra dopo 14 km. Nel vicino villaggio di **Kasaba**, si trova una delle più belle moschee in legno di tutta la Turchia, costruita nel 1366 secondo i tradizionali stilemi selgiuchidi. Preceduta da una bella porta intagliata, ha l'interno suddiviso in cinque navate da una vasta galleria su colonne lignee; da notare, la grata del settore di galleria sovrastante l'ingresso, il soffitto scolpito e, in generale, la ricca decorazione policroma.

Safranbolu**
(B3). 110 km a ovest di Kastamonu lungo la 030. Questa cittadina (ab. 32 200), che deve il suo nome allo zafferano un tempo prodotto nella zona, ha conosciuto nel passato un notevole benessere economico, riflesso nelle abitazioni (alcune del XVII secolo) che ancora oggi è possibile ammirare. Le case ottomane di Safranbolu sono state dichiarate Patrimonio mondiale dall'Unesco nel 1994 (vedi box a pag. 45): perfettamente ristrutturate, molte sono state trasformate in musei (*visitaa pagamento in genere tutti i giorni, tranne il lunedì, dalle 8.30 alle 12.30 e dalle 13.30 alle 17.30*). Le più interessanti sono la **Kaymakamlar Evi**, la **Mümtazlar Evi** e la **Kileciler Evi**. Una visita a Safranbolu può fornire l'occasione di soggiornare in alcune di queste abitazioni, trasformate in hotel a categoria speciale (per ulteriori informazioni si rimanda anche all'allegata guida alle informazioni pratiche). Consigliabile anche una visita al Yemeniciler Arastasi, un antico mercato, e al **Cinci Hanı**, un caravanserraglio risalente al XVII secolo.

A 15 km da Safranbolu, in direzione Kastamonu, si può visitare **Yörük Köyü**, un villaggio dello stesso stile, ma non ristrutturato: qui il tempo sembra essersi fermato, senza alcuna concessione alla modernità.

11.2 Boğazköy (Hattusa) e il suo territorio

Boğazköy (Hattusa)**

(C4). Il sito di Hattusa, capitale dell'antico regno ittita, costituisce una delle più importanti aree archeologiche della Turchia, sotto la tutela dell'Unesco dal 1986 (vedi box a pag. 45): in un grandioso scenario di pietra sopravvivono i resti di una vasta città (le mura si sviluppavano per 6 km) solo in parte oggetto di scavi sistematici. Vi si scorgono ancora possenti fortificazioni, grandi templi, fortezze arroccate sulle rocce circostanti.

Storia. Nonostante alcuni reperti permettano di risalire all'età paleolitica, i primi insediamenti di Hattusa si collocano all'inizio del III millennio a.C. Divenuta intorno al 2000 a.C. capitale degli Hatti, popolazione ancora semisconosciuta, la città entra a far parte della storia verso il 1900 a.C. col nome di Hattus, come risulta dalle tavolette dei mercanti assiri che vi avevano installato un quartiere commerciale. Distrutta da Anitta (1720 a.C.), sovrano ittita di Nesa e Kussar, e ricostruita, divenne verso la fine del XVII secolo a.C. la capitale del regno ittita con il nome di Hattusa e il suo primo re prese il nome di Hattusili. Ingranditasi rapidamente (celebri i due templi consacrati ad Arinna, la dea solare, e a sua figlia Mezulla), sotto Mursili III (1282-1275 a.C.) e Tudhaliya IV (1250-1220 a.C.), si arricchì di altri monumenti, di cui sono rimaste numerose vestigia. Dopo la disgregazione dell'impero ittita rimase disabitata fino all'occupazione frigia (IX-VII secolo a.C.); nuovamente prospera dal III secolo col nome forse di Pteria, in seguito decadde e si ridusse a un piccolo villaggio, abitato ancora in epoca romana e bizantina e quindi abbandonato. L'attuale insediamento di Boğazköy (Boğazkale) risale al XVIII secolo.

Visita. Da Ankara ci si inoltra verso est sulla strada 200-E88, il cui primo tratto ha caratteristiche di superstrada, fino al bivio di Delice (km 120); di lì 51 km della statale 190, a sinistra, conducono alla deviazione sulla destra (km 21) per Boğazkale (192 km in totale). Dal villaggio si prende una piccola strada asfaltata che porta in 2 km alla porta dei Leoni, da cui inizia la visita che si conclude poi alla cittadella di Büyükkale e al tempio I. La visita dell'area di Hattusa (*a pagamento, dalle 8 alle 12 e dalle 13 alle 18; chiuso il lunedì*) richiede circa tre ore; una giornata è necessaria per integrarla con quella dei siti di Yazılıkaya e Alaca Höyük.

Museo. Non lontano dall'abitato moderno si trova un piccolo museo (*visita a pagamento dalle 8 alle 17*) che presenta alcuni reperti rinvenuti durante gli scavi. Gli oggetti più interessanti sono stati tuttavia trasferiti ai musei di Ankara e di İstanbul.

Bastioni. Costituiti da un grande terrapieno sul versante settentrionale; i tratti meglio conservati si trovano sul lato meridionale, dove fu necessario sbarrare l'accesso alla valle: con la terra estratta dallo scavo del fossato fu costruito un argine, largo 75 m e alto 15, che costituiva la base di una muraglia rinforzata da torri quadrangolari; il muro principale è ancora visibile, con la facciata esterna in grossi blocchi irregolari ben allineati.

Aslan Kapı. La 'porta dei Leoni' è una delle opere meglio conservate di Hattusa, che risale probabilmente al XIV-XIII secolo a.C. Dopo aver oltrepassato un passaggio ad arco ogivale appaiono due giganteschi leoni che avevano la funzione di tenere lontano dalla città gli spiriti maligni.

Dominava la porta da un rilievo la **fortezza di Yenicekale**, di cui restano scarse tracce; più oltre (a 500 m circa), nel punto più elevato del saliente sud si trova **Yerkapı** (porta della terra o della Sfinge), sotto la quale corre una galleria sotterranea lunga 71 m, le cui pareti sono rivestite di blocchi di pietra aggettanti. In tempo di pace consentiva di accedere facilmente alla città e, in caso di guerra, di sorprendere il nemico alle spalle; al di sopra del corridoio sotterraneo si elevava una torre con una porta ornata da sfingi.

Templi. Seguendo il tracciato delle fortificazioni dal lato interno, si scorgono le rovine dei **templi II, III, IV** e **V** che, orientati diversamente, sembrano concepiti secondo uno stesso impianto.

Attraverso dei propilei si accedeva, infatti, a un cortile centrale lastricato (se ne scorgono le tracce) che conduceva all'*adyton*, luogo sacro riservato al culto.
Un'altra corte, anch'essa lastricata ma più piccola, era forse riservata ai sacerdoti che abitavano nei locali adiacenti al tempio. Il tempio V, più complesso, nel cui cortile si trova un'edicola di cui si ignora la funzione, era probabilmente consacrato a due divinità; anche il tempio IV, di difficile accesso, disponeva di un cortile circondato da massicce colonne.

Kral Kapı. Nel lato orientale dei bastioni si apriva la 'porta reale', costituita, come le altre, da grossi blocchi di pietra e ornata da un rilievo, attualmente conservato al museo di Ankara (sul posto è visibile una copia), che ritrae una figura dall'aspetto regale, il dio ittita della guerra. Era protetta all'esterno da una torre, collegata da un muro al bastione principale: eventuali assalitori si trovavano così rinchiusi in una successione di cortili muniti di alte mura e separati tra loro da portoni in legno rinforzati con lastre metalliche.

Discendendo dalla porta reale verso Büyükkale, dopo circa 500 m si scorge un'iscrizione scolpita nella roccia, difficile da decifrare, che fa riferimento alla caduta dell'ultimo re Suppiluliuma, avvenuta intorno al 1200-1180 a.C.

Büyükkale (cittadella). Si arriva quindi alla cittadella ove i re ittiti, nel corso dei secoli, costruirono le loro dimore fortificate e numerosi edifici pubblici. I resti più antichi delle imponenti rovine risalgono al XIII secolo a.C., epoca in cui fu eretto il palazzo dei grandi re ittiti. Le fortificazioni, munite di numerose torri, conobbero cinque stadi successivi, dal periodo preittita all'epoca ellenistica.

Attraverso un sentiero si accede alla parte alta della cittadella. Superati i resti di un **bastione frigio** del VII o VI secolo a.C., si scorgono sulla destra, lungo una piazza triangolare, le rovine di un bastione affiancato da una strada lastricata che sfociava in una piazzetta ove è riconoscibile una vasca e (sulla destra) un imponente edificio, forse una **biblioteca** o un archivio, nel quale sono state reperite numerose tavolette a caratteri cuneiformi. Al di là di questo edificio la via conduce a una porta che immette direttamente nella corte superiore di Büyükkale, cioè nella parte privata del palazzo reale. Procedendo verso la corte inferiore, sulla sinistra, si scorge un complesso di tre edifici a più sale, una delle quali era presumibilmente adibita a funzioni culturali.

Palazzo delle udienze. Di fronte, verso nord, si nota un'altra struttura, ancora più vasta (49 per 35 m): se ne distinguono le fondamenta, con alcuni locali paralleli, stretti e lunghi, utilizzati forse come depositi; un vasto salone dal pavimento in legno, cui si accedeva da una monumentale scala e il cui soffitto era sorretto da colonne sempre in legno, fungeva da sala delle udienze.

L'edificio, secondo un'iscrizione opera di Tudhaliya III (1225-1220 a.C.), si allungava sul lato ovest della corte mediana, cui si accedeva da un propileo a tripla entrata, ornato da leoni in basalto, e della corte superiore, un tempo separate da un muro. Sulla destra del propileo triplo si apriva una costruzione a più piani composta da cinque lunghe stanze ipostile (le basi delle colonne si sono conservate), dove si notano le tracce dell'incendio che la distrusse verso il 1200 a.C. A giudicare dalla quantità di tavolette a caratteri cuneiformi (circa 3000) rinvenute all'interno, si tratterebbe dell'archivio statale ittita. Fra le tavolette ritrovate, una, ora conservata al Museo delle Antichità Orientali di İstanbul (sala VII), riporta una versione del trattato di Qadesh stipulato nel 1269 a.C. dal re Hattusili III con il faraone Ramses II.

Anfore e orci rinvenuti nei magazzini di fronte al tempio I di Hattusa, l'odierna Boğazköy

Continuando il cammino verso la città bassa si costeggia sulla destra un muro interrotto da cinque **pusterle**, probabilmente il fronte occidentale della cinta urbana ittita, prima dell'estensione della cinta verso sud nei secoli XIV e XIII.

Tempio I*. Il più grande e tra i meglio conservati dei monumenti ittiti portati alla luce; era consacrato a due divinità, la dea solare Arinna e il dio della tempesta degli Hatti. Costruito su una vasta terrazza prevalentemente con pietra calcarea, non fungeva soltanto da luogo di culto, ma era anche un importante centro delle attività civili, dove si affaccendavano scrivani, magazzinieri e artigiani.

Davanti all'ingresso principale, riservato al re e alla regina, si nota un'enorme **vasca**, ornata su un lato da due leoni a cinque zampe, visibili di fronte e di profilo. Al di là dei **propilei** (che includevano due piccoli locali riservati ai custodi) ha inizio un'ampia strada lastricata su cui affacciavano numerosi negozi, spesso a più piani, depositi e uffici, in cui sono state rinvenute migliaia di tavolette cuneiformi; in fondo, in un angolo, si trova una vasca che serviva per l'acqua lustrale. Girando a sinistra, si arriva all'entrata del tempio vero e proprio, con tre soglie; per un passaggio fiancheggiato da locali si penetra nella corte principale, in fondo alla quale si trova la zona di culto, consistente in due cellette: quella di destra riservata alla dea Arinna e quella di sinistra al dio della tempesta, con un'enorme statua del dio stesso. Da notare, nei magazzini di fronte, numerose anfore e grandi orci, tra i quali uno della capienza di 3000 litri.

A ovest del santuario si trova un complesso di botteghe, alloggi, uffici e laboratori dove si svolgevano le attività necessarie alla vita del tempio. Un'iscrizione cuneiforme trovata tra le rovine precisa che il luogo era abitato da sacerdoti, scrivani, indovini, musicisti e cantori in lingua hurrita (complessivamente oltre 200 persone). Non lontano, sull'altro lato della strada, è la **casa del pendio**, forse una scuola per scrivani ove sono venute alla luce numerose tavolette cuneiformi. Tra il tempio I e la casa del pendio è stata scoperta una **fontana** sotterranea: l'acqua sgorgava in un locale a volta, accessibile attraverso una scala, ed era raccolta in un ampio bacino.

A circa 200 m dal tempio I, sulla destra della strada che conduce al villaggio moderno, si scorgono i resti di un **kārun**, agenzia commerciale assira risalente al XVIII secolo a.C. insediatasi, come a Kültepe, per stabilire relazioni con l'Anatolia; fu distrutta intorno al 1720 a.C., probabilmente nel corso della conquista di Hattusa da parte del re Anitta.

Imboccando, poco prima di entrare nel villaggio moderno, la strada sulla destra che porta a Yazılıkaya e, subito dopo il ponte sul Budaközü, un sentiero a destra, si raggiunge la base del **Büyükkaya**, enorme picco roccioso situato di fronte al gemello **Ambarlıkaya**, che nel XIII secolo a.C. fu fortificato con una muraglia collegata alla cinta principale. Il percorso di ronda scavalcava con un ponte le gole tra i due picchi e una sorta di saracinesca impediva l'accesso al burrone; ai piedi dell'Ambarlıkaya sono state rinvenute vestigia relative all'ultimo periodo dell'insediamento assiro che testimoniano la presenza di attività connesse con l'industria metallurgica.

Yazılıkaya*

(C4). A 3 km da Boğazköy, è il principale luogo di culto ittita, la cui visita riveste un particolare interesse per i numerosi rilievi scolpiti nella roccia, importante testimonianza delle credenze di un popolo vissuto 3000 anni fa: processioni convergenti di personaggi vi celebrano quel connubio mistico che doveva assicurare agli uomini la prosperità.

Per la visita sono consigliabili le ore più luminose della giornata (dalle 11 alle 13), durante le quali i rilievi sono più facilmente riconoscibili nei loro particolari.

Tempio*. Il complesso è costituito in realtà da un unico edificio dedicato a diverse divinità ittite, preceduto da propilei di cui spiccano le fondamenta (arrivando, sulla sinistra); monumentali scalinate conducevano a una grande corte, che dava accesso all'*adyton*, la parte sacra del tempio, ricavata da una fenditura naturale della roccia e ornata da rilievi a cielo aperto.

Il pantheon di Yazılıkaya è caratterizzato da un sincretismo che mescola le credenze anatoliche più antiche a quelle del bacino mesopotamico, trasmesse dagli Hurriti. Hattusili III (1275-1250 a.C.), cui è attribuito il tempio di sinistra, aveva infatti sposato una principessa di Kizzuwatna (Cilicia), regione compenetrata di credenze orientali. Questo spiega forse l'associazione di divinità atmosferiche (Sole, Tempesta) e divinità simboleggiate da animali.

Nel santuario di sinistra la composizione più interessante rappresenta, l'una di fronte all'altra, le due principali divinità ittite: il dio della tempesta Teshub, raffigurato sopra

Uno dei bassorilievi ittiti di Yazılıkaya

Namni e Hazzi che incarnano le montagne, e la dea solare Hepatu, in piedi sopra una pantera. Sempre in questo pannello centrale si scorgono altre divinità, quali i tori che incarnano il giorno e la notte, al cui seguito sulle pareti laterali si snoda una processione di dèi minori e guerrieri da una parte e un corteo di dee dall'altra. Il santuario di destra, più piccolo e costruito sotto Tudhaliya IV (1250-1220 a.C.), era costituito semplicemente da un'entrata, di cui restano le fondamenta, e da una piccola cella anch'essa ornata di bassorilievi. Ai lati dell'entrata sono due esseri alati con teste di leone, mentre sulla parete destra un bassorilievo ben conservato raffigura 12 dèi armati di spade a lama curva e con la caratteristica acconciatura cilindrico-conica. Di fronte si trovano due grandi bassorilievi isolati: il primo rappresenta il re Tudhaliya IV che riceve l'abbraccio del dio Sharma; il secondo raffigura un curioso manico di spada la cui impugnatura è formata da due leoni sdraiati e culmina in una testa umana adornata con la tiara divina. Sembra che questo strano bassorilievo, detto del dio-spada, sia stato eseguito a ricordo di una campagna vittoriosa in Siria, trofeo al quale sarebbe poi stato attribuito carattere divino con l'aggiunta della testa ornata con la tiara.

Alaca Höyük

(C4). La conoscenza dell'antica civiltà hatti, fiorita alla fine del III millennio a.C., può essere approfondita con la visita del sito archeologico di Alaca Höyük, meno conosciuto e frequentato dei precedenti e anche per questo particolarmente suggestivo. Vi sono stati portati alla luce, oltre a rilevanti complessi architettonici, splendidi reperti, in gran parte conservati al Museo delle Civiltà Anatoliche di Ankara.

Storia. Gli scavi condotti negli strati inferiori hanno permesso di far risalire le origini di questa città alla metà del IV millennio a.C. A quell'epoca il luogo, corrispondente forse all'antica Kushara o Arinna, era abitato da una popolazione preittita, gli Hatti, la cui città, da piccolo agglomerato di agricoltori, si trasformò in una capitale potente e ricca, come si può desumere dalla scoperta di 13 prestigiose tombe reali. L'arredo funerario risale a un periodo tra il 2200 e il 1900 a.C. e appare particolarmente ricco di vasellame d'oro e di gioielli, nonché di dischi solari in rame o in bronzo, di cui è rimasta ignota la funzione. L'apparizione a quell'epoca di un nuovo tipo di ceramica fa supporre altresì l'arrivo delle prime ondate di popoli indoeuropei che si imposero agli Hatti. Partiti probabilmente da nord e passati attraverso i Balcani o il Caucaso, gli Ittiti avrebbero occupato questa parte dell'Asia Minore fondando la loro prima capitale, Kushara, ove sorgeva un importante tempio consacrato a una dea solare. Distrutto verso il 1200 a.C. l'impero ittita d'Anatolia, i Frigi si insediarono nella zona e la città cominciò a declinare riducendosi in epoca romana a modesto villaggio, abitato peraltro sino all'età ottomana.

Visita. Ritornando da Boğazköy verso la statale 190, al km 13 un bivio sulla destra, in direzione di Alaca, consente di raggiungere (12 km) la deviazione, a sinistra, per Alaca Höyük (km 10, in totale 35); la visita dell'area archeologica ampia circa due ettari (ma solo una parte per ora oggetto di scavi), richiede circa un'ora.

Durante il periodo ittita (1450-1180 a.C.) la città era protetta da un possente bastione costruito con grossi blocchi di pietra e in cui si aprivano numerose porte, la più importante delle quali, detta **delle Sfingi*** (a sud), risale al XIV secolo a.C.

Sul pilastro di destra, un bassorilievo rappresenta un dio ittita adagiato su un'aquila a due teste che stringe negli artigli due conigli. Le lastre scolpite a sinistra della porta sono copie (gli originali si trovano al Museo delle Civiltà Anatoliche di Ankara): a destra, seduta, è rappresentata la dea solare Arinna, venerata da un corteo di adoratori; a sinistra dell'entrata un re e una regina venerano un toro sacro, incarnazione del dio della tempesta, seguiti da animali condotti al sacrificio, sacerdoti, giocolieri, guerrieri.

Dalla porta si passa a una corte interna protetta da due torri. Lasciando a sinistra la depressione in cui si estende la necropoli reale, si sbocca in una piazzetta ove si trovano, perfettamente conservate, le fognature centrali. In fondo si accede al quartiere dei palazzi, che ospitava edifici, del periodo 1600-1200 a.C.), adibiti alla pubblica amministrazione. Un sentiero sulla sinistra conduce alla **pusterla*** occidentale, di dimensioni ciclopiche, che attraverso un passaggio a gomito sboccava al di fuori della cinta muraria ittita.

Si ritorna quindi verso la torre in legno che domina il sito per raggiungere la vasta depressione ove è l'imponente **necropoli reale** preittita (2100-2000 a.C.), da cui provengono reperti di grande interesse oggi esposti ad Ankara. Alcune delle tombe sono state ricostruite: di forma rettangolare,

erano lunghe fino a 7 m e larghe 3, protette da un muro in pietra grezza ricoperto di travi in legno su cui venivano posti i crani e gli zoccoli degli animali sacrificati durante i riti funebri.

Nei pressi della zona archeologica, un piccolo **museo** raccoglie reperti di interesse minore che non sono stati trasferiti al museo di Ankara e, al piano inferiore, una piccola collezione etnografica. Nel giardino antistante sono esposti, tra gli altri, un leone in basalto, lastre scolpite, la parte inferiore di una statua colossale trovata presso la porta delle Sfingi, lapidi funerarie romane e bizantine. Nelle sale all'interno, tra i reperti risalenti al III millennio a.C. si notano le numerose armi, provenienti dalla necropoli reale, oltre a copie di stendardi in metallo e figure in bronzo, i cui originali sono custoditi al museo di Ankara. In alcune vetrine sono vari oggetti risalenti al periodo ittita, ceramiche e rilievi in terracotta dipinta dell'epoca frigia.

11.3 L'Anatolia orientale da Amasya a Sivas

Amasya

(B4). Adagiata nella valle dello Yeşilırmak (fiume verde), Amasya, capoluogo di provincia con 63 000 abitanti, è una graziosa cittadina, dominata da un'antica roccaforte. Già capitale di un potente regno che a lungo contrastò l'egemonia dei Romani sulla regione, conserva alcune tracce del suo lontano passato, come le impressionanti tombe rupestri, ma i più interessanti monumenti risalgono all'epoca islamica.

Particolarmente suggestivi i vecchi quartieri dalle case di legno, lungo la riva sinistra del fiume e ai piedi della montagna che sovrasta l'abitato. Camminando per le vie della città, alle spalle della Gök Medrese, è inoltre possibile acquistare i bei foulard di cotone stampati a mano con stampi di legno, secondo un'antica tradizione locale: è consentito anche assistere alle varie fasi della lavorazione, in un'atmosfera di bottega d'altri tempi.

Storia. Sorta attorno alla fortezza probabilmente in epoca anteriore alla conquista dell'Asia Minore da parte di Alessandro Magno, l'antica Amaseia divenne capitale dei re del Ponto in età ellenistica e, in seguito, capoluogo di una provincia romana. Patria di Strabone (c. 63 a.C.-24 d.C.), che vi soggiornò in epoca cristiana, la fortezza fu dotata in periodo bizantino di una guarnigione militare per contrastare le incursioni arabe. Passata sotto il controllo selgiuchide nel-

l'XI secolo, fu conquistata dai Mongoli nel XIII e, agli inizi del XV secolo, passò nelle mani dei sovrani ottomani. Nonostante la sua posizione sulla strada di collegamento tra İstanbul e la Persia, decadde poi gradualmente, così che si presenta oggi come una città di provincia, lontana dallo splendore dell'epoca romana e del medioevo, danneggiata dai terremoti e la cui parte meridionale è stata cancellata da un furioso incendio negli anni venti.

Gök Medrese (*medrese* blu). Fu concepita come moschea e scuola coranica e venne eretta nel 1276. Vi si accede da un portale, in passato ricoperto da mattonelle blu, che si apre al centro della facciata nord, i cui angoli sono rinforzati da contrafforti cilindrici; ai lati della porta si notano due finestre a volta decorate con stalattiti. La sala di preghiera è a tre navate, ciascuna sormontata da cinque cupole sostenute da due file di pilastri cruciformi. A sinistra della facciata si erge un türbe, rischiarato da tre finestre a ogiva, che racchiude la camera funeraria coronata da una piramide decorata da ceramiche smaltate.

Yörgüç Paşa Camii. Di fronte al **Torumtay Türbesi**, mausoleo selgiuchide costruito nel 1266 nella periferia occidentale della città, un vicolo conduce a questa piccola moschea edificata nel 1428 da Yörgüç Paşa, visir di Maometto I.

Nella sala a destra del vestibolo d'entrata sono racchiuse tre tombe, tra cui quella del fondatore; a nord della moschea si trova un complesso di edifici adibiti a ospizio e *medrese*.

Proseguendo verso est lungo la strada principale della città, parallela al fiume, si incontra un quartiere dove sono conservati numerosi mausolei, tra cui il **Şehzadeler Türbesi**, edificato da Maometto I nel 1410, che conserva alcune tombe di principi della famiglia imperiale ottomana; il **Hilafet Gazi Türbesi**, edificato intorno al 1145 per conto di un visir dell'emiro Melik Gazi; il **Sultan Mesut Türbesi** risalente al XIV secolo.

Sulla sinistra della strada principale si incontra la **Sultan Beyazıt Camii**, una grandiosa moschea in stile ottomano, circondata dalle dipendenze di una *medersa* e aperta verso il fiume con un portico coronato da cupole poggianti su colonne antiche. Il complesso, costruito nel 1486 per volere del sultano Beyazıt II, sorge su una terrazza ombreggiata da platani, sulla riva destra del fiume. Da segnalare, nella sala di preghiera della moschea, il minbar e il mihrab in marmo e il rivestimento di maioliche smaltate con le citazioni del Corano in bianco su fondo blu. La *medrese*, anch'essa fatta erigere da Beyazıt II, è formata da una serie di tre edifici porticati; dietro alla moschea si può vedere un piccolo *türbe*, sorto contemporaneamente al santuario. Nel giardino adiacente sorge la ricca biblioteca, che custodisce preziosi manoscritti coranici. Poco oltre, in Atatürk Caddesi, sorge un piccolo **museo** che, oltre a una sezione etnografica, ospita pezzi dall'epoca pontica a quella ottomana. Di particolare pregio le porte lignee della Gök Medrese Camii e una statua in bronzo di Teshub, dio ittita della tempesta. Nel giardino, tomba selgiuchide contenente alcune mummie rinvenute sotto la Burmalı Minare Camii.

Quartiere della cittadella. Superato il fiume lungo il ponte nei pressi della moschea, proseguendo sulla destra si penetra in uno dei quartieri più caratteristici di Amasya, caratterizzato da un tessuto edilizio di vecchie case ottomane a due o tre piani, costruite in legno con verande aggettanti, ai piedi del picco roccioso coronato dalle vestigia dell'antica fortezza. Una di esse, la **Hazeranlar Konağı**, eretta nel secolo scorso e restaurata nei primi anni Ottanta, ospita un Museo Etnografico. Sulla sinistra, lungo il versante, si notano alcune **tombe** d'epoca ellenistica, scavate nella roccia a livelli differenti, con facciate alte da 3 a 12 m. Dominano il quartiere le scarse vestigia, risalenti per lo più al periodo ottomano, della **cittadella**, alta 300 m sull'abitato (la sommità è raggiungibile dalla strada per Samsun; begli scorci panoramici).

Ai tempi di Strabone, invece, le fortificazioni di Amaseia consistevano in una cittadella superiore, da cui si allungavano due muraglie, una verso est e l'altra in direzione sud-ovest, che scendevano verso la riva sinistra dello Yeşilırmak. Un muro che costeggiava il fiume collegava poi le estremità di queste muraglie, determinando il perimetro fortificato entro il quale si sviluppò la città antica.

Burmalı Minare Camii. Proseguendo sulla riva destra del fiume e attraversando il successivo ponte, dopo aver superato il **Taş Han**, caravanserraglio molto rovinato della fine del XVII secolo, si giunge a questa moschea dal singolare minareto tortile, costruita nel 1241 sotto il regno del sultano Keyhusrev II. All'interno, un bel mihrab a volta ornata di stalattiti, incorniciato da colonnine.

Sempre lungo la riva destra del fiume si incontra, sulla destra, un antico ospedale, costruito intorno al 1308 sotto il regno del sultano Olcaitu, con un portale riccamente ornato. Poco oltre sorge la **Mehmet Paşa Camii**, del 1486, alla quale si accede da un portico a sei gallerie, oggi sede del centro femminile di studi coranici di Amasya. Ancora più avanti, quasi in corrispondenza del ponte che immette nella strada per Samsun, si scorgono le cupole della **Beyazıt Paşa Camii**. È preceduta da un portico a cinque traverse che presenta i rivestimenti delle arcate, degli archivolti e dei timpani delle finestre in marmo bianco e rosso. La sala di preghiera consta di due gallerie poste a differenti livelli e sormontate da una cupola. Sull'opposta riva del fiume, sorge l'imponente **Büyük Ağa Medresesi**, edificio a pianta ottagonale eretto nel 1488 su progetto dell'eunuco bianco capo di Beyazıt II. Restaurato, ha ripreso l'antica funzione di scuola coranica (*non accessibile al pubblico*).

I dintorni di Amasya

Turhal
(C4-5). Moderna cittadina identificata con l'antica Gazioura: si adagia sulla riva destra dello Yeşilırmak, ai piedi di un picco roccioso sormontato dalle rovine della cittadella dove i Romani stabilirono gli accampamenti invernali nella guerra contro Mitridate. Conserva un'Ulu Cami (grande moschea) del 1453 e il Mehmet Dede Türbesi, del 1301.

Zile
Da Turhal, con la 190 si raggiunge in 21 km questo centro (l'antica Zela) ove nel 47 a.C. Cesare sconfisse Farnace, re del Ponto, e pronunciò la celebre frase «Veni, vidi, vici». Oltre alla Cittadella, conserva la Ulu Cami del 1267.

Pazar
Raggiungibile con una deviazione, 6 km, sulla destra dalla strada 180 per Sivas. È un villaggio ove

si trova l'Hatun Hanı, caravanserraglio selgiuchide, costruito a partire dal 1238, la cui facciata, ornata da motivi geometrici, conserva un bel portale.

Tokat

(C5). Cittadina di antica origine che oggi è un capoluogo di provincia con 83 000 abitanti, posto a 650 m di altitudine lungo le rive del Tokatsuyu, affluente dello Yeşilırmak, Tokat conserva alcuni interessanti monumenti islamici, in particolare la Gök Medrese e la casa-museo di Latifoğlu.

Storia. La storia di Tokat è legata direttamente a quella di Comana del Ponto, uno dei centri più importanti della regione in epoca romana, probabilmente fondato dagli Ittiti nel II millennio a.C., e oggi localizzato a 8 km di distanza, presso Gömenek. Dopo la conquista turca (fine dell'XI secolo), infatti, la città formatasi ai piedi della cittadella di Tokat subentrò alla vicina Comana e, con alterne vicende, passò nel XIV secolo sotto il dominio del sultano Beyazıt I finché non venne incorporata nell'impero ottomano.

Visita. Entrando nella città da nord, spicca a destra lo sperone roccioso su cui sorgono i resti della cittadella, piuttosto mal conservata e di difficile accesso. Sempre sulla destra si nota, oltre un ponte costruito nel 1250, il Nur ad-Dîn Sentimur Türbesi, mausoleo (oggi piuttosto rovinato) edificato nel 1314 da un principe mongolo, con iscrizioni in lingua persiana. Poco oltre, sempre sulla destra, si erge la Sümbül Baba Zaviyesi, moschea funeraria del 1291-92 fondata sotto il regno di Mesut II.

Gök Medrese. Sulla piazza principale si trova la 'medrese blu', antica scuola di teologia ora trasformata in museo (*visita a pagamento dalle 8.30 alle 12 e dalle 13 alle 17; chiuso il lunedì*), considerata uno dei monumenti più interessanti della città. Risalente forse al XIII secolo, ha una porta d'accesso ricavata in fondo a una nicchia con volta decorata a stalattiti. Attraversato il vestibolo, si entra in un cortile delimitato su tre lati da portici che introducono alle stanze degli studenti. Sopra i portici corrono gallerie, salvo a sud, dove l'*iwan* innalza una volta a cupola. Il frontone dell'*iwan*, gli archi dei portici e delle gallerie sono decorati con mosaici di maioliche smaltate. La sezione etnografica del museo ospita, tra l'altro, esempi della celebre arte della *Yazma*: xilografia su sciarpe di garza.

Hatuniye Camii. Sorge al lato opposto della piazza, ed è attribuita assieme all'attigua *medrese* al sultano Beyazıt II. Si apre con un portico a cinque gallerie provvisto di un mihrab secondario e dominato da un minareto su base ottagonale.

Non lontano, alle spalle di un quartiere moderno, si trova l'**Halef Gazi Tekkesi**, convento derviscio fondato intorno al 1290 e restaurato all'inizio del XX secolo. Proseguendo nella strada principale in direzione Sivas, sulla destra si incontra il **Voyvoda Hanı**, realizzato verso il 1630 e costituito da un complesso di edifici a due piani distribuiti ai lati di un cortile; più oltre si erge l'**Ali Paşa Camii**, moschea fondata nel XVI secolo con l'attiguo Bibi Hatun Türbesi, mausoleo a pianta esagonale, oggi in pessimo stato di conservazione. Sulla via principale sorge anche l'ottocentesca **casa-museo di Latifoğlu**, tra le più sontuose visibili in Turchia.

Ebülkasım Türbesi. Si imbocca quindi, a destra, la Solu Sokağı, tipica strada-bazar dove, dopo circa 200 m, si incontra sulla destra, di fronte a un antico caravanserraglio, l'**Ebülkasım Türbesi**, del 1233-34, nel quale fu inumato il fondatore, visir del sultano Keykubat I Alaeddin.

Nelle immediate vicinanze si trovano un altro caravanserraglio, il *bedesten*, o mercato coperto, e il Kazancılar Mesçidi, piccolo oratorio costruito nel 1516. Più oltre è la **Güdük Minare Camii**, moschea della prima metà del XV secolo.

I dintorni di Tokat

Niksar

(B5). 53 km in direzione nord-est per la statale 850. Sorge al centro di una regione dove predomina la coltivazione del tabacco, lungo la valle del Kelkit Çayı e ai piedi di una collina dominata dai resti di un'antica cittadella. Identificata con la città romana di Neocaesarea, denominata Cabeira all'epoca dei re del Ponto, fu un importante centro cristiano grazie al teologo Gregorio il Taumaturgo (213-270). Occupata dai Turchi sotto i quali assunse il nome attuale, divenne nota all'epoca della 1ª crociata quando Boemondo vi fu incarcerato per tre anni (1100-03) dall'emiro di Sivas. Dirigendosi verso il centro della città si incontra il Çöreği Büyük Tekkesi, antico convento oggi in rovina, e a sinistra, sulla collina, il **Kırk Kız Türbesi** (mausoleo delle quaranta fanciulle), costruito in mattoni agli inizi del XIII secolo; più oltre si trova l'**Ulu Cami**, fondata nel XIII secolo e poi più volte rimaneggiata. Lungo la riva destra del corso d'acqua che attraversa la città sorgono due mausolei di cui uno, l'Hacı Çıkrık Türbesi, risale al 1182. Uscendo dalla città verso nord si notano, su uno sperone roccioso, tratti di mura della cittadella molto ben conservate, munite di torri. La città bassa era protetta da un'altra fortezza, i cui resti sono stati utilizzati per la costruzione di case.

Yıldızeli
(C5). Proseguendo in direzione di Sivas, superato il valico di Çamlıbel (1646 m), nei pressi del villaggio di Yıldızeli si trovano le rovine di un caravanserraglio, fondato probabilmente nel XIV secolo e poi ricostruito sotto l'impero ottomano. Comprendeva due corpi di edifici, separati da un lungo passaggio costeggiato da botteghe.

Sivas*

(C5). Capoluogo di provincia con 219 000 abitanti, Sivas è situata a 1275 m di altitudine sulle rive del Murdarırmak, affluente del Kızılırmak. Per la sua posizione strategica lungo importanti vie di comunicazione ha storicamente rappresentato la porta di accesso alle regioni orientali del Paese, come testimonia la presenza di un ricco patrimonio artistico.

Storia. Fondata probabilmente dagli Ittiti, la città, conosciuta in epoca romana col nome di Sebasteia, divenne importante centro commerciale. Nota nei primi secoli del cristianesimo per i 'Quaranta Martiri di Sebasteia' (quaranta soldati che, si racconta, dopo essersi rifiutati di rendere omaggio a divinità pagane, furono condannati a morte per assideramento), fu sede di un vescovado in epoca bizantina. Dotata di imponenti fortificazioni sotto Giustiniano (527-65), fu conquistata nel 575 dai Persiani e nel 712 dagli Arabi, che la devastarono.
Verso la fine dell'XI secolo Sivas divenne capitale di un potente emirato che rimase autonomo fin verso la metà del secolo successivo, quando fu annessa all'impero selgiuchide; conquistata dai Mongoli nel XIII secolo, passò poi sotto il controllo ottomano per essere saccheggiata da Tamerlano che ordinò lo smantellamento delle fortificazioni dopo la battaglia di Ankara (1402). Da allora conobbe una lenta decadenza, nonostante la sua posizione lungo la strada che collegava İstanbul a Baghdad e alla Persia.

Çifte Minare Medresesi. A sud della centrale Konak Meydanı, a fianco della Mehmet Paşa Camii del 1580, svettano i due eleganti minareti che incorniciano il portale di accesso della 'medrese dal doppio minareto', antica scuola coranica, uno dei capolavori dell'arte selgiuchide, costruita nel 1271 dai Mongoli. Oggi ne resta solo la magnifica facciata, con il portale aperto sul fondo di una nicchia a stalattiti, nella quale elementi architettonici e raffinate decorazioni scultoree si fondono mirabilmente. Da notare la pregevole decorazione del frontone, della base dei minareti e dei contrafforti angolari.

Şifahiye Medresesi. Di fronte alla Çifte Minare Medresesi sorge questo antico ospedale – ora un bazar – fondato nel 1217-18 dal sultano selgiuchide Keykavus I e successivamente trasformato in scuola coranica, il cui bel portale decorato dà accesso a un lungo vestibolo, sul quale si aprono numerose stanze. Di pari bellezza è il rivestimento in terracotta smaltata che orna la facciata del türbe del fondatore, nel cortile interno dell'edificio.

Muzafer Bürüciye Medresesi. Ritornando verso Konak Meydanı, oltre le fondamenta di un antico hammam si trova questa scuola coranica costruita nel 1271-72 (come attesta un'iscrizione scolpita sul portale) e oggi adibita a museo. Tipicamente selgiuchide nella sua struttura, consta di quattro edifici disposti lungo i lati di una corte centrale; le colonne dei portali a nord e sud, oltre ad alcuni capitelli, sono di origine bizantina. A destra del vestibolo si apre un piccolo oratorio con mihrab, mentre sulla sinistra s'innalza il türbe del fondatore.

Gök Medrese. Circa 500 m più a sud, ai piedi del versante orientale della Toprak Tepe (collina di terra), è facilmente individuabile grazie ai suoi minareti gemelli la 'medrese blu', purtroppo in cattivo stato di conservazione, la più significativa architettura selgiuchide di Sivas, seppur eretta durante il periodo della dominazione mongola. L'ingresso si apre in fondo a una nicchia a stalattiti, fiancheggiata da due minareti in aggetto rispetto alla facciata, nella quale, in una nicchia a sinistra, è inserita una fontana.
Il frontone del portale è riccamente decorato, così come i contrafforti angolari della facciata e le basi dei minareti, ornate da rilievi, il cui fusto presenta un'alternanza di facce convesse e prismatiche separate da colonnine: molto bella la decorazione ottenuta con mattonelle smaltate nei colori blu-turchese e nero.

Ulu Cami. Ritornando verso la Konak Meydanı e le medrese circostanti, si incontra sulla destra questo edificio, fatto costruire tra l'XI e il XII secolo.
La sala di preghiera, rettangolare, è divisa in undici gallerie da dieci serie di cinque pilastri; da segnalare il minareto cilindrico del XIII secolo con pregevoli decorazioni in ceramiche smaltate che incorniciano un'iscrizione in caratteri cufici.

Uno scorcio della celebre Ulu Camii di Divriği, singolare intreccio di arte indiana e selgiuchide

I dintorni di Sivas

Divriği

(C5). Da Sivas un'escursione impegnativa conduce a questo centro minerario a 1250 m di altitudine nel cuore di un massiccio montuoso, di grande interesse per la particolarità della sua Ulu Cami, singolare intreccio di arte indiana e selgiuchide. La moschea, eretta in uno stile unico ed elaboratissimo, è il meno conosciuto dei siti turchi posti sotto la tutela dell'Unesco (è stata dichiarata tale nel 1985; vedi box a pag. 45). Divriği sorge sull'area dell'antica Tefriké, piazzaforte di origine bizantina. Verso la metà del IX secolo offrì rifugio ai Paoliciani, appartenenti a una setta di cristiani iconoclasti forse fondata durante il regno di Costantino II (641-668). Nell'872 la cittadella fu attaccata dai Bizantini, il capo della setta giustiziato e i seguaci dispersi. Ma nel 969 il gruppo si ricostituì e si insediò in Tracia, da dove l'eresia si diffuse dapprima in Bulgaria, poi in Bosnia Erzegovina. Nacque da questi movimenti la setta dei Bogomili che raccolse proseliti specialmente nell'Italia del nord, in Germania e nel sud della Francia.
Poco dopo il 1071 Divriği passò (sino al 1252) sotto il dominio dei Turchi mengucekidi (cui si devono gli influssi artistici orientali), quindi dei Mongoli, degli emiri di Sivas e infine degli Ottomani nel 1516. L'**Ulu Cami**** (grande moschea), edificata agli inizi del XIII secolo da Ahmet Şah, così come l'attiguo ospedale, costituisce il monumento più interessante della città, sapiente-mente restaurato. Il **portale settentrionale***, preceduto da una grande nicchia a stalattiti, presenta una abbondante decorazione dove si intrecciano motivi geometrici e floreali ed elementi tipici dei templi indiani o khmer. Il **portale occidentale** appare anch'esso finemente decorato con stilizzazioni vegetali; quello orientale oggi è murato, ma si possono riconoscere le decorazioni a stalattiti sopra la porta. La sala di preghiera ha una pianta che si richiama alle basiliche bizantine; la nicchia del mihrab, rivestito da arabeschi e decorazioni a intrecci, è incorniciata da una originale modanatura; il **minbar***, realizzato nel 1218 da un ebanista di Tiflis, è tra i più raffinati della Turchia.
La parte sud del complesso è occupata dal **Darüşşifa** (casa della salute), antico ospedale cui si accede da una porta in fondo a una nicchia con stipiti formati da pilastri a fasci prismatici. Il riquadro sopra la porta e il timpano presentano la stessa decorazione a stelle e poligoni. La sala principale è costituita da una lunga navata culminante in un *iwan*; ai lati si aprono due portici a colonne cilindriche e ottagonali.

Balıklı Kaplıca

15 km a est di Kangal, poco discosta dalla strada per Divriği. Curiosa stazione termale, famosa in tutto il Paese per la cura della psoriasi: nelle vasche contenenti le calde acque minerali della zona, alcuni pesci locali asportano l'epidermide malata dei pazienti, procurando loro notevole sollievo.

12 La regione dei laghi e le steppe centrali

Profilo dell'area

L'area sud-occidentale dell'altopiano anatolico è più nota come regione dei laghi per la presenza, tra i numerosi corrugamenti montuosi, di bacini chiusi in buona parte occupati da superfici lacustri: si tratta di specchi d'acqua talvolta assai profondi che presentano le caratteristiche dei laghi di montagna, talaltra di grandi distese di origine carsica. L'area centro-meridionale costituisce, invece, una regione dalle caratteristiche particolari, dove le condizioni climatiche e ambientali hanno reso storicamente difficile l'insediamento umano. Tipici esempi di laghi le cui caratteristiche sono legate alla circostante situazione orografica sono quelli di Burdur o di Salda, la cui profondità supera i 100 m; bacini come quelli di Çavuşçu o Acıgöl, che raggiungono appena i 3-4 m di profondità sono caratteristici di fenomeni carsici. Anche i grandi laghi di Beyşehir (650 km²) e di Eğridir (500 km²) hanno una profondità oscillante tra i 10 e i 18 m. Un'altra caratteristica di questi laghi è la capacità in relazione all'andamento climatico, all'alimentazione sotterranea e all'evaporazione di variare notevolmente il proprio livello, sicché per esempio il Kestel Gölü, che dista oltre 2 km dalla strada Antalya-Burdur e si presenta per lo più come uno stagno paludoso, può arrivare in periodo di piena ad allagare la sede della strada statale. Anche l'elevata salinità (determinata dal rapporto tra evaporazione e alimentazione di sorgenti sotterranee) rappresenta una costante di questi bacini lacustri e non è infrequente scorgere rive bordate da incrostazioni salmastre di un colore bianco abbagliante. Proprio per queste caratteristiche le sponde lacustri non hanno in generale favorito l'insediamento umano e i villaggi sono per lo più ubicati a una certa distanza.

Con 300-350 mm annui di pioggia non si può certo parlare, per la zona centro-meridionale, di area desertica, ma l'aridità è accentuata dal livellamento della pianura e dal drenaggio delle acque a circolazione endoreica che solo a nord confluiscono verso il bacino del Kızılırmak. Un'estesa superficie è poi occupata dal Tuz Gölü (lago salato), profondo pochi metri soltanto ma con una fortissima evaporazione, sicché la salinità vi raggiunge i 329 grammi per litro: il sale era un tempo raccolto, trasportato e venduto dai nomadi Yürük in tutta l'Anatolia. L'odierno paesaggio steppico ha un'origine relativamente recente. Ancora in età neolitica, infatti, gran parte della regione era coperta da foreste, ma lo sfruttamento delle risorse boschive e l'estensione delle superfici a pascolo hanno progressivamente impoverito i suoli e, attualmente, accanto all'allevamento si pratica solo una coltura estensiva di cereali dalle rese abbastanza modeste. I villaggi si concentrano per lo più dove la falda freatica sotterranea risulta sufficientemente consistente, così da consentire lo sviluppo di oasi in cui prospera un'agricoltura specializzata. La prima parte del-

Le sponde fiorite del lago di Eğridir, sulle quali sorge la cittadina omonima

l'itinerario, da Afyon a Beyşehir, è poco frequentata dai turisti, perché non offre attrattive di grande rilievo. Se si è in viaggio da o verso Konya (da non perdere il museo di Mevlâna e la visita di Catalhöyük), la zona di Eğridir può costituire una tappa piacevole.

Gli itinerari

Due gli itinerari proposti (vedi tracciato sulla carta del risguardo posteriore, D2-4) per la visita della regione. Prive, in genere, di tratti particolarmente impegnativi, le statali 650, 625 e 685 collegano facilmente Afyon (→) con Isparta (→) in 163 km; aggirando il massiccio degli Dedegöl Dağları, le 330 e 695 raggiungono poi, senza ulteriori difficoltà, anche Beyşehir (→ km 179, 342 in totale). Gli altri centri sono raggiungibili attraverso brevi deviazioni. Anche i 226 km della statale 300 che collega Afyon a Konya (→) non offrono difficoltà significative, né di tracciato, né altimetriche, percorrendo un'area pressoché priva di elementi storico-artistici di spicco. Infine i 107 km della statale 715 che collega Konya con Karaman (→), e dalla quale si diparte la deviazione per il sito di Catalhöyük (→), attraversano una zona dove gli insediamenti sono molto diradati.

12.1 La regione dei laghi

Afyon

(D3). Il 'castello nero dell'oppio' (Afyon Kara Hisar) che evoca immediatamente i grandi campi di papaveri coltivati nella zona, è in realtà un moderno capoluogo di provincia (ab. 99 000) situato a 1015 m su un altopiano ai piedi di elevate catene montuose. Oltre che per la produzione di oppio a uso farmaceutico, la città è famosa per l'industria del marmo.

Storia. Corrisponde all'antica città di Akroinos, identificabile forse con la fortezza ittita di Khapanuwa, fondata intorno alla metà del II millennio e nei secoli successivi occupata prima dai Frigi, poi dai Bizantini.

Il **Kara Hisar** è l'imponente fortezza, oggi in rovina, che domina la città dall'alto di un picco roccioso; nel centro storico dell'abitato si visita l'**Ulu Cami** (grande moschea), edificio di epoca selgiuchide costruito nel 1272, comprendente una sala di preghiera con 40 colonne a capitelli in legno scolpito. Allo stesso periodo appartengono la Kuyulu Cami, con un minareto ornato di maiolica smaltata, e la Kubbeli Mesçit, dal mihrab in gesso scolpito.

Un percorso segnalato da pannelli conduce al **museo**, a 1.5 km dal centro in direzione di Konya (*aperto dalle 9 alle 17.30; chiuso il lunedì*), che raccoglie per lo più collezioni risalenti all'età del Bronzo antico (2500-2000 a.C.) rinvenute soprattutto a Sandıklı (Kusura).

Ad Afyon e nei dintorni si trovano numerose sorgenti termali; alcuni alberghi (si vedano le allegate 'Informazioni pratiche') offrono piscine termali e trattamenti specifici.

Sandıklı

(D2-3). Situata presso un castello in rovina, sorge in prossimità del sito di Kusura, dove scavi archeologici hanno portato alla luce interessanti vestigia di un insediamento preistorico abitato dalla prima metà del III millennio (età calcolitica) fin verso il 1200 a.C.

Çivril

(D2). Modesto villaggio dell'altopiano anatolico (raggiungibile con una deviazione, 48 km, sulla statale 625 che si stacca dalla 650 poco prima di Dinar).

Scavi di Beycesultan

A 5 km da Çivril si trova il sito di questa città preistorica abitata dalla fine dell'età calcolitica fino al XIII secolo a.C.

La visita degli scavi risulta di difficile comprensione, anche perché le vestigia riportate alla luce hanno subito i danni delle intemperie e si presentano in cattivo stato di conservazione.

Finora sono stati scavati 21 livelli, che raggiungono una profondità complessiva di 11 m, per lo più relativi al Calcolitico. Particolarmente interessanti i rinvenimenti del periodo del Bronzo antico, con un **santuario** costituito da due cappelle consacrate ad altrettante divinità, dove sono stati scoperti oggetti di culto.

Molto importante il rinvenimento (in corrispondenza del V livello) di un edificio, detto il **palazzo incendiato**, eretto intorno al 1900 a.C. Cinto di mura che lo isolavano dalla città, comprendeva un vasto cortile, locali di rappresentanza e per il personale amministrativo, un salone di ricevimento e ampi magazzini. Distrutto nella seconda metà del XVIII secolo a.C., probabilmente dal re ittita Labarna, il palazzo fu ricostruito nel 1450 e quindi nel XIII secolo a.C. per essere poi definitivamente distrutto nel 1230 a.C.

Burdur

(D2-3). Capoluogo di provincia (ab. 67 000), sul lago omonimo, ha conosciuto negli ultimi anni un rapido sviluppo, grazie alle industrie tessili, alla lavorazione del rame e alla produzione di essenze di rose.

Tra i monumenti degni di rilievo, l'**Ulu Cami** (grande moschea) del XIV secolo e il **museo** archeologico che ospita collezioni di oggetti, in particolare dell'età neolitica, provenienti da scavi dei dintorni, oltre a terracotte della Frigia, oggetti in vetro, monili romani e lucerne bizantine. Il lago di Burdur, salato e solforoso, ospita fenicotteri, cicogne bianche e anatre dalla testa bianca.

Hacılar

(D2). Sorge a 25 km da Burdur (proseguendo verso sud-ovest sulla strada 330) ed è uno dei siti più importanti per la conoscenza dell'Anatolia preistorica. Durante i lavori di scavo gli archeologi sono riusciti a differenziare nove livelli principali di insediamento: quelli da I al V risalgono al periodo calcolitico, quelli dal VI al IX al Neolitico.

Sono stati riportati alla luce dei villaggi fortificati e una cittadella grande all'incirca come

---

Isparta fiorita

La stagione migliore per visitare Isparta è tra aprile e maggio, quando tutti i campi di rose sono in fiore. La raccolta in genere si effettua in giugno, ma il periodo può variare a seconda del clima. L'olio di rose che se ne ricava è uno dei più usati come base di profumi, ed è carissimo; uno dei maggiori produttori al mondo di questo olio è proprio la Turchia. In vendita in tutta la città, inoltre, creme di rose (che svolgono un'azione equilibrante e antirughe), acqua di rose (ottimo tonico naturale) e marmellata di rose (dolcissima, si consiglia di assaggiarla prima dell'acquisto).

Troia. Particolarmente interessante il livello VI per le sue figurine steatopigie in terracotta raffiguranti la dea della fecondità, ora al Museo delle Civiltà Anatoliche di Ankara. Il villaggio fortificato del periodo calcolitico occupava un'area di 57 m per 36; il bastione consisteva in un muro, di uno spessore variabile da 1.5 a 3 m, rinforzato da torri angolari.

Isparta

(D3). Celebre per i campi di rose che la circondano nonché per l'essenza e la marmellata (vedi box in basso) che se ne ricava, è capoluogo di provincia con 120 000 abitanti e rappresenta un ideale punto di partenza per la visita dei due maggiori laghi della Pisidia: quelli di Eğridir e di Beyşehir.

Storia. L'antica città bizantina di Baris, espugnata dai Selgiuchidi nel 1203 o 1204, divenne verso la metà del secolo XIII la capitale di un piccolo stato autonomo, comprendente un'ampia parte della regione. Nel 1381, non riuscendo a far fronte all'espansione degli Ottomani, il sultano Hamit preferì vendere i propri possedimenti a Murat I.

L'abitato è sovrastato dalla **cittadella**, citata dal viaggiatore arabo Ibn Battuta nel secolo XIV, ma ora in rovina. Il piccolo **museo** archeologico (*visita a pagamento dalle 8.30 alle 16*) raccoglie alcune stele funerarie, iscrizioni romane e bizantine, antichità islamiche e una collezione numismatica.

Salagassos

Nei pressi di **Ağlasun** (*28 km a sud di Isparta per la statale 685 in direzione Antalya*), piccolo villaggio immerso nel verde, si trovano le rovine di quest'antica città, la seconda della Pisidia per importanza in epoca romana.

Storia. Le vestigia sono sparse ai piedi di una montagna (Ağlasun Dağı) in un sito particolarmente suggestivo: sono stati riportati alla luce i resti di un tempio dorico e di un piccolo edificio di epoca ellenistica, forse un *heroon*, decorato su tre lati da un fregio di danzatrici. Di particolare interesse il teatro di epoca romana (II secolo a.C.), e la necropoli, impressionante per i suoi sarcofagi ornati con decorazioni scolpite.

Eğridir

(D3). Nonostante il suo ricco passato, questa città (ab. 17 000) posta all'estremità meridionale del pescosissimo lago omonimo e nota anche come **Eğridir**, non conserva monumenti di rilievo. Tuttavia gli stretti vicoli, le case bianche, in parte costruite all'interno di una fortezza selgiuchide da cui si osserva uno splendido panorama, le conferiscono un fascino tutto orientale. Si può godere anche del lago, facendo escursioni in barca o limitandosi a mangiarne il pesce, freschissimo. Fiorente è l'industria dei prodotti ittici congelati e l'agricoltura (rinomata la produzione di mele).

Storia. L'origine di Eğridir (montagna storta), sembra risalire all'antica città di Prostanna, citata da Tolomeo, localizzata alle pendici del Davraz Dağı ma non ancora oggetto di scavi, anche perché all'interno di un vasto campo militare. Sede vescovile in epoca bizantina, fu denominata Felekabad nel secolo XIII dall'emiro selgiuchide Felekeddin Dündar che ne fece la sua capitale. Grazie alla sua posizione strategica sulla via naturale di comunicazione tra la Pisidia e la regione di Konya, Eğridir conobbe quindi un periodo di prosperità: nel 1331 il geografo Ibn Battuta la descrive come una città ricca e potente. Successivamente annessa all'impero ottomano, andò via via decadendo.

Il borgo si stende ai piedi dell'Eğridirseyirisi (1733 m), su un promontorio affacciato sul lago, di fronte a due isole abitate: Can Ada e Yeşilada, collegate alla terraferma da una diga su cui corre una strada. In centro si trovano l'**Ulu Cami** (grande moschea) e la **Dündar Medresesi**, restaurata alla fine degli anni Settanta del Novecento, entrambe risalenti al XV secolo. Si attraversa poi l'adiacente piazza del mercato per raggiungere la **cittadella**, le vestigia dei cui possenti bastioni sono la testimonianza della prospera Eğridir selgiuchide.

Sull'isola di **Yeşilada** si trovano una chiesa in legno e bellissime case, abbandonate dopo la partenza della comunità greca.

Yalvaç

(D3). Grosso borgo raggiungibile con una deviazione dalla 330 (16 km verso nord), in una regione stepposa ai piedi della catena montuosa dei Sultandağları.

Antiochia di Pisidia

Il sito di questa antica città sorge a poca distanza da Yalvaç.

Fondata probabilmente da Seleuco I Nicatore verso il 280 a.C. sui resti di un preesistente santuario frigio, Antiochia fu dichiarata città libera nel 189, ma tornò a Roma attorno al 27 o 25 a.C., sotto l'imperatore Augusto. In seguito, nel 713, venne distrutta durante un'incursione araba.

Vi si visitano i resti dei **propilei** dell'acropoli, a triplice arcata in stile corinzio, risalenti al I secolo d.C.; dai propilei si raggiunge l'**Augustea Platea**, largo che terminava a est con una spianata semicircolare cui si accedeva attraverso un doppio portico di ordine ionico e dorico. Al centro, sorgeva un **tempio** consacrato ad Augusto e al dio lunare frigio Men. Antistante ai propilei si estende la **Tiberia Platea**, largo costruito in onore di Tiberio (14-37) sul cui lato settentrionale, sotto una galleria, si aprivano numerose botteghe; da notare, sul selciato, alcune incisioni raffiguranti dei giochi.

Beyşehir

(D3). Tranquilla cittadina di 67 000 abitanti il cui nome significa 'città del principe', è situata a 1120 m di altitudine sulla riva meridionale del lago omonimo, l'antico Caralis, uno dei più grandi della Turchia.

Storia. Secondo la tradizione sarebbe stata fondata dal sultano Keykubat I Alaeddin (1219-1236) sulla via carovaniera che collegava Konya ad Antalya e Alanya; secondo altre fonti sorge sul sito dell'antica città bizantina di Carallia.

Del periodo selgiuchide, epoca in cui la città era cinta da mura interrotte da due porte e possedeva una cittadella, numerosi hammam e moschee, Beyşehir conserva soltanto la piccola **Eşrefoğlu Camii**, la moschea più bella della regione, costruita nel 1298, e il *türbe* (1301) del suo fondatore.

A 17.5 km dalla città, sulla 695 per Isparta, una pista conduce al sito ittita di **Eflatun Pınar**, risalente alla fine del sec. XIII.

Çay

Piccolo villaggio non lontano dalla sponda meridionale del lago Ebergölü, conserva la **Taş Cami**, antica *medrese* costruita nel 1278-79 e successivamente trasformata in moschea. La porta d'ingresso presenta decorazioni e stalattiti, caratteristiche dell'arte selgiuchide; all'interno, frammenti di una decorazione a mosaico in maiolica smaltata; a fianco dell'edificio sorge un caravanserraglio della stessa epoca.

Bolvadin

Cittadina raggiungibile con una deviazione di 13 km a nord, partendo da Çay, sorge sul luogo dell'antica Polybotus, città fortificata verso la metà del secolo XII dall'imperatore bizantino Manuele Comneno per contenere i Turchi selgiuchidi. Del suo passato conserva soltanto l'Alaca Çeşme, fontana di origine selgiuchide, e il Kurşunlu Han, caravanserraglio di epoca ottomana.

Akşehir

(D3). Città di 62 000 abitanti, è nota soprattutto per aver ospitato lo scrittore satirico Nasreddin Hoca, uno dei grandi della letteratura turca, vissuto nel XIII secolo e qui sepolto. Libri di fumetti tratti dalle sue storielle fulminanti sono in vendita presso le librerie di tutto il Paese e sono tradotti in numerose lingue, tra cui anche l'italiano.

La città e sorge sul sito dell'antico insediamento bizantino di Philomenia; occupata dai Turchi verso la fine dell'XI secolo, entrò poi a far parte dei possedimenti dei sultani di Konya. Vi si visitano la **Taş Medrese**, antica *medrese*, oggi sede di un piccolo museo, costruita nel 1216 con materiale di recupero (in prevalenza colonne bizantine), e il **türbe** di Seyyed Mahmut Hayrani (1224).

12.2 Konya e le steppe centrali

Konya

(D3). Al centro di un'oasi verdeggiante che contrasta con l'arida steppa circostante, capoluogo di provincia con circa 1 800 000 abitanti, Konya (pianta a pag. 287) costituisce, nel panorama delle città turche, un caso del tutto particolare, sia per le peculiarità ambientali, sia per il glorioso passato che ha accentuato nella popolazione spiccate tendenze all'autonomia e all'isolamento. A ciò si aggiunge il fatto che è considerata città santa, uno dei capisaldi del sufismo diffuso soprattutto grazie all'insegnamento del poeta mistico persiano Gialal ad-Din Rumi (1207-73), detto Mevlâna, che a Konya fondò l'ordine della Mawlawîya (in turco Mevlâviye), più noto col nome di 'dervisci rotanti' (vedi box a pag. 127). Ma Konya fu anche capitale del sultanato selgiuchide di Rum, il più potente stato medievale costituito dai Turchi in Anatolia, e molti fra i suoi monumenti risalgono a tale periodo e a quello immediatamente successivo, dominato dai Mongoli.

Storia. La città vanta origini antichissime e le ricerche condotte sull'Alaeddin Tepesi, il colle dove sorgeva la cittadella medievale, hanno rinvenuto tracce dell'età calcolitica (III millennio a.C.). Intorno al 1500 a.C. fu occupata dagli Ittiti, cui succedettero i Frigi. Fu poi saccheggiata nel secolo VII a.C. da bande di Cimmeri che, dispersi dagli Assiri, vagarono per l'Asia Minore distruggendo altre città sul loro cammino. Più tardi passò sotto l'autorità dei Lidii e, verso la metà del secolo VI, sotto i Persiani. Alla morte di Alessandro Magno, entrò a far parte dei possedimenti del suo luogotenente Lisimaco; fu quindi assorbita dai Seleucidi e dai re di Pergamo, prima di diventare romana nel 133 a.C.

Quando gli apostoli Paolo e Barnaba furono cacciati da Antiochia di Pisidia, si rifugiarono a Claudiconium (nome assunto dalla città in onore dell'imperatore Claudio) e qui svolsero la loro attività di predicazione negli anni 47-53 d.C. Divenuta sede vescovile in epoca bizantina col nome di Iconium, fu nei secoli successivi soggetta a ripetute invasioni prima degli Arabi e poi dei Selgiuchidi, dai quali fu occupata verso la fine dell'XI secolo divenendo capitale del sultanato di Rum fino al 1243. Fu questo il periodo aureo della città che raggiunse l'apice sotto il regno del sultano Kaykubat I Alaeddin e dei suoi successori, arricchendosi di importanti monumenti. Dopo una breve parentesi mongola, subentrò il dominio dei Karamanoğlu finché, al tempo di Maometto II (1466-67), Konya e la sua provincia furono definitivamente annesse all'impero ottomano. Nel 1832 la città fu per breve tempo occupata dalle armate di İbrahim Paşa, figlio di Mehmet Ali, indotto poi ad abbandonarla su pressione di alcuni stati europei.

Visita. Mezza giornata è sufficiente per la visita dei più importanti monumenti della città, iniziando da quelli di epoca selgiuchide per recarsi poi al Museo Archeologico e terminare al *dergah* o *tekke* (monastero) di Mevlâna.

Ricordiamo che trattandosi di una città santa è bene indossare un abbigliamento decoroso anche in estate, nonostante il caldo intenso: sono sconsigliati pantaloncini, scollature esagerate o indumenti adatti solo alle località balneari. Per gli acquisti si tenga presente che i bei tappeti di Konya hanno prezzi piuttosto elevati, mentre per un piacevole ricordo si possono acquistare i CD o le cassette delle musiche classiche che accompagnano le danze dei dervisci. Un'altra mezza giornata, compreso il viaggio, è suffi-

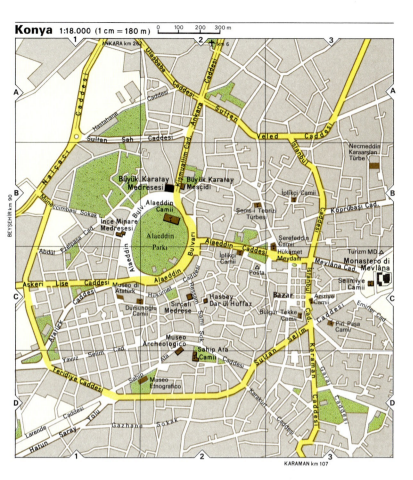

Konya 1:18.000 (1 cm = 180 m)   0 100 200 300 m

ciente per la visita di Catalhöyük, 50 km a sud della città. Se non si dispone di un mezzo proprio, ci si può accordare con un tassista o rivolgersi alle reception degli alberghi.

Alaeddin parkı (B-C 1-2). *Visita dalle 9.30 alle 17.* Sorge sul luogo della cittadella selgiuchide, protetta da possenti mura oggi scomparse, dove si trova l'**Alaeddin Camii** (B2), eretta negli anni 1220-21 da Kaykubat I su progetto di un architetto siriano che si ispirò allo stile delle moschee arabe. All'interno tra le 42 colonne dai capitelli romani e bizantini che sostengono il soffitto in legno della sala di preghiera, spicca il delizioso minbar del XII secolo, in legno scolpito con raffinati arabeschi; il mihrab è ornato da decorazioni in gesso dipinto e in marmo policromo. Nel cortile si trovano due *türbe*: al primo, rivestito di maiolica azzurra e costruito sotto il regno di Kaykubat I che vi fece tumulare i resti dei suoi avi, si accede dalla sa-

la di preghiera della moschea; l'altro, eretto da Kılıç Arslan II (1155-92), a pianta ottagonale con tetto piramidale, ospita le spoglie dello stesso Kılıç e dei suoi successori.

Büyük Karatay Medresesi* (B2). *Visita a pagamento dalle 9 alle 12 e dalle 13 alle 17; chiusa il lunedì.* Antica scuola di teologia fatta costruire nel 1251 dall'emiro Karatay, sorge a sinistra dell'imbocco di Kışmuallim Caddesi. Vi si accede attraverso un magnifico portale in marmo, riccamente scolpito con intrecci e stalattiti; nella grande sala di preghiera, i quattro peducci (prolungamenti sferici fra i grandi archi che sorreggono la cupola), decorati con mosaici di maiolica smaltata, riportano i nomi, in caratteri cufici, dei primi quattro califfi dell'Islam. La cupola centrale, in mattonelle selgiuchidi blu decorate in oro, crea l'effetto di uno splendido firmamento.

287

In un locale attiguo è ospitato un **Museo delle Maioliche** (*visita dalle 9 alle 12 e dalle 13.30 alle 17.30; chiuso la domenica*) che espone, tra l'altro, preziosi frammenti di maioliche dell'epoca selgiuchide. L'adiacente türbe ospita il cenotafio del fondatore della *medrese*, deceduto nel 1254; di fronte, sull'altro lato della strada, si trova il **Büyük Karatay Mesçidi** piccolo oratorio eretto nel 1251.

İnce Minare Medresesi (B1). Sul fianco occidentale dell'Alaeddin parkı, si incontra questa piccola *medrese* selgiuchide costruita fra il 1265 e il 1267 dal visir Sahip Ata Fahreddin, oggi sede di un interessante **museo** di sculture in legno e pietra (*visita dalle 8.30 alle 12 e dalle 13.30 alle 17.30; chiuso il lunedì*) risalenti prevalentemente al periodo selgiuchide. L'edificio si apre con un bel portale decorato a motivi geometrici e intrecci, ed è affiancato da un minareto, in parte distrutto da un fulmine nel 1901; due bassorilievi scolpiti in marmo, raffiguranti un angelo alato, spiccano all'entrata della grande sala (in origine ornavano l'ingresso della cittadella di Konya).

Sırçalı Medrese (C2). A sud dell'Alaeddin parkı, lungo Ressam Sami Sokağı, si trova la scuola coranica eretta nel 1242 dal visir Bedr ad-Din Muslih, oggi sede di un **museo** di monumenti funerari (*visita dalle 8.30 alle 12 e dalle 13.30 alle 17.30; chiuso la domenica*). A destra dell'ingresso, inserito in un portale scolpito, si nota il mausoleo del fondatore; dall'altro lato del cortile si apre un iwan che ha conservato parte della decorazione in maiolica smaltata: una piccola sala sul lato destro raccoglie pietre tombali di epoca selgiuchide e del periodo dei sultani di Karaman (XIV e XV secolo), un'altra, a sinistra, custodisce monumenti funerari ottomani. Nei pressi sorge l'**Hasbey dar ül Huffaz** (C2), antico ospizio (1421).

Sahip Ata Camii (D2). Poco oltre, al termine della Ressam Sami Sokağı, si scorge questa moschea selgiuchide eretta nel 1269-83 dal visir Sahip Ata Fahreddin; dell'edificio originario non restano che il portale, riccamente ornato, e la facciata. Il complesso comprende anche un oratorio, un hammam e un türbe, decorato in maiolica smaltata.

Museo Archeologico (C-D2). *Visita a pagamento dalle 9 alle 12.30 e dalle 13.30 alle 17; chiuso il lunedì*. Di fianco alla Sahip Ata Camii, raccoglie prevalentemente reperti greci e romani provenienti dall'antica Iconium e dalla sua regione. Di notevole interesse un sarcofago della metà del III secolo d.C. del tipo detto di Sidamara, decorato con bassorilievi raffiguranti le dodici fatiche di Eracle (Ercole).

Non lontano dal Museo Archeologico, in Larende Caddesi, sorge il **Museo Etnografico** (D1-2; *visita a pagamento dalle 8.30 alle 12 e dalle 13.30 alle 17-30; chiuso il lunedì*) che ospita, tra l'altro, ricche collezioni di armi, tappeti, ricami, opere in vetro e corani miniati.

La zona del bazar (C3). Dal fianco orientale dell'Alaeddin parkı si stacca l'Alaeddin Caddesi che conduce alla Hükümet Meydanı, da cui si accede al **bazar**, suddiviso secondo la tradizione in settori corrispondenti a ciascun tipo di prodotto. A est del bazar si noti la bizzarra **Aziziye Camii**, eretta sul finire dell'Ottocento in stile barocco ottomano, al posto di una precedente moschea del XVII secolo. I minareti gemelli sono dotati di un balconcino coperto. A nord del bazar, in Alaeddin Caddesi, sorge la **Şerefeddin Camii**, costruita nel XVII secolo sulle fondamenta di una moschea selgiuchide. Sei colonne sorreggono la cupola della sala di preghiera. Pregevole il portale scolpito a stalattiti.

Monastero di Mevlâna ** (C3). *Visita a pagamento dalle 10 alle 17.30; chiuso il lunedì salvo in estate, in cui apre alle 15*. Proseguendo verso est lungo la Mevlâna Caddesi, si arriva a uno dei luoghi più importanti del misticismo islamico, eretto nel XIII secolo da Gialal ad-Din Rumi, fondatore dell'ordine dei dervisci rotanti (vedi box a pag. 127).
Il complesso, dal 1926 trasformato in **Museo d'Arte Islamica**, comprende il mausoleo di Mevlâna, coperto nel 1295 con un cono di ceramica verde smeraldo; gli altri edifici risalgono al XVI secolo o sono rifacimenti posteriori. Tutto l'insieme colpisce per la raffinatezza delle ricche decorazioni e per la qualità dei manufatti esposti, dai legni intagliati agli oggetti d'oro e d'argento, dalle opere calligrafiche ai sontuosi tappeti e ai preziosi tessuti, cui si aggiunge il valore della documentazione che illustra la vita di Mevlâna.

Il monastero di Mevlâna, denominato 'la soglia della presenza', fu la casa madre di tutti i monasteri fondati in Anatolia, in Egitto e in Siria, dall'ordine dei dervisci rotanti, sciolto da Atatürk nel 1925. La sua massima autorità, il Çelebi Efendi, aveva il privilegio di consegnare la spada al sultano che saliva al trono.

Dal cortile del complesso, in cui sono esposti alcuni monumenti funerari del secolo XVI, si penetra tramite un piccolo vestibolo in una lunga sala, adibita alla lettura del Corano, che custodisce, oltre ai cenotafi di discepoli e familiari di Gialal ad-Din Rumi, un'interessante esposizione di opere calligrafiche, tra cui diversi manoscritti miniati di epoca selgiuchide; da segnalare, tra le altre, le opere composte dallo stesso Mevlâna e trascritte dai suoi discepoli tra il 1278 e il 1371. In fondo, nell'angolo destro, un grandioso **sarcofago**, appoggiato su un piedistallo e ricoperto di un pesante broccato (su cui sono ricamati versetti del Corano e iscrizioni), custodisce le spoglie di Gialal ad-Din Rumi;

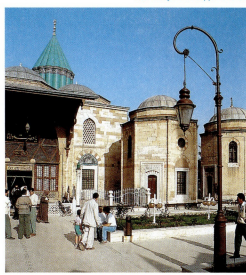

Il monastero di Mevlâna a Konya, eretto nel XIII secolo da Gialal ad-Din Rumi, fondatore dell'ordine dei dervisci rotanti

accanto riposa il figlio, Sultan Valad. Nella sala delle danze (*sâma*) costruita al tempo di Solimano il Magnifico è conservata un'interessante collezione di strumenti musicali, tra cui i celebri flauti di canna usati per le danze dei dervisci, oltre a preziosi capi d'abbigliamento, tappeti, oggetti di ottone e, in particolare, quattro lampade di cristallo, di fabbricazione egizia (secolo XIV) offerte da Selim I al suo ritorno dalla campagna d'Egitto.

La piccola **moschea** annessa custodisce altri tappeti da preghiera e una bellissima collezione di Corani miniati. Le celle del monastero sono ora trasformate in museo dei tappeti anatolici, il più antico dei quali è un kilim di epoca selgiuchide. Una sezione etnografica è allestita nelle cucine, costruite nel 1584 da Murat III, dove i futuri dervisci compivano il loro noviziato per mille e un giorni.

Selimiye Camii (C3). Adiacente al monastero, costituisce il più bel monumento ottomano di Konya. La moschea venne fatta costruire nel 1567 da Selim II.

Museo Koyunoğlu (C3, *f.p*). *Visita a pagamento dalle 9.30 alle 12 e dalle 14 alle 17; chiuso il lunedì.* Si trova non lontano dal monastero, in direzione sud-est lungo la Topraklık Caddesi.
Donato alla città da un ricco privato, accoglie numerose collezioni (minerali, fossili, armi, monete antiche, gioielli, orologi,

oggetti in vetro, utensili dell'età del bronzo, tappeti, manoscritti miniati ecc.).

Çatalhöyük

(D3-4). È considerata una delle località archeologiche più importanti della Turchia per l'interesse delle vestigia riportate alla luce, appartenenti ad una città preistorica che, allo stato attuale delle ricerche, risulta essere la più antica del mondo. Gli scavi, ripresi qualche anno fa, sono tuttora in corso e possono essere visitati (vedi box a pag. 33). L'ingresso è libero, si può lasciare una piccola donazione al museo che è stato allestito sul sito (i reperti più importanti sono però conservati al Museo delle Civiltà Anatoliche ad Ankara). Nella visita si è seguiti da un accompagnatore, perché in estate proseguono i lavori degli archeologi.

Il sito si raggiunge deviando dalla statale 715 in direzione della località di Çumra (km 13), oltre la quale si segue un itinerario segnalato (23 km in totale).

La zona archeologica è costituita da due tumuli che s'innalzano fra un canale d'irrigazione e la riva occidentale del Çarşamba Çayı. Gli scavi, portati a termine fra il 1961 e il 1965 sul tumulo orientale, hanno evidenziato un insediamento che copriva una superficie di circa 13 ettari con una profondità di oltre 19 m. Sono stati identificati tredici livelli principali, datati fra il VII e il VI millennio a.C., la cui estensione dimostra che si trattava di una vera e propria città neolitica.

La civiltà di Çatalhöyük si è rivelata assai più evoluta di quella della coeva Mersin; raggiunse una certa opulenza probabilmente in seguito allo sfruttamento delle cave di ossidiana, nonché per l'abilità dei suoi artigiani nel lavorare il minerale prima di esportarlo nell'area mediterranea. Parimenti degna di attenzione è l'urbanistica della città: per ragioni di difesa si aveva una concentrazione delle abitazioni cui si accedeva dal tetto a terrazza. Verso la metà del VI millennio a.C., per ragioni ancora ignote, gli abitanti di Çatalhöyük abbandonarono il colle orientale e si insediarono su quello occidentale. Nel medesimo periodo, in prossimità di Burdur, nasceva la civiltà di Hacılar, le cui divinità steatopigie sembrano derivare dalle tradizioni di Çatalhöyük.

Karaman

(D4).Città di 67 000 abitanti, in un'oasi all'imbocco di un'importante via d'accesso al Tauro, la cui bellezza fu cantata nei poemi di Gialal ad-Din Rumi, conserva numerosi monumenti risalenti, in gran parte, al periodo in cui fu capitale di un potente emirato.

Storia. Identificata con l'antica città ittita di Landa, fu nota col nome di Laranda all'epoca di Alessandro Magno e in età bizantina costituì un'importante roccaforte a guardia dell'altopiano anatolico. Dopo il passaggio dei Selgiuchidi, dei Crociati e degli Armeni, la città passò nelle mani dei Karamanoğlu, cui deve l'attuale nome, che ne fecero la loro capitale. Karaman assunse un ruolo importante come centro culturale quando Mehmet Bey nel 1277, impossessatosi di Konya, con un decreto impose al suo regno la lingua turca in sostituzione del persiano. Alla corte soggiornarono importanti scienziati e poeti, tra i quali Gialal ad-Din Rumi, fondatore dell'ordine dei dervisci rotanti, e Yunus Emre, uno dei più grandi poeti del tempo, mentre l'emirato di Karaman cresceva fino a contrapporsi al dominio ottomano, cui cedette nel 1466-67.

Su un rilievo relativamente poco pronunciato sorge la **cittadella**, eretta dai Selgiuchidi e restaurata nel 1356 dai Karamanidi, che conserva il nucleo della fortezza, protetta da una cerchia di mura rafforzate da torri, mentre sono scomparse le fortificazioni che circondavano la città. Nei pressi si trovano la **Eski Cami**, piccola moschea dell'inizio del secolo XV, un

türbe, il **mausoleo** di Karamanoğlu Alaeddin Bey, costruito intorno alla fine del secolo XIV, e le rovine di un'antica porta di accesso alla città.

Più lontano sorgono le rovine di altre moschee e *medrese*, tra le quali l'Araboğlu Camii, eretta nel 1374 dai Karamanidi, e la Yunus Emre Camii, edificata nel 1349 presso la tomba del poeta omonimo. Si visita inoltre la **Nefise Sultan Medresesi** (denominata ancora Hatuniye), innalzata nel 1382 dalla figlia del sultano Murat I, moglie dell'emiro Karamanoğlu Alaeddin Bey. Pregevole in particolare la porta d'ingresso in marmo e pietra gialla.

Lasciando sulla sinistra la biblioteca municipale, allestita nell'Hacıbeyler Camii, moschea del 1358, si raggiunge il Tekke İmaret, oggi fatiscente. Oltre all'**Ak Tekke**, convento eretto nel 1371, ove si riunivano i dervisci rotanti, Karaman conta molte altre moschee, tra cui, del periodo ottomano, la Paşa Camii (1589), attribuita a un governatore di Karaman, e la Yeni Minare Camii (secolo XVI). Tra gli hammam, da notare, il Lâl Hamam, tuttora in funzione, lo Yeni Hamam, costruito nel secolo XV e il coevo Suleyman Bey Hamam. Un **museo** locale raccoglie antichità di epoca karamanoğlu, nonché reperti provenienti dai siti circostanti, prevalentemente da Can Hasan.

Can Hasan

12 km a nord-est di Karaman sulla 350, è un sito archeologico dove è stato riportato alla luce un villaggio preistorico di età calcolitica, in particolare le vestigia di un grande edificio, risalente al 4750 a.C. circa, denominato 'Plaster room' dagli archeologi dell'Istituto britannico di Ankara in seguito al rinvenimento di frammenti di gesso dipinto.

Sul versante del Kara Dağ (m 2288) opposto a Karaman, si trova la vallata di **Binbir Kilise** (mille e una chiesa; D4) ove, tra le rovine di una città ellenistica ricostruita nel IX secolo e abbandonata all'inizio dell'XI secolo, si trovano le vestigia di numerose basiliche bizantine, rese note dalla grande viaggiatrice inglese Gertrude Bell, che le vide poco prima dello scoppio del primo conflitto mondiale.
Per la visita della vasta area, raggiungibile percorrendo 35 km di strade secondarie verso nord fino a Madenşehir e poi una decina di chilometri di piste, è opportuno farsi accompagnare da una guida locale. Volendo godere di una splendida vista sulla pianura, è possibile salire sulla cima del Kara Dağ, mediante una strada carrozzabile in terra battuta.

13 La Cappadocia

Profilo dell'area

Annoverata fra le meraviglie del mondo per i paesaggi naturali scolpiti dagli agenti atmosferici e i tesori di arte bizantina di cui è custode, la Cappadocia (carta a pag. 294) da sola giustifica un soggiorno in Turchia. Sebbene ricorra frequentemente nei testi antichi e anche nella Bibbia, il nome Cappadocia rimane di etimo incerto. Secondo Plinio deriverebbe dal nome di un fiume, Cappadox appunto; secondo altri autori furono invece gli Assiri, stanziati nei territori più settentrionali, a farsi chiamare Cappadoci, dal nome del re Cappadoce, figlio di Ninyas. In passato la regione era identificata con l'area delimitata approssimativamente dal Ponto a nord, dal Tauro a sud, dalla piana di Konya a ovest e dalla regione di Malatya a est. Oggi si fa riferimento alla regione rupestre estesa fra le città di Aksaray, Kayseri e Niğde e segnata, all'interno o ai margini di questo ideale triangolo, dai centri di Nevşehir, Avanos, Ürgüp e Göreme. Motivi di notevole interesse turistico rivestono anche la valle di Peristrema (ancora chiamata Ihlara), il monastero di Eski Gümüş, la valle di Soğanlı e i suoi dintorni, le città sotterranee di Derinkuyu e Kaymaklı. Situata nel cuore dell'altopiano anatolico, la Cappadocia è geologicamente formata da bacini di erosione, appartenenti a un antico tavolato, il cui suolo è costituito da tufo vulcanico assai tenero, originato da agglomerati di cenere e fanghi eruttati dall'Erciyes Dağı, l'antico monte Argeo (m 3917), che domina Kayseri, e dall'Hasan Dağı (m 3267), fra Aksaray e Niğde. Per effetto dell'intenso processo erosivo a opera degli agenti atmosferici, il suolo si è poi in più parti fessurato o disgregato. Talora, come meglio si nota nella parte meridionale della regione, l'altopiano è costituito da tufo omogeneo, tagliato da piccoli corsi d'acqua che vi hanno scavato stretti valloni. Altrove, dove il tufo è frammisto a rocce più resistenti e che dunque hanno protetto dall'erosione i massicci sottostanti, l'azione disgregatrice ha dato luogo a formazioni geologiche assai particolari creando nei fondivalle colonne, coni, torri, piramidi e guglie, alti fino a m 30. Isolati o raggruppati, dai profili taglienti e tormentati, i coni sono in alcuni casi sormontati da un blocco di roccia dura che ha opposto maggiore resistenza all'erosione, formando i cosiddetti 'camini delle fate'. Quando l'azione erosiva mina il cono, non più in grado di sostenere il proprio capitello naturale, il blocco di roccia precipita, lasciando in tal modo le punte affilarsi e i profili regolarizzarsi fino ad assumere forme e contorni di una geometria quasi perfetta. L'aspetto lunare dei coni è addolcito dai colori della roccia, che non di rado raggiunge una tonalità delicata nella gamma del bianco, grigio, rosa, malva e giallo. La fertilità del suolo, le-

Le spettacolari formazioni rocciose di Zelve

gata ai fenomeni vulcanici e alla presenza di risorgive, ha consentito nella regione lo sviluppo di un'antica civiltà rurale. Nonostante l'apparente asprezza e nudità del territorio, la Cappadocia svolge, infatti, un ruolo di rilievo nell'agricoltura del Paese, grazie soprattutto alle colture ortive, ai frutteti e ai vigneti, ruolo che pare destinato ad aumentare per effetto di piani d'irrigazione che dovrebbero migliorare notevolmente la produttività agricola. Altre risorse di primaria importanza sono rappresentate dalla produzione di tappeti e soprattutto dal turismo, il cui massiccio sviluppo rischia però di compromettere i peculiari valori ambientali della regione.

Storia. Le radici della regione affondano nella preistoria, come attestano i ritrovamenti nei pressi di Ürgüp: utensili in pietra e frammenti di vasellame, risalenti al Paleolitico e al Neolitico superiore. Gli Hatti, o Protoittiti, che dominarono l'Anatolia centrale fra il 2500 e il 2000 a.C., non sembrano aver lasciato tracce della loro civiltà; ma all'inizio del II millennio a.C., con l'arrivo degli Ittiti, la parte nord-orientale della regione assunse importanza economica, come attesta il sito di Kültepe, dove sono state recuperate tavolette cuneiformi e contratti commerciali redatti da mercanti che vi avevano stabilito le proprie basi commerciali. Le invasioni indoeuropee che verso il 1200 a.C. provocarono la frantumazione dell'impero ittita ebbero come conseguenza la formazione di piccoli regni locali. Divenuta satrapia persiana alla metà del VI secolo a.C. e conquistata da Alessandro Magno nel 334 a.C., tra il 332 e il 17 d.C. la Cappadocia vide il fiorire di un regno indipendente, in seguito annesso all'impero romano. Le principali testimonianze di epoca romana sono tutt'oggi visibili a Kemerhisar, oltre ai numerosi tumuli della regione (fra cui quello di Avanos) e alle tombe rupestri di tipo licio, presenti fra l'altro ad Avcılar, Mazıköy e Azügüzel. Con la scelta di Costantinopoli come capitale imperiale da parte di Costantino (330), che seguiva la promulgazione dell'editto di Milano (313) con il quale veniva riconosciuto ai Cristiani il diritto alla libertà di culto, la Cappadocia visse nel corso del IV secolo un'intensa stagione religiosa, segnata dalle figure di

Basilio il Grande, Gregorio Nazianzeno e Gregorio di Nissa e caratterizzata dalla diffusione del monachesimo. Si popolò infatti di anacoreti e cenobiti, registrando lo sviluppo di forme di eremitismo sulla traccia di quanto già accaduto in Egitto; più tardi, nel VII-VIII secolo, all'epoca delle incursioni arabe nei territori bizantini, queste comunità si rinsaldarono per meglio assicurare la propria difesa. La presenza in alcune chiese di decorazioni essenzialmente geometriche, e di frequenti croci scolpite o dipinte, probabilmente eseguite durante il periodo iconoclasta, fa supporre che il movimento monastico abbia allora assunto considerevole

Affreschi in una chiesa rupestre a Göreme

importanza. Anche l'ambiente naturale, allo stesso tempo austero e grandioso, e la facilità di scavare nelle rocce tufacee favorirono l'insediamento eremitico e monastico; non si deve inoltre dimenticare, com'è ampiamente illustrato dalla letteratura agiografica del IX secolo, che la conversione al monachesimo di interi nuclei familiari trasformò numerose abitazioni in piccoli monasteri. Del resto, il monastero rivestiva in Cappadocia, area di frontiera sottoposta all'urto delle invasioni esterne, un ruolo di rifugio e di difesa. Così, la presenza araba tardò a imporsi definitivamente nell'altopiano e le popolazioni scavarono nel tufo caverne artificiali, autentiche città sotterranee, dove rinchiudersi nel momento del pericolo: queste abitazioni rupestri vennero poi analogamente utilizzate più tardi, sotto l'onda delle invasioni selgiuchidi. Dopo la conquista turca i monasteri scomparvero lentamente e le chiese e i santuari furono occupati dalle popolazioni locali che li convertirono in dimore, granai e stalle, sebbene una certa sopravvivenza di comunità cristiane, religiose e secolari sia continuata fino allo scambio di popolazione con la Grecia avvenuto nel 1922. Concepite a immagine dei santuari in pietra o mattone, le chiese rupestri della Cappadocia costituiscono uno dei principali motivi di interesse artistico della Turchia. Vi si ritrovano, infatti, tutti i caratteri architettonici propri dell'arte sacra anatolica del periodo bizantino, con prestiti dall'arte armena e siriana. Numerose e tra loro diverse sono le tipologie degli edifici, tra cui spicca quella a navata unica rettangolare, coperta da volte a botte. Le chiese a croce inscritta facevano invece riferimento a un tipo di santuari molto diffuso a Bisanzio, con i quattro bracci coperti da volte a botte e crociera con cupola su pendenti, mentre alcune chiese ricavate entro coni rocciosi, come a Soğanlı, con cupola a sua volta sormontata da copertura conica, riflettono caratteri architettonici prettamente armeni. L'apparato decorativo delle chiese più antiche, erette prevalentemente durante il periodo iconoclasta (VIII secolo-prima metà del IX), è costituito da semplici ornamenti geometrici che ne mettono in risalto le linee di forza. Dopo la Restituzione delle Immagini, nell'842, la decorazione acquisì caratteri decisamente iconografici. I temi si collegano ai principali episodi della storia sacra, presentati di norma in ordine cronologico.

Un viaggio in Cappadocia costituisce un'esperienza davvero unica. Per quanto sia possibile visitare i siti più importanti in 3-4 giorni, si consiglia di fermarsi in questa regione qualche giorno in più e recarsi anche nelle valli minori. Oltre che in mongolfiera (vedi box a pag. 304) è piacevole percorrere la Cappadocia in bicicletta (la si può affittare in tutte le località) o a piedi: il trekking qui è meno faticoso di quanto si pensi ed è un'occasione irripetibile per camminare in un paesaggio che ricorda a tratti quello lunare. La Cappadocia può inoltre essere visitata in tutte le stagioni. In inverno molti alberghi sono chiusi (è quindi opportuno telefonare prima) e si può incontrare neve, ma questa conferisce al luogo un'atmosfera ancora più incantata. In estate il caldo non è mai insopportabile, poiché ci si trova comunque su un altopiano a circa 1000 m di altitudine, e la sera la temperatura si rinfresca. Per quanto riguarda gli acquisti, in Cappadocia si trovano oggetti di onice (scacchiere, piatti, vasi, soprammobili). Un tempo Avanos era celebre per le sue ceramiche, e ancora oggi ci sono laboratori attivi, anche se la maggior parte delle ceramiche in vendita viene da Kütahya (controllare sul retro dei piatti o sul fondo dei vasi). Belle in ogni caso, con una vastissima scelta, vale la pena di comprarle anche perché quasi nessuno si reca a Kütahya, un po' discosta dagli itinerari turistici. Avanos era rinomata inoltre per la tessitura di tappeti: ancora oggi nel centro del paesino c'è un laboratorio dove è possibile assistere alle varie fasi della lavorazione, a partire dalla tintura della lana.

Gli itinerari

La Cappadocia (per gli itinerari vedi carta sul risguardo posteriore, C-D4) rappresenta una delle più frequentate mete della Turchia e ciò si riflette in un'organizzazione turistica che si è andata notevolmente modernizzando sicché numerose sono oggi le possibilità ricettive con sistemazioni di ogni categoria; tuttavia nella stagione estiva può essere necessaria la prenotazione degli alberghi. La Cappadocia è inoltre oggi molto più accessibile grazie all'apertura dell'aeroporto di Kayseri, un tempo solo militare, collegato con İstanbul e İzmir. Si calcoli poi un'ora e mezza di autobus (o un'ora, se si affitta una macchina) per raggiungere il cuore della regione. Anche la rete stradale è stata migliorata per rendere accessibili i luoghi più discosti. In generale tutti i siti di rilievo artistico o paesaggistico sono segnalati da appositi cartelli indicatori. In ogni caso, guide e informazioni sono a disposizione rivolgendosi alla delegazione del ministero della cultura e turismo a Nevşehir. Se **Kayseri** (→) costituisce il centro principale della regione, e dunque può rappresentare una comoda tappa di avviamento alla Cappadocia rupestre, il triangolo **Ürgüp** (→), **Avanos** (→), **Nevşehir** (→), con all'interno il nucleo di **Göreme** (→), concentra i più grandiosi spettacoli naturali e le principali emergenze artistiche: la zona potrà dunque essere visitata seguendo un itinerario circolare (a partire dalla località più accessibile rispetto al luogo di pernottamento) che si consiglia tuttavia di integrare con escursioni attraverso percorsi secondari. Una seconda area di grandissimo interesse è rappresentata dalla regione di **Niğde** (→) con l'affascinante **valle di Peristrema** (Ihlara →).

13.1 Kayseri (Cesarea)

(C-D4-5). Capoluogo di provincia con 603 000 abitanti, **Cesarea*** è una moderna città con importanti industrie tessili situata a m 1055 di altitudine e dominata sullo sfondo dalla piramide nevosa dell'Erciyes Dağı, l'antico monte Argeo, vulcano che con le sue eruzioni ha creato i paesaggi fantastici e irreali della Cappadocia. Celebre per i numerosi mausolei e le vie strette e tortuose, fiancheggiate da vecchi edifici o da costruzioni agili e leggere, provviste di tetti a terrazze al di sopra dei quali svettano eleganti minareti, Kayseri esercita ancora un fascino parti-

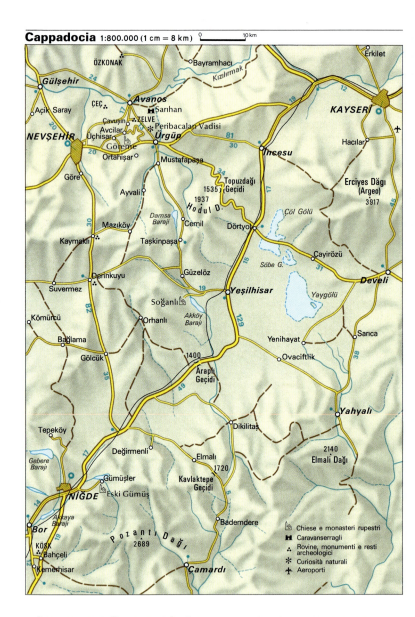

Cappadocia 1:800.000 (1 cm = 8 km)

Erkilet
ÖZKONAK
Bayramhacı
Kızılırmak
Gülşehir
Açık Saray
ÇEÇ
Avanos
KAYSERİ
Sarıhan
Çavuşin
ZELVE
Avcılar
Peribacaları Vadisi
NEVŞEHİR
Üçhisar
Ürgüp
İncesu
Hacılar
Göreme
Ortahisar
Mustafapaşa
Göre
Erciyes Dăgı
(Argeo)
3917
Ayvalı
Topuzdağı
Geçidi
1535
1937
Hodul D.
Cöl Gölü
Damsa
Barajı
Cemil
Mazıköy
Dörtyol
Kaymaklı
Taşkinpaşa
Çayirözü
Söbe G.
Güzelöz
Develi
Derinkuyu
Yeşilhisar
Suvermez
Yaygölü
Soğanlı
Kömürcü
Akköy
Barajı
Orhanlı
Băglama
Yenihayat
Sarıca
Gölcük
Ovaciftlik
1400
Arapli
Geçidi
Yahyalı
Tepeköy
Dikilitaş
Gebere
Barajı
Değirmenli
Elmalı
2140
Elmalı Dağı
1720
Gümüşler
Kavlaktepe
Geçidi
NİGDE
Eski Gümüş
Akkaya
Barajı
Bademdere
Bor
KÖŞK
Bahçeli
Pozantı Dağı
2689
Kemerhisar
Camardı

La Chiese e monasteri rupestri
H Caravanserragli
Rovine, monumenti e resti archeologici
Curiosità naturali
Aeroporti

colare: nonostante la recente urbanizzazione abbia mutato completamente la fisionomia di alcuni quartieri intorno alla cittadella, ciò che rimane dell'antico tessuto urbano riesce a restituire l'immagine e l'atmosfera che permeava le città turche dell'altopiano anatolico nel secolo scorso.

Storia. Nota sotto Tiberio (14-37 d.C.) col nome di Cesarea, Kayseri era già allora il centro più importante della Cappadocia. Nel IV secolo fu chiamata Eusebia in segno d'omaggio al vescovo e scrittore Eusebio di Cesarea. Vi nacque Basilio il Grande (329-379), uno dei Padri della Chiesa, che, nominato vescovo, fondò un monastero divenuto dapprima fulcro dell'insediamento bizantino e più tardi centro della città islamica. Durante il regno di Gagik II, re di Ani (seconda metà dell'XI secolo), un'importante colonia di Armeni venne a insediarsi nei dintorni della città. Verso la fine del XII secolo fu definitivamente annessa all'impero selgiuchide d'Anatolia, di cui divenne la seconda città e sotto il cui dominio restò fino al 1243, epoca in cui fu occupata dai Mongoli. Più tardi, approfittando della disfatta delle truppe ottomane nella battaglia di Ankara (1402), i Karamanoğlu occuparono la provincia di Kayseri, probabilmente con l'accordo di Tamerlano, ma nel 1419 la città fu presa dai Mamelucchi che vi insediarono uno dei loro protetti, finché fu definitivamente riunita all'impero ottomano dal sultano Selim nel 1515.

Visita. Richiede circa mezza giornata, ma disponendo di un paio d'ore supplementari sarà interessante recarsi a Kültepe e dedicare un'ora alla visita di Sultanhanı, caravanserraglio reale situato lungo la strada per Sivas. Una specialità gastronomica che ha reso celebre la città è il *pastırma*, filetto di bue essiccato al sole e spalmato di una pasta di peperone dolce all'aglio. Kayseri è inoltre rinomata per la produzione di tappeti di seta, per i quali è il secondo mercato in Turchia dopo Hereke, e per i tappeti in generale.

Sahibiye Medresesi. Sulla piazza principale della città, la Cumhuriyet Meydanı, affaccia questa scuola coranica selgiuchide la cui porta di entrata, del 1267, si apre in fondo a un ampio portico a volta, con decorazioni a stalattiti di pregevole fattura. Dietro alla medersa è un bell'ipogeo romano, ben conservato.

Non lontano sorgono la **Hacı Kılıç Camii** (XIII secolo) e la **Çifte Medrese**, doppia medersa del 1206, restaurata, che ospita il **Museo di Storia Medica** dell'università di Erciyes; il complesso comprende anche un ospedale (Darüşşifa).

Cittadella. Uno dei più interessanti esempi dell'architettura militare medievale turca, sorge su un'adiacente area pianeggiante. Il complesso, le cui mura sarebbero state edificate in nera pietra vulcanica sulle fondamenta della fortezza costruita nel VI secolo dall'imperatore Giustiniano, fu eretto dal sultano selgiuchide Kaykavus all'inizio del XIII secolo e quindi più volte restaurato. Costituiva l'ultimo baluardo difensivo della città ed è protetto da una cinta in blocchi di lava, munita di 19 torri, che segnano il percorso di ronda e oggi ospitano nidi di cicogne. La porta d'accesso, preceduta da un barbacane, è in realtà una doppia porta; la seconda si apre in fondo a un corridoio lungo circa 30 m, posto sotto il camminamento di una torre. Ai due lati della porta, a volta ogivale, è una scultura selgiuchide rappresentante un leone.

Fatih Camii. All'interno della cittadella, addossata alle mura, si trova questa piccola moschea eretta nel XV secolo da Maometto II il Conquistatore sui resti di un antico *mesçit* (oratorio), forse costruito da un principe karamanoğlu. Le torri della fortezza sono tutte aperte verso l'interno della cittadella, a eccezione delle quattro più grandi, a più piani con pavimenti in legno: nell'ampio spiazzo centrale si tiene un mercato all'aperto.

Bazar. Sorge a ovest della cittadella e a sud di Park Caddesi; restaurato di recente, comprende il *bedesten* della fine del XV secolo, consacrato alla vendita dei tappeti, il Vezirhanı (caravanserraglio), del XVIII secolo, vasta costruzione in lava grigia, come la maggior parte degli antichi edifici di Kayseri, e il Kapalı Çarşı (bazar coperto), della metà del XIX secolo.

Honat Hatun Medresesi. Oggi sede del museo etnografico (*visita a pagamento dalle 8.30 alle 17.30*) è un'antica scuola coranica dal bel portale con decorazioni a stalattiti, costruita nel XIII secolo di fronte all'estremità orientale della cittadella e di poco successiva alla vicina **Honat Hatun Camii** (1228).

Ritornando davanti alla cittadella e attraversando il bazar, si raggiunge la **Ulu Cami**, moschea dominata da un alto minareto e costruita nella prima metà del XIII secolo. Da notare, nel quartiere alle spalle della moschea, in fondo a un vicolo, il portale della **Melik Gazi Medresesi**, antica scuola di teologia costruita nel 1431-32 in parte con materiali di recupero. Poco oltre si sbocca in una larga arteria che attraversa la città vecchia lungo il fronte sud del bastione. Dalla parte opposta del viale, sulla destra, è la **Güllük Camii**, una delle moschee più antiche della città (1210-11), che conserva un bel mihrab in maiolica smaltata. La Talas Caddesi, arteria che si stacca a sud-est dalla Cumhuriyet Meydanı, consente di raggiungere (in circa 1 km) alcuni tra i più importanti edifici di interesse turistico della città. Si incontra, dapprima, un mausoleo selgiuchide (al centro della carreggiata), quindi un secondo in corrispondenza di un incrocio dove, sulla destra, si notano una torre e un tratto del bastione della città di origine bizantina, e infine un terzo a pianta ottagonale.

Döner Kümbet. Isolato in una piazzetta a destra della Talas Caddesi spicca il più interessante tra i mausolei di Kayseri, costruito nel 1275 in onore di Şah Cihan Hatun, a forma di torre cilindrica sormontata da un tetto conico. La parte inferiore, che racchiude la tomba, è costituita da un alto zoccolo quadrato ad angoli smussati. Pregevole è soprattutto l'accurata decorazione, in particolare gli arabeschi e le palme che ornano gli archi ciechi disposti all'intorno, la doppia fascia al di sopra degli archi nelle nicchie, il cornicione e il fregio del basamento.

Un po' più lontano, lungo lo stesso viale, si trova il **Sırçalı Kümbet**, mausoleo della metà del XIV secolo coperto da una cupola originariamente sormontata da un tetto a piramide (ora completamente distrutto).

Museo Archeologico. *Visita a pagamento dalle 9 alle 12 e dalle 13 alle 17.30; chiuso il lunedì.* Un viale a sinistra del Sırçalı Kümbet, seguendo il tracciato della ferrovia raggiunge questo museo, che raccoglie prevalentemente reperti provenienti dagli scavi di Kültepe (vedi sotto). Vi sono conservate tavolette cappadociane, archivi commerciali di una colonia di mercanti assiri insediatasi in territorio anatolico all'inizio del II millennio a.C., ceramiche, alcune sculture ittite, romane e bizantine e una mostra etnografica.

I dintorni di Kayseri

Kültepe

(C4). Km 21 a nord-est per la strada 300 verso Sivas, deviando a sinistra al km 19. Sistematiche campagne degli archeologi turchi T. e N. Özgüç hanno portato alla luce i resti di una città ittita, l'antica Kanesh, ma anche di agglomerati più antichi. Già abitata nel IV millennio a.C., Kanesh incominciò ad acquisire un ruolo di particolare rilevanza quando (2400 a.C. circa) Sargon, fondatore della dinastia accadica e re di Akkad in Mesopotamia, si impossessò di parte dell'Asia Minore. Il massimo splendore fu raggiunto ai tempi della prima colonia assira (1950 a.C. circa): Kanesh fu la capitale del più potente regno di Anatolia e fu poi distrutta (verso il 1850) da un violento incendio. Ai margini della città vera e propria, provvisto di una cinta separata, era il quartiere della colonia di mercanti assiri o *kârum*, la cui principale attività era rappresentata dal commercio dei metalli: lunghe carovane trasportavano i prodotti in Mesopotamia, donde ritornavano cariche di manufatti babilonesi o assiri. Essi godevano di particolari privilegi e perfino di un diritto di extraterritorialità che permetteva di regolare le controversie tramite propri tribunali. In questo quartiere commerciale si trovavano le dimore dei negozianti, i magazzini e i depositi, gli archivi. Distrutto una prima volta verso il 1850 a.C., il *kârum* di Kanesh conobbe nel secolo successivo un nuovo periodo di attività durato una cinquantina d'anni e fu in seguito abbandonato. Privata del suo *kârum*, distrutto probabilmente durante una guerra tra prìncipi ittiti, la città continuò a essere abitata ma non fu più prospera e fiorente come prima; restò tuttavia una delle più importanti del regno neoittita, conosciuta presso gli Assiri col nome di Tabal, fino all'inizio

del I millennio a.C. Tra i documenti del kârum si trovano numerose tavolette, dette cappadociane, redatte in caratteri cuneiformi e in lingua assira, veri archivi commerciali composti da lettere e contratti, che hanno permesso di stabilire solidi punti di riferimento nella cronologia anatolica, grazie anche a raffronti con la cronologia mesopotamica dell'epoca di Hammurabi e del periodo antecedente il suo regno.

Si sale lungo il fianco del **tumulo** principale, le cui imponenti dimensioni testimoniano l'importanza dell'antica Kanesh durante il periodo ittita. Ancora visibili tra le rovine sono alcuni muri di mattoni, parzialmente vetrificati dall'incendio che sconvolse la città, come testimonia il sottile strato di cenere prodotto dalla combustione delle sovrastrutture delle case, generalmente in legno. Qua e là giacciono frammenti di vasellame o anche di grandi giare seminterrate.

Sulla sommità della collinetta sono venuti alla luce i resti di un palazzo dove risiedeva il re di Kanesh. Gli scavi effettuati da archeologi turchi sui fianchi del tumulo hanno portato al ritrovamento di parte del carteggio reale e di un elenco dei palazzi ufficiali appartenenti al sovrano.

Caravanserraglio di Sultanhanı*

Km 51 a nord-est per le strade 300 e 260 verso Sivas. Da non confondersi con quello omonimo in provincia di Niğde, è situato lungo l'Uzun Yol ('la lunga strada'), antica pista carovaniera che metteva in collegamento Konya, capitale di un potente sultanato, con la Persia, passando per Kayseri e Sivas. Costruito nel 1232-36, costituisce uno dei migliori esempi di edilizia civile selgiuchide (*visita a pagamento dalle 9 alle 13 e dalle 14 alle 18*). L'architettura del complesso presenta una grande fantasia di forme che si manifesta, per esempio, nei contrafforti esterni che rafforzano le mura dell'edificio: così a una torretta ottagonale ne segue una seconda con quattro spigoli inuguali, una emicilindrica, un'altra ottagonale ecc. Gli angoli della facciata sono poi dotati di contrafforti a forma di esagono stellato. Al centro della corte centrale si erge un piccolo oratorio; la parte posteriore del caravanserraglio è costituita da un'alta navata, con la volta a botte spezzata tra due quinconce di colonne.

Develi

(D4). Km 45 a sud per le strade 805 e 767. Situata sul versante meridionale dell'Erciyes Dağı (l'antico monte Argeo), è dominata da una collinetta di origine vulcanica sulla cui sommità sono le rovine di un castello medievale. Nel borgo si può visitare la **Develi Camii**, moschea eretta nel 1821, e il mausoleo di Seyyed Şerif costruito nel 1276. Più oltre (km 25 proseguendo per la 767 fino al bivio, a destra, del km 17), nei pressi di Fraktin o Firaktin, è un bassorilievo rupestre ittita che probabilmente raffigura una scena di adorazione della Grande Dea e del Grande Dio. Interessanti anche le iscrizioni a caratteri geroglifici che riportano i nomi del re Hattusili III (circa 1275-1250 a.C.) e della regina Puduhepa.

13.2 Göreme e la Cappadocia nord-orientale

Ürgüp

(D4). Vivace cittadina e frequentata meta turistica, non presenta particolari motivi di interesse, ma può essere un ottimo punto di partenza per la visita di alcuni dei più spettacolari siti della regione.

Numerosi negozi e botteghe offrono ai turisti i più svariati prodotti locali: dai tappeti di lana a doppio nodo, al vasellame e agli oggetti in onice ecc. Nella prima settimana di giugno vi si svolge un festival del vino.

I dintorni di Ürgüp

Peribacaları Vadisi*

A nord-ovest di Ürgüp, lungo la strada per Avanos, la 'valle dei camini delle fate' è segnata dagli spettacolari effetti dell'erosione dei terreni tufacei, che ha dato origine a singolari formazioni (torri, piramidi, guglie) e soprattutto coni, sormontati da blocchi di roccia dura, alti anche decine di metri. Disponendo di un veicolo fuoristrada è possibile addentrarsi nella vallata, ma ancora più suggestivo è seguire a piedi uno dei numerosi sentieri che si dipanano attraverso l'aspra e scoscesa zona.

Chiese rupestri di Soğanlı

(D4). Km 43 a sud per la strada di Yeşilhisar. La valle di Soğanlı costituisce uno dei più interessanti itinerari attraverso la Cappadocia rupestre. Alle attrattive del paesaggio, che presenta aspetti insoliti per le particolari formazioni geologiche, si unisce la presenza di importanti testimonianze artistiche. La zona è nota, inoltre, per la produzione artigianale di bambole in stof-

fa. Si esce dalla città in direzione di Yeşilhisar; al km 6 è **Mustafapaşa**, grande villaggio dalle strette e pittoresche viuzze, caratterizzate dai frontoni scolpiti di numerose case, testimonianza dell'occupazione greca, durata fino al 1920-22. La chiesa di S. Basilio (VIII secolo) conserva dipinti del periodo iconoclasta. Sulla piazza principale, la chiesa di S. Costantino e S. Elena, recentemente restaurata, reca sul frontone bei grappoli in terracotta policroma. All'entrata del villaggio, medersa del XIV secolo dallo splendido portico scolpito, oggi occupata da un negozio di tappeti. Si costeggia poi il bacino artificiale creato dalla diga di Damsa per raggiungere **Cemil**, dove sorge la chiesa di S. Stefano, con affreschi alle pareti (Vergine sul trono, scene della vita di Cristo). **Taşkınpaşa**, al km 19, è al centro di una bella oasi, con una moschea fiancheggiata da due *türbe*; sulla sinistra spicca la facciata riccamente decorata di un edificio selgiuchide quasi completamente distrutto. Poco oltre (km 22) un sentiero sulla destra che porta a una cava permette di avvicinarsi a un gruppo di coni, uno dei quali racchiude la **chiesa dei Quaranta Martiri**, con affreschi dell'inizio del XIII secolo illustranti la storia dei martiri di Sebastea (Sivas). Al km 43 una deviazione sulla destra conduce al complesso di chiese rupestri di **Soğanlı***, di grande interesse per il concentrarsi in breve spazio di numerose costruzioni decorate con affreschi.

Risalendo la breve valletta bagnata dal corso d'acqua principale si scorgono sulla destra l'**Ak Kilise**, quindi la **Büyük Kilise** (o Meryemana Kilisesi), con affreschi tra i meglio conservati, cui fa seguito la **Yılanlı Kilise** (chiesa del serpente, detta anche Canavarlı Kilise), dove spiccano un affresco di S. Giorgio che uccide il drago e un Giudizio universale risalente probabilmente al XV o al XVI secolo. Si incontrano poi la **Saklı Ki-**

I caratteristici camini delle fate della Peribacaları Vadisi, determinati da fenomeni di erosione

I vasi di Avanos

Un'origine assai remota vanta la produzione di vasellame (non va infatti dimenticato che il tornio da vasaio è documentato in quest'area fin dal III millennio a.C.). La produzione di Avanos era una delle più ricercate della Turchia e fino a una trentina di anni fa ogni abitante svolgeva, oltre alla propria attività, anche quella di vasaio. Allora si usavano essenzialmente poche forme di contenitori e ogni abitazione aveva nel sottosuolo il suo laboratorio. Oggi, se quasi tutti gli abitanti sanno usare il tornio, solo 300 circa vivono esclusivamente di questa attività. Alla fine dell'estate, all'epoca della vendemmia, si può assistere allo spettacolo della pigiatura dell'uva, del travaso del vino (che si può degustare presso la locale cooperativa) in anfore, e infine della preparazione del *pekmez* (sorta di marmellata fatta coi residui della pigiatura).

dicazioni contenute in una tavoletta proveniente dagli archivi di Boğazköy, corrisponde probabilmente all'importante centro di Venasa, menzionato prima da Strabone e citato poi da Gregorio di Nissa col nome di Vanota. Più tardi, sotto i Selgiuchidi, si arricchì di edifici civili e religiosi tra cui moschee, una *medersa* e un caravanserraglio, mentre a partire dal XVIII secolo furono soprattutto le attività artigianali e commerciali a determinare la prosperità economica della città che intratteneva relazioni e scambi con una vasta regione circostante. L'epoca ottomana ha lasciato tracce in tutta la parte vecchia della città, che si sviluppa sulla riva destra del Kızılırmak, lungo i contrafforti meridionali dell'Idis Dağı. Un vasto progetto urbanistico prevedeva la demolizione di questi quartieri ormai disabitati (la popolazione si è trasferita in nuove abitazioni sulla riva sinistra del fiume), ma un forte movimento culturale si è opposto alla perdita di questo patrimonio storico-ambientale e i vecchi quartieri sono stati classificati dai competenti servizi del ministero della cultura come monumenti di interesse storico.

Visita. Per la visita richiedere una guida all'ufficio del turismo. A causa di infiltrazioni d'acqua e della friabilità del terreno è pericoloso avventurarsi da soli negli ambienti scavati nella roccia.

lise (chiesa nascosta) e infine la **Kubbeli Kilise** (chiesa della cupola) scavata in un cono roccioso, la cui parte superiore forma una sorta di cupola: all'interno, affreschi della vita di Cristo e scene della vita degli Apostoli, del X e XI secolo. Lungo l'opposto versante della valletta sono da segnalare: in alto, superata la parte superiore del villaggio di Soğanlı (Yukarı Soğanlı) e percorso un sentiero molto stretto intagliato nella roccia, la **chiesa di S. Giovanni**, decorata con affreschi ben conservati; nella parte bassa del villaggio (Aşağı Soğanlı), la **chiesa di S. Giorgio** e la **Geyikli Kilise** (chiesa del cervo), dove questo animale figura in un dipinto rappresentante S. Eustachio.

Avanos

(C4). Sorta sulle rive del Kızılırmak ('il fiume rosso'), il più lungo corso d'acqua dell'Anatolia, chiamato Halys nell'antichità, Avanos (13 000 abitanti) costituì uno degli agglomerati più importanti della Cappadocia in epoca prebizantina. Oggi è rinomata per l'artigianato locale (tessuti e vasellame), per la bellezza delle case d'epoca ottomana e per la sua ospitalità, sul cui rispetto veglia, secondo la tradizione orale, un enigmatico monumento: il Çeç.

Storia. L'evoluzione del nome stesso di Avanos aiuta a ripercorrere il suo passato. Identificata con la città ittita di Zwinasa sulla base delle in-

Le abitazioni sono dotate spesso di un atrio centrale, intorno al quale si aprono stanze tra di loro non comunicanti, rendendo così necessario un passaggio esterno. Gli edifici si presentano ben equilibrati nelle proporzioni, con molteplici motivi decorativi e bassorilievi alle pareti. Oltre alla casa del Tekkel, a quella del fattore Hikmet, a una fontana e al lavatoio, si potrà visitare un *tiraz*, termine dialettale per designare le cantine nelle quali erano sistemati il bestiame e le provviste per l'inverno. Pietre rotonde, di cui alcune rinvenute in loco, fanno pensare alle caratteristiche delle città sotterranee, dotate di porte rotonde in pietra al fine di assicurare la loro funzione difensiva contro un invasore: si potrebbe cioè supporre che Avanos, come Derinkuyu, custodisse sotto le case a cielo aperto una vera e propria città sotterranea.

Le attività artigianali costituiscono una delle maggiori attrattive turistiche di Avanos. In epoca ottomana la tessitura (tappeti e, più rari, kilim) era una delle attività più diffuse tra la popolazione. Per impedire la definitiva scomparsa di questo artigianato, sono state portate a termine, con il sostegno del ministero della cultura e del turismo, ricerche su alcuni coloranti vegetali, i cui procedimenti di preparazione erano andati persi, nonché sui tradizionali motivi ornamentali che oggi vengono riprodotti con metodi moderni.

I dintorni di Avanos

Tumulo del Çeç

A 7 km dal centro cittadino. Eretto su un tavolato roccioso in un avvallamento sulla riva sinistra del Kızılırmak, presenta un'imponente struttura conica riconoscibile anche da molto lontano. L'altezza del tumulo è di circa 30 m e la circonferenza di 350. Oltre al considerevole volume, esso presenta tre originalità rispetto ad altri tumuli della regione: innanzitutto è stato interamente realizzato con blocchi di pietra sovrapposti; poi, in corrispondenza di tratti di terreno franato, si osserva che la base presenta nella parte sud-orientale un arco di cerchio d'ortostato in pietra silicea, il che fa supporre l'esistenza in origine di una recinzione integrale intorno al tumulo; infine, malgrado le catastrofi che hanno sconvolto la zona, vi si possono individuare sette rampe di scale.

Numerose leggende locali tentano di spiegare la storia di questo monumento. Quanto agli archeologi, essi accostano la morfologia del Çeç (il termine significa mucchio) a quella dei tumuli della Commagene, antica regione dell'Anatolia, quale ad esempio il Nemrut Dağı, di cui sarebbe all'incirca coevo (e dunque risalente al I secolo a.C.). E come quest'ultimo il Çeç sarebbe un monumento funerario, tomba o cenotafio, eretto per un dignitario, quasi certamente un re o un gran sacerdote, di un regno di Cappadocia ancora poco conosciuto. Probabilmente, come si deduce dalla presenza di scale, sulla sommità dell'edificio si svolgevano pratiche di culto: cerimonie dedicate ai defunti oppure alle divinità, come al Nemrut Dağı, dove però i riti si svolgevano su terrazze predisposte ai piedi dell'edificio.

Sarıhan

Caravanserraglio giallo; circa 6 km dal centro dell'abitato, indicazioni stradali all'entrata di Avanos, all'incrocio delle strade per Ürgüp, Çavuçsin e Nevşehir.

Risalente al XIII secolo e restaurato alla fine degli anni Ottanta, merita una visita (*a pagamento*) nelle prime ore del mattino o al tramonto, quando i toni caldi del sole mettono in risalto le pietre giallo-ocra dello splendido portale, sopra il quale c'è una minuscola moschea.

Villaggio rupestre di Zelve*

Km 7.5 a sud per la strada di Avcılar. Situato al termine di una strada che corre tra spettacolari formazioni rocciose, coni, pinnacoli e camini di fata, è tra i più fotografati della regione. In un ampio circo roccioso sono scavati numerosi edifici (*visita a pagamento dalle 8 alle 19; consigliabile nel tardo pomeriggio per godere degli effetti cromatici del sole al tramonto*) che formano un villaggio, risalente al periodo preiconoclastico, abitato da Greci fino agli anni Venti e poi definitivamente abbandonato dopo il 1950 per il pericolo di frane. Qui P.P. Pasolini ha girato la *Medea*. Vi si trovano chiese (**Üzümlü Kilise**, chiesa dell'uva, e **Geyikli Kilise**, chiesa del cervo), mulini, frantoi, resti di un castello e una moschea.

Çavuşin

Km 8 a sud per la strada di Avcılar. Piccolo villaggio ai piedi di una muraglia alta 60 m, traforata da aperture che immettono in abitazioni scavate nella roccia. A mezza altezza si trova la **chiesa di S. Giovanni Battista**, pregevole per la struttura architettonica e le ricche decorazioni, con facciata ornata da archi che poggiano su colonne sormontate da capitelli ionico-bizantini e porte decorate a fasce modanate nello stile dei santuari cristiani della Siria. All'interno, affreschi che illustrano la vita di Cristo, S. Tommaso e S. Bartolomeo e, in fondo all'abside, un trono ricavato nella roccia, affiancato da sedili. Presso l'ingresso al villaggio, provenendo da Avanos, si trova la chiesa di Niceforo Foca detta **Çavuşin Kilisesi** (*ingresso a pagamento, dalle 8 alle 17*): una scala di ferro porta direttamente alla sala di preghiera, con gli arcangeli Michele e Gabriele che accolgono i visitatori a destra dell'ingresso. Ornano l'interno affreschi di scene evangeliche; di grande interesse storico la raffigurazione, nell'abside nord, dell'imperatore Niceforo Foca e della moglie.

Agglomerato rupestre di Özkonak

Km 20 a nord per la strada di Kalaba deviando a sinistra dopo alcuni chilometri. Consta di una città sotterranea (*visita a pagamento dalle 8.30 alle 17.30 in inverno, fino alle 19 in estate; rivolgersi al müezzin della moschea ubicata nei pressi dell'entrata*) e di un cosiddetto 'palazzo' (Saray), pro-

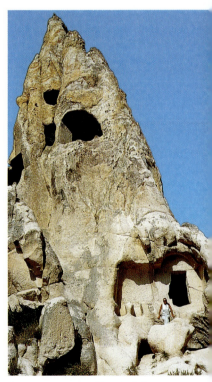

I tipici coni rocciosi della valle di Göreme

babilmente un monastero. Proseguendo sulla strada di Kalaba, più oltre, una deviazione a destra conduce a **Bayramhacı** ove si trova un hammam rurale, alimentato da sorgenti naturali di acqua calda, comprendente una piscina comune e bacini privati in costruzioni indipendenti.

La valle di Göreme**

(D4). Quasi al centro della Cappadocia rupestre, il vallone di Göreme – sito Unesco dal 1985 (vedi box a pag. 45) –, caratterizzato da coni e pareti rocciose crivellate di aperture tra di loro comunicanti, conserva in una sorta di vasto museo all'aperto uno dei complessi monastici più suggestivi dell'intera regione.

La visita dura un'ora e mezza circa, ma disponendo di più tempo è interessante andare alla scoperta di chiese e luoghi dei dintorni. Il sito (*ingresso a pagamento*) è aperto dalle 8 alle 18.

Tokalı Kilise* (chiesa della fibbia). Situata poco prima del parcheggio, sulla sinistra, è la chiesa più imponente e interessante del nucleo di Göreme. Si apre su un portico da cui si accede a un nartece, che a sua volta immette nella navata principale, di forma trapezoidale con la volta a cupola, alla quale furono aggiunti più tardi un transetto e tre absidi. In corrispondenza di queste ultime si apre uno stretto passaggio trasversale, la cui volta è sostenuta da quattro grosse colonne.

Spiccano sulla volta del nartece e sui muri della navata principale alcuni affreschi risalenti al regno di Niceforo Foca (963-69), raffiguranti in ordine cronologico scene della vita di Gesù; un intero ciclo, sempre nella navata principale, è dedicato al Battesimo ripreso dai Vangeli di S. Luca e S. Matteo. Alle altre pareti della chiesa, ulteriori affreschi che hanno per soggetto i miracoli più celebri attribuiti a Gesù e le vite dei santi (Michele, Giorgio, Cristoforo e Basilio il Grande, originario della Cappadocia). Da notare, sulla calotta dell'abside di sinistra, l'Anastasi (Cristo tra due angeli), simbolo della festa di Pasqua.

Attorno alla Tokalı Kilise si trovano alcune cappelle scavate a diversi livelli: una scala in ferro dà accesso alla **cappella di S. Eustachio**, decorata con dipinti eseguiti forse nell'XI secolo; gli affreschi della **Meryemana Kilisesi** risalgono alla fine del IX secolo o all'inizio del X. Nella **Daniel Kilisesi**, a destra, nei pressi dell'ingresso, un affresco rappresenta Daniele nella fossa dei leoni e due figure equestri la più grande delle quali raffigura un imperatore, opere evidentemente posteriori alle sobrie decorazioni del periodo iconoclastico. Entrati nell'area recintata, si segue il sentiero sulla destra, presso il fossato. Alla deviazione si incontra a destra la prima chiesa, la **Basil Kilisesi**, molto rovinata e priva di decorazioni.

Elmalı Kilise. Un centinaio di metri più oltre, sempre sulla destra, si trova la 'chiesa del melo'; vi si accede attraverso un pozzo piuttosto stretto e, nell'interno, ricco di interessanti dipinti, cupole sostenute da pennacchi sostituiscono le tradizionali volte a botte. Sulle volte e sui pennacchi sono rappresentati scene ed episodi della vita del Salvatore. Ritratti del Cristo, di santi e profeti figurano anche nei medaglioni, sulle calotte delle cupole e sulle conche delle absidi.

Nei pressi è la **chiesa di S. Barbara**, piccola chiesa che conserva numerosi affreschi ispirati al repertorio iconografico successivo alla Restituzione delle Immagini.

Yılanlı Kilise. All'estremità del sentiero, a destra, è la 'chiesa del serpente'; all'interno, dipinti raffiguranti l'imperatore Costantino e sua madre, S. Elena, e un affresco che ha dato il nome alla chiesa: S. Giorgio che atterra il drago, rappresentato da un serpente.

Karanlık Kilisesi. Proseguendo lungo il sentiero, superato il Mezar Odası, sepolcro scavato nella roccia, si trova la 'chiesa oscura', rischiarata da un'unica finestrella: una stretta scala dà accesso a un ambiente scarsamente illuminato, ma proprio per questo caratterizzato da affreschi di fattura più raffinata rispetto a quelli delle chiese precedenti. Con l'aiuto di una torcia elettrica si possono ammirare numerose opere raffiguranti la vita di Cristo. L'edificio faceva parte di un più vasto monastero scavato nella roccia e se ne può visitare il refettorio, a doppia abside, con tavoli e panche intagliati nelle pietre.

Çarıklı Kilise. Il sentiero raggiunge poi, alle spalle della precedente, la 'chiesa dei sandali', che deve il suo nome alle 'impronte' visibili nel pavimento di fronte all'ingresso e conserva dipinti dai colori vivaci, raffiguranti gli Evangelisti e, anche qui, episodi della vita di Cristo.

Per approfondire la visita dell'area di Göreme si possono raggiungere, con l'ausilio di una guida, anche alcune chiese o complessi monastici situati al di fuori del perimetro recintato. Di seguito se ne segnalano i più interessanti, dandone tra parentesi la distanza.

Fırkatan (500 m), complesso monastico rupestre a due piani, ben visibile sulla destra percorrendo da Göreme la strada Nevşehir-Ürgüp, che conserva una sola chiesa in discrete condizioni.
Kılıçlar Kilisesi (chiesa delle spade; 600 m). Chiesa con pianta a croce inscritta, risalente alla fine del X o all'inizio dell'XI secolo, che racchiude alcuni dipinti di pregevole fattura.
Saklı Kilise (chiesa nascosta) e **El Nazar Kilisesi** (800 e 1200 m). Poco dopo l'ingresso nella piccola valle di El Nazar, sulla sinistra è la Saklı Kilise, chiesa rupestre le cui pareti sono affrescate da dipinti della fine del XII secolo, nei quali, per la prima volta, appare il paesaggio della Cappadocia, seppur in forme astratte e stilizzate. Poco oltre, l'El Nazar Kilisesi conserva altre pitture murali, tra le più antiche di Göreme.
Kızıl Çukur (3 km). In questa valletta sono state scoperte due cappelle parallele con un nartece e una piccola camera funeraria; in quella di sinistra, affreschi della fine del IX-inizio del X secolo.

I dintorni di Göreme

Ortahisar*
km 4 a sud, poco discosto dalla strada Nevşehir-Ürgüp; *ingresso a pagamento*. Villaggio raccolto attorno a una gigantesca guglia scavata da abitazioni e coronata da un castello, è raggiungibile attraverso un sentiero impervio. Una seconda torre-rifugio (İsa Kalesi) si erge a circa 500 m di distanza: è collegata alla prima da un passaggio sotterraneo. Altri interessanti esempi di architettura rupestre sono raggiungibili con escursioni a piedi, per le quali è consigliabile farsi guidare, nei dintorni di Ortahisar: i complessi monastici di **Halaşdere** (1.5 km) e di **Balkan Kilisesi** (2 km) e la **Tavşanlı Kilise** (3 km).

Üçhisar**
km 6, lungo la strada Avanos-Nevşehir; *visita a pagamento dalle 8 al tramonto*. Villaggio che, col suo enorme picco di tufo perforato da mille cavità, costituisce uno dei luoghi più affascinanti della Cappadocia. La salita alla piazza principale offre scorci panoramici di eccezionale interesse, amplificato dall'effetto delle facciate delle case, ornate da sculture. Dal castello che domina il picco la vista abbraccia in uno scenario grandioso tutta la regione compresa tra Ürgüp, Ortahisar, Nevşehir e Avanos.

Nevşehir

(D4). Posta sul margine occidentale di un vasto bacino d'erosione, con le sue chiese rupestri, le città sotterranee e i camini delle fate che hanno reso famosa la Cappadocia, Nevşehir (città nuova) costituisce uno dei punti di partenza più importanti per la visita della regione. Capoluogo di provincia con 77 000 abitanti, si stende ai piedi delle rovine di una fortezza fondata dai Selgiuchidi e ricostruita dagli Ottomani. Di fronte all'ufficio informazioni c'è un museo dedicato a Damat İbrahim Paşa, gran visir del sultano Ahmet III, che fece costruire, oltre alla Kurşunlu Cami del 1726, numerosi edifici tra cui una università, un ricovero, una biblioteca e un **hammam**, tuttora in funzione (*aperto dalle 6 alle 24*). A 1 km dal centro, sulla strada per Ürgüp, sorge il **museo** cittadino (*visita a pagamento dalle 8 alle 12 e dalle 13.30 alle 17.30*) comprendente una sezione archeologica e una etnografica.

Il paesaggio, simile a quello lunare, che si osserva dal picco di Üçhisar

I dintorni di Nevşehir

Città sotterranee di Kaymaklı e Derinkuyu

(D4). *Visita a pagamento dalle 8 alle 17; fino alle 18.30 in estate.* Km 24 e 30 a sud per la 765 in direzione di Niğde. In apparenza un villaggio simile a tanti altri, **Kaymaklı** ** nasconde in realtà una gigantesca città sotterranea (Yeraltı Şehri), scavata probabilmente tra il VI e il X secolo. È difficile immaginare come si potesse accedere a una città così grande attraverso passaggi tanto angusti, aperti nei cortili delle dimore esterne ancora oggi abitate. È consigliabile recarvisi nelle prime ore del mattino per evitare la ressa dei visitatori ed è necessario procedere con attenzione: il percorso è ben tracciato e illuminato, tuttavia certi passaggi sono pericolosi e le pareti sono poco stabili (è inoltre sconsigliato a chi soffre di claustrofobia). La città è stata scavata in un tufo particolarmente friabile partendo da una collinetta rocciosa dove, in epoca romana, furono aperte delle tombe e si articola in 8 diversi livelli di cui 4 visitabili, scendendo sino a una profondità di 45 m. Le costruzioni sotterranee sono raggruppate intorno a un camino di aerazione che assicura una buona ventilazione; i diversi locali (cappelle, talvolta dotate di loculi per sepolture, celle, silos, stanze d'abitazione ecc.) affacciano su un labirinto di scale e di corridoi, spesso stretti e in forte pendenza. Questa sorta di alveare umano fu forse scavato per ragioni di sicurezza. Da notare il sistema di chiusura delle uscite principali, sbarrate da grosse mole di pietra.

Proseguendo per altri 6 chilometri, si raggiunge **Derinkuyu** **, meno frequentata della precedente ma dalle medesime caratteristiche: articolata su 12 piani (di cui 8 accessibili ai turisti), secondo la tradizione sarebbe stata collegata a Kaymaklı da un tunnel sotterraneo.

Mazıköy

A est di Kaymaklı. Complessivamente sono 36 le città sotterranee della Cappadocia; questa consta di quattro livelli ed è assai meno frequentata delle due precedenti. Gli abitanti potevano comunicare attraverso dei tubi che servivano anche da condutture per la luce e per l'aria. Il sito è anche ricco di antiche cappelle e tombe rupestri.

Göllü Dağ

Km 41 da Nevşehir. La strada 765 passa ai piedi del Göllü Dağ (2143 m), coronato dagli scenografici resti di una città ittita. La scalata, molto faticosa, parte dal villaggio di Kömürcü; è consigliabile farsi accompagnare da una guida, reperibile a Nevşehir o a Ürgüp. Fortificata da mura con tre porte e distrutta da un incendio nell'VIII secolo a.C., la città ittita del Göllü Dağ comprende numerosi nuclei di edifici, separati da strette strade. Sulla sommità si ergono le rovine di un tempio o un palazzo, con l'entrata decorata da statue di leoni a due teste e sfingi.

Gülşehir

Città delle rose; km 20 a nord per la 765 verso Kırşehir. Centro situato nei pressi dell'antica Zoropassos; nelle vicinanze, lungo la strada di Nevşehir (*a circa 2 chilometri dall'abitato, raggiungibile a piedi in 10 minuti*), si trova la **Karşı Kilise**, chiesa rupestre bizantina, mentre a 4.5 km, in prossimità del villaggio di **Açık Saray**, sorge un complesso di monasteri e abitazioni scavate nel tufo, comprendente una cappella rupestre con facciata scolpita.

Hacıbektaş

km 45 a nord per la 765 verso Kırşehir. Borgata di 10 000 abitanti, è celebre in Turchia per aver dato i natali a Bektaş Veli, fondatore di una confraternita religiosa di Dervisci bektaşi, e meta, in agosto, di un pellegrinaggio.

Sempre in agosto, dal 16 al 18, vi si svolge il Festival annuale di *saz*, tipico strumento a corde anatolico. Il **tekke**, convento dei Dervisci bektaşi (*visita a pagamento dalle 8 alle 12 e dalle 13 alle-17; chiuso il lunedì*), conserva a destra dell'entrata una piccola stanza spoglia di ogni decorazione dove, durante il giorno, venivano a meditare i saggi nella speranza di ricevere l'"illuminazione divina'. In fondo all'edificio è stata ricostruita la cucina del convento. Nel giardino si trova il mausoleo dedicato al fondatore della confraternita. Da notare, annodate attorno ai rami dell'albero secolare vicino all'entrata, numerose strisce di stoffa: come in altri luoghi sacri dell'Anatolia, costituiscono un'offerta votiva. L'usanza, estranea all'islamismo, è stata interpretata da alcuni etnologi quale retaggio di antiche tradizioni animiste e sciamaniste.

Kırşehir

(C4). Capoluogo di provincia con 75 000 abitanti, Kırşehir è una delle città sante della Turchia, ruolo legato a una setta religiosa che, nata il XIV secolo all'interno della confraternita dei conciatori, divenne in seguito un'autentica potenza occulta.

Storia. Talvolta identificata con l'antica Giustinianopolis-Mokyssos, Kırşehir fu elevata al rango di città verso il 536 da Giustiniano. A partire dal XIV secolo e fino al XVIII, divenne il fulcro della setta degli Ahi: alcuni membri furono così potenti da diventare governatori di importanti città o province. Notevole fu l'influenza esercitata dagli Ahibabalar, i padri Ahi, soprattutto verso la fine del medioevo, dopo la sottomissione ai Mongoli del sultanato selgiuchide di Rum.

I monumenti islamici della città non offrono motivi di grande interesse: da notare, l'**Alaeddin Camii**, moschea costruita nel XIII secolo, numerosi *türbe* (mausolei), in particolare quelli di Melik Gazi (XIII secolo), di Ahi Avran, fondatore dell'ordine degli Ahi, e di Asik Paşa Veli (morto nel 1333), poeta e storico originario di Kırşehir. La **Cacabey Camii**, prima della sua trasformazione in moschea, fu un osservatorio meteorologico e collegio teologico creato nel XIII secolo.

Scavi di Topaklı

(C4). Condotti da missioni archeologiche italiane su una collina nei pressi dell'omonimo villaggio, hanno permesso di ri-

levare come il luogo, del quale sono stati individuati 25 livelli di occupazione, fosse stato abitato dall'età del Bronzo fino all'epoca bizantina (dal XIX secolo a.C. fino al VII secolo d.C.).

Di notevole interesse sono i resti delle mura di una città frigia del VII secolo a.C.: un primo tratto, ben conservato, raggiunge 9 m di lunghezza per 3 di altezza. Un altro tratto di muro, sempre di epoca frigia, è stato rinvenuto nella parte sud della collina.

13.3 Niğde e la Cappadocia sud-occidentale

Niğde

(D4). Capoluogo di provincia a 1233 m di altitudine, Niğde (ab. 78 000) appare dapprima nascosta da filari di pioppi, dominata solo dai resti di una fortezza. È famosa, al pari di Kayseri, per i suoi splendidi mausolei di epoca selgiuchide.

Storia. Niğde sorge sull'area di un antico insediamento identificato dai testi ittiti col nome di Nakida. Occupata verso la fine dell'XI secolo dai Turchi selgiuchidi, fece parte del sultanato di Rum, ma al geografo arabo Ibn Battuta nel 1333 apparve ridotta a un ammasso di macerie, probabilmente in seguito ai conflitti tra Mongoli e Karamanidi. Nel 1335 fu occupata da Eretna, antico governatore mongolo di Sivas, per rimanere sotto la dominazione dei Karamanidi fino al 1467 e passare sotto il controllo degli Ottomani.

Visita. Richiede circa due ore, compresa la cittadella e il museo archeologico ed etnografico. Di particolare interesse nei dintorni il monastero di Eski Gümüş, interamente scavato nella roccia, la cui chiesa conserva splendidi affreschi, i resti dell'acquedotto di Kemerhisar e le vestigia di Köşk.

Cittadella. L'İstasyon Caddesi, in faccia alla stazione, conduce ai piedi della **cittadella**, che si raggiunge girando a destra. Fondata verso la fine dell'XI secolo dai Selgiuchidi, rimaneggiata intorno al 1470, in epoca ottomana, alla quale risale probabilmente il torrione poligonale, dominava una collinetta circondata da mura rinforzate da bastioni. Lungo la strada di accesso sono ancora visibili un tratto di mura e due torri rettangolari trasformate in abitazioni.

Alaeddin Camii. Situata sulla sommità della collina, è la più bella moschea della città. Sopra il portale, riccamente decorato, un'iscrizione attesta che l'edificio

eretto nel 1223 fu in seguito restaurato. La facciata è interamente costruita in blocchi regolari di pietra grigia o giallastra. Il minareto, di forma clindrica, si erge su un basamento ottagonale. La sala di preghiera è a tre navate parallele, divise da due file di quattro colonne, con l'ultima campata coperta da cupole. Il mihrab è costituito da una nicchia ad arco con stalattiti, sistemata all'interno di una nicchia più grande con architravi ornati da pregevoli decorazioni a disegno geometrico.

A un livello inferiore rispetto alla moschea si trova il **bedesten** o mercato coperto, costruito nel XVI o XVII secolo, che appare come una strada, coperta da una volta a botte, ove affacciano numerosi negozi. Proprio di fronte al *bedesten*, ai margini di una piccola piazza ai piedi della collina della cittadella, si erge la **Sungur Bey Camii**, moschea costruita nella prima metà del XIV secolo dal capo di una tribù mongola. Si apre sul lato nord con un bel portale a riquadri con decorazioni geometriche e modanature; una porta dà accesso alla sala di preghiera: sopra l'architrave, finemente scolpito, si nota un rosone d'aspetto gotico semidistrutto.

Ak Medrese. Prendendo una stradina sulla piazza, a sinistra della moschea, si giunge alla '*medersa* bianca', antica scuola di teologia, costruita su due piani nel 1409 all'epoca dei Karamanidi: l'edificio affaccia sulla via con un portale in marmo bianco dalla volta decorata a stalattiti. Il cortile centrale è munito di portici, tranne che sul lato meridionale, dove si trova un grande iwan provvisto di mihrab.

Oggi ospita il piccolo **Museo Archeologico ed Etnografico** della città. Oltre ai reperti degli scavi di Köşk e di Acemhöyük (2000-1750 a.C.) e ad alcune stele neoittite di Keşlik (VIII secolo a.C.), spiccano un vassoio del XIX secolo inciso con i ritratti dei 22 re iraniani, un bellissimo 'bindallı' (abito da cerimonia) in filigrana d'oro e soprattutto un gigantesco **pithos** in terracotta di epoca frigia, usato come urna funeraria e proveniente da Porsuk-Ulukışla. Eseguito secondo la tecnica chiamata 'del piccione', consta di sei sezioni; le saldature con agrafe in piombo non sono frutto, come si potrebbe pensare, di un restauro recente, ma furono effettuate dai vasai che lo crearono. La sezione numismatica ospita monete dei re di Cappadocia e rari pezzi di epoca selgiuchide.

All'uscita del museo si gira a sinistra per raggiungere Bankalar Caddesi, che si segue sulla destra. Si incontra quindi, sulla sinistra, il liceo, dietro al quale si trovano tre mausolei.

Hudavent Hatun Türbesi. Si tratta del mausoleo più bello e fu costruito nel 1312 in onore della principessa Hudavent Hatun, figlia del sultano Rukeddin Kılıç Arslan IV, che vi fu sepolta nel 1331. Costruito su un basamento ottagonale con una cornice a stalattiti rettilinee, ha la camera funeraria posta a due terzi dell'altezza e realizzata su pianta poligonale a sedici facce. I riquadri del portale sono riccamente decorati con arabeschi. Tre finestre danno luce alla camera funeraria: sopra il loro arco portante, numerosi bassorilievi scolpiti raffiguranti un leone, rapaci con le ali spiegate, uccelli con la testa umana ecc.

I dintorni di Niğde

Monastero di Eski Gümüş
9 km sulla strada 805 per Kayseri. *Visita a pagamento dalle 9 alle 12 e dalle 13.30 alle 18.30.* Usciti a nord dalla città si prende, dopo 4 km, una deviazione sulla destra e si arriva al complesso del monastero rupestre, analogo a quelli della regione di Ürgüp, che racchiude una chiesa con pregevoli affreschi, raggiungibile attraverso un corridoio ricavato in un tufo molto friabile, che si apre in un cortile scavato nella roccia. Di fronte, sul lato sinistro del cortile, si affaccia l'entrata dell'esonartece, rimasto incompiuto; più a destra è il corridoio di accesso al nartece, coperto da una volta a cupola affrescata: degni di nota, a sinistra dell'entrata, una Vergine col Bambino con a fianco gli arcangeli Michele e Gabriele.
Particolarmente suggestivo è l'interno della chiesa interamente scavato nella roccia, sorretto da quattro enormi colonne sormontate da una cupola. Al centro della parete nord (a sinistra), si apre una grande nicchia che conduce a due sarcofagi mentre un altro passaggio, sull'angolo nord-est, porta a una piccola camera funeraria provvista di abside. Di notevole interesse le pitture murali; all'XI secolo appartengono quelle al centro della parete di sinistra, un'Annunciazione e una Natività di eccellente

La Cappadocia in mongolfiera

Grande diffusione sta conoscendo la moda di visitare la Cappadocia a bordo di una mongolfiera: pochi luoghi possono risultare più suggestivi delle valli bizzarre di questa regione, viste dall'alto di un pallone aerostatico. In genere la partenza avviene all'alba, per consentire di assistere al graduale mutamento di colore delle rocce e dei paesaggi sottostanti con il progressivo sorgere del sole. Tra le compagnie operanti in loco, quella di più lunga data e di maggior esperienza è la *Kapakokya Balloons*. Al suo servizio i due piloti, Lars Eric Möre e Kaili Kidner, che hanno compiuto i primi voli in Turchia all'inizio degli anni Novanta e vantano migliaia di ore di volo. Il volo vero e proprio dura circa un'ora e mezza, ed è abbastanza costoso.

Kapadokya Balloons, Göreme, tel. 384 2712442, www.kapadokyaballoons.com (con informazioni generali e foto della regione), fly@kapadokyaballoons.com

fattura; coeve sono anche quelle dell'abside centrale, affrescata su tre livelli.

Bacino romano e scavi di Köşk
12.5 km lungo la strada 805 per Ulukışla e Adana, seguendo l'indicazione Roma Havuzu. Il bacino contribuiva ad alimentare l'acquedotto di Kemerhisar e raccoglieva le acque della sorgente che ancor oggi sgorga sul posto. Quasi alla sommità della collina da cui sgorga la sorgente è stata scoperta (1981) l'antica Köşk. Gli scavi hanno portato alla luce reperti neolitici, sepolti a pochi centimetri dalla superficie, in ossidiana e osso, nonché i più antichi frammenti finora conosciuti di vasellame decorato (ora al museo di Niğde).
Un chilometro oltre si arriva al villaggio di **Bahçeli**, all'entrata del quale, a destra, un agevole sentiero permette di seguire i resti dell'acquedotto romano che collegava il bacino romano (vedi sopra) a Kemerhisar. Strada facendo si osservano abitazioni rurali costruite in parte con vecchie pietre o che hanno inglobato nella loro architettura gli archi del sottostante acquedotto.

Bor
14 km lungo la strada 330. Presso la piazza centrale di questo piccolo centro (20 000 abitanti) si trovano un *bedesten* o mercato coperto del XV secolo o del XVI e un hammam, sempre di epoca ottomana. Probabilmente di epoca selgiuchide è la Alaeddin Camii, moschea restaurata nel 1410.

Sultansazlığı Kuş Cenneti

Riserva ornitologica delle Paludi del Sultano; 60 km a nord-est di Niğde. Si può visitare un piccolo museo ornitologico su una ventina di specie rare o estinte, e osservare le altre 250 specie di uccelli, tra cui cicogne, gru, aironi e fenicotteri.

Aksaray

(D4). Un tempo importante centro carovaniero, Aksaray, capoluogo di provincia con 130 000 abitanti, è oggi un frequentato mercato. L'interesse di Aksaray risiede soprattutto nei fantastici dintorni della valle di Peristrema, costellata di chiese rupestri adorne di splendidi affreschi.

Storia. Un testo ittita molto posteriore agli avvenimenti cui si riferisce, menziona Tishbinki, re di Kourshaura (corrispondente all'odierna Aksaray), che si sarebbe coalizzato con altri sovrani dell'Anatolia contro Naran Sin, re di Akkad (circa 2320-2284 a.C.). Conosciuta dai Romani col nome di Garsaura e dai Bizantini con quello di Archelais, dopo l'occupazione selgiuchide alla fine dell'XI secolo, passò verso la metà del XIII sotto il dominio dei Mongoli. Dopo la conquista di Costantinopoli, nel 1453, molti abitanti di Aksaray, trasferiti nella nuova capitale ottomana, si riunirono in un quartiere che prese il nome dalla loro città d'origine.

Nell'**Ulu Cami**, la grande moschea, ricostruita nel XV secolo e restaurata recentemente, spicca in modo particolare un minbar (pulpito) di epoca selgiuchide. Da segnalare anche il minareto della **Nakışlı Cami** del XVI secolo e la **Kadiroğlu Medresesi**, antica scuola di teologia selgiuchide rimaneggiata verso la metà del XV secolo.

I dintorni di Aksaray

Ağzıkara Hanı
13 km sulla strada 300 per Nevşehir. Il caravanserraglio, situato lungo l'Uzun Yol, pista carovaniera che collegava Konya, capitale dell'impero selgiuchide di Rum, alla Persia attraverso Kayseri e Sivas, è uno dei più importanti della Turchia. Oltrepassato il portale, probabilmente del 1242-43, si entra nel cortile ove si trova una piccola moschea. In fondo al cortile, al di là di un altro magnifico portale ad arco con cunei finemente scolpiti, si apre una grande sala.

Sultanhanı
48 km lungo la strada 300 per Konya. Sorge, lungo l'Uzun Yol, uno dei più bei caravanserragli selgiuchidi della Turchia, eretto nel 1229 e in perfetto stato di conservazione (*visita a pagamento dalle 9 alle 13 e dalle 14 alle 17*). Anch'esso, come quello omonimo della provincia di Kayseri, è

costituito da un cortile, fiancheggiato da portici, al centro del quale si erge una moschea sostenuta da quattro colonne. In fondo al cortile è una grande sala a cinque navate con volte a cupola dove si rinchiudevano gli animali. Sotto i portici si aprono locali adibiti a camere, magazzini, nonché un forno e un hammam.

La valle di Peristrema* (Ihlara)

(D4). La splendida vallata di Peristrema (circa 45 km a sud-est di Aksaray; *visita a pagamento dalle 8.30 alle 17.30*), percorsa dal Melendiz Suyu, si apre tra due scoscese pareti lungo le quali si trovano numerose chiese scavate nella roccia, alcune parecchio rovinate, altre crollate.

Le chiese importanti sono tutelate come monumento nazionale e si possono visitare solo se accompagnati dal custode, in genere presente nelle ore centrali della giornata. D'estate, la visita è facilitata dalla possibilità di guadare a piedi il fiume. Avendo poco tempo a disposizione si può percorrere la strada asfaltata che raggiunge Ihlara, fermandosi però prima, a un parcheggio in prossimità di un albergo-ristorante che domina le gole. Da qui, scendendo una lunga scalinata (circa 400 gradini), si raggiunge la riva sinistra (idrografica) del fondovalle.

Ağaç Altı Kilisesi. Ai piedi della scalinata si incontra, dapprima, la 'chiesa sotto l'albero', scavata nella roccia con pianta a croce greca. Gli affreschi bizantini sono in stile molto primitivo, abbastanza insolito in Cappadocia.

Yılanlı Kilise. Sulla riva opposta del fiume, più a valle e raggiungibile con un ponte, è la 'chiesa del serpente', ricavata nella roccia, con pianta a croce prolungata verso est e un'abside molto grande. Tra gli affreschi del nartece, meglio conservati di quelli del vestibolo, si notano sul fondo e a sinistra dell'entrata, nel timpano della volta, Cristo Giudice seduto con due angeli ai lati; sotto, la rappresentazione di una parte dei quaranta martiri di Sebasteia.

Sümbüllü Kilise. Ripassando per il ponte sulla riva sinistra, si prosegue verso valle in direzione di un vasto complesso intagliato nella roccia: si tratta di un edificio monastico a due piani che comprende la 'chiesa dei giacinti'. Nella navata (a destra del coro), alcuni affreschi molto ben conservati, di elegante fattura e grande plasticità: sul fondo della navata, l'Annunciazione e, sulla parete di sinistra, la Dormizione.

La Karanlik Kale Kilise, una delle caratteristiche chiese rupestri della valle di Peristrema

Dopo la visita della Sümbüllü Kilise è possibile ritornare al parcheggio o proseguire la visita raggiungendo le chiese più lontane, a monte e a valle della scalinata d'accesso (circa due ore di tempo, meno se si attraversa il fiume a guado). Le più vicine alla riva sono segnalate da un cartello; quelle più lontane si scorgono osservando con attenzione il pendio. Risalendo verso monte la riva sinistra, dopo circa un chilometro si incontra la **Pürenli Seki Kilisesi** (chiesa della terrazza), con affreschi molto rovinati nel nartece ed altri meglio conservati nella cappella che si affaccia in fondo a sinistra. Si giunge poi alla **Kokar Kilise** (chiesa profumata), scavata nello stesso strato di roccia della precedente. La navata, accessibile dall'abside (oggi rovinata), conserva ancora degli affreschi (episodi della vita di Cristo) in buone condizioni, soprattutto sulla volta. Più avanti, sempre risalendo il fiume ma lungo la riva destra, si trova l'**Eğri Taş Kilisesi** (chiesa della pietra storta), antica chiesa consacrata alla Madonna, in gran parte distrutta da una frana e con affreschi molto deteriorati. Riprendendo il cammino verso valle, sempre in riva destra, un varco nella falesia di forma grosso modo geometrica segnala la **Karanlık Kale Kilisesi** (chiesa della fortezza oscura), all'esterno ben conservata ma priva di affreschi. Superato il ponte nei pressi della scalinata, si prosegue, se si desidera visitare le chiese più a valle, prima in sponda destra per l'Ala Kilise, poi in sponda sinistra per la Direkli Kilise e la Bahattin Samanlığı Kilisesi.

Ereğli

(D4). Città di 57 000 abitanti identificata con l'antica Eraclea di Cappadocia, si presenta oggi come un'oasi particolarmente ricca di acqua grazie all'attivazione di un'importante diga che permette di irrigare le terre aride a est della pianura di Konya. Costituisce il punto di partenza per la scoperta, a İvriz, di uno dei bassorilievi rupestri meglio conservati.

Storia. Nonostante le fortificazioni, la città di Eraclea fu invasa dagli Arabi nell'806. Nel 1101 due colonne di Crociati in marcia verso la Terra Santa furono sconfitte dai Turchi nei pressi della città. Possedimento selgiuchide dalla fine dell'XI secolo, fu conquistata nel 1211 dalle truppe di Leone II, re dell'Armenia cilicia, e verso la metà del XIII secolo fu conquistata dai Mongoli per passare poi sotto la dominazione karamanide.

Museo. Conserva reperti provenienti da uno dei tumuli funerari della zona, tra i quali spicca una pregevole statuetta di terracotta rappresentante Cibele; da notare, tra gli oggetti di epoca islamica, uno stupendo scrigno.

I dintorni di Ereğli

İvriz

18 km a sud-est. Nei pressi del villaggio, vicino a una sorgente, si scorge un bassorilievo rupestre eseguito nell'VIII secolo a.C. su ordinazione di Warbalawa, re di Touvanouva (Tyana). Di grandi dimensioni, rappresenta il dio Tarhoun di fronte al re il quale, in atteggiamento di devozione, indossa una tunica di foggia assira con frange riccamente ricamate. Il dio, con una tiara in testa, regge un mazzo di spighe nella mano sinistra e un tralcio di vite e grappoli di uva nella mano destra. Le calzature con punta ricurva e appuntita sono quelle tipiche dei bassorilievi ittiti.

14 La Turchia orientale

Profilo dell'area

La parte orientale dell'Anatolia è costituita da un insieme di alte terre in cui i corrugamenti orogenetici risalgono a epoche molto antiche e si sono succeduti più volte fino al terziario, accompagnati spesso da estesi fenomeni di vulcanismo: lo stesso monte Ararat che, con i suoi 5122 m, torreggia al confine con l'Iran, ebbe la sua ultima eruzione solo nel 1840. Nell'insieme la regione presenta una morfologia quanto mai complessa, sicché agli elevati massicci montuosi si intercalano conche e bacini interni, anch'essi situati ad altitudini spesso notevoli: così il grande lago Van è un bacino chiuso, salato, a 1720 m sul livello del mare, circondato da montagne che superano anche i 4000 m. L'isolamento, geografico prima ed economico e sociale poi, costituisce una delle principali caratteristiche di questi bacini interni che rappresentano altrettante unità territoriali separate l'una dall'altra da impervie barriere prive di agevoli comunicazioni. Anche i centri maggiori sono spesso situati a grandi altezze: Erzurum a 1950 m, Kars a 1750. L'estremo lembo meridionale della Turchia che ha per centro Gaziantep, inoltre, appartiene già, da un punto di vista geomorfologico, al tavolato siriano.

La regione orientale rappresenta la parte più difficile e avventurosa (e forse per questo, appassionante) di un viaggio in Turchia. Il turismo è ancora poco diffuso: non sono molte le persone che parlano una lingua che non sia il turco e le sistemazioni alberghiere sono spesso molto semplici. Le strade possono rallentare il viaggio, nonostante il traffico sia scarso, perché a tratti accidentate, soprattutto nel nord. È consigliabile fare rifornimento di benzina e di acqua di frequente e non viaggiare dopo il tramonto, perché non è facile trovare punti di ristoro. Si incontrano spesso posti di controllo (il cartello DUR indica lo stop), che non costituiscono comunque un problema per i viaggiatori stranieri.

Anche il clima è difficile: nelle zone settentrionali, spesso innevate, le temperature sono basse, mentre nelle regioni più a sud il caldo in estate è torrido. Il periodo migliore per un viaggio va da maggio-giugno fino a ottobre, mentre per il sud-est sono preferibili la primavera e l'autunno. È comunque un itinerario attraverso grandi paesaggi, che cambiano progressivamente scendendo da nord a sud: scenari di montagna spettacolari, altipiani solitari percorsi solo da un nastro di asfalto o zone quasi desertiche e assolate.

Le regioni che si attraversano sono caratterizzate da forti peculiarità, oltre che a livello climatico, anche da un punto di vista storico-culturale. L'Anatolia nord-orientale è una regione montuosa, comprendente la Georgia, che vide nascere nel IX secolo numerosi principati. Sono da scoprire chiese e monasteri nascosti in valli spesso difficili da raggiungere e, in particolare, meritano una visita Ani e Doğubayazit. Nella regione del lago di Van (da visitare la fortezza omonima e la chiesa di Akdamar, su un'isoletta) si sviluppò invece dal

Il grande lago salato di Van, che si estende a 1700 m di quota tra i massicci dell'acrocoro armeno

IX secolo la civiltà di Urartu, forse la prima forma di organizzazione statale dell'Anatolia, e un regno armeno che si estese fino al Caucaso e al Mediterraneo. La zona del sud-est, infine, è profondamente diversa dalle precedenti, soprattutto per il clima, caldo e arido, con temperature che arrivano facilmente ai 45-50 °C in estate. Qui il paesaggio (con conseguenze anche per il clima) si sta profondamente modificando in seguito al progetto di dighe in corso di realizzazione (vedi box a pag. 31). Questa zona (in cui si segnalano in particolare Nemrut Dağı, Harran, Mardin e Hasankeyf) conserva resti dell'antica civiltà Commagene e di città romane, accanto a una fioritura di chiese e monasteri cristiano-siriani.

Gli itinerari

Le comunicazioni nelle regioni orientali (vedi tracciato degli itinerari sulla carta del risguardo posteriore, B-D 5-8) risultano ancora abbastanza difficili e le strade, molto tortuose, devono superare notevoli dislivelli; molti centri ed edifici di interesse storico-artistico sono ubicati in valli secondarie, raggiungibili solo con piste sterrate che richiedono la disponibilità di un fuoristrada e di una guida locale. Gli unici due assi stradali dai percorsi un po' meno impegnativi sono la statale 100-E80 che collega **Erzurum** (→) con **Doğubayezit** (→) e il confine iraniano (km 343) – da cui si distacca la strada che conduce al **lago di Van** (→) – e la 080 che si diparte dalla precedente a Horasan per proseguire fino a **Kars** (km 223 →). I 235 km della statale 950 da Erzurum a Hopa, sulla costa del mar Nero presso il confine con l'Unione Sovietica, corrono in un territorio poco abitato, le cui caratteristiche si riflettono sul tracciato, tortuoso e talvolta in cattive condizioni (ma che offre splendidi paesaggi). Il tratto sulle statali 070 e 975 che unisce Kars a Doğubayezit (circa 240 km), relativamente poco impegnativo per quel che riguarda il tracciato, offre l'emozione di avvicinarsi al biblico monte Ararat dai 2110 m del valico di Çilli Geçidi. La strada 400-E90 da **Gaziantep** (→) a Kızıltepe (km 289) corre pressoché parallela al confine siriano; a Kızıltepe una deviazione verso nord sulla 950 raggiunge **Mardin** (→) e **Diyarbakır** (km 110; km 399 in totale →); entrambi i tratti del percorso non presentano particolari difficoltà, ma attraversano la regione sud-orientale (→), meno densamente popolata di quelle costiere. Si tenga inoltre presente che il transito nelle zone più prossime al confine può essere soggetto a restrizioni per motivi di carattere militare.

14.1 Erzurum e la regione nord-orientale

Erzurum

(C6-7). Antica e animata città carovaniera, Erzurum (ab. 362 000) sorge a 1950 m d'altitudine tra imponenti massicci montuosi e deve gran parte del suo fascino ai marcati contrasti, anche di carattere sociale, tra antico e moderno.

Storia. Nota già nell'antichità, acquisì grande importanza nel periodo bizantino quando, con il nome di Theodosiopolis, diventò, dopo la cessione dell'Armenia ai Persiani (387-390), una delle principali piazzeforti nelle province orientali dell'impero. Nel 502, al termine di un lungo assedio, se ne impadronirono i Sassanidi che la restituirono ai Bizantini con l'armistizio del 506; nei secoli successivi passò più volte dai Bizantini agli Arabi e viceversa, finché dopo un assedio di sette mesi, verso il 928, il generale bizantino Giovanni Kurkuas sottrasse agli Arabi la città che fu poi data in feudo a un governatore armeno (978). Occupata dai Turchi nell'XI secolo, la città, chiamata dagli Arabi 'Arzan er-Rum' (la terra dei Romani, da cui derivò Erzu-

rum), passò sotto la dominazione mongola alla metà del XIII secolo e nel 1515 venne riunita all'impero ottomano da Selim I. Occupata ripetutamente dalle truppe russe nel XIX secolo, è stata semidistrutta da un terremoto negli anni quaranta. Nel 1919 si tenne in questa città il congresso, presieduto da Mustafa Kemàl Atatürk, dal quale partì la lotta per l'indipendenza.

Yakutiye Medresesi. Entrando in città da ovest, si scorge sulla sinistra il minareto tronco, finemente scolpito a intrecci e decorato secondo la tradizione selgiuchide, della **Yakutiye Medresesi**, edificata da un sovrano mongolo nel 1308, dal portale finemente ornato; l'interno colpisce per l'armonia delle forme e la raccolta atmosfera. Dietro alla medersa è un bell'ipogeo romano, ben conservato.

Poco oltre, sempre sulla sinistra, sorge la **Lala Mustafa Paşa Camii**, eretta nel 1563 e coronata da una grande cupola centrale, nello stile delle opere di Sinan. Procedendo verso il centro della città si arriva all'**Ulu Cami**, la più antica moschea di Erzurum (1179), con esterno sobriamente decorato e interno, assai vasto, a sette navate divise da una selva di colonne.

Çifte Minare Medresesi. *Visita dalle 9 alle 17.* Su una grande piazza affaccia questa antica scuola coranica fondata nel 1253 dal sultano selgiuchide Keykubat Alaeddin II e terminata dalla figlia Huand Hatun. È caratterizzata da due minareti gemelli, rivestiti in maioliche turchesi e poggianti su alti basamenti quadrati che incorniciano un maestoso portale riccamente decorato. La porta propriamente detta è sormontata da una volta ornata da stalattiti e preceduta da un ampio scalone; ai due lati, un'aquila a due teste sovrasta un'ornamentazione a palmette. All'interno della *medersa*, lo spazio è organizzato intorno a un cortile prolungato in forma di croce da quattro *iwan*: quello di fronte all'entrata è riservato alla preghiera e gli altri a sale di studio. L'edificio è adibito a **museo** e vi sono esposti reperti preistorici, maioliche, frammenti di mosaici e oggetti tradizionali. Dall'*iwan* opposto all'entrata si passa nell'**Hatuniye Türbesi**, mausoleo eretto nel 1255 dalla figlia del sultano Keykubat, la cui elegante struttura esterna è animata da piccole arcate sormontate da cornici scolpite, sulle quali poggia un tetto conico anch'esso ornato da arcatelle.

I minareti gemelli della Çifte Minare Medresesi a Erzurum

Percorrendo Gürcü Mehmet Sokağı si arriva, in breve, a una piazza dove si innalzano, in un recinto, tre mausolei e i ruderi di un quarto. Di questi il più significativo è l'**Emir Sultan Türbesi**, risalente al periodo selgiuchide; costruito su pianta ottagonale, è riccamente decorato su tutte le facciate; la porta d'entrata è inquadrata in una doppia nicchia ornata da rilievi.

Cittadella. *Visita a pagamento dalle 8.30 alle 12 e dalle 13.30 alle 17.30; fino alle 19.30 in estate.* Al centro della città si erge l'imponente cittadella (*kale*), risalente all'epoca di Teodosio e poi più volte rimaneggiata, che conserva solo alcuni tratti delle mura originarie. L'interno è piuttosto spoglio, ma dall'alto delle mura si gode una magnifica vista della città. Poco distante, sulla destra, si trova il **Gümüşlü**

Türbe, mausoleo d'epoca selgiuchide (XIII secolo).

Museo. *Visita a pagamento dalle 8 alle 12 e dalle 13.30 alle 17.30; chiuso il lunedì.* Lungo la strada che esce dalla città verso sud è stato allestito questo museo municipale con reperti provenienti dagli scavi della zona e di epoca urartaica, interessanti raccolte etnografiche e opere di calligrafia.

Tortum

(B7). È un modesto villaggio dal quale si può raggiungere, in una valle laterale (2 ore di cammino), il **Tortum Kalesi**, castello un tempo di grande importanza strategica e ora in rovina, costruito dai Georgiani.

I dintorni di Tortum

Haho o Chacho

Detto anche Hahul o Chachuli; raggiungibile deviando a sinistra per 25 km dalla 950 presso il villaggio di Vıhık Kapısı. Si può visitare, a 1500 m di altitudine, un **monastero** del X secolo, un tempo tra i più importanti della regione, dedicato alla Madre di Dio, con tracce di rilievi scolpiti e pitture che ricordano quelle di Akdamar (vedi a p. 314).

Monastero di Ösk

(B6). Detto anche Oschki o Vank; raggiungibile con una pista di 9 km che si stacca dalla 950 verso ovest all'estremità meridionale del Tortum Golü. Comprende una chiesa del X secolo a pianta basilicale a tre navate con cupola in corrispondenza della crociera e cappelle laterali: conserva una bella decorazione scolpita e tracce di pitture dell'XI secolo, tra cui una *deisis*.

Yusufeli

Deviazione di 10 km a ovest dalla 950. Da questo pittoresco borgo di alta montagna situato in una valle laterale del Çoruh Nehri si può partire, prendendo la strada di Sarigöl verso nord, per visitare, con l'aiuto di guide locali, alcune delle antiche chiese legate alla storia dei principati autonomi della Georgia. Sparse nella regione circostante, sono da menzionare quelle di Barhal (oggi Altınparmak), una basilica a tre navate, del X secolo, con decorazioni in pietre di diverso colore, Dört Kilise, una chiesa in rovina con monastero, sempre del X secolo, e Işhan, chiesa episcopale del VII secolo, poi trasformata nell'XI, che presenta una ricca decorazione georgiana con motivi vegetali a intreccio e tracce di affreschi.

Artvin

(B7). Cittadina di circa 21 000 abitanti a 500 m di altitudine, in un grandioso scenario di monti, è dominata dalle rovine di una fortezza, costruita nel XV secolo a difesa della stretta gola che costituiva un passaggio obbligato per la strada diretta al mar Nero.

10 km a nord-ovest di Artvin è possibile ammirare piante rare e forme geologiche particolari nel parco nazionale della valle di Hatilla.

Da Artvin 64 km di strada, valicando i Balıklı Dağı per il passo di Cankurtaran (1075 m), consentono di raggiungere il mar Nero; invece il primo tratto della 010, diretta a Kars, più oltre decisamente impegnativa, consente di visitare altre interessanti località dell'area a ridosso del confine armeno.

I dintorni di Artvin

Ardanuç

30 km a est. È una grossa borgata, un tempo capitale del distretto armeno di Tao-Klardshetia, su cui regnò, fino all'inizio del secolo XI, la dinastia armena dei Bagratidi. Un po' discosta, su uno sperone roccioso ai margini di una gola, si trova la **cittadella**, la cui cinta muraria, rinforzata da torri, è abbastanza ben conservata.

Şavşat

63 km a est. È un piccolo villaggio di montagna dominato da una collina rocciosa, coronata dalle rovine di una cittadella georgiana. La strada proveniente da Artvin percorre la **valle dell'Imerhevi (Okçular Deresi)** che, insieme alle convalli laterali, è detta 'il monte Athos della Georgia' per la presenza di numerosi monasteri. Tra gli altri si segnala quello di **Opiza**, fondato

nell'VIII secolo da anacoreti georgiani: la chiesa, a pianta basilicale con cupola a crociera (sormontata esteriormente da una copertura piramidale rivestita da maiolica smaltata), fu eretta nel IX secolo e rimaneggiata nel XIII secolo.

A nord-est di Şavşat il parco nazionale di Sahara è famoso per i suoi laghi alpini e gli orsi.

Kars

(B7). Capoluogo di provincia, la cittadina (ab. 76 000) è situata a 1750 m in una zona, prossima al confine con l'Armenia, di grande interesse ambientale per la bellezza ancora selvaggia e incontaminata del paesaggio. Dominata da un'imponente cittadella, ha un aspetto monotono e un po' tetro che può essere ricondotto in parte al diffuso impiego della pietra grigia e in parte al proprio ruolo di ex piazzaforte militare.

Storia. Capitale del regno armeno dei Bagratidi fino al 962, attorno al 1064 Kars fu annessa al sultanato selgiuchide di Persia e nel 1205 conquistata da un'armata georgiana, per passare poi nel 1514 sotto il controllo degli Ottomani. Per la sua posizione strategica più volte oggetto di aspre contese e occupazioni militari ottomane e russe, fu definitivamente assegnata alla Turchia con il trattato di Mosca del marzo 1921, ma conserva numerosi segni dell'occupazione zarista (1870-1920).

Visita. È opportuno tenere presente che, desiderando visitare le vestigia di Ani (vedi a p. 311), è necessario presentare un modulo rilasciato dall'Ufficio del Turismo o dal comando di polizia di Kars. I biglietti di accesso alla zona archeologica devono essere acquistati presso il museo di Kars.

Chiesa dei Ss. Apostoli. Sulla strada che porta alla cittadella si visita questa antica chiesa armena consacrata al re Abas tra il 930 e il 937 e trasformata in moschea (Kümbet Camii) dopo la conquista turca.

Museo. *Visita dalle 8 alle 17; chiuso il lunedì.* In un nuovo edificio sull'Ani Yolu, nei quartieri nord-orientali è allogato il museo cittadino. Vi sono esposte collezioni dedicate al folclore turco, reperti risalenti all'età del Bronzo, ceramiche selgiuchidi e alcuni Corani. Da non perdere la sezione etnografica al primo piano dove sono esposti kilim, tappeti e *cicim* molto belli.

A circa 200 m di distanza si scorge il **Taş Köprü**, ponte di pietra dall'imponente struttura architettonica, eretto probabilmente nel XV secolo, poi distrutto da un terremoto e ricostruito nel 1725.

Cittadella. Tetra fortezza che domina il fiume nei pressi del ponte, fu fondata dagli Armeni, ricostruita nel secolo XII dai Selgiuchidi e ancora rimaneggiata dagli Ottomani nel secolo XVI, durante l'occupazione russa della città. Comprende una doppia cerchia di mura che delimita una fortezza interna (Narin Kale); vi si conservano i resti di alcuni monumenti musulmani.

I dintorni di Kars

Çıldır

93 km in direzione nord. È un borgo nei pressi della fortezza medievale detta Ribat Kalesi, a poca distanza dal Çıldır Gölü, vasta falda acquifera a 1900 m di altitudine, rifugio di numerose colonie di uccelli acquatici. Sulle sue sponde e sull'isolotto di Akçakale (lungo la riva opposta a quella che segue la strada) si trovano vari monasteri e chiese armene dei secoli IX e XI.

Ani*

(B7). Situata all'estremità orientale della Turchia, su uno spoglio altopiano circondato da steppe desolate al confine con la vicina repubblica armena, Ani, l'antica capitale armena, oggi 'città fantasma', domina le gole dell'Arpa Çayı in uno scenario di grande suggestione. I possenti bastioni racchiudono, oltre alla cittadella, numerose chiese, importanti testimonianze dell'architettura armena tra il X e il XIII secolo.

Storia. La fortezza di Ani viene menzionata già nel V secolo d.C., ma la città acquistò importanza quando divenne la capitale bagratide durante il regno di Ashot III Olormadz (953-977). I suoi successori la arricchirono di monumenti dotandola anche di una doppia muraglia rinforzata da torri rotonde o rettangolari. Dopo alcuni tentativi di assalto da parte dei Bizantini, nel 1064 la città fu conquistata dai Turchi, condotti da Alp Arslan e annessa ai possedimenti dei sultani selgiuchidi di Persia. Nel 1124 il re della Georgia, David II, riprese la città, ma due anni dopo essa tornò sotto il controllo dell'emiro di Erzurum. Riconquistata da Giorgio III nel 1184, fu devastata dai Mongoli nel 1239 e abbandonata definitivamente dopo il violento terremoto del 1319.

Visita. Il sito è aperto dalle 8.30 alle 17; la visita si può effettuare in 2 ore, anche se per apprezzare al meglio le rovine varrebbe la pena di mettere in conto almeno un'ora in più. Data la vicinanza al confine, la zona è sotto controllo militare e pertanto alcune parti del sito potrebbero risultare inaccessibili. La situazione è comunque più tranquilla rispetto ad alcuni anni fa: oggi è permesso scattare fotografie e non è più obbligatorio precurarsi un permesso per accedere. Il biglietto d'ingresso si può acquistare direttamente sul posto.

Arslanl Kapısı. Si entra dalla 'porta del Leone', decorata da un bassorilievo; circa 200 m più a ovest si apre la Çifte Beden Kapısı, compresa fra due bastioni semicircolari, mentre a est si trovano la Hıdrellez Kapısı con decorazioni della fine del secolo XII o dell'inizio del successivo e la Dere Kapısı, presso il burrone dell'Arpa Çayı.

Superata l'Arslanlı Kapı, si attraversano le rovine della città bassa (Aşağı Ani) e si incontra sulla destra una chiesa georgiana, consacrata nel 1218 e ornata da rilievi (Annunciazione e Visitazione). Poco oltre, sempre sulla destra, è la chiesa di S. Gregorio, costruita intorno al 1000 non lontano dal **Sultan Sarayı**, l'antico palazzo Paronof (XI-XII secolo), complesso di edifici molto rovinati sul bordo del Bostanlar Deresi (vallone degli Orti) che con la sua scarpata costituiva un bastione naturale. Ritornando verso il centro dell'insediamento si scorgono le rovine della chiesa dei Ss. Apostoli, costruita nel 1031, con una cupola a costoloni.

Chiesa di S. Gregorio d'Abugamrentz.

Nei pressi del Bostanlar Deresi, all'estremità occidentale dell'allineamento di edifici che taglia da ovest a est lo sperone roccioso ove sorgeva la città, è un piccolo santuario del X secolo a pianta dodecagonale, destinato a cappella funebre di una famiglia patrizia. Tipico esempio dell'architettura armena, ha la cupola con un coronamento conico che copre un alto tamburo, decorato da modanature con arcatelle in cui si aprono piccole finestre.

Cattedrale*.

Insigne monumento armeno, tra i meglio conservati di Ani, edificato intorno al 1000, trasformato in moschea nel 1064 e poi restaurato dai Georgiani. Ha pianta a croce inscritta in un rettangolo, con crociera sormontata da una cupola, oggi crollata; l'esterno è ornato da alte arcate cieche scandite da eleganti modanature.

Chiesa del Redentore.

Proseguendo verso il bastione orientale si incontra questa chiesa, anch'essa decorata da arcatelle cieche; edificata nel 1036, presenta una cupola poggiante su un alto tamburo sostenuto da otto pennacchi. All'interno si scorgono tracce di pitture murali eseguite nel XIII secolo.

Chiesa di S. Gregorio di Honentz*.

Di fronte alla Dere Kapısı, all'estremità orientale dei bastioni, si erge questa grande basilica a cro-

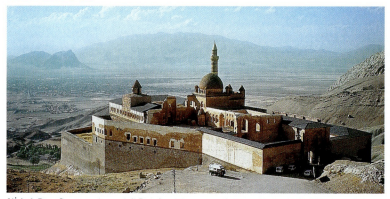

L'İshak Paşa Sarayı, nei pressi di Doğubayezit, eretto nel XVII secolo da un ricco emiro curdo

ce inscritta e cupola sulla crociera, che conserva resti della magnifica decorazione scolpita e di pitture: vi sono rappresentate scene del Nuovo Testamento e della vita di S. Gregorio l'Illuminatore, considerato l'apostolo dell'Armenia per l'opera di evangelizzazione che compì in questa zona nel IV secolo. La sua festa cade il 30 settembre.

Seguendo il bordo del burrone dell'Arpa Çayı, corso d'acqua che delimita il lato sud-est dello sperone roccioso, si giunge al **convento della Vergine**, il cui santuario fu eretto nel XIII secolo a pianta esagonale e ricoperto da una cupola. A ovest si intravedono le rovine di un ponte medievale e, lungo la strada che porta alla cittadella (*zona militare, meglio informarsi all'ingresso del sito in merito all'accessibilità di quest'area*) si osserva la **Menüçahr Camii**, moschea eretta nel 1072 dal primo governatore turco di Ani.

La zona di Tuzluca

Tuzluca

(B7) È un grosso borgo della valle dell'Aras Nehri, in un paesaggio di spogli altipiani. Circa 10 km più a nord, presso il confine con la repubblica armena, sorgono due antiche città armene: **Mren** (B7) con i resti di un'antica cattedrale, e **Bagaran** che fu nel IX secolo la residenza del bagratide Ashot il Grande (856-890), con una chiesa eretta fra il 624 e il 631 e dotata di quattro absidi a raggiera.

Oasi di Iğdır

(B7-8). Circondata da pioppi, si stende nella vallata dell'Aras Nehri, ai piedi dell'imponente massiccio vulcanico del monte Ararat (Büyük Ağrı Dağı, 5122 m); di lì, salendo al valico di Çilli Geçidi, la strada attraversa vasti territori coperti di lava in uno scenario impressionante.

Per la vicinanza alle frontiere con l'Iran e la repubblica armena, l'ascensione (priva di difficoltà alpinistiche ma disagevole e della durata di 3 o 4 giorni) al **monte Ararat*** (B-C8), noto non solo per essere la vetta più alta della Turchia, ma perché citato nella Bibbia (vedi box in basso), è possibile solo con uno speciale permesso, rilasciato a gruppi accompagnati da una guida. Le agenzie di viaggi turche possono sbrigare le pratiche burocratiche relative al permesso, ma i tempi di attesa sono molto lunghi: conviene avanzare la richiesta con almeno un mese e mezzo di anticipo.

Doğubayezit

(C7-8). È la città più orientale della Turchia e luogo di transito verso il confine iraniano, da cui dista 57 km.

İshak Paşa Sarayı*. *Visita a pagamento dalle 8.30 alle 17.30*. L'edificio, che si trova a circa 7 km dal centro di Doğubayezit, fu costruito verso la fine del XVII secolo come re-

L'arca di Noè

«[...] e nel settimo mese, il diciassettesimo giorno del mese, l'arca si fermò sulle montagne di Ararat» (Genesi VIII, 4). Secondo quanto si legge nella Bibbia il monte Ararat sarebbe il luogo in cui si posò l'arca di Noè dopo il diluvio universale. In realtà esistono in merito due ipotesi: secondo alcuni studiosi tracce dell'arca sarebbero state ritrovate in un ghiacciaio sulle pendici dell'Ararat; una spedizione americana, svoltasi in anni più recenti, sostiene invece che l'arca sarebbe arenata sul monte Musa (Musa Dağı), poco a est di Doğubayezit. Entrambe le teorie appaiono suggestive e sono in attesa di ulteriori conferme.

sidenza estiva del ricco emiro curdo İshak Paşa, che si ispirò a diversi stili architettonici riuscendo a fonderli in un complesso armonioso.

All'ingresso si nota il bel portale ispirato all'arte selgiuchide costituito da blocchi scolpiti, nicchie e motivi geometrici. Si entra quindi in un vasto cortile intorno a cui affacciano diversi edifici secondari, delle scuderie e, a nord, una grande sala dove il governatore amministrava la giustizia. Si visitano la biblioteca, la moschea con una grande cupola e la tomba di İshak Paşa, finemente decorata. Ci si addentra infine in un dedalo di cortili e di stanze, nella parte privata del complesso, ove si trovavano la sala di ricevimento, l'harem, i bagni e la cucina.

A nord del palazzo, al di là della strada, sorgono le rovine dell'antica città di Eski Doğubayezit, con una fortezza, una moschea e una tomba.

Da Doğubayezit proseguendo fino al confine, si trova il **Buco del Meteorite**, cavità di 30 m circa di diametro, causata da un meteorite caduto nel 1920.

14.2 La regione del lago Van

Van

(C7). Situata a 1720 m di altitudine, a 5 km dalla riva orientale del lago omonimo, Van (ab. 391 000) è una città moderna sviluppatasi nei pressi di un antichissimo insediamento, i cui resti sono stati ritrovati sulla sommità di una delle due colline (Toprakkale) che dominano l'abitato.

Storia. Fondata attorno al secolo IX a.C., l'antica Tušpa fu la capitale del regno di Urartu, che raggiunse l'apogeo nell'VIII secolo; distrutta nel VII secolo a.C. da Sciti e Cimmeri, fu occupata in seguito da Medi, Persiani, Romani, Bizantini e Arabi. Governata da dinastie armene fino alla conquista selgiuchide (XI secolo), passò poi sotto il dominio dei Turcomanni e fu distrutta da Tamerlano nel 1387. Nel 1473 fu sottomessa dagli Ottomani, ma nei secoli seguenti i Persiani ne tentarono più volte la conquista. Nel 1915-17 fu occupata dai Russi e completamente distrutta nel corso della successiva ritirata. Dopo la nascita della Repubblica turca, ad alcuni chilometri dalla città vecchia fu costruita una nuova Van.

Museo Archeologico. Al centro della città moderna sorge questo museo, il cui giardino ospita numerosi frammenti architettonici e sculture urartee dell'VIII e VII secolo a.C. Tra i reperti conservati nel museo si segnalano soprattutto alcune piastre di bronzo lavorato e sbalzato, frammenti di pitture murali, gioielli d'oro e perle di vetro.

Nel cortile interno si trovano sculture e iscrizioni urartee a caratteri cuneiformi; al primo piano, oggetti di arte musulmana (maioliche, tappeti), iscrizioni in caratteri cufici (XIII e XIV secolo) provenienti dall'Ulu Cami di Van, collezioni di monete bizantine, sassanidi, selgiuchidi e ottomane e un'interessante sezione etnografica.

Città vecchia. A 4 km dalla città moderna (ricostruita dopo la distruzione di Van da parte degli Ottomani nel 1915, prima di passare sotto il dominio dei Russi che la tennero fino al 1917), percorrendo la Cumhuriyet Caddesi e poi la Kazım Karabekir Caddesi, si giunge ai piedi di un lungo sperone che domina le rive del lago. Si scorgono molti mausolei e moschee di epoca selgiuchide e ottomana in cattivo stato di conservazione e i resti, molto rovinati, dei bastioni. Sul picco roccioso permangono le possenti mura della **cittadella**, merlate e rinforzate da torri in mattoni, per lo più di epoca medievale.

Collegata alla città bassa da una lunga scalinata (mille gradini circa) costituiva l'acropoli dell'antica Tušpa. Sotto i diversi livelli, risalenti soprattutto alle epoche selgiuchide e ottomana, sono stati infatti ritrovati resti di un possente bastione urarteo, unica traccia della cittadella fondata presumibilmente dal re Sardur I nel IX secolo a.C.

Più a nord, oltre il versante settentrionale dello sperone roccioso, non lontano dal lago, si trova il **Madır Burcu**, un bastione chiamato ancora Sardur Kalesi (castello di Sardur) che costituiva forse una difesa avanzata della cittadella.

Il vicino **lago di Van** (C7) si stende, con una superficie di 3700 km², fra le montagne di un massiccio vulcanico che vanta numerose cime superiori ai 3000 m. Essendo le acque del lago fortemente alcaline, la presenza di pesci è minima, salvo alla foce dei fiumi dove già nel XIII secolo il pesce veniva esportato fino in Mesopotamia e nell'Asia Centrale.

I dintorni di Van

Toprakkale
(C7). 4.5 km in direzione nord-est. Alcuni scavi effettuati nel secolo XIX hanno riportato alla lu-

ce le rovine dell'antica capitale del regno di Urartu, fondata probabilmente dal re Rusa I, e i resti di un tempio consacrato al dio Haldi, la principale divinità urartea.

Monastero di Varag

A 11 km da Van, in direzione sud-est, sul fianco meridionale del Susan Daği, nel villaggio di Yukari Bakraçli, si scorgono le rovine dell'antico **monastero di Varag** (detto di Yedi Kilise, le sette chiese), fondato dagli Armeni alla fine del x secolo. Questo complesso monastico era un tempo una grande e famosa sede patriarcale e possedeva una ricca biblioteca e una reliquia della Santa Croce. Comprendeva almeno sette chiese (da cui il nome) tra le quali di rilievo quella consacrata alla Madre di Dio. In un edificio del XVII secolo annesso alla chiesa sono ancora visibili alcune pitture murali molto annerite che fondono elementi armeni tradizionali con altri derivati dall'arte persiana (*la struttura è stata chiusa con una porta di legno dagli abitanti del villaggio, che si occupano della sua manutenzione: la chiave viene immediatamente portata ai rarissimi ma ben accetti visitatori*).

Çavuştepe

(C7). Lasciata Van in direzione sud, dopo 25 km una strada sulla destra conduce alla collina di **Çavuştepe**, coronata dai resti di una città fortificata urartea, forse l'antica Sardurihurda, cui si accedeva attraverso due rampe, una delle quali in parte utilizzata per la costruzione dell'attuale strada. La **cittadella** era protetta da un muro di cinta costituito da grossi blocchi accuratamente predisposti e rinforzati da bastioni sporgenti un metro circa rispetto alla cortina, ancora conservata per un'altezza di circa 3 m.

Oltre le mura, si notano le fondamenta di un **palazzo** dotato di lunghi corridoi intagliati nella roccia (oltre 100 m di lunghezza) e comprendente un grande vestibolo, cisterne, magazzini, cantine e cucine. Seguendo un passaggio (largo 7.6 m e lungo 142) racchiuso fra due muraglie, si giunge a un magazzino dove sono ancora conservate trenta giare allineate su quattro file; riconoscibili anche alcuni recipienti con incise indicazioni di misure e capacità, utilizzati per contenere granaglie e liquidi. Si giunge infine al basamento di un **tempio** consacrato al dio Irmušini, con un'iscrizione a caratteri cuneiformi che menziona il re Sardur III (765-733 a.C.).

Güzelsu (Hoşap)

A 58 km da Van. È un modesto villaggio in un vallone roccioso, inserito in uno scenario paesagistico dall'aspetto lunare, ove sorge il **castello di Mahmudiye**, impressionante fortezza curda, costruita nel 1643, la cui cortina è ancora ben conservata. Il ridotto è accessibile da un bel portale a conci policromi scolpiti; vi si accede attraverso un'impressionante scalinata in pietra, scavata nella roccia. Dall'alto si può avere una visione completa della valle e dei resti delle mura difensive che la percorrevano, dalla forma curiosa che ricorda il dorso di un dinosauro. Ai piedi della fortezza, un ponte a dorso d'asino del XVII secolo.

Hakkari

205 km da Van, deviando a destra dalla 975 sulla 400 franco Bağışlı. È un grosso borgo a 1700 m di altitudine e l'antica capitale del beilicato curdo che riuscì a mantenere la propria indipendenza fino all'inizio del XIX secolo. Dominato da una fortezza, residenza dei bey curdi, conserva una piccola *medersa* del XVII secolo. Grazie alla sua posizione è il punto di partenza per la visita delle antiche chiese nestoriane, risalenti al XIV e XV secolo, sparse nell'area circostante. Il panorama è davvero spettacolare, ma la presenza militare in questa zona è davvero massiccia.

La sponda meridionale del lago di Van

Isolotto di Akdamar

Circa 2 km al largo di Gevaş, residenza reale e, successivamente, sede dei patriarchi della chiesa armena nei secoli X-XV, conserva la **chiesa della S. Croce**, costruita dall'architetto Manuel fra il 915 e il 921 e ritenuta uno dei capolavori dell'architettura religiosa armena. A pianta a croce con quattro conche absidali, ha la cupola che poggia su un alto tamburo decagonale, sormontato da una copertura piramidale. All'esterno le pareti sono ornate da bassorilievi raffiguranti animali, pampini, teste umane, santi e profeti.

Accanto a figure dell'Antico Testamento (Adamo ed Eva, Davide e Golia, Sansone, Giona) e di quelle di Cristo e Maria, scene di vita quotidiana raffigurano la vita felice di un popolo sotto il suo re. Le scritte didascaliche furono probabilmente aggiunte in un secondo momento.

All'interno gli affreschi, i più antichi dell'Armenia, sono gravemente danneggiati.

Tatvan

(C7). È un porto (ab. 54 000) all'estremità sud-occidentale del lago Van. Dal sobborgo di Tuğ si raggiungono (30 minuti di cammino) le rovine del monastero **Hiztibutzi Vank**, eretto dagli Armeni su uno sperone roccioso a strapiombo sul lago.

Da Tatvan è consigliabile un'escursione (19.5 km in direzione nord) al **vulcano Nemrut Dağı** (C7; da non confondersi con la montagna omonima della provincia di Adıyaman), dalla cui sommità (3050 m) si gode uno splendido panorama sul lago di Van. All'interno dell'enorme cratere si trovano dei laghetti (uno dei quali ha acque tiepide) e si verificano interessanti fenomeni: intorno al lago caldo, sulle pendici interne del vulcano, da una fenditura nella roccia esce un flusso di aria caldissima; in basso sgorga una sorgente di acqua bollente. Dall'altro lato del lago, invece, da una piccola grotta fuoriesce una corrente di aria gelida. Occorre farsi accompagnare da una guida locale per scoprire queste curiosità, che non sono segnalate: basta comunque chiedere ai tassisti di Tatvan o alle reception degli alberghi.

Sempre da Tatvan (84 km a nord-ovest per la statale 300) si può raggiungere **Muş**, città fondata nel VI secolo e gravemente danneggiata negli ultimi decenni da una serie di terremoti. Conserva le rovine di una cittadella, diverse moschee e l'Arslani Hanı, caravanserraglio selgiuchide; nelle vicinanze si trova il monastero armeno di S. Lazzaro. 59 km più a nord, presso il villaggio di Varto, è stato riportato alla luce un insediamento di epoca urartea chiamato **Kayalıdere Kalesi**. Una rupe dominante il corso del Murat Nehri è coronata dalle rovine della cittadella superiore, con i resti di un tempio a pianta quadrata costruito con grossi blocchi e numerosi edifici. Un'altra fortezza era ubicata su uno sperone più a nord, mentre la città bassa, anch'essa circondata da mura, si estendeva ai piedi della rupe.

Bitlis

(C7). Città (25 km a sud-ovest di Tatvan per la 965-E99) dalle origini molto antiche, capitale di un beilicato curdo fino alla metà del XIX secolo, è situata a 1545 m di altitudine in una suggestiva gola, unica via di passaggio verso le regioni occidentali del Paese. Importante centro commerciale in

La chiesa di S. Croce sull'isolotto di Akdamar

epoca bizantina (quand'era conosciuta col nome di Badis) fu conquistata dai Selgiuchidi alla fine dell'XI secolo. A quell'epoca risale la Ulu Cami, più volte restaurata e rimaneggiata; la città, sovrastata da un castello, conserva anche alcune madrase e moschee del XVI-XVII secolo e vestigia della cittadella bizantina.

La sponda settentrionale del lago di Van

Eski Ahlat

(C7). Provenendo da Tatvan, precedono il moderno borgo di Ahlat le vestigia di questa antica città araba, della quale resta soltanto un'estesa necropoli in cui spiccano alcuni mausolei di rilevante interesse.
L'immenso cimitero selgiuchide offre alla vista dello stupefatto viaggiatore migliaia di stele in tufo vulcanico, grigio o rosso, finemente scolpite con motivi floreali o geometrici e iscrizioni cufiche. Il luogo, popolato solo da tartarughe, appare quasi irreale, soprattutto al tramonto, quando si tinge di rosso.

Storia. Occupata dagli Arabi nel secolo VII, Eski Ahlat divenne all'inizio del XII secolo capitale di un piccolo principato selgiuchide. Dopo essere stata conquistata dai Mongoli (1244), costituì uno dei più importanti centri della dinastia turcomanna del Montone Bianco; nel 1517 fu annessa all'impero ottomano da Selim I.

A circa 2 km dall'abitato moderno si incontra l'**Ulu Kümbet**, mausoleo particolarmente ben conservato, la cui camera funeraria cilindrica presenta una ricca deco-

Il cimitero selgiuchide di Eski Ahlat, con le stele di tufo dalle tonalità rossastre

razione alle pareti. Dopo circa 300 m, sulla sinistra, sorge il **museo**, comprendente una sezione etnologica con costumi, ricami e armi, e una archeologica con antichità urartee (bronzi, ceramiche) e monete bizantine e selgiuchidi. All'ingresso dell'abitato sorgono altri tre mausolei, due dei quali (Cifte Kümbet), a fusto cilindrico su basamento quadrato, risalgono al XIII secolo.

A 3 km, in riva al lago, si trovano le rovine di una **cittadella** portata a termine da Selim II nel 1568. Sulla muraglia esterna, munita di torri rotonde o quadrate, si aprono due porte; una fortezza interna (İç Kale) ospitava la guarnigione militare.

Adilcevaz

(C7). Identificato con l'antica città armena di Ardzgui, questo centro sorge circa 25 km a est di Eski Ahlat, nei pressi di una fortezza medievale, costruita in parte utilizzando materiali di recupero risalenti all'epoca del regno di Urartu.

A circa 300 m dal lago di Van è stata scoperta una **necropoli** urartea con tombe rupestri e sepolture nelle fenditure della roccia.
A 10 km in direzione nord, in località **Kefkalesi**, è stata portata alla luce (a 2200 m di altitudine) una città urartea, forse l'antica Qallania. L'altopiano sul quale sorgeva l'insediamento era circondato da mura ciclopiche, in parte ben conservate. Gli scavi di un palazzo fortificato hanno permesso la scoperta di una trentina di sale, co-

struite in mattoni su fondamenta di pietra. Ai piedi della collina di Kefkalesi, si trovano le rovine di un **monastero** armeno dell'VIII o del IX secolo.

Erciş

(C7). Piccolo centro a poca distanza dalla sponda settentrionale del lago di Van, in un'oasi verdeggiante di frutteti e filari di pioppi, è identificata con la città araba di Ardiech, nome con il quale era talvolta indicato anche il lago. A causa del cresciuto livello delle acque, le rovine della città armena e musulmana giacciono nelle paludi a sud del villaggio moderno dove è possibile visitare l'**Hargin Türbesi**, mausoleo mongolo del XIII secolo.

Una deviazione in direzione della steppa dominata dall'imponente vulcano spento Süphan Dağı (4058 m), conduce a **Patnos** (km 53 a nordovest per la 280), al centro di una regione dove sono state ritrovate numerose testimonianze di epoca urartea. Scavi condotti sulla collina di Anzavurtepe (a 3 km) hanno portato alla scoperta di un tempio con iscrizioni che indicano nel re Menua (805-790 a.C.) il fondatore dell'edificio.

Muradiye

Villaggio all'estremità nord-orientale del lago di Van, conserva un castello, eretto verso il 1500 da un re persiano, sotto il quale giacciono le rovine di una fortezza urartea.

14.3 La regione sud-orientale

Gaziantep

(D5). Moderna città di 853 000 abitanti e capoluogo di provincia, è adagiata in una fertile regione tra due colline, al centro di un'area di fiorenti attività agricole (pistacchio).

Storia. Già abitata attorno al 3800-3500 a.C., come attestano alcuni cocci di ceramica ritrovati sulla collina della fortezza, la regione acquistò importanza al tempo dei principati siro-ittiti (I millennio a.C.), in seguito annessi all'impero assiro. Contesa, con il nome di Aintab, tra Arabi e Bizantini, venne occupata alla fine dell'XI secolo dai Selgiuchidi che vi edificarono una fortezza. La vicinanza con Aleppo, in Siria, impedì lo sviluppo di questo centro che dipendeva amministrativamente proprio dalla metropoli siriana. Per alcuni anni sotto controllo egiziano nella prima metà del XIX secolo, subì un tentativo d'occupazione inglese alla fine del primo conflitto mondiale, restando poi sotto l'amministrazione militare francese fino al 1921.

Museo Archeologico. *Visita a pagamento-dalle 8.30 alle 12 e dalle 13 alle 17; chiuso il lunedì.* Un'antica *medersa* selgiuchide affacciata su Karagöz Caddesi, al centro della città, ospita il museo , nel cui cortile si notano numerosi frammenti architettonici e sculture d'epoca romana, bizantina e islamica; sotto il portico (a destra dell'entrata) un interessante rilievo neoittita del dio Teshub e una coeva sfinge in basalto. Da segnalare, tra le raccolte conservate nel museo, una collezione di sigilli di epoche diverse, dal 3800 a.C. fino al periodo persiano achemenide, e una ricca sezione etnografica.

La fisionomia del museo è cambiata radicalmente da quando, nel 2000-2001, ospita i reperti portati alla luce nel sito di Zeugma (vedi box in basso), capolavori che lo hanno reso in poco tempo una delle istituzioni più interessanti del Paese.

Fortezza. Fondata nel VI secolo da Giustiniano e ricostruita nell'XI e XII secolo dai Selgiuchidi, si erge in parte su uno sperone roccioso e in parte su una collina artificiale; da notare il bastione del portone d'ingresso, difeso da un barbacane e da un profondo fossato.

I dintorni di Gaziantep

Sakçagöz
51 km a ovest per la statale 400-E90. È un piccolo villaggio sorto sul sito di uno tra i più antichi insediamenti dell'Asia Minore, rinvenuto sui fianchi della collina di Coba Höyük (V millennio a.C.), dove sono stati portati alla luce numerosi reperti, soprattutto bassorilievi, di epoca neoittita, oggi conservati al Museo delle Civiltà Anatoliche di Ankara.

Zincirli
72 km a ovest per la 400-E90, deviando a sinistra sulla 825 dopo 63 km. Sono state rinvenute le fondamenta della capitale di un piccolo regno neoittita che, fondato nel XIV secolo a.C., acquistò importanza dopo il crollo dell'impero ittita dell'Anatolia, attorno al 1200 a.C., e nell'VIII secolo a.C. fu annesso all'impero assiro. La città sorgeva su una collina ovale, coronata da

una cittadella e contornata da una cinta di mura circolari (720 m di diametro), costituita da due muraglie fra le quali correva un cammino di ronda; la muraglia esterna, di cui non restano che le basi in pietra, era rinforzata da bastioni semicircolari.

Yesemek
Da Islaniye una strada di km 27 conduce a questo sito, dove è stato ritrovato il più grande atelier di statue del Vicino Oriente, attivo dalla seconda metà del II millennio all'VIII sec. a.C. Un ricco campionario di abbozzi di statue e rilievi documenta l'evoluzione dell'arte plastica ittita e, in particolare, l'introduzione del motivo della sfinge.

Kahramanmaraş

(D5). È una cittadina industriale (ab. 543 900) situata a 700 m di altitudine, in una fertile pianura alle falde dell'Ahır Dağı (2301 m). La sua tormentata storia risale all'XI secolo a.C., quale capitale del regno ittita di Gurgum e l'appellativo di 'Kahraman' (l'eroica) è legato alla rivolta popolare contro l'occupazione franco-inglese al termine del primo conflitto mondiale.

La **cittadella**, più volte ricostruita, risale, nel suo attuale assetto, all'epoca ottomana. Il **Museo Archeologico** ospita alcune sculture ittite provenienti dalla città e dai dintorni; vi si trova anche una pietra usata dagli Assiri per segnare un confine, ricoperta di iscrizioni cuneiformi. Interessante anche la visita all'**Ulu Cami** (grande moschea), della fine del XV secolo, alla **Taş Medrese** della stessa epoca, e a un bedesten del XVII secolo.

I mosaici di Zeugma

Tra gli affreschi e i grandi mosaici pavimentali provenienti da Zeugma (vedi pag. 320) e custoditi nel museo di Gaziantep, si segnalano quelli con Dioniso e Arianna, Oceano e Teti, Dioniso e Nike, Dedalo e Icaro, Poseidone, la nascita di Venere, oltre a una serie di motivi decorativi geometrici. Il mosaico più famoso è un viso femminile dallo sguardo intenso che è divenuto l'emblema di Zeugma: questa figura femminile incompleta, battezzata al momento della sua scoperta 'la zingara' per la chioma nera disordinata e il vistoso orecchino dorato, è stata da alcuni identificata con un ritratto di Alessandro Magno.

Adıyaman

(D5). Fondata nel VII secolo con il nome di Hisn Mansur, Adıyaman (ab. 413 000), la cui economia è fortemente legata all'attività di estrazione del petrolio, conserva un castello molto rovinato d'epoca araba, rimaneggiato dai Selgiuchidi, e un piccolo museo archeologico.

Circa 3 km a nord dell'abitato si possono vedere le **grotte di Pirin**, ove sono stati scoperti manufatti paleolitici, nei pressi di un luogo conosciuto in epoca romana come Perre, dove sono stati rinvenuti una vasta necropoli tardoromana e resti di acquedotti.

Nemrut Dağı**

(D5-6). L'escursione al Nemrut Dağı, appartenente al gruppo del Tauro, con i suoi 2150 m è il rilievo più alto di tutta la Mesopotamia settentrionale. Le sue gigantesche figure scolpite nella pietra che al sorgere e al calare del sole assumono colorazioni di grande suggestione rappresentano una delle maggiori attrattive di un viaggio in

Una delle teste colossali che ornava la tomba di Antioco I

Turchia. L'intera zona è parco nazionale; dal 1987 è stata dichiarata Patrimonio mondiale dell'Umanità dall'Unesco (vedi box a pag. 45).

Storia. Situata tra la Cilicia e l'Eufrate, la Commagene diventò provincia sotto i Seleucidi, dopo la divisione dell'impero di Alessandro Magno. Nel 162 a.C., il governatore Tolomeo si dichiarò indipendente costituendo un regno autonomo nella regione, sottoposta a influenze dall'altopiano iraniano, greche e, più tardi, romane. All'inizio del I secolo a.C. Mitridate, re di Commagene, instaurò una dinastia che durò fino al 72 d.C., alla morte di Antioco IV. La tomba di Antioco I, le cui rovine erano già state segnalate nel 1881 da un geologo turco, è stata riportata alla luce nel 1953 nel corso di scavi effettuati dalla American School of Oriental Researches diretti da Theresa Goell.

Visita. Sebbene sia più consigliabile aggregarsi a una delle escursioni organizzate in partenza da Kahta, anche con una normale automobile è possibile, con cautela, raggiungere il parcheggio (a quota 1950 m) da cui si parte, a piedi o a dorso di mulo, per superare i 200 m di dislivello che separano dalla vetta del Nemrut Dağı (15-20 minuti). Da Adıyaman (725 m) si percorre verso est la statale 360 per 44 km; superato di cir-

ca 10 km l'abitato di Kahta, si devia a sinistra (km 17) per Narince su strada parzialmente asfaltata, proseguendo poi per altri 9 km verso nord-est in direzione di Gerger fino al bivio, a sinistra, della ripida pista (km 16) che raggiunge il parcheggio (km 86 in totale). Un'altra possibile soluzione consiste nel fermarsi in uno degli alberghi che distano 8 km dalla vetta e farsi accompagnare in cima dai loro pullmini: gli ultimi chilometri presentano infatti un fondo stradale di pietra piuttosto sconnesso. Gli alberghi organizzano anche ascese notturne che consentono di assistere al sorgere del sole sulla vetta. La temperatura al tramonto e all'alba è rigida, anche in estate, ed è necessario munirsi di abbigliamento adeguato e di calzature comode e robuste.

Tomba di Antioco I.** Sulla sommità del Nemrut Dağı, in uno scenario grandioso che suscita una profonda emozione, si erge questa tomba, costruita nel I secolo a.C. Più precisamente il sepolcro si estende tra la terrazza est e quella ovest della vetta, sulla quale il sovrano fece aggiungere un tumulo piramidale di 50 m di altezza, costituito da pietra frantumata sul posto. Al di sotto si troverebbero le sepolture di Antioco I e dei suoi familiari: nonostante la disponibilità di moderne tecnologie, tuttavia, proprio per la struttura particolare del tumulo, è impossibile scavarle senza distruggerle.

Terrazza nord. È la più rovinata e fungeva da punto di raccolta dei pellegrini che arrivavano dalle diverse strade tracciate sul fianco della montagna. Statue colossali di un leone e di un'aquila ornavano la porta d'accesso.

Terrazza ovest. In parte intagliata nella roccia, era sostenuta da una muraglia di dimensioni ciclopiche. Tra due gruppi formati da un leone e da un'aquila, si ergevano cinque statue colossali di personaggi seduti (alte 9 m) di cui restano le teste pressoché integre. Le statue raffiguravano, da sinistra a destra: Apollo-Mitra-Ermete-Elios, la Commagene idealizzata nell'effigie della dea Tyche (la Fortuna), Zeus-Oromasdes (cioè il dio Ahuramazda del pantheon iraniano), Antioco e, infine, Eracle-Artagnes (identificato con il dio persiano Verathragna). Alcuni bassorilievi sugli ortostati rappresentano la genealogia del re: di fronte a ognuno si trova un altare su cui si bruciava l'incenso.

Il sincretismo del pantheon, che vede la compresenza di figure ellenistiche e persiane, rivela la duplice natura della cultura del regno Commagene, non estraneo inoltre a reminiscenze dell'arte ittita. Una delle lastre scolpite rappresenterebbe un oroscopo: la disposizione degli astri sul corpo di un leone ha permesso di identificare la data del 7 luglio 62 o 61 a.C., forse il giorno di fondazione del santuario, dato che Antioco I regnò tra il 62 e il 34 a.C. circa.

Terrazza est. Speculare rispetto alla precedente, presentava la medesima disposizione di statue e un grande altare a gradini dove venivano bruciati i sacrifici.

Inoltre, sono stati rinvenuti degli incastri utilizzati per sostenere un'edicola a forma di baldacchino, ornata da rilievi raffiguranti Antioco di Commagene accolto dagli dèi. Se i bassorilievi e le teste delle statue di questa terrazza sono meno conservati, i personaggi seduti sono invece perfettamente integri.

Sulla strada del ritorno, deviando a destra circa 1 km dopo Narince, è possibile visitare, presso Eski Kahta (km 17), le rovine di Arsameia e, più oltre, il Karakuş Tepesı, raggiungendo poi Kahta dopo aver aggirato un braccio d'acqua originato dalla diga dell'Atatürk Barajı (km 29).

I dintorni di Nemrut Dağı

Eski Kahta
È un villaggio sorto sul luogo dell'antica Arsameia sul fiume delle Ninfe dove, attraversato un ponte selgiuchide sul Kahta Çayı allo sbocco di una gola, si visita l'**Eski Kale**, santuario funebre (*hiérothésion*) costruito da Antioco I di Commagene in onore del padre Mitridate I e ornato da statue colossali, delle quali sono stati ritrovati solo alcuni frammenti. Si scorge dapprima una piccola piattaforma intagliata nella roccia lungo il pendio ovest dove una volta si ergevano due stele. Salendo, su un'altra terrazza si innalza una stele, vicino alla quale è stata riportata alla luce una lunga iscrizione rupestre, in caratteri greci, e un rilievo raffigurante Eracle che accoglie il re di Commagene, probabilmente Mitridate (50 a.C.); accanto, sulla destra, una galleria scende fino al livello del fiume. La piattaforma alla sommità dell'Eski Kale era occupata da numerosi edifici, tra cui un palazzo con pavimenti a mosaico; vi si accedeva attraverso uno scalone monumentale che terminava con un propileo. Circa 80 m a sud, sotto l'iscrizione rupestre, si estende un'altra terrazza, un tempo collegata allo *hiérothésion* di Mitridate da una scala scavata nella roccia.

Ponte romano
Circa 7 km oltre Eski Kahta si incontra un ponte romano sul Cendere Suyu, costruito dai soldati della XVI legione a spese di quattro città della Commagene in onore di Settimio Severo (193-211), di sua moglie Julia Domna e dei loro figli Geta e Caracalla. Delle quattro colonne, alte 10 m, che si ergevano a ogni estremità del ponte, ne restano solo tre: quella di Geta è stata probabilmente distrutta quando Caracalla fece assassinare il fratello nel 212.

Karakuş Tepesı
Proseguendo verso Kahta, dopo una decina di chilometri si incontra, sulla destra, questo tumulo sepolcrale, o *hiérothésion*, alto 35 m e dedicato dal re Mitridate di Commagene alla madre Isias, a sua figlia e a una nipote: vi si innalzano tre colonne doriche (alte da 4.9 a 10 m) sormontate da un leone, un'aquila e un toro.

Malatya

(D5-6). Moderna città a 964 m di altitudine e capoluogo di provincia, Malatya (ab. 381 000) sorge al centro di una regione specializzata nella coltivazione degli alberi da frutta e in particolare delle albicocche che, essiccate, sono esportate in tutto il mondo.

Museo. *Chiuso per restauro.* Raccoglie reperti provenienti dai siti archeologici circostanti: vasellame della prima età del Bronzo, recipienti, bassorilievi e monili del periodo ittita, ceramiche selgiuchidi e oggetti d'artigianato ottomano.

I dintorni di Malatya

Aslantepe
7 km in direzione nord-est. Corrisponde all'antica Milid che, originariamente capitale di un regno neoittita, divenne in seguito un possedimento assiro e fu poi conquistata da Menua, re di Urartu, che mirava ai minerali preziosi di cui è ricca la zona. La città fu infine abbandonata dopo essere stata devastata nel VII secolo a.C. da un'invasione di Cimmeri. Gli scavi hanno riportato alla luce preziosi reperti dell'antico insediamento ittita, comprendenti una serie di bassorilievi e sculture, oltre ai resti di un palazzo costruito nell'VIII secolo a.C. dal re assiro Sargon II. Il nome Aslantepe (collina dei leoni) deriva da due figure monumentali di questi animali ora conservate al Museo delle Civiltà Anatoliche di Ankara. In 13 anni di lavori la missione archeologica italiana operante sul sito ha riportato risultati sorprendenti: il ritrovamento di manufatti (spade) e di un palazzo risalenti al 3350 a.C. circa sembra confermare la tesi secondo cui la prima forma di civilizzazione avrebbe avuto luogo in Anatolia.

Eski Malatya

(D5). 19 km a nord di Malatya. Ebbe origine dall'insediamento militare che i Romani stabilirono non lontano da Milid, dandogli il nome di Melitene. Fortificata da Giustiniano, fu poi saccheggiata dai Persiani sassanidi nel 557. Nei secoli successivi fu al centro di contrasti tra Arabi e Bizantini che più volte conquistarono e poi persero la città. Sottoposta al dominio mongolo, fu devastata da Tamerlano (1395) e quindi annessa all'impero ottomano da Selim I nel 1515. Nel 1838, nel corso della guerra contro Mehmet Ali, la città fu trasformata in campo trincerato e la popolazione si ritirò nella moderna Malatya. Della cinta muraria eretta sotto Giustiniano, rinforzata da torri pentagonali o rettangolari, restano solo alcuni tratti. All'interno della città in gran parte ridotta a campi coltivati, sorge l'**Ulu Cami** (grande moschea), fondata dagli Arabi alla metà del VII secolo, ricostruita nel 756 e, successivamente, dai Selgiuchidi nel XIII secolo. Da notare il largo e profondo *iwan* che si apre sulla sala del mihrab, sormontata da una cupola che poggia su pennacchi di raccordo. Sul fianco nord della Ulu Cami sono le rovine di un **caravanserraglio** di epoca ottomana, costruito probabilmente nel XVIII secolo e costituito da una vasta corte rettangolare circondata su tre lati da portici; sul quarto si allungava una grande sala, ancora in buone condizioni, divisa in tre navate parallele da due file di colonne.

Nizip

(D5). Piccola città (ab. 51 000) ai confini del mondo mesopotamico, è la base di partenza per la visita di **Karkamiş**, (33 km a sud; zona militare: permesso da richiedere alla polizia di Nizip) in prossimità del villaggio di Barak, ove sono state scoperte le rovine della capitale del più potente tra i regni ittiti costituitisi alla dissoluzione del nuovo impero ittita d'Anatolia.

La dinastia, fondata da Suppiluliuma I (1371-1335 a.C.), dopo la caduta di Boğazköy si attribuì il disco solare, antico emblema imperiale ittita e si fregiò del titolo di 'Grande Re', ridimensionato in seguito da quello di 'Signore del Paese'. Nei secoli successivi dovettero pagare dei tributi al potente vicino assiro, fino all'annessione del loro regno nel 717 a.C. da parte di Sargon II.

Gli scavi hanno portato alla luce bassorilievi e sculture di basalto con scene mitologiche e processioni di guerrieri e cortigiani ispirate all'arte siriana, ora conservate nel museo di Ankara. La città era divisa in due parti: quella interna affacciata sull'Eufrate e comprendente un'acropoli (dove sono state trovate le vestigia di un tempio), circondata da una cinta muraria, e quella esterna, anch'essa protetta da fortificazioni. Quasi al centro della città interna, ai piedi dell'acropoli, si innalza il palazzo, al quale si accedeva da un viale delimitato da alti muri, con numerose sale, cortili e un tempio.

Birecik

Graziosa cittadina lungo un pendio dominante la riva sinistra dell'Eufrate, vanta origini molto remote e segna il punto in cui il fiume inizia a essere navigabile. È dominata da uno sperone roccioso su cui sorgeva una **fortezza** medievale, della quale si scorge ancora il bastione costruito lungo il pendio sottostante e rinforzato da torri rettangolari. Nella zona, sulle sponde dell'Eufrate, si trova un'oasi naturalistica del WWF dove nidifica una rara specie di ibis.

Nei pressi di Birecik si trovava l'antica città di **Zeugma**. Fondata da Seleuco (312-281 a.C.), comandante di Alessandro Magno, fu una delle città più importanti del regno Commagene, e poi, sotto il dominio romano, un centro strategico: sorgeva infatti in uno dei due punti (insieme a Samosata) in cui l'Eufrate poteva essere facilmente attraversato. L'alto livello artistico dei mosaici e delle altre opere d'arte ritrovate, esposti nel museo di Gaziantep (vedi box a pag. 317), testimonia la ricchezza economica e culturale dell'insediamento. Dal luglio 2000 una parte estesa di Zeugma è stata sommersa dalle acque della diga di Birecik (vedi box a pag. 31). Archeologi sono accorsi da tutto il mondo per collaborare al salvataggio dei reperti, ma nonostante l'impegno profuso qualcosa è comunque andato perso. Solo la parte alta della città non è stata coperta dalle acque.

Şanlıurfa

(D6). Corrispondente alla gloriosa città di Edessa che ebbe un ruolo di primo piano all'epoca delle Crociate, è oggi una moderna città (ab. 463 800) che conserva scarse tracce del suo passato, destinata a un forte sviluppo quando sarà completato il canale, che nell'ambito del progetto GAP (Progetto per l'Anatolia sud-orientale, vedi box a pag. 31) permetterà di irrigare con le acque dell'Eufrate quasi 700 000 ettari di territorio.

Storia. Già intorno al 1500 a.C. capitale di uno stato hurrita, la città entrò, verso il 1200 a.C., a far parte del principato ittita di Karkamiş. Divenuta provincia macedone col nome di Edessa, passò poi ai Romani e svolse un ruolo centrale nella diffusione del Cristianesimo in Siria e in Persia e a partire dal V secolo fu anche sede vescovile; è interessante ricordare che la lingua liturgica dei Cristiani di Edessa fu in origine l'aramaico, la lingua di Cristo, e non il greco. In seguito, in città si diffusero le eresie monofisita e nestoriana. Nel 605 cadde nelle mani dei Persiani sassanidi ma dopo qualche tempo fu riconquistata da Eraclio; tuttavia i Bizantini non riuscirono a opporsi all'invasione araba del 637. Nei secoli successivi fu a lungo contesa da Arabi, Bizantini, Armeni, Franchi e Selgiuchidi, finché questi ultimi la conquistarono nel 1087. Baldovino I, fratello di Goffredo di Buglione, riuscì a impadronirsi (1098) della regione che venne organizzata nella contea di Edessa. Ritornata musulmana dopo soli 50 anni, fu definitivamente annessa all'impero ottomano nel 1637.

Cittadella.

Si trova a nord della città, su un contrafforte del Top Dağı; venne costruita dai Crociati, protetta su tre lati da un largo e profondo fossato, scavato nella roccia.

Sono visibili, oltre ad alcuni tratti delle fortificazioni rinforzate da due torri, anche le vestigia di antiche costruzioni fra cui spiccano due colonne note con il nome di 'trono di Nimrud', sormontate da capitelli corinzi; una di esse reca un'iscrizione in lingua siriana. Sul fianco sud del vallone che costeggia la cittadella è stato riportato alla luce, in un locale scavato nella roccia, un bellissimo mosaico della prima metà del III secolo d.C., raffigurante sette personaggi (trasferito al museo cittadino).

Sorgente di Rohas.

Ai piedi della cittadella sgorga questa antica sorgente che alimenta un vasto bacino (30 m per 150) in cui vivono carpe considerate sacre. Secondo la tradizione, infatti, Abramo (venerato da Cristiani ed Ebrei, ma anche dai Musulmani) si sarebbe fermato in questo luogo durante

La piscina di Abramo

la migrazione che doveva portarlo nel paese di Canaan (vedi box in basso). Le rive del bacino sono circondate da edifici religiosi (moschee, *medrese*, oratori) tra cui l'**Abd ar-Rahman Medresesi**, del XVII secolo, comprendente una corte circondata da piccole celle riservate agli studenti e una piccola moschea, e il **Malkam el-Halil**, piccolo oratorio più volte rimaneggiato, con un minareto quadrato che risale al 1211-12.

Museo Archeologico.

Visita a pagamento dalle 8 alle 12 e dalle 13.30 alle 17; chiuso il lunedì. Raccoglie, oltre al sopracitato mosaico, iscrizioni, tavolette e reperti degli scavi di Sultantepe, alcuni rilievi ittiti, neoittiti e assiri, e collezioni etnografiche.

Nel **centro** della città si possono ammirare le antiche case in pietra, con cortili e facciate scolpite. Sempre in centro, di grande interesse è il bazar, costituito da un dedalo di viuzze e da una parte coperta in un antico caravanserraglio.

I dintorni di Şanlıurfa

Sultantepe

16 km a sud per la 885. Gli scavi eseguiti sul fianco di una collina hanno scoperto i resti di un insediamento assiro con un santuario e alcuni edifici annessi, difesi da un bastione. In una dimora privata detta 'di Qurdi Nergal' sono state trovate numerose tavolette, redatte tra il 650 e il 612 a.C. in lingua assira e sumera, con testi letterari, preghiere, incantesimi, rituali, trattati medici, astronomici e vocabolari.

Eski Sumatarı

Circa 60 km a sud-est di Şanlıurfa. Disponendo di un fuoristrada e facendosi accompagnare da

La piscina di Abramo

Le vasche alimentate dalla sorgente Rohas sono note anche con il nome di 'piscina di Abramo'. Una leggenda racconta infatti che il patriarca sarebbe stato gettato in un rogo dalla gente del posto, e il Signore, per salvarlo, avrebbe fatto comparire i due laghetti. Secondo un'altra versione, Abramo si sarebbe lanciato nel vuoto dall'alto della cittadella pur di non convertirsi alla religione locale, e nel punto in cui stava per toccare il suolo si sarebbero formate le vasche che gli salvarono la vita.

L'ufficio postale di Mardin, ospitato in un caravanserraglio del XVII secolo

guide locali, è raggiungibile per una pista difficile e mal tracciata. Vi sorge un santuario pagano del II sec. d.C., utilizzato dai Sabî (dall'arabo *sa-bi'a*), comunità ellenistica dedita all'astrolatria, attiva fino all'XI secolo e le cui credenze attingevano all'antico culto della dea lunare Sin. Il complesso consta di sette edifici disposti sul margine esterno di un arco di circonferenza del raggio di un chilometro, a nord-ovest di un poggio centrale. Quattro strutture sono ancora abbastanza ben conservate: si tratta senz'altro di piccoli templi consacrati ai pianeti. Sei di questi edifici hanno in comune una cripta sotterranea a una o più camere e un'entrata orientata verso il poggio centrale, una roccia di 50 m di altezza sulla cui sommità si trovano due bassorilievi rupestri rappresentanti un uomo a figura intera e uno a mezzo busto. 500 m a ovest del poggio centrale sorge il santuario del dio Sole che comprende internamente un solo ambiente a cielo aperto.

Harran

45 km a sud per la strada 855, presso Akçakale, quasi al confine con la Siria. Il sito, legato al culto del Sole e della Luna, è considerato uno dei luoghi abitati da più tempo di tutta la terra. Citata fin nella Genesi (XI, 31) con il nome di Charan – vi avrebbe soggiornato per alcuni anni Abramo con la sua gente, nel viaggio da Ur in Caldea alla terra di Canaan –, la città è stata possedimento hurrita, assiro, persiano e seleucide. Annessa al regno partico nel secolo II a.C., costituì più volte il centro di operazioni belliche nel corso dei conflitti fra Roma e i Parti: nella Carre dei Romani fu sconfitto e trovò la morte Marco Licinio Crasso e, nel 217 d.C., fu assassinato l'imperatore Caracalla. Disputata fra Persiani e Bizantini, la città cadde in mano agli Arabi nel 639; nel 1104 fu teatro della grande battaglia che vide la sconfitta dei Crociati di Boemondo e di Tancredi e fu distrutta dai Mongoli nel 1271. Nella cerchia di mura, oggi in rovina, che circondava la città si aprivano sette porte, tra le quali quella di Aleppo, abbastanza ben conservata. La **cittadella**, forse edificata sul luogo del tempio della dea lunare Sin dei Sabî, venne trasformata dopo il 1300 in fortezza.

Costeggiando il fianco occidentale delle mura si giunge alla moschea e alla tomba di Şeyh Hayat al-Harrani e, più oltre, all'**Ulu Cami** (grande moschea) fondata da Marwan II, ampliata dal califfo Al Ma'mum (830) e probabilmente restaurata da Saladino tra il 1171 e il 1184. Notevoli sono anche la Bab ar-Rum (porta di Rum), molto rovinata, e la Bab ar-Raqqa (porta di Raqqa) posta sul fianco meridionale della cerchia muraria. Le abitazioni di Harran, costruite in pietra, hanno una struttura particolare, a termitaio (o ad alveare), e ricordano i trulli pugliesi. Il caldo intenso, il deserto circostante, la diffusione dell'arabo e i vestiti coloratissimi delle donne conferiscono al luogo un'atmosfera decisamente mediorientale.

Viranşehir

(D6). È una cittadina al centro di una steppa pietrosa, identificata con l'antica Costantina, piazzaforte romana prima e bizantina poi. La strada costeggia una muraglia in basalto, probabilmente edificata in periodo romano e restaurata sotto Giustiniano, che delimita una cinta di 500-600 m per lato, munita di torri rotonde e quadrate: quattro porte, una su ciascun lato, si aprivano fra due torri semicircolari.

Mardin

(D6). Dominata da uno sperone su cui si ergono le rovine di una cittadella, Mardin (ab. 55 000) circa 175 km a est di Şanlıurfa, sorge sul fianco di una collina. Le sue case in pietra calcarea hanno facciate intarsiate, con portoni e finestre dalle cornici elaborate. Il centro della città, che si estende lungo la Birinci Caddesi, la strada principale, è stato ristrutturato con cura in questi ultimissimi anni. Vi affaccia il più bell'ufficio postale della Turchia, situato in un caravanserraglio del XVII secolo, riccamente decorato. Da diversi punti della città si gode un panorama mozzafiato sull'immensa pianura sottostante.

Storia. Nota nell'antichità come una cittadella di nome Marida, tra il VI e il X secolo Mardin fu prima sotto il controllo arabo, poi curdo e successivamente selgiuchide. Intorno al 1100 fu governata dai Turchi ortokidi; la cittadella, invano stretta d'assedio da Saladino e quindi dai Mongoli, fu occupata da Tamerlano nel 1394. Nel 1516 la città bassa fu presa del Sultano Selim I, mentre la cittadella resistette per un intero anno.

Su un'altura, a sinistra entrando in città, si trovano le rovine di un bastione chiamato **Telhan Kalesi**, che serviva da rinforzo alla muraglia della città. Poco lontano, sulla destra, una strada porta alla **Kasım Paşa Medresesi**: isolata, decisamente orientaleggiante è una *medrese* costruita nel XV secolo da un principe della dinastia degli Akkoyunlu. Si possono visitare i cortili interni, quasi sempre deserti, e salire sulla sua terrazza più alta, che offre una superba vista della pianura siriana.

Ulu Cami. Non lontano (200 m circa) dalla Cumhuriyet Meydanı si trova la grande moschea, risalente al XII secolo; la parte settentrionale del complesso è formata da un vasto cortile rettangolare, un tempo circondato da portici. A sud si apre in tutta la sua lunghezza la sala di preghiera a tre navate parallele scandite da due file di sei pilastri. La campata del mihrab è ricoperta da una cupola.

Sultan İsa Medresesi*. Nel settore orientale della città sorge il monumento più interessante della città, costruito nel 1385.

Da un portale riccamente decorato si entra in un piccolo vestibolo; da qui una scala sale al primo piano e un corridoio dà accesso alla moschea, coperta da una cupola poggiante su quattro pennacchi a tromba, la cui sala di preghiera, a pianta quadrata, è affiancata da due sale con volta a botte. Una porta in fondo al corridoio immette nel cortile inferiore, circondato da un portico a cinque arcate e da un *iwan* coperto da una volta a botte spezzata. L'ala ovest del primo piano è composta da una larga terrazza che domina il cortile inferiore. Annesso alla *medrese* è un piccolo **museo**, ospitato in una delle abitazioni più belle della città, il cui allestimento è particolarmente curato: conserva interessanti vasi di epoca urartea, terrecotte, altorilievi e una collezione etnografica con bei tappeti persiani.

Cittadella. Salendo il ripido pendio che la separa dall'abitato, si arriva alla cittadella (*zona militare: permessi da richiedere alla polizia locale*) nella quale si entra da una porta ad arco ribassato difesa da piombatoi; fra le due bertesche, sopra la porta che risale agli Ak Koyunlu, sono scolpiti dei leoni.

Attraverso una galleria scavata nella roccia, si giunge alla sommità della cittadella, ubicata su uno stretto altopiano inclinato verso ovest; a destra un complesso di edifici in rovina, fra i quali una moschea composta da una sala coperta da una cupola e da un'altra sala a tre campate.

Parallelamente alla via principale, più in basso, si estende il **bazar**, colorato, vasto e intricato, distribuito in una serie di stradine e in alcuni caravanserragli coperti.

I dintorni di Mardin

Deir az-Zafaran

7 km a nord-ovest per la 950 verso Diyarbakır. È un complesso monastico (monastero dello zafferano) di rito siriano-ortodosso (giacobita) ancora abitato da monaci, circondato da un alto muro e fondato nel 792 probabilmente sul luogo di un *castrum* romano. Sul lato del cortile dalla parte del monte sorgono tre luoghi di culto: la chiesa di Maria, la chiesa di Anania e la cappella funebre. Le chiese risalgono presumibilmente agli inizi del VI secolo. L'edificio più importante del monastero, la chiesa di Anania, presenta una struttura a cubo con tetto a piramide; il portale è inquadrato da una bella cornice riccamente decorata. Nella chiesa di Maria si possono vedere resti di mosaici pavimentali; nella cappella funebre si ritrova lo stesso tipo di decorazioni scolpite della chiesa di Anania.

Tur Abdin

Montagna dei servi di Dio: è un altopiano a est di Mardin, che va dai 900 ai 1400 m di altitudine e si estende fra il Tigri e il confine siriano. La regione costituisce una roccaforte di monofisiti siriani e di nestoriani con numerosi monasteri di cui alcuni tuttora abitati da monaci. Tra i vari siti, si segnalano la chiesa-fortezza di Zaze (Izbırak), sulla cima di una collina in un villaggio abbandonato, e la chiesa di Hahe (Anıtlı), dedicata a S. Maria, che sembra essere la più antica della Turchia. La parte esterna è stata oggetto di una decisa ristrutturazione pochi anni fa; l'interno, piccolo, suggestivo, con un pavimento di pietra ancora originale, è rimasto intatto.

Midyat

Percorrendo la strada 380 si raggiunge questo grosso borgo (km 59) con numerose antiche chiese cristiano-siriane e belle case le cui facciate ricordano quelle di Mardin.

Monastero di Mar Gabriel*

Proseguendo verso est in direzione di İdil si visita, in prossimità del villaggio di **Kartmen** (Qartamin; km 25 circa da Mydiat), questo monastero, uno dei più interessanti della regione (oggetto di un discutibile restauro), fondato agli inizi del V secolo d.C. da Simeone, successore di Samuele, l'iniziatore della vita monastica sull'altopiano di Tur Abdin. Porta il nome del vescovo Gabriele, cui sarebbero attribuite miracolose risurrezioni, e venne ingrandito e dotato di una chiesa, terminata nel 512, dall'imperatore bizantino Anastasio I. Il lato orientale dell'antico chiostro costituisce attualmente il nartece della **chiesa di S. Gabriele**, da cui si passa nella navata a volte, molto scura, disposta trasversalmente e sulla quale si aprono le tre basse arcate di altrettante cappelle. In quella centrale, provvista di abside, si distingue sulla calotta una croce a mosaico su fondo d'oro, piuttosto danneggiata. Dal cortile antistante la chiesa, una porta sul lato settentrionale dà, attraversata l'estremità orientale di un lungo corridoio, su una camera ottagonale con nicchie a raggiera, coperta da una cupola, detta 'la cappella funebre di Teodora' e risalente al XIII-XIV secolo. L'estremità opposta del corridoio termina in un piccolo cortile, in fondo al quale si erge un'arcata che dà accesso alla **chiesa della Vergine** (el-Hadra), a tre navate con volte a botte, oggi pesantemente ristrutturata con pavimento in piastrelle e illuminazione al neon. Intorno al monastero giacciono le rovine degli edifici adiacenti, fra i quali una chiesa dedicata a Mar Shimun (S. Simeone); più a ovest si trova la **tomba dei monaci egiziani**, costruita su piano ottagonale con altrettante nicchie, ciascuna delle quali conteneva una tomba.

Hasankeyf

(D7). 102 km da Mardin sulla 380 verso nord-est, deviando a Midyat sulla 955 verso nord per 43 km. Occupa il sito di un'importante città, identificata con l'antica Chepal, piazzaforte costruita dai Romani, e divenuta poi sede di un vescovado bizantino. Decaduta all'epoca dell'invasione mongola, conserva nella città bassa numerose moschee, molto rovinate.
Dal nuovo ponte si gode una bella vista sull'abitato e sull'antico **ponte**, a quattro arcate, costruito agli inizi del XII secolo. È possibile salire alla **cittadella**, che occupa la sommità della parete rocciosa a strapiombo sul fiume. La salita è faticosa, ma ricompensata dalla visita delle rovine di due palazzi, costruiti nel XIV secolo su edifici precedenti di epoca bizantina, e dalla vista del fiume. Al ritorno, alla base della parete rocciosa, una serie di ristorantini con i tavoli collocati nelle acque (basse) del Tigri possono regalare un rilassante momento di riposo.

Nusaybin

(D7). 62 km a sud-est di Mardin per la 955 e 400-E90. È una cittadina di confine (52 000 abitanti) che fronteggia la città siriana di El Hassake (Qamishly) e poco conserva sia di quando era un centro prestigioso, alla pari di Edessa (Şanlıurfa), della chiesa nestoriana, sia dell'antica Nisibis, annessa all'impero romano da Pompeo (68 a.C.), occupata dai Parti e riconquistata da Traiano. La città conserva la **chiesa di Mar Jakub** (S. Giacomo), eretta nel IV secolo, rifatta nel 759 e restaurata nel 1872, a pianta quadrata con abside sporgente e nartece a due navate; nella cripta è la tomba di S. Giacomo, vescovo di Nisibis (270-338).

Monastero di Mar Augen

Proseguendo verso est per circa 25 km oltre Nusaybin, nei pressi di Girmeli (*opportuno farsi accompagnare da guide locali*), sorge questo monastero (S. Eugenio), fondato verso la fine del IV secolo o agli inizi del successivo e appartenuto ai Nestoriani fino al 1505, per passare poi ai Giacobiti. Si entra nel monastero da una porta aperta nel XIX secolo; dal portico si penetra in una piccola stanza a volta, poi nel chiostro, ricostruito in gran parte alla fine del secolo XVIII, a eccezione del lato meridionale. All'interno della chiesa meritano particolare attenzione i capitelli dell'arco del coro provenienti dalla chiesa primitiva. Dal chiostro si può passare, sul lato settentrionale, in una camera funeraria provvista di cripta. Circa 3 km più a est di Mar Augen, si trova la chiesa di **Mar Yohanna**, con un nartece coperto da una cupola e interno a navata unica.

Diyarbakır*

(D6). Situata a 600 m di altitudine su un altopiano arido e circondata da una possente cinta muraria, costituisce una delle città (ab. 592 500) più interessanti dell'Anatolia sud-orientale, importante nodo di comunicazioni, un tempo lungo vie carovaniere e il corso del Tigri, oggi collegato con i principali assi stradali del Paese.

Storia. Fondata col nome di Amida all'epoca del regno hurrita di Mitanni, entrò a far parte dell'impero assiro; per un secolo sotto la dominazione urartea, passò poi dai Medi ai Persiani, per essere annessa quindi all'impero romano: a quest'epoca risale l'imponente cinta, eretta nel 349 dall'imperatore Costanzo e più volte rimaneggiata. Ai Romani succedettero Sassanidi e Bizantini che contesero alle diverse dinastie musulmane il controllo della città. La serie delle dominazioni doveva continuare con gli Ortokidi, cui seguirono i Mongoli di Tamerlano e i Turcomanni. La conquista ottomana a opera di Selim I (1512-1520) segnò l'inizio di un periodo di relativa pace, solo interrotto da sporadiche incursioni di Curdi.

La cinta muraria di Diyarbakır

Visita. Una giornata è più che sufficiente per la visita della città; si tenga però presente che il clima estremamente continentale può dare origine, in estate, a giornate di caldo opprimente.

Cinta muraria*. Di origine romana, eretta con basalto nero locale, si affaccia a oriente sul Tigri ed è segnata da ben 72 torri su una lunghezza di 5.5 km; costituisce uno dei maggiori motivi d'interesse della città. La **Harput Kapısı**, aperta sul fianco settentrionale della cinta, era chiamata nel Medioevo Bab al-Armen (porta armena) e sorge sul luogo di un'antica porta romana. Sopra la porta si nota una bertesca a piombatoio e, ai due lati, nicchie ornate di bassorilievi. La porta propriamente detta è incorniciata da due pilastri con capitelli, ornati di acanti, di origine bizantina; numerose iscrizioni testimoniano dei diversi restauri e rifacimenti avvenuti nel corso dei secoli.

Dalla porta si può fare il giro (in senso antiorario) dei bastioni: i punti più interessanti corrispondono alle tre porte principali: Harput Kapısı, Urfa Kapısı, a ovest, e Mardin Kapısı a sud. Nel primo tratto fino alla Urfa Kapısı (circa 1200 m), la cortina misura 4.5 m ed è rinforzata da torri poligonali e semicilindriche poste ogni 50 m circa. Spicca sulla nona torre un bassorilievo selgiuchide con una sfinge.

Urfa Kapısı. Il suo nome medievale era Bab ar-Rum (porta di Rum) e aveva in origine tre passaggi, due dei quali sono stati murati nel 1183. Si apriva fra due torri di fiancheggiamento distanti circa 35 m; la chiave di volta dell'arco sovrastante la porta è ornata da un rilievo raffigurante un'aquila ad ali spiegate, sopra la testa di un toro.

Per un sentiero esterno alle mura si raggiunge l'**Ulu Badan**, imponente bastione di 25 m di diametro la cui parte superiore è andata distrutta, a difesa dell'angolo sud-occidentale della cinta muraria. L'interno è costituito da due piani di casematte provviste di sette ridotti; tra alcuni rilievi raffiguranti un'aquila bicefala e leoni con testa umana, spicca un'iscrizione a caratteri cufici che attribuisce a un sovrano ortokide la costruzione del bastione nel 1208.

Al di là dell'Ulu Beden, la cortina è rinforzata da due torri di forma e misure diverse e da contrafforti; la fortificazione forma quindi un saliente la cui punta è costituita da una grossa torre a due piani detta **Yedi Kardeş**. La successiva torre (Nur Burcu) è decorata da numerosi bassorilievi selgiuchidi: un'iscrizione del 1088 ne data la ricostruzione.

Mardin Kapısı. Circa 400 m più oltre si giunge alla Mardin Kapısı, chiamata nel Medioevo Bab at-Tell; posta al centro del fronte meridionale dei bastioni, disponeva di tre aperture, due delle quali sono state murate. Da un'epigrafe risulta che la porta fu restaurata attorno al 909.

Proseguendo verso est la muraglia disegna uno stretto saliente, denominato **Kiçi Burç** e costituito da una torre rotonda costruita, secondo un'iscrizione, tra il 1029 e il 1037; più oltre la cortina è rinforzata da torri di misura e forma diverse e da contrafforti esterni. Il fianco orientale della cinta si erge su un pendio ripido e scosceso dominante la valle del Tigri; poco prima della **Yeni Kapı** (porta nuova) chiamata anche Bab ad-Didjleh (porta del Tigri) o Bab al-Mail (porta dell'acqua), la muraglia è stata distrutta per un tratto di circa 100 m. Superata la Yeni Kapı, le fortificazioni seguono il bordo dell'altopiano su cui sorge la città con torri più massicce e ravvicinate. Una pusterla, chiamata **Oğrun Kapı**, metteva in comunicazione la cittadella con la riva del Tigri.

Penetrando nella città vecchia da nord per Gazi Caddesi, si scorge, subito a destra, la **Peygamber Camii** (moschea del profeta), costruita nel 1524 sotto il regno di Solimano, a cupola con atrio.

Cittadella. Fu eretta nel IV secolo d.C. su un poggio artificiale che, probabilmente, racchiude i resti del primo agglomerato urbano. Separata dalla città da una cortina rinforzata da torri, in gran parte semicilindriche, aveva tre porte che assicuravano il passaggio verso la parte interna e una quarta che dava sull'esterno. Le due torri a difesa dell'entrata principale furono innalzate in epoca islamica su fondamenta bizantine. Nel settore più protetto, oltre a resti del palazzo degli Ortokidi, si trova la **Kale Camii**, costruita nel 1160 e più volte rimaneggiata; la base quadrata del minareto, sormontata da un fusto cilindrico, è tipico dei minareti selgiuchidi della Siria. Accanto, sono visibili i resti della chiesa bizantina di S. Giorgio, risalente al V secolo.

Ulu Cami. Sorge al centro della città, quasi di fronte all'**Hasan Paşa Hanı**, caravanserraglio del 1575-76. Secondo la tradizione, sarebbe stata eretta sul luogo di una chiesa bizantina e il suo impianto ricalca quello dei santuari musulmani siriani. Dei numerosi interventi di restauro, una scritta a caratteri cufici sulla facciata della sala di preghiera ricorda quello del 1091-92.

Il portale dà accesso a un grande cortile dove sono due fontane per le abluzioni (*şadırvan*), una delle quali provvista di copertura sorretta da otto colonnine. A sinistra si apre la sala di preghiera, comprendente una navata centrale in fondo alla quale si trova il mihrab, ai cui lati si sviluppano due ampi ambienti a tre navate trasversali formate da due file di sei pilastri. Sui lati occidentale e orientale del cortile è un portico a colonne; in un angolo è posto un piccolo *mesçit* e in quello opposto si apre, preceduta da un portico, la Masudiye Medresesi.

Masudiye Medresesi. Eretta nel 1198 come scuola di medicina, è costruita in basalto nero come la maggior parte dei monumenti di Diyarbakır: si apre con un portale recentemente restaurato dal quale si accede a una torre quadrata, dominata a est da un *iwan* e circondata sugli altri tre lati da portici dotati di archi riccamente ornati.

Zincirli Medresesi. Accanto all'Ulu Cami, fu costruita alla fine del XII secolo secondo il tradizionale impianto delle scuole coraniche selgiuchidi. Comprende un cortile centrale sul quale affacciano un iwan e le sale di studio degli studenti. Attualmente è sede di un piccolo museo archeologico.

Kasım Padişah Camii. Seguendo per un breve tratto verso sud la Gazi Caddesi, Yeni Kapı Sokağı (sulla sinistra) raggiunge la Kasım Padişah Camii, chiamata ancora Şeyh Matai Camii, fondata nel 1512 da un principe turcomanno e successivamente rimaneggiata. Secondo una credenza popolare, facendo sette volte il giro del minareto, un desiderio sarà esaudito.

Urfa Caddesi, opposta a Yeni Kapı Sokağı, porta alla Kara Cami, dietro la quale sorge la **Safa Camii** del 1532, con un minareto decorato da cornici e arabeschi. Non lontano, nel settore sud-ovest dell'abitato, la **Behram Paşa Camii** è una delle più vaste moschee della città (1572); più oltre, l'antica chiesa cristiana **Meryem Ana** (Vergine Maria), del VII secolo, è ancora frequentata dai pochi cristiano-siriani della città; in abitazioni all'interno delle sue mura vivono alcune famiglie. Accanto, la Caldani Kilise (chiesa caldea), in abbandono. In prossimità della Mardin Kapısı, si trova il **Deliler Hanı**, caravanserraglio in basalto dei secoli XVI-XVII, oggi trasformato in hotel, alle cui spalle sorge la **Hüsrev Paşa Camii**, costruita da un governatore ottomano della città fra il 1522 e il 1528. Nel settore nord-orientale è infine la **Fatih Camii**, fondata nel 1552 dal comandante dell'esercito ottomano che conquistò la regione di Diyarbakır. Oltre la porta nord (porta della montagna, Dağ Kapısı), poco distante dal Turistik Oteli, si trova il **Museo Archeologico** (*aperto dalle 8.30 alle 12 e dalle 14 alle 17; chiuso il lunedì*) che conserva reperti di epoca ittita, assira, romana, bizantina, turcomanna e ottomana.

Circa 2 km all'esterno della Mardin Kapısı, sul luogo di una preesistente opera romana, si trova un grande **ponte** sul Tigri, costruito in grossi blocchi di basalto a partire dall'VIII secolo e più volte rimaneggiato; le dieci arcate, di portata disuguale, poggiano su piloni ad avambecco.

I dintorni di Diyarbakır

Silvan

52 km a nord-est per la 360-E99 in direzione di Tatvan. Fondata verso la fine del IV secolo, fu conquistata dai Sassanidi nel 502 e passò ai Bizantini attorno al 591. Annessa all'impero ottomano nel 1515, conserva tratti della cinta muraria in cui si aprono otto porte. Vi si può visitare l'**Ulu Cami** del 1227; fuori dalle mura si erge un minareto a pianta rettangolare costruito insieme a una moschea, oggi distrutta, nel XIII secolo.

Indice dei luoghi e delle cose

L'indice riporta le località, i nomi geografici, i monumenti isolati citati negli itinerari di visita. Le città e le aree archeologiche con pianta sono evidenziate in azzurro: di queste sono elencati gli edifici, i monumenti, i musei, le strade ecc. sotto le rispettive voci. Per gli indirizzi utili della città e/o delle località descritte nel volume si veda l'allegata guida alle informazioni pratiche.

Referenze iconografiche: Archivio Mirabilia 42, 48, 73, 76, 83, 85, 86, 88, 90, 96, 105, 107, 108, 116, 118, 119, 124, 130, 132, 135, 138, 142; C. Baietta 34, 46, 64, 77, 82, 95, 99, 104, 177, 186, 189, 203, 227, 231, 291, 292, 297; Contrasto/Corbis 110, 183, 200, 238, 240, 250, 267, 271, 281, 325; V. Indirli 312, 316, 318, 321, 322; G. Maffi 168, 197, 206, 265; Polis 209, 235, 247; A. Ricci 35, 72, 74, 78, 79, 81, 84, 93, 94, 100, 102, 115, 122, 127; P.M. Costa 23, 24, 314, 315; Realy Easy Star 146, 150, 152, 157, 158, 165, 181, 191, 195, 205, 212, 219, 222, 255, 256, 258, 274, 276, 282, 289, 299, 301, 306, 307, 309.

Appunti di viaggio

Appunti di viaggio

....
....
....
....
....
....
....
....
....
....
....
....
....
....
....
....
....
....
....
....
....
....
....
....

TURCHIA
© 2009

Al fine di migliorare la nostra offerta di editoria turistica e per pure finalità statistiche siamo a chiedervi di compilare il seguente questionario. Le risposte saranno trattate in forma assolutamente anonima, nel pieno rispetto delle norme vigenti sulla protezione e la riservatezza dei dati (D.Lgs. n.196/2003).

Questa guida le è stata utile:

☐ molto ☐ abbastanza ☐ poco

Utilizza sempre una guida turistica nei suoi viaggi:

☐ sì ☐ no

Cosa ha gradito della guida (inserisca una croce):

[1]=per niente > [5]=moltissimo

	[1]	[2]	[3]	[4]	[5]
- contenuti culturali-storici-architettonici	☐	☐	☐	☐	☐
- contenuti ambientali-usi e costumi	☐	☐	☐	☐	☐
- contenuti enogastronomici, artigianato, sport, benessere	☐	☐	☐	☐	☐
- informazioni pratiche-indirizzi utili	☐	☐	☐	☐	☐
- consigli di viaggio	☐	☐	☐	☐	☐
- cartografia	☐	☐	☐	☐	☐
- illustrazioni-fotografie	☐	☐	☐	☐	☐
- rapporto qualità/prezzo	☐	☐	☐	☐	☐
- formato-caratteristiche fisiche del volume	☐	☐	☐	☐	☐
- copertina (illustrazione)	☐	☐	☐	☐	☐

A quali sezioni, tra quelle sopra indicate, andrebbe dato più spazio:

Cosa desidererebbe trovare in una guida, oltre a quanto proposto:

Lo scopo del viaggio è stato:

☐ relax-benessere ☐ conoscenza ☐ incontro con altre culture ☐ lavoro

Il viaggio è stato organizzato:

☐ da lei ☐ da un amico/famigliare ☐ da un'agenzia di viaggi

Ha viaggiato:

☐ da solo/a ☐ con un gruppo di amici
☐ con la famiglia ☐ con un'altra persona

Il mezzo utilizzato:

- [ ] auto
- [ ] moto
- [ ] treno
- [ ] camper
- [ ] aereo
- [ ] altro

Cosa è più importante durante un viaggio:

- [ ] comfort
- [ ] prezzo
- [ ] riposo
- [ ] cibo
- [ ] numero di luoghi visitati
- [ ] persone incontrate
- [ ] attività svolte

Utilizza guide diverse, cartografia, narrativa di viaggio?

- [ ] una guida
- [ ] due guide
- [ ] tre o più
- [ ] cartografia
- [ ] narrativa

Quali guide turistiche conosce oltre a quelle edite dal TCI?

NOTIZIE SUL VIAGGIATORE TOURING

- [ ] uomo
- [ ] donna

La sua età:

- [ ] meno di 25 anni
- [ ] 25-34 anni
- [ ] 35-44 anni
- [ ] 45-54 anni
- [ ] 55-64 anni
- [ ] oltre 65 anni

Professione:

- [ ] studente
- [ ] casalinga
- [ ] operaio
- [ ] agente/rappresentante
- [ ] impiegato
- [ ] insegnante
- [ ] commerciante
- [ ] altro
- [ ] pensionato
- [ ] libero professionista
- [ ] dirigente

Titolo di studio:

- [ ] scuola dell'obbligo
- [ ] diploma
- [ ] laurea

Socio del Touring Club Italiano:

- [ ] sì
- [ ] no

Regione di residenza:

Desidera segnalarci esercizi o eventuali punti di attrazione meritevoli di nota:

DATI FACOLTATIVI

Nome   Cognome

Via   N°

Città   CAP

email